Humboldt

OLIVER LUBRICH

Humboldt

oder Wie das Reisen
das Denken verändert

Matthes & Seitz Berlin

Inhalt

Für Naomi und Miriam,
die alles verändern

Einleitung
Aufbruch

(La Coruña, 1799)

»Aber auch er wird ein anderer Mensch.
Es wandelt niemand ungestraft unter Palmen,
und die Gesinnungen ändern sich gewiß in einem
Lande wo Elephanten und Tiger zu Hause sind.«

Johann Wolfgang von Goethe,
Die Wahlverwandtschaften (1809)[1]

Am 5. Juni 1799 begann die Reise, die Alexander von Humboldt berühmt machte. Zusammen mit Aimé Bonpland stach er in La Coruña in See. Den Aufbruch zu seiner amerikanischen Expedition hat Humboldt in seinem Reisebericht literarisch gestaltet, am Beginn der dreibändigen *Relation historique du Voyage aux régions équinoxiales du Nouveau Continent.*[2] Die Passage der Ausfahrt hat er derart kunstvoll ausgearbeitet, dass sie fast wie eine Miniatur seines gesamten Projekts erscheint. An ihr können wir geradezu sein Programm ablesen. Ihre wenigen Zeilen werfen eine Reihe von Fragen auf, mit denen wir Humboldts Denken über viele Jahre folgen und sein Schreiben in diesem Text und in seinem weiteren Werk fassen können. Die deutsche Übersetzung lautet wie folgt:

> Um zwei Uhr nachmittags war die *Pizarro* unter Segel. Der Kanal, durch den man aus dem Seehafen von *La Coruña* hinausfährt, ist lang und eng: weil sich die Ausfahrt gegen Norden öffnet und weil der Wind uns entgegen blies, mussten wir acht kleine Schläge machen, von denen drei so gut wie vergebens waren. Wenden konnte das Schiff nur mit äußerster Langsamkeit, und für einige Augenblicke befanden wir uns am Fuße des Forts *San Amaro* in Gefahr, da uns die Strömung sehr nahe an die Klippen geworfen hatte, an denen sich das Meer mit Gewalt brach. Unsere Blicke hingen am Schloss *San Antón*, wo damals der unglückliche *Malaspina** im Staatsgefängnis schmachtete. In dem Augenblick, in dem ich Europa verließ, um Länder zu besuchen, die dieser berühmte Reisende so ergebnisreich erkundet hatte, hätte ich mir gewünscht, meine Gedanken mit einem weniger traurigen Gegenstand beschäftigen zu können.
>
> Um 6:30 Uhr passierten wir den *Herkulesturm* […], der La Coruña als Leuchtturm dient und auf dem man seit ältesten Zeiten ein Steinkohlenfeuer unterhält, um den Schiffen die Richtung zu weisen. Der Schein dieses Feuers passt nicht zum schönen Bau dieses großen Gebäudes; er ist so schwach, dass die Schiffe ihn erst bemerken, wenn sie bereits Gefahr laufen, an der Küste zu scheitern. Bei Einbruch der Nacht wurde das Meer sehr unruhig, und der Wind frischte stark auf. Wir steuerten nach Nordwest, um den englischen Fregatten auszuweichen, von denen man annahm, dass sie in diesen Gegenden kreuzten. Gegen neun Uhr sahen

wir das Licht einer Fischerhütte von Sisarga; dies war der letzte Gegenstand, den uns Europas Küsten darboten. Als wir uns entfernten, verschmolz dieses Licht mit den Gestirnen, die am Horizont aufgingen, und unwillkürlich blieben unsere Blicke darauf gerichtet. Solche Eindrücke verblassen nie im Gedächtnis derer, die in einem Alter, in dem die Emotionen des Gemüts noch ihre ganze Kraft besitzen, weite Seefahrten unternommen haben. Wie viele Erinnerungen erweckt in der Einbildungskraft ein leuchtender Punkt, der mitten in finsterer Nacht wiederholt über den bewegten Fluten aufscheint und die Küste des Heimatlandes bezeichnet.[3]

Ein Reisebericht bewegt sich zwischen autobiographischer Erinnerung und künstlerischer Erfindung, zwischen Fakt und Fiktion. Der Beginn einer Reise gehört zu den Augenblicken, die besonders intensiv erlebt und entsprechend konzentriert dargestellt werden – ebenso wie die Ankunft im unbekannten Land, der Erstkontakt mit einer anderen Kultur, Gefahren und Krisen, Höhe- oder Tiefpunkte, Aufstiege auf Berge oder Abstiege in Höhlen, die Humboldt in seinem Reisebericht schildern wird. Solche Passagen werden in der Reiseliteratur nicht selten ritualisiert und poetisch ausgearbeitet. Die Wahrnehmung wird gesteigert, die Darstellung verdichtet und die Einbildungskraft angeregt.[4]

Das letzte Licht

In Humboldts Szenario des Aufbruchs ist die Rede von den Emotionen des Reisenden, von starken Eindrücken, die sich im Gedächtnis einprägen und noch lange Zeit die Phantasie beschäftigen werden. Die Empfindungen während der Abreise sind sehr gegensätzlich. Humboldt spricht einerseits von einem Begehren oder Verlangen und andererseits von einer Traurigkeit oder Bedrückung. Dabei richtet sich sein Wunsch in die Zukunft, auf die ›Neue Welt‹, während die Betrübnis von der Vergangenheit ausgelöst wird, durch den alten Kontinent.[5]

Was hat Humboldt in der vorliegenden Passage beschrieben? Die wichtigsten Realien gehören in den Raum des Politischen: Das Schloss, *el Castillo de San Antón*, steht für den Feudalismus; als Gefängnis, das politische

Häftlinge festhält, dient es einer unterdrückenden Macht; das Fort, *el Castillo de San Amaro*, steht für das Militär. Im Ozean kreuzen Schiffe der englischen Seestreitkräfte. Europa befindet sich im Kriegszustand. Der Kontinent selbst erscheint so als Festung oder als Straflager. Er liegt in einer nicht nur buchstäblichen Dunkelheit. Während der Reisende den europäischen Konflikten entrinnt, leuchtet hoffnungsvolle Erwartung – und zugleich ein Schimmer der Nostalgie. Das letzte Objekt, das er in der Dunkelheit verschwinden sieht, ist keine Einrichtung fürstlicher Macht, sondern eine einfache Fischerhütte.

Die Szene enthält zahlreiche Anspielungen. Der Name der Hafenstadt, La Coruña, römisch *Ardobicum Corunium* (*Caronium*, *Crunia*), hat eine ungewisse Etymologie. Das französische *la Corogne* deutet auf *la couronne*, die »Krone«, und damit auf die Monarchie.[6] Der Name repräsentiert so das Ancien Régime der europäischen Königreiche, dem das napoleonische Frankreich in Spanien 1808 ein Ende bereiten und das es imperial fortsetzen wird. Als historischer Ort ruft die Stadt verschiedene Auseinandersetzungen mit England in Erinnerung, sodass auch die »frégates angloises«, die englischen Kriegsschiffe, die Humboldt erwähnt, entsprechende Assoziationen auslösen. Hier stach verhängnisvoll die Spanische Armada in See (1588). Ein Jahr später griff Francis Drake den Hafen an (1589). Und in der Schlacht von La Coruña kämpfte die französische Besatzungsarmee gegen ein britisches Expeditionskorps (1809).

Das Schiff, auf dem Humboldt nach Amerika aufbricht, ist nach dem *Conquistador* Francisco Pizarro benannt, dem Eroberer des Reiches der Inka. Es symbolisiert also den spanischen Kolonialismus – und die Tatsache, dass der Forschungsreisende von ihm abhängig ist. Wurde Humboldt auf der »Pizarro« – ungewollt – zum Kollaborateur des Imperiums?

Wenn der Reisende an den »unglücklichen Malaspina« denkt, der damals im »Staatsgefängnis« in La Coruña »schmachtete«, dann ist damit Alessandro Malaspina gemeint, der italienische Forschungsreisende und spanische Seeoffizier, dessen Weltumsegelung (1789–1794) der Botanik, Ethnographie und Kartierung diente und zugleich den Verhandlungen mit ›Eingeborenen‹ und der Versorgung von Außenposten.[7] Malaspina verkörpert so die Konflikte zwischen Wissenschaft und Kolonialismus. Indem er sich mit dem politisch Verfolgten solidarisiert, der als Revolutionär verhaftet und anschließend verbannt wurde, scheint sich Humboldt mit diesem Vorgänger zu identifizieren und die Problematik seines eigenen Unternehmens anzudeuten. In einer Fußnote verweist er auf eine Stelle in seinem *Essai politique sur le royaume de la Nouvelle-Espagne*. Dort heißt es zur Expedition und zum Schicksal von Malaspina, der nach seiner Rückkehr in Spanien verhaftet und erst 1803 freigelassen und nach Italien ausgewiesen wurde:[8]

> Aber dieser tüchtige Seefahrer wurde noch berühmter durch sein Unglück als durch seine Entdeckungen. Nachdem er beide Hemisphären durchquert und allen Gefahren einer stürmischen See entronnen war, fand er umso gefährlichere an einem Hof, dessen Gunst ihm zum Verhängnis wurde. Opfer einer politischen Intrige, schmachtete er sechs Jahre in einem Verlies. Die französische Regierung erreichte seine Freilassung. Alessandro Malaspina kehrte zurück in sein Heimatland.

Am Anfang von Humboldts Reise steht so die Warnung vor einem verhängnisvollen Ausgang – aufgrund politischer Unbotmäßigkeit.

San Antón, nach dem das Schloss benannt wurde, das nun als Gefängnis dient, ist ein spätantiker Einsiedler. Ausgerechnet das Attribut »San« (*sanctus*) des christlichen, katholischen »Heiligen« bezeichnet hier ein Gefängnis und deutet aus der Sicht des Kirchenkritikers Humboldt die unheilige Verbindung von Religion und Staatsgewalt an.

Bei San Amaro, nach dem die Festung benannt ist, handelt es sich um Amarus den Pilger, der als Seefahrer über den Atlantik das irdische Paradies erreicht haben soll und damit die utopischen Träume verkörpert, die sich auch mit Humboldts Reise verbanden.

Der »Herkulesturm« ist ein römisches Bauwerk aus dem zweiten Jahrhundert. Sein Name ruft die zwölf Arbeiten des Herakles in Erinnerung, wobei am Rand des Kontinents besonders der Kampf mit dem Riesen Geryon naheliegt, den der Held auf einer Insel im Ozean, Erytheia, erschlug. Zugleich verweist er auf die »Säulen des Herakles«, die Straße von Gibraltar als vermeintliches Ende der Welt, die Humboldt, indem er den Ozean überquert, nun hinter sich lässt. Und nicht zuletzt handelt es sich um einen Eroberermythos, weil Herakles sogar Troja einnahm.

Die Bezeichnung »Pharos« (»le Phare«) für den Leuchtturm ist abgeleitet vom Leuchtturm von Alexandria auf der gleichnamigen Insel, einem der sieben Weltwunder der Antike. Alexandria steht dabei für den zeitgenössischen ›Orient‹, das eigentliche Ziel von Humboldts Reise im Jahr 1798, die jedoch durch Napoleons Ägypten-Feldzug verhindert wurde. Es steht zugleich für die legendäre Bibliothek, das Wissen der alten Welt, das ihn auch in Amerika leiten wird. Humboldts Wahrnehmung der ›Neuen Welt‹ wird bestimmt durch die Antike und durch den Orient.

Die Schilderung hat insgesamt einen allegorischen Subtext. Viele Formulierungen sind buchstäblich und im übertragenen Sinn lesbar: die Öffnung und Befreiung, die sich dem Reisenden bei der Ausfahrt bietet; die Klippen, Gefahren und Abenteuer, die er zu umgehen oder zu bestehen hat; der Gegenwind, der ihm nicht nur meteorologisch entgegenbläst; die Gewalt des Meeres wie auch jene der Politik; und die Strömung, welche die Seefahrt beeinflusst und die Kontinente verbindet.

Zu einem Leitmotiv wird im zweiten Absatz das Licht – und zwar zu einem mehrdeutigen. Die Lichter, die Humboldt vom Schiff aus erkennt, gehen von dem Leuchtturm, von der Fischerhütte und von den Sternen aus. Dabei sind sie nicht nur realistisch, sondern auch symbolisch lesbar: als womöglich gefährlicher Brand oder sogar als kriegerisches »Feuer«, als »Licht« der »Aufklärung« (»lumière«), das dem ebenso »aufgeklärten« wie gerade deshalb traurig »bekannten« (»illustre«) Malaspina entspricht, oder als Leuchten des Kosmos. In jedem Fall erscheint das Licht inmitten der Finsternis. Das Licht, das vom vermeintlich aufgeklärten Europa ausgeht, ist beängstigend schwach.

Wie aber ist der Reisebericht angelegt? Wie hat Humboldt die Handlung erzählt? Wie wird die Erzählung perspektiviert? Auffällig ist, wie die grammatischen Subjekte eingesetzt werden: Von zwanzig Personal- oder Possessivpronomen, die sich in der zitierten Passage auf das Subjekt der Erzählung beziehen, stehen nur zwei in der ersten Person Singular – und zwar an derselben betrüblichen Stelle, wo der Erzähler seine Gefühle gesteht: »*ich* hätte gewünscht, *meine* Gedanken mit einem weniger traurigen Gegenstand beschäftigen zu können«. Humboldts Poetik ist eine Poetik der Ich-Vermeidung. An einer Stelle in seinem Reisebericht erklärt er sogar einen »äußersten Widerwillen« gegen die Konventionen dieser autobiographischen Gattung.[9]

Und dieser Widerwille ist programmatisch: Die Figur des Erzählers und die Figur des Reisenden lösen sich von ihrem Autor ab. Als Forschungsreisender will Humboldt nicht von sich selbst erzählen, sondern von der bereisten Natur und Kultur; er will nicht die eigene Person – ego- oder eurozentrisch – in den Mittelpunkt stellen, sondern die ›Anderen‹.[10]

Dass er dabei ungewöhnliche Formen entwickeln würde, ist in der Szene des Aufbruchs noch nicht abzusehen. Der Text ist hier vergleichsweise geschlossen gestaltet und geradlinig erzählt. Aber es gibt immerhin eine Fußnote, die auf eigene Werke verweist und die Verbindung von Literatur und Wissenschaft andeutet, für die er immer neue Ansätze finden wird.

Während Humboldt das Subjekt des Reisenden grammatisch zurücknimmt, bestimmt er dessen Identität kulturell und politisch umso weitreichender. Denn die Küste, von der er sich entfernt, die Klippen und Strände Galiziens, bezeichnet er als die Küste des Heimatlandes – oder noch wörtlicher: des Geburtslandes (»pays natal«). Geboren in Berlin, war Alexander von Humboldt eigentlich Preuße, allenfalls Deutscher, durch seine französischstämmige Mutter indirekt auch Franzose, aber keineswegs Spanier. In dem Augenblick jedoch, in dem er den Kontinent verlässt, identifiziert er sich kontinental, die ›Alte Welt‹ wird für ihn zur Heimat. Mit anderen Worten: Als er Europa hinter sich lässt, begreift sich Humboldt als Europäer. Subtil und ambivalent hat er diese Identifikation zugleich als Distanzierung gestaltet. Der Reisende wird zum Europäer – aber zu einem selbstkritischen. Der Blick ändert sich bereits im Augenblick des Aufbruchs. Bereits an seinem Beginn hat das Reisen das Denken verändert.

Tagebuch, Reisebericht, Literatur

Im Vergleich mit dem Reisetagebuch (1799)[11], das dieser Schilderung zugrunde liegt, können wir ermessen, wie Humboldt im Reisebericht, anderthalb Jahrzehnte später (1814), sein Rohmaterial umgearbeitet hat. Was hat sich verändert zwischen der Wahrnehmung des Aufbrechenden und dem Rückblick des Heimgekehrten?

Hinzu kommen Motive, die für die Identität des Reisenden und für die Symbolik der Erzählung zentral sind. Neu ist der Begriff der »Heimat«, nachdem im Tagebuch nur schlicht von einer »Küste« die Rede gewesen war. Ausgestaltet wird die Bildlichkeit des Lichts. Weggefallen sind dafür die Mitreisenden: Aimé Bonpland, zwei Kanarier, ein Marine-Kommissar, dessen Familie, der Kapitän, die Offiziere und dreißig Matrosen. Ausgeblendet wird auch das Anekdotische, insbesondere die Wutanfälle des Kapitäns. Zurückgenommen hat Humboldt das Subjektive: seine Stimmung, seinen Sarkasmus, eine gewisse Komik, aber auch seine Fehleinschätzungen. (Er hatte die Abfahrt offenbar kaum bemerkt und die Gefahren der Seefahrt gar nicht erfasst.) Entsprechend hat er die zahlreichen Pronomen in der ersten Person Singular, die den Tagebucheintrag noch bestimmten, im Reisebericht getilgt.

Gänzlich gestrichen wird eine orientalisierende Szene, die heute im Rückblick erst recht irritieren kann, weil Humboldt sich hier über eine afrohispanische Familie lustig macht und dabei den Begriff »Neger« verwendet, der seinerzeit allerdings noch nicht eindeutig rassistisch zu verstehen war:

> Wir trafen [...] den alten, nach S[ain]t Blaise bestimmten Marine-Kommissar, D[on] Francisco Bermúdez, mit zwei Negern und einer schönen Negerin, von der er ein zweijähr[iges], sehr eulenartiges Mulattenkind hatte ...[12]

Wenig später beschreibt Humboldt, wie diese Familie ihrerseits auf die Abreise reagiert:

> Die Kanarier, Bonpland und die ganze Negerfamilie waren nun schon vollkommen seekrank. Die Negerin hatte mit entblößtem Busen sich sehr orientalisch auf ein Bette gestreckt. Neben ihr das speiende Kind – alles sehr malerisch. Der kleine Knabe hatte zugleich Colik [Darmschmerzen, Durchfall], so daß es sehr schwierig war, mit einem und demselben Gefäß beide Bedürfnisse zugleich zu befriedigen.[13]

Orientalistische Stereotype scheinen sich hier zu verselbstständigen – durchaus im Sinn von Edward Said, der ihre Dominanz im europäischen Diskurs aufgezeigt hat.[14] Metaphorisch werden die Fremden sogar zu Tieren, wenn auch zu liebenswerten (Eulen). Erotisch werden sie sexualisiert (mit nackter Brust). Die Szene ist geradezu eine Allegorie von Liebe und Fruchtbarkeit, dabei neigt sie zugleich zum Exzess: die Brust steht für Sexualität und Mütterlichkeit, während das Kind gleichzeitig Durchfall hat und sich übergibt. Die Exkremente, Erbrochenes und Kot, lösen Ekel aus. Die zweifachen Ausscheidungen werden dabei sarkastisch oder einfach nur realistisch als »Bedürfnisse« betrachtet.

Ästhetisch scheint Humboldt den Modus des Pittoresken zu bedienen und das ›Andere‹ als ein *Tableau* vorzustellen. Dabei wirkt seine Bemerkung über die groteske Szenerie, das sei »alles sehr malerisch«, durchaus ironisch, eher wie eine Parodie auf orientalistische Wahrnehmungsmuster aus der europäischen Kunst oder Literatur. Die vermeintliche Andersheit wird so infrage gestellt. Die doppelte Krankheit (Seekrankheit und Kolik) stellt keine Gefahr dar, sie ist nicht ansteckend. Das Fremde bedroht die eigene Gesundheit eindeutig *nicht*. Und auch die ethnische Differenz wird dekonstruiert. Während die Schwarzen zunächst eine physische Andersheit zu verkörpern scheinen, lösen sich die vermeintlichen Unterschiede in der Figur des »Mulattenkin[des]« durch *mestizaje* tendenziell auf.

Sei er nun affirmativ oder subversiv zu verstehen – in jedem Fall hat Humboldt den Exotismus und Orientalismus, den er 1799 in seinem Tagebuch spontan notiert hatte, für die Publikation seines Reiseberichts 1814 wieder zurückgenommen.

Humboldts Expedition in die ›Neue Welt‹ wurde in der Literatur weitergeführt.[15] Daniel Kehlmann hat die Episode des Aufbruchs in *Die Vermessung der Welt* (2005) wie folgt variiert:[16]

> Sie nahmen die erste Fregatte, die von La Coruña aus in die Tropen aufbrach. Der Wind blies scharf von Westen, der Seegang war stark. Humboldt saß in einem Klappstuhl an Deck. Er fühlte sich frei wie noch nie. Zum Glück, schrieb er in sein Tagebuch, sei er niemals seekrank. Dann musste er sich übergeben. Auch das war eine Willensfrage! Mit äußerster Konzentration, und nur manchmal unterbrechend, um sich über die Reling zu beugen, schrieb er drei Seiten über das Gefühl des Aufbruchs, die übers Meer sinkende Nacht und die im Dunkel verschwindenden Küstenlichter. Bis zum Morgen stand er neben dem Kapitän und beobachtete

ihn beim Navigieren. Dann holte er seinen eigenen Sextanten hervor. Gegen Mittag begann er den Kopf zu schütteln. Nachmittags um vier legte er sein Gerät beiseite und fragte den Kapitän, wieso er so unexakt arbeite.

Was bei aller fiktiven Ausgestaltung aus dem Reisebericht als einziges Motiv übernommen wird, ist das Leuchten in der Nacht, »die im Dunkel verschwindenden Küstenlichter«.

Fragen an Humboldt

Goethe hat in den *Wahlverwandtschaften* (1809) das Faszinierende und das Unheimliche einer Tropenreise zugleich aufgefasst. In einer Aufzeichnung »Aus Ottiliens Tagebuche« heißt es hier: »Wie gern möchte ich nur einmal Humboldten erzählen hören.« Aber auch: »Es wandelt niemand ungestraft unter Palmen.« Denn »die Gesinnungen ändern sich«. Die Gefahr des Reisens besteht darin, dass der Reisende sich verändert: »er wird ein anderer Mensch«.[17]

Welche Veränderungen werden wir erkennen, wenn wir Goethes Satz ernst nehmen und auf Humboldts Texte beziehen? Die Ausfahrt aus La Coruña eröffnet eine Reihe von Fragen, mit denen wir seine Reisen und seine Werke betrachten können.

Wie wird Humboldt, dessen Emotionen sich vor La Coruña in einem bedeutenden Augenblick andeuten, den Höhepunkt seiner Reise schildern, die Besteigung des Chimborazo (1802)? Wie wird er dabei mit seiner eigenen Mythologie umgehen, die dieses Ereignis umgibt? Und welche Veränderungen werden in diesem Fall zwischen den unmittelbaren Aufzeichnungen im Tagebuch und den späteren Publikationen festzustellen sein?

Wie wird er, der in Europa zuletzt eine einfache Fischerhütte sieht, sich mit den indigenen Kulturen auseinandersetzen, denen er in Amerika begegnen wird (1799–1804)? Wie wird er die Artefakte der ›Eingeborenen‹ verstehen, insbesondere in seinen *Ansichten der Kordilleren und Monumente der eingeborenen Völker Amerikas* (1810–1813)?

Wie wird er, der sich der Schwierigkeiten und der Gefahren des Reisens von vornherein bewusst ist, die körperlichen Strapazen und die Risiken seiner Expedition schildern, insbesondere in seinem dreibändigen Reisebericht, der *Relation historique du Voyage aux régions équinoxiales du Nouveau Continent* (1814–1831)? Wird er seine Leistungen heroisieren oder eine heldenhafte Erzählung vermeiden?

Wie wird der Reisende, in dessen Tagebuch die Ausfahrt als orientalische Szenerie erscheint, das Fremde in Übersee zu einem vertrauteren Fremden ins Verhältnis setzen, zum Orient?

Welche Rolle wird für ihn, der beim Aufbruch den Turm des Herkules beschreibt, seine klassische Bildung spielen? Inwiefern wird der Maßstab des europäischen Altertums seine Wahrnehmung außereuropäischer Kulturen bestimmen?

Nachdem schon im Augenblick der Abreise Gefängnis und Gewalt angedeutet werden, welche Herausforderungen wird das Denken des Aufklärers angesichts der Ungerechtigkeiten des Kolonialismus erfahren, besonders im Kontakt mit der Sklaverei auf der Zuckerinsel Kuba, auf der er sich zweimal aufhält (1800/1801 und 1804) und die er in seinem *Essai politique sur l'île de Cuba* (1826) beschreibt?

Welche Konsequenzen wird die Tatsache haben, dass er, dessen Vorgänger Malaspina von der Monarchie eingekerkert wurde, seinerseits unter den Bedingungen autoritärer Regierungen reist – in den Kolonien des spanischen Königs in Amerika und später im Reich des russischen Zaren in Asien (1829), dem er seine *Asie centrale* (1843) widmen wird?

Wie wird er, da er auf einem Schiff nach Amerika gelangt, das ausgerechnet »Pizarro« heißt, sein eigenes Unternehmen und seine eigene Wissenschaft ins Verhältnis zum Kolonialismus setzen, auf dessen Geschichte er in seinem letzten Werk, *Kosmos*, zurückblickt?

Da er Lichter in der Nacht aufscheinen lässt, welche Rolle werden das Sehen und die anderen Sinne des Reisenden spielen, deren Bedeutung bereits die Titel seiner Werke wie *Ansichten der Natur* (1808, 1826, 1849) andeuten, und wird sich ihr Gebrauch unterwegs ändern?

Während Humboldt in seinem Reisebericht eindrückliche Sprachbilder gebraucht, wie wird er seine Erfahrungen nicht nur sprachlich, sondern auch bildlich verarbeiten, zu welchen Formen wird er als Wissenschaftler finden, der zugleich Schriftsteller und Künstler ist und dessen Werke mehr als 1500 Abbildungen enthalten?

Welche Veränderungen werden sich nicht nur zwischen dem Tagebuch (von 1799) und dem Reisebericht (von 1814), sondern im Verlauf seines Lebens, seines Forschens und seiner Publikationstätigkeit zeigen, in den zahlreichen Schriften, die er in sieben Jahrzehnten, zwischen 1789 und 1859, veröffentlicht?

Und wie haben Humboldts Reisen und Werke schließlich andere Autoren – wie Goethe (1809) oder Kehlmann (2005) – beeinflusst? Wie hat sein Reisen nicht nur sein eigenes, sondern auch *ihr* Denken und Schreiben verändert?

Leben, Reisen, Schreiben

Dass Humboldts Denken nicht statisch, sein Schreiben nicht dogmatisch war, liegt bereits biographisch und historisch nahe. Er wurde fast neunzig Jahre alt, geboren 1769, verstorben 1859. Mehr als siebzig Jahre war er als publizierender Autor aktiv, von 1789 bis 1859. Er erlebte drei Revolutionen – nach der Unabhängigkeit der USA (1776), die sich während seiner Kindheit ereignet hatte: die Französische (1789–1799), die hispanoamerikanische (1809–1825) und die deutsche (1848–1849).

Dabei war Humboldt fast fortwährend in Bewegung. Er unternahm zwei große Expeditionen: nach Amerika (1799–1804) und nach Asien (1829). Aber auch darüber hinaus war er in Europa unentwegt unterwegs: auf Forschungsreisen, zur Besichtigung von Bergwerken oder in diplomatischer Mission. Anhand der Chronologie seiner Aufenthaltsdaten[18] lässt sich eine für seine Zeit höchst ungewöhnliche Mobilität kartieren.[19] Und diese Mobilität war nicht nur eine physische, sondern auch eine intellektuelle.

Entsprechend international sind die Schriften, die in diesem Leben, auf diesen Reisen entstanden: geschrieben auf Deutsch, Französisch und Latein, übersetzt in ein Dutzend weiterer Sprachen, veröffentlicht an mehr als 400 Orten auf allen Kontinenten. Alexander von Humboldt war wahrscheinlich der internationalste Publizist seiner Zeit.[20] Seine Werke lassen sich in vier Gruppen unterscheiden, zwei handschriftliche und zwei gedruckte, die seine Internationalität und seine Veränderung dokumentieren: Tausende von Briefen, die bislang als rund siebzig Korrespondenzen herausgegeben wurden;[21] die Reisetagebücher, die an der Berlin-Brandenburgischen Akademie der Wissenschaften transkribiert und ediert wurden;[22] rund fünfundzwanzig Bücher in fünfzig Bänden, von denen die wichtigsten inzwischen in neuen deutschen Ausgaben vorliegen;[23] und schließlich rund siebenhundertfünfzig Aufsätze, Artikel und Essays, die zu Humboldts Lebzeiten in mehr als 3600 Drucken erschienen und 2019 erstmals gesammelt veröffentlicht wurden.[24]

Was in Humboldts Leben konstant blieb, ist paradoxerweise seine Offenheit für Veränderung: Sie wurde begünstigt durch seine politische Sympathie mit Bewegungen der Revolution oder der Reform sowie durch sein früh ausgeprägtes Interesse für die Naturforschung und eine entsprechende wissenschaftliche Grundhaltung, welche die permanente Bereitschaft einschloss, neue Erkenntnisse aufzunehmen und eigene Annahmen zu überprüfen.

Verehrung, Verurteilung, Veränderung

International wurde und wird Alexander von Humboldt bis heute verehrt: als »zweiter Entdecker« Amerikas (*Segundo Descubridor*),[25] als Ideengeber für dessen »Befreier«, Simón Bolívar (den *Libertador*),[26] als »Kaiser« der Wissenschaften (*Napoleon of Science*),[27] als Kritiker des Kolonialismus,[28] als Fürsprecher der Juden[29] und als vorbildlicher Kosmopolit,[30] als Vordenker der Ökologie[31] oder als Muster postmodernen Denkens[32]. Man benutzte, missbrauchte und vereinnahmte ihn im Deutschen Kaiserreich, im ›Dritten Reich‹ und in der DDR.[33] In der Bundesrepublik Deutschland wird er seit der Jahrtausendwende ›wiederentdeckt‹[34] und in der kulturellen Außenpolitik eingesetzt: als Repräsentant eines weltoffenen Landes – als ›guter Deutscher‹. Das preußische Stadtschloss, das man in Berlin wiederaufgebaut hat, nannte man, obwohl er die Monarchie kritisierte, »Humboldt Forum«.[35]

Aber er wurde auch verurteilt und verspottet: als »Spion« der USA, der eine Mitschuld am Krieg von 1846–1848 trage,[36] und als Agent kapitalistischer Ausbeutung, der Amerika als verfügbare Ressource erkundet und ideologisch zugerichtet habe,[37] oder schließlich als besessener Vermesser der Welt,[38] eine skurrile »Kreuzung aus Don Quixote und Hindenburg«.[39]

Doch weder hat ein Autor des achtzehnten und neunzehnten Jahrhunderts immer schon alles besser gewusst, noch wäre er von vornherein verächtlich zu machen (es sei denn in der Kunst, in der Literatur, in der Satire).

Wie jeder Mensch dachte auch Humboldt in seiner Zeit – und zugleich über diese hinaus. Seine Schriften sind keineswegs frei von europäischen, eurozentrischen Vorstellungen des späten achtzehnten und frühen neunzehnten Jahrhunderts, die wir heute ›kolonial‹ nennen. Aber diese Vorstellungen sind nicht stabil. Sie werden herausgefordert. Statt ihn zu verehren oder zu verurteilen, können wir möglichst unvoreingenommen nachvollziehen, von welchen zeitgenössischen Vorstellungen Humboldt ausging und wie sich diese im Verlauf seiner Erfahrung wandelten. Mit anderen Worten: wie das Reisen das Denken verändert.

Erstes Kapitel
Spaltenkunde: Die Mythologie des Chimborazo

(Tagebuch, 1802)

»Daß man erzählte, wirklich erzählte,
das muß vor meiner Zeit gewesen sein.«

Rainer Maria Rilke,
Die Aufzeichnungen des Malte Laurids Brigge (1910)[1]

Als Alexander von Humboldt am 22. Juni 1802 das Andendorf Calpi erreicht, wird ihm eine feierliche Begrüßung zuteil: Seinen Weg überwölben Triumphbögen, die mit Baumwolle, Tüchern und Silber geschmückt sind. Fantasievoll gekleidete Frauen und Männer führen einen Tanz der Teufel auf. Und ein Sänger rühmt die Forschungsreise, die der preußische Naturforscher drei Jahre zuvor in La Coruña angetreten hatte und die ihn nun in das Bergdorf geführt hat. Wie Odysseus bei den Phäaken wird der Reisende, noch während er unterwegs ist, zum Zuhörer seiner eigenen ›Heldentaten‹, die ein einheimischer Rhapsode besingt.[2] Bevor es überhaupt beendet ist, verwandelt sich sein Abenteuer in einen Gegenstand volkstümlicher Mythologie.

Diese Episode, die Alexander von Humboldt mit knappen Worten in seinem Tagebuch festgehalten hat, ereignete sich zu einem bedeutsamen Zeitpunkt: am Vortag jenes Ereignisses nämlich, das den »zweiten Entdecker Amerikas« erst recht legendär machen sollte und das in mehr als einer Hinsicht den Höhepunkt seiner Expedition bildet. Am 23. Juni 1802 unternahm es Alexander von Humboldt, den Chimborazo zu besteigen, den man seinerzeit für den höchsten Berg der Erde hielt;[3] zusammen mit Aimé Bonpland und Carlos Montúfar, dem Bruder des örtlichen *Corregidor* Javier Montúfar (mit dem zusammen er in Calpi eingezogen war),[4] sowie in Begleitung indigener Mitarbeiter.[5] Und tatsächlich gelang es, ohne Sauerstoffgerät, einen vielbeachteten Höhenweltrekord aufzustellen, der sich mit dem Namen Humboldt verband.[6]

Überhöhungen

Der Vorgang hatte symbolisches Potenzial: Ein Mann der Aufklärung war in unerreichte Höhen aufgestiegen. Das Ereignis regte die Vorstellungskraft an und faszinierte nicht nur die europäischen Öffentlichkeiten.[7]

Zeitgenössische Maler wie Friedrich Georg Weitsch (1810)[8] und Karl von Steuben (1812)[9] porträtierten Humboldt – imaginär – am Chimborazo. Sogar auf seinem letzten Bildnis wurde der Reisende, als er sich mittlerweile seit 55 Jahren nicht mehr in Amerika aufgehalten hatte, kurz vor seinem Tod von Julius Schrader (1859)[10] noch einmal – anachronistisch – vor dem

1. Friedrich Georg Weitsch, *Alexander von Humboldt und Aimé Bonpland in der Ebene von Tapia am Fuße des Chimborazo* (1810, Ausschnitt).

2. Karl von Steuben, *Alexander von Humboldt am Chimborazo* (1812).

3. Julius Schrader, *Alexander von Humboldt vor dem Chimborazo* (1859).

Hintergrund des Andengipfels dargestellt, dessen eisbedeckte Kuppe dem schneeweißen Haar des neunzigjährigen Greises entspricht.[11]

Während Humboldt im ersten Bild unterhalb des Berges zu sehen ist, befindet sich sein Kopf im zweiten mit dem Gipfel auf Augenhöhe, bevor er ihn im dritten überragt. Die Besteigung nahm ikonographisch immer triumphalere Formen an. In der sensationellen Episode hatte sich nicht nur die Phantasie der Amerikareise verdichtet. Der Berg war zu einem Zeichen geworden, das Alexander von Humboldt und sein Lebenswerk insgesamt repräsentieren konnte.[12]

Das Echo des Anstieges hallte auch nach in der Literatur – und sogar in der Geschichte. Simón Bolívar soll im Jahr 1822, auf dem Gipfel seines revolutionären Siegeszuges von Venezuela durch die Andenländer, ebenfalls den Chimborazo bestiegen[13] und eine visionäre Meditation verfasst haben: »Mi delirio sobre el Chimborazo«.[14] Als Kulmination seiner »marcha de la libertad« wird der Gipfelsturm zu einer Allegorie der Befreiung Amerikas vom spanischen Imperium, zum Gründungsmythos eines unabhängigen Kontinents, der von seiner Spitze aus zu übersehen ist – und zwar aus einer Perspektive, die Humboldt vorgegeben hatte.[15] Der *Libertador* »folgte«, wie er schrieb, »wagemutig« den Spuren Humboldts, bis er sie schließlich »hinter sich ließ«, um Neuland zu betreten. Ekstatisch erfährt er eine Offenbarung: Er vernimmt die Stimmen des Daimons von Kolumbien und des Geistes der Zeit. Ideell nimmt er den vermeintlich höchsten Punkt für ein befreites Hispanoamerika in Besitz – und setzt so das Werk seines deutschen Ideengebers fort, dessen Kritik am Kolonialismus ihn sagenhafterweise inspiriert hatte: »dejé atrás las huellas de Humboldt«.[16]

Der venezolanische Künstler Tito Salas hat das Prosagedicht in ein Gemälde verwandelt (1929–1930)[17], das heute in der Casa Natal del Libertador in Caracas hängt und dem Chimborazo-Humboldt-Bolívar-Komplex damit höchste erinnerungspolitische Weihen verleiht.[18] Es zeigt den ›Befreier‹ auf der Spitze des Berges, umfangen von einem weißbärtigen Europäer mit Engelsflügeln.

Als Frontispiz schmückt das Bild eine in Caracas veröffentlichte Hommage an Simón Bolívar in englischer Sprache, *The Spirit of Chimborazo Speaks* (1930) von Jordan Herbert Stabler.[19] Das hagiographische Epos lässt Bolívars Befreiungskampf chronologisch Revue passieren. Stabler rahmt diese Geschichte durch zwei leicht variierte Wendungen, die den *Libertador* in die Fußstapfen

4. Tito Salas, *Delirio sobre el Chimborazo* (1929–1930).

stellen, die Humboldt im ewigen Schnee des andinen Vulkans hinterlassen hat. Und zwar zunächst buchstäblich beim Aufstieg: »*up the Humboldt trail* he trod«;[20] und schließlich ein weiteres Mal und im übertragenen Sinn auf dem Weg der Vergöttlichung: »he mounts *up the Humboldt path* again«.[21] Sowohl die Leistungen wie auch die Mythen von Alexander von Humboldt und Simón Bolívar werden parallelisiert. Stabler unterstreicht dabei die identitätspolitische Bedeutung der Bergbesteigung, indem er von der »Krone« des Chimborazo spricht, die der ›Befreier‹ erreicht (»[he] reached *my crest*«), wobei das Wort »crest« in schönem Doppelsinn zugleich die gebirgige Spitze bezeichnet und ein heraldisches Motiv bedeutet, das mit ihrer Berührung gewissermaßen aktiviert wird.[22]

In ähnlicher Weise verleihen zwei vulkanische Szenerien dem Theaterstück *Humboldt und Bolívar oder Der Neue Continent* (1980) von Claus Hammel[23] eine surreale Ringkomposition. Durch sie wird die spannungsreiche und wechselvolle Bekanntschaft der beiden Titelfiguren 1804 im napoleonischen Paris, von der das Stück handelt, einerseits an die Chimborazo-Besteigung angeschlossen und andererseits auf die *Independencia* ausgerichtet. Das Schauspiel eröffnet mit einer kolonialen »Allegorie«, in der Humboldts Reise Bolívars Revolution vorbereitet: Humboldt, Bonpland und Montúfar untersuchen die aus Füllhörnern quellenden Reichtümer des ›Neuen Kontinents‹, die sechs Figuren als Verkörperungen der bereisten Länder in einem Reigen in den Krater hinabführen, begleitet von Vertretern der alten Ordnung: Gouverneur, Großgrundbesitzer, Aufseher, Soldat, ein »Negerknabe« und la Malinche;[24] als jene Figuren jedoch wieder heraustreten, tragen sie in einer Prozession anstelle der Reichtümer sechs tote Rebellen. – Dieser Prolog wird im Epilog ergänzt und erklärt: im letzten Zusammentreffen zwischen Humboldt und Bolívar am 12. August 1805, das ausgerechnet auf dem Vesuv stattfindet. »Ich werde Völker aus den Kratern erloschener Vulkane schleudern«, sagt Bolívar zu Humboldt. »Auf dem Thron, den ich errichte, werden zwei Plätze frei sein.« Die finale Regieanweisung lautet: *»Aus dem glühenden Ascheregen des Vulkans treten hervor die Befreier Südamerikas. Zu Bolívar gesellen sich Miranda, San Martín, O'Higgins, Artigas, Hidalgo, Morelos, Martí, Pancho Villa, Zapata, Sandino, Che Guevara, Allende.«* Bolívars letzte Worte sind: »Humboldt! – Humboldt! – Humboldt!« Durchaus im Sinn von Bolívars *delirio* – wie auch der von Humboldt an prominenter Stelle zitierten Zeilen aus Schillers *Die Braut von Messina* (1803), »Auf den Bergen ist Freiheit«[25] – hat Claus Hammel das Motiv des Vulkans so ausgestaltet, dass es zugleich als Synekdoche für Humboldts Reise durch Amerika *und* als Metapher für die Unabhängigkeitsrevolution stehen kann, beziehungsweise als Bindeglied für beide. Und er hat die Geltung des Motivs, im Sinn der DDR-Außenpolitik, auf die nachfolgende Geschichte des Kontinents ausgeweitet.

Ein neues Element führt Eduardo Galeano ein. Im zweiten Band seiner monumentalen *Memoria del fuego* (1984) hat der Uruguayer seiner chronologischen Reihe von Miniaturen zur lateinamerikanischen Historie ein Dutzend Episoden um Alexander von Humboldt eingefügt, die dessen Bedeutung für die Geschichte des Kontinents beleuchten. Eine von ihnen schreibt die Phantasie über Humboldt auf dem Chimborazo fort. Sie trägt den pathetischen Titel »En las cumbres del mundo«, »Auf den Gipfeln der Welt«.[26] Auch Galeano verbindet Humboldts Bergbesteigung hier mit Simón Bolívar, allerdings ohne diesen zu nennen, indem er lediglich dezent das Wort »Delirium« einsetzt: »Humboldt spürt eine Fülle von Licht, die stärker ist als jedes Delirium«. Erneut wird der Aufstieg auf den Vulkan als mystischer Vorgang inszeniert – diesmal jedoch nicht der Vergöttlichung, sondern einer erleuchtenden Erkenntnis, die sogar »noch stärker«, noch eindringlicher sein soll. Und sie wird als ein Ereignis verstanden, das nach erzählerischer Bewältigung verlangt. Denn Galeanos Humboldt verspürt einen spontanen Mitteilungsdrang: »er hat größte Lust, Bruder Goethe davon zu erzählen, in dessen Haus in Weimar«.

Die Maler Weitsch, Steuben, Schrader und Salas sowie die Autoren Bolívar, Stabler, Hammel und Galeano sind nur einige Zeugen für die enorme mythenerzeugende Kraft, die von Humboldts Chimborazo-Besteigung ausgegangen ist. Dass seine Unternehmung eine derartige Resonanz erfuhr, dass sie eine legendäre Qualität und eine kontinentale Bedeutung annahm, ist aus mindestens zwei Gründen umso bemerkenswerter, die weder Bolívar noch Stabler, Hammel oder Galeano benannt haben. Wenn Humboldts Vorhaben darin bestanden hatte, den Gipfel des Berges zu erreichen, dann war es misslungen. Denn die Besteigung musste vorzeitig abgebrochen werden. In gewissem Sinn also war Humboldt gescheitert.

Hinzu kommt eine weitere Merkwürdigkeit, die nicht mit dem Ereignis selbst, sondern mit seiner Überlieferung zu tun hat: Odysseus brach bekanntlich in Tränen aus, als Demodokos seine Heldentaten besang; und er ließ sich bewegen, seine Geschichte selbst vorzutragen.[27] Humboldt hingegen hat der Versuchung, die Galeano andeutet, ›Goethe in Weimar‹ einen Bericht zu erstatten, das heißt: sein Unternehmen einer literarischen Öffentlichkeit mitzuteilen, widerstanden. Jahrzehntelang weigerte er sich, dem Bedürfnis nach einer Erzählung nachzukommen. Bis er es endlich doch tat – und dann auf desto rätselhaftere Weise.

Erinnerungen

Wann und wie also beschrieb Alexander von Humboldt seine Besteigung des Chimborazo? Wie verhalten sich seine eigenen Darstellungen zu den Erfindungen, die andere Schriftsteller überliefert haben? Und welche Schlüsse können wir aus der Art und Weise ziehen, wie Humboldt mit dieser Episode umgegangen ist: im Hinblick auf seine Wahrnehmung Amerikas und die Ästhetik des Reisens; auf die Inszenierung der Expedition und die Begegnung mit dem Fremden; auf Humboldts Schreiben und die Poetik seiner literarischen Texte; sowie auf die Theorie und die Praxis seiner Wissenschaft? Denn verarbeitet hat Humboldt die Besteigung des Chimborazo in verschiedenen Gattungen: im Tagebuch (1802), im Reisebrief (1802), in pflanzengeographischen Schaubildern (1803-1825), in den illustrierten *Vues des Cordillères* (1810-1813) und schließlich in einem erzählenden Essay (1836).

Brief an den Bruder

Fünf Monate nach dem Ereignis, am 25. November 1802, schrieb Alexander von Humboldt seinem Bruder Wilhelm aus Lima einen Brief.[28] Die Passage, die vom Chimborazo handelt, ist ein Muster an dramatischer Rhetorik: In nur wenigen Zeilen ist die Rede von Krankheit und Leiden, Schrecken und drohendem Mord, einer schlimmen Wunde und der Gefahr des Sturzes in fürchterliche Abgründe. In plastischen Worten beschwört er die Großartigkeit des Berges, dessen eindrucksvolle Höhe, die Düsternis der Landschaft sowie deren unheimliche Menschenleere. Hier ist niemand mehr, nicht einmal ein Kondor: »Aucun être animé, pas même le condor«. Das Interesse, auf den Gipfel zu gelangen, rechtfertigt gleichwohl alle Opfer, denn es hätte kaum größer sein können: »Es ist denkbar, dass dieser Gipfel der Krater eines erloschenen Vulkans ist, ja es ist sogar wahrscheinlich; dabei lässt einen die Vorstellung dieser bloßen Möglichkeit zu Recht erschaudern: denn sollte der Vulkan wieder aktiv werden,

« Il est possible que cette cime soit le cratère d'un volcan éteint, et cela est même probable; cependant l'idée de cette seule possibilité fait frémir avec raison : car, si ce volcan se rallumoit, ce colosse détruiroit toute la province. »

würde der Koloss die gesamte Provinz verheeren.«[29] Es geht offenbar um Leben und Tod.

Eine solche Schilderung hat Alexander von Humboldt nie direkt veröffentlicht. Zwar gelangten seine Briefe an Zeitungen und Zeitschriften, und sie gingen in Berichte ein, die über die Reise zirkulierten.[30] Ehe er von seiner Unternehmung endlich selbst ausführlich berichtete, hatten es längst andere getan.[31] Auch in mündlichem Vortrag sprach der Heimgekehrte bei verschiedenen Gelegenheiten von Amerika: in Pariser Salons, bei wissenschaftlichen Anlässen, am Hof des preußischen Königs.[32] Ausgerechnet die Chimborazo-Episode jedoch wurde als solche in seinen veröffentlichten Schriften merkwürdigerweise (und auf merkwürdige Weise) übergangen. Die Aufzeichnungen in seinen Reisetagebüchern behielt Humboldt für sich.[33] Den Reisebericht hat er nicht vollendet; der vierte Band der *Relation historique*, in dem das Ereignis zur Sprache hätte kommen müssen, wurde nicht mehr verwirklicht. Der Bericht endet mit Humboldts Ankunft aus Kuba im heutigen Kolumbien.

Kurz bevor der Bericht die Anden erreicht, bricht er ab. In den *Ansichten der Natur*, die sich für seine Darstellung angeboten hätten (und zwar nicht nur im einschlägigen Kapitel »Über den Bau und die Wirkungsart der Vulkane«), spielt der Berg keine besondere Rolle.[34] Kurze Erwähnungen, knappe Anspielungen und sachliche Bezüge finden sich durchaus, beispielsweise im *Kosmos*.[35] Zu naturwissenschaftlichen Referenzen geronnen, durchziehen schmale Spuren der Faszination für den Chimborazo Humboldts gesamtes Werk. Aber in keinem seiner Bücher bildet er das Epizentrum.

Ansichten statt Aussichten

In zeitlicher Nähe zur Expedition erschienen lediglich zwei kurze Essays in den *Ansichten der Kordilleren* (1810–1813), die dem Chimborazo gelten und die sich jeweils auf eine Illustration des Tafelwerkes beziehen.[36] Im 16. Kapitel sind der Episode immerhin siebzehn Zeilen gewidmet – wobei Humboldt den Schwerpunkt darauf legt, den Wert solcher Unternehmungen, der gegenüber dem älteren Bruder zu Hause noch eine existenzielle Dringlichkeit zu haben schien, herunterzuspielen: »Diese mühsamen

5. »Vue du Chimborazo et du Carguairazo«
(1810, *Vues des Cordillères*, Tafel 16).

Exkursionen, deren Erzählungen allgemein das Interesse der Öffentlichkeit fesseln, bieten nur eine *sehr kleine* Anzahl von Ergebnissen, die dem Fortschritt der Wissenschaften dienlich sind«.[37]

« Ces excursions pénibles, dont les récits excitent généralement l'intérêt du public, n'offrent qu'un *très-petit* nombre de résultats utiles au progrès des sciences. »

Im Übrigen handelt der Text vor allem von verschiedenen »Illusionen«, vor denen sich Reisende hüten sollten: Sie neigen dazu, die Höhe der Ebenen, auf denen sie sich befinden, zu unterschätzen; die Ausmaße bestimmter Gipfel je nach Standpunkt unterschiedlich wahrzunehmen; oder einzelne Erhebungen oberhalb der Andenrücken für eigenständige Berge zu halten, obwohl es sich um Bestandteile zusammenhängender Massive handelt.[38]

Das 25. Kapitel enthält sich einer narrativen Darstellung ganz und gar. Hier fallen Humboldt weitere Argumente ein, mit denen er die Bedeutung des Gipfels und damit die seiner Besteigung verringern kann: der Ballonfahrer Gay-Lussac hat schon größere Höhen erreicht; der benachbarte Altar war, ehe er einstürzte, vermutlich größer gewesen; im Himalaya soll es noch bedeutendere Berge geben; der »wahre Geologe« interessiert sich sowieso nicht (quantitativ, positivistisch) für »absolute Höhen«, sondern eher (qualitativ, struktural) für »Formationen«; und es würde ihn obendrein nicht überraschen, wenn irgendwo noch bemerkenswertere Gipfel entdeckt werden würden.[39]

Die beiden Abbildungen, auf die sich die Texte beziehen, sind Stiche, die auf Skizzen Humboldts zurückgehen und den Chimborazo ausgerechnet nicht am Tag der Besteigung zeigen. Um ihn in zwei gegensätzlichen Zuständen vorstellen zu können, hat Humboldt den Berg einerseits vor dem Aufstieg abgebildet, bei einem Minimum an Niederschlag, sodass die untere Grenze der ewigen Schneedecke sichtbar ist (Tafel 16);[40] und andererseits nach der Exkursion, nach starkem Schneefall, wie er den Ausflug erschwert hatte (Tafel 25).[41] In beiden Fällen ist der Vulkan bei besseren Wetterverhältnissen zu sehen – und so ist es gewissermaßen nicht *derselbe* Berg, den Humboldt zu besteigen versuchte.

In seinen künstlerischen Inszenierungen des Chimborazo hat Humboldt indes nicht allein um der Meteorologie willen auf eine spektakuläre Wiedergabe des Aufstiegs verzichtet. Anders als später Bolívar verortet er die ästhetische Erfahrung des Reisenden keineswegs auf dem Berg, sondern unterhalb. Es geht nicht um die panoramatische Großartigkeit der erhebenden Aussicht, die der Gipfel bietet,[42] sondern um dessen erhabene Ansicht, das heißt: um die Wirkung des Berges auf den Betrachter, der ihn wie ein Kunstwerk aus sicherer Distanz wahrnimmt.[43] Seite für Seite evoziert Humboldt in beiden Chimborazo-Kapiteln der *Ansichten der Kordilleren* den Anblick aus der Sicht desjenigen, der sich nicht in der Nähe des Gipfels befindet.[44]

Wie eine griechische Tragödie, die vor und nach ihrem Höhepunkt, in spannungsvoller Erwartung und im kathartischen Effekt wirksam war, wogegen die eigentliche Tat, die Opferung des tragischen Helden, den Blicken entzogen blieb, organisiert sich auch Humboldts vulkanische Ästhetik um einen fruchtbaren Augenblick.[45]

In diesem Sinn beschließt der Verfasser der *Ansichten der Kordilleren* seinen Essay zur ersten der beiden Chimborazo-Tafeln mit einer Würdigung des Vulkans kurz vor dem ausgesparten Ereignis. In den Augen eines Betrachters, der sich für den Aufstieg bereit macht, erlangt er eine ästhetische Qualität, die ihn von seiner Umgebung epochal unterscheidet: Der Chimborazo erhebe sich über die Andenkette und die Ruine des Carguairazo wie das Kunstwerk des Michelangelo in der Renaissance über die Monumente der römischen

6. François Gérard, »Humanitas. Literae. Fruges.«
(1814, *Atlas du Nouveau Continent*).

Antike.[46] Vor jeder Erzählung des Aufstiegs und ungeachtet eines Erreichens des Gipfels wird der Blick auf den Berg zu einem Sinnbild: für einen Aufbruch in die Zukunft.[47]

Bergbilder

Als Schauplatz einer nicht so sehr ästhetischen wie geschichtsphilosophischen Modernisierung gestaltete François Gérard den Chimborazo, im klassizistischen Stil, als Frontispiz des Humboldt'schen *Atlas*.[48] Vor dem Hintergrund des Vulkans, wie er in den *Ansichten der Kordilleren* zu betrachten ist, ereignet

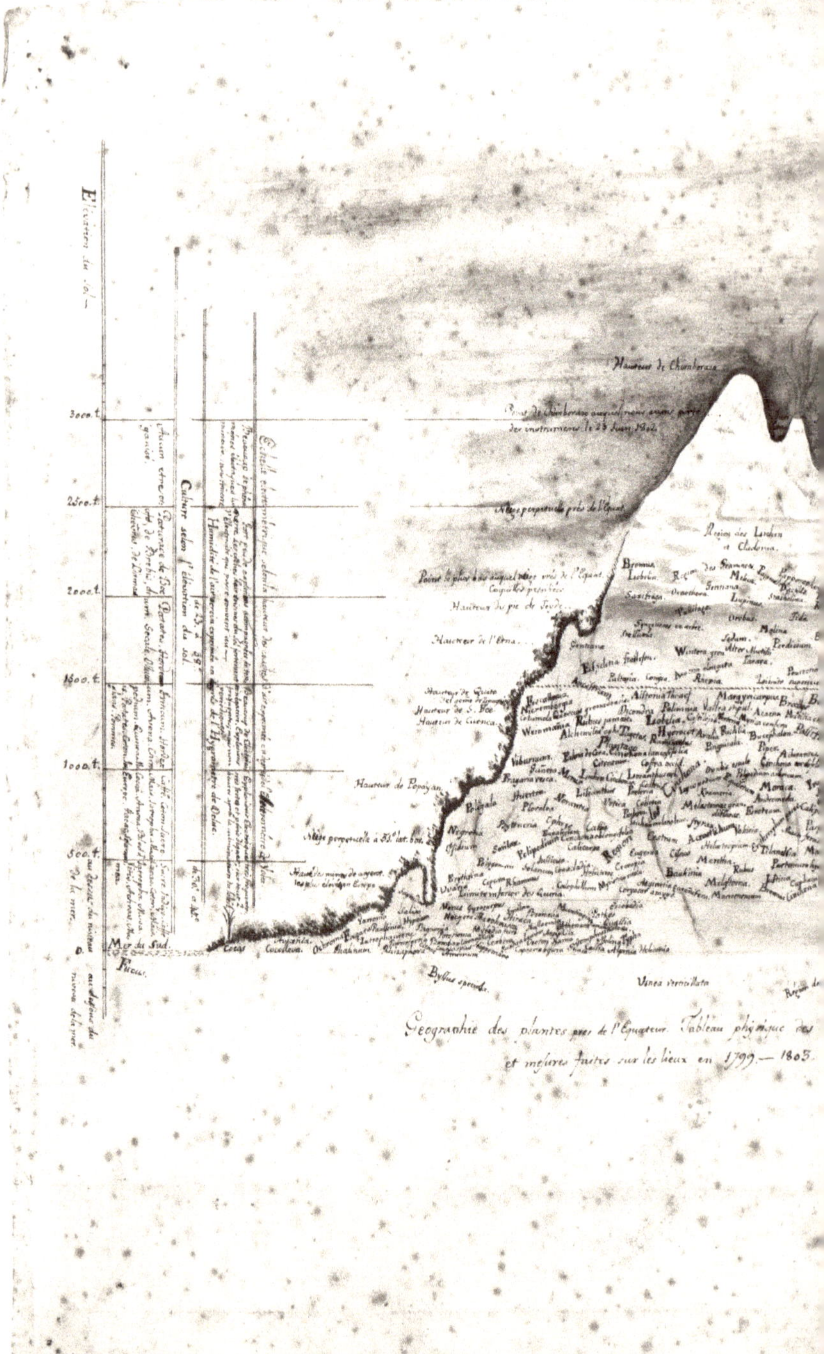

7. »Géographie des plantes près de l'Equateur« (1803, Zeichnung).

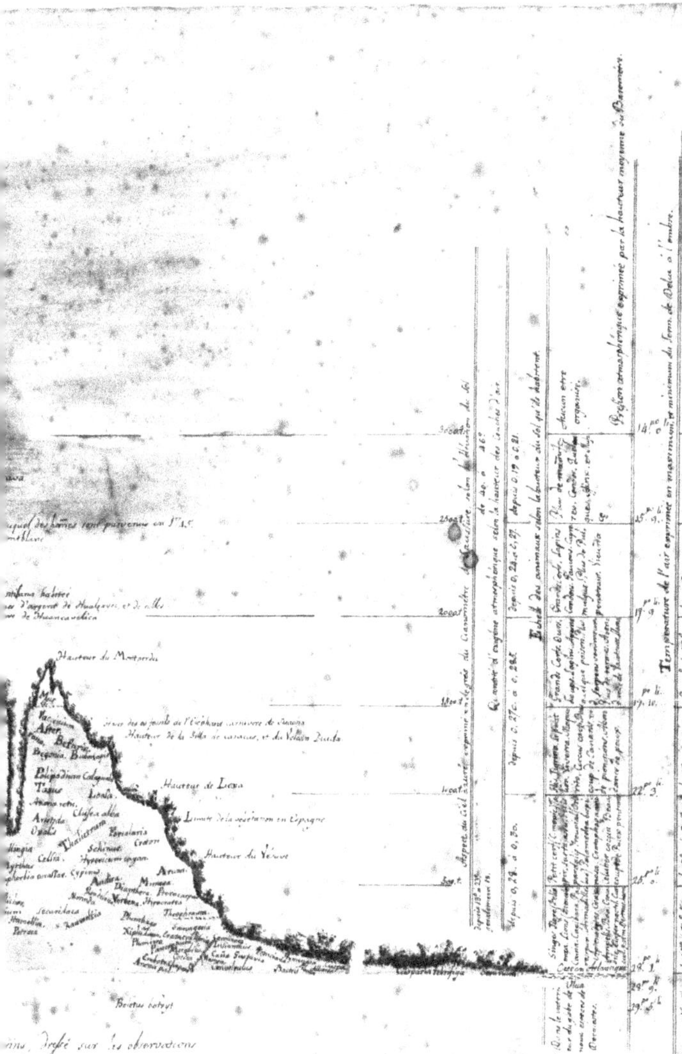

Hauteur du Montserrat
Hauteur de la Silla de caracas, et du Volcan Duida
Hauteur de Lexa
Limite de la végétation en Espagne
Hauteur du Vésuve
Aster
Begonia
Polipodium
Taxus
Aristida
Oxalis
Thalictrum
Schinus
Celtis
Mimosa
Verbena
Theophrasta
Securidaca
Boletus botrys
Aspect du Ciel azuré exprimé en degrés du Cianomètre de Saussure, selon l'élévation du sol
depuis 18° à 23°. généralement 18.
de 40. à 46°
Quantité d'oxygène atmosphérique selon la hauteur des couches d'air.
depuis 0,28. à 0,30.
depuis 0,27c. à 0,285
depuis 0,24. à 0,27.
depuis 0,19 à 0,21.
Echelle des animaux selon la hauteur du sol qu'ils habitent.
Aucun etre organisé.
Pression atmosphérique exprimée par la hauteur moyenne du Baromètre.
Température de l'air exprimée en maximum et minimum du Term. de Deluc à l'ombre.
t. m. 15, 5. (l'intérieur du globe.
de 8° à 24°
t. m. 17°
de 2° à 19°
t. m. 13°
de 0° à 17°
t. m. 8°
de — 4° à + 16°
t. m. + 3°
de — 6° à + 15°
t. m. + 2°
t. m. — 2°
pas de grêle.
grêle très rare.
grêle très abondante même quelque fois de nuit.
Il neige depuis les 2100 t.
perpetuelle depuis 2440 t.

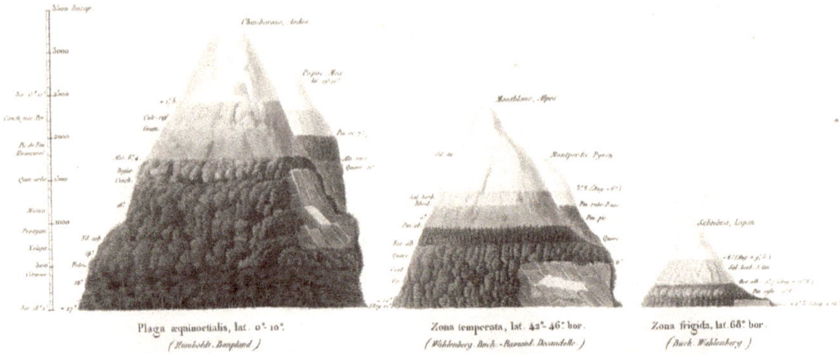

8. »Geographiæ plantarum lineamenta«
(1816, *Nova genera et species plantarum*).

sich die Auferstehung Amerikas aus dem Geist des Liberalismus: Während ihm Athena einen Olivenzweig reicht, hilft Hermes einem noch halb kniend sich abstützenden aztekischen Fürsten, der den Kopf gesenkt hat, auf die Beine.

Der Titel deutet an, worum es in dem Bild geht: »Humanitas, literae, fruges« – Zivilisation, Schrift, Getreide.[49] – Diese Allegorie werden wir im fünften Kapitel unter dem Gesichtspunkt von Humboldts Verfahren der Antikisierung Amerikas genauer betrachten.

In der Auseinandersetzung mit dem Chimborazo vertritt Humboldt nicht nur eine aufklärerische Philosophie und eine entsprechende ökonomische Politik, sondern er entwickelt auch eine unerwartete Form der ästhetischen Wahrnehmung und eine innovative Methode der bildlichen Darstellung. Im zweiten der beiden *Kordilleren*-Kapitel, die dem Chimborazo gewidmet sind,[50] verweist er auf eine (seitdem vielfach reproduzierte) Zeichnung, die er 1803 in Ecuador entworfen[51] und 1807 im *Essai sur la géographie des plantes* veröffentlicht hatte[52]: auf ein *Tableau physique* als Profil der Anden, das die vertikale Verteilung der Vegetations- und Klimazonen vor Augen führt und in dessen Zentrum der Chimborazo steht.

In diesem berühmt gewordenen Querschnitt hat der Berg eine graphische und zugleich eine sprachliche Dimension. Indem er beide Darstellungsformen übereinanderlegt, um das Vorkommen bestimmter Pflanzenarten zu bestimmen und mit wissenschaftlichen Befunden in Beziehung zu setzen, verbindet Humboldt Bild und Schrift zu einem Medium, in dem Kunst und Wissenschaft miteinander verschmelzen.

Ein weiteres Mal taucht das Motiv, das beinahe die reduzierte, wiedererkennbare Form eines Piktogramms annimmt, in den *Nova genera et species plantarum* auf: als »Geographiæ plantarum lineamenta«.[53] Es hat hier die Funktion, die statisch-taxonomische Botanik Linné'schen Typs, der in Amerika gesammelte Spezies eingegliedert werden, pflanzengeographisch weiterzuführen, zu verorten und in Bewegung zu setzen – im Sinn der neuen Disziplin, die Humboldt in jenem Werk konzipiert hatte, in dem er das Format des Gebirgsprofils vorstellte: dem *Essai sur la géographie des plantes*.

Im *Atlas géographique et physique des régions équinoxiales du Nouveau Continent*, dem Kartenwerk zu seiner Geschichte der Geographie der Neuen Welt,[54] hat Humboldt (auf Tafel 9) die bild-textliche Repräsentation der Anden, wie er sie im Tableau zur *Géographie des plantes* entwickelt (1807) und in den *lineamenta*, den »Umrissen«, der *Nova genera* weitergeführt hatte (1816), ein weiteres Mal unternommen (1825) und diesmal auf den Chimborazo konzentriert. Der Titel ist hier nicht beschreibend formuliert, sondern erzählerisch. Er bezieht sich auf die Reise, die in Richtung des Gipfels *versucht* wurde: »Voyage *vers* la cime du Chimborazo, *tenté* le 23 Juin 1802«.[55] Neben dem Profil des Berges sind dramatische Kurztexte eingetragen. Wo die Symptome sich blutig bemerkbar machten: »Die Reisenden begannen aus den Augen, an den Lippen und am Zahnfleisch zu bluten.« Und wo der Anstieg an einer frustrierenden »Spalte« abgebrochen werden musste: »Spalte, welche die Reisenden daran hinderte, zum Gipfel zu gelangen.« Die neue Darstellungsform wird damit weiter dynamisiert – und mit dem Zeichen des Scheiterns versehen.

« Les voyag[eurs] ont commencé à saigner des yeux, des levres et des gencives. »

« Crevasse qui empecha les voyageurs d'atteindre la cime. »

Germaine de Staël hat das Humboldt'sche Gebirgsprofil als philosophisches Gleichnis genutzt, mit dem sich die Regelmäßigkeit einer globalen Aufklärung denken lässt – und das vereinbar ist mit Gérards allegorischer

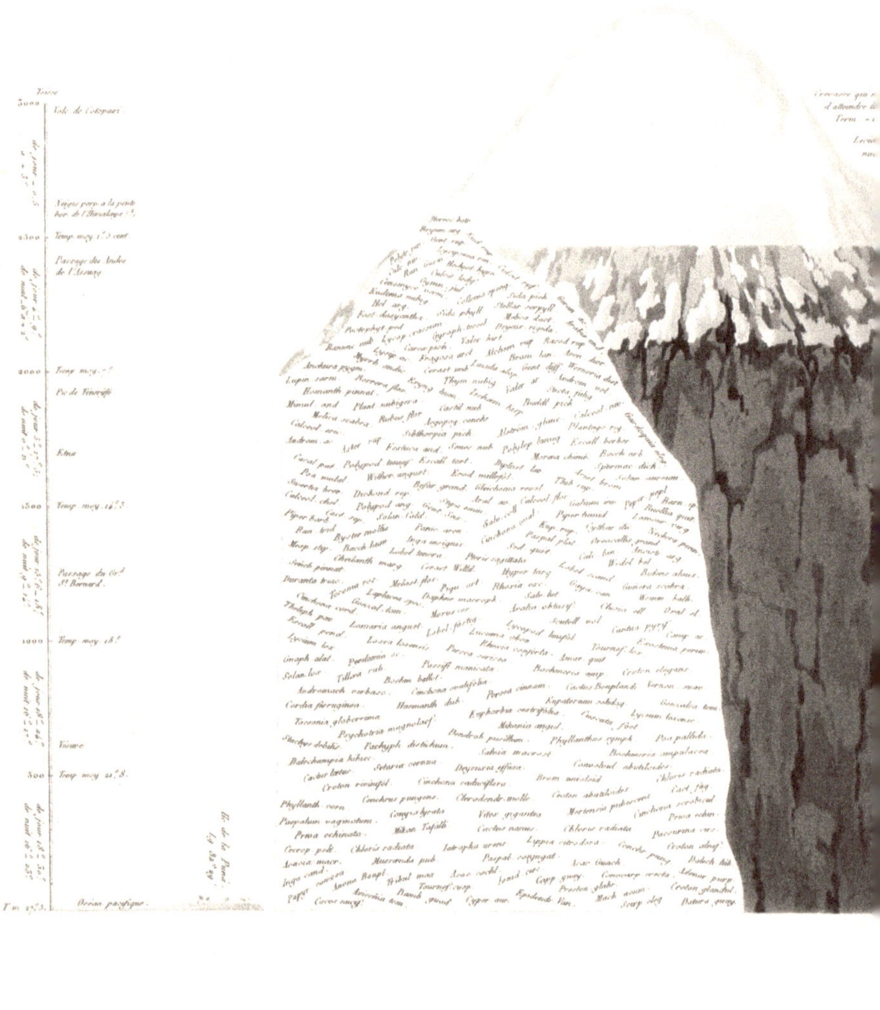

9. »Voyage vers la cime du Chimborazo«
(1825, *Atlas géographique et physique*, Tafel 9).

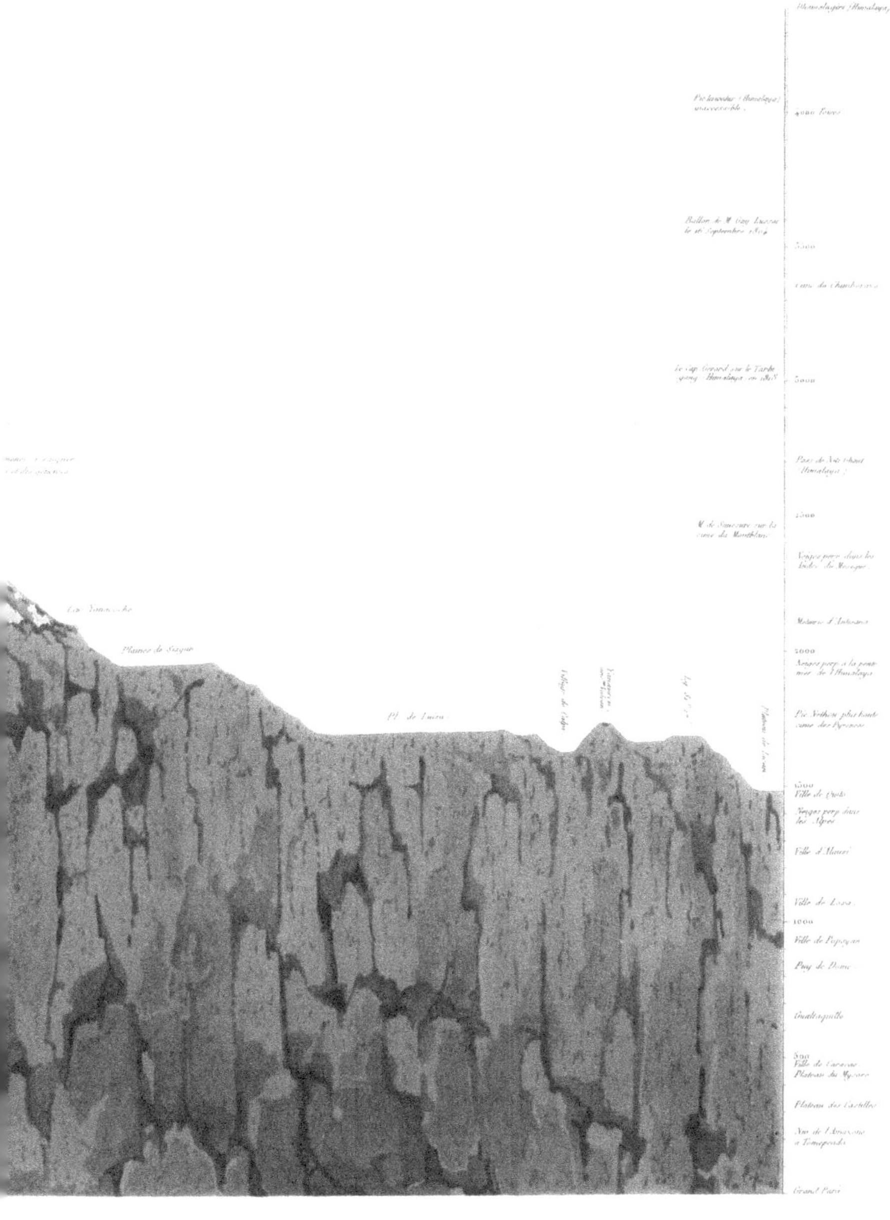

4000 Toises
Ballon de M. Gay Lussac le 16 Septembre 1804
3500
Cime du Chimborazo
3000
2500
M. de Saussure sur la cime du Montblanc
2000
1500
Ville de Quito
Neiges perp. dans les Alpes
Ville de Loxa
1000
Ville de Popayan
Puy de Dome
500
Ville de Caracas
Plateau du Mysore
Plateau des Castilles

Inszenierung der amerikanischen Geschichte. Wirkungsvoll schließen ihre *Considérations* über die Französische Revolution (1818) mit der von Humboldt entlehnten botanischen Metaphorik. Humboldts Schichtung der Vegetationszonen übersetzt sie an dieser herausgehobenen Stelle in ein Gleichnis weltweiter Aufklärung: »So wie der berühmte Humboldt auf den Bergen der Neuen Welt die unterschiedlichen Höhen bezeichnet hat, welche das Gedeihen bestimmter Pflanzen gestatten«, so lasse sich nach der »Höhe des Geistes« die Freiheitsliebe eines Menschen bemessen, der sich über Vorurteile erhebt. In aufklärerischem Optimismus geht Madame de Staël davon aus, dass sich die Bildung der Menschen unabhängig von ethnischer Zugehörigkeit, nationaler Herkunft oder kultureller Prägung proportional zur Liberalität und Fortschrittlichkeit ihrer politischen Einstellungen verhält und räumlich visualisieren lässt.[56]

Wie andere Autoren, von Goethe bis Günter Herburger, Humboldts Motiv künstlerisch aufgefasst haben, werden wir im zehnten Kapitel unter dem Gesichtspunkt seiner Bilder und Medien betrachten. Wie eng Ästhetik, Poetik und Wissenschaft bei Humboldt verflochten sind und aus der Bergbesteigung neue Formen hervorbringen, wird nun in seinem zentralen Text über den Chimborazo deutlich werden.

Zwei Versuche

Fünfunddreißig Jahre nach dem Ereignis veröffentlichte Humboldt einen Aufsatz, dem er einen seltsamen Titel gab: »Ueber zwei Versuche den Chimborazo zu besteigen« (1837).[57] Warum hat es so lange gedauert, bis er sich überhaupt anschickte, sein berühmtestes Erlebnis zusammenhängend zu schildern?[58] Und warum ist hier von *zwei* Versuchen die Rede?

Der Text erschien, als Humboldts sagenhafter Höhenrekord aus dem Jahr 1802 keine Gültigkeit mehr besaß, da er durch eine andere Expedition eingestellt worden war: durch Jean-Baptiste Boussingault (1802–1887) im Jahr 1831. Und es ist dessen Unternehmung, die Humboldt in der Überschrift (»Ueber *zwei* Versuche«) seiner eigenen an die Seite oder sogar voranstellt. Gleich zu Beginn des Textes macht er deutlich, dass seine Leistung übertroffen worden ist.[59]

Nur wenige Jahre vor seinem Tod publizierte Humboldt diesen Chimborazo-Aufsatz noch einmal – und nun zum ersten Mal in einem Buch. Er ist geringfügig redigiert und trägt einen leicht, aber bedeutsam veränderten Titel: »Ueber *einen* Versuch den *Gipfel* des Chimborazo zu *er*steigen« (1853).[60] Diese zweite Fassung des Titels präzisiert, dass das eigentliche Ziel des Anstiegs nicht einfach nur der Chimborazo, sondern dessen »Gipfel« gewesen war. Darüber hinaus wechselt der Verfasser ein Präfix und verändert das Wort »*be*steigen« in »*er*steigen«, was stärker zum Ausdruck bringt, dass es darum ging, sich nicht einfach nur irgendwie auf einem Berg zu *be*wegen, sondern seinen Höhepunkt als Ziel tatsächlich voll und ganz *er*reichen zu wollen. Auch die dritte, die auffälligste Änderung dient dazu, das Misslingen hervorzuheben. Es ist nur noch von *einem* Versuch die Rede, wogegen die erste Fassung von *zwei* Versuchen gesprochen hatte. Es wird damit bloß noch die eigene Unternehmung als gescheitert markiert.[61]

Der Aufsatz erschien zuerst in einer Zeit, als Humboldt die Arbeit an seinem amerikanischen Reisewerk, in dessen *Relation historique* vom Chimborazo hätte die Rede sein sollen, gerade zum Abschluss – oder genauer gesagt: zum Abbruch brachte. Dass der Autor für seinen »Versuch« die deutsche Sprache wählte, ist umso auffälliger, als die Passage im Tagebuch, auf der dieser Text beruht, ebenso wie der Torso des Reiseberichts auf Französisch verfasst war. Das Journal hatte auf Deutsch begonnen; den gesamten Teil über Venezuela und Kuba, der den drei abgeschlossenen Bänden der *Relation historique* entspricht, hatte der Autor in seiner Heimat- und Vatersprache niedergeschrieben. Erst in den Anden, von Quito an (Januar 1802) sowie passagenweise bereits vorher ab Bogotá (Juli 1801), wechselt der Text ins Französische – in dem Teil der Reise also, der durch den veröffentlichten Bericht nicht mehr abgedeckt wurde. Indem er nun den umgekehrten Sprachwechsel vollzieht und eine französisch notierte Passage auf Deutsch veröffentlicht, setzt Alexander von Humboldt den »Versuch« vom Reisewerk (das heißt, von der *Voyage aux régions équinoxiales du Nouveau Continent*) ab; und er ordnet ihn zwei (ebenfalls deutsch geschriebenen) Werken zu, die in besonderer Weise als literarisches und als wissenschaftlich programmatisches konzipiert sind: den *Ansichten der Natur* und dem in Arbeit befindlichen *Kosmos*.

Wie nur wenige Schriftsteller hat Humboldt das Programm seiner Literatur in ihren Paratexten abgesteckt. In seinen Arbeiten sind vermeintliche Nebensächlichkeiten nicht selten von weitreichender Bedeutung. Das gilt im Fall des Chimborazo-Aufsatzes nicht nur für dessen auf den ersten Blick etwas umständlich wirkende, aber aussagekräftige Überschriften, sondern ebenso für die Titel der Bände, in denen er ihn veröffentlichte.

Der Aufsatz erschien zunächst im *Jahrbuch für 1837*. Die Darstellung der international aufsehenerregenden und im kollektiven Gedächtnis als sensationell erinnerten Unternehmung hat der Reisende nicht nur verzögert. Er hat sie zunächst in einem kurzlebigen Periodikum platziert, dessen Titel völlig offen ist; und das noch dazu mit einem fremden Eigennamen verbunden war: »herausgegeben von H. C. Schumacher«.[62] Es hat den Anschein, Humboldt habe seinen Text bewusst versteckt; und er habe ihn einer anderen Person untergeschoben, deren Name seine eigene Urheberschaft überlagert. Die im Aufsatz beschriebene Handlung wird also paratextuell – im Titel sowohl des Artikels wie des Bandes – zunächst dadurch verunklart, dass sie einerseits unbestimmt (»Ueber zwei Versuche«) mit der eines anderen Urhebers (Boussingault) gleichgesetzt und andererseits einem bestimmten, wenn auch in Deutschland häufig vorkommenden, Namen (Schumacher) zugeschrieben wird.

Auch die zweite Fassung des Aufsatzes hat Humboldt einer Publikation anvertraut, deren Bezeichnung ihn nicht weiter inhaltlich charakterisiert. Konsequenterweise hat er den Text in einem Teil seines Gesamtwerkes untergebracht, den sein Haupttitel als marginal ausweist: *Kleinere Schriften* (1853). Der Komparativ bezieht den Band negativ auf Humboldts Hauptwerke, im Vergleich mit denen er den *Minora* zugeordnet wird. Der Chimborazo-Bericht wird gegenüber dem Reisewerk degradiert.

Der Untertitel, *Geognostische und physikalische Erinnerungen*, trägt kaum dazu bei, den Band genauer zu bestimmen oder populärer auszuzeichnen. Zudem verweist er, charakteristischerweise, auf die eigentümliche Zwischenstellung, welche die Beiträge zwischen Wissenschaft einerseits (Geognosie, Physik) und Literatur andererseits (*Erinnerungen*, das heißt: Autobiographie, Erzählung) einnehmen. Im Rahmen des Bandes steht der Chimborazo-Text neben Arbeiten zur Vulkanologie, Gebirgskunde, Meteorologie und Akustik.[63] In diesem Kontext erscheint die Besteigung als ein wissenschaftlicher Beitrag unter vielen.

Die Widmung der *Kleineren Schriften* gilt Leopold von Buch, »[d]em geistreichen Forscher der Natur, dem größten Geognosten unseres Zeitalters«. Dies ist nicht nur als übliche Geste der Bescheidenheit zu verstehen. Während ihn Humboldt in der ersten der beiden Würdigungen lediglich als »geistreichen« Naturforscher bezeichnet, spielt er ausgerechnet auf dem Gebiet der Geognosie, in dem er sich mit der Untersuchung eines Vulkans bewegt, die eigene Expertise umso auffälliger herunter, indem er den Kollegen im Superlativ als »größten« hervorhebt. Die Zueignung fungiert überdies als sowohl inter- wie intratextueller Verweis. Denn indem sie Leopold von Buchs *Physicalische Beschreibung der Canarischen Inseln*[64] assoziiert, ruft sie zugleich Alexander von Humboldts eigenen Aufenthalt auf Teneriffa im Jahr 1799 in Erinnerung. Die Besteigung des Teide, seines ersten Vulkans, nimmt die des Chimborazo vorweg. Die erste Station seiner Expedition nach Amerika hat Humboldt als mikrokosmische ›Neue Welt‹ verstanden und im Reisebericht entsprechend dargestellt[65] – während sie in den *Ansichten der Kordilleren* ebenso überraschend wie effektvoll den Schlusspunkt bildete.[66] In der Beschreibung seines Chimborazo-Anstiegs nimmt Humboldt rückblickend auf den Teide Bezug.[67] Leopold von Buch wird zudem nicht nur in der Widmung hervorgehoben, seine Besteigung des Pic von Teneriffa wird auch im Aufsatz erwähnt.[68] Indem er ausgerechnet diesem Forscher eine besondere Ehre erweist, überlagert Humboldt die eigene Leistung ein weiteres Mal durch eine fremde: bei Schumacher veröffentlicht, von Boussingault übertroffen und durch von Buch besser ausgeführt. Es gelingt ihm dabei, nicht nur die Besteigung des Chimborazo, sondern auch noch die des Teide, die ihr korrespondiert, dem Gelingen eines anderen unterzuordnen: als der eine seine Leistung am Chimborazo übertroffen hat, ruft er den anderen in Erinnerung, der sie am Teide eingestellt hatte.

Der Zusatz »Erster Band« zeigt an, da diesem kein zweiter folgte,[69] dass es sich bei diesem Buch, wie bei den meisten seines Verfassers, um ein Fragment handelt. Nachdem damit das gesamte Werk bereits als solches gekennzeichnet ist, betont Humboldt diesen Status im Text noch zusätzlich, indem er den Aufsatz als »dies einfache Fragment«[70] und einen »Theil der Beobachtungen, welche ich bei der Besteigung des Chimborazo gesammelt [habe]«,[71]

10. »Chimborazo (20100 Par. Fuss) und Carguairazo (14700 Par. Fuss)« (1853, *Umrisse von Vulkanen aus den Cordilleren und Mexico*, Tafel 4).

bezeichnet. Diese Unabgeschlossenheit ist keineswegs zufällig. Sie entspricht dem Verständnis einer stets nur ausschnitthaften, zeitbedingten Wissenschaft, die auf jede Illusion einer übergreifenden Systematik verzichtet.

Dem ersten und einzigen Band ist – darauf weist ebenfalls sein Titelblatt hin – ein *Atlas* beigegeben, *enthaltend Umrisse von Vulkanen aus den Cordilleren und Mexico*.[72] Alexander von Humboldt, der seine Texte durch graphische Darstellungen ergänzte, präsentiert hier zwölf Ansichten von Vulkanen, darunter auf Tafel 4 den Chimborazo (mit dem Carguairazo).[73]

Dabei weist die Gattungsbezeichnung auch diese Illustrationen einem niederen Genre zu. Die *Kleineren Schriften* werden passenderweise durch *Umrisse* bebildert. Während der Text vermeintlich nur ein unvollständiges Nebenwerk ist, soll es sich auch bei den Abbildungen um etwas lediglich Beigeordnetes oder Unvollendetes handeln.

Insbesondere das erste Substantiv im Titel des Aufsatzes ist programmatisch zu verstehen. Während sich die triumphale Rede von der »Besteigung des Chimborazo« allgemein durchgesetzt zu haben scheint, macht Humboldt selbst gleich zu Beginn deutlich, dass ihm diese gerade *nicht wirklich* gelungen war. Er hatte eben keineswegs den Gipfel erreicht. Genau genommen handelte es sich tatsächlich nur um einen »Versuch«. Dieses selbstbewusste Bekenntnis des Scheiterns führt uns ins Zentrum von Alexander von Humboldts Auffassung von Wissenschaft und seiner Konzeption der Reiseliteratur.

Alles Wissen ist historisch, jede Erkenntnis ist relativ, sämtliche Ergebnisse sind immer nur provisorisch und fragmentarisch. Der Forscher weiß, dass sein Ertrag begrenzt ist und der Kenntnisstand seiner Zeit nur eine Momentaufnahme darstellt. Zwar stieß Humboldt in unbekannte Regionen vor, er stellte einen Rekord auf und daher zu Recht fest: »Man ist hier überall zuerst.«[74] Allerdings werden andere kommen, die weiter vordringen oder neue Wege erkunden. Auch wo die Wissenschaft Neuland beschreitet, gelangt sie nie zur Vollendung.

Im *Kosmos* stellte Humboldt eine allgemeine Betrachtung an, die metaphorisch mit einer Bergbesteigung vergleichbar ist:

> Schwache Geister glauben in jeder Epoche wohlgefällig, daß die Menschheit auf den Culminationspunkt intellectueller Fortschritte gelangt sei; sie vergessen, daß durch die innige Verkettung aller Naturerscheinungen, in dem Maaße als man vorschreitet, das zu durchlaufende Feld eine größere Ausdehnung gewinnt, daß es von einem Gesichtskreise begrenzt ist, der unaufhörlich vor dem Forscher zurückweicht.[75]

Jeder Beitrag beruht auf den Leistungen von Vorläufern; und er wird fortgesetzt durch die Arbeit von Nachfolgern. Insofern ist es folgerichtig, dass sich Humboldt auch am Chimborazo auf andere Entdeckungsreisende bezieht; dass er einerseits diejenigen anführt, die vor ihm von diesem Berg berichtet hatten: insbesondere den Italiener Benzoni (1565)[76] und den Franzosen La Condamine (1742);[77] und dass er andererseits der Erzählung seiner eigenen Besteigung (1802) eine weitere anfügt (1831), die er einem Bericht von Boussingault entnimmt, den er im Anschluss dokumentiert.[78] Darüber hinaus benennt er Desiderate weiterer Forschungen.[79]

Wenn das Wort »Versuch« das Prozesshafte der Humboldt'schen Aufklärung andeutet, bezeichnet es zugleich ihren empirischen Charakter. Es handelt sich um eine praktische Forschung, die auf der sinnlichen Wahrnehmung und der strapaziösen Erfahrung des Reisenden beruht und die ihre Ergebnisse aus Messungen und Beobachtungen gewinnt. Dies wird in der Chimborazo-Episode deutlich, wenn Humboldt berichtet, wie er ein Barometer einsetzt, Gesteinsproben sammelt und Temperaturen misst. Die gesamte Bergbesteigung ist als Experiment zu verstehen. Es geht nicht nur darum, botanische, zoologische, mineralogische oder meteorologische Beobachtungen anzustellen und am Berg Messungen vorzunehmen, um Orte, Höhen und Klimazonen zu bestimmen. In einer Art groß angelegter Variante jenes Selbstversuches, den Humboldt ein paar Jahre zuvor an der eigenen »Muskel- und Nervenfaser« unternommen hatte,[80] wird der eigene Körper zum Gegenstand der Forschung und zugleich zum Messgerät. Tatsächlich besteht einer der Erträge des Unternehmens darin, dass Humboldt die Symptome der Höhenkrankheit, Atemnot, Übelkeit, Blutungen an Lippen, Zahnfleisch und Augen, Kopfschmerzen und Schwindelgefühle, den sogenannten *soroche,* diagnostiziert und präzise beschrieben hat, und zwar an sich selbst.[81]

In einem weiteren Sinn bezeichnet das Wort im Titel die literarische Form, in der die Erfahrungen des Reisenden und die aus ihnen hervorgehende Wissenschaft zur Sprache kommen. Der »Versuch« ist ein Experiment und zugleich ein Essay. Sein Autor hatte bereits zwei in französischer Sprache veröffentlichte Werke, die sich auf die amerikanische Reise beziehen, als »Essays« betitelt: die *Essais politiques* über Mexiko und über Kuba.[82] In seinem »Versuch den Gipfel des Chimborazo zu ersteigen« variiert Humboldt die essayistische Form, die er in sämtlichen Arbeiten, nicht nur in denen, die er ausdrücklich so nannte, auf unterschiedliche Weisen ausgefüllt hatte, nicht bloß ein weiteres Mal unter einem entsprechenden Titel; er bedient sich ausgerechnet der legendärsten seiner Taten, um diese Form vorzuführen und als literarisches Verfahren zu reflektieren. »Ueber einen *Versuch* den Gipfel des Chimborazo zu ersteigen« ist nicht nur eine autobiographische Erzählung und eine naturwissenschaftliche Abhandlung, sondern auch ein Essay über den Essay als Form.

Humboldt lässt verschiedene Genres zueinander in eine Spannung treten. Ansätze des Erzählens löst er immer wieder in spezialistische Exkurse auf. Die Umkreisungen einzelner Themen und die Übergänge zwischen ihnen entsprechen den Bewegungen des Reisens als Bewegungen der essayistischen Form. Humboldts Schreiben bringt, wie der Untertitel der *Kleineren Schriften* angezeigt hat, sachliche (naturwissenschaftliche) und zugleich biographische (reiseliterarische) Formen hervor, die, wie der Titel der Aufsatzes zum Chimborazo deutlich gemacht hat, keineswegs systematisch an ein Ziel führen, sondern die Bewegungen des Denkens abbilden.

So betrachtet, handelt der Text von der Suche nach einem adäquaten Modus der Darstellung für eine Reise und die in ihrem Verlauf gewonnenen Erkenntnisse. Die Fragen, die er impliziert, lauten: Was heißt Reisen? Wie beschreibt man eine Expedition? Wie inszeniert man ihre herausragenden Episoden? Wie geht man dabei mit den eigenen Aufzeichnungen um? Die Form, so scheint Humboldt zu antworten, ist ebenso bedeutsam wie der Inhalt. Es ist nicht möglich, Vollständigkeit zu erzielen, daher das Fragment. Es geht gar nicht darum, ein Ziel zu erreichen, darum der Essay. Man muss nicht angekommen sein. Auch in der Wissenschaft gilt bisweilen, dass der Weg selbst das Ziel ist. Als Schauplatz einer Bergbesteigung, die ihre Teleologie verliert, wird der Chimborazo zu einer Metapher für diese Erfahrungen des reisenden Wissenschaftlers, die zugleich die Erfahrungen des modernen Reisenden sind.

In »Ueber einen Versuch ...« scheint Alexander von Humboldt darauf bedacht zu sein, das epische Genre und überhaupt jede geschlossene Form zu vermeiden. Dem traditionellen Format der Reiseliteratur und den Erwartungen des Publikums hätte es entsprochen, eine dramatische Geschichte zu erzählen, die von ungeheuren Anstrengungen handelt und von Gefahren, die heldenhaft überwunden werden, die atemberaubende Aussichten präsentiert und in einem Panorama auf dem höchsten Punkt der Welt gipfelt. Aus der Perspektive postkolonialer Kritik wäre genau eine solche Erzählung als eurozentrische Überhebung eines imperialen Subjekts infrage zu stellen, das sich einer fremden Natur souverän bemächtigt, diese zentralperspektivisch überschaut und damit einen wissenschaftlichen, diskursiven und herrschaftlichen Besitzanspruch demonstriert.[83] Es ist genau diese erwartbare Form, die Humboldt partout vermeidet. Seine Geschichte handelt von keinerlei Inbesitznahme, von keiner *Conquista*, nicht einmal von einer wissenschaftlichen.[84] Nichts wäre abwegiger, als sich vorzustellen, Humboldt hätte am Chimborazo die preußische Fahne aufgepflanzt, wie Hans Meyer später auf dem Kilimandscharo.

Stattdessen berichtet Humboldt von einem ästhetischen Gewinn, der alle sportlichen Ziele verblassen und von jeglichem Vorhaben, eine Terra incognita zu besetzen, absehen lässt. Seine Erzählung ist im Sinn Stephen Greenblatts die Geschichte einer *marvelous dispossession*.[85] Eine potenziell koloniale Bewegung löst sich auf in Wohlgefallen. Als Humboldt den Aufstieg wagt, herrscht schlechtes Wetter, das eine ästhetische Erfahrung während der Besteigung fast gänzlich verhindert. Als großartiger Gegenstand und als Objekt der Verlockung, als wunderbare Epiphanie und als Ereignis des Erhabenen taucht der Chimborazo nur für einen kurzen Augenblick auf: »Es war ein ernster, großartiger Anblick«, als die Nebel »plötzlich« zerrissen und »den domförmigen Gipfel« erkennen ließen.[86] Unmittelbar nach dieser Offenbarung – die Bolívars »Delirium«, Stablers »Spirit«, Galeanos »Leuchten« oder auch Hammels sich öffnenden Krater vorwegnimmt – stößt die Expedition an die unüberwindliche Grenze, die sie zur Umkehr zwingt. Wie in den bildlichen Darstellungen der *Vues des Cordillères*, die auf den Aufstieg zugunsten von Ansichten davor und danach verzichten, »erschien«, erst als die Bergsteiger im Basislager zurück waren, der Chimborazo ein weiteres Mal »in seiner ganzen Pracht, ich möchte sagen in der stillen Größe und Hoheit, die der Naturcharakter der tropischen Landschaft ist«.[87] Das genügt. Obwohl sich das Wetter bessert und noch andere Routen zu erproben wären, beschließt man, keinen neuen Anstieg in Angriff zu nehmen. Beide Male, in dem kurzen Moment während der Besteigung wie auch nach dem Abstieg, findet die ästhetische Erfahrung jeweils nur dann statt, als das Scheitern gerade erkannt beziehungsweise eingestanden und zugleich zur Nebensache wird, da ihm originelle Formen abzugewinnen sind.

Nicht nur paratextuell und formal, sondern auch rhetorisch und inhaltlich tut Humboldt alles, um das Ereignis zu entwerten.[88] Dem zeitlichen Aufschub (von 1802 bis 1837 und 1853) und der werkinternen Verlagerung des Textes (aus der *Voyage* in deren Parerga und Paralipomena) entsprechend, spielt er die Bedeutung der Episode in zwei parallelen Bemerkungen auf den ersten Seiten von vornherein herunter: Seine Bergbesteigung sei, lesen wir, »von geringem wissenschaftlichen Interesse«,[89] wie »Unternehmungen dieser Art« überhaupt »wenigen Gewinn« nur »den Wissenschaften darbieten können«;[90] und auch als Geschichte könne sie nur »wenig dramatisches Interesse«[91] versprechen. Der Text beginnt also mit zwei grundsätzlichen Disclaimern. Doch wenn das Ereignis weder wissenschaftlich noch literarisch viel hergibt, warum sollte man es dann überhaupt beschreiben?

Humboldts künstlerische Antwort besteht in einer Rhetorik der Entmystifizierung, die sowohl seine Bergbesteigung wie auch die durch sie in Szene gesetzte Aufklärung betrifft. In einer Reihe von Bemerkungen deutet er an, dass eine Besteigung des Chimborazo eigentlich nichts Besonderes sei. Sein gesamter Anstieg hat alles in allem »nur 3 ½ Stunden« gedauert.[92] Als er sich auf den Berg quält, herrscht dichter Nebel. Man sieht nichts. »Wir waren wie in einem Luftballon isolirt.«[93] Und das, was man sieht, ist ein *wasteland*. »Wir blieben kurze Zeit in dieser traurigen Einöde«.[94] Sogar der Condor meidet den unwirtlichen Berg. Nicht einmal Insekten und Gräser befinden sich ›freiwillig‹ dort.[95]

Warum sollte man überhaupt versuchen, den Gipfel zu erreichen? Schlicht und einfach »because it's there«, wie George Mallory gesagt haben soll, bevor er 1924 am Mount Everest sein Leben verlor?[96] Nicht von ungefähr haben sich die Menschen, die dort leben, dafür nie interessiert. Pflanzen gibt es ab einer bestimmten Höhe kaum noch. Aufgrund der Schneedecke wird man keine Gesteinsproben entnehmen können. Um die Position und die Höhe des Berges bestimmen zu können, muss man ihn im Übrigen gar nicht unbedingt erstiegen haben. Im Gegenteil: Die trigonometrischen Berechnungen, die man von den umgebenden Hochebenen aus anstellt, sind, wie Humboldt ausführt, durchaus genauer als barometrische Messungen an Ort und Stelle, die durch lokale Faktoren beeinträchtigt werden.[97] Bergsteiger neigen dazu, die Höhe, zu der sie gelangt sind, zu überschätzen; und sie empfinden »Verdruß«, wenn sie die richtigen Messergebnisse zur Kenntnis nehmen müssen.[98] Die Frage, ob es einen Krater gibt, die im Brief an Wilhelm noch von entscheidender Wichtigkeit gewesen war und die sich oben wohl in der Tat sicherer klären ließe, beantwortet Alexander von Humboldt lakonisch und nebenbei: Der Chimborazo hat keinen.[99]

Das wenige, das es am Chimborazo überhaupt zu erforschen gibt, findet sich auch anderswo: botanisch, mineralogisch, klimatisch. Die Gräser

»gehören, der größten Zahl nach, nord-europäischen Geschlechtern an«.[100] »Es ist fast die Steppennatur, die ich in dem dürren Theile des nördlichen Asiens gesehen habe.«[101] In der Art seines Gesteins ist der Vulkan »der Gebirgsart des Ætna analog«.[102] Die Lufttemperatur bewegt sich in einer bestimmten Höhe und auf einem gewissen Breitengrad »gewöhnlich« zwischen den gleichen Werten, die folglich kaum überraschen.[103] Als Humboldt über die »mittlere Temperatur des ganzen Jahres« nachdenkt, fällt ihm die von »Lüneburg« ein.[104]

Wie sehr sich sein »Versuch«, den er so selbstironisch gestaltet, von den Chimborazo-Beschreibungen anderer Autoren unterscheidet, gibt Humboldt in Bezug auf mehrere Reisende vorsichtig zu erkennen.[105] »[D]ie älteste ausführliche Erwähnung« (als »*Montagna di Chimbo*«) findet er bei Girolamo Benzoni, dem der Berg im Jahr 1565 »abenteuerlich, *come una visione* erschien«.[106] Den Vorläufer, der sich dieser pathetischen Übertreibung bedient, bezeichnet Humboldt als »etwas satirischen« Autor.[107] Über seine Vorgänger La Condamine und Bouguer macht er sich lustig, indem er zitiert, wie sie sich ihres keineswegs sehr beachtlichen und sogar durch seinen eigenen so unspektakulär berichteten Versuch übertroffenen Vordringens »rühm[t]en«.[108] Und wenn er auf seine Nachfolger aus dem Jahr 1831, Boussingault und Hall, zu sprechen kommt, gebraucht Humboldt zweideutige Wendungen. Boussingaults Bericht, aus dem er zitiert, steht zu seinem eigenen in einem stilistischen Kontrast. Da er sich selbst dafür entschuldigt, dass er eine Fußverletzung anführt – »(wenn es anders einem Reisenden erlaubt ist so unwichtige Einzelheiten zu erwähnen)«[109] –, ist es als subtiler Spott über dessen Eitelkeit zu verstehen, wenn Humboldt durch eine entsprechende Bemerkung – wiederum in Klammern: »(setzt Herr Boussingault hinzu)«[110] – eine Formulierung, in der Boussingault die eigene Gefährdung hervorhebt, als überflüssige Dramatisierung kennzeichnet. Mit Boussingaults Begleiter Hall indes verfährt Humboldt anders. Hier ist es nicht das Misslingen in der Literatur, sondern ein Unglück im Leben, das den vermeintlichen Erfolg überschattet. Wenn Humboldt ihn mit der Information einführt, »bald darauf« sei Hall »ermordet« worden,[111] tut dies eigentlich nichts zur Sache, ist aber gerade deshalb umso auffälliger. Humboldt stellt das gewaltsame Ende des Bergsteigers seinen Worten über dessen Aufstieg drohend voran, sodass der gewaltsame Tod geradezu als Erfüllung eines Fluches lesbar wird (hat Hall, *obwohl* oder eben *weil* er so hoch hinaufgestiegen ist, kein gutes Endes genommen?); und jedenfalls den Aufstieg auf einen überschätzten Berg zu einer Nebensache macht.

Die Art und Weise, wie Humboldts Vorstoß ins Unbekannte scheitert und dabei bescheidene Ergebnisse hervorbringt, ist nicht allein literarisch fruchtbar. Der Aufstieg in die eisigen Höhen der Anden – ebenso wie beispielsweise auch der Abstieg in die finstere Höhle des Guácharo[112], eine beinahe ebenso bekannte und durchaus korrespondierende (oder komplementäre) Episode seiner Reise – ist auch eine Allegorie des Fortschritts. Er macht deutlich, dass die Wissenschaft, die hier symbolisch wird, nicht einsinnig progressiv ist, sondern selbstreflexiv, ihrer Schwächen, falschen Mythen und blinden Flecken bewusst. Die Aufklärung wird dialektisch. Hatte der Rauch ihrer Fackeln denen, die das Licht der Vernunft in die Höhle der Fettvögel trugen, in der die Indianer den Eingang der Unterwelt vermuteten, die Sinne vernebelt, so wurden die, die in die Höhen des Gebirges sich vorwagten, vom Nebel verwirrt und vom Schwindel befallen. Die Extremsituation bietet eine Erfahrung der eigenen Grenzen: jener des Körpers wie auch jener der Forschung.

Was bleibt? Anstatt den gesamten Berg kolonial in Besitz zu nehmen, verteilt Humboldt einzelne Erinnerungsstücke.[113] Dass er ausgerechnet Steine verschickt, lag in gewisser Hinsicht nahe – und hat dennoch etwas Absurdes. Denn gerade der Verfasser der *Relation historique* hat der Tatsache, dass die Erde in ihren verschiedenen Regionen mineralogisch oder geologisch die geringsten Unterschiede aufweise, dass sie überall ähnliche Umwälzungen durchlaufen habe und die kulturell, klimatisch, botanisch oder zoologisch so verschieden erscheinenden Regionen einander in ihren Gesteinsschichten am ehesten gleichen, große Bedeutung beigemessen.[114] Auch durch eine solche Betrachtung ließen sich die Vertreter der Theorie von der ›Unreife‹ der ›Neuen Welt‹ widerlegen.[115] Es liegt also eine gewisse Pointe darin, dass der ›Zweite Entdecker Amerikas‹, der voraussah, »daß man uns in Europa oft um ›ein kleines Stück vom Chimborazo‹ ansprechen würde«,[116] Gesteinsproben nach Hause mitbringen sollte, die man auch anderswo hätte finden können – und deren Bedeutung als *Souvenirs* zu ihrer wissenschaftlichen und politischen Botschaft in genauem Gegensatz steht.

Letztlich ist der Chimborazo, gibt Humboldt zu bedenken, nur ein Vulkan unter vielen.[117] Er ist ein Teil einer ganzen Reihe ähnlicher Berge, die »mein Bild des Chimborazo gleichsam wiederhol[en]«.[118] Ein zweiter Anlauf kommt auch deshalb gar nicht erst in Betracht. Der Forscher wendet sich kurzerhand dem nächsten Gegenstand zu: »und schon war ich mit der trigonometrischen Messung des Vulkans von Tungurahua beschäftigt«.[119]

Spaltenkunde

Dass die poetische Form bei Humboldt programmatische Implikationen hat, lässt sich nicht erst in den aus- und umgearbeiteten Veröffentlichungen, sondern bereits an den handschriftlichen Aufzeichnungen erkennen.[120] Die im Jahr 1802 eingetragenen (und mit späteren Randbemerkungen versehenen) Notizen können als Ur-Fassung sämtlicher Texte über den Chimborazo gelten.[121] Gleichwohl ist es nicht nur für den Aufsatz von 1837 und 1853 irreführend, wenn Humboldt den Text seines »Versuches« kurzerhand als Teil »eines Tagebuchs«[122] bezeichnet, als »aus einem ungedruckten Reisejournale«[123] entnommenes Material, das hier »einfach mitgetheilt«[124] werde.[125] Dass dies nicht der Fall ist, wird ersichtlich, sobald wir die Fassungen miteinander vergleichen. Denn es handelt sich zwischen Tagebuch und Essay um eine wesentliche Umarbeitung. Umso bedeutsamer sind die Verfahren der Entmythisierung, die sich über ein halbes Jahrhundert (zwischen 1802 und 1853) als beständig erweisen. Wenn wir einen Blick in seine handschriftlichen Notizen im Tagebuch werfen, können wir sehen, auf welch hintersinnige Weise Humboldt das Scheitern der Bergbesteigung schon damals mit der Konzeption seines Schreibens und seiner Wissenschaft verbunden, diese Verbindung aber künstlerisch auf eine andere, nicht minder originelle Weise gestaltet hat.

Der Titel des Abschnitts vermeidet eine zielgerichtete Formulierung in Bezug auf den Gipfel. Das Kapitel ist *Voyage au Chimborazo* überschrieben: »Reise *zum* Chimborazo« – oder auch: »*am* Chimborazo«, jedenfalls nicht: »Aufstieg bis zum Gipfel« oder »Besteigung des Chimborazo«.[126]

Nach fünf eng beschriebenen Blättern (über 300 Zeilen mit Ergänzungen, Anmerkungen und Randbemerkungen) bricht die Erzählung unvermittelt ab.

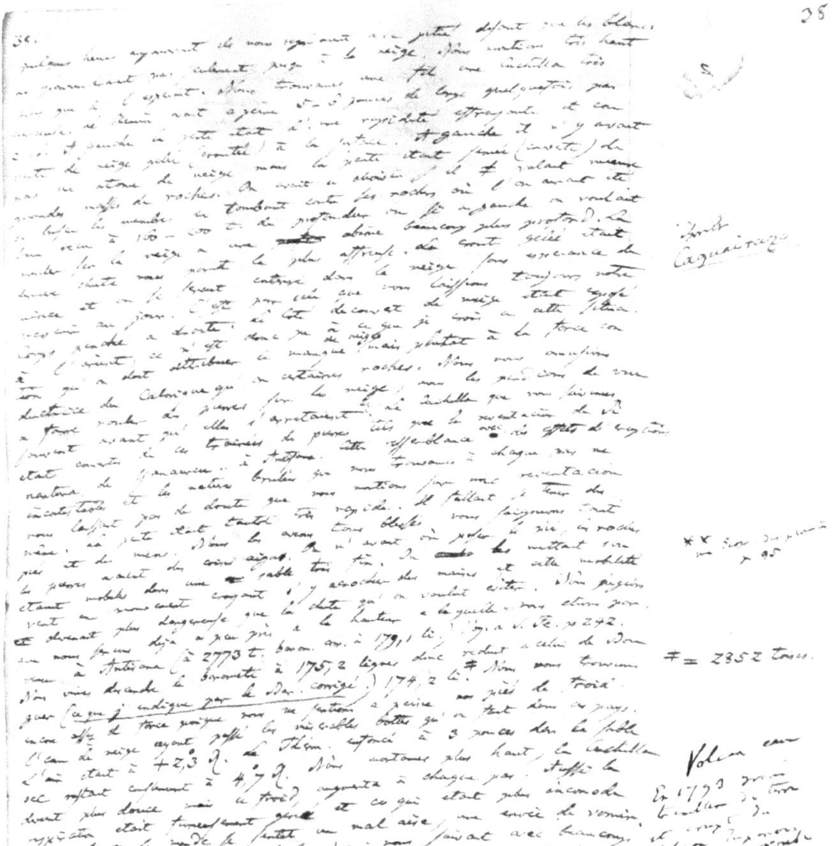

11. Der Bericht wird im entscheidenden Moment unterbrochen: »*Mais une grande Cre- / v. la Continuation p.* 45« (Blatt 23v).

Continuation du Voyage de Chimborazo
v. p. 38.

12. Nach diversen Einschüben wird die Erzählung fortgesetzt: *»Continuation du Voyage de Chimborazo / v. p. 38 / -vasse mit fin à nos tentatives«* (Blatt 31v).

Humboldt verweist auf eine spätere Fortsetzung, auf Seite 45 (»v. la Continuation p. 45«).[127]

Dort nimmt er die Schilderung wieder auf: als »Fortsetzung der Reise *vom* Chimborazo« (»Continuation du Voyage de Chimborazo«).[128] Während der erste Teil von der Reise *zum* Chimborazo gehandelt hatte – daher die französische Präposition *à* –, schildert der zweite die Reise *vom* Chimborazo – daher die Präposition *de*. Bis zur Unterbrechung ist vom *Auf*stieg, danach vom *Ab*stieg die Rede.

Sonderbar an diesem Verfahren ist nicht allein, *dass* der Tagebuchschreiber den bis dahin durchaus nicht undramatischen Bericht seiner Bergbesteigung überhaupt unterbricht, was im Journal verschiedentlich vorkommt, sondern vielmehr, *wo* und *wie* er das tut. Humboldts Geschichte handelt von schlechtem Wetter, begrenzter Sicht und mühevollen Messungen, vom Zurückbleiben der indigenen Hilfskräfte, von gefährlichen Abgründen, leidvollen Strapazen und den Symptomen der Höhenkrankheit, die sich allmählich steigern, fast bis zur Unerträglichkeit.

Eigentlich habe er gar nicht damit gerechnet, den Gipfel erreichen zu können, hat Humboldt geschrieben. »Wir stiegen sehr hoch, *höher als ich erwartet hätte.*«[129] Kurz bevor er sich unterbricht, kommt ihm jedoch ein Hoffnungsschimmer: »Es kam uns ein Schimmer der Hoffnung, dass wir den Gipfel erreichen könnten. Aber eine große Spal-« Und genau an diesem Punkt bricht der Eintrag ab. Der Einschnitt findet auf dem geographischen ebenso wie auf dem erzählerischen Höhepunkt statt, an der dramatischen Peripetie, in dem Moment nämlich, als die Expedition auf eine unüberwindliche Gebirgs*spalte* stößt, die ihrem Aufstieg ein plötzliches Ende setzt und sie unerwartet zur Umkehr zwingt. Mitten im Wort »Spal-te« verweist Alexander von Humboldt auf die spätere Fortsetzung seiner Erzählung.

« Nous montions très haut, *plus que je l'espérais.* »

« Il nous vint une lueur d'espérance de parvenir à la Cime. Mais une grande Cre-... »

Es folgen verschiedene Exkurse – oder, genauer gesagt, Einschübe: über gesammelte Gesteinsproben, Messungen des Geländes, Ordensleute, einen Vulkanausbruch und Gletscher sowie das faszinierende Interview mit einem lokalen Stammesführer, der die Geschichte seiner Familie bis in die Zeit vor der Ankunft der Inka zurückverfolgt. Mitten in die lineare Erzählung seiner Bergbesteigung hat Humboldt mineralogische, geologische, vulkanologische, meteorologische, geographische, politische, soziologische, historische und ethnographische Betrachtungen eingefügt. Narration und Exkurse, die im Aufsatz miteinander verwoben sind, die in den Zeichnungen gleichsam übereinandergelegt werden, die in den *Ansichten der Natur* als Haupttext und Endnoten ineinanderwachsen und die sich in den *Ansichten der Kordilleren* auf verschiedene ›Exponate‹ verteilen, stehen im Tagebuch nebeneinander; oder genauer gesagt: die Exkurse sind hier gebündelt in die Erzählung eingeschoben, und zwar in deren entscheidendem Moment. Erzählung und Forschung werden ineinander verschluchtet.

Damit unternimmt Humboldt mehreres zugleich: Er schiebt den Fortgang seines Berichts auf. Er schlägt einen Spannungsbogen, fast könnte man sagen: er erzeugt einen Cliffhanger, denn als er sich selbst mitten ins Wort fällt, könnte ein möglicher Leser noch nicht wissen, wie die Reise ausgehen wird. Darüber hinaus setzt er das Wort »Spal/te« sozusagen performativ um, indem er es tatsächlich durch einen mehrseitigen Zwischenraum trennt. Er kompensiert so das Scheitern des Anstiegs wissenschaftlich und künstlerisch, indem er diese Spalte, die es verursacht, mit den vielfältigen Erträgen seiner Expedition ausfüllt und überbrückt; und indem er seinem Text auf diese Weise eine originelle literarische Wendung gibt.

Wie erfindungsreich Humboldt seine Aufzeichnungen gestaltet hat, wird besonders deutlich im Vergleich mit dem Tagebuch von Carlos Montúfar: Während Humboldt seine Schilderung glossiert und unterbricht und unterschiedlichste Textsorten ineinander montiert, erzählt Montúfar konventionell in chronologisch fortlaufender Schilderung. Die 29-seitige Handschrift des *Tagebuches des Jahres 1802, Reise von Quito nach Lima* enthält lediglich eine knappe dreiseitige Darstellung der Chimborazo-Besteigung. Und obwohl der künftige Revolutionär ein Wort gebraucht, das die disruptive Natur der Spalte andeutet (*quebrada*, wörtlich »der Bruch«), wird in seiner Narration keine Zäsur sichtbar. Der Moment der Umkehr bleibt poetisch ohne Konsequenz: »Wir kamen nicht weiter wegen eines tiefen Einschnitts«.[130] Die »Spalte«, der »Bruch«, hat keine künstlerische Entsprechung.

« No pudimos pasar adelante por una profundissima quebrada ».

Humboldt hat seinem Scheitern buchstäblich etwas *ein*geschrieben – so wie er in seinen Graphiken den Berg *voll*geschrieben hatte: eine Miniatur seiner fächerübergreifenden Forschung, die inmitten biographischer Erfahrung, literarischer Erzählung und künstlerischer Darstellung zur Geltung kommt: »Aber eine große Spal-… « »…-te setzte unseren Versuchen ein Ende. «

« Mais une grande Cre-… »
« …-vasse mit fin à nos tentatives. »

So betrachtet, wird dieser entscheidende Satz, paradoxerweise, in einem weiteren Sinn lesbar: Die Spalte setzte nicht nur ein Ende, sondern sie gab den Bestrebungen zugleich auch ein neues Ziel (*la fin*, im doppelten Sinn), das mit dem Gipfel und mit dessen Ersteigung nichts mehr zu tun hat.

Entzauberungen des Entzauberers

Dass sich die Geschichte vom Chimborazo für zahlreiche Lektüren anbietet, liegt auf der Hand: Die Vorstellung vom Forscher, der unter Qualen seine Messungen durchführt, der unter unmöglichen Umständen dennoch Erkenntnisse zu gewinnen versucht, ruft das Ethos einer engagierten Wissenschaft auf. Das Motiv der internationalen Seilschaft am Hang macht deutlich, dass diese Wissenschaft ein kollektives Unterfangen ist – in diesem Fall ein deutsch-französisch-hispanoamerikanisches. Die Vielzahl der Disziplinen, die Humboldt auf seinem Weg durchquert, führt vor Augen, dass er im Begriff ist, eine ambitionierte Agenda umzusetzen.[131] Die Chimborazo-Episode allegorisiert Humboldts gesamtes Projekt: Sie verdichtet die amerikanische Reise zu einem Symbol. Sie steht für sein wissenschaftliches Programm. Und sie lässt seine eigenwillige Poetik hervortreten.

Wenn Jules Verne in *Les enfants du Capitaine Grant* (1868) seine Weltreisenden verzweifeln lässt, weil Humboldt einen Berg vor ihnen erstiegen, untersucht und dargestellt hat, lässt sich ermessen, welche Vorstellungen vom Teide, von dem hier die Rede ist, und erst recht vom Chimborazo vorhanden waren, die durch Humboldts Texte gerade *nicht* gedeckt wurden: das Erreichen des Gipfels, die weite Aussicht, die erschöpfende Erforschung, die umfassende Beschreibung.

> Oh! Ihn zu besteigen! Ihn zu besteigen, mein lieber Kapitän! Nur wozu, frage ich Sie, nach Humboldt und Bonpland? Ein großes Genie, dieser Humboldt! Er hat diesen Berg bezwungen. Und er hat einen Bericht verfaßt, der nichts zu wünschen übrig läßt. Er hat die fünf Zonen am Hang bestimmt: die des Weins, des Lorbeers, der Pinien, der Sträucher und schließlich der Unfruchtbarkeit. Er hat seinen Fuß auf den Gipfel gesetzt, wo nicht einmal genug Platz war, um sich einen Moment lang auszuruhen. Von der Höhe umfaßte sein Blick einen Raum, der einem Viertel der Fläche Spaniens gleichkam. Schließlich hat er sich sogar ins Innere des Vulkans vorgewagt, er ist auf den Grund des erloschenen Kraters hinabgestiegen. Was bleibt mir also noch zu tun, frage ich Sie, nach diesem großen Mann?[132]

Das Frontispiz von Édouard Riou zur Erstausgabe des Romans zeigt eine Weltkarte, ein Schiff und einen Vulkan.

Wie sehr sich Humboldt von konventionellen Abenteuergeschichten ferngehalten hatte, in die er doch immer wieder eingehen sollte, wird kontrastiv deutlich, wenn man seine Literatur mit ihren fiktiven Verabenteuerlichungen vergleicht. Im historischen Roman *Der Entdecker* (2001) von Mattias Gerwald[133] zum Beispiel brechen die Bergsteiger metertief im Schnee ein (was ihnen 1802 erspart blieb), um sich aus höchster Lebensgefahr zu befreien (was damals nicht nötig war), während über ihren Köpfen die Kondore kreisen (nach denen Humboldt vergeblich Ausschau hielt).[134]

Zur *Legende* (im wörtlichen Sinn) wurde Humboldts Bergbesteigung nicht zuletzt, weil er sie in seinem Bemühen um Understatement, wissenschaftliche Offenheit und künstlerische Innovation so lesbar gestaltet hatte, dass sie zu neuen Lektüren und Variationen anregte.

Humboldts »Versuch« über den Chimborazo kreist um die Leerstelle eines unerreichbaren Gipfels, an dem es ohnehin nichts zu erforschen gibt, außer möglicherweise einen erloschenen und längst verschwundenen Krater. Er erreicht seinen Höhepunkt an einer Leerstelle anderer Art, einer Spalte als unüberwindlichem Nichts, das die Bergsteiger zur Umkehr, zur Aufgabe und zum Abstieg zurück an den Ausgangspunkt zwingt. In seinen

13. Jules Verne, *Les enfants du Capitaine Grant* (1868), Titelbild von Édouard Riou.

Veröffentlichungen hatte er einen Bericht als offenkundige Leerstelle lange Zeit fehlen lassen. Und auch seine publizierten »Versuche« sind schließlich, indem sie sich einer herkömmlichen Erzählung verweigern, derart von Leerstellen durchsetzt, dass eine zusammenhängende Darstellung offenbar nach wie vor vermisst wurde. Jedenfalls haben sich zahlreiche Autoren veranlasst gesehen, was Humboldt ausgespart hatte, auszufüllen und seine lückenhafte, lange erwartete und dann doch so unerwartet ausgefallene Darstellung umzugestalten, um die heroische Erzählung, die er verweigert hatte, doch noch herzustellen.

Humboldts entzauberndes Schreiben hat offenbar etwas Provozierendes. Es ist fast so, wie wenn der erste Mensch auf dem Mond nach seiner Rückkehr erklärt hätte, das sei eigentlich nichts Besonderes gewesen und man hätte ebenso gut zu Hause bleiben können. Je weniger Deutungen er selbst anbot, desto mehr wurden in der literarischen und filmischen Rezeption durchgespielt (seltsamerweise kaum in der literaturwissenschaftlichen).

In seinem Spielfilm *Die Besteigung des Chimborazo* (1989)[135] hat Rainer Simon gleich mehrere Sinnstiftungen angeboten und den Aufstieg auf den Vulkan als existenzielles, innenpolitisches und interkulturelles Motiv inszeniert. Simon versinnbildlicht in der Bergbesteigung, erstens, ein menschliches Streben nach Höherem. Als ihn die Felsspalte am Ende zur Umkehr zwingt, blickt Humboldt (Jan Josef Liefers) in Richtung des Berges, mit einem Gesichtsausdruck, der laut Drehbuch bedeuten soll: »nicht *deine* Höhe, sondern die *meines Selbstanspruchs* ist mir das Maß!«[136] – Darüber hinaus ist der Film, zweitens, lesbar vor dem Hintergrund der DDR-Geschichte. Es handelt sich um eine der letzten Arbeiten der DEFA, die im September 1989 noch vor der Öffnung der Mauer ins Kino kam, und zugleich um die erste deutsch-deutsche Gemeinschaftsproduktion. Anhand der Geschichte um den exzentrischen Weltreisenden, den Simon als jugendlichen Rebellen spielen lässt, werden Reiseverbot und Zensur kritisiert. »Wieso muss ich einen König fragen, wohin ich reisen darf?«, fragt Humboldt rhetorisch, bevor er vom spanischen König die Erlaubnis erbittet, eine Forschungsreise durch dessen Kolonien unternehmen zu dürfen. – Die Zusammenarbeit mit den indigenen Laiendarstellern, deren Szenen mit den europäischen Schauspielern einen ethnographisch-dokumentarischen Charakter annehmen, spiegelt, drittens, Humboldts Begegnung mit deren Vorfahren vor zweihundert Jahren. Wenn Simon in seinem Tagebuch[137] und in seiner Autobiographie[138] die Dreharbeiten in Ecuador beschreibt, überlagert sich Humboldts Bericht nicht nur mit seiner Verfilmung, sondern zudem mit der interkulturellen Erfahrung des Regisseurs.

Dass Humboldts Projekte etwas Wahnwitziges haben, hat Hans Magnus Enzensberger in seinem bekannten Humboldt-Gedicht »A. v. H. (1769–1859)«

14. Rainer Simon,
Die Besteigung des Chimborazo (DDR 1989, Filmplakat).

angedeutet: »Er steigt auf / in die höchsten Luftschichten, und er taucht, in einer eisernen Glocke, / mit einem wahnwitzigen Engländer namens Brunel auf den Grund der Themse.«[139]

Einen komödiantischen Akzent setzt Tankred Dorst, indem er den Berg an die deutsch-deutsche Grenze verlagert – durchaus im Sinn des innenpolitischen Subtextes von Rainer Simon und im Gegensatz zur außenpolitischen Botschaft bei Claus Hammel über Humboldt und Bolívar. Im Theaterstück *Auf dem Chimborazo* (1974)[140] wird das Reiseziel zu einer Metapher für das geteilte Deutschland. Von einer Anhöhe kann man aus dem Westen in die

DDR hinübersehen.[141] Der Berg, der bloß ein Hügel ist, steht für die Sehnsucht der Ostdeutschen, die in den Westen gelangen wollen. »Wenn ich an die armen Leute denke«, sagt eine Figur, »die da drüben im Osten sitzen. Sie sehen unseren schönen Berg an und er ist unerreichbar für sie.« Eine andere gibt zu bedenken: »Vielleicht wollen sie ja gar nicht alle rüber.« Abgesehen von unscheinbaren Motiven, stellt Dorst die Verbindung zu Humboldt an dieser Stelle beinahe direkt her: »Chimborazo! Weißt Du noch, ›der Chimborazo‹ hast Du immer gesagt als Kind. Da hattest du so ein Abenteuerbuch gelesen.«[142]

Es war jedoch gerade nicht »so ein Abenteuerbuch«, was Humboldt geschrieben hatte. Er selbst hat die Verheißung, auf den Berg zu gelangen, die Tankred Dorst zum Gegenstand einer Komödie macht, ironisiert. Während zahlreiche Autoren bereits in ihren Titeln – »... sobre el Chimborazo« (Bolívar), »En las cumbres del mundo« (Galeano), *Die Besteigung des Chimborazo* (Simon) – das Gelingen des Unternehmens unterstellten, das sich im kollektiven Gedächtnis festgesetzt hat, betonten andere, dem Mythos zum Trotz, Humboldts Misserfolg. Das vermeintliche Scheitern aber, das sogar in der Forschung als Diagnose nicht nur auf seine sportliche, sondern vor allem auf seine wissenschaftliche und literarische Leistung ausgestellt worden ist,[143] war für Humboldt selbst Anlass für ein literarisches Spiel, in dem er dem eigenen Mythos entgegenwirkte und in dem Absurdität und subtile Komik immer schon angelegt waren. Es liegt daher eine besondere Ironie darin, dass sowohl die Schriftsteller, die den Mythos vom Chimborazo fortschreiben (wie neuerdings Gerwald), wie auch diejenigen, die ihn zu entzaubern versuchen (wie beispielsweise Dorst), davon auszugehen scheinen, Humboldt habe »so ein Abenteuerbuch« geschrieben – oder schreiben wollen. Sie scheinen jedenfalls seine eigenwillige Poetik nicht in Betracht zu ziehen, wenn sie annehmen, er hätte einen konventionellen Reisebericht verfasst, den man entweder nacherzählen oder konterkarieren könne, und einen solchen nicht immer schon infrage gestellt. Humboldt betrieb selbst Mythen-Sabotage.

Eine humorvolle Entzauberung, wie sie nach Tankred Dorst (1974) Autoren wie Ibsen Martínez (1981),[144] Volker Braun (1975)[145] oder Denzil Romero (1998)[146] unternommen haben, hatte Humboldt selbst ans Werk gesetzt.

Diejenigen, die seine vermeintlichen Schwächen herausstellen, scheinen seiner hintersinnigen Darstellung auf paradoxe Weise (und womöglich ungewollt) sehr nahezukommen.

Der vorerst letzte Text, der Humboldts Chimborazo-Besteigung fort- und umschreibt, wurde 2005 zu einem Bestseller.[147] In Daniel Kehlmanns Gelehrtensatire *Die Vermessung der Welt* geraten Humboldt und Bonpland, als sie umkehren müssen, in Versuchung, über die Spalte hinwegzusehen und ihre Leistung fiktiv zu übertreiben: »Man könnte [...] auch einfach behaupten, man wäre oben gewesen.« – »Überprüfen könne es ja keiner«.[148]

Zweites Kapitel
Reiseliteratur als Experiment: Indigene Ästhetik

(*Vues des Cordillères*, 1810–1813)

»Ungefähr wie ein Essay in der Folge seiner Abschnitte
ein Ding von vielen Seiten nimmt, ohne es ganz
zu erfassen – denn ein ganz erfaßtes Ding verliert
mit einem Male seinen Umfang und schmilzt zu
einem Begriff ein –, glaubte er, Welt und eigenes Leben
am richtigsten ansehen und behandeln zu können.«

Robert Musil,
Der Mann ohne Eigenschaften (1930)[1]

Alexander von Humboldts *Vues des Cordillères et monumens des peuples indigènes de l'Amérique*[2] beginnen mit zwei kurzen Texten, die als doppeltes Vorwort angelegt zu sein scheinen. Auf eine Ein*leitung*, »Introduction«, folgt eine Ein*führung*, überschrieben mit einer Variante des Buchtitels, die offenbar zunächst für die Publikation vorgesehen war: »Vues pittoresques des Cordillères, et monumens des peuples indigènes de l'Amérique«. Diese beiden Texte, die das illustrierte Reisewerk eröffnen, stehen zueinander in einer merkwürdigen Spannung. Während der erste Ansätze einer differenzierten Kulturtheorie vorträgt, welche die »Künste« der ›eingeborenen‹ Völker in ihren Analogien zu jenen der ›Alten Welt‹ betrachtet, formuliert der zweite die schlichten Grundsätze einer eurozentrischen Anthropologie, der zufolge die Ästhetik ein europäisches Monopol darstellt und prähispanische Objekte als bloß historiographisch verwertbare Zeugnisse aus ihrem Herrschaftsbereich ausschließt.

Wie ist dieser Widerspruch zu verstehen? Was hat es auf sich mit einem Buch, das ihn hervorgebracht hat? Wie können imperiale Positionen mit ihrem kosmopolitischen Dementi in der Reiseliteratur einhergehen? Und in welchem Verhältnis stehen die Ideologie und der Inhalt eines Werkes zu seiner künstlerischen Form?

Mehrfache Lesbarkeit

Schon der Titel des Buches scheint der Natur vor der Kultur den Vorrang zu geben: *Vues des Cordillères et monumens des peuples indigènes de l'Amérique.* In zwei Dritteln der neunundsechzig Tafeln und zweiundsechzig Kapitel jedoch hat Humboldt indigene Artefakte abgebildet und analysiert: eine aztekische Axt, Vasen aus Granit, einen Armreif aus Obsidian und eine Skulptur aus Stein, eine Büste, Idole, ein Relief, einen Opferstein, Kalender und eine Pyramide sowie andere archäologische Monumente, den Fels von Inti-Guaicu, das befestigte Haus des Inka von Azuay, das Haus des Inka in Callo, das Haus des Inka in Cañar sowie bei Cañar das »Spiel des Inka«, »Ynca-Chungana«, den Tempel von Xochicalco und die Ruinen von Mitla, des Weiteren »Hieroglyphen« beziehungsweise Auszüge aus Bild-Kodizes.

Darüber hinaus beschäftigt sich Humboldt als Kulturwissenschaftler beziehungsweise als Ethnologe mit mexikanischer Kleidung und mit einem schwimmenden Postboten.

Wenn er seine Gegenstände betrachtet, geht es von Anfang an um Differenzierung. Die Statue der »aztekischen Priesterin« scheint in ihrer Massivität in der Tat – auf den ersten Blick – allenfalls einem naiven »Kindheitszustand der Kunst« zu entsprechen. Dass es sich um »Kunst« handelt (»de l'art«), um das »Werk« (»ouvrage«) eines »Künstlers« (»artiste«), scheint jedoch unstrittig zu sein. Durchweg in kunstkritischer und ästhetischer Begrifflichkeit stellt Humboldt fest, der Kopf sei keineswegs »unförmig«, der Kopfputz »sehr fein gearbeitet«, das Material »von schönem Schwarz«. Er vergleicht die aztekische Plastik mit ägyptischen und griechischen Werken und diskutiert dabei sowohl Verschiedenheit wie auch »Ähnlichkeit« und »Entsprechung«.[3]

Bei Ornamenten und Mustern, wie sie auf den Ruinen von Mitla zu sehen sind, fallen die Übereinstimmungen noch stärker ins Auge. Humboldt verwendet hier sogar den generischen Terminus *grecques*: »Die *Zickzackfriese* des Palastes von Mitla weisen zweifelsohne eine erstaunliche Ähnlichkeit mit denen der Vasen Großgriechenlands auf«. Ästhetisch eindrucksvoll ist ihre »Eleganz«.[4] An einigen Zeugnissen sei eine besondere Perfektion festzustellen, die jener der europäischen gleichkomme, etwa im Straßen- und Festungsbau.

> **« Les *grecques* du palais de Mitla présentent, sans doute, une analogie frappante avec celles des vases de la Grande-Grèce. »**

Und in bestimmten Bereichen scheinen indigene Artefakte aus Humboldts Sicht ihre europäischen Pendants sogar zu übertreffen, insbesondere in der Konstruktion des Kalenders. Dessen Genauigkeit und Regelmäßigkeit[5] verbieten es einmal mehr, schreibt Humboldt, die Völker in »zivilisierte« und »barbarische« zu unterteilen.[6]

Gerade die Fortschrittlichkeit auf dem Gebiet der Zeitrechnung oder der Verkehrswege jedoch ist, wie Humboldt dialektisch bemerkt, auf eine gar nicht fortschrittliche Gesellschaftsordnung zurückzuführen, in welcher der Klerus und das Militär unbeschränkt herrschten.

Bereits der Plural im Titel, *Vues des Cordillères et monumens …*, deutet an, dass der Beobachter verschiedene »Ansichten« oder Perspektiven einnimmt

15. »Relief Mexicain trouvé à Oaxaca«
(*Vues des Cordillères*, Tafel 11).

16.–17. »Buste d'une Prêtresse Aztèque«
(*Vues des Cordillères*, Tafeln 1 und 2).

beziehungsweise anbietet. Dem Reisenden geht es darum, seine Gegenstände ästhetisch wahrzunehmen *und* wissenschaftlich zu erfassen, als Natur- und als Kulturwissenschaftler, und zwar mit allen verfügbaren Mitteln.

Dieses Verfahren der Humboldt'schen »Ansichten« lässt sich in einer visuellen Metapher fassen: als Kippfigur oder Rätselbild. Ein Spielzeug der Renaissance waren sogenannte *perspective pictures*, die unterschiedliche Gegenstände darstellten, aber jeweils nur einzeln sichtbar machten, je nachdem, wie man das Bild betrachtete. Die *Vues des Cordillères* sind in diesem Sinn multiperspektivisch. Und sie sind mehrfach lesbar. Je nach Blickwinkel treten andere Strukturen zutage. Das können zwei Beispiele verdeutlichen – eine *vue des Cordillères* und ein *monument des peuples indigènes de l'Amérique*.

Humboldts Landschaften sind künstlerisch gestaltet und zugleich analytisch genau. Sie repräsentierten die ›Neue Welt‹ nicht mehr durch stereotype

Zeichen – etwa mit Palmen nach dem Typ maghrebinischer Dattelbäume, die pauschal ›Exotik‹ anzeigen, ohne dass sie vor Ort tatsächlich gedeihen würden –, sondern möglichst wirklichkeitstreu. Dieses auf »exactitude«[7] ausgerichtete Programm der Landschaftsmalerei beeinflusste reisende Künstler (wie Johann Moritz Rugendas oder Frederic Edwin Church) und veränderte europäische Vorstellungen von Amerika.[8]

Die fünfte Tafel, »Passage du Quindiu«, zeigt einen Stich, der auf einer Zeichnung Humboldts beruht. Sie wurde aus den Perspektiven mehrerer Disziplinen entworfen – und sie ist für den Betrachter entsprechend interpretierbar. Das Bild, das der Kunstliebhaber ästhetisch genießen kann, bietet dem Botaniker Details bestimmter Gewächse, die der Pflanzengeograph in ihrem natürlichen Zusammenhang vorfindet, während ein Geologe die Schichtung der Formationen und die Gebirgsbildung studieren, der Mineraloge nach Gesteinsvorkommen Ausschau halten und der Klimaforscher die Wolkenbildung oder die Schneegrenze beachten mag.

Bei näherer Betrachtung wird ersichtlich, dass die Abbildung nicht rein naturkundlich ist, sondern auch eine Geschichte erzählt, die soziologisch und politisch brisant ist. Im Vordergrund scheint eine Reisegruppe aus der Landschaft hervorzugehen. Einheimische Träger, kaum bekleidet, schleppen in Stühlen, die auf ihre Rücken gebunden sind, Menschen in europäischen Gewändern. Anstatt die Natur zu erleben, blickt der Mann im ersten Stuhl in ein Buch, während er der Richtung des Weges den Rücken zuwendet – wie Paul Klees *Angelus Novus* in Walter Benjamins Geschichtsphilosophie, der gebannt auf die Vergangenheit starrt.[9] Eine allegorische Interpretation drängt sich auf: Steht der rückwärts Getragene für die reaktionäre weiße Elite, der weltvergessene Leser für die koloniale Wahrnehmung europäischer Reisender, die ihre Eindrücke aus der Lektüre vorgefertigter Exotismen oder aus der Bibel beziehen, so vertreten die Träger, *cargueros*, die unterdrückte einheimische Bevölkerung.[10]

Die hintereinander angeordneten Figuren, die identisch aussehen, repräsentieren aufeinander folgende Zustände lateinamerikanischer Gesellschaften: zunächst gebeugt unter der kolonialen Hoheit der Spanier; anschließend von diesen befreit, aber in unveränderter Haltung verharrend, das heißt: ohne dass sich an der sozialen Hierarchie unter der Führung der weißen Kreolen

18. »Passage du Quindiu, dans la Cordillère des Andes«
(*Vues des Cordillères*, Tafel 5).

grundsätzlich etwas ändern wird. Die Zeichnung ist gleichsam als Serienbild entworfen, das eine historische Entwicklung beschreibt.

Der zweite Träger, dessen Stuhl leer bleibt, blickt dabei als Einziger aus dem Bild auf den Betrachter, an dessen Stelle der Zeichner anzunehmen ist, der sich dieser Form des Transports, wie der Text zur Tafel erläutert, verweigerte. Die Darstellung wird so zu einem indirekten Selbstporträt: Humboldt ist im Bild abwesend anwesend.

Zu seinen multiperspektivischen Darstellungen konnten Humboldt die Aufzeichnungssysteme der Amerikaner inspirieren. Die Verbindung der Wissensformen, die Pluralität der Blicke und die Lektüre in Schichten, die seine eigene zeichnerische Arbeit leiteten, führt er auch in der Analyse der vorspanischen Dokumente vor, die er in sein Werk aufgenommen hat.

Der Status der vorspanischen Bilderschriften ist semiotisch und ästhetisch ambivalent. Sie bewegen sich, so hat Humboldt erkannt, zwischen Malerei und Text, Hieroglyphen und Lautsymbolen, mimetischer Abbildung und abstrahierter Information.[11] Die amerikanischen Hieroglyphen erwiesen sich einerseits zwar als unvollkommen, zumindest nach der phonozentrischen Annahme, dass die Entwicklung menschlicher Zeichen auf die Notation von Lauten in einer Alphabetschrift zulaufe; andererseits handelt es sich um eine ästhetische Schrift, die sich gerade nicht in Semantik erschöpft, sondern als Malerei ihre eigenen, künstlerischen Qualitäten hat. Diese Malerei wiederum ist einerseits, nämlich im Sinn einer teleologischen Verfeinerung zu immer genauerem Realismus, vergleichsweise schlicht; andererseits ist sie gerade insofern in einem modernen Sinn künstlerischer als eine ›bloße‹ Nachahmung.

Die 26. Tafel der *Vues des Cordillères* gibt eine Bilderhandschrift wieder, die in vier Fragmenten eine Allegorie der ›Weltalter‹ zeigt. Diese gehen jeweils durch eine Naturkatastrophe zu Ende, die nur zwei Menschen überleben, um die Gattung zu erneuern und einen neuen Zyklus zu beginnen. Humboldt vergleicht diese Legende mit der Kosmogonie des Hesiod und die Sage des geretteten Paares mit der biblischen Mythe von Sintflut und Arche Noah. Um die Dauer der Zyklen zu berechnen, stellt er Überlegungen über Zahlensymbole, Zeitsysteme und Kalender an; um die Abbildung von Riesen zu erklären, bezieht er sich auf Ausgrabungen der Fossilien vorzeitlicher Tiere. Dabei führt ihn die Betrachtung der Affen, deren Figuren er auf dem Dokument findet, zu der Feststellung, dass diese kaum in der Region vorkommen, wo die Malereien entstanden beziehungsweise entdeckt worden sind. Dieser Befund wiederum regt ihn an zu der Hypothese, dass das Dokument von einer Migration solcher Tiere zeuge; während zugleich denkbar ist, dass die mittelamerikanischen Völker, die es hervorbrachten, ihrerseits aus anderen Klimaten eingewandert wären oder zumindest in früheren Zeiten mit Kulturen in Kontakt gestanden hätten, von denen sie die Kenntnis solcher Tiere übernommen haben könnten.

Die Beschäftigung mit außereuropäischer Malerei, die Theorie indigener Schriftsysteme und das Studium mexikanischer Zeitrechnung führen von der Archäologie und Paläontologie über die vergleichende Mythologie zur strukturalen Anthropologie, von dort aus zur Zoologie – und zuletzt zur Geschichtsschreibung. Alle diese Wissensformen haben ihren Ausdruck in

19. »Époques de la Nature, d'après la Mythologie Aztèque« (*Vues des Cordillères*, Tafel 26).

la · Mythologie · Azteque.

(Vatican.)

einem einzigen indigenen Dokument gefunden, dessen Bedeutungsreichtum sich erst erschließt, wenn man in einer fächerübergreifenden Hermeneutik ihre Grenzen überschreitet und vorgegebene Ordnungen des Wissens hinter sich lässt.

Humboldts Bilder und seine Bildbeschreibungen sind eine Schule des Sehens: eine Übung in mehrfacher Lesbarkeit. Diese Form der Lektüre ist auf das gesamte Buch anzuwenden.

Der Reisebericht als Ausstellung

In welchem Verhältnis stehen die *Ansichten der Kordilleren* zueinander, die insgesamt neunundsechzig Bilder und ihnen beigeordneten Texte? Gleich zu Beginn betont Humboldt seine Abneigung gegen jeden Systemzwang. Ist der Preis, den er zu zahlen bereit war, Beliebigkeit?[12]

Auf den ersten Blick und verwirrenderweise stehen die Tafeln samt ihren Essays tatsächlich in keinem klaren Zusammenhang. Die thematische Vielfalt ist verblüffend. Die *Ansichten der Kordilleren* behandeln Werkzeuge und andere Elemente der Alltagskultur (die Axt, den Postverkehr), Kunstwerke und Architektur, Schmuck und Kleidung, Mythen, Menschenopfer, Kalendersysteme, Gesellschaftsformen und Rechtsordnungen, Ereignisse der Geschichte (Völkerwanderungen, Eroberungen, Tributpflichten) sowie schließlich die *Conquista*: die Grausamkeit der Spanier und die Vernichtung der indigenen Zivilisationen; und darüber hinaus, als indirekte Ethnographie, die Lebensumwelt der einheimischen Völker (Gebirgszüge, Klima, Vegetation). Das Buch bietet zahlreiche Zugänge: Anthropologie, Geschichte, Kulturtheorie, Zeichentheorie, Ästhetik, Kunstgeschichte, Landschaftsmalerei und diverse Naturwissenschaften.

Der Aufbau des Werkes ließe sich in der Sprache der Geologie beschreiben. Insgesamt ist eine Schichtung in fünf Ebenen zu erkennen, auf denen wir die Tafeln und Texte thematisch gruppieren können. Humboldt präsentiert erstens Landschaften, zweitens Naturszenen mit Menschen, drittens Bauwerke und Stadtansichten, viertens Kunstwerke und fünftens Bild-Kodizes. Im Sinn des Titels werden *Cordillères* und *monumens*, Natur und Kultur, Umwelt und Mensch in Beziehung gesetzt.

Humboldt betrachtet die kolonisierten Kulturen in ihren Zusammenhängen, um sie mit denen der ›Alten Welt‹ vergleichen zu können. Er stellt, so wäre sein Ansatz noch grundsätzlicher zu beschreiben, eine Reihe von Fragen, die jenseits der Gegenstände und über seine einzelnen Erkenntnisse hinaus von Bedeutung sind: In welcher Beziehung befinden sich Völker zu ihrer natürlichen Umwelt? Welche Wechselwirkungen bestehen zwischen Natur und Kultur? Wie lässt sich die unterschiedliche Entwicklung verschiedener Gruppen von Menschen erklären? Wie können wir den Zustand kolonisierter Völker verstehen? Wie studieren wir die Zivilisationen Amerikas? Welche Art von Zeugnissen haben sie hinterlassen? Wie sind ihre Bilderschriften zu entschlüsseln? In welchem Verhältnis stehen Zivilisationen zueinander? Welche Beziehungen sind zu erkennen zwischen den indigenen Nationen Amerikas und den archaischen Hochkulturen in aller Welt?

Als Reiseschriftsteller versuchte Humboldt, auf die zentrale Herausforderung des Genres eine Antwort zu geben: Wie kann man die Erfahrungen einer Reise vermitteln und dabei die bereiste Wirklichkeit möglichst angemessen zur Geltung bringen? Diesem Problem der Darstellung, das immer auch ein politisches ist, begegnete er als einer Frage der Anordnung. Wie sollte er sein Material konstellieren? In der Einleitung erklärt er, welches Vorgehen traditionell nahe gelegen hätte: Die Leser eines Reiseberichts würden erwarten, dass die Reihenfolge der Bilder und Texte dem Verlauf der Reise entspreche.[13]

Die *Ansichten der Kordilleren* beginnen jedoch mit einem Motiv aus Mexiko, der *letzten* Station der Expedition in Amerika, bevor Humboldt und Bonpland (über Kuba und die USA) nach Europa zurückkehrten: nämlich mit der »Büste einer aztekischen Priesterin« (Tafeln 1 und 2). Und sie enden mit einem Bild, das uns an den Anfang der Expedition zurückversetzt und gemäß der Chronologie eigentlich das Buch eröffnen müsste: der »Drago-Baum von Orotava« auf Teneriffa (Tafel 69). Der Verlauf der Reise scheint auf den Kopf gestellt zu sein. Sie wird aber nicht einfach von hinten nach vorne erzählt. Denn zwischen Anfang und Ende wiederum scheint der Zufall zu herrschen.

Die »Introduction« enthält stichpunkthaft einen – unvollständigen – Lektürevorschlag, der andeutet, dass neben einer itinerarischen und der im Buch vorgegebenen, anscheinend willkürlichen, mindestens zwei weitere Gliederungen denkbar wären.[14] Eine tabellarische Übersicht ordnet die Naturszenen, von der Reiseroute abweichend, geographisch und die Kunstwerke kulturell. Es wird jedoch weder eine repräsentative Abbildung des Reiseverlaufes gegeben, noch handelt das Werk ausschließlich von den »Kordilleren« (der Gebirgskette an der Westküste Amerikas). Die Verteilung ist sehr ungleichmäßig: Zweiundvierzig Tafeln beziehen sich auf Mexiko, acht auf Peru und siebzehn auf das restliche Südamerika; die beiden übrigen auf die Kanarischen Inseln. Der Schwerpunkt des Interesses liegt mithin auf »Neu-Spanien« (Mexiko), wo sich Humboldt gegen Ende seiner Expedition ein Jahr lang aufhielt. Die Insel Kuba, der er später einen eigenen Band widmen sollte, wird ausgelassen. Die beiden Tafeln, die sich auf die Kanarischen Inseln beziehen, scheinen mit Amerika nichts zu tun zu haben. Sie sind jedoch nicht einfach nur deshalb eingefügt worden, weil Humboldt zufällig in Teneriffa Station gemacht hatte. Der Amerikareisende sah die Kanaren als einen Mikrokosmos, in dem sich viele Beobachtungen, die er auf dem ›Neuen Kontinent‹ machte, wie in einem Labor erproben ließen; und auch politisch verstand er die Inseln nicht als Teil des Mutterlandes, sondern als spanische Kolonie.

Des Weiteren zählt Humboldt die Kodizes auf, aus denen er Abbildungen wiedergegeben hat. Durch die Orte, an denen sie zu finden sind, ergibt sich eine andere geographische Ordnung, die aus Amerika hinausführt, von den Kolonien in die Metropolen: Codex Vaticanus (Rom), Codex Borgianus (Velletri), Codex Vindobonensis (Wien), Codex Telleriano-Remensis (Paris), Codex de Mendoza (Mexiko), Codex Dresdensis (Dresden) und Codex Humboldt (Berlin).

Die Bildmotive haben, rein piktorial betrachtet, Gemeinsamkeiten, die wieder andere Verbindungen herstellen. In mehrere Darstellungen sind, zum Beispiel, Figuren eingefügt, die den landschaftlichen oder architektonischen Szenen eine Maßstäblichkeit verleihen. Sie inszenieren die Begegnung zwischen europäischen Reisenden und ›indianischen‹ ›Eingeborenen‹. Dabei schafft Humboldt einen Kontrast zwischen der klassizistischen Nacktheit der Indigenen, die bisweilen eine antike Anmutung haben, und der zeitgenössischen Kleidung der europäischen Touristen, die romantisch die Natur genießen. In den Tafeln 52 und 53 wiederum kommt die Verbindung der Kulturen in einer »mélange bizarre« indigener und europäischer Kleidungsstücke zum Ausdruck.[15]

Warum hat sich der Reisende dafür entschieden, seine Tafeln und Essays nicht nach dem Verlauf seiner Expedition anzuordnen? Und warum hat er sie überhaupt keiner eindeutigen Gliederung angepasst? Die pragmatische Erklärung, die Humboldt selbst anbietet, die Tafeln seien zu unterschiedlichen Zeiten fertig geworden,[16] überzeugt nicht recht als Faktor, der die Form eines Kunstwerkes bestimmen sollte. Denn von Anfang an, bereits im ersten Dutzend der Tafeln und Texte, ist die Ordnungslosigkeit offenkundig. Dass sich der Autor verschiedener Reisebücher auf das Wagnis einer flexiblen Konstellation einließ, scheint eher einer konzeptionellen Logik zu folgen. Humboldt ist es offenbar darauf angekommen, dass man die neunundsechzig Bilder und zweiundsechzig Essays seiner *Ansichten der Kordilleren* entlang *verschiedener* Lektürewege lesen beziehungsweise für sich erschließen kann: linear, nach der gegebenen Abfolge und entsprechend der Nummerierung der Tafeln; itinerarisch, nach der eigentlichen Reiseroute; geographisch, nach den Schauplätzen, Fundorten oder Sammlungen der Objekte; ethnisch, nach den Völkern, die sie hervorgebracht haben; geschichtlich, nach dem Alter der dargestellten Phänomene; thematisch, zum Beispiel nach historischen oder kulturwissenschaftlichen Gegenständen; künstlerisch, nach gestalterischen Aspekten der Bilder; oder frei assoziativ, nach dem Zufallsprinzip. Intratextuelle Verweise stellen zusätzlich Bezüge her, die immer wieder neue Haupt- und Neben-, Um- und Abwege anbieten. Die *Vues des Cordillères* fordern ihre Leser auf, sich selbst *wie Reisende* zu verhalten.[17]

Aber inwiefern ist dieses Werk selbst noch ein Reisebericht? Die *Ansichten der Kordilleren* folgen zwar keineswegs dem historischen Verlauf und lassen sich auf vielerlei Wegen erkunden, die von Humboldts Route abweichen. Dennoch handelt es sich um Reiseliteratur. Denn in erzählerischen Passagen werden einzelne Stationen der großen Expedition erkennbar, die Humboldt und Bonpland zwischen 1799 und 1804 in Amerika unternommen haben: der Pic von Teneriffa – Humboldts erster Vulkan; der Marsch über die Anden – auf dem Weg an die Südsee; die Besteigung des Chimborazo – und die Umkehr kurz vor dem Gipfel. Es scheinen einzelne *Biographeme* (beziehungsweise *Autobiographeme*) auf, ohne sich zu einer kontinuierlichen Erzählung zusammenzufügen.

Die ungewöhnliche Anordnung gibt die Reise dennoch realistisch wieder, denn sie entspricht dem improvisierten Charakter der Unternehmung, die immer wieder von Zufällen geleitet war. Anstatt, wie er es zunächst vorhatte, nach Nordafrika, reiste Humboldt nach Südamerika; weil an Bord eine Seuche ausbrach, landete er vorzeitig in Cumaná und erkundete Venezuela; als sein Vorhaben, sich einer Weltumsegelung anzuschließen, misslang, fuhr er weiter nach Mexiko.

Vor allem aber macht die diskontinuierliche Gliederung deutlich: Hier stehen nicht die individuelle Erfahrung oder die Autobiographie eines europäischen Protagonisten im Mittelpunkt, der sich der Illusion hingeben würde, die bereisten Kulturen auf seinem Weg hinreichend begreifen und überblicken zu können; sondern die Reiseliteratur umkreist vorsichtig die Zeugnisse der bereisten Lebenswelten, die immer nur bruchstückhaft und kaleidoskopisch aus unterschiedlichen Blickwinkeln erfasst und keiner diskursiven Kontrolle unterworfen werden können. Der »Mangel an Ordnung«[18], der die *Ansichten der Kordilleren* offensichtlich kennzeichnet, ist kein Unfall und kein Defekt. Er ist konstitutiv. Er wird, so hatte Humboldt zu Recht versprochen, bei Weitem »ausgeglichen«: durch einen Gewinn an »Vielfalt« und an Beziehungsreichtum.

In den *Ansichten der Kordilleren* hat Humboldt seine vielleicht anspruchsvollste Reisedarstellung geschaffen, indem er für die einzelnen Elemente wie für das Genre insgesamt Möglichkeiten erprobte, die sich von einer linearen Erzählung entfernten. Aus der interkulturellen Situation sind neue Formen hervorgegangen. In ihren mehrfach lesbaren Motiven wie in ihrer offenen Konstellation insgesamt bilden die *Ansichten der Kordilleren* eine für einen Reisebericht ungewöhnliche Vielfalt von Perspektiven, die wir heute als eigenes Medium begreifen: als einen gleichsam reisend zu erkundenden Ausstellungsraum, dessen Exponate zueinander in immer neue Beziehungen treten.

Die Öffnung der Form

Bereits an der Oberfläche dieses Werkes, an vielen Details seiner Form lassen sich Eigenschaften ablesen, die wir heute als Effekte moderner literarischer Techniken auffassen, die sich aber gleichwohl historisch verorten lassen und die für Humboldts Verständnis der Reiseliteratur charakteristisch sind.

Da wäre zum einen die Fragmentarik: Wie die meisten Bücher ihres Verfassers sind auch die *Vues des Cordillères* auf ihre Weise unvollendet geblieben. Sie führen in keiner Weise planvoll zu einem Abschluss. Hier werden zwar Ansichten versammelt, aber keine Übersichten geboten. Es wird weder chronologisch eine Geschichte erzählt noch systematisch eine Abhandlung vorgetragen.

Des Weiteren die Wucherung: Anstatt auf ein Ziel hinzusteuern, franst der Text aus. Der Band beginnt mit einer Einleitung und einer Einführung. Der Hauptteil besteht aus neunundsechzig Bildtafeln, die zweiundsechzig Texte erläutern. Fünfzehn dieser Illustrationen und die dazugehörigen dreizehn Kapitel sind als Ergänzung, »Supplément«, angehängt, sodass das Corpus in zwei Teile zerfällt.

Die Länge der Kapitel variiert, eines ist lediglich acht Zeilen kurz, ein anderes neunundsechzig Seiten lang, wobei sie gegen Ende tendenziell knapper werden, sodass die Aufsätze zu den letzten fünfundzwanzig Tafeln insgesamt nur dreiunddreißig Seiten umfassen – das heißt nicht einmal anderthalb Seiten pro Tafel, nachdem der Durchschnitt bis dahin bei immerhin sechs Seiten gelegen hat. Diese Beschleunigung zeigt, dass der Band nicht gleichmäßig aus- und zu Ende geführt wurde, sondern einigermaßen willkürlich ausläuft und ebenso gut noch hätte fortgesetzt werden können.

An die Haupttexte sind 441 Fußnoten angelagert, die sich auf knappe Verweise beschränken. Zusätzlich wurden fünfzehn Endnoten angefügt, die ihrerseits mit fünf weiteren Fußnoten versehen sind, also mit Anmerkungen zweiten Grades – beinahe als Hypertext.

Darüber hinaus gibt es weitere Paratexte, die den Hauptteil rahmen und zugänglich machen: Neben der üblichen Titelei, einer Widmung, einem Inhaltsverzeichnis und einigen »Errata« sind dies insbesondere ein Personen- und Werk- sowie ein Sachregister, die mit ihren miniatur-essayistischen Einträgen eine eigene Qualität haben, sodass der Hauptteil hier noch einmal neu perspektiviert wird.

Auf den ersten Blick scheint sich François Aragos Witz zu bewahrheiten, sein Freund Humboldt habe keine wirklichen Bücher zu komponieren vermocht, sondern »Bilder ohne Rahmen« geschaffen.[19] Dass Humboldts Schriften jedoch mit den Kategorien einer konventionell mimetischen Kunstlehre ebenso wenig wie mit einem klassischen Werkbegriff zu fassen sind und in der Tat keine geschlossenen Corpora bilden, die im übertragenen Sinn als gerahmte Gemälde zu sehen wären, *ut pictura poesis*, muss nicht unbedingt ein Fehler sein. Zu ihrer Beschreibung bieten sich viel eher eine botanische oder eine textile Metaphorik an: die einer zunehmenden Wucherung in Neben- und Unterformate, die sich baumgleich verästeln und gebüschartig verzweigen beziehungsweise fortgesetzt weitergewoben und weiterverknüpft werden. Humboldts Arbeiten haben jedenfalls weder Begrenzung und Geschlossenheit noch Vollständigkeit überhaupt angestrebt.

Ein weiteres Kennzeichen ist der Formenreichtum: Sein Projekt bestimmt der Autor von vornherein als »Essai«.[20] Und das Essayistische, Versuchhafte bezeichnet Humboldts Schreiben wohl in der Tat am besten. Poetologisch bewegen sich die *Ansichten der Kordilleren* zwischen mehreren Formaten, Genres und Stilen. Die einzelnen Kapitel enthalten wissenschaftliche Erörterungen, ästhetische Beschreibungen und narrative Passagen. Als »Buch im Buch« steht eine Studie über das mexikanische Kalendersystem, als mit Abstand längstes Kapitel, im Zentrum.

Ab dem zweiten Drittel tauchen Formate auf, die in den Fließtext eingelagert sind und dessen Gestalt auflockern: Aufzählungen in Form von Listen oder Tabellen. Die Endnoten enthalten ein Vokabelverzeichnis und einen Exkurs zur mexikanischen Geschichte. Das Reisewerk ist eine Collage zahlreicher Darstellungsformen, die im Verlauf immer vielfältiger werden.

Auch die indigenen Dokumente tauchen erst relativ spät (ab dem zwölften Kapitel), dann jedoch in großer Zahl auf (insgesamt zwanzig Tafeln, das heißt knapp ein Drittel aller Motive, im ersten Drittel des Werkes vier, im zweiten und dritten je acht). Das Buch geht dazu über, amerikanische Gegenstände nicht mehr nur nach europäischen Konventionen *abzubilden*, sondern amerikanische Darstellungen auch selbst *wiederzugeben*. Die Kolonisierten werden von Objekten zu Subjekten. Die Bereisten selbst kommen zu Wort. Seine eigenen *Vues* hat Alexander von Humboldt durch fremde *Ansichten* ergänzt.

So ergibt sich ein weiteres programmatisches Merkmal: Die *Ansichten der Kordilleren* sind nicht nur vielgestaltig – sie sind sogar vielstimmig. Mit anderen Worten: Sie sind nicht nur hybrid, sondern auch polyphon. Fortwährend verweist der Text auf antike, orientalische, kolonialspanische und auch indigene Quellen sowie auf zeitgenössische Beiträge aus diversen Wissensgebieten. Immer wieder zitiert Humboldt zusammenhängende Auszüge, die er seiner Arbeit als Dokumente eingliedert. Sein Verfahren ist jedoch nicht nur eine Montage, sondern es tendiert sogar ins Dramatische, wenn er einen Austausch gleichsam als Dialog wiedergibt. So integriert er in eine seiner »Anmerkungen« ein Schreiben, das ein Ägyptologe an ihn gerichtet hat. Und an das Ende seiner Abhandlungen stellt er sogar einen ganz besonderen »Brief«. Der Verfasser ist Ennio Quirino Visconti, der Adressat der Widmung, der hier nicht bloß eine Ringkomposition ermöglicht, indem er auf die Zueignung antwortet, sondern der vor allem abweichende Meinungen vertritt. Indem Humboldt seinem Werk eine Art Rezension anfügt und Widerspruch zu Wort kommen lässt, bekennt er sich zum Provisorium seiner Erkenntnisse. Er zeigt an, dass seine *Ansichten* kein unanfechtbares Œuvre sein sollen, sondern ein im Wandel begriffenes, für Kritik und Korrektur offenes Projekt.

In gewisser Weise ist das Buch sogar mehr*sprachig*: Den französischen Text, den ein deutscher Verfasser über spanische Kolonien mit indigener Bevölkerung veröffentlichte, dessen kulturelle und sprachliche Annäherung also mehrfach vermittelt ist, durchsetzen immer wieder lateinische und griechische Begriffe oder Zitate sowie Vokabeln zahlreicher Sprachen aus aller Welt; und neben der römischen und griechischen Schrift tauchen indigene Zeichen auf, die graphisch wiedergegeben werden. Kaum ein Leser kommt als Adressat all dieser Sprachen infrage. Die Wirklichkeit, scheint Humboldt andeuten zu wollen, ist vielfältig, und sie sollte nicht auf eine einzige ›Ansicht‹ begrenzt werden.

Das Ergebnis ist ein Autoritätsverlust: Dass Humboldt nicht die Position eines ›Autors‹ einnimmt, der ›autoritär‹ von einem ›imperialen‹ Standpunkt aus spräche, zeigt sich bereits darin, wie er seine Autorschaft einsetzt. Als vierter Band der *Voyage aux régions équinoxiales du Nouveau Continent* gehören die *Vues des Cordillères et monumens des peuples indigènes de l'Amérique* zu einer Serie, für die Humboldt und Aimé Bonpland *gemeinsam* verantwortlich zeichnen. Während das Titelblatt der *Vues des Cordillères* nur *einen*

Urheber nennt, ist die Widmung von Humboldt *und* Bonpland zusammen unterzeichnet, wobei Bonplands Vorname ausgeschrieben und Humboldts Vorname abgekürzt ist – und zwar (zufällig oder spielerisch?) anders, »A.«, als auf dem Titelblatt, »Al.«.[21]

Viele der genannten Auffälligkeiten haben sich im Verlauf des Werkes verstärkt. Charakteristisch für Humboldts Schreiben ist seine innere Dynamik. Seine Bücher wandeln sich. Sie sind nicht so sehr als Konstrukte in ihrer Gemachtheit zu betrachten, sondern als Konstruktionen in ihrer Entwicklung. Auch das Buch, von dem hier die Rede ist, veränderte sich im Verlauf seiner Entstehung formal – und konzeptionell: Ursprünglich (circa 1805) sollte es eine unselbstständige Veröffentlichung werden, nämlich ein *Atlas* zum geplanten Reisebericht, es wuchs dann jedoch (circa 1809) zu einer eigenständigen Arbeit mit beträchtlichem Textanteil und immer differenzierterer Darstellung.

Dass Humboldt seine Wahrnehmung kritisch reflektierte, sein Wissen fortwährend überprüfte und seine Hypothesen infrage stellte, dass er sich den überseeischen Kulturen nicht aus einer festen, hierarchischen Position zuwandte, von der aus sie sich auf den Begriff bringen und schlüssig repräsentieren ließen, wird nicht erst bei einer genauen Analyse des Inhalts deutlich, sondern ist bereits an der Gestalt seiner Arbeiten ablesbar. Die literarische Form hat epistemologisch, wissenschaftsprogrammatisch und kulturtheoretisch eine Semantik: *The medium is the message.*

Zwischen Schlegel und Canetti

Was geschieht, wenn europäische Diskurse in außereuropäische Kontexte gesetzt und außereuropäischen Gegenständen *aus*gesetzt werden? Diese Frage, die Humboldts Arbeit nahelegt, lässt sich auch vor dem Hintergrund zeitgenössischer literarischer Praxis und Literaturtheorie stellen – vor allem im Kontext der Frühromantik, etwa im Hinblick auf Friedrich Schlegels Experimente. Dessen »Fragmente« im *Athenäum* (1798) und der Roman *Lucinde* (1799) erschienen beziehungsweise entstanden genau zu der Zeit, als Humboldt zu seiner großen Reise aufbrach. Wenn Humboldt einen Roman geschrieben hätte, würde dieser wohl ungefähr so verfasst sein wie der von

Schlegel. Das Fragmentarische, Hybride, Offene und Prozessuale der Schriften und das Grenzüberschreitende der Interessen beider Autoren hat zahlreiche Analogien. Biographisch wie intellektuell gibt es vielfältige Berührungen, die kaum erforscht sind: das Milieu der Berliner Aufklärung, das Studium in Göttingen, die Begegnung mit Goethe und Schiller in Jena – sogar die schwierige Beziehung zu dem einen und das Einvernehmen mit dem anderen und das jeweilige Verhältnis zum älteren Bruder; die Bekanntschaft beziehungsweise Beschäftigung mit dem Südseereisenden Georg Forster; die Faszination der Französischen Revolution und später der Einsatz als Diplomat während der Restauration; das Interesse für griechische Antike und für orientalische Sprachen. In den *Vues des Cordillères* bezieht sich Humboldt wiederholt auf Friedrich Schlegel, er zitiert dessen Studie *Über die Sprache und Weisheit der Indier* (1808).[22] Humboldts Bibliothek, die nach seinem Tod versteigert wurde, enthielt Friedrich Schlegels *Sämmtliche Werke*.[23] Umgekehrt wären Schlegels einschlägige Beiträge zu betrachten, die ihn den Humboldt'schen Themen annähern: etwa die *Reise nach Frankreich* (1803) oder die *Briefe auf einer Reise durch die Niederlande, Rheingegenden, die Schweiz und einen Teil von Frankreich* (1806) oder auch die »Spuren verloren geglaubter Stämme Israels in Amerika« (1820).[24]

Das Gegenbeispiel eines zeitgenössischen Reiseberichts, dessen konservative Gestaltung seinem geschlossenen Orientalismus entspricht, wäre Chateaubriands *Itinéraire de Paris à Jérusalem* (zeitgleich veröffentlicht im Jahr 1811)[25]: linear erzählt, aus emphatischer Subjektposition, intertextuell autorisiert, mit christlich-missionarischem Anspruch.

Wie sehr der Aufbau eines Textes und dessen Ideologie einander bedingen, lässt sich beispielhaft auch im Vergleich zweier Arbeiten aus dem zwanzigsten Jahrhundert erkennen, die jeweils die Reisen westlicher Besucher nach Nordafrika zum Gegenstand haben: Paul Bowles entwirft in *The Sheltering Sky* (1949) ein klassisches Szenario der Entfremdung, einen Vorstoß ins ›Herz der Finsternis‹, in dessen Verlauf die Fremde immer fremder und ihre Auswirkung auf die körperliche und geistige Verfassung der Reisenden zusehends verheerender wird.[26]

Elias Canetti hingegen hat in *Die Stimmen von Marrakesch* (nach einem Aufenthalt von 1954 im Jahr 1967 veröffentlicht) akustische Miniaturen,

Stimmen, unchronologisch zusammengestellt, wie Humboldt seine visuellen Studien, *Ansichten*, nonlinear angeordnet hatte, nämlich ohne ihnen durch die Abfolge seiner Reise eine Kohärenz zu verleihen; während er jeweils von Mehrdeutigkeiten, eigenen Irrtümern, Perspektivwechseln und Enttäuschungen spricht, die sich auf der Reise ergeben haben.[27]

Humboldt experimentiert

Ob botanisch wuchernd, textil verknüpfend oder geologisch schichtend, auf verschiedenen Wegen zu erkunden oder mit diversen Disziplinen zu deuten – die Literatur begegnet ihrem Gegenstand, indem sie das Reisen als eine Herausforderung darstellt.

Im Zusammenhang der skizzierten Konzeption von Humboldts Werk ist nun auch der Widerspruch zwischen Einleitung und Einführung zu sehen, von dem wir ausgegangen sind. Denn er lässt sich erklären, wenn wir die beiden Texte chronologisch betrachten. So gesehen handelt es sich nicht um eine doppelte Vorbemerkung, sondern um Vorwort und Nachwort. Als das Werk drei Jahre lang in insgesamt sieben Lieferungen (zwischen Januar 1810 und Juli 1813) veröffentlicht wurde,[28] erschien der zweite Text tatsächlich *zuerst* (ausgeliefert im Januar 1810), der erste Text hingegen *zuletzt* (datiert auf April 1813, ausgeliefert im Juli 1813). Einen weniger aufmerksamen Leser kann es verwirren, dass das Titelblatt das Jahr 1810 als Zeitpunkt der Veröffentlichung nennt, während der erste Abschnitt des Textes, eben die »Introduction«, mit einer Datierung auf 1813 schließt. Wenn wir die einzelnen Elemente entlang ihrer entstehungs- und veröffentlichungsgeschichtlichen Chronologie lesen, sind wir jedoch imstande, der Entwicklung des Humboldt'schen Denkens und Schreibens zu folgen, deren Ausgangs- und Endpunkt diese beiden Texte markieren.

Das dem eigentlichen Werk unmittelbar vorangestellte ›Vorwort‹ (von 1810) beginnt mit einem klaren Gegensatz. Humboldt beschreibt »zwei sehr verschiedene Weisen«, archäologische Objekte zu betrachten: als »Kunstwerke« und als »Monumente«.[29] Mit der Wendung »au contraire« setzt er beide Typen antithetisch voneinander ab. Den gesamten Text des Vorworts durchzieht eine Rhetorik des Unterschieds: »die Harmonie und die Schönheit der

Formen«, »die Strenge des Stils«, »die vollendete Ausführung« europäischer »Meisterwerke« stehen der »Roheit« und »Fehlerhaftigkeit« der »unförmigen Idole« exotischer Kulturen gegenüber: »[d]ie rohesten Arbeiten, die sonderbarsten Formen, jene behauenen Felsmassen, welche nur durch ihre Größe und das hohe Alter beeindrucken, das man ihnen zuschreibt«.[30] – Immerhin werden indigene Werke hier bereits mit dem Begriff »antiquité« verbunden.

Die einen Werke weist Humboldt dem antiken Griechenland zu und dessen »génie«, die anderen den »Völkern des neuen Kontinents«. Erstere sind Gegenstände eines ästhetischen Genusses, während letztere lediglich als Material der Wissenschaft infrage kommen, indem sie beispielsweise Anhaltspunkte für Wanderungsbewegungen bieten und kulturelle Kontakte dokumentieren: »sie fesseln unsere Blicke, weil sie die alten Verbindungen zwischen den Völkern und den gemeinsamen Ursprung ihrer mythologischen Überlieferungen beleuchten«.[31]

Humboldt bekennt sich zum Ausnahmecharakter der griechischen Antike, wenn er von deren »Vorrang« spricht: »Dies ist das Privileg dessen, was unter dem Himmel Klein-Asiens und eines Teils des südlichen Europa entstanden ist.«[32] Der Reisende setzt damit von vornherein einen eurozentrischen Maßstab und begründet ihn in der griechischen Antike, auf die sich gebildete Europäer seiner Generation als Ursprung ihrer kulturellen Traditionen berufen und aus der sie ein Bewusstsein der Überlegenheit beziehen oder sogar eine imperiale *mission civilisatrice* ableiten konnten. (Auch wenn das Griechische von Humboldt in dem zitierten Satz auf ›Kleinasien‹ verwiesen wird.) Das lineare Konzept eines Fortschritts jedenfalls, wie es die europäische Aufklärung entwickelte, verallgemeinert er zu einer universalistischen Anthropologie, die regionale Abweichungen nicht in Rechnung zu stellen scheint: als »gleichförmiger und fortschreitender Gang des menschlichen Geistes«.[33] Im Singular gebraucht er den Begriff *der* »Zivilisation«, von welcher Menschen und Völker entsprechend dem Stand ihrer »Entwicklung« und dem »Grad ihrer Intelligenz« unterschiedlich weit entfernt seien.[34]

« Tel est *le privilège* de ce qui a été produit sous le ciel de l'Asie mineure, et d'une partie de l'Europe australe. »

Die Ausgangsannahmen sind damit bestimmt. Als Programm, das er in den folgenden Kapiteln verwirklichen möchte, nennt Humboldt, die

Zeugnisse der ›Neuen Welt‹ mit denen der ›Alten Welt‹ in Beziehung zu setzen: »die Gegenüberstellung der Kunstwerke Mexikos und Perus mit denen der alten Welt, die ich vorhabe«.[35]

Dass er dabei vom Problem der »Kunst« ausgeht, das ihn gerade zu Beginn seiner Studie beschäftigt, zeigt auch eine quantitative Auswertung: Im ersten Drittel des Textes tauchen die Begriffe »Kunst«, »Künste« und »Künstler« häufiger auf als in den anderen beiden Dritteln, einschließlich der zuletzt vorangestellten »Introduction«, zusammen.

Das Ergebnis dieser »Gegenüberstellung« der Monumente der ›Neuen Welt‹ und der ›Alten Welt‹ – oder je nach der Bedeutung des Wortes »rapprochement« auch ihrer »Annäherung« – ist jedoch, und das ist das Entscheidende, nicht von vornherein festgelegt. Hatte die Einführung (von 1810) mit einem Kontrast begonnen, betont die Einleitung (von 1813, die ihr in römischer Seitenzählung schließlich vorangestellt wurde) gleich zu Beginn Gemeinsamkeiten. Humboldt bekennt hier, »überrascht zu sein«, dass er »jene antiken Einrichtungen« habe »vorfinden« können »in einer Welt, die wir die neue nennen«.[36] Es sei keineswegs mehr als »indigne d'attention« anzusehen, also »nicht mehr alles als der Aufmerksamkeit unwürdig, was von dem Stil abweicht, von dem die Griechen uns unnachahmliche Vorbilder hinterlassen haben«.[37] Hatte der Text von 1810 die »ouvrages de l'art« der Griechen von den »monumens historiques« der Indigenen abgegrenzt,[38] spricht der Text von 1813 schon in der zweiten Zeile und im Plural von »den Künsten bei den indigenen Völkern«, »[l]es *arts* chez les peuples indigènes«.[39]

Anstelle des Gegensatzes, von dem das ›Vorwort‹ ausgegangen war, mündet die vorangestellte ›Einleitung‹ sogar in den Befund nicht allein zahlreicher Gemeinsamkeiten, sondern eines tatsächlichen Zusammenhangs beider ›Welten‹ (»l'ancienne communication entre les deux mondes«).[40] Auch hier widerspricht Humboldt ausdrücklich den Vertretern eines frühen Antiamerikanismus, die, ohne jemals dort gewesen zu sein, eine generelle Schwäche des überseeischen Kontinents behaupteten und mit der Vermutung begründeten, er sei später aus dem Wasser aufgetaucht.[41]

Humboldts *Vues des Cordillères* eröffneten also (im Januar 1810) mit einer durchaus ›kolonialen‹ Position: Indigene Artefakte seien nicht ästhetisch, sondern nur historisch von Interesse. Sie schlossen jedoch gut drei Jahre später (im Juli 1813) mit einer Einsicht in globale Beziehungen, die das Ergebnis der inzwischen durchgeführten Untersuchung war. Und sogar der Titel hat sich im Verlauf der Arbeit und der Veröffentlichung verändert: Das Attribut »pittoresques«, ein Klischee traditioneller Reisedarstellungen, mit dem das Vorwort noch überschrieben war, wurde bei einem Nachdruck der Titelei fallengelassen.

Was war geschehen zwischen diesen beiden Texten, welche die *Ansichten der Kordilleren* nacheinander eröffnen, obwohl sie deren Abhandlungen, chronologisch betrachtet, eigentlich rahmen? Was war geschehen, das durch eine Praxis mehrfach lesbarer Darstellungen und eine flexible Konstellation begünstigt wurde, in einer zunehmenden Öffnung der Form zum Ausdruck kam und Humboldt anscheinend dazu veranlasste, schließlich auch ausdrücklich eine neue Position zu beziehen?

Der Klassizismus, Winckelmanns Vorstellung, dass die griechischen Kunstwerke auf ewig unerreichbare Vorbilder blieben, war eine wichtige Prägung für Humboldts Denken. Ebenso die mit ihm verbundene Altertumswissenschaft und die sich entwickelnde Archäologie.[42] Diese wendet sich in der Altamerikanistik einem neuen Gegenstand zu, wenn der Reiseschriftsteller die Zeugnisse der prähispanischen Kulturen studiert, *als ob* es sich um griechische oder römische Monumente handele. Die europäische Antike dient ihm in der Tat zunächst als Maßstab, von dem aus er andere Kulturen verstehen und bewerten kann. Wenn er sich indigenen Kunstwerken zuwendet und beispielsweise ihre Ornamentierung mit jener von europäischen Zeugnissen vergleicht, verortet er sie indes auf der gleichen Ebene wie griechische, römische oder ägyptische Altertümer und bezieht sie ein in ein weltweites Netz von Bezügen und Ähnlichkeiten. Der Klassizismus wird globalisiert.

Humboldts Vergleiche sind dabei derart differenziert, dass der Maßstab, den er zunächst angelegt hatte, zunehmend in Zweifel gezogen wird, bis sich schließlich die Konsequenz aufdrängt, in der Beschreibung fremder Kulturen eine eurozentrische Position verlassen zu müssen, um jene Kulturen in ihrem eigenen Zusammenhang wertzuschätzen: »Die Mexikaner und die Peruaner dürfen keinesfalls nach Prinzipien aus der Geschichte der Völker

« Les Mexicains et les Péruviens ne sauraient être jugés d'après des principes puisés dans l'histoire des peuples que nos études nous rappellent sans cesse. »

beurteilt werden, die unsere Bildung unablässig in uns wachruft.«[43] In dem Buch, das zwischen Einführung und Einleitung entstand, hat sich Humboldt von der eurozentrischen Abwertung indigener Erzeugnisse entfernt.

Aus eigener Anschauung und anhand veröffentlichter sowie unveröffentlichter Quellen hatte Humboldt die indigenen Völker unterschieden und beispielsweise erkannt, dass ihre Sprachen weder weniger komplex noch weniger vielfältig waren als die Sprachen der ›Alten Welt‹. Seine Forschungen widerlegten das Vorurteil von der Geschichtslosigkeit der Amerikaner.[44] Er nahm indigene Quellen in die Geschichtswissenschaft auf.[45] Die *Vues des Cordillères* stehen am Anfang der modernen Altamerikanistik, einer wissenschaftlichen Erforschung präcortesianischer Zeugnisse.[46] Und sie beförderten die mexikanische Anthropologie.[47]

Mit seinen vergleichenden Hochkulturstudien begründete Humboldt eine globale Komparatistik. Er unterschied mehrere Typen des Bezugs, strukturale Analogien von mittelbaren Einflüssen, universale Gesetze von zufälligen Übereinstimmungen. Er zog eine Vielzahl von Faktoren der Kulturbildung in Betracht, geoklimatische und soziokulturelle, historische und religiöse. Und er entfaltete eine Kulturtheorie, die aus heutiger Sicht fruchtbar erscheint: Er versuchte, Universalität *und* Diversität gleichzeitig zu denken, die aufklärerische Idee einer »Einheit« des »Menschengeschlechts«, das in einem einsinnigen Entwicklungsprozess begriffen sei, mit der Besonderheit der Erfahrungen und der Verschiedenheit jeder Kultur in Einklang zu bringen, die Identität des Eigenen in der Differenz zum Fremden auszumachen und zugleich eine wechselseitige Veränderung denken zu können.

Die Mehrdeutigkeit des Begriffs »Monument«, den Humboldt in seinem Titel gebraucht, deutet auf die grundlegende Ambivalenz, die das Buch bestimmt: als (unfreiwillige) »Zeugnisse« wären die »Monumente der eingeborenen Völker Amerikas« dokumentarisch aufzufassen, als (absichtsvolle) »Denkmäler« hingegen, die als Kunstwerke geschaffen wurden, ästhetisch. Allein die klassizistische Ausstattung, Gestaltung und Typographie der *Vues des Cordillères et monumens des peuples indigènes de l'Amérique* nobilitieren bereits ihren Gegenstand.[48] Letztlich ist Humboldts visuell anspruchsvolles Buch selbst eine Ästhetisierung der indigenen Erzeugnisse – auch wenn der Text ihnen in theoretischen Aussagen eine Schönheit nach europäischen

Maßstäben voreilig abgesprochen hatte. Die theoretische Position, die der Autor im Vorwort bezogen hatte, stellte er durch seine eigene Praxis infrage. Die *Vues des Cordillères* folgen der Logik eines Experiments, das seine Ausgangsannahmen falsifiziert.

Es wurden verschiedene Versuche unternommen, Humboldts Umgang mit außereuropäischen Gegenständen in diesem Reisewerk auf den Begriff zu bringen – ohne indes die zeitliche Dimension, die Chronologie seiner Arbeit zu berücksichtigen.

Mary Louise Pratt sieht zwei Strategien am Werk, die dazu dienten, den amerikanischen Kontinent für imperiale Ausbeutung »verfügbar« zu machen, indem er als menschenleer oder zivilisationslos inszeniert werde: »Naturalisierung« und »Archäologisierung«. Imaginäre Imperialisten wie Alexander von Humboldt würden, kritisiert sie, weite Räume als unbewohnt darstellen und indigene Kulturen auf deren Vergangenheitsform beschränken – und damit als Archäologie »abtöten«.[49]

Nigel Leask findet Humboldts »Weigerung, die amerikanischen Altertümer ästhetisch wahrzunehmen, [...] umso ungeheuerlicher im Rahmen eines ›Pittoresken Atlas‹«; seine »scharfe Verurteilung der begrenzten Errungenschaften mesoamerikanischer Kultur« sei »das ästhetische Äquivalent der masochistischen Selbstversuche, denen sich Humboldt als junger Mann im Namen des wissenschaftlichen Fortschritts unterzogen hatte«.[50]

Ottmar Ette betont, in der Betrachtung fremder Kulturen sei und bleibe Humboldt »bei aller Neugier letztlich« »am Meridian der abendländischen Antike ausgerichtet«, an einem »*méridien universel*«, »am Leitfaden einer einzigen Kultur«.[51]

Jaime Labastida hingegen gibt zu bedenken, wenn Humboldt die Ästhetik seiner Gegenstände vernachlässige, so entspreche dies dem Ansatz der modernen Archäologie, die sich nun einmal nicht für den künstlerischen Wert, sondern ausschließlich für den Zeugnischarakter ihrer Objekte interessiere: »die Absicht ist ganz klar; das Interesse ist ein wissenschaftliches, philosophisches, anthropologisches, ethnographisches, archäologisches, historisches. Aber kein künstlerisches.«[52]

Während Pratt außer Acht lässt, dass Humboldt sich sehr wohl mit zeitgenössischen Kulturen auseinandersetzte und die koloniale Herrschaft ausdrücklich kritisierte, während Leask und Ette nicht darauf eingehen, dass er seine kulturkritische Position durchaus revidierte und sein Klassizismus in der Beschäftigung mit Amerika sich veränderte, wäre Labastida zu entgegnen, dass es auch wiederum keinen Anlass gibt, Humboldt von zeitbedingten Vorstellungen freizusprechen, wie sie in der ästhetischen Geringschätzung indigener Werke zum Ausdruck kommt, von der er in der Tat ausgegangen war. Die Kolonialität europäischer Literatur ist nicht allumfassend, aber sie ist auch nicht zu leugnen. Sie wird herausgefordert, und ihr Verhältnis zu der Poetik des Textes, in dem sie zum Ausdruck kommt, ist nicht konfliktfrei.

Postkoloniale Studien neigen häufig dazu, europäische Literatur – in der Tradition Edward Saids – diskursanalytisch und ideologiekritisch pauschal zu verurteilen; oder – mit Tzvetan Todorov oder Stephen Greenblatt – typologisch Gruppen von Texten zu unterscheiden, die entweder ›kolonial‹ oder ›nicht kolonial‹ seien.[53]

Humboldts Arbeiten jedoch sind widersprüchlich in sich, und sie sind veränderlich. Fragmentarik, Mehrstimmigkeit und Formenreichtum sind Merkmale eines offenen Schreibens, das gedankliche Entwicklungen begünstigt. Veränderungen des Diskurses reagieren auf Bedingungen der Form. Und Veränderungen der Form sind auf diskursive Herausforderungen zurückzuführen. Kolonialität und Poetik stehen in einer dynamischen Wechselbeziehung.

Der Widerspruch bleibt

Nun liegt es eigentlich nahe, Veränderungen in Rechnung zu stellen, die sich während des Reisens, beim Schreiben und im Verlauf eines Lebens ergeben, bedingt durch Begegnungen und Erfahrungen, durch die Poetik eines Textes oder durch historischen und biographischen Wandel, und die sich in Tagebüchern und Reiseberichten oder in einem Werk insgesamt niederschlagen.

Humboldt hat zur Frage indigener Ästhetik jedoch weder mit dem Ende seiner Expedition eine eindeutige Position gefunden, noch hat er im Lauf seines Lebens irgendwann einen letztgültigen Standpunkt eingenommen. Vielmehr arbeitete er sich in seinen verschiedenen Beiträgen zu anthropologischen und ethnographischen Gegenständen immer wieder an den gleichen Problemen und Widersprüchen ab. Offenbar hat vor allem die Eigendynamik der Texte unter den Bedingungen ihrer jeweiligen Poetik die Kolonialität seines Diskurses geformt. Die Prozesse, die in den *Ansichten der Kordilleren* sichtbar werden, müssen also nicht unbedingt einem Wandel der Einstellung des Verfassers geschuldet sein, sondern es handelt sich um Entwicklungen, die der Dynamik des Reisens entsprechen und sich in bestimmten Schreibformen ergeben, die bewusst angelegt gewesen oder unbewusst vonstattengegangen sein mögen, bedingt durch biographische, historische und textimmanente Logiken.

Die *Vues des Cordillères* sind Fragestellungen gewidmet, die der Autor bereits in früheren Arbeiten behandelt hatte und noch lange Zeit weiter behandeln sollte. Die Beschäftigung mit anthropologischen und ethnographischen Gegenständen ist ein roter Faden in Humboldts umfangreichem Gesamtwerk.[54] Sie findet zunächst in den Tagebüchern statt, die er 1799 bis 1804 auf der amerikanischen Expedition führte. Zwei Jahre nach seiner Rückkehr nach Europa, im Jahr 1806, macht er sie erstmals zum Inhalt einer Publikation in einem Vortrag und Aufsatz mit dem Titel »Ueber die Urvölker von Amerika und die Denkmähler welche von ihnen übrig geblieben sind«.[55] Dieser Text kann als Vorarbeit der *Vues des Cordillères* gelten. Hinzu kommen verstreute Beiträge, die in Zeitschriften oder als Vorworte zu den Bänden anderer Autoren erschienen: insbesondere die Einführung zur französischen Ausgabe von Leopold von Buchs *Reise durch Norwegen und Lappland* (1816);[56] eine Studie »Ueber die bei verschiedenen Völkern üblichen Systeme von Zahlzeichen« (1829);[57] ein Artikel über »Mexicanische Alterthümer« (1835);[58] das Vorwort zu Wilhelm von Humboldts postum herausgegebenem Werk *Über die Kawi-Sprache auf der Insel Java* (1836);[59] ein Vortrag »Ueber die Hochebene von Bogotá« (1838), der eine strukturale Anthropologie von Sintflut-Mythen entwickelt;[60] das Vorwort zu *Robert Hermann Schomburgk's Reisen in Guiana und am Orinoko* (1841);[61] und die ebendort erschienene Abhandlung »Über einige wichtige Punkte der Geographie Guyana's« (1841), die sich mit der interkulturellen Mythologie des El Dorado befasst;[62] ein Auszug aus dem ersten Band des *Kosmos*, »De l'unité native de l'espèce humaine« (1846);[63] und schließlich das Vorwort zu Balduin Möllhausens *Tagebuch einer Reise vom Mississippi nach den Küsten der Südsee* (1858).[64]

An drei Beispielen aus diesem anthropologisch-ethnographischen Corpus lässt sich die Kontinuität der Beschäftigung mit indigener Kunst nachvollziehen, die zugleich die Kontinuität des Widerspruchs ist, von dem wir ausgegangen waren: Vergleichbare Spuren eurozentrischer Wertungen ebenso wie der Auseinandersetzung mit ihnen finden sich über einen Zeitraum von sechs Jahrzehnten.

Bereits in dem Aufsatz »Ueber die Urvölker von Amerika und die Denkmähler welche von ihnen übrig geblieben sind« aus dem Jahr 1806 schwankte Humboldt zwischen eurozentrischer Abwertung und der Anerkennung weltweiter Ähnlichkeiten, etwa wenn er es einerseits als ein Wagnis bezeichnete, die »vollendeten Denkmähler Römischer *Kunst*« mit den »rohen Ueberbleibseln der sich entwickelnden Mexikanischen *Kultur*« zu vergleichen, andererseits aber mit der Feststellung schloss, es sei »die Menschheit im neuen Kontinent, in den entferntesten Punkten zugleich, zu bildendem *Kunst*fleiß erwacht«.[65]

Als er in der Besprechung über »Mexicanische Alterthümer« im Jahr 1835 auf das Thema zurückkommt, scheint Humboldt erneut im gleichen Widerspruch befangen zu sein. Zunächst geht er hier von seiner alten Annahme aus: »Die bildende Kunst der Völker, die wir Barbaren nennen, kann nicht Anmuth und Schönheit darbieten. [...] Die bildende Kunst, selbst bei den rohesten Nationen, gewährt ein Interesse anderer Art, ein historisches«. Andererseits stellt er kurz darauf fest: »Die Zeiten sind vorbei, wo man [...] die Bildwerke ungriechischer Stämme einer [...] Verachtung Preis gab.«[66] Das Problem, mit dem sich Humboldt hier auseinandersetzt, hatte er offenbar in den *Ansichten der Kordilleren* nicht endgültig gelöst.

Im Vorwort zu Balduin Möllhausens *Tagebuch einer Reise vom Mississippi*, datiert auf März 1857, gelangt Humboldt beinahe didaktisch von einer generellen Abwertung (»die Zustände der Eingeborenen auf den verschiedenen Stufen ihrer Unkultur«), über eine Differenzierung (allgemeine und lokale Betrachtungen, endogene Faktoren, durch den Kolonialismus bedingte Entwicklungen, Diversität indigener Völker, Kritik des Begriffs »Wilde«, Analogien zur Unterentwicklung weiter Teile Nordeuropas) zu einer ihn immer noch oder schon wieder überraschenden Feststellung: »Aber auch in den Zuständen der Ungesittung erkennt man hier und da mit Erstaunen einzelne Spuren des Erwachens selbstthätiger Geisteskraft«.[67]

Die Kontinuität des Widerspruchs scheint Humboldt nicht vollends bewusst gewesen zu sein, ebenso wie die Wechselwirkung zwischen Inhalt und Form, Kolonialität und Poetik. In den *Ansichten der Kordilleren* scheint er als Schriftsteller bestimmte Parameter programmatisch gesetzt und sein Werk entsprechend absichtsvoll gestaltet zu haben. Fragmentarik und Essayistik, mehrfache Lesbarkeit und mehrdeutige Konstellation der Kapitel und Bilder waren *von vornherein* angelegt. Die Auswucherungen, die Ringkomposition und die Rezension am Schluss hat er in der Folge mindestens in Kauf genommen. Andere Phänomene scheinen eher unwillkürlich ein Effekt des Schreibprozesses zu sein, nicht strategisch, sondern symptomatisch – am deutlichsten der Konflikt zwischen Einleitung und Einführung. Den Widerspruch zwischen einer kolonialen Ausgangsposition und einem nicht-kolonialen Ergebnis hat Humboldt nicht erläutert und den zuletzt geschriebenen Text dennoch zur »Einleitung« ausgestaltet und seinem Werk irritierenderweise vorangestellt. Die dramatische Entwicklung seines Denkens und ihr Zusammenhang mit der Form seiner Arbeit scheinen für ihn nicht transparent und kontrollierbar gewesen zu sein. Humboldt hatte seine Versuchsanordnung so gewählt, dass ihm die Tragweite mancher Ergebnisse, die sein Experiment hervorbrachte, selbst entgehen konnte.

Die Büste Alexanders

An mehreren Stellen deutet sich in den *Vues des Cordillères* an, dass die klare Unterscheidung, die Humboldt am Ausgangspunkt seiner Untersuchung setzte, ziemlich forciert war.

So hat er zu Beginn des Vorwortes (von 1810) die europäische beziehungsweise antike Ästhetik, die er mit großem terminologischen Einsatz als den privilegierten Pol seiner binären Opposition bestimmte, sofort an einem Beispiel veranschaulicht, das alles andere als eine idealische, unschuldige Kunst darstellt: »Die Büste des Alexander, die man in den Gärten der Pisonen fand, würde selbst dann als kostbarer Überrest des Altertums gelten, wenn die Inschrift nicht angäbe, dass sie uns die Gesichtszüge des Siegers von Arbela nachbildet.«[68]

« Le buste d'Alexandre, trouvé dans les jardins des Pisons, seroit regardé comme un reste précieux de l'antiquité, quand même l'inscription n'indiqueroit pas qu'il nous retrace les traits du vainqueur d'Arbèle. »

Es handelt sich um ein Bildnis Alexanders des Großen, genauer: um die römische Kopie eines griechischen Originals, das eine Zeit lang als das einzige bekannte Porträt des jungen Herrschers galt. Diesen hat Humboldt als den »Sieger von Arbela« identifiziert, ohne dass der Bezug durch das Objekt selbst nahegelegt würde. Gemeint ist die Schlacht bei Arbela beziehungsweise Gaugamela (im heutigen Irak) im Jahr 331, der endgültige Triumph des makedonischen Königs über seinen persischen Rivalen Dareios, das entscheidende Ereignis in der auf die Perserkriege (und weiter) zurückgehenden Konfrontation zwischen Okzident und Orient.

Wenn Humboldt kurz darauf die andere Seite seines Gegensatzes, die außereuropäischen Kulturen, ausgerechnet am Euphrat beginnen lässt, stellt er sich in die Tradition dieser Auseinandersetzung: »Dieser Klasse gehören die Überreste von Skulpturen an, die über die weiten Landstriche zwischen den Ufern des Euphrat bis zu den östlichen Küsten Asiens verstreut sind.«[69] Kunstkritik und Militärgeschichte, Wissenschaft und Imperialismus werden zusammengedacht.

« C'est à cette classe qu'appartiennent les restes de sculpture répandus dans les vastes contrées qui s'étendent depuis les rives de l'Euphrate jusqu'au côtes orientales de l'Asie. »

Die Linie zwischen europäischer und außereuropäischer Kunst, die Humboldts Text orientiert, verläuft gleichsam durch das Schlachtfeld eines imperialen Konflikts, auf dessen makedonischen Sieger er sich positiv zu beziehen scheint. (Dass es dabei sogar eine Rolle spielt, wie Humboldt mit dem Namen des Eroberers umgeht, der schließlich auch seiner ist, werden wir im Kapitel zu seiner eigenen Reise nach Asien sehen.)

Die Geschichte des Objekts ist von geradezu übertriebener Symbolik, da hier das spanische Imperium, das französische Kaiserreich und die katholische Kirche zusammenkommen. Die Ausgrabung im Jahr 1779 hatte der spanische Botschafter beim Vatikan, José Nicolás de Azara, ausgeführt, der es als Botschafter in Frankreich Napoleon schenkte, sodass es 1803 in den Louvre gelangte, wo es Humboldt gesehen haben wird.[70] Provenienzforschung ist Machtgeschichtsschreibung.

Nachdem er den Gegensatz zwischen »Kunstwerk« und »Zeugnis« ausgerechnet am Bildnis des Eroberers – und am Euphrat – eingerichtet hat, scheint Humboldt auf der zweiten Seite seines Vorwortes ein Lapsus zu unterlaufen, den er unverzüglich zurücknimmt, als würde er eine Fehlleistung korrigieren beziehungsweise verdrängen, indem er von den »schwachen Spuren der Kunst oder vielmehr des Gewerbfleißes der Völker des neuen Kontinents« spricht.[71] Der Eindruck, dass es sich sehr wohl um »Kunst« handeln könne – sogar großgeschrieben: »l'Art« –, wird hier gerade noch unterdrückt, damit aber desto auffälliger eingeräumt.

Umso sprechender ist die folgende Wendung, mit der Humboldt die vermeintliche Kunstlosigkeit der Amerikaner relativiert:

> »auf meinen Reisen habe ich alles gesammelt, was eine tätige Neugier mich in Ländern entdecken ließ, wo in Jahrhunderten der Barbarei die Intoleranz fast alles zerstört hat, was mit Sitten und Kultus der alten Bewohner zu tun hatte; wo man Bauwerke niedergerissen hat, um sich der Steine zu bemächtigen oder um verborgene Schätze zu suchen«.[72]

Ohne dass dies erklärt werden muss, bezeichnen »Barbarei« und »Intoleranz« keineswegs die einheimischen Amerikaner, sondern die europäischen Eroberer. Vor diesem Hintergrund ist es als ironische Pointe zu verstehen, wenn Humboldt im folgenden Absatz, scheinbar wieder im kolonialen Modus, von den indigenen Monumenten spricht, »die von halb-barbarischen Völkern errichtet worden sind«.[73] Das heißt: Während die Europäer sich wie vollendete »Barbaren« verhalten, sind die Amerikaner höchstens »halbe«.

Eines war Humboldt von Anfang an klar: Die *Barbarei* ist nicht die der Fremden. Wenn er beklagt, die Werke der Indigenen seien durch Fanatismus zerstört worden, ist die Rede von spanischen Kolonisatoren, von europäischen Christen. Die wirklichen »Barbaren« standen Humboldt näher, als ihm lieb war.

Drittes Kapitel
Schmerzen, Krankheiten und Metaphern: Die Physiologie des Reisens

(*Relation historique*, 1814–1831)

» Avoid irritation more than exposure to the sun. «

Joseph Conrad,
Heart of Darkness (1899)[1]

Die Wahrnehmung Amerikas, wie Alexander von Humboldt sie in seinen Reisewerken schildert, wird zunächst ganz grundsätzlich bedingt durch die physische Erfahrung des Reisenden. Obwohl der Körper beziehungsweise der Leib in der Kulturwissenschaft und in der Geschlechterforschung eine Konjunktur erlebte,[2] fand das Thema in der Reiseliteraturforschung vergleichsweise wenig Beachtung, ebenso wie die Emotionen des Reisens und die Affekte der Forscher.[3] Während sich das Interesse postkolonialer Studien auf diskursive Konstruktionen von ›Andersheit‹ richtet, scheint es selbstverständlich zu sein, dass die Bewegung eines reisenden Körpers zum Reisen dazugehört.

In Humboldts Reisewerk jedoch hat der Körper Funktionen, die über diese einfache Tatsache hinausweisen. Die *Relation historique* stellt uns vor drei grundsätzliche Fragen zur Bedeutung des Körpers im Kontakt mit der kolonialen Fremde: Was geschieht, erstens, mit dem Körper des Reisenden? Inwiefern wird, zweitens, der bereiste Kontinent als Körper wahrgenommen? Und wie werden, drittens, die Körper der Einheimischen in Szene gesetzt?

Der Körper des Reisenden

Der Körper des Reisenden dient nicht nur als Organ der Wahrnehmung oder als Sensorium ästhetischer Erfahrung.[4] Die Reise verlangt ihm allerlei Anstrengungen ab. Er erleidet Unannehmlichkeiten und Unfälle. Bergbesteigungen ermüden. Kanus sind eng und unbequem, fast wie ein »Gefängnis«.[5] Die Hitze ist erdrückend: »man bekommt keine Luft mehr, als befände man sich vor der Öffnung eines Backofens«.[6] Die Luftfeuchtigkeit ist in den Tropen extrem: »wir waren durchnässt wie in einem Dampfbad«.[7] Selbst die Nachtruhe kann nicht richtig erholsam sein. Ganze Nächte verbringen Humboldt und seine Begleiter zu Pferd. Reisen bedeutet Strapazen ertragen. Der Reisebericht ist eine Leidensgeschichte.[8]

Insbesondere die Moskitos werden zu einer fast biblischen Plage.[9] Die Luft ist buchstäblich voll von ihnen: »il y a«, zitiert Humboldt erfahrene Mönche, »moins d'air que de moustiques«, mehr Mücken als Luft.[10] Die Mühsal übersteigt die Vorstellungskraft und die literarische Darstellbarkeit.[11] Immer wieder betont Humboldt die »Qualen« und »Leiden«, die unzählige Stiche der Insekten hervorrufen, und den Juckreiz, den bestimmte Arten verursachen, indem sie sich in die Haut eingraben.[12]

Wenn Humboldt die »Stadt der Schmerzen« aus Dantes *Inferno* aufruft,[13] werden die Qualen des Reisenden zu einer moralischen Prüfung. Sie nehmen eine religiöse Qualität an. Die Expedition erhält den Charakter eines Passionsweges.

Die Vorstellung des von Moskitos zerstochenen und von Krokodilen bedrohten Abenteurers, der im Kanu die unerkundeten Arme des Orinoco befährt, hat wesentlich zum populären Humboldt-Mythos beigetragen: Die Reise stellt den Reisenden auf eine Probe, die er bravourös besteht; der Reisebericht inszeniert einen Heroismus der Körperlichkeit. Einen Höhepunkt erlebte diese Heroisierung 1942 in einer deutschen »Feldpostausgabe«.[14]

Humboldts Leiden legitimieren in der Tat die Ernsthaftigkeit seiner Unternehmung, sie unterscheiden die Expedition von einer *grand tour*. Der Forschungsreisende schlägt dabei aus seinen Schmerzen nicht nur symbolisch-mythologisches, sondern auch wissenschaftliches Kapital. Die verschiedenen Insekten zum Beispiel hat er differenziert untersucht.[15] Er vergleicht das Schmerzempfinden, das ihre Stiche auslösen: »Der Schmerz, den der Stich der beiden Insekten verursachte, schien mir durchaus verschieden zu sein.«[16] Der eigene Körper dient dabei als Instrument, seine Empfindungen als Maßstab zoologischer Klassifikation: »der Schmerz unterscheidet sich nach der Natur des Giftes, das ein jedes Insekt in die Wunde gibt«.[17] In einer ikonischen Szene beschreibt Humboldt, wie ihn ein Moskito sticht, den er, weil sein Interesse größer ist als der Schmerz, dabei nicht nur beobachtet, sondern sogar betasten kann:

« La douleur causée par la pîqure des deux insectes m'a paru assez différente. »

> sobald er Zutrauen gefasst und begonnen hat, seinen Saugrüssel auszurichten und sich vollzusaugen, kann man seine Flügel berühren, ohne ihn aufzuschrecken. [...] wenn man ihn in Ruhe saugen lässt, bis er gesättigt ist, bleibt man von jeder Schwellung verschont, verspürt überhaupt keinen Schmerz. Wir haben dieses Experiment an uns selbst häufig wiederholt [...] gemäß dem Ratschlag der Eingeborenen. [...] indem ich dem

20. Insekten-Darstellung aus Humboldts *Recueil d'observations de zoologie et d'anatomie comparée* (Tafel 19: »Abeilles«).

Culex cyanopterus ruhig meinen Handrücken darbot, stellte ich fest, dass der Schmerz, der zu Beginn sehr heftig war, nachließ, während das Insekt das Blut saugte.[18]

Und Humboldt setzt diese Untersuchung experimentell fort: »Ich habe auch den Versuch gemacht, mir die Haut mit einer Nadel aufzuritzen und die Einstiche mit zerdrückten Moskitos einzureiben«.[19] Die Leiden werden so produktiv gemacht. Der Schmerz erhält eine kognitive Funktion, einen wissenschaftlichen Wert. Die Stiche haben, stellt Humboldt fest, einen Einfluss auf Haut und Magen. Sie stören die Verdauung, sie lösen Schweißausbrüche aus, und sie rufen starken Durst hervor.[20] Die Moskitos steigern überdies das Hitze-Empfinden: »aufgrund der extremen Reizung unserer Haut hatten wir das Gefühl, die Luft würde glühen«.[21]

Humboldt leidet für die Forschung – und stellvertretend für diejenigen, die zu Hause geblieben sind. Er »bezahlt« seine Beobachtungen mit Strapazen und Schmerzen, die eigentlich unsagbar sind: »Ich kann kaum sagen, welche Strapazen und Qualen uns diese nächtlichen Beobachtungen bereitet haben.«[22] Die tropischen Insekten bringen ihn an den Rand der Verzweiflung: »Ich muss zugeben, dass ich während der astronomischen Beobachtungen des Öfteren kurz davor war, die Instrumente fallenzulassen, wenn ich spürte, dass meine Hände und mein Gesicht von diesen haarigen Bienen bedeckt wurden.«[23] Aber die Mühen lohnen sich. Sie bieten Erkenntnis und zuweilen sogar Genuss.[24] Bei der legendären Chimborazo-Besteigung war ein wichtiger Ertrag die Beschreibung der Höhenkrankheit am eigenen Leib.

« J'aurois de la peine à dire combien ces observations de nuit nous ont coûté de peines et de tourmens. »

« J'avoue que, souvent, pendant les observations astronomiques, j'ai été sur le point de laisser tomber les instrumens, quand je me sentois les mains et le visage couverts de ces abeilles velues. »

Über Untersuchungen zu zoologischen und physiologischen Gegenständen hinaus stellt Humboldt philosophische und psychologische Theorien auf. Unangenehme Empfindungen, spekuliert er, werden deutlicher wahrgenommen als angenehme: Schmerz wirkt prinzipiell nachhaltiger als Genuss. Der Mensch hat einen *negativity bias*: »Es entspricht der

21. »Feldpostausgabe« der *Relation historique* (1942).

menschlichen Natur, sogar in moralischer Hinsicht, dass wir nicht so sehr genießen, was unsere Lage verbessert, wie uns eine neue Widrigkeit zu schaffen macht.«[25] Gleichwohl gibt es einen Effekt der Habitualisierung: »Reisende ertragen die Übel leicht, die zur Gewöhnung werden.«[26] Daraus leitet Humboldt einen moralischen Wert der Selbstüberwindung ab: »die Gewöhnung an körperliche Entbehrungen steigert die Willenskraft des Charakters«.[27]

« Telle est l'organisation de l'homme que, même dans le monde moral, nous ne jouissons pas autant de ce qui adoucit notre situation, que nous sommes affectés d'une peine nouvelle. »

Abgesehen von Beschwerlichkeiten, setzt sich der Reisende der Gefahr aus. Tiere, Umwelt und Menschen bedrohen seine Gesundheit und sein Leben: Haie, Krokodile, Piranhas, Schlangen, Skorpione, Jaguare, Bären und wilde Rinder; Erdbeben, Sandstürme, Unwetter und Unwegsamkeiten, Untiefen oder Stromschnellen; Räuber, Milizionäre, »wilde Indianer« oder portugiesische Truppen an der brasilianischen Grenze. Humboldt begegnet einem Tiger, er kentert auf dem Orinoco, und er wird von einem »Zambo« überfallen.[28]

Ein weiteres Leitmotiv, das den Reisebericht durchzieht und mit den Motiven der Strapaze, des Schmerzes und der Gefahr in Verbindung steht, ist die Krankheit. Schon als das Schiff, auf dem der Reisende nach Amerika fährt, sich seinem Ziel nähert, kommt es an Bord zu einer Infektion, »ein übles Fieber«, schreibt Humboldt, bedroht »unsere Gesundheit«.[29] Die Gerüche des Kontinents haben für ihn eine ambivalente Qualität: »Dieselben Lüfte, die vom Duft der Blüten, Blätter und Bäume erfüllt sind, tragen gewissermaßen den Keim der Zersetzung in unsere Organe.«[30] Die Natur der Tropen stellt gerade in ihrer einzigartigen Fruchtbarkeit ein Gesundheitsrisiko dar: »Dieselben Ursachen, welche die Fruchtbarkeit des Bodens gewährleisten und das Wachstum der Pflanzen beschleunigen, rufen Ausdünstungen hervor, die schädliche Wirkungen haben, wenn sie in die Lufthülle gelangen.«[31] Das Klima selbst scheint gesundheitsschädlich zu sein. Der Text spricht von den »gefährlichen Effekten der Tropenhitze«[32], hinzu kommt eine von Menschen durch Landwirtschaft verursachte Verschmutzung. Die Luft ist also voller Gefahren. Immer wieder ist die Rede von Ausdünstungen, Keimen und Erregern, von Seuchen und Ansteckung. In den Tropen setzt sich der Reisende unbekannten Krankheiten aus, vor allem allerlei Fiebern und Erkrankungen der Atemwege, aber auch Typhus, Gelbfieber, Blattern und Pocken sowie einer unbestimmten »Küstenkrankheit«[33].

« Ces mêmes vents, qui sont chargés du parfum des fleurs, des feuilles et des bois, portent, pour ainsi dire, le germe de la dissolution dans les organes. »

« Les mêmes causes qui entretiennent la fertilité de la terre et qui accélèrent le développement des plantes, produisent des émanations gazeuses qui, mêlées à l'atmosphère, lui donnent des propriétés nuisibles. »

Und als wäre all das noch nicht genug, kommen noch einige Faktoren hinzu, denen der Reisende seinen Körper selbst gezielt aussetzt. Als

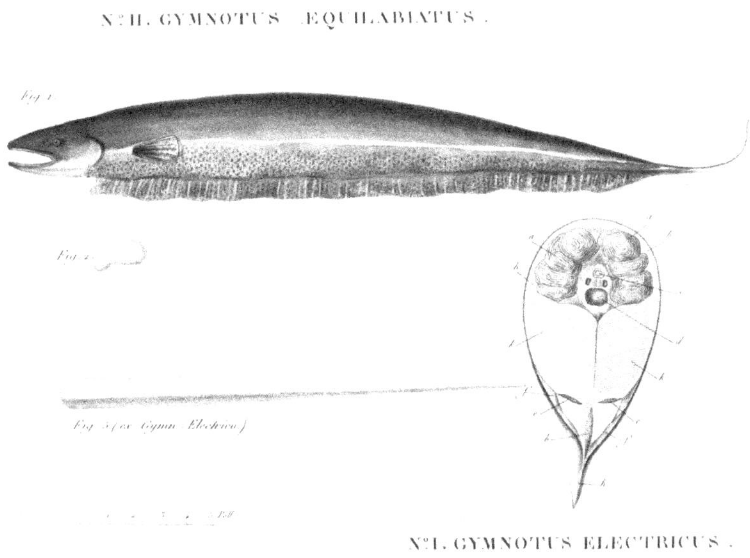

22. »Gymnotus electricus. Gymnotus æquilabiatus« (1812, *Recueil d'observations de zoologie et d'anatomie comparée*, Tafel 10).

Forschungsreisender unterzieht Humboldt nicht nur seine Umwelt (Wasser, Luft, Pflanzen, Tiere) technischen Messungen, die bisweilen die Form aufwendiger Versuche annehmen. Er belässt es auch nicht dabei, seinen Körper als Instrument zur Analyse von Insekten einzusetzen. Überdies nimmt er Selbstversuche vor. Der eigene Körper wird zum Experimentierfeld. Er ist gewissermaßen Forscher, Testgerät und Untersuchungsgegenstand zugleich. Man ist versucht, von einem »Masochismus der Wissenschaft« zu sprechen.[34]

Die Schläge elektrischer Aale zum Beispiel, die Humboldt gemeinsam mit Bonpland testet,[35] sind eine sehr unangenehme Erfahrung: »der Schmerz und die Taubheit sind derart heftig, dass man die Art der Empfindung, die man verspürt, unmöglich beschreiben kann«.[36] Diese Untersuchung erinnert ihn an frühere Selbstversuche, die er vor Beginn seiner Reise unternommen hatte.[37]

In Amerika experimentiert Humboldt auch mit giftigen Pflanzen, die durch äußerlichen Kontakt wirken, sowie mit dem berüchtigten Pfeilgift Curare, das nur bei der Berührung mit Blut tödlich sein soll; wenn man es zu sich nimmt, jedoch lediglich etwas »bitter« schmeckt, wie Humboldt an sich selbst »des Öfteren« nachvollzieht:[38] »Sein Geschmack ist angenehm bitter, Herr Bonpland und ich haben des Öfteren kleine Mengen davon geschluckt.«[39] Der Naturwissenschaftler probiert alles aus – und sei es unter Lebensgefahr. Er nimmt nicht nur in Kauf, seinem Körper Schmerzen zuzufügen, sondern er riskiert buchstäblich sein Leben.

« Son goût est d'une amertume très-agréable, et nous en avons souvent avalé de petites portions, M. Bonpland et moi. »

Der wissenschaftliche Masochismus hat indes auch seine Grenzen, an denen der Körper einen nicht mehr erträglichen Schmerz signalisiert. Obwohl er vor kaum etwas zurückzuschrecken scheint, unternimmt Humboldt zum Beispiel keinen Selbstversuch mit stechenden Bienen: »Ich verspürte keine Neigung, diesen Versuch an mir selbst durchzuführen.«[40]

« Je n'ai pas été tenté de faire cet essai sur moi-même. »

Mit Drogen dagegen setzt sich der Reisende eingehend (und einnehmend) auseinander.[41] Über das »Niopo«-Pulver, das sich die Otomaken in die Nase blasen, stellt er fest, dass es für einen unerfahrenen User nicht einfach zu handhaben sei: »Das *Niopo* ist von so starker Wirkung, dass bei denjenigen, die nicht daran gewöhnt sind, schon kleinste Mengen einen heftigen Niesreiz auslösen.«[42] Auch von Tabak, Alkohol und Opium scheint Humboldt aus eigener Erfahrung zu berichten, wenn er geruchliche, geschmackliche und narkotische Eigenschaften beschreibt und verschiedene Sorten miteinander vergleicht.[43]

« Le *niopo* est si excitant que les plus petites portions font éternuer violemment ceux qui n'y sont pas accoutumés. »

Der eigene Körper an sich wird aber nicht als problematisch dargestellt. Ohne fremden Einfluss ist er niemals dysfunktional. Die Herausforderungen kommen stets von außen. Humboldts Reisebericht schildert die Auseinandersetzung eines reisenden Körpers mit einer bereisten Umwelt. Er nimmt Strapazen und Schmerzen auf sich, er setzt sich Gefahren und Krankheiten aus, er unterzieht sich Experimenten und der Einnahme von Giften. Gegenüber diesen Zumutungen und Gefährdungen erweist

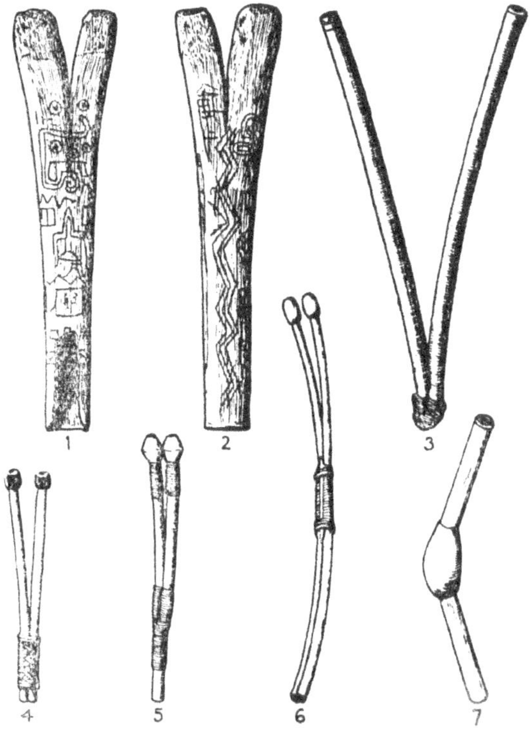

23. Hilfsmittel zum Inhalieren von Drogen: Fernando Ortiz, *Contrapunteo Cubano del Tabaco y el Azúcar* (1940).

er sich als standhaft, er behauptet seine Integrität gegen fremde Einflüsse. Die Aneignung unbekannter Phänomene funktioniert über ihre physische Einverleibung oder Abwehr. Amerika wird so, wie es scheint, in konventioneller Weise als Erfahrungsgegenstand, Herausforderung und Bedrohung beschrieben. Der Körper des Europäers dient der Bewältigung des ›Fremden‹. Er und sein Objekt scheinen sich in einem prekären Gegensatz zu befinden.

Aber bleibt dieser Gegensatz intakt? Ist die ›Neue Welt‹ durchweg anstrengend, schmerzhaft, gefährlich? Humboldt spielt das Heroische seiner Körperlichkeit durchaus herunter. So schildert er seine Ruhe im Angesicht von

Gefahren und macht diese damit weniger spektakulär.[44] Im Einzelfall relativiert er sie auch, etwa im Hinblick auf Boas oder Vampire. Wiederholt warnt er vor Übertreibungen: »man gefällt sich darin, gegenüber Ausländern die Schwierigkeiten zu übertreiben, denen einen das Klima, die Tiere und der wilde Mensch aussetzen«.[45] Die heldenhafte Tendenz wird dadurch zumindest abgemildert, wenn nicht sogar überwunden.

Bezeichnend ist überdies, welche Motive der Körperlichkeit, die in anderen Reiseberichten zur Geltung kommen, bei Humboldt gerade *nicht* stattfinden: Erotik und Sexualität. Im gesamten Text findet sich nicht eine Stelle, die auf eine sexuelle Handlung des Reisenden verweist. Und auch die Fremden und das Land werden allerhöchstens dezent und indirekt erotisiert. Sexualität und Geschlecht sind bei Humboldt eine literarische Leerstelle. Sein Diskurs der Körperlichkeit ist kein Machismo.[46]

Macht Amerika krank?[47] In der Tat erkrankt Bonpland während der Reise schwer. Humboldt hingegen, der zuvor kränklich gewesen war, erlebt gerade in Übersee eine wundersame Genesung. Er widersteht den Gefahren des Klimas. Für ihn wird die Reise physisch wie psychisch zur Therapie. Sie ist »eine Unternehmung, die mich des Kummers, den ich empfand, zu trösten vermochte«.[48] Sie hilft ihm offenbar, eine Depression zu überwinden, eine »Melancholie«, wie er selbst schreibt.[49] Die physische Herausforderung hat paradoxerweise einen heilsamen Effekt.[50] Amerika ist also einerseits ein Ort der Strapazen, Leiden und Gefahren. Andererseits aber wird es zum Ort der Genesung. Anstatt den Reisenden zu infizieren, kuriert es ihn. Und auch die Passagiere, die während der Überfahrt erkrankten, wurden wieder gesund, sobald sie in Cumaná an Land gehen konnten: Allein der Anblick der Küste hatte sie ihre Gesundung erwarten lassen, »sie freuten sich, ein Land zu sehen, das ihren Leiden ein Ende bereiten sollte«.[51]

Mit seinen differenzierten Betrachtungen über Klima und Gesundheit und über Amerika als Raum der Genesung widerspricht Humboldt einmal mehr, dieses Mal medizinisch und klimatologisch, der These von der ›Degeneriertheit‹, wie sie im »Disput um die Neue Welt« vertreten wurde, nämlich der ›Kränklichkeit‹ und dem ›schlechten Klima‹ Amerikas.[52]

Humboldt liefert eine wissenschaftliche Erklärung, weshalb ihm die Tropen nichts anhaben konnten. Zwar ist das amerikanische Klima für Europäer durchaus nicht ungefährlich. Die Gefährdung bleibt allerdings nicht konstant. Sie nimmt in dem Maß ab, wie sich ein Reisender an das unbekannte Klima gewöhnt: das heißt, wie er sich ›akklimatisiert‹: »Die Europäer sind, wenn sie unter den sengenden Himmel der Tropen versetzt werden, in den ersten Monaten am meisten gefährdet.«[53] Das Gelbfieber zum Beispiel betrifft fast ausschließlich Nichtakklimatisierte. Humboldt beschreibt die körperliche Anpassung, indem er feststellt, dass die schädlichen Einflüsse einer Anfälligkeit entsprechen, die mit der Gewöhnung abnimmt. Im ersten Band heißt es noch: »wir waren noch nicht genügend akklimatisiert«; einhundert Seiten später kann bereits festgestellt werden: »schon seit langer Zeit betrachtete ich mich als akklimatisiert«.[54] Die körperlichen Reaktionen auf Klima, Umwelt und Temperatur sind also relativ. Dies gilt keineswegs nur zwischen Europa und Amerika. Auch bei Reisen innerhalb des Kontinents variieren die körperlichen Reaktionen.[55] Der Grad der Gefährdung verhält sich proportional zum klimatischen Unterschied zwischen Ausgangspunkt und Reiseziel.[56] Die Körper sind in der Lage, sich an das ungewohnte Klima anzupassen und gegen dessen Gefahr widerstandsfähig zu werden. Der Kontakt mit der ›Fremde‹ verläuft also nicht, wie zunächst zu vermuten war, entlang eines scharfen Gegensatzes. Es gibt keinen Essenzialismus. Die Einflüsse auf den Körper sind ambivalent und variabel. Die Reise ist ein Prozess. Der Körper des Reisenden verändert sich.

« [L]es Européens courent les plus grands dangers pendant les premiers mois où ils sont transplantés sous le ciel brûlant des Tropiques. »

Der Körper Amerikas

Nicht nur der Reisende, sondern auch die bereiste Natur wird körperlich in Szene gesetzt. Der fremde Kontinent nimmt menschliche Formen an. Humboldt beschreibt die amerikanische Landschaft anthropomorph.[57] Dabei tauchen nicht nur bildliche Begriffe auf, die in der alltäglichen Sprache gebräuchlich sind, Katachresen wie »Land*zunge*«, »Berg*rücken*«, »Fluss*mündung*«, »Gewässer*arm*« oder »Meer*busen*«, deren Bildlichkeit auf den ersten Blick kaum noch in Erscheinung tritt, deren Häufung den Text allerdings subtil codiert.[58]

Auch in weniger naheliegenden Wendungen weist Humboldt der amerikanischen Natur körperliche Eigenschaften zu. Mit einer Vielzahl von Substantiven, Adjektiven und Verben verkörperlicht er die Naturphänomene. Berge haben *Füße*, und sie bilden *Gürtel*. Ein Gelände, eine Ebene, ein Gipfel, ein Gestein, ein Fels oder eine Vulkaninsel sind *nackt*, der Boden ist *müde*, ein Gebirgszug wirkt *ausdrucks*stark. Ein Hügel formt einen *Rücken* beziehungsweise eine *Schulter*, wie *Venen* finden sich Metalle im Gestein, und der Orinoco hat *Arme*. Ein Bach hat ein *Bett*, ein Fluss wird *geboren*, und der Ozean selbst besitzt eine *Haut*. Gebirge haben einen *Körper*. Die Natur *erwacht*. Berge *nähern* sich, sie *erheben* sich, sie *beherrschen* die Gegend, und sie wirken *majestätisch*. Ufer und Horizonte scheinen zu *fliehen*, Vulkane *speien*. Jeder Landstrich hat ein »Gesicht«, das ihn individualisiert. Die Natur *spricht* mit einer *Stimme* – und mit *Akzenten*: »überall lässt die Natur den Menschen eine Stimme vernehmen, deren Akzente ihm vertraut sind«.[59]

Schließlich werden mehrere Bilder zu einer Allegorie zusammengefügt: Der *Körper* einer Insel *ruht* auf dem Meer, seine *Gliedmaßen* gleichsam *von sich gestreckt*.[60]

« Le *corps* de l'île *repose* sur l'horizon de la mer. Les *extrémités* seules sont relevées. »

Dass diese Körperbilder keineswegs universell sind, deutet Humboldt an, indem er eine Metaphorik zitiert, die für Europäer sehr ungewöhnlich klingt. Die Indigenen sprechen von den »Nüstern«[61] eines Berges und vom »Speichel« oder »Urin« der Sterne: »Sprachlich veredeln die Indianer die Abwege ihrer Vorstellungskraft kaum, wenn sie die Sternschnuppen den *Urin* und den Tau den *Speichel der Sterne* nennen.«[62]

« Les Indiens, qui n'anoblissent guère par le langage les écarts de leur imagination, nomment les étoiles filantes l'urine; et la rosée, la *salive des étoiles*. »

Humboldt belässt es indes nicht bei Metaphern und Allegorien. Er verwendet auch ausdrückliche Vergleiche. Im Sinn seiner Pflanzengeographie zum Beispiel verhalten sich Bäume *wie* Siedler: »Wie *Kolonisten*, die in einem von verschiedenen Gewächsen *bevölkerten* Land *vorgerückt* sind.«[63] Die Blätter einer Palme sehen aus *wie* frisiert. Und ein Affe singt *wie* ein Chorleiter. Der amerikanische Kontinent erscheint insgesamt als gigantischer Körper, den Flüsse *wie Arterien* durch-

« C'est comme des colons qui se sont *avancés* au milieu d'un pays *peuplé* de végétaux différens. »

ziehen, in denen Wasser *wie Blut* zirkuliert. Ausgewiesen durch die Vergleichspartikel »wie« (»comme«), wird der Anthropomorphismus kenntlich gemacht.

Welche Funktion hat diese Verkörperlichung des Kontinents? Die Darstellung Amerikas als *Physis* könnte als koloniale Aneignung gelesen werden, die eine unberührte Natur für europäische Inbesitznahme vorbereitet.[64] Bedeutet die Verkörperlichung ebenso wie die Feminisierung der amerikanischen Natur, wie sie sich einem männlichen Forscherblick darbietet, nicht erst recht deren potenzielle Unterwerfung, Vergewaltigung, Ausbeutung?[65] »Ce terrain fertile«, schreibt Humboldt mit verdächtigem Beiklang, »n'attend que la main de l'homme pour être défriché«: »Dieses fruchtbare Land wartet nur auf die Menschenhand oder Männerhand, die es urbar macht«.[66] Es wartet nicht nur darauf, »kultiviert« zu werden, sondern »entjungfert«.

Eine solche Lektüre isoliert jedoch nur *eine* Tendenz eines ambivalenten Diskurses. Indem Humboldt die Umwelt verkörperlicht, naturalisiert er sie nicht nur, sondern er kulturalisiert sie auch. Denn nicht nur biologisch, sondern auch sozial wird Amerika zu einem Körper.[67] Als *natürlicher* Körper oder als körperliche *Natur* scheint die amerikanische Landschaft in der Tat verfügbar zu sein für europäische Aneignung. Als *menschlicher* Körper jedoch hat Amerika eine eigene Handlungsmacht. Es ist dazu bestimmt, sich von der Fremdherrschaft zu emanzipieren.

Diese zweite Dimension eröffnet Humboldts Text durch zwei alternative, aber miteinander kompatible körperliche Bildlichkeiten: die der *Geburt* und die des *Erwachsenwerdens*. Die lateinamerikanische Unabhängigkeitsrevolution, die sich während seiner Reise andeutete und die sich während der Publikation seines Reiseberichts vollzog, fasst er im Bild eines Körpers, der zur Welt kommt. Das Entstehen einer politischen Einheit als Körper, der zur Welt kommt – einer »république naissante«[68] oder »fédération naissante«[69] beziehungsweise verschiedener »sociétés naissantes«[70] –, wird in den seriell lesbaren Metaphern Blut, Fruchtbarkeit, Kraft, Leben und Säugung gefasst.[71]

Darüber hinaus treibt Humboldt die ideologische Bildsprache des Kolonialismus, der das Verhältnis des »Mutterlandes« zu seinen Kolonien als familiäre Kontrolle über unmündig gedachte »Kinder« konzipiert, ihren

24. »Volcans d'air de Turbaco« (*Vues des Cordillères*, Tafel 41).

impliziten Konsequenzen zu, indem er den Reifeprozess und das Erwachsenwerden dieser »Kinder« bis zur Ablösung und Eigenständigkeit weiterdenkt. Durch seine Rhetorik der Körperlichkeit zerstört Humboldt so das familiale Paradigma des Kolonialismus.[72] Sein kolonialer Subtext der Verkörperlichung bringt einen antikolonialen Diskurs der Unabhängigkeit hervor.

Diese Parteinahme lässt sich an einigen Stellen sogar *riechen*: Mehrfach taucht im Text ein »unangenehmer« Geruch von Moschus auf. Er kennzeichnet amerikanisches Land, Fleisch oder Wasser. Dieser tierische Geruch hat einen historischen Index. Die seit der Mitte des achtzehnten Jahrhunderts aufkommende Furcht vor gesundheitsschädlichen Wirkungen der Fäulnis hatte tierische Substanzen, die damals in der Parfümerie eingesetzt wurden, suspekt gemacht. Das aus Biberhoden hergestellte Präparat Moschus, das animalische Sexualität konnotierte, wurde zum Gegenstand einer hygienischen Politik der »Desodorierung«.[73] Zugleich wurde es, als aus der Mode gekommenes Luxusprodukt, zum Stigma eines dekadenten Adels und zum Objekt einer bürgerlichen Hofkritik.[74] Die unangenehmen Gerüche, die Humboldt in Amerika wahrnimmt, sind also nicht nur von naturwissenschaftlichem Interesse. Sie deuten auf eine anrüchige Gesellschaftsordnung, die in Übersee ein Kolonialsystem aufrechterhält. Das spanische Amerika hat den Geruch des Ancien Régime.

Die Körper der Amerikaner

Nicht nur der Reisende und das bereiste Land werden körperlich aufgefasst, sondern auch die bereiste Bevölkerung. Wenn die »Eingeborenen« reden, wird der physische Vorgang hervorgehoben: »die Auskünfte, die ich *aus dem Mund* der Indianer empfing«.[75] Entsprechend wird die amerikanische Kultur nicht abstrakt auf Ackerbau, sondern bildlich auf den Einsatz einer »Hand« zurückgeführt: »*la main* laborieuse de l'homme«[76]. In Formulierungen wie diesen werden die Indigenen körperlich vorgestellt. In ihrer stereotypen und ausdrücklich »vollständigen« Nacktheit, »nudité absolue«[77], erscheinen sie als *bloße* Körper.

Diese amerikanischen Körper wirken zunächst fremd. Indigene Laute, zum Beispiel, klingen für ein europäisches Gehör anders: »diese Töne kommen uns vor wie der wilde Schrei der Natur, weil *unser Ohr* nicht dazu gemacht ist, ihre Feinheiten wahrzunehmen«.[78] Die Fremdheit scheint sich dem Verständnis *von Natur aus* zu verschließen, aber aufgrund eines Mangels aufseiten der Europäer.[79]

Um diese Fremdheit zu überwinden, macht Humboldt die Körper der Amerikaner zum Gegenstand wissenschaftlicher Betrachtungen: aus den Perspektiven der Ethnographie, der Physiognomik und der Kraniologie. Im venezolanischen Spielfilm *Aire Libre* (1996) hat Luis Armando Roche die Vermessung indigener Körper grotesk in Szene gesetzt.[80] Humboldt spricht von Körpergröße, Knochenbau und Schädelformen, um derentwillen er sogar einen Grabraub begeht, von Hautfarbe[81], Gesichtsausdruck[82] sowie dem Prozess des Alterns; von Haarwuchs, Zähnen und Aussprache: »Die Indianer [...] haben eine unangenehme und nasale Aussprache.«[83] Das Ergebnis solcher Beobachtungen ist gleichwohl eine Differenzierung. Unter den Indianern seien große Unterschiede festzustellen.[84] Historisch – oder beinahe schon evolutionär – lassen sie sich, wie Humboldt annimmt, durch Einverleibung, Abweichung oder Verfall (»incorporation«[85], »déviation[]«[86], »dégénération«[87]) erklären.

« Les Indiens [...] ont une prononciation désagréable et nasale. »

Die *Relation historique* beschreibt indes nicht nur Körper als solche, sondern auch Praktiken, sie künstlich zu gestalten, die ihrerseits divers sind: zum Beispiel Bräuche, sich die Haare zu schneiden wie »Chorknaben«[88], die Zähne zu bearbeiten oder die Haut zu bemalen: »Die rote Bemalung bildet sozusagen das einzige Kleidungsstück der Indianer«.[89] Auch von Tätowierungen berichtet er.

« La peinture en rouge étant pour ainsi dire le seul vêtement des Indiens. »

Humboldts Beobachtungen zur Körperbearbeitung hatten einen großen Einfluss auf Charles Darwin. Dieser entwickelte in *The Descent of Man* (1871)[90] seine evolutionäre Ästhetik aus einem »Prinzip«, das Humboldt in seinem Reisebericht formuliert hatte: »das Prinzip, auf das Humboldt schon vor langer Zeit hingewiesen hat, dass der Mensch bewundert und häufig zu übertreiben versucht, was auch immer ihm die Natur an Merkmalen gegeben hat«.[91] Der Gedanke ist so einfach wie folgenreich: Jedes Volk bevorzugt seine charakteristischen Eigenschaften, es hebt sie durch Kleidung, Bemalung und

Körpertechniken hervor, sodass sie allmählich evolutionär wirksam werden – via *sexual selection.*[92]

Darwin übernahm von Humboldt nicht nur den anthropologischen Leitgedanken, sondern auch die ethnographische Evidenz. Veränderungen des Körpers folgen sozialen, ästhetischen, erotischen Erwartungen – zum Beispiel bestimmte Ausformungen der Wade, die Humboldt in Südamerika beobachtet hatte:

> In Südamerika »würde man einer Mutter«, wie Humboldt bemerkt, »die schuldhafte Vernachlässigung ihrer Kinder zum Vorwurf machen, würde sie keine künstlichen Mittel anwenden, um nach der Vorliebe des Landes die Wade zu bearbeiten.« Früher wurde in der Alten und in der Neuen Welt die Form des Schädels während der Kindheit auf äußerst bemerkenswerte Weise verändert, so wie es vielerorts noch immer der Fall ist, und solche Deformationen werden als Schmuck angesehen. Die Wilden von Kolumbien zum Beispiel halten einen stark abgeplatteten Kopf für »ein wesentliches Merkmal der Schönheit«.[93]

Der extreme Aufwand der Körperbemalung belegt, wie (überlebens-)wichtig diese ästhetische Investition für den Paarungserfolg gewesen sein muss:

> Der Aufwand, den die nackten Indianer in Südamerika treiben, um sich zu schmücken, wird deutlich »durch einen großen Mann, der mit zweiwöchiger Arbeit gerade so viel verdient, um sich die *chica* zu leisten, mit der er sich rot anmalen kann«.[94]

Die Formen der Körperbemalung folgen einer eigenen Logik. Ihre Moden sind ebenso differenziert wie jene der Kleider.[95]

> »Wären Nationen, die sich bemalen«, wie Humboldt beobachtet, »mit der gleichen Aufmerksamkeit untersucht worden wie solche, die sich bekleiden, würde man festgestellt haben, dass die lebendigste Vorstellungskraft und die wandelbarste Laune die Bemalungsmoden ebenso wie die Kleidermoden hervorgebracht haben«.[96]

Winfried Menninghaus hat dieses universelle »Humboldt-Prinzip« der Körperbearbeitung und der »sich selbst verstärkende[n] Ornamentpräferenzen« zum Ausgangspunkt seiner *Ästhetik nach Darwin* gemacht.[97] Auf dem Spiel steht nichts weniger als die evolutionäre Funktion der Ästhetik. *Wozu Kunst?*

Was aber ist die Konsequenz des »Humboldt-Prinzips«, das Darwin adaptiert hat, für den Kolonialismus und für dessen Ideologie? Es dekonstruiert den Rassismus. Denn als Effekte ästhetischer Präferenz unter der Voraussetzung räumlicher Trennung sind vermeintliche »Rassen« nicht essenziell, sondern veränderlich, nicht homogen und distinkt, sondern allenfalls graduell unterscheidbar. Ästhetische Urteile sind divers und nicht zu verallgemeinern. Indigene Kunst kann ebenso wie indigene Physiognomie nur als eigenwertig und gleichrangig aufgefasst werden. Eine europäische Überlegenheit ist weder biologisch noch kulturell zu rechtfertigen. Die evolutionäre Ästhetik widerlegt so den pseudowissenschaftlichen Rassismus, der zur gleichen Zeit virulent wurde und sich später, im Nationalsozialismus, ausgerechnet auf Darwin berief. Mitten im Zeitalter des Kolonialismus ist Humboldt als antirassistischer Forscher zu lesen – und mit ihm Charles Darwin.

Körperbau, Körpergefühl und Körperbehandlung, erkennt Humboldt, sind kontingent. Entsprechend ist das Verhältnis zur Kleidung wie zur Nacktheit auch unter den indigenen Völkern, die er stets differenziert, sehr verschieden. Einige Stämme schämen sich, wenn sie bekleidet sind; sie empfinden »Schande darüber, wie sie sagen, angezogen zu sein«.[98] Der Ethnologe gibt hier die Aussage seiner Informanten wieder. Er beschreibt ihre Kultur aus ihrer eigenen Perspektive. Die Missionare dagegen klagen aus europäischer Sicht über einen Mangel an »Scham« (»décence« und »pudeur«)[99]. Die Scham der Kariben, zum Beispiel, »la décence caribe«[100], ist aber mit jener der Otomaken keineswegs gleichzusetzen – geschweige denn mit der eines Deutschen oder Franzosen. Der Begriff der »Nacktheit« variiert von einer Kultur zur anderen: »l'idée de nudité n'est qu'une idée relative«.[101] Und Humboldt verallgemeinert sogar noch weiter: »In unseren Urteilen ist alles verhältnismäßig«.[102]

Zur Aufrechterhaltung des Körpers spielt die Ernährung auf Reisen, naheliegenderweise, eine wichtige Rolle.[103] Sie ist jedoch keineswegs nur eine lebenserhaltende Notwendigkeit oder ein logistisches Problem.[104] Humboldt

25. Gottlieb Schick, »Al. v. Humboldts nächtliche Scene am Orinoco« (1807).

setzt sich nicht nur mit den eigenen, sondern auch ausführlich mit den Essgewohnheiten der indigenen Kulturen, denen er begegnet, auseinander, beispielsweise mit dem Brauch der Otomaken, Erde zu essen, oder dem der Guajiros, die Kalk zu sich nehmen. Manche lokale Essgewohnheiten goutiert er weniger als andere. Wasserschweine, zum Beispiel, die von den Einheimischen zu Schinken verarbeitet werden, schmecken ihm weniger: »Ihr Fleisch hat einen ziemlich unangenehmen Moschusgeruch.«[105] Und auch die Vorstellung, regelmäßig Erde zu sich zu nehmen, reizt ihn nicht sonderlich. Gleichwohl beobachtet er Übereinstimmungen (wilder Honig zum Beispiel ist sehr beliebt) und Verschiebungen (in Südamerika isst man Zuckerrohr wie in Europa Käse) ebenso wie überraschende Analogien: Den Ton, den die Otomaken zu sich nehmen, haben sie in kleinen Dosen bei sich, »wie wir unsere Tabakdosen mit uns tragen«.[106]

« Sa chair a une odeur de musc assez désagréable. »

Anhand der Seekuh lassen sich kulinarische Vorurteile überdenken, um deren Abbau Humboldt bemüht ist: »Ihr Fleisch, das man aus irgendeinem Vorurteil für ungesund hält und für *fiebererzeugend*, ist sehr schmackhaft.«[107] Ihr Geschmack wird ganz unspektakulär mit Altvertrautem verglichen: »Es schien mir eher dem Fleisch des Schweines als dem des Rindes ähnlich zu sein.«[108] Aus Höflichkeit und aus Neugier kostet Humboldt eine Ameisenpaste: »Sie schmeckte ein wenig wie ranzige Butter mit Brotkrumen«.[109] Bei allem Bemühen um Vorurteilslosigkeit muss er allerdings zugeben: »ein Rest europäischer Vorurteile hinderte uns daran, in das Lob einzustimmen, das der gute Missionar über das aussprach, was er eine ausgezeichnete *Ameisenpastete* nannte«.[110] Das Wort »Rest« signalisiert die ›aufklärerische‹ Überzeugung vom allmählichen Verschwinden überkommener »Vorurteile«, deren Schwundstufe Humboldt bei sich selbst noch mit gewissem Bedauern feststellen muss.

« Sa chair, que, j'ignore par quel préjugé, on nomme malsaine, et *calenturiosa*, est très-savoureuse. »

« Elle m'a paru ressembler plutôt à la chair du cochon qu'à celle du bœuf. »

Bestimmte Vorurteile scheinen jedoch ihre Berechtigung zu haben, im Besonderen der Widerwille, den ein Europäer nicht nur ästhetisch, sondern auch ethisch gegen den Verzehr von Affen empfindet. Ihm ist die wohl unheimlichste anthropologische Darstellung in Humboldts Schriften gewidmet: *Al. v. Humboldts nächtliche Scene am Orinoco* von Gottlieb Schick, die er in einer Zeitschrift kommentiert hat (1807).[111] Im Zentrum des Bildes wird ein Affe gegrillt. Aber er sieht aus wie ein kleiner Mensch. Das Gespenst des Kannibalismus taucht auf, auch wenn es nicht ausdrücklich erwähnt wird. In seinem Artikel beschreibt Humboldt bloß, »wie ein Affe gebraten wird, um ihn zu essen«[112], denn »Affenschinken sind ein Leckerbissen dieser Welt«.[113]

Dabei ist die Komposition bemerkenswert. Von links bewegen sich zwei Reisende ins Bild. Sie treten auf in europäischer Kleidung, mit Hut und Spazierstock. In der Urwaldlandschaft am Ufer des Flusses sind etliche Indigene zu erkennen (insgesamt achtzehn), deren Körper nur ein Lendenschurz bedeckt. Die Europäer stehen, die meisten *indios* hingegen sitzen oder knien. Am rechten Rand spielt einer von ihnen, hockend, mit einem kleinen Affen. Daneben, ganz außen, sind zwei weitere Äffchen zu sehen. So ergibt sich im Aufbau, von links nach rechts, das rassistische Szenario einer ›Degeneration‹: von aufrechten Europäern über zuerst stehende und dann gebeugte ›Eingeborene‹ bis hin zu Affen auf allen vieren. Diese Abfolge verhält sich spiegelverkehrt zur ikonischen Darstellung der Evolution vom vierfüßigen Primaten bis zum aufrechten Gang des Menschen, wie sie Rudolph Zallinger anderthalb Jahrhunderte später in seinem bekannten »March of Progress« (1965) entworfen hat. Angesichts des Kannibalismus scheint der Mensch selbst wieder zum Tier zu werden – beziehungsweise sich seiner Verwandtschaft mit ihm bewusst zu werden.

Im Reisebericht hat Humboldt diese Szene weiter erläutert. Hier führt er aus, was im Aufsatz verdrängt wurde. Als er sich auf Schicks »Scene« bezieht, gesteht er sein Entsetzen. Nicht nur sei es »unangenehm« anzusehen, wie derart »menschenähnliche Tiere« gegrillt werden.[114] Ihr Geschmack erinnere, wie ein indigener Mitarbeiter versichert, tatsächlich an jenen von Menschenfleisch.[115] In seinem Stamm, gesteht der junge Mann mit »wildem Vergnügen«, bevorzuge man beim Menschen die Handinnenflächen. Dabei bemerkt Humboldt, dass sich gerade dieser Assistent als besonders hilfsbereit, scharfsinnig und sanft, mit einem Wort: »zivilisiert« erwiesen hatte.[116] Die Barbarei kann unter der Oberfläche der Zivilisierung offenbar jederzeit hervorbrechen.

Genau in diesem Sinn hat Robert Musil die Szene aus Humboldts Reisebericht gelesen und in seinem Essay »Der deutsche Mensch als Symptom« (1923) diskutiert. Musil bezieht hier den Kannibalismus des zivilisierten ›Barbaren‹ auf die barbarischen ›Zivilisierten‹: »In der Tat sind ja auch in uns grausam und zärtlich [...] kaum sicher voneinander zu unterscheiden.« Mitten in Europa hatte der Erste Weltkrieg bewiesen, dass unter dem Anschein der Kultivierung stets die Gewalt ausbrechen kann. »Welcher Ausschreitungen [...] auch gute Durchschnittsmenschen fähig sind, haben uns allen, wie ich glaube, die letzten 9 Jahre unseres Lebens gelehrt.«[117] Humboldts Miniatur wird so zu einem Vorzeichen europäischer Katastrophen – oder gar zu einem Menetekel von Krieg und Faschismus.

Das Tabu des Verzehrs von Menschen- oder auch Affenfleisch hat mit einem Affekt zu tun, der in der Anthropologie eine wichtige Signalfunktion hat: Ekel. In der *Kritik der Urteilskraft* (1790) definierte Immanuel Kant den

Ekel als Abwehr gegen eine Art drohende Zwangsernährung, wonach »der Gegenstand gleichsam, als ob er sich zum Genusse *aufdränge*, wider den wir doch mit Gewalt streben, vorgestellt wird«.[118] Als körperlicher Reflex, sich übergeben zu müssen, droht er alle perzeptiven und kognitiven Prozesse zum Abbruch zu bringen. In der Ästhetik definiert er die Grenze dessen, was wahrnehmbar und darstellbar ist.[119] In anthropologischen Berichten markiert er das Limit der Fremderfahrung.[120]

Wo liegt dieser Grenzwert bei Humboldt? Als Forscher scheint er darum bemüht zu sein, genau einen solchen Reflex nach Möglichkeit zu vermeiden oder zu überwinden. Ohne Weiteres trinkt er stinkendes Flusswasser, in dem tote Krokodile treiben oder der Kot von Seekühen schwimmt. Er lässt sich, ohne zu klagen, Ameisen servieren. Und er nimmt das Öl von Schildkröteneiern zu sich, die mit Urin bedeckt waren. Er scheint kein Problem damit zu haben, seinem Körper ›fremde‹ Substanzen einzuverleiben und sich an landesübliche Praktiken anzupassen. Humboldt nimmt Proben schwefelhaltigen Wassers, aber er sieht davon ab, einen Krokodilkadaver zu untersuchen, der übelriechend in der Sonne verwest.

Nur äußerst selten vermerkt er im Reisebericht, dass etwas »ekelhaft« sei: eine Schlachtmethode, ungepflegte Frauen oder im Schmutz lebende Stämme. Jeweils ist es ein unhygienischer Umgang mit Körpern, der mit dem Attribut »widerwärtig« belegt wird. In ›westlichen‹ Kulturen scheint der Ekel, wie Karl Rosenkranz beobachtete, generell mit den Öffnungen und Ausscheidungen oder dem Absterben von Körpern verbunden zu sein.[121] Humboldts Text stimmt mit dieser kulturellen Vorgabe zumindest in jenen seltenen Fällen überein, in denen in seinem Text überhaupt von Ekel die Rede ist. Auch Humboldts Ekel, so scheint es, signalisiert eine körperlich wahrgenommene Differenz.

In den genannten Fällen beschreibt das Adjektiv »ekelhaft« allerdings in erster Linie den Zustand des Objekts und verweist allerhöchstens indirekt auf eine mögliche Reaktion des Betrachters. An keiner Stelle taucht eine Formulierung auf, in der Humboldt einen eigenen »Ekel« eingestehen würde. Nur ein einziges Mal wird eine solche Reaktion zwar wieder nur impliziert, aber doch immerhin als Möglichkeit angedeutet: Humboldt empfindet die Praxis eines Stammes, dasselbe Getränk wiederholt zu sich zu nehmen, offenbar als derart irritierend, dass er dieses Phänomen als einziges in seinem zweitausendseitigen Text lieber nur in lateinischer Sprache wiedergibt:

> Coriæcorum gens, in ora Asiae septentrioni opposita, potum sibi excogitavit ex succo inebriante Agarici muscarii. Qui succus (aeque ut asparagorum), vel per humanum corpus transfusus, temulentiam nihilominus facit. Quare gens misera et inops, quo rarius mentis sit suae, propriam urinam bibit identidem: continuoque mingens rursusque hauriens eundem succum (dicas, ne ulla in parte mundi desit ebrietas), pauculis agaricis producere in diem quintum temulentiam potest.[122]

Hat Humboldt die beschriebene Praxis, indem er sie auf Latein wiedergibt, neutralisiert, um seine Leser zu schonen? Würde die bloße Lektüre eine Ekelreaktion auslösen? Oder wird ihm selbst das Verhalten der Fremden hier dermaßen unerträglich, dass sein Diskurs in eine andere Sprache wechselt, um nicht abbrechen zu müssen? Müssen wir diese Geste ironisch lesen? Macht er sich lustig über die Prüderie seiner Zeitgenossen? Die anspielungsreiche Inszenierung des Ekels in lateinischer Sprache verweist jedenfalls auf dessen kulturelle Dimension. Im Kontakt mit dem Fremden erweist sich der Ekel als diskursiv disponiert.

Dabei bezieht Humboldt das »Ekelhafte« nicht direkt auf den als bloß »ungewöhnlich« charakterisierten »physiologischen Vorgang«, sondern eigentlich auf die »widerliche Ökonomie« oder auch »Sparsamkeit«, die ihn hervorbringt.[123] Im Reisebericht wird der Ekel ansonsten vermieden. Sofern er sich überhaupt andeutet, beschreibt ihn Humboldt nicht als einen Reflex. Er entkörperlicht ihn, indem er ihn auf ein Adjektiv reduziert, das sich bloß noch als Eigenschaft auf einzelne Phänomene beziehen lässt, die für die Einheimischen nicht repräsentativ sind, sondern eine seltene Ausnahme bilden.

Geschmack und Ernährung sind kulturell relativ. Sie taugen weniger dazu, eine Differenz zu markieren, als sich aus ihnen nutritionswissenschaftliche, physiologische und soziologische Schlüsse auf Entwicklungsstand, Versorgungslage, Umwelt, Sozialgefüge oder Schönheitsideal ziehen lassen. Humboldts Interesse gilt den Zusammenhängen von Natur und Kultur, zwischen denen er den menschlichen Körper verortet. Er sieht kausale Verbindungen zwischen Klima, Körperbau, Nationalcharakter und Sprache, zwischen Ernährung, Physiologie, Soziologie und Politik, zwischen Habitat, Physis, Mentalität und Kultur. Geographische, biologische und kulturelle Diversität entwickeln sich parallel.[124] Der Körper der Menschen wird zu einer Metonymie der jeweiligen Natur und Kultur. Er steht so in einem wechselseitigen Ausdrucksverhältnis mit veränderlichen Faktoren. Körper sind Effekte natürlicher und kultureller Einflüsse. Sie sind also einerseits nahezu unendlich nuanciert, andererseits jedoch niemals vollständig ›anders‹. Alles ist mit allem vergleichbar. Alles ist in sich besonders und stimmt doch mit anderem überein: »nichts ist vollkommen vereinzelt oder verschieden«.[125] Identitäten und Differenzen sind niemals statisch und absolut, sondern stets variabel und relativ.[126]

Dies gilt auch für die Wirkungen des Klimas, von denen im Hinblick auf den Körper des Reisenden die Rede war. Auch sie betreffen keineswegs nur Europäer. Wenn sich Kreolen (beziehungsweise »les Mexicains«) zwischen sehr unterschiedlichen Regionen bewegen, erleiden sie die gleichen »verderblichen Einflüsse auf ihre Organe«[127] wie die Reisenden aus Übersee. Und auch der Körper eines Schwarzen unterscheidet sich nicht wesentlich von dem eines Europäers, wie Humboldt am Beispiel eines Mannes ausführt, der längere Zeit in Europa gelebt hat und bei der Landung in Amerika krank wird und stirbt.[128] In bestimmten Regionen am Orinoco haben sogar die Indigenen Mühe, sich zu »akklimatisieren«.[129]

Humboldt gelangt zu einer humanistischen Emphase der Gleichheit aller Menschen im Schmerz – durch die Stiche der Moskitos: »Alle Menschen, die in diesem Land geboren wurden, ob sie nun Weiße, Mulatten, Neger oder Indianer sind, leiden unter dem Stich der Insekten.«[130] Humboldts kulturübergreifende Physiologie des Schmerzes erinnert an den Monolog von Shakespeares Shylock: »Wenn ihr uns stecht, bluten wir nicht? Wenn ihr uns kitzelt, lachen wir nicht? Wenn ihr uns vergiftet, sterben wir nicht?«[131] Was den Körper des Reisenden in Konflikt mit der bereisten ›Fremde‹ zu bringen schien, wird zu einer Universalie. Die Einheimischen sind durch die Strapazen und

« Les hommes nés dans le pays, qu'ils soient blancs, mulâtres, nègres ou Indiens, souffrent tous de la piqûre des insectes. »

Schmerzen, Krankheiten und Gefahren in gleicher Weise betroffen wie der Reisende selbst. Der Körper taugt nicht als Träger von Differenz.

Als Signifikant ist er unzuverlässig. Der Reisebericht beschreibt Prozesse der Akkulturation und Transkulturation, die vermeintliche Unterschiede verwischen. Inszeniert werden diverse Praktiken der Anpassung, die der Protagonist der *Relation historique* selbst durchläuft. Humboldt schläft auf Bananenblättern, und um sich gegen die Moskitos im Regenwald zur Wehr zu setzen, reibt er sich mit Krokodilfett und Schildkrötenei ein.

Die Unterschiede werden spielerisch unterlaufen. Aus Spaß (»als wir Scherze trieben mit den Indianern«) trägt Humboldt eine karibische Körperbemalung auf (was abermals der Film *Aire Libre* umgesetzt hat)[132]: »beim Herumalbern mit den Indianern ließen wir uns eines Tages Flecken und Striche von Caruto auf den Körper aufmalen«.[133]

Das erweist sich jedoch als Fehler, den er später bereuen wird. Denn da die Farbe nur sehr langsam wieder verschwindet, trägt der Staatsgast der spanischen Kolonialverwaltung noch immer ihre Spuren, als er sich längst wieder inmitten der urbanen Zentren befindet: »als wir von Angostura wieder in die europäische Zivilisation zurückkehrten, waren diese Flecken zu unserem größten Bedauern noch immer zu sehen«.[134] Humboldt kehrt gleichsam ›indianisiert‹ aus dem Regenwald zurück.

Umgekehrt malen sich die Indigenen europäische Kleidung auf die Haut: »manchmal ahmen sie mit ihrer Körperbemalung auf die bizarrste Weise die Form europäischer Kleider nach«.[135] Sie machen damit in etwa das Gleiche, was er selbst ausprobiert hat – und was auch in Europa durchaus gang und gäbe ist. Körperbemalung, so Humboldt, ist eigentlich nichts anderes als Schminke oder anstelle von Kleidung.

Im Verlauf solcher Experimente gewinnt der Reisende einen fremden Blick auf den eigenen Körper und auf die eigene Kosmetik: »Hat man lange Zeit unter Menschen verbracht, die mit *Onoto* oder *Chica* bemalt sind, fallen einem diese Reste uralter Barbarei, die sich inmitten aller Sitten der Zivilisation bewahrt haben, seltsam auf.«[136] Durch Entfremdung entwickelt er ein Bewusstsein

« Lorsqu'on a demeuré longtemps au milieu d'hommes peints d'*Onoto* et de *Chica*, on est singulièrement frappé de ces restes d'une antique barbarie conservés au milieu de tous les usages de la civilisation. »

für die Künstlichkeit der eigenen Kultur. Im Verlauf der Reise wird der Körper, der vermeintlich unveränderliche Kern der Identität des ›Eigenen‹ und das deutlichste Zeichen der Differenz des ›Anderen‹, zum Experimentierfeld eines Verwischens von Unterschieden. Humboldts Poetik des Körpers ist widerständig. Der Reisebericht stellt imperiale Konstruktionen von ›Eigenheit‹ und ›Andersheit‹ auf die Probe.

In kolonialen Fantasien ist die Reise eine Auseinandersetzung unterschiedlicher Körper: der Körper des Reisenden begegnet dem Körper Amerikas und den Körpern der Amerikaner. Amerika ist der Auslöser für alles, was dem Reisenden widerfährt. Der ›andere‹ Körper der Amerikaner bildet, als Ausdruck der ›fremden‹ Natur, einen Gegensatz zum ›eigenen‹ Körper. Es ist genau dieser koloniale Körperdiskurs, den Humboldts Text sich zu eigen zu machen scheint und dann dekonstruiert. Eine koloniale und eine nicht-koloniale Körperlichkeit geraten auf verschiedenen Ebenen in Konflikt.

Der Körper des Reisenden erfährt dabei erstens Herausforderungen: Er durchläuft Strapazen und Schmerzen; er wird Gefahren und Krankheiten ausgesetzt; und er wird zum Gegenstand von Selbstversuchen und Drogen-Experimenten. Humboldt inszeniert seine Reise nach Amerika als eine Prüfung für seinen Körper. Die Gefährdung wird jedoch durch Akklimatisierung vermindert und durch therapeutische Einflüsse kompensiert.

Zweitens wird dieser Körper in eine fremde Natur versetzt, die ebenfalls als Körper figuriert. Als Körper scheint Amerika einerseits ein Objekt der Ausbeutung zu sein, andererseits aber ein Subjekt der Emanzipation.

Vor dem Hintergrund dieser körperlich vorgestellten Natur begegnet der Reisende drittens einheimischen ›Anderen‹, die ebenfalls als Körper wahrgenommen werden. Zwischen dem eigenen und ihren fremden Körpern entwickelt sich durch Vergleiche, Versuche und Umkehrungen ein subversives Spiel der Differenz und Identität.

Die Opposition von reisendem Subjekt und bereistem Objekt, die durch die Insistenz auf Körperlichkeit nahegelegt zu werden scheint, wird verkompliziert. Der eigene Körper ist veränderlich, die fremden Körper sind mehrdeutig. Humboldts Inszenierungen der Körperlichkeit scheinen das Verhältnis von ›Eigenem‹ und ›Fremdem‹ zunächst kolonial zu funktionalisieren, bevor sie es antikolonial infrage stellen.

Viertes Kapitel
»Überall Ägypter«: Amerikanischer Orientalismus

(*Relation historique*, 1814–1831)

»[T]ravellers ne'er did lie,
Though fools at home condemn 'em.«

William Shakespeare,
The Tempest (1611)[1]

Alexander von Humboldt wollte zunächst nicht nach Amerika reisen. Sein Ziel war der Orient. Es bedurfte eines Zusammenwirkens durchkreuzter Pläne und günstiger Zufälle, um ihn dorthin zu führen, wo er in einer fünfjährigen Expedition die Grundlage seines Lebenswerks schuf.[2]

Im Mai 1798 kam Humboldt nach Paris.[3] Als er in der Metropole eintraf, war die Zeit für Reisende ungünstig. Bonaparte begann einen Krieg in Ägypten. Nur wenige Wochen nach Humboldts Ankunft in der französischen Hauptstadt kam es zur »Schlacht bei den Pyramiden«. Napoleons ägyptischer Feldzug versperrte ihm den Weg nach Nordafrika.[4] Wie Edward Said in seiner Studie über *Orientalism* (1978) gezeigt hat, war diese Expedition ein Höhepunkt des europäischen Interesses für den »Orient« und zugleich von dessen militärischer Inbesitznahme.[5]

Zu Beginn der *Relation historique du Voyage aux régions équinoxiales du Nouveau Continent* kommt Humboldt beiläufig auf seinen gescheiterten Plan einer Ägyptenreise zu sprechen. Die Gründe, die dazu führten, dass er das Vorhaben aufgeben musste, benennt er eher unbestimmt: »Ich wähnte mich dem Augenblick sehr nahe, an dem ich mich nach Ägypten einschiffen würde, als mich die politischen Ereignisse von einem Vorhaben Abstand nehmen ließen, das mir so viele Freuden versprochen hatte. Die Lage im Orient gestattete einem einfachen Privatmann die Hoffnung nicht, Arbeiten ausführen zu können, die einen Reisenden sogar in friedlicheren Zeiten häufig dem Misstrauen der Regierungen aussetzen.«[6]

« Je me croyois très-près du moment où je m'embarquerois pour l'Égypte, quand les événemens politiques me firent abandonner un plan qui me promettoit tant de jouissances. La situation de l'Orient étoit telle, qu'un simple particulier ne pouvoit espérer de suivre des travaux qui, même dans des temps plus paisibles, exposent souvent le voyageur à la méfiance des gouvernemens. »

Auch wenn hier auf die »politischen Ereignisse« lediglich angespielt wird,[7] kann der französische Feldzug als entscheidender Impuls verstanden werden, der Humboldts exotischen Neigungen, seinen wissenschaftlichen Interessen und seinen praktischen Reiseplänen eine neue Richtung gab.[8]

Auch die Fahrt von Christoph Kolumbus sollte bekanntlich in den Orient führen, sie begann als Suche nach einem Seeweg nach Indien.[9] Die

Spanier hatten im selben Jahr 1492, dem *annus mirabilis* ihrer Geschichte, die ›*Re*conquista‹ der Iberischen Halbinsel vollendet, nachdem sie mehr als sieben Jahrhunderte gegen die Mauren und den Islam gekämpft hatten. Als Eroberer setzten sie diesen ›Kreuzzug‹ gegen Andersgläubige als koloniale ›Conquista‹ in Übersee fort.[10] Die »Indianer«, spanisch *Indios*, ersetzten nicht nur historisch und ideologisch die Mauren; etymologisch eigentlich »Inder«, erscheinen sie bereits durch ihre Bezeichnung als falsche, nach dem Missverständnis des Kolumbus letztlich enttäuschende Orientalen. Ironischerweise also ist es erneut das fehlgeschlagene Projekt einer Expedition in den Orient, das den Ausgangspunkt der Reise auch des »zweiten Entdeckers« Amerikas bildet[11] – der immer wieder mit seinem Vorläufer verglichen worden ist und der sich wohl auch selbst in Analogie zum ersten »Entdecker« gesehen hat.[12]

Aber nicht nur in historischer, biographischer oder anekdotischer Hinsicht wäre Humboldts Amerika mit dem Orient in Verbindung zu bringen. Die Episode der unmöglich gewordenen Ägyptenreise hatte immerhin, wie Humboldt selbst an einer Stelle andeutet, einen gewissen Effekt auf seine Forschung, der während der amerikanischen Reise wirksam werden sollte: »Ich gab meinen Studien fortan eine Richtung, die diesem neuen Projekt entsprach und mir in der Folge Gewinn brachte, indem ich die Verhältnisse zwischen den barbarischen Monumenten der Mexikaner und jenen der Völker der alten Welt untersuchte.«[13] Die Beschäftigung mit dem Orient beeinflusste »fortan« und »in der Folge« (»dès-lors«, »dans la suite«) Humboldts Auseinandersetzung mit der ›Neuen Welt‹ und ihren Kulturen.[14] Immer wieder ist in seinen Beschreibungen Amerikas vom Orient die Rede. Seinen Reisebericht scheint geradezu ein orientalischer Subtext zu durchziehen. Welche Rolle spielen also orientalische Motive in der *Relation historique*? Welche Funktionen hat der Orient in Humboldts Vorstellungswelt? Inwiefern zeigt sein Text einen Orientalismus im Sinn Saids – oder womöglich alternative Orientalismen?

« Je donnai dès-lors à mes études une direction qui étoit conforme à ce nouveau projet, et dont j'ai profité dans la suite, en examinant les rapports qu'offrent les monumens barbares des Mexicains avec ceux des peuples de l'ancien monde. »

26. »Poste aux lettres de la province de Jaën de Bracamoros« (*Vues des Cordillères*, Tafel 31, Ausschnitt).

Orientalische Metaphern

Schon Santa Cruz auf den Kanarischen Inseln, wo Humboldt während der Überfahrt Station macht, ist für ihn eine »caravanserai«.[15] Und nach der Ankunft in Südamerika häufen sich die orientalischen Motive: Auch die »*Casa del Rey*« im Missionsdorf San Fernando »est un véritable caravanserai«;[16] die eigene Reisegruppe, die sich durch das venezolanische Hinterland bewegt, erscheint entsprechend als »Karawane«.

Die Llanos stellt sich der Reisende als »Sahara« und zugleich als »Mittelmeer« vor.[17] Die Traumstadt Manoa ist für ihn das »Timbuktu des Neuen Kontinents«[18], und das Gebiet zwischen Amazonas und Orinoco wird zu einem neuen Babylonien;[19] das heißt: die beiden großen südamerikanischen

Flüsse werden als Euphrat und Tigris und das Kernland des Kontinents als morgenländischer Kulturraum imaginiert.[20]

Humboldts Amerika trägt orientalische Züge: In den Höhlen von Ataruipe und später auch in Caripe findet er »Mumien«, die Bildsymbole der Indigenen bezeichnet er als »Hieroglyphen«.[21] Die vermeintliche Polygamie und Anthropophagie eines Häuptlings verdichten sich in der Vorstellung vom Harem: »Cocuy, der Häuptling der Manitivitanos [...], hatte seinen *Harem* [...], die schönsten und fettesten der Frauen verspeiste er.«[22] Den Azteken-Herrscher Moctezuma nennt der Reiseschriftsteller »le sultan mexicain« und den aztekischen Gott Quetzalcoatl, in ähnlich gewagter Analogie, »le Budha des Mexicains«. Die Nomaden der Orinoco-Region vergleicht er mit Arabern: »der Eingeborene vom Orinoco [...] führt seine Anpflanzungen (*conucos*) mit sich wie der Araber sein Zelt«.[23] Die Kariben nennt Humboldt die Bucharer Amerikas[24] – und die Steppenräuber in den Llanos verhalten sich »nach Art der Beduinen«[25]. Alexander von Humboldt beschreibt die ›Neue Welt‹ als zweiten Orient. Fantasiereich inszeniert er seine Expedition durch Südamerika als eine imaginäre Reise durch das Morgenland. Humboldt orientalisiert Amerika. Er macht das, was er sieht, zum Gegenstand eines orientalistischen Blicks.

Indem er verschiedene Motive verbindet, überblendet Humboldt seine amerikanischen Landschaftsbeschreibungen mit orientalischen Szenerien: Am Río Apure, der über die Ufer tritt, finden sich die Leser nach Nordafrika versetzt: »Alles erinnert hier an die Überschwemmungen von Unterägypten«[26] – einschließlich Krokodilen, Pferdekadavern und Geiern, die an eine bestimmte ägyptische Art denken lassen: »Sie haben ganz die Haltung der *Henne des Pharao* und leisten den Bewohnern der *Llanos* die gleichen Dienste wie der Vultur Percnopterus den Einwohnern Ägyptens.«[27] In der Trockenzeit wirken die Ebenen wie Wüsten[28], dann wieder geben Palmen, die ohnehin aussehen wie jene an den »Küsten der Berberei«, zusammen mit Kamelen und Luftspiegelungen der Landschaft ein »afrikanisches Aussehen«.[29] Die Assoziation ist geradezu obsessiv und scheinbar unvermeidlich. Die Analogien stellen sich unwillkürlich ein. Wer den

« Ils ont tout le port de la Poule de Pharaon, et rendent les mêmes services aux habitans des Llanos que le Vultur Percnopterus aux habitans de l'Égypte. »

Orinoco beschreibt, muss an den Nil denken – selbst wenn man noch nie dort war: »Man kann von den Wasserfällen des Orinoco nicht sprechen, ohne daran zu denken, wie einst die Wasserfälle des Nils passiert wurden«.[30]

« On ne peut parler des cataractes de l'Orénoque sans se rappeler la manière qui étoit jadis en usage pour descendre les cataractes du Nil. »

Die Befestigungsanlagen der Indigenen in Nordamerika, die er lediglich aus der Literatur kennt, führen Humboldt gedanklich zu den Stufenpyramiden der ›Alten Welt‹. Indem er seine orientalischen Analogien über die bereisten Regionen hinaus verlängert, vergleicht er diese Bauwerke zugleich mit mexikanischen und mit ägyptischen Monumenten: »Alle viereckigen Festungen sind ebenso genau ausgerichtet wie die ägyptischen und mexikanischen Pyramiden«.[31] Überhaupt dient die Pyramide als architektonische Leitmetapher: Der »pyramidale Berggipfel«[32] wird zu einer geokulturellen Ikone[33] – und die Otomaken türmen sogar die kleinen Erdbällchen, die ihnen als Nahrung dienen, »en pyramides«[34].

« Tous les fortins carrés sont aussi exactement orientés que les pyramides égyptiennes et mexicaines. »

Eine für Humboldts Verfahren typische Assoziationskette, die keineswegs naheliegende Elemente global miteinander verbindet, funktioniert über das Stereotyp orientalischer Pracht. Von der Frage nach dem Stellenwert von Perlen bei den indigenen Völkern im Norden Venezuelas, insbesondere an der »*côte des perles*«, die im sechzehnten Jahrhundert so berühmt gewesen sei »wie der Persische Golf und die Insel Taprobane [Ceylon] bei den Alten«, gelangt der Ethnologe zu der verallgemeinernden Feststellung, »der Luxus von Perlen« sei auch bei den Amerikanern verbreitet gewesen, was Schmuckstücke aus Mexiko und Peru belegten, besonders die perlenbesetzte Haube der Basaltstatue einer »mexikanischen Priesterin« – die wiederum an den Kopfschmuck der ägyptischen Göttin Isis erinnert.[35]

Humboldts Referenzen wirken durchaus konventionell. Es handelt sich um das Inventar ›orientalistischer‹ Topoi insbesondere altägyptischer und persischer sowie türkischer und arabischer beziehungsweise islamischer Provenienz, wie sie auch bei anderen Autoren zu finden sind. Mit orientalistischem Blick sieht Alexander von Humboldt in Amerika Karawanen, Kamele, Wüsten, Palmen, Oasen, Mumien, Hieroglyphen, Pyramiden,

Pharaonen, Sultane, Krokodile, Harems, Beduinen, Wüstenräuber, Perlen, Pracht und Tyrannei.

Verstehen heißt Vergleichen

Humboldt operiert indes keineswegs nur mit oberflächlichen Klischees. Er stellt naturwissenschaftliche Bezüge her – vor allem geologische, klimatologische, zoologische oder hydrographische. Eine Gesteinsart, die mehrfach auftaucht, ist der »*caillou d'Égypte*«.[36] Das Klima der Llanos wird systematisch erforscht – was auch für die Sahara wünschenswert wäre: »Noch war kein Barometer in die Sahara gebracht worden.«[37] Ein echtes Krokodil, »un véritable crocodile«[38], anders als ein Alligator oder ein Kaiman, entspricht dem des Nils, es ist »analogue à celui du Nil«[39]. Der Orinoco lässt sich ohnehin mit dem Nil vergleichen – im Hinblick etwa auf die Formen der Landschaft und nicht zuletzt in seiner Bedeutung für »das Vordringen der Zivilisation entlang von Flusstälern«.[40]

Überhaupt haben die meisten der auf den ersten Blick naturwissenschaftlichen Orientbezüge eine kulturelle Dimension: Humboldt befasst sich mit Infrastruktur, Sprache, Populärwissenschaft, Religion, Mythologie, Kunst und Literatur. Für den Einfluss der Landschaft auf die Lebensweise, der ihn während seiner Reise beschäftigt, nennt er gleich mehrere orientalische Beispiele: »Die Insel Meroe zwischen dem Astaboras und dem Nil, Punjab am Indus, Duab am Ganges, Mesopotamien am Euphrat bieten dafür Beispiele, die zu Recht berühmt sind in den Annalen der Menschheit.«[41] Die Llanos dagegen entsprechen auch insofern der Sahara, als sie ein Hindernis für Kommunikation und Zivilisation darstellen.[42]

« L'île de Méroé entre l'Astaboras et le Nil, le Pendjab de l'Indus, le Duab du Gange, la Mésopotamie de l'Euphrate en offrent des exemples justement célèbres dans les annales du genre humain. »

Seine Erforschung der Ebenen in Südamerika nimmt Humboldt indes nicht nur zum Anlass, auf die Wüsten Arabiens zu sprechen zu kommen, sondern auch dazu, arabische Wörter anzuführen – und mit persischen und sogar turktartarischen Bezeichnungen zu vergleichen: »Es verwundert nicht, dass die arabische Sprache, mehr als jede andere Sprache des Orients, reich ist an Wörtern, welche die Vorstellungen von der Wüste zum Ausdruck bringen«.[43]

« On ne peut être surpris que la langue arabe, plus que toute autre langue de l'Orient, soit riche en mots qui expriment les idées de désert. »

Darüber hinaus beschäftigt er sich mit Sitten und Gebräuchen und weiteren Themen der Anthropologie. Exotische kulturelle Praktiken werden ebenso herangezogen wie politische Verfassungen und Vorgänge: »Wie im Orient kennt man in diesem Land keine anderen Umwälzungen als die, welche die Regierungen selbst vornehmen«.[44] Die Indigenen sprechen dem Verzehr bestimmter Tiere »dieselben stimulierenden Qualitäten« zu, welche »les Orientaux« im Fleisch einer anderen Spezies suchten.[45] Die Religion der Völker vom oberen Orinoco war ein Naturkult wie bei »den Persern«.

« Dans ce pays, comme dans l'Orient, on ne connoît d'autres révolutions que celles que font les gouvernans eux-mêmes. »

Populärwissenschaftliche Meinungen, die in Amerika zu hören sind, finden im Orient ihre Entsprechungen: »Wie in Ägypten glaubt man in Venezuela, es würden sich heutzutage versteinerte Bäume bilden.«[46] Als Musterfall rätselhafter Naturphänomene, die, anstatt wissenschaftlich erklärt zu werden, zum Mysterium überhöht und für priesterliche Gaukeleien ausgenutzt wurden, dienen die Geräusche in hohlem Gestein, wie sie einst »die alten Einwohner Ägyptens« in Theben am Nil festgestellt hatten:[47] der Effekt der Memnonssäule. Und ein bestimmter Berg spielt im Sintflutmythos der Tamanaken eine Rolle, die aus dem Orient bestens vertraut ist: »Dieser Berg ist der Ararat der aramäischen oder semitischen Völker«.[48]

« On croit dans le Venezuela, comme en Égypte, que les bois pétrifiés se forment de nos jours. »

In direkt kulturwissenschaftlicher Hinsicht werden Dichtungen, Märchen und Mythen in den Text eingespielt. Als er Indigene beobachtet, die sich gegenseitig Moskitos vom Körper vertreiben, denkt Humboldt an ein »persisches Märchen« vom Bären, der versucht, mit seiner Pfote die Fliegen auf dem Gesicht seines schlafenden Herrn totzuschlagen.

Nicht nur orientalische Wissenschaftler und Reiseschriftsteller, sondern nicht zuletzt Literaten sind bei Humboldt präsent: »Wir bewundern bei den indischen, persischen und arabischen Dichtern die häufigen Anspielungen auf die magischen Wirkungen der terrestrischen Refraktion. [...] diese Poesie der Wüste. Sie entstand in Asien. Die Dichter des Orients haben sie aus der Natur des Landes gewonnen […]; sie wurden angeregt durch den Anblick jener einsamen Weiten«.[49]

Humboldts Orientalismen erschöpfen sich nicht in rhetorischen Klischees. Die *Relation historique* enthält natur- und kulturwissenschaftliche Bezüge, die eine heuristische Erkenntnisfunktion haben. Verstehen heißt Vergleichen. Der Orient dient der Wahrnehmung Amerikas als Modell.

Wirtschaftsräume

Die wissenschaftlichen Referenzen sind ebenso wenig wie die literarischen Bezüge frei von ideologischen Implikationen. Durch seine orientalischen Attribute wird Amerika als ein fremder Raum inszeniert, der dem Orient vergleichbar ist, und zwar nicht nur in seiner exotischen Natur und Kultur. Auch wirtschaftlich soll er eine Funktion erfüllen, wie sie bislang dem Orient zugedacht war.

Die Länge der Transportwege zwischen den Anden und dem Orinoco-Gebiet beispielsweise vergleicht Humboldt mit denen des europäischen Orienthandels, die Ernten der spanischen Kolonien mit denen der Länder des Maghreb und das Volumen der kubanischen Kaffeewirtschaft mit dem des arabisch-persischen Handelsaufkommens.

Als Lieferant von Rohstoffen steht Amerika zum Orient in Konkurrenz. In Europa konsumiert man eher Gewürze aus Indien, deren Erwerb bereits die Expedition des Kolumbus motiviert hatte, als vergleichbare Produkte aus der ›Neuen Welt‹: »Diese Schalen und aromatischen Früchte, Zimt, Muskatnuss, *Myrtus pimenta* [Gewürzmyrte] und *Laurus pucheri* [Pichurimbohne] wären längst wichtige Handelsgüter, wäre Europa zur Zeit der Entdeckung der Neuen Welt nicht bereits an die Gewürze und Aromen aus Indien gewöhnt gewesen.«[50]

« Ces écorces et ces fruits aromatiques, la cannelle, la noix de muscade, le Myrthus pimenta et le Laurus pucheri seroient devenus des objets importans de commerce, si l'Europe, lors de la découverte du Nouveau-Monde, n'avoit pas déjà été accoutumée aux épiceries et aux aromes de l'Inde. »

Humboldts Ideen für einen Kanal, der die mittelamerikanische Landenge durchstechen sollte, um den Handel mit Amerika zu befördern, waren angeregt durch die Planungen für den Suezkanal, die infolge von Napoleons Ägypten-Feldzug denkbar wurden und auf die er im dritten Band seines Reiseberichts zu sprechen kommt.[51]

Aufschlussreich ist der Vergleich der orientalischen Motive mit den Bezügen auf das nicht-islamische Afrika.[52] Denn die Region jenseits der Sahara dient in aller Regel lediglich als Bezugsfeld für naturwissenschaftliche Vergleiche ohne kulturelle Bedeutung, wie sie Humboldt zwischen allen möglichen Orten und Phänomenen in aller Welt zieht – etwa als Sammlung von Klimadaten. Das nicht-orientalische Afrika kommt lediglich vor als Reservoir von Messwerten: als akulturelle geographische Region. Der Orient dagegen ist eine kulturelle Idee, die übertragen wird auf Amerika als einen vergleichbaren Raum.

Kulturelle Vorstellungen insbesondere von der arabischen und indischen Welt sowie entsprechende ökonomische Analogien *orientieren* buchstäblich den Amerikadiskurs. Während das subsaharische Afrika keinen Platz zu haben scheint in Humboldts symbolischer Topographie, kommt dem Orient eine ideologische Bedeutung zu: die eines kolonialen Wirtschaftsraumes.

Spracherwerb

Humboldt ist nicht ohne Vorkenntnisse, wenn er in Amerika vom Orient spricht. So kommt eine gewisse Vertrautheit mit orientalischen Sprachen zur Geltung. In seinen linguistischen und anthropologischen Studien indigener Idiome vergleicht er deren wechselseitiges Verhältnis immer wieder mit dem der indoeuropäischen. Amerikanische Sprachen, stellt er fest, verhalten sich zueinander wie Deutsch, Griechisch, Persisch und Sanskrit. Von oberflächlicher Vielfalt beziehungsweise von einzelnen Übereinstimmungen lässt sich hier wie dort weder auf gänzliche Fremdheit noch auf geschichtliche Einflüsse schließen: »Vereinzelte Lautähnlichkeiten beweisen genauso wenig einen Verkehr zwischen den Völkern, wie die Verschiedenheit einiger Wurzeln die unzweifelhafte Verwandtschaft des Deutschen, des Persischen und des Griechischen widerlegen würde.«[53] Trotz gemeinsamer Struktur sind die amerikanischen Sprachen mitunter verschiedener, »einander weniger nahe als das

« Des ressemblances isolées de sons prouvent tout aussi peu pour la communication des peuples, que la dissemblance de quelques racines prouve contre l'affiliation incontestable de l'allemand, du persan et du grec. »

Griechische, das Deutsche und das Persische«.[54] Dann wieder lassen sich die gleichen Verhältnisse feststellen, »jene gleichen Analogien in den Wurzeln und grammatischen Formen, die man zwischen dem Sanskrit, dem Persischen, dem Griechischen und dem Deutschen bemerkt«;[55] »zwischen dem Arawakischen und dem Karibischen bestehen die gleichen Beziehungen wie zwischen dem Griechischen und dem Persischen, dem Deutschen und dem Sanskrit«.[56] Es gibt jeweils eine gemeinsame Sprachgeschichte.

In diesen Ansätzen zu einer Theorie indigener Sprachen widerspricht Humboldt einmal mehr – dieses Mal auf der Ebene der Linguistik – der These von der »Schwäche« oder »Degeneriertheit« Amerikas, wie sie im »Disput der Neuen Welt«[57] von Autoren wie Guillaume-Thomas Raynal[58], Cornélius de Pauw[59], Georges-Louis Leclerc Buffon[60] und Georg Wilhelm Friedrich Hegel[61] vertreten wurde. Die »Eingeborenen« verfügen über vergleichbar ausdifferenzierte Sprachsysteme, deren Spezifik ›wir‹ Europäer bislang nur noch nicht hinreichend verstanden haben.[62]

Neben allgemeinem Sprachvergleich stellt Humboldt Überlegungen zu bestimmten Begriffen an. Zum Phänomen einer Luftspiegelung zum Beispiel, die er in den Llanos beobachtet, fällt ihm deren Bezeichnung im Sanskrit ein: »Dieses Phänomen [...] hat dazu geführt, dass der Luftspiegelung im Sanskrit die ausdrucksvolle Bezeichnung *Durst der Antilope* verliehen wurde.«[63] Und auch nicht-indoeuropäische Sprachen wie das Arabische werden in die amerikanische Reisebeschreibung einbezogen. Innerhalb eines längeren Exkurses über Zitteraale kommt Humboldt auf die Ähnlichkeit der arabischen Bezeichnungen für Donner (»rahd«) und für elektrische Fische (»rahadd«) zu sprechen: »Hatten die Araber, als lebenskluges und einfallsreiches Volk, von alters her erahnt, dass die gleiche Kraft, die bei Gewittern das Himmelsgewölbe entflammt, die lebendige und unsichtbare Waffe der Wasserbewohner ist? Es heißt, dass in Ägypten der elektrische Fisch des Nils einen Namen trägt, der Donner bedeutet.«[64]

« Un peuple vif et ingénieux, les Arabes, avoient-ils deviné, depuis une haute antiquité, que la même force qui, dans les orages, enflamme la voûte du ciel, est l'arme vivante et invisible des habitans des eaux? On assure que le poisson électrique du Nil porte en Égypte un nom qui signifie le tonnerre. »

Zu Ende des achtzehnten und zu Beginn des neunzehnten Jahrhunderts beschäftigten sich europäische Linguisten intensiv mit orientalischen Sprachen. Diese Konjunktur orientalischer Philologien, in deren Zusammenhang Humboldts Studien zu sehen sind, kritisiert Edward Said als Element des orientalistischen Diskurses, indem er im Hinblick auf die Wissenschaft der klassischen und der lebendigen Sprachen jeweils eine prägnante These aufstellt: Da es nicht mehr in Gebrauch war, konnte das Sanskrit als »harmlose« Quelle der europäischen Sprachen verfügbar gemacht werden.[65] Die Wissenschaft der gesprochenen orientalischen Sprachen wie Arabisch, Persisch und Türkisch wiederum diente pragmatisch dem napoleonischen Feldzug, während sie diskursiv die Funktion hatte, den gegenwärtigen Orient hegemonial zu erfassen.[66]

Humboldt befindet sich im Feld dieses Diskurses. Er ist Teil des orientalistischen Netzwerkes seiner Zeit. Silvestre de Sacy (1758–1838), der erste Dozent für Arabisch und spätere Direktor der École des Langues Orientales,[67] wurde sein Sprachlehrer.[68] Seinen *Kosmos* rezensierte Ernest Renan (1823–1892), der bei Said für die Verbindung von *Orientalism* und *Philology* steht.[69] Auch auf das »institut d'Égypte«[70] kommt Humboldt zu sprechen.[71] Den orientalistischen Kanon der Epoche hat er zur Kenntnis genommen und in seinen amerikanischen Reisebericht eingebracht, etwa die monumentale *Description de l'Égypte* (1809–1828), die im Kontext der napoleonischen Expedition entstanden war und als beispielhafter Versuch der totalen Erfassung eines orientalischen Landes durch eine imperiale europäische Nation zu lesen ist.[72] Der institutionelle Orientalismus der napoleonischen Zeit, den er zu Beginn seines Reiseberichts so dezent übergangen hatte, spielt also durchaus eine nicht unwichtige Rolle.[73] Kulturwissenschaftlich, linguistisch und intertextuell positioniert sich Humboldt in Amerika als Orientwissenschaftler, das heißt: Er tritt auf als Orientalist.

Begriffe vom Orient

Den Begriff »Orient« verwendet Humboldt unkritisch, obwohl er nicht nur ungenau, sondern auch – aus heutiger Sicht – belastet ist. Wie aber verhält es sich in Bezug auf Amerika? Trug Humboldt nicht nur zum »Orientalismus« als europäischem Herrschaftsdiskurs bei,[74] den er nach Amerika übertrug, sondern überdies zu einem »Okzidentalismus« als analogem

Herrschaftsdiskurs über die ›Neue Welt‹? Entsprach sein orientalistischer Blick einem okzidentalisierenden? Hatte er teil an einem »Amerikanismus« oder genauer: »Lateinamerikanismus«? Enrico Mario Santí kritisierte die europäische und nordamerikanische »Lateinamerikanistik« (*Latin American Studies*), im Sinn von Michel Foucault und Edward Said, als eben einen solchen Diskurs der Macht – nicht über Amerika als Ganzes, sondern über Lateinamerika als gesondert gefasste Einheit: als »Latinamericanism«.[75]

Humboldt schreibt sich ohne Zweifel ein in die Tradition europäischer (und später auch nordamerikanischer[76]) Autoren, die einen topischen Diskurs über Lateinamerika führten und fortführten.[77] In wesentlichen Punkten jedoch unterscheidet sich sein Reisebericht über Amerika von einem Orientalismus nach der Definition von Said beziehungsweise von einem entsprechenden Lateinamerikanismus im Sinn von Santí: Amerika wird nie als eine konstante Größe aufgefasst, an die sich Klischees anlagern lassen,[78] sondern in sich differenziert, historisiert und durch weltweite Vergleiche in Beziehung gesetzt.

Dies zeigt sich bereits an der Begrifflichkeit. Humboldt verwendet eine Vielzahl von Bezeichnungen für die bereisten Gebiete: »Amérique«, »les Indes«, »Nouveau Monde«, »Nouveau Continent«, »régions équinoxiales«, »Tropiques«, »climats«, »hémisphère«, »l'Occident«, »l'ouest«, »colonies espagnoles«, »zone torride«, »provinces d'outre-mer«, »contrées«, »pays«, »Terre-Ferme«, »Paria«, »Tierra de Amerigo« und Dutzende weiterer Vokabeln, die semantisch fein nuanciert und mit unterschiedlichen Konnotationen versehen sind. Insbesondere kombiniert Humboldt diverse Substantive (»région«, »continent«, »monde«, »colonie«, »province«, »climats«, »zone«, »contrées«, »pays« etc.) und Attribute (»équinoxiale«, »nouveau«, »espagnole«, »torride« etc.).[79] Der Begriff »Lateinamerika«, der erst ab 1836 nachweisbar ist,[80] taucht in seinem Reisebericht noch nicht auf.

Humboldt weigert sich, einen geographischen Großbegriff einzurichten, einen fortwährend wiederholten und dadurch zunehmend entetymologisierten, zugleich aber mit ideologischem Sinn angereicherten *master signifier* zu entwickeln, an den sich zu seiner Verfestigung immer weitere Klischees anlagern ließen, wie es Edward Said anhand der europäischen Konzeption des »Orient« beschrieben hat. Die Vielfalt der Begriffe scheint geradezu die Unmöglichkeit einer Definition vorführen zu sollen oder zumindest eine solche Unmöglichkeit zu manifestieren. Humboldt erzeugt oder übernimmt für »Amerika« keinen Begriff, der Saids »Orient« gleichzusetzen wäre.[81] Trotz aller Orientalisierung ist seine Darstellung kein schlichter Orientalismus – und kein *Latinoamericanismo*.

Im Französischen ist das Adjektiv »oriental«, »orientalisch« oder auch »östlich«, ein beziehungsreicher Begriff, der nicht nur in Europa, sondern auch in der ›Neuen Welt‹ gebraucht werden kann.[82] Und sogar das Substantiv »Orient« kann, obwohl sich eine Überschneidung der beiden Bedeutungen hier leicht vermeiden ließe, nämlich durch das näherliegende, eindeutige Wort »Est«, »Osten«, für einen bestimmten Teil Südamerikas stehen.

Verschiedene Topographien treten in Konkurrenz: Kulturell verläuft die Grenze zwischen Orient und Okzident.[83] Geographisch zerfällt die Welt in zwei Hälften, »l'hémisphère occidental« und »l'hémisphère oriental«.[84] Die Überschneidung der kulturellen mit der geographischen Dimension der Begriffe ist verwirrend. Sie stellt ein klares geopolitisches Weltbild infrage.

Ebenso verhält es sich mit dem »Nouveau Continent« im Bezug auf Europa und auf den Orient. Denn der Begriff »Okzident« (Westen) kann sowohl Europa als auch Amerika bezeichnen. Wie der »Orient« sowohl zur ›Alten Welt‹ dazugehört als auch von ihr abgegrenzt werden kann (als »Orient« gegenüber dem »Okzident«), ist die ›Neue Welt‹ im Ergebnis ihrer literarischen »Orientalisierung« das quasi-orientalische Gegenbild des ›Eigenen‹ wie auch im Gegenteil als »Okzident« ein Teil des ›Westens‹ und Europas und insofern die Antithese zum Orient.[85] Das topographische System, das Humboldts *Relation historique* entwirft, ist, genau besehen, widersprüchlich.[86] Der orientalistische Diskurs, der es zunächst zu verübersichtlichen schien, hat es durcheinandergebracht.

Orientalische Obsession

Die orientalischen Metaphern, Assoziationen, Anspielungen, Vergleiche und Zitate im amerikanischen Reisebericht sind keineswegs unreflektiert.

27. »Pyramide de Cholula«
(*Vues des Cordillères*, Tafel 7, Ausschnitt).

Humboldts Reisebericht wendet sich gegen seine eigenen Verfahren der Orientalisierung durchaus auch kritisch: Humboldt deckt orientalische Stereotype, wie er sie selbst einsetzt, auf – zum Beispiel als naturwissenschaftlich unzulässige Verallgemeinerungen: »Welch ein Unterschied zwischen den Arten, die wir angesprochen haben, und der Dattelpalme des Orients, die für die europäischen Landschaftsmaler unglücklicherweise zum Typus der Gruppe der Palmengewächse geworden ist!«[87] Ein Dattelbaum ist keine Königspalme. Kulturelle Topoi erweisen sich als falsche Klischees.

« Quelle différence entre les espèces que nous venons de citer et le dattier de l'orient qui, pour les peintres paysagistes de l'Europe, est devenu malheureusement le type du groupe des palmiers ! »

Humboldt formuliert eine Kritik der Reiseliteratur, die auch auf seinen eigenen Text zu beziehen wäre. Wer einen Reisebericht verfasst und veröffentlicht, neigt zur Übertreibung: »heimgekehrt nach Europa, zurück in der zivilisierten Welt, findet er für seine Strapazen eine Entschädigung in der Freude daran, mit der Erzählung der Tatsachen, die er gesammelt zu haben glaubt, mit der angeregten Beschreibung ferner Gegenstände Staunen hervorrufen zu können«.[88] Gerade die eintönigen Naturformen wie Venezuelas Steppen oder die Wüsten des Orients befördern ein exotistisches Fabulieren: »Man liebt das Erzählen in den Missionsdörfern wie zur See und wie im Orient oder wie überall, wo man sich langweilt.«[89] Dieser Umstand gebietet – seit Herodot – eine gewisse Skepsis gegenüber den Fabeln der ›Eingeborenen‹ ebenso wie gegenüber den Erzählungen der Missionare und den Berichten der Reisenden: »Es überrascht nicht, dass eine wüste Gegend von jeher der klassische Nährboden von Fabeln und Feenzauber war. Dort haben Missionare allen Ernstes die Völker verortet, die das Auge auf der Stirn haben, einen Hundekopf oder den Mund unter dem Bauch; dort haben sie all das vorgefunden, was uns die Alten von den Garamanten, Arimaspen und Hyperboreern überliefern.«[90] Humboldt tut hier zweierlei. Er bestätigt einerseits die herkömmliche Gleichsetzung: Amerika ist wie der Orient; und er untergräbt andererseits eine literarische Praxis, an der er selbst teilhat: vom einen wie vom anderen ist reichlich Unsinn zu lesen.

« On ne peut être surpris qu'une région si déserte ait été de tout temps le sol classique des fables et de la féerie. C'est là que de graves missionnaires ont placé ces peuples qui ont l'œil dans le front, une tête de chien ou la bouche au-dessous de l'estomac; c'est là qu'ils ont trouvé tout ce que les anciens nous rapportent des Garamantes, des Arimaspes et des Hyperboréens. »

An anderer Stelle warnt er vor allzu abenteuerlichen Assoziationen, indem er reiseliterarische Kurzschlüsse ironisiert, denen er selbst immer wieder verfallen ist. Er macht sich lustig über »Gelehrte, die überall Ägypter sehen, wo es Mumien gibt, Hieroglyphen oder Pyramiden«.[91] »Leichtgläubige Reisende« ziehen die absurdesten Verbindungen, wenn sie etwa meinen, die Indios, denen sie begegnen, sprächen Irisch oder Hebräisch.[92] Die Versuchung, gewohnte Paradigmen zu bedienen, ist allzu groß.

So kann die Kenntnis des europäischen Kanons (Bibel, Antike) zu Missverständnissen und Projektionen führen:

> Gabriel de Cabrera hat in Kuba eine Überlieferung aufgenommen, die jener der semitischen Völker von Noah sehr ähnlich ist. [...] Hat Cabrera, voreingenommen durch die Mythen der Hebräer, die Worte der Eingeborenen falsch verstanden, oder hat er nicht eher (was wohl wahrscheinlicher ist) jenen Analogien von der *Schlangenfrau*, dem *Bruderkampf*, der *Sintflut*, dem *Floß des Coxcox*, dem *Entdeckervogel* und so vielen weiteren Mythen, die uns zweifelsfrei zeigen, dass zwischen den Völkern beider Welten eine Gemeinsamkeit antiker Überlieferungen bestehe, einen weiteren Zug hinzugefügt?[93]

Das Fremde (Amerika) ist von der Projektion des Eigenen (Europa) oder vom Bild des gewohnten Fremden (Orient), das seinerseits eine Projektion war, kaum mehr zu unterscheiden.

Als er sich mit den Eigenschaften befasst, die den Kariben zugeschrieben werden, stellt Humboldt fest, dass sich die vermeintlichen Merkmale der Völker verselbstständigen. Als umherziehendes Volk spielen die Kariben eine vertraute »Rolle«. Nachdem er sie bereits mit den Bucharern verglichen (und damit nach Zentral-Asien verwiesen) hat, gilt für sie das Gleiche wie für die Chaldäer (in Mesopotamien) oder auch für die Ägypter und die »Zigeuner« (die wiederum »Böhmen« genannt werden): »als unter den Cäsaren der Aberglaube aus dem Orient nach Italien gelangte, stammten die *Chaldäer* nicht eher von den Ufern des Euphrat, als unsere Ägypter und Böhmen [Roma aus Böhmen] (die einen Dialekt aus Indien sprechen) von den Ufern des Nils oder der Elbe kommen«.[94] Die Attribute sind irreführend. Der orientalistische Blick ist trügerisch. Nicht alles, was einem orientalisch vorkommt, verdient diese Bezeichnung zu Recht.

Metonymie

Nicht allein begrifflich, sondern auch rhetorisch ist Humboldts Orientalismus alles andere als kohärent. Die verschiedenen Bezüge, die zwischen Amerika und dem Orient hergestellt werden, haben einen unterschiedlichen Status. Neben den ästhetischen, wissenschaftlichen, kolonialökonomischen

28. »Ile de Philæ« (*Description de l'Égypte*).

und philologischen finden sich Orient-Beziehungen ganz anderer Art: nämlich scheinbar reale.

Im Unterschied zu Kolumbus fand Humboldt tatsächlich einen Seeweg nach Indien, »un commerce direct avec l'Inde«, *westwärts* in den Orient, nämlich durch das Projekt eines Kanals »à travers l'Amérique centrale«.[95] Diese Idee einer Verbindung des Atlantischen mit dem Pazifischen Ozean, die 1914 tatsächlich als Panamakanal eröffnet werden sollte, bringt Europa beziehungsweise Amerika durch maritimen Verkehr nicht nur buchstäblich mit dem Orient in Verbindung. Auch indirekt schafft Humboldt für dieses Vorhaben orientalische Bezüge: Die Möglichkeit eines großangelegten Kanalbauprojekts bezieht er auf ein ägyptisches Vorhaben aus der Zeit der Kalifen oder vielleicht sogar der Ptolemäer und gibt als Quelle die *Description de l'Égypte* an. Der Suezkanal, der seiner eigenen Idee einer Wasserstraße als Vorbild diente, stand ebenso wie diese Veröffentlichung im Zusammenhang imperialer Expansion. An dieser Stelle betritt endlich (postum) Napoleon Bonaparte die Bühne des Reiseberichts: Der Kanal von Suez wurde erdacht »zur Zeit von Bonapartes Expedition nach Ägypten«.[96] Überdies vergleicht Humboldt seine eigenen Visionen mit historischen Großbauten »seit der

29. »Edfou« (*Description de l'Égypte*).

unbekannte Zeit als die Pyramiden von Gizeh erbaut wurden«.[97] Wird es möglich sein, fragt er, deren Dimension zu übertreffen? Der reisende Forscher propagiert einen Plan für Amerika, der den Vergleich mit den Pyramiden nicht scheuen muss.

Auch im Detail lässt sich die Übertragung verschiedener Elemente aus dem Orient nach Amerika feststellen. Über die Kanarischen Inseln wurden Kamele nach Übersee eingeführt. Das Zuckerrohr gelangte, wie Humboldt pflanzengeographisch zu berichten weiß, von Indien und China über Persien und Arabien in den Mittelmeerraum, nach Zypern, Rhodos, Italien und Spanien, dann von Sizilien via Madeira auf die Kanarischen Inseln und von dort schließlich auf die Antillen. Einzelne Kamele wurden tatsächlich dazu eingesetzt, Zuckerrohr zu transportieren, also ein orientalischer Import zum Transfer eines anderen. Zumal die wenigen Exemplare in Amerika bald ausstarben, setzten die Spanier anstelle von Kamelen die unterworfenen *Indios* als ›Packtiere‹ ein.[98] Humboldt entwickelt aus diesen Beobachtungen eine logistische, ökonomische, politische und humanitäre Programmatik. Er fordert die massive Einfuhr von Kamelen nach Amerika. Denn sie würden den Binnenhandel erleichtern, vor allem ganz bestimmte: »besonders die *Hedjines*, die *Wüstenschiffe*«.[99]

In der Trockenzeit gleichen die amerikanischen Ebenen bekanntlich ohnehin der Sahara.[100]

Zeitgenössisch sind zwar nur wenige reale Verbindungen zwischen Amerika und dem Orient festzustellen. Während zahllose Europäer und Afrikaner als Siedler oder als Sklaven in die ›Neue Welt‹ gelangten, gab es dort kaum wirkliche Orientalen. Historisch jedoch diskutiert Humboldt eine viel wesentlichere Verbindung, nämlich die Herkunft der amerikanischen ›Urvölker‹ aus dem asiatischen Raum und ihre vorgeschichtliche Wanderung: »den asiatischen Ursprung der Völker der Neuen Welt«,[101] »wenn man (was geographisch denkbar ist) eine Wanderung von Asiaten annimmt«.[102]

Amerika und der Orient geraten durch solche Verbindungen in einen nicht mehr nur imaginären (»orientalistischen«), sondern außerdem in einen direkten Zusammenhang. Es wäre demnach nicht mehr klar zu entscheiden, ob die Amerikaner orientalische Züge annehmen, weil ihnen Humboldt diese rhetorisch zuschreibt oder weil sie tatsächlich von Orientalen abstammen. Metaphorische und metonymische Beziehungen überlagern sich. Ein fiktiver Orientalismus und ein historischer Realismus rivalisieren.

Das Ende der Orientalisierung

Im Urwald bei Caripe freut sich Humboldt, dass er nicht nach Ägypten gereist ist: »Wir empfanden lebhaft [...], wie sehr sich unsere Lage von jener der Reisenden unterschied, die darüber klagen, dass sie in den Klöstern der Kopten in Ober-Ägypten ihrer Vorräte beraubt wurden.«[103]

Im Gegensatz zu seinem Verfahren, Amerika mit dem Orient – indirekt oder direkt, metaphorisch oder metonymisch – zu verbinden, stellt er fest, dass durchaus Unterschiede bestehen, etwa zwischen den alten Zivilisationen des Ostens und den Regionen Amerikas, die außerhalb der Hochkulturen liegen: »dieser Unterschied zwischen Indiens alter Zivilisation und jenen Gegenden Südamerikas, in denen das Menschengeschlecht wie eine kürzlich erst eingerichtete Kolonie wirkt«.[104] Amerika steht also nicht generell in Analogie zum Orient, sondern mitunter auch in einem auffälligen

Gegensatz, der sich an vielen Details aufzeigen lässt: »Die große Masse des Volkes bewahrt sich eine ebenso starke Abneigung gegen den Bart, wie ihn die Orientalen in Ehre halten.«[105] Solche Unterschiede verkomplizieren die orientalistische Rhetorik im Reisebericht.

« La grande masse du peuple conserve autant d'antipathie pour la barbe que les Orientaux l'ont en honneur. »

Humboldt bemerkt sogar, wie sich die Einheimischen selbst auf Phänomene des Orients beziehen, und zwar in entschiedener Abgrenzung, als würden sie sich ihrer Orientalisierung widersetzen. So betonen einige Siedler, »wahre Krokodile« gebe es »nur im Nil«.[106] Die Amerikaner bestehen auf ihrer Eigenheit.

Durch solche Beobachtungen stellt Humboldt nicht nur die Ähnlichkeit von Amerikanern und Orientalen infrage. Er relativiert auch ihre vermeintliche Andersheit. So lässt er seinen Gedanken über die Polygamie eine vorsichtige Einschränkung folgen: »Die Vielweiberei mindert zweifellos das häusliche Glück und den inneren Zusammenhalt der Familien; gleichwohl hindert dieser Brauch [...] die Orientalen nicht daran, ihre Kinder zärtlich zu lieben.«[107] Mögen Amerikaner wie Orientalen auch teilweise ›anders‹ erscheinen, ihre Menschlichkeit steht niemals infrage.

« La polygamie diminue sans doute le bonheur domestique et l'union intérieure des familles; mais cet usage [...] n'empêche pas les Orientaux d'aimer tendrement leurs enfans. »

Der Reiseschriftsteller gelangt an den Punkt, an dem er seine Orientalisierung der amerikanischen Wirklichkeit durchschauen und infrage stellen kann. Als er im venezolanischen Hinterland einer Gruppe von Mönchen begegnet, verspürt er zunächst die Versuchung, auch sie als Orientalen zu beschreiben. Aber er widersteht diesem Reflex. Und ganz ausdrücklich analysiert er seinen Impuls, den er nur noch konjunktivisch, im Konditionalis, als einen gerade noch vermiedenen Irrtum benennt, als »Verwechslung« – das heißt als Fehlwahrnehmung, als *misreading*: »Beinahe hätten wir sie für Orientalen gehalten«.[108]

Vertauschungen

Dass Humboldt ausgerechnet an dieser Stelle Hemmungen entwickelt und seinen orientalistischen Blick aussetzt, ist in einer Hinsicht auffällig: Bei jenen

Mönchen handelt es sich um europäische Missionare, also um Akteure des kolonialen Systems. Der Aspekt des ›Fremden‹, der sich als Bestandteil des ›Eigenen‹ erweist, scheint sich der Orientalisierung am ehesten zu widersetzen. Nur die Ureinwohner und die Natur scheinen orientalisierbar zu sein.

Insbesondere ab dem zweiten Band tauchen jedoch alternative Formen der Orientalisierung auf, die dieses Schema der Übertragung – die Wahrnehmung der Indios als Orientalen – verkomplizieren und die Hierarchie, auf der es beruht, aufbrechen. Humboldt vollzieht nun eine Reihe von Umkehrungen. So unterscheidet er zum Beispiel zwei Grundlagen des Anthropomorphismus der Gottesvorstellungen: »Anlagen der Völker, von denen die einen eher zur Mystik neigen, während sich die anderen stärker von ihren Sinnen und den äußeren Eindrücken leiten lassen.«[109] In den Mythen des Orients kommen die Götter auf die Erde herab, um als Könige zu herrschen; in den Mythen des Okzidents erfahren umgekehrt die ersten Könige eine Vergöttlichung.[110] Epiphanie oder Apotheose – Orient und Okzident stehen hier in einer klaren Opposition. Die mythische Figur Amalivaca, der nach einer Sintflut vom Meer kam, um die Welt der Tamanaken einzurichten, und dann wieder zum anderen Ufer entschwand, deutet Humboldt – wie auch den Aztekengott »Quetzalcohuatl« – als menschlichen Heros und nicht eigentlich als Gott[111] und damit im griechischen und nicht im orientalischen Paradigma. Im Kontrast zwischen Orient und Europa werden die Indios in diesem Modell nicht der orientalischen, sondern der europäischen Seite zugeschlagen.

Aber auch der Orient selbst kann zur ›Alten Welt‹ dazugehören. Er verfügt über eine lange Geschichte, eine eigene »antiquité«, deren Einfluss auf das antike Griechenland zu ahnen ist. Sie unterscheidet ihn von den indigenen Kulturen Amerikas und kann mit einer gewissen Ehrfurcht zitiert werden: »Der amerikanische Indianer kennt die Töpferscheibe nicht, die bei den Völkern des Orients auf das höchste Altertum zurückgeht.«[112] In diesem Fall ergibt sich die dritte der Kombinationen, die Humboldt zwischen Europa, Amerika und dem Orient durchdekliniert: Europa und der Orient kommen zur Deckung, die Amerikaner sind beiden fremd.

« L'Indien américain ne connoît pas le tour du potier qui, chez les peuples de l'Orient, remonte à la plus haute antiquité. »

Als er verschiedene Hypothesen zur Völkerwanderung der Kariben erörtert, greift Humboldt, in analoger Weise, auf eine orientalische Mythologie vom ›edlen Wilden‹ zurück: »man glaubt (wie in gewissen Mythen des Orients), ›dass die Heiterkeit und die Unschuld der Sitten der Wilden‹ die durchschnittliche Lebenszeit einer Generation auf 180 bis 200 Jahre anheben konnten«.[113] Auch in dieser Analogie besetzt nicht der indigene Fremde, sondern der europäische Kolonialist beziehungsweise der Reisende selbst die Position des Orientalen, aus dessen Sicht die ›Wilden‹ hier ›edel‹ erscheinen. Der Orientalist hat die Perspektive der Orientalen eingenommen. Sogar im Bezug auf bizarre, zum Teil kannibalische Totenkulte einiger Völker am Orinoco oder auf den Antillen zitiert Humboldt einen »orientalischen Dichter«, der solcherlei mit toleranter Nachsicht zu betrachten schien: »Mit einem Dichter des Orients können wir sagen, ›dass von allen Tieren der Mensch in seinen Sitten der eigensinnigste ist, der maßloseste in seinen Neigungen.‹«[114] Auch hier nimmt der Reisende die Amerikaner mit den Augen eines Orientalen wahr.

« C'est bien le cas de dire avec un poète de l'Orient ‹ que de tous les animaux l'homme est le plus extravagant dans ses mœurs, le plus déréglé dans ses penchans. › »

Aber Humboldt geht noch weiter: Gerade im Hinblick auf die vermeintliche Anthropophagie indigener Völker, die vielen europäischen Reisenden als Kriterium absoluter Andersheit diente,[115] warnt er vor ethnozentrischer Blindheit – und zwar durch zweierlei Selbstbezüge, die zugleich Bezüge auf den Orient sind: Einem *Indio* Kannibalismus vorzuwerfen, »das ist, wie wenn ein Brahmane vom Ganges, der durch Europa reist, uns unsere Gewohnheit, uns vom Fleisch der Tiere zu ernähren, zum Vorwurf machen würde«.[116] In den Augen der Indios war der getötete Fremde schließlich ebenso »ein ganz und gar anderes Lebewesen« wie für »uns« ein Tier.[117] Indem er die indigene ›Menschenfresserei‹ mit derjenigen in Ägypten vergleicht, die aus dem dreizehnten Jahrhundert überliefert wird, macht Humboldt klar, dass ein Rückfall aus der ›Zivilisation‹ in die ›Barbarei‹ überall möglich sei: »Im dreizehnten Jahrhundert verbreitete sich in Ägypten die Gewohnheit, Menschenfleisch zu verzehren, durch alle Klassen der Gesellschaft«.[118] Wie es bei den Ägyptern, die hier stellvertretend für alle »zivilisierten Völker« stehen, in einem Ausnahmezustand, nämlich während einer Hungersnot, dazu kommen konnte, dass »›ein Brauch, der zunächst Schaudern und Schrecken hervorrief, bald nicht mehr das leiseste Befremden auslöste‹«,[119] wird durch ein längeres Zitat des Historikers Abd al-Latif (zwölftes/dreizehntes Jahrhundert) erläutert. Humboldt setzt also die eigenen kulturellen Praktiken dem fremden Blick eines (angenommenen) Inders aus. Und er identifiziert sowohl dessen ungewollte Namensverwandte, die »Indios«, als auch die eigene Kultur, ausgerechnet im Kannibalismus, dem Motiv deutlichster Differenz und Abstoßung, nicht nur miteinander, sondern auch mit den ägyptischen Orientalen. Da die Barbarei auch in der Zivilisation jederzeit möglich ist, kommen alle drei Räume miteinander zur Deckung.

Indem er amerikanische, orientalische und europäische Phänomene miteinander vergleicht, erzeugt Humboldt kuriose Kombinationen, die durchaus subversiv sind: Würmer, die er in den Llanos findet, vergleicht er – über die Lektüre einer Reisebeschreibung – mit denen, die in Arabien verzehrt würden und angeblich wie Kaviar schmecken.[120] Das Niedrigste aus dem Bereich des (amerikanischen, orientalischen) ›Anderen‹, Würmer, wird mit dem Edelsten aus der Sphäre des (europäischen, aristokratischen) ›Eigenen‹, Kaviar, gleichgesetzt – das Europa wiederum aus dem ›Orient‹ erhalten hat.[121]

In ihrer allmählichen Addition destabilisieren sich die voneinander abweichenden und einander widersprechenden Varianten orientalischer Bezüge gegenseitig. Humboldts symbolische Topographie hat drei Größen – Europa, Orient, Amerika –, deren Verhältnis bis zur Konfusion variiert wird. Das System kultureller Übertragungen gerät durcheinander. Diese Verwirrung nimmt im Verlauf der Reise beziehungsweise ihrer Beschreibung zu. Die Frage, ob es sich hierbei um eine bewusste Strategie handelt oder um die unbewussten Anzeichen einer Irritation, ist letztlich kaum entscheidbar.

Umwertungen

Der Orient wird, wie sich zeigt, zu Europa und zu Amerika in sehr unterschiedliche Beziehungen gebracht. Im Vergleich von ›Alter‹ und ›Neuer‹ Welt lässt er sich wechselweise der einen und der anderen Seite zuordnen.

Entweder wird er von Europa abgegrenzt, sei es zusammen mit den Indigenen oder auch nicht; oder er wird mit Europa zusammengefasst. Indem er nicht nur die Konstellation, sondern auch die Bewertung dieser Gleichsetzungen und Absetzungen verändert, differenziert Humboldt seine Verfahren, Amerika im Hinblick auf den Orient wahrzunehmen.

Die Vorstellung des Orients in Humboldts Reisebericht ist also mehrdeutig. Einerseits gehören die Orientalen zur europäischen Zivilisation seit der Antike dazu, andererseits bilden sie deren Gegenbild. Im Gegensatz zur Nobilitierung des Orients als antiker Kultur steht die Geschichte der Auseinandersetzung zwischen den Ländern Europas und einem expansiven Islam. Indem er zeitgeschichtliche Ereignisse aus dem griechischen Freiheitskrieg in den Blick nimmt, schreibt auch Humboldt diese Geschichte fort: »im Orient [...] haben sich barbarische Horden Ägyptens bemächtigt, Kleinasiens und jenes einstmals freien Griechenlands, der preisgegebenen Wiege der Zivilisation unserer Vorfahren«.[122] Der von den Kreuzzügen über den Fall Konstantinopels bis zum griechischen Freiheitskampf andauernde *Clash of Civilizations* wird in Amerika weitergeführt. Die Franziskaner in einer Mission am Orinoco wollen von den Reisenden »vor allem« wissen, »›ob sich der *Türke* weiterhin ruhig verhalte‹«.[123]

Wiederholt bezieht sich der reisende Preuße auf aktuelle Ereignisse in Südosteuropa. Die koloniale Sklaverei, die er in Kuba beobachtet, vergleicht er mit der türkischen Herrschaft über Griechenland: »in unseren Tagen treibt man (zur ewigen Schande des christlichen Europa) in Konstantinopel und in Smyrna *Griechenhandel*«.[124] In dieser Variante der Orientalisierung Amerikas übernehmen die Türken die Rolle der spanischen Sklavenhändler – und die Afrikaner und Amerikaner die der unterworfenen Griechen, während der Westen »Schande« dadurch auf sich lädt, dass er dieser Praxis kein Ende bereitet – indem er den griechischen Freiheitskampf unterstützen oder die Sklaverei abschaffen würde. »L'Europe« – das hier als Synekdoche für die ›Zivilisation‹ beziehungsweise die ›freie Welt‹ steht – würde durch ein Ende des spanischen Kolonialismus in Amerika ebenso gewinnen wie durch ein Ende der türkischen Herrschaft in Griechenland. Humboldt spricht von »Ereignissen, welche der Barbarei in Griechenland ein Ende bereiten würden [...] sowie in anderen Ländern, die der Tyrannei der Ottomanen unterworfen sind«.[125] In diesem politischen Zusammenhang sind es nicht mehr die Indigenen, die mit einem – negativ bewerteten – Orient gleichgesetzt werden, sondern die spanischen Kolonialherren. Humboldts Orientalismus hat sich antikolonial gewendet.

An der Sklaverei, wie er sie auf Kuba erlebte, kritisiert Humboldt indes nicht nur die Auswüchse einer bestimmten kolonialen Praxis, sondern er stellt die optimistischen Konzepte der Aufklärung, der Zivilisation und eines zielgerichteten Fortschritts infrage. Bereits in der Antike, bemerkt er, schienen Fortschritt, Aufklärung und Zivilisation einerseits und Sklaverei andererseits sich nicht auszuschließen. Und als Wissenschaftler im Zeitalter der Vernunft muss er beobachten, wie sich die Grausamkeiten der Antike und des Spätmittelalters wiederholen: auf Kuba wie in Santo Domingo, in der Restauration wie in den Türkenkriegen. Wenn aber die ›Barbarei‹ in Europa (Feudalismus), in Amerika (Sklaverei) und im Orient (Despotie) gleichermaßen verortet wird, dient sie nicht mehr als Kriterium der Differenz. Die kulturtheoretischen und geschichtsphilosophischen Konzepte, die sich in Opposition zum Begriff einer orientalischen Andersheit herausgebildet hatten, verlieren ihre Geschlossenheit und Glaubwürdigkeit.

Bei der Arbeit an seinem Reisebericht, dessen dritter Band bis 1831 herauskam, konnte sich Humboldt auf Ereignisse des griechischen Freiheitskampfes (1821–1829) beziehen, unter anderem auf die türkischen Verbrechen auf Chios (1822) und den Fall von Missolonghi (1826):[126] »die Massaker von Chios, auf Ipsara und in Missolonghi, Taten der Barbaren des östlichen Europa, welche die zivilisierten Völker des Westens und des Nordens nicht glaubten verhindern zu müssen«.[127] Die Wendung von den »Barbaren des östlichen Europa« (»barbares de l'Europe orientale«) ist hier mehrfach lesbar, nämlich je nachdem, ob der Genitiv als ideologische Perspektivierung oder als räumliche Zugehörigkeit aufgefasst wird (als *genitivus objectivus* oder *partitivus*): Während Humboldt die Türken einerseits, ohne sie direkt zu benennen, als »Barbaren« verfremdet, scheint er das klassische Muster zu bestätigen, das ihnen aus der Sicht »des östlichen Europa« seit Homer und Aischylos diese Rolle zugewiesen hat. Andererseits aber bezieht er sie ein, indem er sie als einen Teil »des östlichen Europa« bezeichnet. Die Grenze zwischen

Zivilisierten und Barbaren, zwischen Europa und Orient wird durch diese Doppeldeutigkeit aufgelöst.

Beide, Amerika und der Orient, stehen in Humboldts geokultureller Imagination sowohl zu Europa wie zueinander in einem Verhältnis zugleich der Identität und der Differenz. Europa bewegt sich symbolisch zwischen zwei Andersheiten, einer orientalischen und einer amerikanischen, die um den Rang der geringeren Fremdheit mit wechselndem Ergebnis zu konkurrieren scheinen. Der Orient dient als das traditionelle Andere von Europa, an dem sich dessen Wahrnehmung von Alterität einüben konnte. Er ist das seit Jahrhunderten, Jahrtausenden beschriebene und daher paradoxerweise vertraut gewordene Fremde. Im Vergleich mit dem Orient ist Amerika das *andere* Andere Europas. Indem Amerika als Orient gesehen wird, erscheint es doppelt fremd und wird zugleich verständlich. Der Orient und sein Duplikat, die literarisch als Orient codierte ›Neue Welt‹, bilden zwei Varianten von Alterität, die aufeinander bezogen und zusehends infrage gestellt werden.

Fassen wir zusammen: Der Orient dient Humboldt als Bezugsfeld für literarische, wissenschaftliche, wirtschaftliche und philologische Verbindungen. Er taucht auf als Klischee des Exotischen, als komparatistischer Gegenstand, als heuristisches Modell, als Präzedenzfall kolonialer Praxis und als Paradigma der Differenz. Über eine subtile Begriffspolitik sowie durch einige skeptische Passagen wird jedoch erkennbar, wie fragwürdig solche Bezüge sind. Humboldts Text problematisiert seine Verfahren der Orientalisierung, indem er metaphorische und metonymische Beziehungen überlagert, Übereinstimmungen und Unterschiede nebeneinanderstellt, wechselnde Identifikationen durchspielt, unterschiedliche Bewertungen vornimmt und dabei eine paradoxe Topographie entwirft.

Als Orientreisender war Humboldt gescheitert und nicht in Alexandria, sondern in Havanna angekommen. Zuerst hatte es den Anschein, als solle diese Enttäuschung durch eine einigermaßen naive und ideologisch fragwürdige Beimischung orientalischer Motive in den amerikanischen Reisebericht ausgeglichen werden. Indem es diese Praxis der Orientalisierung jedoch dekonstruiert, unterscheidet sich Humboldts Text von exotistischer

Literatur, sei diese nun einem orientalistischen oder einem lateinamerikanistischen Diskurs zugehörig, in einer Weise, die wir heute versucht sein könnten, »postkolonial« zu nennen.

Fünftes Kapitel
»Wie antike Bronzestatuen«: Transatlantischer Klassizismus

(*Relation historique*, 1814–1831)

»Nuestra Grecia es preferible
a la Grecia que no es nuestra.«

José Martí,
»Nuestra América« (1891)[1]

»Wir sahen die Eingeborenen tanzen«, schreibt Alexander von Humboldt, als er ein Ritual in den Urwäldern am Orinoco schildert. Dabei fällt ihm zu den Musikinstrumenten, die in der Zeremonie verwendet werden, ein kultureller Vergleich ein: »Diese Schilfrohre, nebeneinander angeordnet und miteinander verbunden, gleichen der Flöte des Pan, wie wir sie in bacchantischen Aufzügen auf den Vasen Groß-Griechenlands dargestellt finden.«[2] Im tropischen Regenwald kommen dem Forschungsreisenden zahlreiche Assoziationen dieser Art in den Sinn. Wenn er von Schlangen spricht, denkt er an die Laokoon-Episode aus Vergils *Aeneis*.[3]

« Ces roseaux rangés sur une même ligne, et liés les uns aux autres, ressemblent à la flûte de Pan telle que nous la trouvons représentée dans des processions bachiques sur les vases de la Grande-Grèce. »

Sowohl der Kult des Gottes Dionysos wie auch der Todeskampf des Priesters Laokoon, von denen hier die Rede ist, sind nicht eigentlich oder ursprünglich westlich, sondern asiatisch.[4] Aber sie tauchen auf in griechischen oder römischen Quellen. Einige der orientalischen Bezüge, die Humboldt in seinem amerikanischen Reisebericht herstellt, werden über das europäische Altertum indirekt aufgerufen und sind zugleich als Antike-Reminiszenz lesbar. Sie setzen nicht nur das zeitgenössische Europa, in dem der Reiseschriftsteller seine Werke veröffentlichte, sondern auch das frühere mit Amerika und dem Orient – sowie beide miteinander – in Beziehung.[5] Das trianguläre Modell Europa-Amerika-Orient wird um eine zusätzliche Größe erweitert. Humboldt bezieht Amerika sowohl auf das quintessenzielle Andere, den Orient, als auch auf die Quintessenz des Eigenen, die Antike.

Motive aus dem europäischen Altertum können indes auch ohne orientalischen Hintergrund auftauchen. Ein weiteres Verfahren, Amerika über eine andere Andersheit wahrzunehmen, ist neben dem orientalischen Blick die Antikisierung. So schreibt Humboldt über das Volk der Kariben in paradigmatischer Deutlichkeit: »Ihre großen kupferroten Figuren, malerisch umhüllt, wirken von fern, wenn sie in der Steppe vor dem Himmel sich abheben, wie antike Bronzestatuen.«[6] Humboldt ›antikisiert‹ Amerika.

Warum aber bezieht sich der Reiseschriftsteller in Amerika auf die Antike? Was hat es auf sich mit solchen Beschwörungen des Altertums? Welche

Funktion haben sie in Humboldts Reisebericht, der *Relation historique du Voyage aux régions équinoxiales du Nouveau Continent*? Welche Rolle spielen griechische und römische Motive bei der Wahrnehmung und Darstellung ferner Länder und fremder Kulturen?

Die kolonialen Funktionen des Klassizismus liegen weniger offensichtlich auf der Hand als die des Orientalismus, dessen Bezugsfeld, die Länder des ›Orients‹, zu Humboldts Zeit immerhin tatsächlich kolonisiert wurden, sodass er sie in politischer und wirtschaftlicher Analogie zum spanischen Amerika in seinen Text einbeziehen konnte. Gleichwohl wird die Problematik klassizistischer Referenzen auf die antiken Zivilisationen, die ihrerseits Kolonialmächte waren, in der Beschreibung einer Reise durch Gebiete in Übersee, die von Europäern besetzt waren, ersichtlich.

Die Antike dient als Muster der Beobachtung und als Modell des Verstehens.[7] Sie bietet dem Reisenden zugleich einen Maßstab, mit dem er andere Kulturen nicht nur begreifen, sondern auch bewerten kann. Die diskursive Grundlage bildet der zeitgenössische Klassizismus nach Winckelmann mit seiner These der Überlegenheit gräko-europäischer Kunst und Kultur.[8]

Humboldt gebraucht scheinbar spontane Assoziationen ebenso wie gezielte Zitate und systematische Verweise, durch welche die amerikanische Wirklichkeit, die der Reisebericht entwirft, immer wieder mit der hellenischen und römischen Antike in Verbindung gebracht und auf diese Weise gedeutet wird. Reiseliterarisch oder ethnographisch betrachtet, unternimmt er so eine Triangulierung zwischen der ›Fremde‹ (dem spanischen Amerika), dem ›Eigenen‹ (dem zeitgenössischen Europa) und der ›Antike‹ (als historischem Bezugsraum).

Amerika in der Antike

Schon in Spanien hatte sich Humboldt mit den Spuren der Antike beschäftigt und mit Blick auf die »Tour d'Hercule« in La Coruña gefragt: »Warum trägt der Leuchtturm in diesem Land den Namen des Herkules?«[9] Er las die Landschaft als historisches Palimpsest und gelangte zu der Annahme, die Römer hätten das Bauwerk auf griechischen oder phönizischen Ruinen

30. »Masse détachée de la Pyramide de Cholula«
(*Vues des Cordillères*, Tafel 8).

angelegt. Der Name ist also das Zeugnis einer kulturellen Übertragung, aber auch des Imperialismus.

Bereits während der Überfahrt sieht sich der preußische Forscher nicht nur auf dem Kurs spanischer Entdecker, sondern auch antiker Seefahrer. Die Phönizier, so spekuliert Humboldt anhand antiker Dokumente, hätten bereits den Atlantik befahren und beispielsweise jenes »Pflanzenmeer« erreicht, das Kolumbus später mit einer »Prärie« verglich und das er selbst nun durchquerte.[10] Die Kanarischen Inseln, die sie erreicht hätten und auf denen die »Pizarro«, die Humboldt und Bonpland nach Venezuela brachte, Station machte, versteht er als eine Art ›Neue Welt‹ der Antike. Für Phönizier und Karthager, in der griechischen ebenso wie in der italischen Mythologie, hätten sie als »Inseln der Seligen« gegolten.[11] Als teils geographischer und teils utopischer Raum erlangten sie eine verheißungsvolle Bedeutung, die jener von *El Dorado* in den frühen Berichten aus Amerika entspricht.[12] Auf antike Fahrten zu den Kanaren mag die Vorstellung von einem Land im Atlantik zurückzuführen sein, das von den übrigen Kontinenten getrennt ist,

31. »Rocher d'Inti-Guaicu« (*Vues des Cordillères*, Tafel 18).

und sogar der Mythos von Atlantis, dessen Bewohner der Sage nach von der übrigen Menschheit abgeschieden waren.[13] Auf dem Weg in die ›Neue Welt‹ stellt sich Humboldt in die Tradition antiker Entdecker.

Auch als Historiker der amerikanischen Geographie wählt er seinen Ausgangspunkt im Altertum. Im *Examen critique de l'histoire de la géographie du Nouveau Continent* (1834–1838) weist er nach, dass die gedanklichen Voraussetzungen, die einen Europäer nach Übersee führten, bereits bei griechischen und römischen Autoren – wie Aristoteles, Strabo oder Pomponius Mela – belegt sind: die Kugelgestalt der Erde (*terra rotunda, sphaera non magna*); die Möglichkeit einer westlichen Seefahrt nach Asien (*ex Hispania in Indiam*); und die Hypothese eines ›anderen Landes‹, das man unterwegs antreffen könnte (*alter orbis, álle oikuméne*).[14] Eine Schlüsselstelle ist die Prophezeiung einer ›Neuen Welt‹, »novos [...] orbes«, in Senecas *Medea*.[15] Kolumbus hat diese Vision auf sich bezogen.[16]

Wissen, Verstehen, Vergleichen

In Humboldts Reisebericht hat die Antike zunächst konventionell die Funktion, als ehrwürdige Quelle und kulturelle Autorität zur Verfügung zu stehen: »Wir wissen durch das Zeugnis des Altertums«,[17] kann Humboldt schreiben, oder: »In diesen Ländern, wie bei den Alten«,[18] und so weiter, in vielen Variationen. Die Wissensbestände des klassisch Gebildeten sind jederzeit abrufbar.

Die zahlreichen Antike-Bezüge im Reisebericht, die nach der Landung in Cumaná am 16. Juli 1799 zur Geltung kommen, lassen sich disziplinär unterscheiden. Humboldt entdeckt mythologische, kulturelle, ästhetische und wissenschaftliche Ähnlichkeiten zwischen Altertum und ›Neuer Welt‹. Einige der Verfahren erinnern an die, deren sich Humboldt bediente, als er seine orientalischen Motive einsetzte.

Naturkundliche Bezüge stellt er ihrerseits in verschiedenen Feldern her. Er zitiert Heraklit und Anaxagoras, wenn er die plutonistische Theorie der Erdentstehung erörtert; Herodot, wenn er von Oasen spricht; oder Ptolemaios, wenn er geographische Namen diskutiert. Als er die farbigen Wasser von Flüssen, Quellen und Seen betrachtet, verweist er auf Pausanias und Strabo: »Wenn man die Geographen der Antike zu Rate zieht, sehen wir, dass bereits die Griechen über die blauen Wasser der Thermopylen nachdachten, über die roten Wasser von Joppé [Jaffa] und über die schwarzen Wasser der warmen Bäder von Astyra, gegenüber von Lesbos.«[19] Über eine Gold-Silber-Legierung im Norden von Südamerika heißt es: »Das ist das Elektron der Alten«.[20] Auch als Botaniker bezieht er sich auf antike Vorläufer, und als Zoologe, der Affen studiert, verweist er auf antike Beobachtungen: »schon die Griechen kannten einen Affen [...]«.[21] Antikes Wissen bildete den Ausgangspunkt der europäischen Geistes- und Wissenschaftsgeschichte. Mit Eroberern und Reisenden gelangte es in die ›Neue Welt‹.

> **« En consultant les géographes de l'antiquité, nous voyons que les Grecs étoient déjà frappés des eaux bleues des Thermopyles, des eaux rouges de Joppé, et des eaux noires des bains chauds d'Astyra, vis-à-vis Lesbos. »**

Parallelen mit Forschern des Altertums sieht Humboldt aber nicht nur für seine eigene Arbeit, sondern auch für die Naturkunde der Indigenen: »Die Naturvölker [...] wissen [...], was Eudoxos und Eratosthenes wussten«.[22] Die

Erkenntnis der Fremden steht hier auf einer Stufe mit jener der ›Alten‹. So gelangten die Indigenen im Hinblick auf Erdbeben zu den gleichen Einsichten wie die Klassiker, beispielsweise Plinius: »Was ein großer römischer Naturkundler gesagt hat [...], wiederholen in der neuen Welt die ungebildetsten Indianer von Quito«.[23]

Die Praktiken »der Indianer« und »der Antike« beurteilt Humboldt allerdings auch mit dem Ergebnis, dass beide ungenügend seien: »Wie die Botaniker der Antike schließen sie aus, was zu beobachten sie sich nicht die Mühe gemacht hatten.«[24]

Darüber hinaus vergleicht der Wissenschaftler die Phänomene der Natur, die er in Amerika beobachtet, mit solchen, die ihm aus dem europäischen Altertum bekannt sind. Über Flussläufe lesen wir: »Italiens klassischer Boden weist neben so vielen Wundern der Natur und der Künste eine jener Flussgabelungen auf, von denen uns die Wälder der Neuen Welt ein weiteres Beispiel bieten, wenn auch in wesentlich größerem Ausmaß.«[25] Und über die Anzahl der Mündungen des Orinoco schreibt Humboldt und verfällt dabei sogar ins Lateinische: »Eine volkstümliche Überlieferung schreibt dem Orinoco sieben zu – und erinnert uns an die *sieben Mündungen des Nils*, die im Altertum so berühmt waren.«[26]

« Le sol classique de l'Italie renfermoit donc, parmi tant de prodiges de la nature et des arts, une de ces bifurcations dont les forêts du Nouveau-Monde nous offrent un autre exemple, sur une échelle beaucoup plus grande. »

« Une tradition vulgaire en donne sept à l'Orénoque, et nous rappelle les *septem ostia Nili*, si célèbres dans l'antiquité. »

Solche auf den ersten Blick wissenschaftlich begründeten Vergleiche sind gleichwohl nicht ohne historische oder politische Beiklänge. Um die Möglichkeit eines Zusammenhangs der Systeme von zwei großen Flüssen, wie er sie zwischen Orinoco und Amazonas beweisen wollte, gegen dogmatische Leugnung glaubhaft zu machen, greift Humboldt rhetorisch auf ein klassisches Beispiel zurück: auf die Gabelung des Arno, der einerseits durch Florenz und Pisa ins Meer und andererseits in den Tiber geflossen sein soll. Dabei löst diese Flussteilung eine historische Assoziation aus, da sie ausgerechnet am Trasimenischen See vermutet wird, einem Schicksalsort in der Geschichte des Reiches, wo die Punier das römische Heer schlugen, woraufhin man einen Diktator ernannte.

Wenn Humboldt den Río Sipapo mit dem Tiber vergleicht, ist dies ebenfalls bedeutsam: Worauf es hier ankommt, scheint weniger die nüchterne Darstellung eines natürlichen Größenverhältnisses zu sein – doppelt so groß wie der Tiber sei der Sipapo – als die Verbindung eines Elements der amerikanischen Wirklichkeit mit einem Fluss, der symbolisch für die römische Zivilisation steht. Umso bedeutsamer ist, zu wessen Gunsten dieser recht willkürliche Vergleich ausgeht: Die neue Welt übertrifft die alte.

Den Río Casiquiare schließlich literarisiert Humboldt mittels vielsagender lateinischer Zitate: »[D]er Casiquiare in seinem gegenwärtigen Zustand ist nicht, wie Latiums Dichter sagen, ein *sanfter und äußerst ruhiger Bach*: er gleicht kaum jenem *in trägem Lauf irrenden* Kokytos.«[27] Während die erste Wendung, »placidus et mitissimus amnis«, als Gemeinplatz verschiedenen »Dichtern« zugeschrieben wird,[28] stammt das zweite Zitat, das er ebenfalls nicht ausweist und wohl aus der Erinnerung abgewandelt zitiert, aus einer Ode des Horaz.[29] Humboldt vergleicht den Casiquiare mit einem nicht benannten Gewässer Italiens und mit dem Hadesfluss Kokytos. Positive Bedeutungen (»placidus et mitissimus«) und negative (»errans languido«) werden miteinander verbunden. Die Zitate eröffnen zwei semantische Räume. Im Kernland von Südamerika spielt Humboldt zugleich Bukolik und Chthonik in seinen Text ein: Frieden und Tod, das Idyll von Arkadien und das Reich der Verstorbenen. Es handelt sich in diesem Fall jedoch um einen sonderbaren, nämlich um einen negativen Vergleich, der nicht auf Ähnlichkeiten beruht, sondern gerade ihr Fehlen feststellt. Der Casiquiare ist weder wie der stille Bach der lateinischen Dichter noch wie der Fluss des Totenreiches.[30] Selbst dort, wo *keine* Übereinstimmung erkennbar ist, tauchen klassische Referenzen auf. Die Antike wird als Maßstab der Wahrnehmung beibehalten. Und sie scheint auch im Negativbefund eine keineswegs nur ornamentale Rolle zu spielen. In gräko-romanischer Verfremdung revidiert Humboldt hier die beiden gegensätzlichen Mythen der ›Neuen Welt‹, die seit Kolumbus immer wieder fortgeschrieben wurden: Die Flussfahrt auf dem Casiquiare ist weder eine Reise ins Paradies noch ein Gang in die Unterwelt.[31]

« [L]e Cassiquiare, dans son état actuel, n'est pas, comme disent les poètes du Latium, *placidus et mitissimus amnis* : il ne ressemble guère à cet *errans languido flumine* Cocytus. »

Metapher oder Metonymie

Die meisten antiken Aspekte der amerikanischen Wirklichkeit scheinen auf literarischer Ebene zu bleiben. So beschreibt Humboldt landschaftliche Formationen wie Hügel, Gebirge oder auch Inseln in einem architektonischen Sprachbild als »amphitheatralisch«. Die klassizistische Figur des Amphitheaters spielt als baugeschichtliche Bildlichkeit in der Wahrnehmung amerikanischer Kulturen eine Rolle, die mit jener der pyramidalen Form vergleichbar ist, wie sie im orientalistischen Diskurs eingesetzt wird.

Aristoteles hat für die Metapher eine Kategorie eingeführt, mit der das Verhältnis zwischen ›Bildspender‹ und ›Bildempfänger‹ zu beurteilen ist: die Kategorie der ›Fremdheit‹, das *xenikón*. Ist sie zu groß, wird das Sprachbild unverständlich, ist sie zu klein, wird es trivial. Ein mittlerer Grad der Fremdheit erlaubt die Entschlüsselung der Metapher und gewährt dabei nicht nur einen ästhetischen, sondern auch einen kognitiven Genuss.[32] Metaphern bewältigen das Fremde, indem sie eine Übertragung, eine Übersetzung leisten (*meta-phérein*). Sie sind gleichsam die Trope der Ethnographie.

Ist das Verhältnis zwischen den amerikanischen Hochkulturen und der europäischen Antike also ein rein metaphorisches, das heißt bloße Übertragung? Oder gibt es auch eine metonymische Beziehung, das heißt tatsächliche Berührung?

Humboldts Projekt besteht, wie er zu Beginn seines Reiseberichts ausführt, darin, Kunstwerke international, transkontinental zu vergleichen, die Zeugnisse der ›Neuen Welt‹ mit jenen der ›Alten Welt‹ in Beziehung zu setzen – es handelt sich um das Programm einer globalen Komparatistik, wie er sie bereits in seinen *Vues des Cordillères et monumens des peuples indigènes de l'Amérique* (1810–1813) entwickelt hat.

Wenn er sich mit den Arbeiten der Amerikaner auseinandersetzt, zieht er kunstgeschichtliche Analogien, die ins europäische Altertum führen. Die Antike wird dabei zu einem ästhetischen Prinzip, insbesondere als Typus der Ornamentierung. Über indianische Vasenmalereien heißt es: »Das sind wahrhaft *griechische Verzierungen* [...], ähnlich jenen, die wir auf den Vasen Groß-Griechenlands vorfinden, auf den mexikanischen Bauwerken von Mitla und in den Werken so vieler Völker«.[33] Das gleiche Stilprinzip erkennt er an den

Urnen, die er unter dem Protest seiner einheimischen Führer in der Grabhöhle von Ataruipe plündert. Und sogar auf den Töpfereien küstenferner Völker finden sich die gleichen Muster wie auf den griechischen Vasen: »Die Bewohner des kleinen Missionsdorfes von Maipures führen sie noch heute auf ihren einfachsten Töpferarbeiten aus.«[34]

« Les habitans de la petite mission de Maypures les exécutent encore aujourd'hui sur leur poterie la plus commune. »

Auch als vergleichender Mythologe kann Humboldt zwischen den Vorstellungen der Ureinwohner und jenen der alten Europäer verblüffende Übereinstimmungen feststellen. Die Legende von *El Dorado* findet ihre Entsprechung in europäischen Geschichten von sagenhaften Orten, die von einer Region zur anderen wanderten: »wie die berühmtesten *Mythen* der Völker der Alten Welt wurde die *Mythe vom Dorado* nacheinander an immer neue Orte verschoben«.[35]

Auch die Vorstellung einer Sintflut ist in Amerika vorhanden. So entspricht die Sage von einem Seeungeheuer aus der mexikanischen Astrologie dem Mythos von Deukalion. »Hier haben wir, in all ihrer Einfachheit, eine Überlieferung, welche die Griechen mit allem Zauber der Einbildungskraft ausgeschmückt haben, bei heute wilden Völkern!«[36]

« Voilà, dans toute sa simplicité, parmi des peuples aujourd'hui sauvages, une tradition que les Grecs ont embellie de tous les charmes de l'imagination ! »

Die Höhle von Caripe schließlich erscheint als Eingang zur Unterwelt: »In allen Klimaten gleichen sich die ersten Fiktionen der Völker, vor allem jene, die sich auf die beiden Prinzipien beziehen, welche die Welt lenken, beim Aufenthalt der Seelen nach dem Tod, auf das Glück der Gerechten und die Bestrafung der Schuldigen.«[37] Jede Kultur hat ihren Tartaros.

« C'est ainsi que se ressemblent, dans tous les climats, les premières fictions des peuples, celles surtout qui tiennent à deux principes gouvernant le monde, au séjour des ames après la mort, au bonheur des justes et à la punition des coupables. »

Der Befund ist immer wieder der gleiche: »Der Grund der Überlieferungen [...] variiert kaum; aber jedes Volk gibt ihm eine lokale Färbung.«[38] Die Frage ist: Wie lassen sich solche Übereinstimmungen erklären? Die Herausforderung besteht darin, zufällige Äquivalenzen und strukturelle Analogien von möglichen Einflüssen und tatsächlichen Verbindungen zu unterscheiden.

Humboldt bietet bildliche Denkmodelle an, die eine Ableitung aus gemeinsamen Ursprüngen nahezulegen scheinen, wenn auch in unbestimmter Ferne.

Das erste Bild, das er heranzieht, ist der Schiffbruch: »Diese antiken Überlieferungen des Menschengeschlechts, die wir über die Erdkugel *verstreut* finden wie die *Trümmer* eines großen *Schiffbruchs*, sind von größtem Interesse für das philosophische Studium unserer Gattung.«[39]

« Ces antiques traditions du genre humain, que nous trouvons *dispersées* sur la surface du globe, comme les *débris* d'un vaste *naufrage*, sont du plus grand intérêt pour l'étude philosophique de notre espèce. »

Ein weiteres Bild ist das der Verzweigung: »So viele verschiedene Sprachen, die *Zweigen* angehören, welche vollkommen vereinzelt zu sein scheinen, übermitteln uns die gleichen Tatsachen.«[40]

« Tant de langues diverses, appartenant à des *rameaux* qui paroissent entièrement isolés, nous transmettent les mêmes faits. »

Und auch die Pflanzengeographie ruft er als Bild auf: »Wie gewisse Familien von *Pflanzen*, die trotz der Vielfalt der Klimate und des Einflusses der jeweiligen Höhenlagen die Ausprägung eines gemeinsamen *Typus* bewahren, bieten die Überlieferungen der Völker von der Entstehung der Erde überall dieselbe *Physiognomie*, Züge der Ähnlichkeit, die uns mit Staunen erfüllen.«[41]

« Semblables à de certaines familles des *végétaux* qui, malgré la diversité des climats et l'influence des hauteurs, conservent l'empreinte d'un *type* commun, les traditions cosmogoniques des peuples offrent partout une même *physionomie*, des traits de ressemblance qui nous remplissent d'étonnement. »

Inhaltlich jedoch ist Humboldts Urteil klar: Direkte Einflüsse zwischen Antike und Amerika, etwa durch Expeditionen, Völkerwanderungen oder andere Formen transkontinentaler Kommunikation, wie sie einige Autoren im Hinblick nicht nur auf mythologische Entsprechungen, sondern auch auf archäologische Funde angenommen haben, lehnt er ab als »absurd«. Trügerische Übereinstimmungen zwischen den Sprachen beider Hemisphären haben gewagte Spekulationen hervorgerufen, wie sie kurioserweise sogar Humboldt selbst zugeschrieben wurden, etwa in einer Veröffentlichung aus dem Jahr 1806 mit dem Titel »*Untersuchungen über die von Humboldt am Orinoco entdekten Spuren der Phönicischen Sprache*«.[42]

Mit Vergnügen macht er sich über solche Kurzschlüsse lustig: »García findet in seinen etymologischen Träumereien einfach alles phönizisch; *Hannibal* und *Kannibale* können für ihn nur von derselben semitischen Wurzel abgeleitet sein.«[43] Und an anderer Stelle: »Man leitete jedwede griechische Fabel, einschließlich der Amazonen, aus der Kenntnis der Lage des Nicaraguasees und einiger anderer amerikanischer Orte ab!«[44]

« Garcia, dans ses rêveries étymologiques, y trouve tout simplement du phénicien; *Annibal et Cannibal* ne peuvent dériver, selon lui, que d'une même racine sémitique. »

« [O]n a expliqué toute la fable grecque, sans en exclure les Amazones, par la connoissance des localités du lac de Nicaragua et de quelques autres sites américains ! »

Auch die Ähnlichkeit künstlerischer Stilformen auf antiken und amerikanischen Vasen, die ihn beeindruckte, interpretiert der Kulturwissenschaftler nicht als Zeichen eines Einflusses, sondern im Sinn einer anthropologischen Grammatik: »Diese Malereien finden sich in allen Zonen, bei den voneinander entferntesten Völkern [...]. Analogien, die in der inneren Natur unserer Empfindungen liegen, in den natürlichen Anlagen unseres Verstandes, sind nicht dazu geeignet, die Abstammung und die früheren Beziehungen der Völker zu erhellen.«[45]

« Ces peintures se retrouvent sous toutes les zones, chez les peuples les plus éloignés les uns des autres [...]. Des analogies, fondées sur la nature intime de nos sentimens, sur les dispositions naturelles de notre intelligence, ne sont pas propres à jeter du jour sur la filiation et les relations anciennes des peuples. »

Humboldt registriert allenfalls zeitgenössische Verbindungen, quasi-antike Phänomene als Ergebnis des Kolonialismus: Spuren griechisch-orthodoxer und römisch-katholischer Religion oder klassizistische Formelemente, etwa »dorische Säulen«, an Missionskirchen.

Die Kulturtheorie, die Humboldt entwirft, hat mehrere Zentren. Menschliche Vielfalt denkt er als strukturale Anthropologie, nicht als Diffusionismus. Das metonymische Verfahren, das Fremde in einen direkten Kontakt mit dem Eigenen zu bringen, weist er für die Antike zurück. Stattdessen führt er metaphorische Übertragungen durch. Auf höherer Ebene vollzieht er damit jedoch durchaus, was er als zu einfaches Verfahren verworfen hat. Denn auch seine gräko-romanischen Verweise sind letztlich Versuche, Andersheit dadurch zu bewältigen, dass er sie mit Altvertrautem kurzschließt.

Reise durch die Zeit

Während der Orient als *kulturelles* (räumliches) Paradigma der Differenz diente, bietet die Antike ein *historisches* (zeitliches). In beiden Fällen handelt es sich um die Übertragung eines bereits vertrauten Schemas der Fremdwahrnehmung auf einen neuen Gegenstand.[46]

Die zahlreichen Vergleiche, die Humboldt zieht, und die Metaphern, die er einsetzt, machen die Landschaften Amerikas zum Raum eines gegenwärtigen Altertums: zu einem neuen Attika, einem neuen Latium. Indem er die bereisten Regionen in eine zeitgenössische Antike verwandelt, inszeniert er seine amerikanische Expedition als imaginäre Zeitreise.

Bei der Einfahrt in den unerforschten Lauf des Orinoco denkt der Entdecker an die antike Mythologie vom Ende der bekannten Welt und spricht von den »Säulen des Herakles«.[47] Den Mythos des *nec plus ultra* schreibt er einerseits fort, indem er die »colonnes d'Hercule« nach Westen verschiebt, in den Urwald, als Eingang zu einer neuen Terra incognita, aber andererseits dementiert er ihn, indem er das neue Weltende dann schlicht mit dem Kanu passiert und hinter sich lässt. Solche Reminiszenzen versetzen den Reisenden jedenfalls in ein archaisches Zeitalter.

Die Vorstellung von der Reise im Raum als Reise in der Zeit wird durch ein Kulturstufenmodell unterstützt. Wer in Venezuela von der Küste ins Landesinnere vordringt, schreibt Humboldt, durchquert nacheinander die Zonen des Ackerbaus, der Viehzucht und der Jagd, als unternähme er einen Ausflug in die Geschichte der Zivilisation: »man durchläuft sozusagen im Raum die verschiedenen Stationen, die das Menschengeschlecht durch die Jahrhunderte auf dem Weg zur Kultur und bei der Begründung der bürgerlichen Gesellschaft durchschritten hat«.[48]

Bei der Beschreibung seiner Expedition in Amerika lässt Humboldt an mehreren Stellen die archetypische Reise schlechthin anklingen: die Irrfahrten des Odysseus, die diesen kreuz und quer durch das Mittelmeer und dabei seinerseits durch verschiedene Epochen und Kulturen führen. So sieht ein Hügel im

Regenwald aus, als hätten »Kyklopen« ihn angelegt. Auch ein »Lotophage« taucht auf, nämlich nach einer Bemerkung Linnés, der zufolge die Region der Palmen die ursprüngliche Heimat der menschlichen Gattung und der Mensch zuerst ein Palmenesser, »*palmivore*«, gewesen sei oder, wie es im lateinischen Original des *Systema Naturae* eben heißt, ein »Lotophagus«.[49] Kyklopen, Lotophagen – das homerische Epos scheint Humboldt als Reiseliteratur und Ethnographie beeinflusst zu haben. Seine *Relation historique* durchziehen Anspielungen auf die *Odyssee*. Einige Episoden sind als Analogien zu den zwölf Stationen des Odysseus lesbar: indianische Menschenfresser abermals als primitive Kyklopen (die durch die ›List‹ des homerischen Helden überwunden werden);[50] der Abstieg in die Höhle des Guácharo, die den Indigenen als Eingang zur Unterwelt gilt, als Gang in den Hades (als Katabasis);[51] das Sakrileg des Grabraubs in der Höhle der Aturer als Diebstahl der Rinder des Sonnengottes (als Hybris).[52] Darüber hinaus begegnet Humboldt wie der Sohn des Laërtes am Hof der Phäaken einem Rhapsoden, der schon seine Taten besingt, als er noch unterwegs ist (wodurch das Epos sich selbst spiegelt).[53]

Die Reise des homerischen Helden ist das Paradigma der Entdeckungsfahrt und der anthropologischen Neugier. Ist Humboldts Teilhabe am kolonialen System (durch den Diebstahl von Objekten, die Ausbeutung von Arbeitskräften) und an kolonialen Diskursen (Völkerkunde, Kraniologie) als moderne Form jener Vergehen zu sehen, die seinem Vorbild immer neue Schicksalsschläge einbrachten und ihm selbst immerhin Gefahren und Umwege? Auch der aufgeklärte Forscher scheint seine Reise zumindest als eine nicht planbare Improvisation und zuweilen als Irrfahrt zu verstehen.

Der in zahlreichen Wissensformen und Schreibweisen bewanderte, ebenso gewandte wie wendungsreiche Tropenreisende ist in ähnlicher Weise *polytrop* wie sein vielerfahrener Vorläufer. Und nicht zuletzt erinnern auch Humboldts Ich-Vermeidung und die spielerischen Konstruktionen seines literarischen Subjekts, die er in seinem Bericht vornimmt, an die wechselnden Selbstdarstellungen des antiken Helden, der sich wahlweise über seinen Namen, seine Geschichte, Abstammung, Körpermerkmale, Kenntnisse, Fähigkeiten – oder sogar als Leerstelle präsentierte: als »Niemand«. Humboldts amerikanischer Reisebericht ist insgesamt lesbar als eine Reprise von Homers *Odyssee* – des ersten europäischen Reiseberichts überhaupt.

Translatio Imperii

Am Schluss des ersten Bandes der *Relation historique* kommentiert Humboldt die allegorische Darstellung von François Gérard, in deren Hintergrund wir im ersten Kapitel den Chimborazo betrachtet haben. Er hat sie als Frontispiz seines *Atlas géographique et physique des régions équinoxiales du Nouveau Continent* eingesetzt. Die Götter Merkur und Minerva trösten Amerika in Gestalt eines geschlagenen aztekischen Fürsten. Die melancholische Gebärde des Besiegten wäre als Pathosformel, wie sie Aby Warburg am *Tod des Orpheus* von Albrecht Dürer (1494) beschrieben hat, zu verstehen.[54]

Die Tafel trägt einen auf den ersten Blick rätselhaften lateinischen Titel: »Humanitas. Literae. Fruges«.[55] Europa begegnet Amerika als Sieger. Aber auf die *Conquista* folgt der Wiederaufbau. Die ›Alte Welt‹ gibt der ›Neuen Welt‹, wie auf der Tafel zu lesen ist, *humanitas, literae, fruges*: Zivilisation, Schrift und Landwirtschaft. In einer späteren Version erhielt das Motiv einen anderen Titel: »Nach seinem Untergang wird Amerika wieder aufgerichtet durch Handel und Gewerbe.« (*L'Amérique relevée de sa ruine par le Commerce et par l'Industrie.*)[56]

Aber das Imperium soll wissen, wem es diese Güter seinerseits zu verdanken hat. Denn die Begriffe *humanitas*, *lit[t]erae* und *fruges* stammen, wie im Paratext der Tafel ausgewiesen wird, aus einem Brief des jüngeren Plinius.[57] Was es damit auf sich hat, erläutert Humboldt in seinem Reisebericht: Plinius schrieb an Maximus, den Finanzverwalter von Bithynien (in Kleinasien), als dieser zum kaiserlichen Legaten in Achaia ernannt worden war, das heißt zum Verwalter für das unterworfene Griechenland. Der Schriftsteller erinnert den Kolonialbeamten daran, dass die Griechen den anderen Völkern die Zivilisation (Humanität), die Schrift (Alphabet) und die Landwirtschaft (Weizen) gegeben hätten, bevor sie ihrerseits von Rom unterworfen wurden.

Im Rahmen seiner aufklärerischen Kulturtheorie aktiviert Humboldt das Konzept einer *Translatio Imperii*, einer Verlagerung des Schwerpunkts der ›Zivilisation‹ in westlicher Richtung, aus dem Orient über Griechenland nach Rom. Humboldt setzt diese historische Logik fort – über den Atlantik. Dieselben Güter habe Amerika nunmehr Europa zu verdanken. Denn was Griechenland an Rom und Rom an Spanien übergeben hatte, brachten die

Spanier nach Mexiko. Die ›Neue Welt‹ wird so zu einem Erben der griechischen Kultur, und zwar über drei Kolonialismen, die einander fortsetzen: des griechischen, des römischen und des spanischen. Der Kolonialismus ist dabei doppelt ambivalent: Das Unheil bringt auch Fortschritte, und die Eroberer haben sie von Eroberten übernommen. Das Frontispiz beschreibt einen mehrfachen Kulturtransfer – oder noch grundsätzlicher: Kultur als Transfer.

Wenn die Spanier als siegreiche Römer auftreten und die Amerikaner den unterworfenen Griechen entsprechen, so ergibt sich, wenn man die Entstehungszeit des Werkes bedenkt, noch eine weitere Analogie: Deutschland wurde 1806 vom napoleonischen Frankreich besetzt, wie einst Griechenland vom Römischen Reich, sodass sich im Jahr 1814, als die Bildtafel vorlag, die Preußen mit den auferstehenden Mexikanern identifizieren konnten.

Die Darstellung, die Humboldt seinem Werk beigegeben hat, ist mehrfach hybrid. Die römischen Gottheiten Merkur und Minerva ersetzen die Götter Hermes und Athena der unterworfenen Griechen. Der Schauplatz, auf dem sie auftreten, ist die ›Neue Welt‹ mit ihren aztekischen Tempeln. Thematisch und motivisch überlagern sich insgesamt sechs historische Schichten: die griechische Antike, die römische Klassik, die aztekische Herrschaft, die spanische Eroberung, die preußischen Befreiungskriege und die amerikanische Unabhängigkeitsrevolution.

Die Kulisse ebenso wie die Requisiten sind eine Collage von Motiven aus den *Vues des Cordillères*: Der besiegte Azteke stützt sich auf die Ruinen von Mitla (Tafel 50), er trägt einen mexikanischen Kopfschmuck, wie er auf dem Opferstein (Tafel 21) abgebildet ist, die Büste der aztekischen Priesterin (Tafel 1) ist umgestürzt, das Monument von Xochicalco (Tafel 9) ist aus den Fugen geraten, und auf der Pyramide von Cholula (Tafel 7) haben die Spanier eine Kapelle errichtet. Nur im Hintergrund erhebt sich majestätisch der Chimborazo (Tafel 25) – den Simón Bolívar zu einem Symbol der Befreiung machen wird.[58]

Ebenso wie Humboldt im Orient sowohl das Objekt europäischer Aggression wie auch das Subjekt eigener Expansion ausgerechnet im griechischen Kernland erkannte, sind auch in seinen Betrachtungen zur Antike die Rollen von Kolonisatoren und Kolonisierten nicht ein für alle Mal festgelegt.

32–37. Sechs Motive aus den *Vues des Cordillères*, die in der Allegorie »Humanitas. Literae. Fruges« collagiert wurden.

Als eine Kultur, die durch eine andere unterworfen wird, stehen die Azteken ebenso wie die Inka in Analogie zu den Griechen. Die hispanischen Kolonisatoren (»l'Europe romaine«[59]) wiederum verlängern das »Römische Reich« in die ›Neue Welt‹. Aber auch der indigene Kriegerstaat, der in ikonischen Motiven repräsentiert wird, machte das Reich der Azteken zu einem amerikanischen *Imperium*. Dementsprechend nennt Humboldt die

Hauptstadt der Inka »la *ville impériale* du Couzco«[60]. Diese Analogie zwischen Amerikanern und Römern ist sogar auf die Unabhängigkeitsrevolution zu beziehen. Die Einwohner von Maipures staunten über ein kastilisches Rind wie die Römer über die ›lukanischen Rinder‹, für die sie die Elefanten des Pyrrhos hielten. Die Amerikaner entsprächen also den Römern, bevor diese sich im Mittelmeerraum durchsetzten, und die Spanier den Griechen, die sie aus ihren Kolonien vertreiben werden. Die Analogie ändert sich, die Rollen werden vertauscht.

Eine Miniatur, die vom antiken Kolonialismus handelt, stellt das Verhältnis von Mutterland und Kolonie weiter infrage. »Unwillkürlich« erinnern die Priester der Inka an einen rhodischen Kult: »diese Priester-Könige von Peru, die sich Söhne der Sonne nennen, und [...] jene *Sonnen-Könige* bei den Natchez-Indianern [...] erinnern unwillkürlich an die Heliaden der ersten orientalischen Kolonie von Rhodos«.[61] Dieser Hinweis auf die sieben Söhne des Sonnengottes Helios und der Nymphe Rhode, die als Stammväter von Rhodos angesehen werden und von denen einer, Kerkaphos, die Namensgeber der rhodischen Hauptorte Kameiros, Ialysos und Lindos zeugte, ist nicht nur bedeutsam, weil hier die Übertragung religiöser Werte und kultureller Praktiken auf eine »colonie« und das Verfahren kolonialer Benennung angedeutet werden, sondern auch weil die Mythe ebendieses Verhältnis der Abhängigkeit dadurch verzweideutigt, dass sie in die Unentscheidbarkeit eines Streits um die Priorität zwischen Kolonie und Metropole mündet. Seinen sieben rhodischen Söhnen nämlich hatte der Sonnengott die Weissagung mit auf den Weg gegeben, als erste Menschen, die der neugeborenen Göttin Athene opferten, würden sie sich deren ewiger Gunst versichern. Als die Heliaden das geforderte Opfer dann allerdings ohne das vorgeschriebene Feuer ausgeführt hatten, wiederholte der Athener Kekrops das Ritual vollständig – mit Feuer. Seither konnten beide, Athen und Rhodos, davon ausgehen, den Segen der Göttin für sich gewonnen zu haben, und beide feierten die Kulte der Göttin fortan regelmäßig – in Athen mit, auf Rhodos ohne Feuer.[62]

Automatische Ausschmückungen

In Anbetracht der zahlreichen Antike-Bezüge, die sich unwillkürlich einzustellen scheinen, kann eine entsprechende Selbstreflexion durchaus überraschen.

An einem historischen Beispiel kritisiert Humboldt die Übertragung antiker Motive auf Amerika. Ein vermeintliches Frauenvolk im Regenwald erhielt seinen Namen bekanntlich von den sagenhaften Amazonen: »diese kriegerischen Frauen, welche die Reisenden des sechzehnten Jahrhunderts die Amazonen der Neuen Welt genannt haben«.[63] Die *Conquistadores* hatten die griechische Phantasie von zentralasiatischen Kriegerinnen in das Gebiet des ›Amazonas‹ versetzt und Amerika damit feminisiert. Aber Humboldt deutet die spanischen Quellen antikolonial. Er geht davon aus, dass indigene Frauen, nachdem die Spanier ihre Männer getötet hatten, sich mit letzter »Verzweiflung« zur Wehr setzten: »In diesen blutigen Kämpfen verteidigten sich die karibischen Frauen nach dem Tod ihrer Männer mit solcher Verzweiflung, dass man sie [...] für Amazonen hielt.«[64] Die Amazonen sind also eine ideologische Phantasie. Humboldt betreibt Mythendekonstruktion.

« C'est dans ces luttes sanglantes que les femmes caribes, après la mort de leurs maris, se défendirent avec un tel désespoir, qu'on les prit [...] pour des peuplades d'Amazones. »

Seine eigene literarische Praxis stellt Humboldt zunächst implizit infrage, wenn er den Hang anderer Reiseschriftsteller zur ›Antikisierung‹ beobachtet: »Die Vorliebe für das Wunderbare und das Vergnügen daran, die Beschreibungen des Neuen Kontinents mit einigen Zügen, die man dem klassischen Altertum entnimmt, auszuschmücken«.[65]

« Le goût du merveilleux et le désir d'orner les descriptions du Nouveau-Continent de quelques traits tirés de l'antiquité classique. »

Im Verlauf derselben Passage wird diese Selbstkritik dann plötzlich explizit, indem der Text, als er den Modus der Zeitreise diskutiert, in die erste Person Plural wechselt: »Auffällig ist diese Neigung der Schriftsteller des sechzehnten Jahrhunderts, bei den neu entdeckten Völkern all das wiederzufinden, was uns die Griechen über das erste Zeitalter der Welt gelehrt haben [...]. Wenn wir uns von diesen Reisenden in eine andere Halbkugel führen lassen, haben wir den Eindruck, wir durchreisten vergangene Zeiten; die Horden Amerikas bieten Europa in ihrer primitiven Einfachheit ›eine Art von Altertum, das wir beinahe

« [O]n reconnoît cette tendance des écrivains du seizième siècle à trouver, chez des peuples nouvellement découverts, tout ce que les Grecs nous ont appris sur le premier âge du monde [...]. Conduits par ces voyageurs dans un autre hémisphère, nous croyons parcourir les temps passés; car les hordes de l'Amérique, dans leur simplicité primitive, offrent à l'Europe ‹ une espèce d'antiquité dont nous sommes presque contemporains. › »

als Zeitgenossen erleben.‹«[66] Das nicht ausgewiesene Zitat, das die Passage beschließt, könnte ein Selbstzitat sein.

Der Urwald als zeitloser Raum

Wie ist die Gleichzeitigkeit einer scheinbar naiven Antikisierung mit deren selbstbewusster Kritik zu verstehen? Koexistieren unkritische und kritische Varianten antiker Motivik? Oder durchläuft Humboldts Poetik eine Entwicklung?

Auffällig ist zunächst die Häufigkeit der Antike-Bezüge im ersten Band, vor allem in Form von Verweisen auf griechische und römische Autoren, ganz besonders in den zahlreichen Fußnoten.[67] Humboldt zitiert antike Geographen (Pomponius Mela) und Naturforscher (Plinius den Älteren, Strabo, Diodor), aber auch Historiker (Herodot, Tacitus) und Philosophen (Anaxagoras, Aristoteles, Seneca). Die Frequenz dieser Bezüge nimmt nach dem ersten Band ab. Das heißt: Zumindest der explizite Einfluss des Kanons lässt im Verlauf des Reiseberichts nach.

Die Veränderung der Antike-Rezeption in Humboldts Text ist indes nicht nur quantitativ und funktional, sondern auch qualitativ. Humboldt vollzieht den Übergang von einer referenziellen zu einer metaphorischen Antikisierung. Die meisten antiken Motive tauchen in Band zwei auf – insbesondere in der Beschreibung der Flussfahrt auf dem Orinoco durch den venezolanischen Regenwald. Die Antikisierung als literarische Strategie wird also an bestimmten Stellen des Reiseberichts, in einem raummythologischen und kulturphilosophischen Kontext intensiviert.

Die Imagination des Urwalds in antiken Begriffen schreibt sich in Werken der lateinamerikanischen Literatur fort, deren Handlung in den von Humboldt bereisten Regionen des venezolanischen Regenwaldes stattfindet, beispielsweise in den Romanen *Canaima* von Rómulo Gallegos (1935)[68] oder *Los pasos perdidos* von Alejo Carpentier (1953).[69] Der »Urwald« wird hier als Raum einer archaischen Vorzeit in Szene gesetzt.

Es ist die zeitliche Logik antiker Stilisierungen, die alsbald problematisch wird. Denn die Konstruktion Amerikas als gleichzeitige (lebendige) Antike gerät in Konkurrenz zu Humboldts Studien präkolumbianischer

Monumente[70], das heißt: zur Wahrnehmung indigener Zivilisationen in ihrer eigenen Vergangenheitsform;[71] mithin zur retrospektiven Auffassung Amerikas als einer ehemaligen (toten) Antike, wie sie Mary Louise Pratt in ihrem vieldiskutierten Beitrag als Praxis der »Archäologisierung« und als Strategie eines imperialen Diskurses bei Humboldt kritisiert[72] und wie sie Benedict Anderson in seiner Geschichte und Theorie des Nationalismus als Identitätspolitik postkolonialer Regierungen beschrieben hat.[73]

Zwei Formen der Temporalisierung überschneiden sich: Entweder erscheint das Fremde als frühere, archaische Form des Eigenen. (Die Referenz ist die eigene Vergangenheit, die europäische Antike.) Oder es wird in seiner eigenen Geschichte ernst genommen. (Die Referenz ist dann die andere Vergangenheit, die amerikanische Antike.) Angenommen wird entweder eine parallele, aber verspätete, oder eine fremde, aber abgebrochene Entwicklung. Was auch immer diese Hinwendung des Interesses weg von den gegenwärtigen Kulturen zu den vergangenen motiviert – Humboldts Konzept des Altertums verkompliziert sich zumindest dadurch, dass die amerikanische Gegenwart zugleich mit der europäischen und mit ihrer eigenen Vergangenheit in Verbindung gebracht und mit diesen beiden historischen Modellen synchronisiert zu werden scheint.

Humboldt kommt, wie wir gesehen haben, auch auf das zeitgenössische Griechenland zu sprechen. Er erwähnt den griechischen Unabhängigkeitskrieg (1821 bis 1829 beziehungsweise 1832), der zwei Jahrzehnte nach seiner Rückkehr aus Amerika während der Arbeit am letzten Band des Reiseberichts stattfand (ausgeliefert bis 1831). Mit einem Hinweis auf die »zivilisierten Völker des Westens und des Nordens«, welche die Grausamkeiten der Türken nicht verhindert hätten, spielt er dabei auf die »Philhellenen« an, die – wie Lord Byron, der 1824 in Messolongi ums Leben kam – zur Verteidigung ›ihres‹ klassischen Griechenlands aufgebrochen waren. Alsbald jedoch mussten sie enttäuscht feststellen, dass die Krieger, mit denen sie gemeinsam gegen die Türken kämpften, wenig mit ihrem Bild von der Antike gemein hatten.[74] Die zeitgenössischen Griechen waren keine antiken Griechen mehr. Die Verehrer der Antike hatten die historische Distanz zwischen Altertum und Gegenwart vernachlässigt, die Humboldt in Amerika auf andere Weise zu überspielen versuchte.

Das griechische Paradigma

Humboldts Behandlung der gleichsam »griechischen« ›Eingeborenen‹ ist aber noch in einer weiteren Weise ambivalent, die auch dieses Modell der zwei Zeitlichkeiten wieder verkompliziert. Die »Naturvölker« der Orinoco-Region vergleicht er nämlich nicht nur mit den Griechen, sondern auch mit den Skythen oder zum Beispiel auch mit den Ichthyophagen, indem er antike Autoren zitiert: »Plinius und Diodor von Sizilien haben das *Fischbrot* der Ichthyophagen beschrieben, der Bewohner des Persischen Golfes und der Küsten des Roten Meeres.«[75]

« Pline et Diodore de Sicile ont décrit *le pain de poisson* des Ichthyophages, habitans du golfe persique et des côtes de la mer Rouge. »

In seiner bereits zitierten Kritik antikisierender Reiseliteratur beobachtete Humboldt nicht nur die »Neigung«, »bei den neu entdeckten Völkern all das wiederzufinden, was uns die Griechen« allgemein »vom ersten Zeitalter berichtet haben«, sondern ganz besonders »von den Sitten der barbarischen Skythen und Afrikaner«.[76] Der Reiseschriftsteller scheint zu schwanken nicht nur zwischen einer referenziellen und einer metaphorischen, einer idyllischen und einer düsteren, einer simultanen und einer retrospektiven, sondern auch zwischen einer direkten und einer indirekten Antikisierung Amerikas: zwischen der Wahrnehmung der ›Eingeborenen‹ als neue Griechen oder als alte Inka und darüber hinaus zwischen der Identifikation der Amerikaner mit den Griechen selbst oder aber mit deren ›Anderen‹.

Humboldt verwendet die griechische Besiedelung des Mittelmeerraumes als Modell des Kolonialismus, das er dessen zeitgenössischer Variante, die in der Karibik begann, gegenüberstellt.[77] Die Analogie lautet: Europa verhält sich zu Amerika wie einst Griechenland zu seinen Kolonien.

Der kongolesische Theoretiker V. Y. Mudimbe hat die These entwickelt, in der Antike habe sich ein »Griechisches Paradigma« der Fremdwahrnehmung herausgebildet, welches das westliche Denken langfristig prägte.[78] Werke griechischer und lateinischer Autoren, die von Reisen handeln oder Beschreibungen entlegener Kulturen enthalten, entwerfen konzentrische Topographien von Andersheiten, die sich mit zunehmendem Abstand vom eigenen Ausgangspunkt (Griechenland, Rom) immer stärker verfremden und jenseits der Regionen, über die noch einigermaßen zuverlässige Informationen zur Verfügung standen (Skythen), schließlich in mythische Monstrositäten übergehen (Amazonen).[79]

Ist Humboldts Auffassung fremder Kulturen, die von der Antike ausgeht, diesem Programm verpflichtet? Nimmt er Amerika wahr, wie die Griechen ihre Fremden, ihre ›Barbaren‹ wahrnahmen? Befindet er sich im Bann des »Griechischen Paradigmas«, wie Mudimbe es kritisiert hat? Oder steht er im Gegenteil gerade in seiner Wahrnehmung der ›Peripherie‹ in der Tradition dissidenter antiker Autoren, die sich der Gemeinsamkeiten mit orientalischen oder afrikanischen Kulturen bewusst waren und zu denen etwa Martin Bernal oder Stephen Greenblatt wiederum Herodot zählen?[80] Während die Passagen, in denen Humboldt die Amerikaner mit den ›Barbaren‹ der Antike gleichsetzt, auf die erste Option deuten, lassen die Stellen, wo er die Amerikaner als Griechen identifiziert, einen Schluss auf die zweite Variante zu.

Humboldt wendet sich aber auch ausdrücklich gegen eine Wahrnehmung, wie Mudimbe sie als »Griechisches Paradigma« beschrieben hat. Die Entlegenheit eines Ortes befördert die Herausbildung geographischer Mythen: »Syene [Assuan] lag am Rand des Römischen Reiches, beinahe an dem der bekannten Welt, und im Raum entstehen, ebenso wie in der Vorstellung, wo positive Kenntnisse aufhören, phantastische Bilder.«[81] Humboldt übt so Kritik am konzentrischen, binären, phantasmatischen Blick der »Alten« auf ihre Peripherie, »die überall auf der bewohnten Welt nur Kelten und Skythen, Griechen und Barbaren sahen«.[82]

« Syène étoit placé aux limites de l'empire romain, presque à celles du monde connu, et, dans l'espace, comme dans les conceptions de l'entendement humain, on se crée des images fantastiques là où finissent les notions positives. »

Wir sollten, fordert er, unsere Fremden nicht missverstehen wie die Griechen die ihren: wie Reisende fremde Sprachen von jeher unbedacht wiedergaben: »die Reisenden haben zu allen Zeiten die Sprachen der von ihnen besuchten Völker entstellt, deren Laute sie in den Buchstaben ihres Alphabets wiederzugeben meinen«[83] – oder wie Aristophanes das Persische verballhornte.

Humboldt bemüht sich dagegen um Differenzierung. Plinius und Diodor beschrieben die Ichthyophagen »noch abgestumpfter als die Einwohner am

Orinoco«.[84] Die Formulierung ist seltsam: »*noch* abgestumpfter«? Was die modernen von den antiken ›Barbaren‹ unterscheidet, soll also hervorgehoben werden. Und auch mit dem Kannibalismus der antiken ›Barbaren‹ haben die Amerikaner offenbar nichts mehr zu tun: »Auch an den Ufern des Orinoco kennt man nicht diesen bizarren Brauch der Skythen und Massageten […], die Toten zu ehren, indem man einen Teil ihrer Kadaver verzehrt.«[85]

« On ne connoît pas non plus sur les rives de l'Orénoque cette coutume bizarre des peuples Scythes et Massagètes […] d'honorer les morts en mangeant une partie de leur cadavre. »

Vorstellungen von einer Andersheit, die ins Monströse ausartet, finden sich indes nicht nur in Griechenland oder in Rom. *Othering* muss kein griechisches Vorrecht sein, es handelt sich um eine anthropologische Tendenz. Weder auf die Zivilisation noch auf die Barbarei haben bestimmte Kulturen das Monopol.

Gerade das Schlimmste, das in den Kolonien zu beklagen ist, lag bereits in der ›Wiege‹ der europäischen Kultur, von der man deren Überlegenheit herleitete. Vor allem der Sklavenhandel ist aus der Antike bekannt. Im Jahr 1825 kostete ein erwachsener Sklave in Kuba 450 Piaster. Im Altertum war er billiger: »Bei den Griechen kostete ein Sklave 300 bis 600 Drachmen (54 bis 108 Piaster)«.[86] Selbst die brutalste Ausbeutung lässt sich durch die Antike rechtfertigen: »am Beispiel der Elefanten, die in den Kriegen des Pyrrhos und des Hannibal zum Einsatz kamen, wies man nach, dass nichts dagegen einzuwenden sei, wenn man einhundert Hunde und vierzig Jäger aus Kuba kommen ließ, um entlaufene Schwarze zu hetzen«.[87] Im Bild der Antike werden immer deutlicher Risse sichtbar.

In seiner Kritik der Sklaverei bemerkt Humboldt den Widerspruch zwischen der Entwicklung einer Zivilisation und deren Grausamkeit, wie er bereits in der Antike bestanden habe: »die Sklaverei mit ihren Leiden und Auswüchsen wird ebenso wie im alten Rom weiterbestehen neben der verfeinerten Form der Sitten, dem vielgerühmten Fortschritt der Aufklärung, all den Zierden einer Zivilisation, die sie durch ihre bloße Existenz anklagt«.[88] Diese Erkenntnis irritiert nicht nur die geschichtsphilosophischen Konzepte der Zivilisation, des Fortschritts und der Aufklärung. Sie relativiert das Bild der Antike und diskreditiert den Klassizismus, der sich auf sie beruft. In einer Fußnote zu der zitierten Passage heißt es: »Das Argument zugunsten der Sklaverei, das man aus der Zivilisation Roms und Griechenlands ableitet, ist auf den Antillen, wo man sich zuweilen darin gefällt, sie mit der ganzen Pracht philologischer Gelehrsamkeit auszuschmücken, sehr in Mode. «[89] Klassische Referenzen können ebenso dazu dienen, Humanität zu fordern wie Inhumanität zu verteidigen. Die Antike wird in sich widersprüchlich. Sie taugt nicht mehr als Ausgangspunkt eindeutiger Autorisierung.

« L'argument tiré de la civilisation de Rome et de la Grèce, en faveur de l'esclavage, est très à la mode dans les Antilles, où quelquefois on se plaît à l'orner de tout le luxe de l'érudition philologique. »

Zunächst konnte Humboldt die Indigenen und ihre Artefakte noch ohne Weiteres als »wahrhaft griechisch« beschreiben. Doch im Verlauf hat er nicht nur jegliche Klarheit verloren, wie man sich das »wahrhaft Griechische« oder die »wahren Griechen« überhaupt vorzustellen habe, sondern ihm ist auch jeder Begriff abhandengekommen, wie sie mit der amerikanischen Wirklichkeit stimmig in Verbindung gebracht werden können.

Verschiedenheit und Vieldeutigkeit

Humboldts Poetik der Antikisierung verliert ihre Kohärenz. Dabei wird auch das Konzept der Antike selbst modifiziert: »die Antike ist eine relative Idee, und wir verwechseln leicht das Alte mit dem Ungewissen und Schwerverständlichen«.[90]

Indem er eine Attribuierung vornimmt oder der »Antike« einen unbestimmten Artikel hinzufügt, differenziert und relativiert Humboldt sie. Sie hört auf, ein singuläres und exklusiv europäisches Phänomen zu sein. Die europäische Antike ist nur noch eine frühe Hochkultur unter vielen anderen, im Verhältnis zu denen ihr Status fragwürdig wird.

Und Humboldt geht noch weiter. Die griechische Antike ist nicht nur nicht die einzige, sondern keineswegs die älteste archaische Hochkultur. Gegenüber ihren orientalischen Vorläufern erscheint sie sogar vergleichsweise jung: »Die Ägypter fanden die historischen Erinnerungen der Griechen ziemlich kurz.«[91] Und weiter: »die Chinesen [...] hätten den Stolz der Ägypter auf deren Altertum belächelt«.[92] Es gibt folglich nicht eine, sondern mehrere, darunter außereuropäische Antiken, denen die europäische

« Les Égyptiens trouvoient bien récens les souvenirs historiques des Grecs. »

zum Teil an Altehrwürdigkeit unterlegen ist und an Originalität nachsteht. Die europäische Antike verliert ihr Monopol. Und sie verliert ihre Priorität. Denn wenn die griechische Antike nicht die erste historische Hochkultur ist, liegt der Gedanke nicht mehr fern, sie sei auch nicht wirklich originär.[93]

Die Dekonstruktion des Antike-Begriffs in Humboldts Reisebericht erfolgt nicht nur auf der thematischen Ebene, sondern auch semantisch: Der Begriff »Antike«, wie ihn Humboldt verwendet, ist nämlich alles andere als eindeutig. Zu der beschriebenen inhaltlichen Komplikation kommt eine Polysemie hinzu, die in der Übersetzung nicht nachvollziehbar ist. Im französischen Original des Reiseberichts konkurrieren zwei Vokabeln, die jeweils eine Ambiguität auszeichnet, wie sie im Deutschen nicht erzielt werden kann: Humboldt gebraucht sowohl das Wort »ancien« als auch »antique« einerseits in der profanen Bedeutung von »alt«, andererseits aber auch im epochalen Sinn als »antik«. Allerdings ist in der näherliegenden Lesart nie auszuschließen, dass die zweite Bedeutung dabei mitläuft.[94]

Das widersprüchliche Konzept und der mehrdeutige Begriff der Antike sowie die heterogene Praxis der Antikisierung in Humboldts Reisebericht werden durch die Ambivalenz insbesondere des Wortes »ancien« noch in einer weiteren Hinsicht problematisch. Denn das Adjektiv bezeichnet einerseits die europäische Antike gegenüber der europäischen Moderne (im Modus der Vorzeitigkeit: »die Alten«, »die Früheren«)[95]; andererseits bildet es das generelle Attribut Europas, das heißt: auch des zeitgenössischen Europa, wenn anstelle von »l'Europe« von der »Alten Welt« die Rede ist, von »l'ancien monde«, »l'ancien continent«, der gegenüber Amerika als die »Neue Welt«, als »Nouveau Monde«, »Nouveau Continent« ins Spiel kommt. Wenn also auf der Ebene der antikisierenden Vergleiche, Metaphern, Assoziationen und Stilisierungen Amerika einerseits als Vergangenheitsform Europas (oder auch als übrig gebliebene Vergangenheit seiner selbst) vorgestellt und so gleichsam rückwärts verzeitlicht wird (»alt«), so wird es andererseits und umgekehrt zugleich zu dessen Zukunftsvision (»neu«). Einerseits erscheint Amerika »heute« (um 1800) so, wie Europa früher, in seiner Antike einmal gewesen war (1500 bis 2500 Jahre zuvor). Andererseits ist Amerika das überhaupt nicht Alte, sondern das Neue, das, wenn man die Begrifflichkeit weiterdenkt, Europa historisch ablösen wird.[96]

Alle Rhetoriken der Temporalisierung enthalten eine ideologische Wertung: Nach dem aufklärerischen Konzept historischer Progression erscheint das Alter einer Zivilisation als positiver Wert: je älter, desto entwickelter. In einem romantischen Sinn bedeutet Alter hingegen Dekadenz, Verfall und Überlebtheit, Jugend dagegen Ursprünglichkeit und Frische. Beide kultur- und geschichtsphilosophischen Konzepte sind bei Humboldt präsent.

Eine (letzte?) Komplikation der Begrifflichkeit von »alt« oder »antik« und »neu« kommt noch hinzu, wenn man die mehrfache Lesbarkeit der zeitlichen Attribute beider »Welten« – oder noch eher: beider »Kontinente« – in wissenschaftlicher Hinsicht bedenkt. Das ehrwürdige »Alter« beziehungsweise die jugendliche »Neuheit« Europas oder Amerikas werden nämlich zumindest in doppelter Hinsicht diskutiert: historisch und geologisch. Entweder ist der »Neue Kontinent« ein »neuer«, weil seine Formation sich erdgeschichtlich später gebildet hätte als die von Europa, Afrika und Asien (was Humboldt widerlegt), oder weil er von Europäern als ein »neuer« ›entdeckt‹ worden sei (woran er selbst teilhat).[97]

Verschiebungen und Verkehrungen

Im Verlauf seiner amerikanischen Reise nähert sich Humboldt gleichsam nebenbei und ganz im Gegensatz zur allgemeinen klassizistischen Annahme einer Erkenntnis von großer Tragweite.

Über einen indigenen Steinkult im südamerikanischen Hinterland schreibt er: »Dieser antike Steinkult, diese wohltätigen Eigenschaften, die man dem Jade und dem Hämatit zuschreibt, sind charakteristisch für die Wilden von Amerika wie für jene Bewohner der Wälder Thrakiens, welche die ehrwürdigen Einrichtungen des Orpheus und der Ursprung der Mysterien uns verbieten als wild zu betrachten.«[98] Wenn es sich »verbietet«, die Thraker »wild« zu nennen, dann gilt das wohl auch für die Indigenen?

Humboldt verallgemeinert in diesem Zusammenhang: »Bei den Völkern beider Welten

« Ce culte antique des pierres, ces vertus bienfaisantes attribuées au jade et à l'hématite sont propres aux sauvages de l'Amérique comme à ces habitans des forêts de la Thrace que les vénérables institutions d'Orphée et l'origine des mystères nous défendent de considérer comme sauvages. »

finden wir im ersten Grad einer entstehenden Zivilisation eine eigentümliche Vorliebe für bestimmte Steine«.[99] Und er bemüht sich um eine Erklärung für die gemeinsamen Praktiken, deren metaphorische Unstimmigkeit ein gewisses Unbehagen zu verraten scheint: »Die menschliche Gattung hält sich, solange sie näher an ihrer *Wiege* ist, für autochthon, sie empfindet sich wie *angekettet* an die *Erde* und an die *Substanzen*, die sie in ihrem *Busen* verschlossen hält. Die Kräfte der Natur, mehr noch die zerstörerischen als die bewahrenden, sind die ersten Gegenstände ihres Kultes.«[100] Die Bilder von der »Wiege«, der »Erde« und den »Substanzen« in deren »Busen«, an die sich frühe Kulturen »gekettet« sehen, scheinen in ihrer forcierten Figuration eine drohende Erkenntnis eher vernebeln als formulieren zu sollen.

« Le genre humain, plus près de son *berceau*, se croit autocthone, il se sent comme *enchaîné* à la *terre* et aux *substances* qu'elle renferme dans son *sein*. Les forces de la nature, plus encore celles qui détruisent que celles qui conservent, sont les premiers objets de son culte. »

Hatte der Vergleich indigener Kulturen mit dem europäischen Altertum zunächst dazu gedient, die Indigenen durch ihre Einordnung in ein europäisches Deutungsmuster zu nobilitieren, führt eben diese Vergleichbarkeit nun zu einer Entmächtigung der europäischen Antike – die durch ein unbegründetes Tabu eher bestätigt als entschärft wird.

In der Vielzahl antikisierender Motive, in denen die Amerikaner nicht nur mit thrakischer Kultur (Steinkult), sondern auch direkt mit griechischer Kultur assoziiert werden (»*grecques*«, »Panflöte«, »Vasen Groß-Griechenlands«, »wie antike Bronzestatuen«), wird allmählich ein folgenreiches Problem sichtbar: Wenn die Indianer des tropischen Regenwaldes wie antike Griechen erscheinen, dann wären in der Konsequenz die Griechen umgekehrt wie jene Indianer …

Indem er diese Umkehrung zulässt, gerät Humboldt in Widerspruch zur Auffassung der Griechen als eines einmaligen, nur annäherungsweise nachzuahmenden Höhepunktes abendländischer Kultur- und Kunstgeschichte. Er nimmt so die anthropologische Sicht auf die Antike vorweg, die wir im Rückblick Friedrich Nietzsche zuschreiben, der in der *Geburt der Tragödie* das Rauschhafte, »Dionysische« hervorgehoben hat.[101] Es handelt sich bei den alten Griechen letzten Endes durchaus um eine »wilde«, eine »primitive«

Kultur. Nicht nur der Status, auch das Bild der Antike verändert sich.[102] Sie verliert ihre Rolle als einzigartige Bezugsgröße und ihre Idealität.

Goethes *Iphigenie auf Tauris* (1779, 1786) lief auf einen vergleichbaren »Einspruch gegen den Klassizismus« hinaus.[103] Das Verhältnis von Zivilisation und Barbarei sah Adorno hier dadurch in Bewegung gesetzt, dass die ›barbarischen‹ Skythen (Thoas) sich am Ende als Vertreter der Humanität zeigen, während die ›zivilisierten‹ Griechen (Orest, Pylades) ihnen »Unrecht« zufügen und unmenschlich handeln: ein dialektischer »Umschlag von Aufklärung in Mythologie«. Auch Franz Grillparzers Dramentrilogie *Das Goldene Vließ* (1818–1820, 1821) problematisiert das klassische Alteritätsdenken und stellt den Gegensatz von Zivilisation und Barbarei infrage.[104]

Im Kontakt mit der außereuropäischen Fremde dient Humboldts Verfahren der Antikisierung zunächst als System autoritärer Referenz, sein Klassizismus wird dann zu einer Methode metaphorischen Verstehens, bis er schließlich in der Vielzahl der Ähnlichkeiten, Analogien und Vergleiche wie im Effekt endloser komparatistischer Rekursion seine Kohärenz verliert, seinen Status einbüßt und sich im Ergebnis auflöst.

Auf die eingangs zitierte Beschreibung der indigenen Musikinstrumente, die wie dionysische Flöten aus Schilfrohren hergestellt werden, lässt Humboldt eine ästhetische Einschränkung und die Verallgemeinerung des vergleichenden Anthropologen folgen: »In allen Zonen verwenden die Menschen im Naturzustand eine große Menge dieser langhalmigen Gräser.«[105] Die alten Griechen – ein Volk »im Naturzustand«, wie die »Wilden« am Orinoco. Nicht mehr und nicht weniger. Humboldts Reisebericht vollzieht anhand der »Antike« eine subtile Dekonstruktion, die semantisch, poetologisch und philosophisch von weitreichender Konsequenz ist: Die *Relation historique du Voyage aux régions équinoxiales du Nouveau Continent* ist lesbar als Erzählung vom Scheitern der literarischen Antikisierung Amerikas. Sie handelt von den Metamorphosen des europäischen Klassizismus in der Auseinandersetzung mit der geographischen und kulturellen Fremde.

« Sous toutes les zones, les hommes, dans l'état de nature, tirent un grand parti de ces graminées à chaume élevé. »

Sechstes Kapitel
Im Reich der Mehrdeutigkeit: Die Dialektik der Aufklärung

(*Essai politique sur l'île de Cuba*, 1826)

»Seit je hat Aufklärung im umfassendsten Sinn fortschreitenden Denkens das Ziel verfolgt, von den Menschen die Furcht zu nehmen und sie als Herren einzusetzen. Aber die vollends aufgeklärte Erde strahlt im Zeichen triumphalen Unheils.«

Theodor W. Adorno und Max Horkheimer,
Die Dialektik der Aufklärung (1944)[1]

Als Alexander von Humboldt nach Kuba kommt, spielen körperliche Anstrengungen keine Rolle mehr, und seine orientalischen und antiken Bezüge werden seltener. Ein anderer europäischer Diskurs rückt nun in den Mittelpunkt: die Philosophie der Aufklärung.

Kuba spielt in Humboldts Reisebericht eine besondere Rolle. Der Aufenthalt auf der Insel bildet den Abschluss der *Relation historique du Voyage aux régions équinoxiales du Nouveau Continent* (1814–1831), die nach einem Drittel der Expedition abbricht.[2] Der Abschnitt zu Kuba wurde außerdem selbstständig veröffentlicht: als *Essai politique sur l'île de Cuba* (1826).[3] Er bildet nach dem *Essai politique sur le royaume de la Nouvelle-Espagne* (1808–1811) Humboldts zweite länderkundliche Monographie über eine spanische Kolonie in Amerika.[4]

Alexander von Humboldt und Aimé Bonpland hielten sich während ihrer fünfjährigen Expedition zweimal auf der Karibikinsel auf: zuerst vom 19. Dezember 1800 bis zum 9. März 1801, aus Venezuela kommend und anschließend nach Kolumbien weiterreisend; und dann ein weiteres Mal vom 19. März bis zum 29. April 1804, aus Mexiko kommend und auf dem Weg über die Vereinigten Staaten nach Europa zurückkehrend.[5] Neben den Schriften, die Humboldt selbst veröffentlichte, insbesondere der *Relation historique* und dem *Essai politique*, zeugen seine Tagebücher und Manuskripte[6] sowie einige Briefe von den beiden Aufenthalten.[7]

Humboldts Besuche ebenso wie seine Beiträge erfuhren auf der Insel ein intensives Interesse.[8] Die Rolle des deutschen Forschers im kollektiven Gedächtnis und im intellektuellen Leben in Kuba,[9] in der Historie[10] wie in der Alltagskultur[11] ist beträchtlich. Humboldt gilt als »zweiter Entdecker«,[12] als Vordenker der nationalen Unabhängigkeit, als Gewährsmann der sozialen Revolution und als Projektionsfläche kubanischer Identität.[13] Humboldt-Jubiläen (1769 Geburt – 1799 Aufbruch zur Amerikareise – 1801 und 1804 Ankunft in Havanna – 1859 Tod) werden vom kubanischen Kulturbetrieb[14] und von der auswärtigen Kulturpolitik der Bundesrepublik Deutschland begangen.[15]

Aber Humboldts Kuba-Werk ist nicht allein von kubanischem Interesse. An Kuba lässt sich beispielhaft Humboldts Auseinandersetzung mit einem lateinamerikanischen Land studieren. In Kuba beziehungsweise in der

Beschreibung seines Aufenthalts in Kuba werden wir darüber hinaus Zeugen einer tiefgreifenden Verunsicherung, die den Reisenden und sein Schreiben erfasst. Hier scheint sich etwas zu ereignen, das mit dem anschließenden Abbruch des Reiseberichts zu tun hat.

Humboldt bereiste die größte der Antilleninseln in einer heiklen historischen Situation. In die Zeit zwischen seine beiden Aufenthalte (1800/1801 und 1804) fiel ein Ereignis von großer Tragweite: Nach jahrelangem Kampf hatten die Sklaven der Kolonie Saint-Domingue auf der Nachbarinsel Hispaniola die französischen Kolonialtruppen geschlagen und am 1. Januar 1804 ihre Unabhängigkeit erklärt, indem sich ihr Anführer, Jean-Jacques Dessalines (1758–1806), nach dem Vorbild Napoleon Bonapartes als Jacques I. zum Kaiser krönte.[16] Von der Erschütterung, welche die haitianische Sklavenrevolution in Europa auslöste, zeugt Heinrich von Kleists Novelle *Die Verlobung in St. Domingo* (1811).[17] Als spanische Kolonie schien Kuba von zwei Seiten bedroht zu sein: durch eine Unabhängigkeitsrevolution seiner kreolischen Elite und durch einen Aufstand seiner schwarzen Sklaven, die auf den Zuckerplantagen ausgebeutet wurden.[18]

Aber wie gestaltet Humboldt seine Annäherung an Kuba? Wie inszeniert er seine Ankunft in Havanna? Wie beschreibt er seinen Aufenthalt auf der Insel? Und welche Funktion hat Kuba als Raum im amerikanischen Reisebericht und in Humboldts symbolisch-topographischer Imagination?

Annäherung

Die kubanischen Partien des Reiseberichts, aus deren Hauptteil der *Essai politique* gebildet wurde, wirken nicht zusammenhängend konzipiert, sie sind alles andere als einheitlich gestaltet. Humboldts kubanisches Corpus variiert zwischen erzählender Reisebeschreibung, wissenschaftlicher Länderkunde und soziopolitischer Essayistik.[19]

Humboldts Reisebericht widerfährt, während er sich Kuba zuwendet, eine sonderbare Komplikation. Bereits in der Erzählung der Überfahrt von Nueva Barcelona nach Havanna, im Verlauf also von Humboldts räumlicher und thematischer Annäherung an die Insel, taucht eine Reihe scheinbar nebensächlicher Beobachtungen auf, die einen eigentümlichen Modus

38. Statue vor der Humboldt-Universität zu Berlin:
»Dem zweiten Entdecker Kubas – Die Universität Havanna, 1939«.

der Wahrnehmung bilden. Während der Seereise deuten täuschende optische Effekte vermeintlicher Nähe und scheinbarer Größe eine Veränderung und Verunsicherung an. Bei der Einfahrt in die küstennahen Gewässer wird die Gleichzeitigkeit gegensätzlicher Sinneseindrücke akzentuiert: Auf dem Schiff herrscht unerträglicher Gestank, die Insel jedoch verbreitet verlockende Gerüche: »die Nähe der Insel Kuba kündigte sich mit einem köstlichen aromatischen Duft an«.[20] So wird bereits vor der Landung dezent das Leitmotiv von Humboldts Kuba-Diskurs eingeführt: der Verlust von Eindeutigkeit – Ambivalenz.

Die Sequenz der Annäherung mit dem Schiff verläuft in den Phasen von Messung und Kartierung, Geruch und Sichtung der Insel, Einlaufen in den Hafen und Betrachtung Havannas. Dramaturgisch funktioniert die Passage über klimaktische und antiklimaktische Effekte. Sie spielt mit der Brechung kunstvoll aufgebauter Erwartungshaltungen.

Kompositorisch folgt auf das retardierende Moment der Überfahrt der spannende Höhepunkt der Ankunft, dessen Beschreibung wiederum durch eine Reihe von Statistiken zur Bevölkerung der Antillen abgelöst oder vielmehr hinausgezögert wird, bis endlich die Szene der Einfahrt in den Hafen folgen kann.

« Nous mouillâmes dans le port de la Havane, le 19 décembre, après vingt-cinq jours de navigation par un temps constamment mauvais. »

Stilistisch lässt Humboldt auf die ausführliche Darstellung der Seereise die lapidare Feststellung folgen: »Nach fünfundzwanzigtägiger Überfahrt bei durchweg schlechtem Wetter gingen wir am 19. Dezember im Hafen von Havanna vor Anker.«[21]

Ankunft

Ein kleines literarisches Meisterwerk ist die Beschreibung des Eintreffens in Havanna. Der Reisende schildert, wie sich das Schiff, auf dem er aus Venezuela anreist, der Küste nähert, wie es in den Hafen einfährt, wie er an Land geht und sich in die Stadt begibt. Im Verlauf dieser Erzählung präsentiert der Text eine doppelte Lektüre der kubanischen Hauptstadt. Humboldt bemerkt zunächst: »Der Anblick von Havanna, an der Einfahrt des Hafens, ist einer der heitersten und malerischsten, deren man sich an den Küsten des äquinoktialen Amerika nördlich des Äquators erfreuen kann.«[22]

« L'aspect de la Havane, à l'entrée du port, est un des plus rians et des plus pittoresques dont on puisse jouir sur le littoral de l'Amérique équinoxiale, au nord de l'équateur. »

Schon eine Seite weiter dagegen heißt es: »Zur Zeit meines Aufenthaltes boten wenige Städte des spanischen Amerika aus Mangel an guter Ordnung einen widerwärtigeren Anblick.«[23]

« A l'époque de mon séjour, peu de villes de l'Amérique espagnole offroient, par le manque d'une bonne police, un aspect plus hideux. »

Diese auseinanderlaufenden Urteile finden sich im Layout der *Relation historique* auf einer Doppelseite, jeweils im unteren Drittel, auf gleicher Höhe nebeneinandergestellt.[24]

Wie ist dieser Gegensatz zweier Bewertungen, die in derart verschiedene Richtungen weisen, aber in unmittelbarer Nähe zueinander stehen, wie ist der Kontrast zwischen einer begeisterten und einer angewiderten Wahrnehmung Havannas zu erklären?[25] Beschreibt Humboldt verschiedene Aspekte derselben Stadt? Hat er seine Meinung geändert? Oder hat er die Übersicht über den eigenen Text verloren?

Ebenso wie die Abreise aus der Heimat gehört die Ankunft in einem fremden Land unter allen Szenen eines Reiseberichts zu denjenigen, die am wenigsten als bloße Schilderung von Tatsachen gelesen werden können. Das Eintreffen ist in der Regel ein hochgradig ritualisierter Moment des Reisens, der künstlerisch gestaltet wird.[26]

Dabei wird das Fremde zunächst nicht nur im Unterschied zum Vertrauten oder zum Erwarteten, sondern auch *in sich* als gegensätzlich wahrgenommen. Der Kontrast hat eine epistemologische und eine ästhetische Funktion. Was kontrastreich ist, gerät schärfer in den Blick; und es wirkt reizvoller. Humboldts erste Wahrnehmung der Schönheit Havannas, vom Schiff aus, funktioniert über eine Reihe von Antithesen, nach dem Prinzip des doppelten, äußeren wie inneren, Kontrasts. Havanna ist ihm zugleich fremd (er bereist die Stadt zum ersten Mal) und vertraut (in ihren europäischen wie in ihren spanisch-kolonialen Aspekten erinnert sie an Bekanntes). Die Ankunft löst so gemischte Gefühle aus. Was gefällt, ist das Zusammenspiel des Gegensätzlichen: die malerische Verbindung von Fremdheit und Vertrautheit, das Fremde im Vertrauten und das Vertraute im Fremden.

Den Übergang von der positiven zur negativen Bewertung grundieren, auf nur wenigen Zeilen verdichtet, Gegensätze zwischen Natur und Kultur: Landschaft, Pflanzen und Felsen gegenüber Höfen, Dörfern und Schiffen, dem Hafen und der Stadt, nicht zuletzt der Gefahr, die dort droht, und vor allem den Zeichen kolonialer Gewalt – wie sie bereits seine Abreise aus Europa 1799 in La Coruña bestimmt hatten.

An Land errichtet Humboldt die Palmen der Vorstädte als botanisches Symbol der Einheit der Gegensätze: Er sieht in ihnen Gewächse, die zart und robust sind, Pflanzen und zugleich Säulen, welche die Erde mit dem Himmel verbinden.

In den zwei Phasen seiner Beschreibung bedient sich Humboldt zuerst der statischen Panoramatik einer impressionistischen *Ekphrasis* und dann der dynamischen *camera eye*-Bewegung einer konsekutiven Schilderung. Das Auge des Betrachters bewegt sich mit zunehmender Flexibilität. Der Reisende registriert die Lage der Bucht (vom Schiff aus) und dann (aus der Nähe) die Solidität der Häuser, die ungepflasterten Straßen und die Enge der Stadt.[27]

Auf den ersten Blick ist die Korrektur eines ersten, positiven Eindrucks durch ein zweites, negatives Urteil ein Widerspruch zwischen Außenansicht und Inneneinblick, zwischen Fernwahrnehmung und Nahwirkung, zwischen Gesamteindruck und Detailbetrachtung. Aus der Entfernung des heranfahrenden Schiffes erscheint Havanna wunderschön, »pittoresk«, buchstäblich »gemäldehaft«. Was diese abstrakte, im eigentlichen Sinn »theoretische« Gesamtschau idealisiert, wird dann durch die »praktische« Erfahrung vor Ort korrigiert. Die Annäherung des Fußgängers bedeutet den Verlust der ästhetischen Distanz. Sie verunmöglicht den panoptischen Blick. Sie schafft Unmittelbarkeit, direkten Kontakt, Körperlichkeit. Was eben noch »malerisch« war, wird nun »scheußlich«. Während der ästhetische Betrachterabstand in erster Linie das Visuelle zur Geltung kommen ließ, werden inmitten der Stadt nun vor allem die ›niederen‹ Sinne aktiviert: Humboldt setzt eine nicht zuletzt haptische und olfaktorische Synästhesie aus Schlamm, Schmutz, Enge und Gerüchen in Gang und damit einen regelrechten Prozess der Verekelung ins Werk, den das Adjektiv »scheußlich« einleitet. Die Stadt wird mit Unsauberkeit und Krankheiten assoziiert.[28] Nach dem Gestank an Bord, dem Aroma der Insel und der Herrlichkeit der Ansicht bei der Einfahrt in die Bucht, erreicht die Wahrnehmung des Reisenden hier ihr negatives Extrem. Seine Erfahrung wechselt beim Gang von Bord von größter Schönheit zu unerträglicher Widrigkeit.

Humboldts Wertungen scheint jeweils eine Einschätzung des Verhältnisses von Natur und Kultur zu bestimmen: Was gefällt, ist eine Natur, die eine gewisse Kultivierung erkennen lässt; was missfällt, ist eine Kultur, in der das Natürliche einen unangemessenen Platz einnimmt und sich über Gebühr bemerkbar macht. So beobachtet Humboldt ein aufgegebenes Bauprojekt; Baumstämme, die für ein Fachwerk vorgesehen waren, vermodern im Schlamm. Das von Natur aus Schöne, so scheint es, wird in Havanna vergeudet und nicht angemessen in Kultur umgesetzt. Der europäische Beobachter kritisiert eine urbanistische Fehlplanung und macht sogar Verbesserungsvorschläge.

Alejo Carpentier setzt sich mit Humboldts Ankunft in seinem Essay zur Architektur von Havanna auseinander, *La ciudad de las columnas* (1970), *Die Stadt der Säulen.*[29] In diesem kurzen Text beschreibt der kubanische Schriftsteller die stilistischen Eigenheiten der Hauptstadt seines Landes. Er widerspricht Humboldt, dessen Klage über die vermeintlich »schlechte Straßenführung« in der Altstadt er zum Ausgangspunkt seiner Überlegungen macht. Havannas charakteristische Formelemente, so die Grundthese, seien prinzipiell aus der Notwendigkeit zu verstehen, in der tropischen Hitze Schattenräume zu schaffen.[30]

Im Einzelnen beschreibt Carpentier fünf Motive: erstens die scheinbar planlose Anlage der *Straßen* der Altstadt als eigentlich raffiniertes Spiel mit Licht und Schatten; zweitens die Fülle von *Säulen* als endloses Labyrinth von Arkaden und Kolonnaden, das es Spaziergängern ermöglicht, sich fast durchweg im Schatten zu bewegen; drittens die aufwendigen *Schmiedewerke* der Fenster- und Türgitter, Lampenhalter und Trenngestelle als licht- und luftdurchlässige Abtrennungen der Wohnbereiche und zugleich als Mittel der Abschattung; viertens die vielfarbigen *Halbbogenfenster* über den Eingängen und Patios als Medien der Abweisung, Brechung und Tönung des Sonnenlichts; und fünftens, in ähnlicher Weise, die *mampara*, ursprünglich ein

39. Alejo Carpentier, *La ciudad de las columnas*
(1970, kubanische Ausgabe von 1982).

Holzschirm mit einer Bespannung aus Stoff, später eine hölzerne Innen- oder Zwischentür mit Glasscheiben und Bildmotiven, als Raumteiler im Hof, der das häusliche Zusammenleben und das Kommunikationsverhalten prägt, die »Heraldik« und sogar die »Ethik« des Hauses.[31]

Durch seine Wortwahl, insbesondere den Gebrauch der heraldischen Metapher, hat Carpentier die Eigenheiten der Stadt Havanna als Elemente einer kulturellen Identität aufgefasst. Lokale Gegebenheiten und kulturelle Einflüsse haben einen kubanischen Stil als kolonial-tropische Formensprache hervorgebracht. Hinter dem scheinbaren Chaos wird eine Ordnung erkennbar, deren Eigenart nur einem oberflächlichen Betrachter wie Humboldt habe entgehen können. Carpentiers Deutung läuft also darauf hinaus, Humboldt eine Fehllektüre der Baukunst und des Stadtbilds von Havanna und ein Unverständnis lateinamerikanischer Wirklichkeit zu bescheinigen.

Während Humboldts Werk über Mexiko eine durchaus zwiespältige Aufnahme erfuhr,[32] blieben kritische Stimmen wie Carpentiers Einwand in Kuba die Ausnahme.[33] Während es Carpentier bei der Feststellung und Korrektur eines bestimmten Missverständnisses beließ, entwickelte Juan Antonio Ortega y Medina in der Einleitung zur mexikanischen Ausgabe des *Essai politique sur le royaume de la Nouvelle-Espagne* eine generelle Hypothese, die als Erklärung jener Fehlwahrnehmung herangezogen werden kann. Carpentier hatte den Stil von Havanna, dessen Logik Humboldt entgangen sein soll, als eigene Form des Barock verstanden, als »barroquismo peculiar«.[34] Ortega y Medinas These lautet: Humboldt verfügt über keinen Begriff des Barock – obwohl dieser in Lateinamerika schon lange vor seiner Reise florierte.[35] Der Barock ist kulturgeschichtlich Humboldts blinder Fleck.[36] Und in der Tat: Humboldt beschrieb die südamerikanische Natur vor allem des Regenwaldes als sinnliche Überfülle, als Allgegenwart eines wilden Lebens, die ästhetisch durchaus ›barock-kompatibel‹ wäre;[37] die amerikanischen Kulturen hingegen, zum Beispiel die Städte in Venezuela, scheint er ›klassizistisch‹ wahrgenommen zu haben: als orthogonale, rationale Konstruktionen, die gerade durch ihre Regelmäßigkeit und, wie bei der Einfahrt in den Hafen von Havanna deutlich wurde, ihr harmonisches Mischungsverhältnis künstlicher und natürlicher Elemente gefallen. Ihn überfordert jedoch die nur scheinbar chaotische, tatsächlich jedoch sinnvolle ›barocke‹ Struktur Havannas als eigene Ausdrucksform.

Die rätselhaft doppelt codierte Textstelle ist indes nicht allein als Ausweis einer städtebaulichen, baukünstlerischen oder kunstgeschichtlichen Blindheit lesbar, sondern auch als rhetorische Strategie zu verstehen: und zwar als implizite Poetologie des Reiseberichts. Humboldt geht aus von der begeisterten Wahrnehmung vorheriger Reisender, die er zunächst übernimmt und dann überwindet. Die Umwertung Havannas, der Verlust des idealisierenden Vorverständnisses im Verlauf der Annäherung, das Aussetzen der Ästhetisierung nach vorgegebenen Mustern im unmittelbaren Kontakt deuten auf ein grundsätzliches Phänomen der Reiseliteratur, wie es Humboldt in den davorliegenden 1682 Seiten seiner *Relation historique* zugleich praktiziert und selbstreflexiv analysiert hat: auf die Relativierung eurozentrischer Annahmen durch die Realität des Reisens. Was aus der Ferne, nach ästhetischen

Gesetzen idealisiert werden konnte, erweist sich aus der Nähe durchaus als widersprüchlich.

Außer in diesem implizit poetologischen, selbstreferenziellen und ironischen Sinn ist die Passage der Ankunft aber auch kompositionell aufschlussreich. Die beschriebene Verkehrung einer euphorischen in eine abwertende Wahrnehmung endet nämlich keineswegs in den Sümpfen der Altstadt. Humboldt betrachtet Havanna zunächst aus der Ferne, er nähert sich an, betritt die Stadt, empfindet deren Hässlichkeit – und er entzieht sich wieder, gewinnt Freiraum und Zentralperspektive zurück: »Es gibt dort«, ruft er aus, »zwei schöne Promenaden«,[38] die ihn aus dem Gewirr der engen Gassen wieder hinausführen. Doch anstatt nun einen versöhnlichen Abschluss zu finden, steigert sich die Erzählung auf ihren Höhepunkt der Abwertung. Humboldt beobachtet den Verkauf afrikanischer Sklaven unter freiem Himmel.

Strukturell gelesen, bedeutet das: Die *ästhetische* Inszenierung von Schmutz und Gestank als Ambiente *sinnlicher* Abstoßung bereitet die *moralische* Verurteilung des Sklavenhandels vor. Humboldts literarische Darstellung der widerwärtigen Altstadt hat nicht so sehr eine urbanistische, eine architektonische, eine kunstgeschichtliche und eine poetologische oder auch eine hygienische als vielmehr eine soziale, politische und ethische Orientierung.

Auf der Linie dieser politischen Tendenz wäre es kein Zufall, dass Humboldt seine positive Beschreibung Havannas in eine geographische Begrifflichkeit fasste: »Der Anblick [...] ist einer der heitersten [...] des *äquinoktialen* Amerika«; und seine darauf folgende negative Beurteilung in eine koloniale Begrifflichkeit: »wenige Städte des *spanischen* Amerika boten [...] einen widerwärtigeren Anblick«. Die Verekelung Havannas zielt auf eine Verurteilung der Sklaverei – und mit ihr des Kolonialismus. Gegenüber Goethe bezeichnete Humboldt den *Essai politique sur l'île de Cuba* als sein »schwarzes Buch«.[39]

Bereits am Beginn des Kuba-Textes wird dessen politischer Grundton vorgegeben, der im Abschnitt über das Sklavenwesen seinen bekanntesten Ausdruck finden wird. Formal ist der *Essai politique* ein Hybrid aus Narration, Sachbuch und Essay. Inhaltlich bildet die Verurteilung der Sklaverei eine Ringkomposition, in deren Mitte ihre sozioökonomische Analyse steht.[40]

Sprachzerfall

Bereits der erste Eindruck von Kuba und seiner Hauptstadt, der durch die motivischen Gegensätze in der Schilderung der Überfahrt vorbereitet worden war, ist also doppelt und widersprüchlich: Schönheit und Hässlichkeit gehen ineinander über. Humboldt setzt mit dieser anfänglichen Ambiguität aber nicht nur poetologisch und kompositorisch, sondern auch semantisch das zentrale Thema seiner Kuba-Beschreibung: Alles in Kuba wird mehrdeutig, alle Kultur und Zivilisation – und mit ihnen Humboldts Sprache und Begrifflichkeit.

Denn den kubanischen Kolonialismus, wie er sich dem Landgänger darbietet, charakterisiert eine grundlegende Ambivalenz: Die bereits zitierten schönen Promenaden, die aus der Enge hinausführen, ein von einem Italiener geschmackvoll gestaltetes Theater und ein Botanischer Garten repräsentieren europäische Kultur; der Sklavenhandel dagegen steht für europäische Verbrechen: »ein anderer Gegenstand, dessen Anblick einen bekümmert und abstößt: die Baracken, vor denen die unglücklichen Sklaven zum Verkauf angeboten werden«.[41]

Diese Doppelgesichtigkeit des Kolonialismus, wie sie für den Neuankömmling erfahrbar wird, ist auch an der offiziellen Erinnerungskultur ablesbar. Am selben Ort, an dem Humboldt den Verkauf von Menschen beobachtet hatte, sei später, wie er durch nachträgliche Recherchen erfuhr, ein Denkmal für Karl III. errichtet worden. Und Humboldt lädt die symbolische Spannung dieses Schauplatzes noch weiter auf: Für denselben Standort sei zunächst ein Monument für Kolumbus vorgesehen gewesen, dessen Asche im selben Jahr – infolge des Sklavenaufstandes auf Hispaniola – nach Kuba gebracht worden sei, in dem man die des Hernán Cortés in Mexiko umgebettet habe, um dort ebenfalls eine neue Erinnerungsstätte einzurichten.[42] Die zentralen Figuren des spanischen Kolonialismus, der König, der Entdecker und der Eroberer, werden so ausgerechnet am Schauplatz des Sklavenhandels assoziativ zusammengeführt und mit der Andeutung einer revolutionären Befreiungsbewegung, die ganz in der Nähe stattfindet, verknüpft. Die europäische Zivilisation bringt, so scheint Humboldt vor Augen führen zu wollen, nicht nur Ästhetik und Fortschritt, sondern auch Gewalt und Unterdrückung.

40. Paseo de Carlos III in Havanna
(Historische Postkarte).

Die Irritation der optimistischen Geschichtsphilosophie durch die koloniale Praxis hat Auswirkungen auf Humboldts Terminologie. Allein auf den ersten achtzehn Seiten des *Essai politique* werden wichtige ästhetische und geschichtsphilosophische Begriffe in Stellung gebracht: Kunst, Schönheit, Freiheit, Gleichheit, Rechte, Aufklärung, Fortschritt, Kultur und Zivilisation. Dabei nehmen einige von ihnen bereits hier neue Bedeutungen an, die ihre Idealität infrage stellen: So beziehen sich Kunst und Schönheit wiederholt auf militärische Anlagen oder Befestigungen. Die Freiheit wird zu einer Eigenschaft des Handelsverkehrs. Und die Aufklärung, mit ihrer Erleuchtungsmetaphorik, wird auf die koloniale Eroberung übertragen: Colón und Cortés, schreibt Humboldt in einer Formulierung, deren sarkastischer Doppelsinn nur im Französischen einzuholen ist, »ont illustré la conquête de l'Amérique«[43] – sie haben die Eroberung von Amerika »erhellt« und »berühmt« gemacht.

Im Verlauf des gesamten Kuba-Textes können wir beobachten, wie die zentralen Begriffe aus Humboldts philosophischem und wissenschaftlichem Arsenal eine folgenschwere Doppeldeutigkeit annehmen. Die Kernkonzepte

Aufklärung, Fortschritt, Kultur und Zivilisation waren in Ansätzen immer schon mehrfach lesbar gewesen. Eine besondere Komplikation jedoch erfährt Humboldts Terminologie erst in den Beschreibungen des Aufenthaltes in Kuba – nach dem Schock der Sklaverei als traumatischem Erlebnis kolonialer Grausamkeit inmitten europäischer Zivilisation.

Innerhalb von zwei Seiten lässt Humboldt die Ambivalenz des Kultur-Begriffs zwischen »culture intellectuelle« und »culture du sol«[44] zutage treten, zwischen *Geistes*kultur und *Agri*kultur – die auf dem Einsatz von Sklaven beruht. Auch der Begriff der Kolonie wird verzweideutigt, indem er nicht mehr nur als imperiale Praxis europäischer Herrschaft, sondern auch als Besiedelung durch Deportierte, nämlich durch afrikanische Sklaven, verstanden wird.

In Kuba werden die wesentlichen Vokabeln der humanistischen Aufklärung in einen ökonomischen Diskurs eingespeist und mit wirtschaftsliberalen Konnotationen aufgeladen: Recht (»droit«) ist hier nicht mehr nur eine moralische oder juristische Kategorie, sondern auch eine Steuer und eine Gebühr, die auf materielle ebenso wie auf menschliche ›Waren‹ erhoben wird. Humboldt gebraucht das heute rassistische Wort »nègre« in seiner Zeit anklagend und emanzipatorisch, wenn er die kubanische Sklaverei beschreibt: »eine Gebühr von sechs Piastern auf jeden Neger, der auf die Insel eingeführt wird«.[45] (Und wie um nachzuweisen, dass dieser doppelte Gehalt des Begriffs »droit« keine singuläre Infamie der französischen Sprache ist, wird auch der spanische Begriff »derechos« im gleichen ökonomischen Sinn zitiert.)

Das Wort Ökonomie bezeichnet nicht mehr nur ein natürliches System[46], sondern auch ein volkswirtschaftliches[47] oder betriebswirtschaftliches[48], wobei es nicht von ungefähr kommt, dass Humboldt die Zuckerbetriebe nennt, deren Sklaverei die Wirtschaft der Insel bestimmte. Und sogar der Fortschritt (»progrès«) bedeutet nicht mehr nur eine zivilisatorische Entwicklung, sondern außerdem das Ansteigen von Zinsen. Was in anderem Zusammenhang als Befreiung erschien, wird zum »Fortschritt« kolonialer Profite.

Auf diese Weise erlangt die »liberale« Dimension von Humboldts Rhetorik eine brisante Zwiespältigkeit: Das Wort »frei« ist im Sinn von Freiheit als Menschenrecht zu verstehen, gleichzeitig aber auch als ungeregelter Freihandel. Die Verwendung des Begriffs im Zusammenhang mit der Sklaverei ist provokativ: »der Handel mit Negern wurde für frei erklärt« (»le commerce des nègres fut déclaré libre«).[49] Heute würde man sagen: Die Ausbeutung wurde *dereguliert*.

Entsprechend behandelt Humboldt die Unfreiheit nicht etwa anhand von Gewalttaten gegen Sklaven, sondern umgekehrt von Zwangsmaßnahmen gegen die Sklavenhalter (»les assemblées coloniales se refusant toujours à des moyens coërcitifs«[50]). »Genossen« wird nicht mehr die Freiheit, sondern der Gewinn, den die Sklaverei abwirft: »›la jouissance du commerce des noirs‹«.[51] Diesen Ausdruck hat Humboldt hier ausnahmsweise mit Anführungszeichen markiert und dadurch ironisiert, was wiederum das Fehlen einer solchen Distanzierung im Übrigen gerade erkennbar macht.

Auf ähnliche Weise bezeichnet der Begriff *intérêt* nun nicht mehr nur das zweckfreie Erkenntnisstreben der Wissenschaft, sondern im Gegenteil Zins und Rendite (»l'intérêt du capital«[52]) – oder das Kalkül der Kolonialmacht (»intérêts politiques«).[53] Die Grenzen zwischen einer scheinbar interesselosen Wahrnehmung der Fremde und dem handgreiflichen Interesse der Aneignung verschwinden. Die humanistische Geschichtsphilosophie, mit der Humboldt nach Amerika aufgebrochen war, wird in Kuba durch die koloniale Praxis dementiert und durch die sich bereits andeutenden post- beziehungsweise neokolonialen Formen ökonomischer Ausbeutung diskreditiert.

Humboldts Terminologie erfährt bis in ihre Nebenbegriffe eine ökonomische Umcodierung: *balance* wird vom harmonischen Gleichgewicht zur Handelsbilanz, *calcul* von der Rechnung zur Berechnung, *compte* von der moralischen Rechenschaft zu Konto und Bilanzsumme – oder zur zynisch doppeldeutigen Kombination beider Gehalte: »›Welche andere Nation oder menschliche Gesellschaft kann eine derart vorteilhafte Rechnung zu den Wirkungen dieses unheilvollen Handels mit Schwarzen aufstellen (*schändlicher Handel*)‹!«[54] *Mémoire* wird von der Erinnerung zum Memorandum, *état*

«‹ Quelle autre nation ou société humaine peut rendre un compte si avantageux des effets de cette funeste traite de noirs (*desgraciado trafico*) › ! »

vom Staat oder Zustand zum Verzeichnis oder zur Aufstellung, und so weiter. In jedem Fall geht es, direkt oder indirekt, immer um eines: die Sklaverei.

Alles, so scheint es, wird zweideutig in Humboldts Kuba: *primitif* bezeichnete bislang einen Urzustand, nunmehr den Einkaufspreis, *vierge*, jungfräulich, steht metaphorisch für ein unbebautes Gebiet, *indigène* und *natif* verweisen nicht mehr auf die indigene Bevölkerung, sondern auf »einheimische« Produkte – oder auf Rohstoffe. *Fortune* ist mythologisch das Glück, ökonomisch das Vermögen[55], *ruine* romantisch eine Ruine, wirtschaftlich ein Bankrott[56], *branche* botanisch ein Teil eines Baums, wirtschaftlich eines Geschäfts[57]; *port* ist die Haltung des Körpers oder der Wuchs der Pflanzen, aber auch ein Kriegs- oder Handelshafen.[58]

Wenn im Zusammenhang der beschriebenen Doppeldeutigkeit das Buch, *le livre*, als Träger von Informationen, und das Pfund, *la livre*, als Maß von Handelswaren – abgesehen vom grammatischen Geschlecht und trotz verschiedener Etymologien (lateinisch *liber*, *libra*) –, ausgerechnet in Kuba fast ineinander umzuschlagen drohen, kann diese Irritation des Schriftsinns beinahe nicht mehr zufällig sein, scheint der Text die Überlagerung der semantischen Felder gezielt herzustellen.

Aber nicht nur die philosophische und die wissenschaftliche, auch die ästhetische Begrifflichkeit erfährt eine neue Aufladung: *vue* ist in Kuba nicht mehr nur eine schöne Aussicht, sondern auch eine politische Ansicht, und sogar das *tableau*, dem in Humboldts Konzept der ästhetischen Naturbeschreibung eine zentrale Funktion zukommt, wandelt sich hier vom Gemälde zur Tabelle,[59] die insbesondere die Anteile der afrikanischen Bevölkerung aufführt. Die Differenzen zwischen einem philosophisch-ästhetischen und einem politisch-ökonomischen Diskurs lösen sich auf.

Im übrigen Reisebericht hatte Humboldt Sprachbilder eingesetzt, die dem Text eine poetische Dimension verliehen.[60] In der Auseinandersetzung mit Kuba verfällt er in ein Spiel der Ambiguitäten, indem er nicht nur verschiedene metaphorische Ebenen gegeneinander ausspielt, sondern auch Differenzen zwischen buchstäblicher und bildlicher Bedeutung erzeugt oder sogar Homonyme aneinander verunklart. Insgesamt ergibt sich eine doppelte Codierung der Terminologie, die Spannungen zwischen verschiedenen

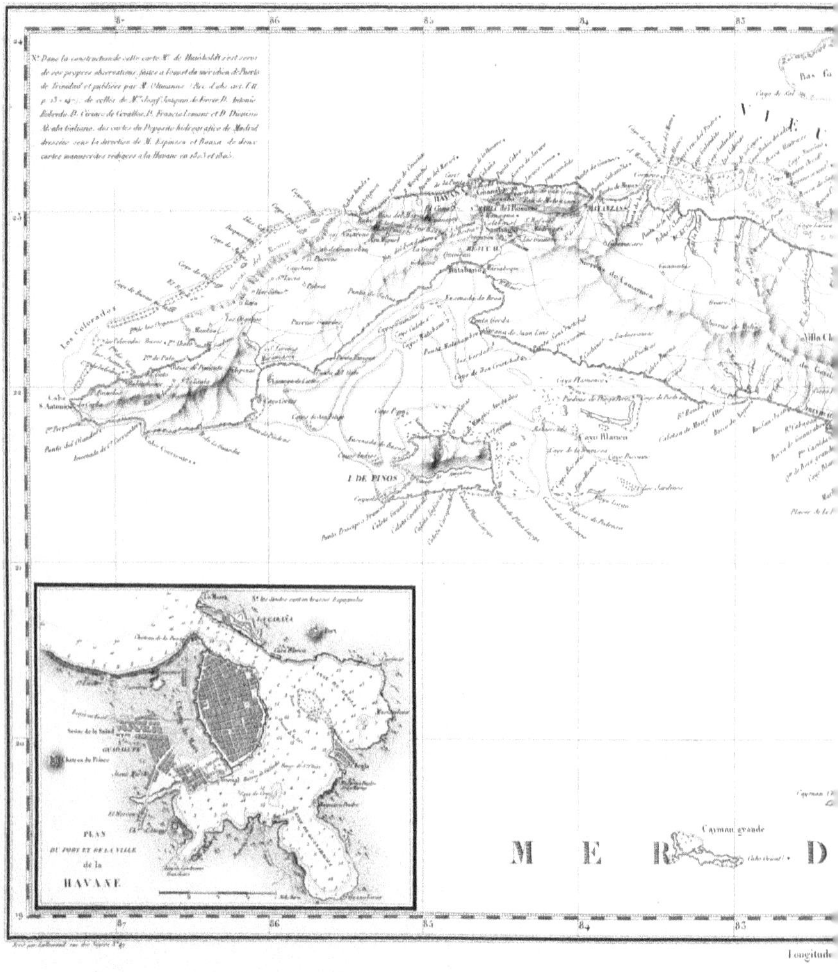

41. »Carte de l'île de Cuba« (1826, *Atlas du Nouveau Continent*, Karte 23).

Diskursen sichtbar macht: zwischen Ästhetik, Wissenschaft und Humanismus auf der einen Seite und Ökonomie, Politik und Kolonialismus auf der anderen.

Im Allgemeinen handelt es sich bei Humboldts Ambivalenzen nicht um Eigentümlichkeiten eines individuellen Sprachgebrauchs. Der Text nutzt die Bedeutungsbreiten der Wörter selbst. Er überlagert lexikalische Ebenen, von

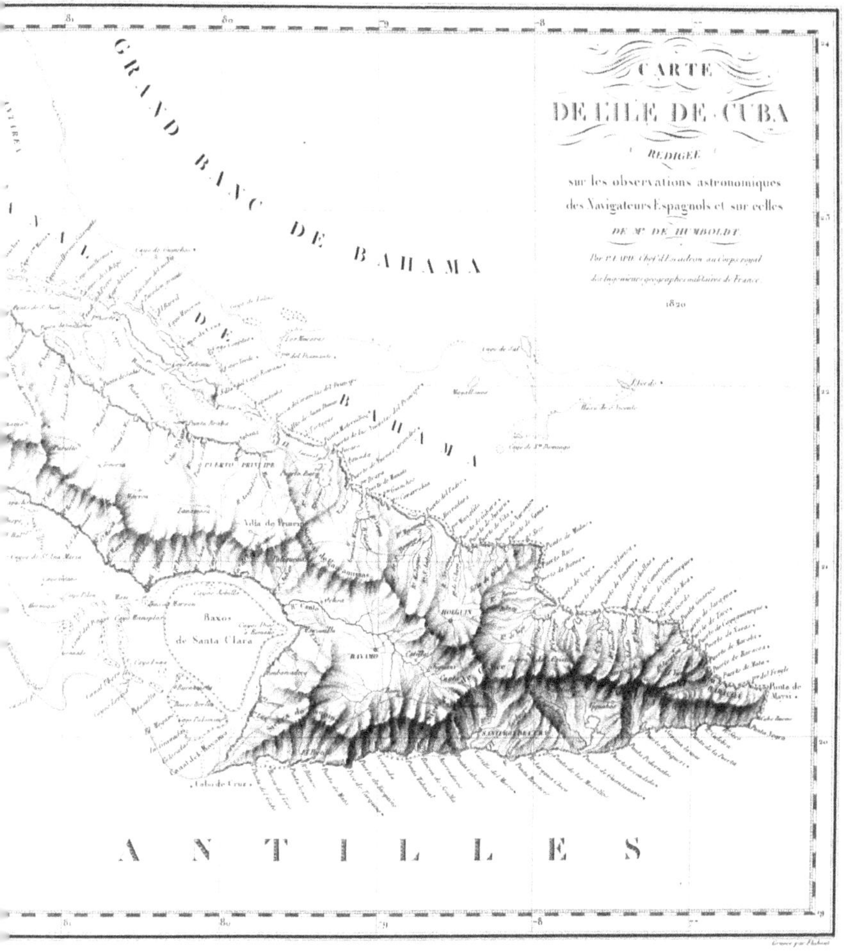

denen sich kaum mehr sagen lässt, welche als Prätext und welche als Subtext anzusehen wäre.

Der Effekt dieser Poetik ist irritierend. In den kubanischen Passagen seines amerikanischen Reiseberichtes eröffnet Humboldt ein semantisches Feld, in dem zwei Tendenzen der europäischen Aufklärung konfligieren. Eine Möglichkeit, ihr Verhältnis zu beschreiben, ist die Dialektik.[61] In diesem Sinn würde Humboldts Aufklärung in Kuba beziehungsweise im Kuba-Essay einen Umschlag erfahren: von Zuversicht in Enttäuschung – allerdings ohne dass sich eine versöhnende Aufhebung abzeichnen würde.

Ein anderes Modell bietet der Poststrukturalismus. Im *Essai politique* geschieht etwas, das ohne Synthese oder Schließung bleibt. Humboldt, so will es fast scheinen, hat die Kontrolle über seinen Diskurs verloren. Seine Rhetorik dekonstruiert sich selbst.

Die Frage nach der Intention muss jedoch offenbleiben. Ist Humboldts kubanische Ambivalenz gewollt oder unwillkürlich? Ist die Bedeutung seines Textes entscheidbar oder offen? Ist der Sinn disparat oder dispersiv? Kann die Fülle der Doppeldeutigkeiten auf eine methodische Souveränität zurückgeführt werden oder auf die Schwierigkeit, mit der kubanischen Wirklichkeit fertigzuwerden? Ist die Ambivalenz eine rhetorische Strategie oder das Symptom einer unbewussten Wiederkehr des Verdrängten?

Im Abschnitt über die Sklaverei, dem Höhepunkt des *Essai politique*, werden die Begriffe, deren ökonomische Dimension zuvor eröffnet worden ist, teilweise remoralisiert. Humboldt schwankt hier zwischen einem idealistischen und einem realpolitischen Sklavereidiskurs und demgemäß zwischen einer moralischen (abolitionistischen) und einer ökonomischen (reformerischen) Argumentation.[62] Bereits im ersten Band des Reiseberichts hatte Humboldt die Alternative einer allmählichen oder plötzlichen Abschaffung der Sklaverei diskutiert. Auch seine Kritik der Sklaverei artikuliert sich daher in einer doppelten Rhetorik: Sie ist einerseits aufklärerisch, humanistisch und ethisch, andererseits vorsichtig, moderat und pragmatisch. Humboldts Sklavereidiskurs vermittelt zwischen den Parteien der Eigentümer und ihrer Gegner. Das Ziel ist die vollständige Abschaffung der Sklaverei, das Programm eine fortschreitende Befreiung durch Reformen von oben oder durch einvernehmliches Handeln. Die Sklaverei erscheint in diesem Sinn metaphorisch als eine behutsam zu behandelnde Krankheit und nicht als ein chirurgisch zu beseitigendes Übel.[63] Humboldt selbst pointiert seine doppelgesichtige Sklaverei-Politik, die er durch einen Verweis auf Simón Bolívar zu autorisieren versucht, daher als »gut« und »nützlich« zugleich.[64]

Humboldts kubanische Aufzeichnungen lassen konkret und im Detail erkennen, was Homi Bhabha aus einer postkolonialen Perspektive theoretisch als generelles Phänomen beschrieben hat: das Ambivalentwerden des kolonialen Diskurses, seine Produktion von Widerspruch im Kontakt mit der kolonialen Realität: »in the very practice of domination the language of the master becomes hybrid«.[65]

Zwischenräume

Wie verhalten sich die Ambiguitäten, die in Humboldts Kuba zutage treten, zur Funktion der Insel in seiner geographischen Imagination?[66]

Humboldts symbolische Topographie geht aus von Europa als heterogenem Herkunftsraum, in dem vor allem Preußen, Frankreich und Spanien hervorgehoben werden. Die Kanarischen Inseln bilden einen ersten Zwischenraum, einen europäisch-amerikanischen Mikrokosmos, der die Funktion eines Prologs hat. Die amerikanische Reise selbst gliedert sich in fünf große Stationen, von denen drei eindeutige Schwerpunkte bilden, während die beiden Aufenthalte auf Kuba keinen festen Platz zu haben scheinen: Venezuela (erster Schwerpunkt), Kuba (erste Zwischenstation), die Andenländer (zweiter Schwerpunkt), Mexiko (dritter Schwerpunkt) und erneut Kuba (zweite Zwischenstation). Auf dem Rückweg hält sich Humboldt in den USA auf, die hier komplementär stehen zu den Kanarischen Inseln als Durchgangsstation zwischen Europa und Iberoamerika. Erkennbar wird eine symmetrische Struktur. Humboldts zwei Aufenthalte auf der Insel Kuba umfassen insgesamt gut drei Monate: von Dezember 1800 bis März 1801 und von März bis April 1804. Beide Male befindet er sich auf der Durchreise: zunächst von Venezuela nach Kolumbien und dann von Mexiko in die USA.[67]

Kubas Stellung ist zwischenräumlich. Havanna steht symbolisch zwischen Amerika und Europa: »Havanna […] kann es aufgrund seiner Bauwerke mit den wichtigsten Orten Europas aufnehmen«.[68] Die Größe der Insel macht sie mit England vergleichbar, ihre Urbanität erhebt ihre Hauptstadt in den Rang der internationalen Großstädte. Reiche Kubaner unternehmen Reisen in die Metropolen. Humboldt bemerkt sogar eine – historisch wie geographisch fiktive – scheinbar größere Nähe zur ›Alten‹ als zur ›Neuen‹ Welt: »Havanna schien zehnmal näher an Europa als an Mexiko, Caracas und Neu-Grenada zu liegen.«[69]

Als nicht wirklich fremder Teil des Fremden erscheint Kuba im Kontext eines Reiseberichts daher eigentlich eher unspektakulär:

> Seit die Vervollkommnung der Seemannskunst und die wachsende Tätigkeit der Handelsvölker die Küsten der zwei Kontinente einander angenähert haben, seit Havanna, Rio de Janeiro und der Senegal uns kaum weiter entfernt zu sein scheinen als Cadix, Smyrna und die Häfen des Baltikums, zögert man, die Aufmerksamkeit des Lesers auf eine Überfahrt von der Küste vor Caracas zur Insel Kuba zu lenken. Das Meer der Antillen ist so bekannt wie das Becken des Mittelmeeres [...].[70]

Im spanisch-amerikanischen Kolonialreich nahm Kuba verwaltungsrechtlich eine zweifache Sonderstellung ein: War die Insel lange Zeit eine Kolonie zweiten Grades, die vom Königreich Neuspanien aus verwaltet wurde – »mit der mexikanischen Metropole verbunden, ihrerseits eine Kolonie Europas« –,[71] blieb sie nach der Entkolonisierung Spaniens letzte Besitzung auf dem Kontinent. Ihr Reichtum zeichnet sie vor den übrigen Kolonien aus: »Diese Insel ist unter allen Besitzungen Spaniens diejenige, die am meisten zu Wohlstand gelangt ist«,[72] ebenso ihre internationale Bedeutung als Handelsplatz: »der Hafen von Havanna [...] ist unter die ersten Plätze des Welthandels aufgerückt«.[73] Auch innerhalb der Antillen bildet Kuba eine Ausnahme: Seine lange Siedlungstradition und eine starke nationale Identifikation – die indes bei einem Land überraschen kann, das länger als andere abhängig blieb – unterscheiden es von den anderen Inseln und nähern es den Nationen Europas an:[74] »Ungeachtet des Anwachsens der schwarzen Bevölkerung glaubt man sich in Havanna und in Caracas näher an Cadiz und den Vereinigten Staaten als in irgend einem Teil der Neuen Welt.«[75] Havanna, so scheint es, ist Metropole und Kolonie zugleich.

« Malgré l'accroissement de la population noire, on se croit, à la Havana et à Caracas, plus près de Cadiz et des États-Unis que dans aucune autre partie du Nouveau-Monde. »

Kuba besetzt so einen besonderen Ort innerhalb von Humboldts amerikanischer Topographie: als geographischer Grenzbereich zwischen Nord- und Südamerika, als ideelles Bindeglied zwischen Amerika und Europa, als Zwischenstation auf der Reise von Venezuela nach Kolumbien sowie aus Mexiko in die USA, als gegenüber den archaischen Landschaften der Llanos, des Urwaldes und des Orinoco vergleichsweise zivilisierte, aber angesichts der Sklaverei zugleich besonders grausame Region, als relativ vertrauter Bereich innerhalb des Fremden, als politisches Unikum zwischen Provinz, Kolonie und selbstständiger Nation. Kuba ist Humboldts Zwischenort, ein Mikrokosmos seiner Reise, in dem sich die Widersprüche verdichten.

Der Aufenthalt auf und die Auseinandersetzung mit Kuba bilden offenbar den Moment innerhalb der amerikanischen Reise, in dem sich die Probleme von Humboldts Diskurs kristallisieren. Ästhetisch, rhetorisch, thematisch und topographisch ist die Insel Kuba Alexander von Humboldts Reich der Ambivalenz. Und nachdem er diesen Raum verlassen hat, bricht sein Reisebericht ab.

Siebentes Kapitel
Die andere Reise: Politische Klimatologie

(*Asie centrale*, 1843)

»Who, out of the theory of the earth, and of his or her body, understands by subtle analogies, the theory of a city, a poem, and of the large politics of These States.«

Walt Whitman,
»Kosmos« (1860)[1]

»Vor einigen Tagen ist hier ein Deutscher eingetroffen«, meldet der Polizeimeister eines westsibirischen Städtchens, »schmächtig, von kleinem Wuchs, dem Aussehen nach unbedeutend, aber wichtig.« Der Beamte beeilt sich, den Generalgouverneur zu warnen, »daß diese Person mir verdächtig und sehr gefährlich erscheint. Von Anfang an hat er mir nicht gefallen. Er schwatzt zu viel«, und noch schlimmer:

> Bei alle dem hat er die höheren offiziellen Persönlichkeiten der Stadt offen keiner Beachtung gewürdigt und sich in Unterhaltung mit den Polen und anderen politischen Verbrechern eingelassen, die unter meiner Aufsicht stehen. Ich erkühne mich zu berichten, daß derartige Gespräche mit den politischen Verbrechern meiner Aufmerksamkeit nicht entgehen, vornehmlich seit er nach langen Unterredungen mit ihnen nachts auf den Gipfel eines Hügels ging, der die Stadt beherrscht. Dahin schleppten sie einen Kasten und zogen daraus ein Instrument, das mir sowie der ganzen Gesellschaft eine Kanone zu sein scheint. Nachdem er das Rohr auf drei Füßen festgemacht hatte, richtete er es direkt auf die Stadt und alle gingen zu ihm hin und sahen, ob es recht gezielt sei. Indem ich in diesem allem eine große Gefahr für die Stadt sehe (denn sie ist ganz von Holz), habe ich unverzüglich der Garnison, die aus einem Unteroffizier und sechs Gemeinen besteht, befohlen, an denselben Ort mit geladenem Gewehr zu rücken, den Deutschen nicht aus den Augen zu lassen und seine Kniffe zu beobachten. Wenn die verräterischen Gaunereien dieses Menschen meinen Verdacht rechtfertigen, so werden wir unser Leben für den Zaren und das heilige Rußland hingeben.[2]

Gegenstand dieses merkwürdigen (und wahrscheinlich erfundenen) Polizeiberichts ist Alexander von Humboldt, der 1829 das Russische Reich bereist und dabei neueste Messgeräte zum Einsatz bringt. Die Anekdote, die in der *Baltischen Monatsschrift* öffentlich gemacht wurde, deutet auf einen wichtigen Umstand: die schwierigen politischen Voraussetzungen, unter denen Humboldt, der als junger Mann die spanischen Kolonien in Amerika erforscht hatte, in Asien seine zweite Weltreise unternahm.

In mehr als einer Hinsicht ist diese Expedition die *andere* Reise des Alexander von Humboldt. Die zweite, weniger bekannte, lässt sich in ihrem

Verhältnis zur ersten begreifen, da beide in vielen Hinsichten komplementär sind. Nachdem er in Amerika ein überseeisches Kolonialreich erkundet hatte, bereiste Humboldt in Asien nun ein kontinentales. Als er in den Amerikas unterwegs war, befand sich das spanische Imperium im Zustand der Erosion; es formierte sich eine Unabhängigkeitsbewegung, die, während er in Paris die neunundzwanzig Bände seines amerikanischen Werkes herausbrachte, der europäischen Herrschaft ein Ende bereitete (1809–1825). Das Russische Reich dagegen befand sich in der Hochphase der Restauration. Wenige Jahre bevor Humboldt im Land eintraf, hatte das zaristische Regime den Aufstand der »Dekabristen« (vom Dezember 1825) niedergeschlagen, und es reagierte auf Kritik fortan umso härter mit Verfolgung und Verbannung.

Während in Peru und Mexiko außenpolitische Ruhe herrschte, führte der Zar auf dem Kaukasus und auf dem Balkan Kriege gegen Persien (1826–1828) und gegen das Osmanische Reich (1828–1829). Hatte Humboldt in Venezuela ein lose verwaltetes Hinterland durchquert, befand er sich in Sibirien in einem durchorganisierten Polizeistaat. Nachdem er sich in den Kolonien des spanischen Königs selbstständig hatte bewegen können, war er in den Provinzen des Zaren nicht nur den Verführungen der Macht ausgesetzt, sondern auch Einflussnahme und Überwachung.

Diente die amerikanische Expedition in erster Linie wissenschaftlichen Zielen, verbanden sich mit der asiatischen von beiden Seiten ökonomische und diplomatische Erwartungen. Die russische Regierung erhoffte sich von dem erfahrenen Geologen und Bergbaufachmann Rat zur Erschließung und Ausbeutung von Bodenschätzen, das preußische Königshaus versprach sich die Pflege der Beziehungen zum mächtigen Nachbarn. Humboldt reiste auf Einladung des russischen Staates. In dessen Hauptstadt wohnte er in der Residenz des preußischen Botschafters.

Die erste Expedition war eigen-, die zweite fremdfinanziert. Als er die ›Neue Welt‹ zu Fuß, zu Pferd und im Kanu durchquerte, bewegte sich Humboldt aus eigener Initiative und auf eigene Rechnung. Nachdem er sein ererbtes Vermögen zur Durchführung und Auswertung dieser ersten großen Reise verausgabt hatte,[3] war er bei der zweiten auf Unterstützung angewiesen. Wenn er Asien sehen wollte, konnte er das russische Angebot, die Expedition zu finanzieren, nicht ausschlagen. Er musste seine Unabhängigkeit aufgeben.

Aus Amerika zurückgekehrt, genoss Humboldt in Paris relative Publikationsfreiheit, in Russland dagegen war er der Zensur unterworfen, und auch nachträglich musste er Selbstzensur üben. Hatte der junge Forscher seine Erfahrungen aus Übersee in zahlreichen Schriften der Öffentlichkeit mitteilen können, verfasste der inzwischen berühmt gewordene Reisende aus Sibirien vorsichtige Berichte an den Finanzminister in Petersburg, während er kritische Beobachtungen nur privat festhalten konnte: in Briefen an seinen Bruder oder in Notizen in seinem Tagebuch.[4] So hatte er die Sklaverei, die ihn in der Karibik schockiert hatte, zum Gegenstand eines öffentlichen Protests machen können, zur russischen Leibeigenschaft hingegen durfte er allenfalls diskrete Vorschläge zur Linderung vorbringen oder zum Schicksal einzelner Verbannter persönlich an die Gnade des Herrschers appellieren. Jenseits des Atlantiks befand sich Humboldt in der Situation weitgehender Selbstbestimmung, hinter dem Ural in bedrückender Ohnmacht.

Der entscheidende Unterschied zwischen beiden Reisen war ein politischer. Die russisch-sibirische Expedition und ihr wichtigstes Dokument, *Asie centrale* (1843), zeigen uns einen Forscher, der unter prekären Bedingungen arbeitet, und einen Autor, der heikle Entscheidungen zu treffen hat: nicht den vielgefeierten vorbildlichen Freidenker und idealistischen Humanisten, sondern einen weniger bekannten und durchaus problematischen Alexander von Humboldt.[5]

Dass Ökonomie und Politik das Unternehmen bestimmen würden, zeigte sich bereits an seinem Ausgangspunkt. Der russische Finanzminister Georg von Cancrin, ein Deutschstämmiger, hatte Alexander von Humboldt in einem Brief vom 15. August 1827 um dessen Expertise in Währungsfragen gebeten: Ob es finanzpolitisch sinnvoll sei, Platin als Münzmetall einzusetzen? Humboldt riet ab, Russland experimentierte dennoch mit einer Platinwährung, der Erfolg blieb aus. Aber das eigentliche Ergebnis des Briefwechsels war ein anderes. Denn in einem zweiten Schreiben hatte Cancrin angedeutet, die Gegenden jenseits des Urals, wo man Platin gewann, seien »wohl des Besuches eines großen Naturkundigen werth«.[6] Als er sein Gutachten übersandte, nahm Humboldt diese Anspielung auf: »Mein heißester Wunsch ist, Ihnen in Rußland selbst meine Aufwartung zu machen. Der Ural und der nun bald Russische Ararat, ja selbst der Baikal-See schweben mir als liebliche Bilder vor.«[7]

Cancrin sprach daraufhin im Dezember 1827 eine Einladung aus: »Der Monarch wünscht es, da der Gewinn für die Wissenschaft und das Reich nur sehr groß sein kann.«[8] Humboldt nahm den Vorschlag an und bestärkte die Erwartung der russischen Seite, »daß ich einige Aufträge, die der Administration nüzlich sind, ausführen könne«.[9] Daraufhin stellte der Minister in seinem Brief vom 20. März 1828 die Finanzierung der Expedition auf russische Staatskosten in Aussicht.[10] Es wird verabredet, Humboldt dürfe seine Route selbst wählen und den Chemiker und Mineralogen Gustav Rose sowie den Botaniker und Zoologen Christian Gottfried Ehrenberg mitnehmen, während ihm die russische Seite den Bergbeamten Dmitrij Menschenin als Mitarbeiter zuwies.

Humboldt hatte schon einige Jahre früher den Vorsatz gefasst, eine zweite interkontinentale Reise zu unternehmen, die seine erste komplementieren würde: zwei Welten wollte er erlebt, beide Kontinente würde er erforscht haben, er möchte die Anden mit dem Ural und den Chimborazo mit dem Himalaya vergleichen. Der Plan, durch das südliche Asien nach Indien zu gelangen, scheiterte jedoch am Verbot der englischen Kolonialherren, die dem kritischen Ausländer die Einreise verwehrten. Allerdings war Humboldts Fernweh durchaus unbestimmt und seine Bereitschaft zu improvisieren beträchtlich. Es sei ein »vielleicht kindischer aber heißer Wunsch meiner Jugend«, schrieb er an Cancrin, »zugleich den Amazonen-Strohm und den Irtysch gesehen zu haben«.[11] Und nicht minder pathetisch: »Tobolsk ist ein Traum meiner frühesten Jugend«.[12] Es gibt mehrere Orte, die er als Traumziele bezeichnet hat, und einige Städte schmücken sich mit Zitaten, in denen er sie als die angeblich schönsten der Welt preist. So wie er zunächst nach Afrika übersetzen wollte und dann nach Amerika fuhr, verschlug es ihn, obwohl ihn eigentlich Persien und Indien gereizt hatten, nun nach Sibirien.

Der Preis, den Humboldt dafür zahlte, durch Russland reisen zu können, war in der Tat erheblich. Für den Autor bedeutete seine Abhängigkeit von der russischen Regierung, dass er sich politischer Aussagen enthalten sollte. Der Verfasser *Politischer Essays* über Kuba und über Neu-Spanien, die im einen Fall in ein Manifest gegen die Sklaverei mündeten[13] und im anderen in der Aussage gipfelten, »Mexiko ist das Land der Ungleichheit«[14], sollte sich, was das Reich des Zaren betraf, unpolitisch verhalten. »Es versteht sich von selbst«, beruhigte er den russischen Finanzminister, der die Expedition finanzierte,

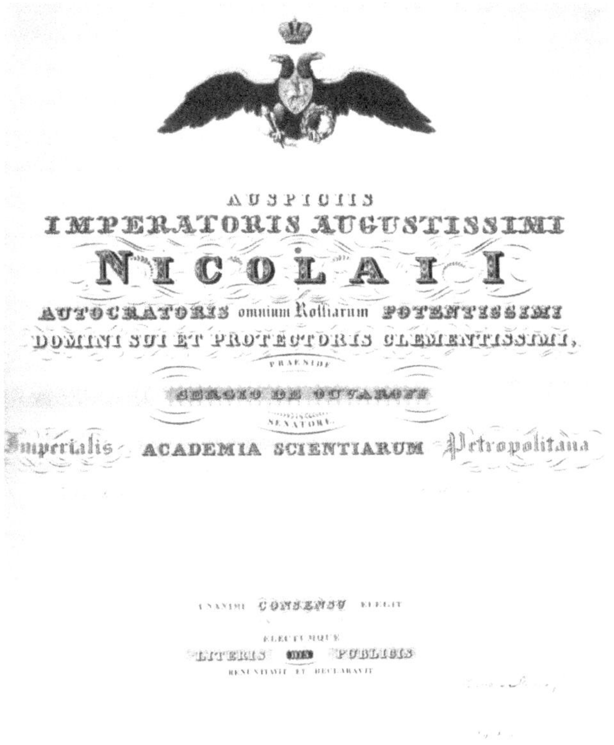
AUSPICIIS
IMPERATORIS AUGUSTISSIMI
NICOLAI I
AUTOCRATORIS omnium Rossiarum POTENTISSIMI
DOMINI SUI ET PROTECTORIS CLEMENTISSIMI,
PRAESIDE
SERGIO DE OUVAROFF
SENATORE
Imperialis ACADEMIA SCIENTIARUM Petropolitana
UNANIMI CONSENSU ELEGIT
ELECTUMQUE
LITERIS [illegible] PUBLICIS
RENUNTIAVIT ET DECLARAVIT

42. Urkunde der Mitgliedschaft in der Akademie der Wissenschaften, Sankt Petersburg, 29. April 1829.

über seine Pläne, sie schriftstellerisch zu verarbeiten, er werde sich »nur auf die todte Natur beschränken und alles vermeiden was sich auf Menschen-Einrichtungen, Verhältnisse der untern Volksklassen bezieht: was Fremde, der Sprache unkundige, darüber in die Welt bringen, ist immer gewagt, unrichtig und bei einer so complicirten Maschine, als die Verhältnisse und einmal erworbenen Rechte der höhern Stände und die Pflichten der untern darbieten, aufreizend ohne auf irgend eine Weise zu nützen!«[15] Mit Blick auf den russischen Feldzug im Kaukasus gegen die Türken hatte ihm Humboldt von der »unvorsichtige[n] Hartnäkkigkeit der Barbaren«[16] geschrieben. Und als die Kämpfe beendet waren, gratulierte er: »Wie freue ich mich der Siege Ihrer Waffen!«[17] Wenn Humboldt ankündigte, er habe Verbesserungsvorschläge zu machen, die nicht ausschließlich technischer Art seien, sondern auch den Einsatz leibeigener Arbeitskräfte berühren würden, sah er davon ab, diese schriftlich niederzulegen: »Ueber den Kolywaner Bergbau und den schrekhaften Silber-Verlust im Schmelzen mündlich!«[18]

Die Kontrolle durch die zaristische Obrigkeit funktionierte mehr oder weniger subtil. Der prominente Wissenschaftler und seine Mitarbeiter wurden empfangen von lokalen Würdenträgern, einquartiert bei wohlhabenden Bürgern, ausgestattet vom Militär, begleitet von Eskorten und unterstützt von regionalen Verwaltungen. Zeitweise entwickelte sich die Tour zu einer Folge von Feiern und Ehrungen. Humboldt wurde mit Ansprachen, Diplomen und Orden bedacht. Acht Urkunden, die er unterwegs entgegennahm, liegen heute in Berlin im Archiv.[19]

Er reiste durch kolonisiertes Gebiet mit den Karten der Kolonialmacht. Das Militär des Zaren hatte ein eisenfreies Zelt für seine magnetischen Beobachtungen anfertigen lassen.[20] Der Generalstab war daran interessiert, die Kenntnis wenig erschlossener Regionen und Grenzgebiete zu vervollständigen.[21] Bei Messungen in der Nähe der chinesischen Posten schien Diskretion geboten: »Leicht zu erratende Gründe der Vorsicht veranlaßten mich, erst zweieinhalb Werst westlich vom chinesischen Lager zu beobachten, nämlich an einem einsamen Ort«.[22] Der Forscher bewegte sich am Rand des Spionageverdachts.

Was er auf der Fahrt nach Sibirien erlebt hatte, musste das Gewissen des Aufklärers empören. Gustav Rose legte in seinem Bericht folgendes Zeugnis ab:

> Auf diesem Wege sahen wir zum ersten Mal einen Transport von Verbannten, die nach Sibirien geschickt wurden. Er bestand aus Frauen und Mädchen, etwa 60–80 an der Zahl. Sie gingen frei, waren also nur leichtere Verbrecher; schwerere, wie wir dergleichen auf der Fortsetzung unserer Reise begegneten, gehen zu beiden Seiten eines langen Taues, an welches sie mit einer Hand befestigt sind. [...] Bei allen Stationen, etwa alle 30 Werst[] sind auf diesem Wege, der Hauptstrasse nach Sibirien, hölzerne, mit Pallisaden umgebene Häuser erbaut, in welchen die Verschickten, wie

man in Russland die nach Sibirien Verbannten nennt, die Nächte zubringen, und den vierten Tag Ruhetag halten. Das öftere Zusammentreffen mit ihnen ist keine Annehmlichkeit der Strasse nach Sibirien.[23]

In Humboldts Tagebuch finden sich Notizen, die andeuten, was er gesehen hatte und wovon er schweigen sollte: »weggeschleppte Seelen«, »schuldlos nach Sibirien«.[24] Öffentlich aussprechen konnte er dies nicht.

Humboldt sah sich gehalten, dem Finanzminister, seinem Förderer und Auftraggeber, über die Fortschritte seines Unternehmens regelmäßig Bericht zu erstatten. Aber der Reisende schreibt unterwegs zwei verschiedene Serien von Briefen, die seine Expedition von gegensätzlichen Seiten dokumentieren: einerseits offizielle, an die russische Regierung in Sankt Petersburg (Georg von Cancrin); und andererseits private, an seine Familie in Tegel (Wilhelm von Humboldt). Gegenüber seinem Bruder beklagt er sich, wie sehr er überwacht wurde, über die »ewige Repräsentation«, durch die man ihn in ein offizielles Besuchsprogramm einband: »Die Vorsorge der Regierung für unsere Reise ist nicht auszusprechen, ein ewiges Begrüßen, Vorreiten und Vorfahren von Polizeileuten, Administratoren, Kosakenwachen aufgestellt! Leider aber auch fast kein Augenblick des Alleinseins, kein Schritt, ohne daß man ganz wie ein Kranker unter der Achsel geführt wird!«[25]

Als er nach seiner Rückkehr aus Sibirien und vom Kaspischen Meer in Sankt Petersburg vor der Kaiserlichen Akademie einen Vortrag hatte halten müssen,[26] gestand Humboldt seinem Freund Varnhagen von Ense, es handelte sich bei diesem »*cri de Pétersbourg*« um »eine Parodie vor dem Hofe«, um einen »Versuch zu schmeicheln ohne Erniedrigung«.[27]

Und er ging noch weiter: Er widmete sein Werk dem Zaren, Nikolaus I. (der von 1825 bis 1855 regierte). »Es hat mir viel gekostet«, bekannte Humboldt, »die 3 Bände meiner *Asie centrale* dem Russ[ischen] Kaiser zu dediciren. Es musste geschehen, da die Expedition auf seine Kosten geschehen war. Mein Verhältnis zu dem Monarchen ist mannichfaltig seit 1829 zerrüttet worden wegen meiner politischen Sendungen nach Paris.«[28] Diese Widmung an den Zaren ist umso gewichtiger, wenn man die Geschichte seiner Zueignungen bedenkt. Denn seine Bücher hat er in aller Regel Freunden und Kollegen

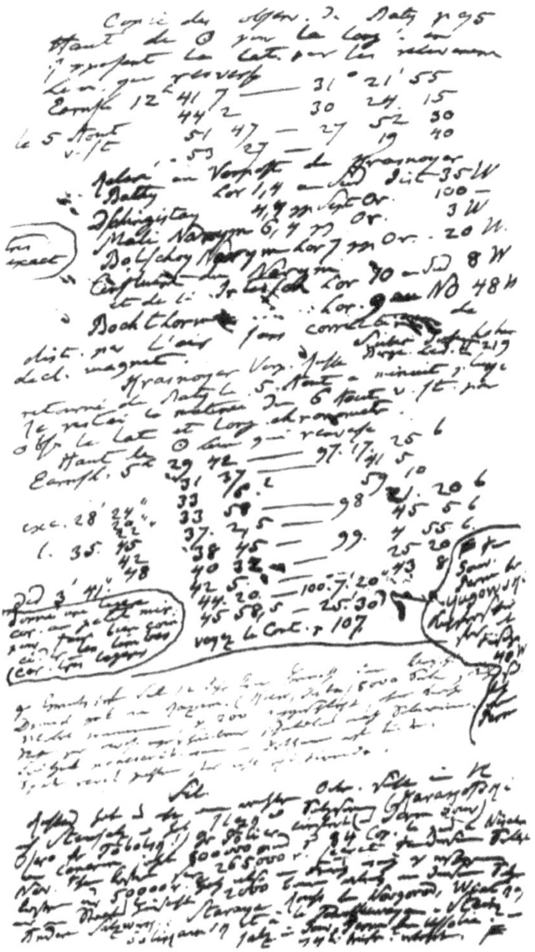

43. Fragmente des Sibirischen Reise-Journals (1829, Auszug).

zugedacht, Autoren und Wissenschaftlern: Wilhelm von Humboldt, Georg Forster, Karl Ludwig Willdenow, Samuel Thomas von Sömmerring, François Arago, Pierre-Simon de Laplace, Ennio Quirino Visconti, Georges Cuvier, Jean-Baptiste-Joseph Delambre, Antoine Laurent de Jussieu, René Louiche Desfontaines, José Celestino Mutis, Karl Friedrich von Kielmeyer, Nicolaus

Joseph von Jacquin, Friedrich August Wolf, Leopold von Buch und Johann Wolfgang von Goethe. Nachdem er sich bei den *Fragmens asiatiques* (1831), dem ersten Werk zur russischen Reise, noch hatte aus der Affäre ziehen können, indem er es russischen Institutionen widmete, nämlich der Kaiserlichen Akademie der Wissenschaften in Sankt Petersburg und den Mitgliedern des Kaiserlichen Bergkorps,[29] wurde es bei *Asie centrale* ernst: Humboldt legte sein wissenschaftliches Werk über Zentral-Asien dessen Beherrscher zu Füßen, der es ihm zugänglich gemacht hatte. Nur in drei weiteren Fällen hat er ein Buch einem König übereignet: Carlos IV. von Spanien seinen *Essai politique sur le royaume de la Nouvelle-Espagne* (allerdings erst nachdem dieser 1808 abgesetzt worden war);[30] Friedrich Wilhelm III. von Preußen eine Schrift über Mimosen (*Mimoses et autres plantes légumineuses du Nouveau Continent*);[31] und Friedrich Wilhelm IV. das Alterswerk, den *Kosmos*.[32] Die Zueignung an den Zaren ist von allen die problematischste.

Humboldt wusste, dass sein Umgang mit dem Autokraten gefährlich war. In seinem poetischen Gleichnis von der »Lebenskraft«, das 1795 in Schillers *Horen* erschienen war, hatte er als junger Mann gewarnt, dass »Fürstennähe auch den geistreichsten Männern von ihrem Geiste raubt«.[33] Als er diesen Text ein halbes Jahrhundert später für die dritte Ausgabe seiner *Ansichten der Natur* (1849) überarbeitete, fügte er dem Satz drei Wörter hinzu: »von ihrem Geiste *und ihrer Freiheit*«.[34] In den russischen Fassungen der Erzählung wurde die monarchiekritische Stelle entschärft oder gestrichen.[35]

In einem vielsagenden Abschnitt in *Zentral-Asien* beschäftigt sich Alexander von Humboldt mit Gottfried Wilhelm Leibniz (1646–1716). Dieser hatte seinerseits mit einem Herrscher von Russland in Verbindung gestanden, mit Peter dem Großen (1672–1725). Verschiedene Gemeinsamkeiten legen nahe, dass Humboldt sich mit diesem Vorbild identifizierte. So hatte der vielseitige Philosoph und Naturforscher bereits ein Jahrhundert vor ihm ein System magnetischer Messstationen für Russland vorgeschlagen, dessen Fläche so groß sei wie die sichtbare Seite des Mondes. Vor allem aber ist Leibniz' Begegnung mit Peter dem Großen vor dem Hintergrund von Humboldts Verhältnis zu Nikolaus I. zu sehen. Den Brief seines Landsmanns an den Zaren, den er ausführlich wiedergibt, liest er als Meisterwerk taktischer Schmeichelei im Dienst der Sache und bewundert an ihm, »mit welch edlem

Eifer und zugleich mit welcher Gewandtheit der berühmte Geometer seine Verbindung mit den Fürsten zum Fortschritt der Wissenschaften zu nutzen verstand«. Leibniz' Übertreibungen verteidigt er als rhetorisches Mittel, »die Eitelkeit eines *mächtigen* Monarchen zu reizen«.[36]

In den *Berlinischen Nachrichten von Staats- und gelehrten Sachen* ließ Humboldt am 16. Dezember 1844, nach Erscheinen der deutschen Ausgabe von *Central-Asien*, einem Bericht des *Journal des débats* »über den Zustand der russischen Bauern« widersprechen, der dessen »Verbesserung« diskutiert und sich dabei auf eine angebliche Stellungnahme von ihm bezogen hatte. Humboldt ließ kategorisch erklären, er habe *»nirgendwo, weder in seinen eigenen Werken, noch in Journalen, der russischen Bauern-Verhältnisse erwähnt«*.[37]

Während seine amerikanischen Tagebücher voll von Polemik waren, im veröffentlichten Reisebericht immerhin eine Kritik am Kolonialsystem zum Ausdruck kam und die Unterschlagung des Sklaverei-Kapitels in der US-amerikanischen Ausgabe des *Essai politique sur l'île de Cuba* seinen öffentlichen Protest herausforderte, sollte sich Humboldt in *Asie centrale* politischer Aussagen wirklich enthalten haben? Gab er sich, womöglich naiv, der Illusion einer ›reinen‹ Wissenschaft hin?

Humboldts Russlandreise führt uns zu einem grundsätzlichen Problem: Was bedeutet es, ein unfreies Land zu bereisen? Wie kann man aus einem Polizeistaat berichten? Wann darf, wann muss man sich den Einsatz für Humanität, Meinungsfreiheit und Dissidenten leisten? Der preußische Russlandforscher teilte das Dilemma heutiger Korrespondentinnen und Diplomaten zwischen Begünstigung und Beeinflussung, Ermächtigung und Einschüchterung, Verführung und Überwachung, Hintergrund- und Desinformation, Zensur und Selbstzensur. Er kannte die Zwänge internationaler Wirtschaftspolitik zwischen Menschenrechten, Rohstoffsicherung und Exportinteressen. Als Wissenschaftler bewegte er sich zwischen Ansprüchen, Zumutungen und Einschränkungen.

Schreiben zwischen den Zeilen

Weil er sich offen nicht äußern konnte, hat Humboldt in *Asie centrale* verschlüsselte Botschaften eingelagert. Sein Schweigen, aber auch seine

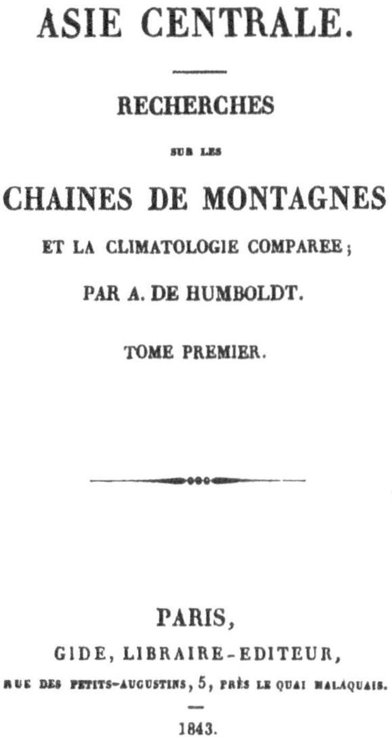

ASIE CENTRALE.

RECHERCHES

SUR LES

CHAINES DE MONTAGNES

ET LA CLIMATOLOGIE COMPAREE;

PAR A. DE HUMBOLDT.

TOME PREMIER.

PARIS,

GIDE, LIBRAIRE-EDITEUR,

RUE DES PETITS-AUGUSTINS, 5, PRÈS LE QUAI MALAQUAIS.

1843.

44. *Asie centrale* (1843), Titelblatt.

Schmeichelei spricht Bände. Denn ausgerechnet die Widmung an den Zaren ist eine elegant verhohlene Unverschämtheit. Humboldt unterstellt dem Monarchen, eine Tendenz zu vertreten, die dieser mit allen Mitteln bekämpfte: »die freie Entwicklung der geistigen Fähigkeiten«.[38] Gleich am Beginn seines Werkes hat er den Druck angesprochen, dem er sich würde beugen müssen, indem er den Herrscher ebenso sarkastisch wie doppelsinnig zitiert: »Sie wünschten, ›es möge alles, was materielle und örtliche Interessen beträfe, in meinen Forschungen lediglich eine Nebenrolle spielen‹.«[39] Wären diese »materiellen und örtlichen Interessen« nur reisepraktisch oder nicht vielmehr gesellschaftspolitisch zu verstehen: als genau das,

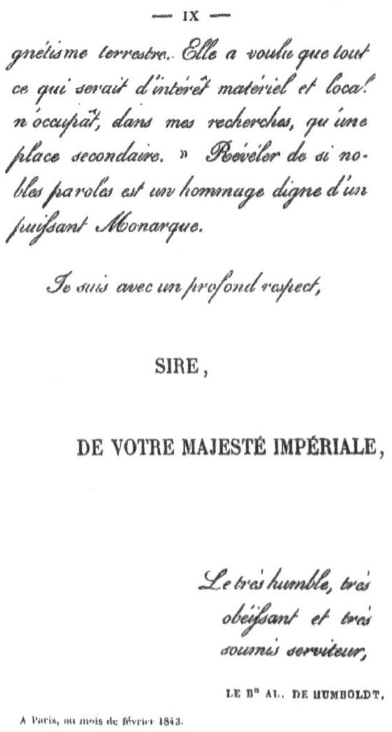
— IX —

gnétisme terrestre. Elle a voulu que tout ce qui serait d'intérêt matériel et local n'occupât, dans mes recherches, qu'une place secondaire. » Révéler de si nobles paroles est un hommage digne d'un puissant Monarque.

Je suis avec un profond respect,

SIRE,

DE VOTRE MAJESTÉ IMPÉRIALE,

Le très humble, très obéissant et très soumis serviteur,

LE B^on AL. DE HUMBOLDT.

A Paris, au mois de février 1843.

45. Widmung an den Zaren (*Asie centrale*, 1843, S. IX).

wovon Humboldt schweigen sollte? Die Widmung schließt mit dem Dank an den »mächtigen Monarchen«.[40] Wie ironisch aber ist eine Freiheit gemeint, wenn sie einem Despoten geschuldet ist?

Gleich zu Anfang hat sich eine Mehrdeutigkeit in den Text eingeschlichen. Liest man daraufhin das scheinbar so entschlossen unpolitische Werk mit einem Blick für feine Andeutungen, so wird sichtbar, was direkt anzusprechen nicht möglich (oder nicht opportun) war. Auf der ersten Seite der »Einleitung« ist die Rede von einer »Erhebung der Massen« (»soulèvement des masses«).[41] Vordergründig meint sie einen Gebirgszug. Im Anschluss an die gespielte Verbeugung vor dem Machthaber deutet sie indes die Möglichkeit (und Notwendigkeit) eines Aufstandes an, zumal sie sogleich auf den »Zustand der menschlichen Gesellschaften«[42] bezogen wird. Humboldt hat der Geologie eine politische Metaphorik gegeben.[43]

Eine weitere Anspielung ist ohne Kenntnis ihres Hintergrundes kaum zu verstehen. Am Ende der Einleitung erwähnt Humboldt recht unvermittelt einen »Herrn Witkiewicz«, einen »kühnen Reisenden«, ohne dass man erfahren würde, was ihn bedeutend macht.[44] Er tut dies noch dazu auf dem Umweg über Zitate aus den Berichten anderer Reisender (Gregor von Helmersen und Alexander Burnes). Humboldt selbst wendet sich an nicht näher bezeichnete »Personen in Sibirien, die das Interesse teilten, welches das traurige und abenteuerliche Schicksal dieses jungen Polen mir einflößte, als ich im September 1829 Orsk passierte«.[45] Diese unscheinbare Erwähnung ist geradezu brisant: Handelt es sich doch, wie die Nationalität, »Pole«, seit der dritten Teilung des Landes (1795) nahelegt, um einen politischen Verbannten, für dessen Rehabilitation sich Humboldt beim Zaren erfolgreich eingesetzt hatte. Dem jungen Mann, von dessen Tod er inzwischen erfahren hat, erweist er an dieser Stelle, in einer Art kurzen Nachrufs, seinen Respekt. Und in seinen privaten Aufzeichnungen führt Humboldt diesen Zusammenhang aus. Nach seiner Heimkehr hat er von Berlin aus Witkiewiczs Schicksal weiterverfolgt, wie sich an nachträglichen Zusätzen im Tagebuch ablesen lässt. Die letzte Seite der *Fragmente des Sibirischen Reise-Journals* beschließt der folgende Eintrag: »Der unglückliche Witkiewicz, den ich vom Dienst als einfacher Soldat in Orsk befreit und von dem ich in der Einleitung zum ersten Band meiner *Asie centrale* auf Seite LIV rühmend gesprochen habe, hat sich in Petersburg das Leben genommen, nachdem er aus Kabul und Buchara zurückgekehrt war, weil die Regierung die Mission verleugnete, die sie ihm übertragen hatte.«[46] Humboldts russisches

« Les personnes qui, en Sibérie, ont partagé l'intérêt que m'a inspiré la triste et aventureuse destinée de ce jeune Polonais, lors de mon passage à Orsk en septembre 1829. »

« Le malheureux Witkiewicz que j'ai délivré du service de simple soldat à Orsk et dont j'ai parlé avec éloge dans l'Introduction du premier volume de mon *Asie centrale* p. LIV s'est tué à Pétersbourg en retour de Kaboul et de Bokhara parce que le Gouvernement désavouoit la mission qu'il lui avoit donné. »

Journal endet so mit der traurigen Nachricht, dass der politisch Verfolgte, für dessen Begnadigung er sich verwendet hatte, letztlich doch dem zaristischen System zum Opfer fiel.

Nachdem durch die Widmung, das Bild von der Erhebung und den Hinweis auf den Verbannten im ersten Teil des Werkes eine politische Dimension eröffnet und zugleich als Höflichkeit, als Metapher und als Zitat verkleidet worden ist, werden auch im weiteren Text verstreute Details als kritische Bemerkungen erkennbar: als Hinweise auf Unterdrückung, Zwangskolonisierung, ungerechte Entlohnung, Leibeigenschaft und die allgemeine Rückständigkeit der russischen Gesellschaft. Humboldt schreibt über »das Sibirien der Verurteilten«[47], eine »Verbanntenstadt«[48], den »sehr mäßigen Lohn der Arbeiter«[49], »politische und moralische Hemmnisse«[50] für die wirtschaftliche Entwicklung und die »raschen Fortschritte«, welche dagegen durch »freie und kraftvolle Verfassungen«[51] im Westen erreicht werden konnten. Vor seinem Aufbruch nach Asien hatte Humboldt in einem Artikel »Ueber die künftigen Verhältnisse von Europa und Amerika« mit Blick auf die Kolonien noch Klartext publizieren können: »Der Despotismus ist allzeit von fortschreitender Verarmung und Abnahme des öffentlichen Wohlstands begleitet.«[52]

Im Leben des Weitgereisten gibt es eine Kontinuität des Engagements: von der Einrichtung einer freien Bergschule (1793) und Erfindungen zum Arbeitsschutz (1796) bis zum Einsatz gegen die Diskriminierung der Juden (1842) oder für ein Gesetz zur Befreiung von Sklaven (1857). Sogar in seiner programmatischen Rede, die er zum Abschluss der asiatischen Expedition vor der Akademie der Wissenschaften in Sankt Petersburg hielt, unterließ Humboldt es nicht, deutlich zu machen, dass wissenschaftliche Entdeckungen und industrielle Verfahren letztlich dazu dienten, »den Zustand der Gesellschaften zu verbessern«.[53]

Während er in Sibirien Bergwerke und Schmelzstätten besichtigte, stellte Humboldt fest, dass soziale Bedingungen deren Wirtschaftlichkeit behinderten. Es herrschten feudale Verhältnisse. Zu wenig freie, gut ausgebildete Fachkräfte standen zur Verfügung. Eine Möglichkeit, gesellschaftspolitische Kritik vorzubringen, bestand für ihn darin, sie mit den gewünschten Verbesserungsvorschlägen zu verbinden: mit dem vermeintlich nur fachlichen

Ratschlag, technische Maßnahmen zur Steigerung der Produktivität umzusetzen und dabei von Leibeigenschaft auf Lohnarbeit umzustellen. Verstreute Andeutungen kritisieren Russlands »économie politique«: Kroneigentum und Leibeigenschaft, Eigentumsverhältnisse und Produktionsbedingungen. *Asie centrale* erschien in Paris, während sich Karl Marx ebendort mit politischer Ökonomie zu beschäftigen begann – fünf Jahre vor dem *Kommunistischen Manifest*.

Versuche, den Orientalismus zu vermeiden

Wie er sich in die Tradition der europäischen Begegnung mit der ›Neuen Welt‹ stellte, als er in Cumaná an Land ging und dann in Paris seine Erlebnisse schilderte, so begriff sich Humboldt als Teil einer entsprechenden Geschichte, als er bei Polangen russisches Territorium betrat und in der Folge die Länder des Ostens erkundete. In *Asie centrale* ging er den Fragen nach: Wie entwickelten sich die geographischen Kenntnisse von Asien? Auf welchen Wegen kamen Europäer mit den Ländern im Osten in Kontakt? Welche Vorstellungen hatten sie vom Orient? Und wie verhält er sich selbst zu dieser Überlieferung?

Durch intensives Quellenstudium rekonstruiert der Reisende als Philologe die Bruchstücke europäischer Asien-Bilder, beginnend bei den »Vorstellungen der Alten«: bei Dichtern wie Aristeas, Geographen wie Strabo, Ptolemaios, Hekataios und Pomponius Mela oder Historikern wie Herodot, Prokopios, Menander, Diodor, Ammianus, Plutarch und Quintus Curtius Rufus. Ein besonders schönes Kapitel dieser europäischen Geschichte(n) von Asien handelt vom Mythos der goldhütenden Greife; es enthält wundersame Nachrichten über Barbaren auf weißen Pferden, monströse Mammuts und plattnasige Kahlköpfe.[54]

Zu Humboldts Vorläufern in der Geschichte der Erforschung Russlands und Sibiriens, auf die er sich in *Asie centrale* immer wieder bezieht, gehören der österreichische Diplomat Siegmund von Herberstein (der Russland 1516–1517 und 1526–1527 bereiste), Daniel Gottlieb Messerschmidt (1719–1727), die Kamtschatka-Expeditionen (1728–1730, 1733–1743) unter Vitus Bering, die Expeditionen auf Initiative der Sankt Petersburger Akademie der

Wissenschaften (1768–1774), die Reisen von Peter Simon Pallas (1768–1774), die russischen Weltumsegelungen unter anderem unter Adam Johann von Krusenstern (1803–1806), Otto von Kotzebue (1815–1818, 1823–1826) und Fjodor Petrowitsch Lütke (1826–1829), Fabian Gottlieb von Bellingshausens russische Antarktis-Expedition (1819–1821), Ferdinand Petrowitsch von Wrangels Erkundung der Polarmeerküste (1820–1824), Adolf Ermans Forschungen, die er zum Teil zusammen mit den Norwegern Hansteen und Due unternahm (1828–1830), sowie die Vermessung eines Meridianbogens von der Donau bis zum Eismeer unter Wilhelm Struve (ab 1816).

Humboldts Anliegen ist jedoch, nicht einseitig das Archiv westlicher Texte über den Osten zu studieren, sondern auch »orientalische Autoren«[55] selbst sprechen zu lassen. So hat er eine umfangreiche Auswahl geographischer Passagen aus chinesischen Quellen zusammengestellt, deren Übersetzung er bei Spezialisten in Auftrag gab. Seine Gewährsleute durch die Jahrhunderte sind griechische Schriftsteller, arabische Geographen, italienische Reisende, tibetische Pilger, russische Kolonisten, mongolische Militärs und bucharische Kaufleute.

Humboldts Kulturwissenschaft und sein Kulturvergleich führen zu einem Verlust der Mitte. Es gibt, erkennt er, mehrere zivilisatorische Zentren, die zugleich Ausgangspunkte imperialer Bewegungen waren. Die europäische Antike verliert ihren Status als Ideal und als Maßstab, den ihr der Klassizismus zugesprochen hatte. Die Chinesen waren, weiß Humboldt, den Römern geographisch überlegen. Die Zeugnisse der Mongolen wiederum sind vertrauenswürdiger als jene der Griechen. Khan Abulghazi lebte in glücklicher Unkenntnis ptolemäischen Systemdenkens. Und immer wieder lobt Humboldt die Erdkunde der Araber oder auch die der Buddhisten.

Asie centrale ist Teil eines Diskurses, lässt sich aber nicht auf ihn beschränken. So distanziert sich Humboldt von einer Altertumskunde, die »eine Geringschätzung des nicht-biblischen Orients«[56] zeigte. Seine Annäherung an Asien lässt sich nicht mit dem *binären* Modell eines Orientalismus nach Edward Said begreifen, demzufolge westliche Darstellungen den Orient immer nur als das ewig ›Andere‹ fassten, ungeachtet der Wirklichkeit sowie einheimischer Zeugnisse.[57] Auch V. Y. Mudimbes *konzentrisches* Modell eines »griechischen Paradigmas«, in dessen Folge Europäer andere Kulturen mit zunehmender Entfernung vom eigenen Ausgangspunkt immer fremder und monströser wahrnähmen, würde ihm nicht gerecht.[58] Eher lässt es sich im Sinn Martin Bernals[59] oder Homi Bhabhas[60] verstehen: als Interesse für wechselseitige Einflüsse.

Räume und Grenzen

Die Möglichkeit oder Unmöglichkeit, Zugang zu Territorien zu erhalten, hat Humboldts Leben mehrmals die Richtung gewiesen. Napoleon versperrte ihm den Weg zu den Pyramiden, die Portugiesen verweigerten ihm die Fahrt nach Brasilien, und die Engländer verwehrten ihm die Einreise nach Indien. Der König von Spanien dagegen öffnete ihm seine Kolonien in Amerika; und der Zar von Russland sein Reich in Asien. Geographische und politische Grenzen haben eine große Bedeutung für Humboldts Begriffe von Wissenschafts- und Reisefreiheit. Sie orientieren sein geopolitisches Denken.

In *Zentral-Asien* entwickelt Humboldt eine Poetik der Grenze und des Raumes. Fünf Demarkationen erreichte er auf seiner Expedition. Die preußisch-russische Grenze markierte ihren eigentlichen Beginn. Die Kontinentalgrenze im Ural bezeichnete, willkürlich, ein Baum »mit der Inschrift *Europa, Rußland, Asien, Sibirien*«[61]. Immer wieder scheint im *Sibirischen Reise-Journal*, in den Briefen und in *Zentral-Asien* die Faszination der chinesischen Grenze auf. So wie in Amerika die Außenposten Brasiliens den Ort der Umkehr bildeten, ist das Erreichen des »Reiches der Mitte« Ziel- und Höhepunkt der Reise durch Asien. Entsprechend rituell wird es erlebt und beschrieben. Diesmal jedoch ist es Humboldt gestattet, wenigstens für kurze Zeit die Linie zu überschreiten. Vor allem seine Briefe und Roses Bericht handeln von der Begegnung mit dem chinesischen Kommandanten, dessen Name in *Zentral-Asien* (»Tsing-fu«) und auch im Tagebuch (»heißt Tschinfu«) überliefert ist. Die Zeugnisse dieses eigentümlichen Erstkontakts befinden sich heute in der Ostasienabteilung der Berliner Staatsbibliothek: unter ihnen das mehrbändige Büchergeschenk, das der Grenzoffizier Humboldt überreichte, sowie sein Name in chinesischen Zeichen auf einem Blatt Papier.

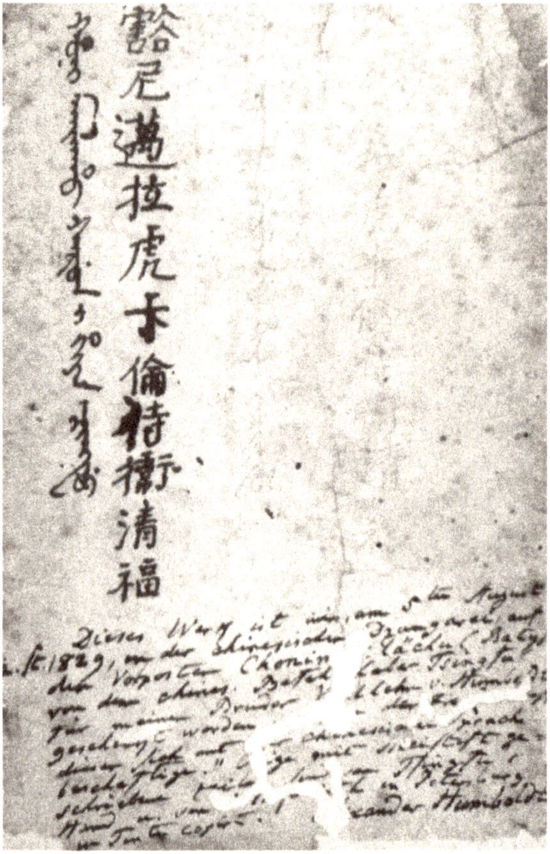

46. Die Handschrift des chinesischen Grenzwächters.

Auf dem Rückweg nach Westen bewegte sich die Expedition entlang der Südflanke des Zarenreiches, die Kosaken gegen Nomadenvölker bewachten. Am Kaspischen Meer schließlich erreichte sie eine Kontaktzone zwischen diversen Kulturen: Russen, Tataren, Armeniern, Georgiern, Kirgisen, Kalmücken, Indern und Juden. Hier schien es keine Grenzen mehr zu geben – ein fast utopischer Ort.

Wie erforscht man, reisend, ein Land? Das Team der Expedition organisierte sich arbeitsteilig. Die Innovation liegt jedoch nicht allein in Ehrenbergs Mikrobiologie, in Roses Mineralogie oder in Humboldts Klimatologie.

Das entscheidende Ergebnis ist das verbindende Denken, das bei Humboldt Methode hat und hier zur Vollendung gelangt. *Zentral-Asien* vereint zahlreiche Wissensformen zu einer multidisziplinären Raumkonzeption.

Dabei nimmt Humboldt keineswegs nur die Schauplätze in den Blick, die er selbst bereist hat. Er bezieht sich auf mindestens ebenso viele Orte, die er gar nicht gesehen hat, aber aus Zeugnissen und Berichten kennt oder durch naturwissenschaftliche Daten, die er zu seiner eigenen Erfahrung in Beziehung setzen kann. Es geht ihm um die Darstellung eines Großraumes: um Zentral-Asien insgesamt. Aber wie kann man einen Kontinent beschreiben, der sich kaum erreisen oder ausmessen lässt? Humboldt bedient sich aller verfügbaren Mittel: Als Geologe zeichnet er die Figur der Gebirgszüge, als handelte es sich um eine abstrakte Plastik. Als Kartograph besorgt er sich alle verfügbaren Landkarten und entwirft eigene Topographien. Als Pflanzengeograph geht er den Wanderungen und der Verteilung von Gewächsen nach. Als Klimaforscher studiert er die räumlichen und zeitlichen Verhältnisse von Wärme und Kälte, mit seinen »isothermen Linien« teilt er den Globus in Zonen gleicher Durchschnittstemperatur. Als Kulturtheoretiker betrachtet er die Wechselwirkung zwischen natürlicher Umwelt und menschlicher Zivilisation. Als Paläontologe untersucht er die versteinerten Überreste prähistorischer Tiere und zieht aus einzelnen Funden erdgeschichtliche Schlüsse. Als Historiker erzählt er die Geschichte der Entdeckungen und Erschließungen. Als Geopolitiker kartiert er die Einflusssphären der Großmächte. Als Reisender sammelt er Berichte und rekonstruiert Routen. Als Archäologe besucht er Ruinen und Ausgrabungsstätten. Als Linguist beschäftigt er sich mit den Sprachen einheimischer Völker und mit den Etymologien von Ortsnamen. Als Ethnograph erfragt er Informationen von Einheimischen und lässt indigene Dokumente übersetzen. Und als Philologe wertet er europäische und asiatische Zeugnisse aus.

Humboldt betreibt seine Forschung empirisch, vor Ort, am Gegenstand. Seine Expeditionen gleichen groß angelegten Experimenten, die leitende Forschungsfragen beantworten sollen: Wie lässt sich ein Großraum kartieren? Wie wäre der russische Bergbau zu verbessern? Gibt es in der alten Welt Diamanten? Um sich problemorientiert mit seiner Umgebung auseinanderzusetzen, verbindet er Methoden aus verschiedenen Wissensgebieten.

Dreiecke

Humboldts Perspektive ist stets eine doppelte: lokal präzise erfassend und global produktiv vergleichend. Als Komparatist zieht er fortwährend Analogien, er sieht Verbindungen, die von seinem Weg weg- und über den dargestellten Raum hinausführen. Insbesondere Amerika ist permanent präsent. Im Ural kann die Rede von den Kordilleren sein, im Altai vom Chimborazo, am Ob vom Orinoco und am Kaspischen Meer vom Tal von Mexiko. Die zweite Weltreise bezieht sich auf die erste. Die Reise durch Asien wird zu einer gedanklichen Bewegung durch die ›Neue Welt‹. So war die Expedition durch Amerika in Humboldts Phantasie eine Wanderung durch den Orient gewesen, auf den er in seinem Bericht immer wieder poetisch Bezug nahm. Zugleich gestaltete er sie als Zeitreise in die Welt der Antike. Die Fremde hat er jeweils triangulär wahrgenommen: im Verhältnis zu einem dritten Ort, der vergleichsweise zum Verständnis beiträgt. Alexander von Humboldt dachte in Dreiecken.[62]

Zwischen Südamerika und Zentral-Asien hat sogar ein Mythen-Transfer stattgefunden: ein Austausch zwischen dem Land der Amazonen und El Dorado. Während die Vorstellung von einem Reich wilder Frauen am Rand der bekannten Welt aus Herodots Land der Skythen auf den großen Strom im Regenwald überging, wurde der Traum von einem Ort sagenhafter Reichtümer aus Venezuela nach Sibirien übertragen. »Der Ural ist ein wahres Dorado«, schrieb Humboldt am 15. September 1829 aus Miask an den Minister Cancrin.[63]

Sibirien wird eine Art ›Neue Welt‹ im ›Alten Kontinent‹. Es ist ein Land der Fiktionen, die vom zweiten Teil von Daniel Defoes *Robinson Crusoe* (1719)[64] über Jules Vernes *Der Kurier des Zaren* (1876)[65] bis in die Gegenwart reicht. Wie Alexander von Humboldt war auch Karl May nicht allein von Amerika fasziniert und vom Orient, sondern er schrieb einen Text mit dem Titel »Nach Sibirien« (1877/1878).[66]

Humboldt spricht von Orten, die bis heute die Phantasie europäischer Leser anregen: Kasan, Buchara, Samarkand. Aber einen festen Bezugspunkt bildet die Heimat. In den Briefen an seinen Bruder in Tegel schreibt er davon, wie ihm in der Ferne manches keineswegs fremd vorkam. »Leider gleicht die Vegetation bisher im Grunde dem ›Tegelschen Grase‹«, berichtet er am

8. Juni 1829 aus Kasan[67]; »die asiatische Grenze hat freilich einiges Ansehen der Tegelschen Heide«, am 21. Juni 1829 aus Katharinenburg.[68] Und im November desselben Jahres: »Nach der Rückkehr aus der chinesischen Mongolei erschien mir Moskau wie Spandau.«[69] In den Emotionen des Reisens liegen Begeisterung und Enttäuschung dicht beieinander. Im Tagebuch findet sich gleich zweimal die Beobachtung: »Irtisch bei Baty schmaler als Spree im Thiergarten.«[70] August Böckh teilte Humboldt später mit: »Ganz Sibirien ist eine Fortsezung unserer Hasenheide.«[71] Exotismus ist das nicht. Aber Heimweh wohl auch nicht.

Im Frühjahr 1800 war es Humboldt verboten gewesen, in portugiesisches Hoheitsgebiet vorzustoßen, als er die Verbindung zwischen den Flusssystemen des Orinoco und des Amazonas erkundete. Was ihm damals verwehrt blieb, holte er drei Jahrzehnte später ausgerechnet im Ural nach. Ausgehend von Spekulationen über die geologische Ähnlichkeit beider Regionen, indem er annahm, dass die Konstitution von Sibirien der von Brasilien ähnlich sei, versprach er der Zarin kühn, man werde auch in ihrem Reich Diamanten finden.

Und man fand sie tatsächlich. Das bedeutendste Objekt der Reise ist das kleinste: der erste Diamant, der in der ›Alten Welt‹ entdeckt wurde. Er symbolisiert das materielle Interesse, das sich mit der Reise verband, den Bedarf an Bodenschätzen, Gold, Silber, Platin, Erz und Edelsteinen. Er ist der Beleg für die Richtigkeit eines gewagten Analogieschlusses und damit für Humboldts vergleichende Methode. Und er ist ein Sinnbild der Identität beider Welten. Er bildet den Schlussstein im sogenannten ›Disput um die Neue Welt‹, den Humboldt bereits in seinen Schriften über Amerika geführt hatte.[72] Am Ural bewies er, wie viel Amerika und Asien miteinander gemein hatten.

An der Diamanten-Episode können wir nebenbei sehen, mit welcher Chuzpe Humboldt bestimmte Begebenheiten wie auch sich selbst in Szene zu setzen wusste. In *Zentral-Asien* gibt er die Folge der Ereignisse wieder, wie auch Gustav Rose sie schildert: Er hatte vorhergesagt, dass man im Ural Diamanten finden werde. Die Suche blieb jedoch einstweilen erfolglos. Nachdem sich zwei zeitweilige Reisebegleiter, Graf von Polier und sein Mitarbeiter Schmidt, in Kuschwinsk von der Expedition getrennt hatten, um sich auf den Landsitz des Grafen zu begeben, kam es dort nur vier Tage später zu der erwarteten Entdeckung. An einem Stein erkannten sie, dass es sich tatsächlich um einen Diamanten handelte. Diesem ersten Fund folgten noch weitere. Polier ließ Humboldt, der auf seiner Rückreise erneut die Region passierte, benachrichtigen und ihm einen der Diamanten überbringen, verbunden mit der Bitte, die Sensation für sich zu behalten, bis man sie dem Zaren präsentiert hatte. »Wir erhielten die Nachricht von diesem Ereignis«, heißt es in *Zentral-Asien*, »am 3. September in Miask«.[73]

Ausgerechnet von dort schrieb Humboldt abermals an Cancrin:

> [I]ch bestehe fast darauf (alle analogen Verhältnisse mit Brasilien lassen es mich seit zwei Jahren behaupten), daß noch unter Ihrem Ministerium Demanten in den Gold- und Platina-Wäschen des Ural werden entdekt werden. Ich gab der Kaiserin diese Gewißheit beim Weggehen, und wenn meine Freunde und ich die Entdekkung auch nicht selbst machen, so wird unsere Reise doch dahin wirken, andere lebendig anzuregen.[74]

Der Eindruck drängt sich auf, dass das kein Zufall ist. Hat Humboldt, *nachdem* er erfahren hatte, dass genau dies inzwischen eingetreten war, sich rasch noch einmal nichtsahnend gestellt, um seine spektakuläre Prophezeiung erneuern und die Nachricht von ihrer Verwirklichung umso effektvoller vorbereiten zu können?

Aber auch ein anderer Zufall scheint Humboldt gefallen zu haben, sodass er ihn gleich mehrfach erwähnte: dass die großartigen Entdeckungen eigentlich von Kindern gemacht wurden, die er namentlich verewigt, der Fund des Diamanten ebenso wie der eines riesigen Goldklumpens, jener durch »den Knaben Paul Popow« und dieser durch »ein Mädchen aus Newjansk, Katharina Bogdanow«.[75]

Die Entdeckung des Klimawandels

Er würde »mehr die Dinge« in Augenschein nehmen wollen »als die Menschen«, hatte Humboldt der russischen Regierung versprochen.[76] Tatsächlich weist der Untertitel *Asie centrale* als ein Werk der Naturwissenschaft aus, namentlich der Geologie und der Klimatologie. Hat Humboldt den asiatischen Kontinent also als bloße Natur beschrieben? Hat er ihn ›naturalisiert‹ und als menschenleeren Raum gestaltet, der niemandem gehört und daher zur Besitznahme offensteht? Diesen Vorwurf hat Mary Louise Pratt anhand ausgewählter Stellen aus seinen Schriften über Amerika erhoben, wobei sie allerdings zahlreiche Abschnitte und ganze Bücher außer Acht ließ, in denen das Gegenteil der Fall ist.[77] In *Asie centrale*, wo das Soziale und das Politische tatsächlich ausgeblendet werden sollten, scheint ein solches Projekt, das Fremde als reine Natur in Szene zu setzen, umso konsequenter verwirklicht zu sein.

Über eine weite Strecke reisten Humboldt und seine Begleiter in der Tat ohne jeden Kontakt. Als sie erfuhren, in der Barabinskaja-Steppe sei die »Sibirische Pest« ausgebrochen, sahen sie sich gezwungen, ihre Wagen zu versiegeln und sich gegenüber der Bevölkerung abzuschotten. Die Episode beschreibt die reine Bewegung, ein Reisen ohne Begegnung. Humboldt, Rose und Ehrenberg standen nicht nur unter einer politischen Quarantäne, sondern zeitweise auch unter einer medizinischen. Expeditionen bringen nicht selten gesundheitliche Gefährdungen mit sich. Fantasien vom Fremden verbinden sich oft mit hygienischen Vorstellungen. »Sibirische Pest, [Sibirskaya] Yaswa«[78], schreibt Humboldt in einem Brief an Cancrin aus Omsk vom 27. August 1829, so hieß die bedrohliche Krankheit. Es handelte sich offenbar um Milzbrand, hervorgerufen durch den bis dahin noch unbekannten Anthrax-Erreger.

Gleichwohl handelt *Zentral-Asien* von Kontakten mit Menschen. Vorwiegend hatte der Staatsgast in Sibirien mit Vertretern der russischen Zentralmacht zu tun: mit Offizieren, Soldaten, Beamten und Bergwerksbetreibern. Er suchte den Austausch mit Wissenschaftlern und Sammlern. Am Rande kommt es zu besonderen Kontakten: In Dorpat trifft Humboldt auf Johann Friedrich Eschscholtz, der mit Adelbert von Chamisso um die Welt gereist war; in Petersburg den Dichter Alexander Puschkin; in Tobolsk einen Doktor Albert, den Neffen von Charlotte Buff, die das Vorbild für die Figur der Lotte in Goethes *Werther* war; und in Miask, ohne es ahnen zu können (wie Hanno Beck annahm), wahrscheinlich Alexander Blank, Lenins Großvater.

Daneben gibt es allerdings auch einen Austausch mit Einheimischen, mit der einfachen Bevölkerung, mit Angehörigen der einverleibten Völker oder noch unbezwungener Nachbarnationen. So berichtet Humboldt von der Zusammenarbeit mit ortskundigen Führern bei Talowka, von Gesprächen mit Reisenden aus den usbekischen Khanaten in Orenburg oder von

Interviews mit Tataren und Mongolen, die er in Semipalatinsk führte.[79] Lokales Wissen ist an zahlreichen Stellen in sein Werk eingegangen. Breiten Raum nimmt die Begegnung mit asiatischen Religionen ein, insbesondere mit dem Islam und dem Buddhismus. Verschiedentlich besucht der Wissenschaftler Moscheen und Tempel. Und er interessiert sich für archäologische Zeugnisse untergegangener Kulturen: für die Ruinen von Bulghar, die Gräber der Skythen, die Reste des »tschudischen« Bergbaus. – Lediglich fremde Klänge haben ihn offenbar überfordert, etwa Trompeten und Schellen in einem kalmückischen Gottesdienst oder »leider! auch Vokal-Musik tatarischer Sultaninnen«.[80]

Aber auch eine Beschränkung auf »todte Natur« kann unvorhergesehene Konsequenzen haben – nicht zuletzt politische. Zu welchen Einsichten führt die Auseinandersetzung mit einer anderen Umwelt? Welche überraschenden Befunde bringt die Reise durch eine fremde Landschaft? *Asie centrale* handelt von seinerzeit wenig bekannten Naturphänomenen. Humboldt beschreibt einen Tsunami, der »über 500.000 Morgen urbares Land verschlang«,[81] ausführlich schildert er die früheste Gewinnung von Erdgas, mit einfachem Fördergerät und Pipelines aus Bambusrohren.[82] Er erkennt Zusammenhänge, die wir heute ökologisch nennen – oder genauer: sozio-ökologisch.

In den Wäldern des Ural nahm eine Erkenntnis ihren Anfang, die von großer Reichweite ist. Bei seinen Inspektionen des Bergbaus stellte der erfahrene Fachmann fest, dass Art und Ausmaß der Energiegewinnung dramatische Auswirkungen auf die Natur hatten. Brennholz war seinerzeit die wichtigste Energiequelle, bevor zunächst Kohle und dann zunehmend Öl und Gas an Bedeutung gewannen. Die mangelnde Effizienz der russischen Betriebe forderte einen unnötig hohen Verbrauch und entsprechend weitflächige Abholzungen: eine »Entwaldung«, wie Humboldt sie aus den Tropen kannte. Er wusste, dass Wälder und Grünflächen »einer der interessantesten und doch am meisten vernachlässigten« Faktoren für das Klima eines Landes sind.[83] An den Ufern des Aralsees ließ sich, wie Humboldt aus Quellen wusste, dessen »allmähliches Austrocknen«[84] ablesen. Dieses gewaltige Gewässer, so warnte er, sei »außerordentlich im Schrumpfen begriffen«[85]. Die Ursache sah er in einer nicht nachhaltigen Landwirtschaft, die den See mit Bewässerungskanälen aussaugte und den ihn speisenden Flüssen das Wasser entzog. Über den auf diese Weise geschwächten Oxus schrieb er: »Das Land läuft Gefahr, gänzlich zur Wüste zu werden, wenn die Völker, die dort leben, durch ihre Kanalanlagen den Lauf des Stromes endlich vollends vernichtet haben.«[86] Während er die Geschichte seiner Erforschung erzählt, macht Humboldt den Aralsee nicht nur zu einem Paradigma der Geographie, sondern erkennt ihn zugleich als einen beispielhaften Fall von Umweltzerstörung.

Was im Ural und am Aral vor sich ging, veranlasste den Autor der *Asie centrale*, den Gedanken eines menschengemachten Klimawandels zu entwickeln: »ziemlich bedeutende Veränderungen in der Beschaffenheit der Erdhülle« (der Atmosphäre) hätten sich ereignet, so fasst er zusammen, und zwar »infolge der Fortschritte der menschlichen Gesellschaften, wenn diese sehr zahlreich und tätig wurden«.[87] Es seien »Veränderungen« festzustellen, »die der Mensch auf der Oberfläche der Kontinente erzeugt, indem er Wälder abholzt, die Verteilung des Wassers verändert und in den Zentren der Industriekultur große Mengen von Dämpfen und Abgasen in die Atmosphäre bläst«. Und er betont: »Diese Veränderungen sind ohne Zweifel wichtiger, als man allgemein annimmt.«[88]

Ist dieser Klimawandel, den Energiegewinnung, Bewässerung und Abgase auslösen, aber bloß örtlich und vorübergehend, oder handelt es sich um überregionale und langfristige Entwicklungen? Genau diese Frage stellt Humboldt als »ein bisher unentschieden gebliebenes Hauptproblem«, das auf »das der Beständigkeit der Erdtemperaturen« führt und damit auf den Gedanken einer globalen Erwärmung. Diese Herausforderung sei »in Angriff zu nehmen, ohne dass man sich um lokale und natürlich sehr beschränkte Einflüsse zu kümmern hat, die aus dem Abholzen der Wälder in Ebenen und Gebirgen und aus dem Austrocknen der Seen und Sümpfe entstehen«.[89] Humboldt verstand sich als Advokat einer »allgemeinen Klimatologie« im Sinn einer globalen Umweltwissenschaft. Das Klima hat er als ein Phänomen erkannt, das durch die Menschen beeinflusst wird und in weltweitem Maßstab zu sehen ist.

Humboldt entwarf auch den Ansatz zu einer Antwort: mit seinem Projekt einer internationalen Koordination von Forschungsaktivitäten, das sich im Plan eines Netzes von Beobachtungsstationen konkretisierte, wie er es in *Asie centrale* und in seiner Petersburger Akademie-Rede gefordert hat. Von der Erfahrung lokaler Probleme gelangte er zur Einsicht in eine globale

Herausforderung und zum Vorschlag für eine internationale Bewältigung. Humboldts *Zentral-Asien* ist ein Musterbeispiel für den lange unterschätzten Zusammenhang zwischen historischen Forschungsexpeditionen und der Herausbildung des Umweltschutzgedankens und mithin ein Gegenstand für eine ökologisch interessierte Literaturwissenschaft, für einen *Eco-Criticism*, der gerade für die Reiseliteratur fruchtbar sein kann.[90] Die Bekanntschaft mit den ungewohnten Erscheinungen einer fremden Natur und einer anderen Zivilisation schärft den Blick für den Zusammenhang von natürlicher Lebenswelt und menschlichen Eingriffen. Seine Konzentration auf die Natur hat Humboldt erst recht zu den Menschen geführt: von einem wissenschaftlichen zu einem moralischen Problem. Denn die Zerstörung war das Ergebnis einer falschen Wirtschaftsweise in einer ungerechten Gesellschaftsordnung.

Humboldts Idee stieß auf Skepsis. Anhand des Berichts von Christoph Kolumbus versuchte er zu belegen, wie schon vor mehr als drei Jahrhunderten die Abholzung in Haiti das Klima der Insel verändert hatte: »Durch die Vernichtung eines Teils der Wälder hat die Feuchtigkeit der Luft abgenommen«.[91] Ausgerechnet sein Übersetzer und Herausgeber Wilhelm Mahlmann erhob in einer Fußnote Einspruch: »Ob dieser Einfluss der Ausrottung der Wälder wirklich von *grösserer* Bedeutung ist, erscheint uns nach den bisher darüber angestellten Untersuchungen noch etwas zweifelhaft«.[92]

Auf dem Weg zur Evolution

Unter den zahlreichen Autoren, mit denen sich Humboldt in *Asie centrale* auseinandersetzt, spielen einige für ihn als Wissenschaftler, Diplomat und Schriftsteller besondere Rollen, als Vorbild, Mahnung, Alter Ego oder Gesprächspartner: Alexander der Große, Kolumbus, Leibniz – und Darwin.

Mit Charles Darwin (1809–1882) führte Humboldt einen jahrzehntelangen Dialog auf Distanz. In *Asie centrale* nimmt er ein Gespräch auf, das der jüngere Kollege einige Zeit früher begonnen hatte.[93] In seinem letzten Jahr in Cambridge, schrieb Darwin in seiner *Autobiographie*, habe Humboldts amerikanischer Reisebericht in ihm »das brennende Verlangen entfacht, auch nur den bescheidensten Beitrag zum edlen Bau der Naturwissenschaft zu leisten«.[94] Seine Fahrt nach Südamerika auf der *Beagle* (1831–1836) unternahm

Darwin unter dem Eindruck und im Sinn seines Vorgängers, auf den er sich in seinen Briefen immer wieder bezog. So schrieb er am 27. Juli 1831, er lese dessen Werk immer wieder von Neuem: »I read and re-read Humboldt.«[95] Am 8. Februar 1832 gab er in die Heimat den Rat durch: »Wenn Du eine Vorstellung von tropischen Ländern haben willst, lies Humboldt. Lass die wissenschaftlichen Teile aus und beginn nach der Abreise aus Teneriffa. Meine Gefühle steigern sich zur Bewunderung, je mehr ich ihn lese.«[96] Als Ausbildungsprogramm empfahl er: »studiere Spanisch, Französisch, das Zeichnen und Humboldt«.[97] Im Mai 1832 bekannte er sich zu Humboldts Wissenschaft als Modell für seine eigene Forschungstätigkeit: »Wenn ich es zustande bringe, dann durch das Studium Humboldts.«[98] Am 18. Mai 1832 gestand Darwin in Rio: »Früher bewunderte ich Humboldt, nun bete ich ihn geradezu an.«[99] Am 28. Februar 1832 schrieb er in Bahia in sein Tagebuch: »Ich glaube [...], Humboldts herrliche Beschreibungen sind unerreicht und werden es immer bleiben [...]. – Ich bin gegenwärtig zu nichts anderem imstande, als Humboldt zu lesen; wie eine zweite Sonne erleuchtet er alles, was ich wahrnehme.«[100] In seinem Expeditionsbericht schließlich, der *Fahrt der Beagle* (1839, 1845), fasste Darwin zusammen, in welchem Maß sein eigenes Projekt unter diesem Einfluss stand: »Da die Kraft der Eindrücke im allgemeinen von vorgefassten Vorstellungen abhängig ist, so kann ich hinzufügen, dass die meinen den lebhaften Schilderungen in Humboldts *Personal Narrative* entstammen, deren Verdienst bei weitem alles übersteigt, was ich je gelesen habe.«[101]

In seinem Werk über Asien hat Humboldt geantwortet. Er bezieht sich nun umgekehrt auf Darwin – und auf dessen Expedition in die ›Neue Welt‹. Ein Dutzend Mal zitiert er seinen Schüler und Nachfolger, was umso auffälliger ist, da dieser die Regionen, von denen er spricht, gar nicht gekannt hat. Die Zitate gehen einher mit höchstem Lob: »treffende Bemerkungen«, »scharfsinnige Betrachtungen«, »wichtiges Werk«, »malerisch beschrieben«. Den Kontext bilden Humboldts Leitwissenschaften: Geologie, Klimatologie, Pflanzen- und Tiergeographie. Er konsultiert Darwin zur Ausdehnung des amerikanischen Kontinents durch mehrere Klimazonen; zur Schneegrenze im Gebirge, zur Fruchtbarkeit der Tropenvegetation; oder zur Wanderung von Tieren in ungewohnte Umwelten.[102] Dabei skizziert er Überlegungen im Sinn der Evolutionstheorie, die Darwin noch gar nicht veröffentlicht hatte: zum

Artensterben, vom Überleben der ›Stärksten‹ und über deren Anpassung durch Akklimatisierung.[103]

Humboldts Historizität indes wird in einem Punkt deutlich, den Darwin erkannt zu haben scheint, als er viele Jahre nach dem Tod seines Ideengebers das Gelehrtengespräch fortsetzte. Beide besaßen noch keine Vorstellung von Plattentektonik, die erst nach ihnen entwickelt wurde. Auch wenn er zu ahnen schien, dass die »Konfiguration der Erdrinde« an bestimmten Schnittstellen Vulkanismus und Erdbeben begünstigt, war Humboldts Geologie zeitgebunden – oder wie der alte Darwin scherzhaft bemerkte (1881): »funny stuff«.[104]

Wildes Denken und die Dialektik des Kolonialismus

Die Reise durch Russland fordert die Wissenschaften heraus. In *Asie centrale* entwickelt Humboldt zwei Dialektiken. Die eine ist die von Aufklärung und Mythologie.[105] Der Naturforscher betrachtet Mythen nicht als das Gegenteil der Rationalität. Welches Wissen und welche Keime der Wissenschaft, fragt er, verbergen sich in ihnen? Was erfahren wir aus Werken der Einbildungskraft über den Kenntnisstand ihrer Zeit? Wie viel nautische Erfahrung ist beispielsweise in das Epos der Argonautenfahrt eingegangen? Gibt es Spuren topographischer Überlieferung auf dem Irrweg der Io in der Tragödie *Der gefesselte Prometheus* des Aischylos? Um die Erforschung Zentral-Asiens historisch nachzuvollziehen, betrachtet Humboldt die Mythe von Gog und Magog. Und er liest sogar den Koran auf der Suche nach geographischen Informationen.

Keineswegs als bloße Fantasterei sieht er Opfer für Berggeister an oder den Kult um Meteoriten. Geschichten von Glutwinden und Flammenbergen, Kristallwelten und Eissäulen, fliegenden Eseln und fortgewehten Schafen, wie sie sich in *Zentral-Asien* in großer Zahl finden, sind für ihn eine bestimmte Form von Erkenntnis.

Der Naturwissenschaftler ist kaum zu trennen vom Anthropologen und Mythographen, der Legenden aufzeichnet, die ihm die Einheimischen erzählen oder die er sich aus ihren Handschriften übersetzen lässt. Da ist das Märchen vom König und dem Drachen, die Fabel vom sprechenden Fisch, die Schauergeschichte von menschenfressenden Vögeln oder die Sage von Zwergen als Wächtern des Goldes, worin er jeweils Spuren einer Auseinandersetzung mit der Natur erkennt. Als Wissenschaftler und als Künstler interessieren ihn Kamelskelette am Wegesrand ebenso wie Bougainvilles weittreibende Flaschenpost, Signalfeuer als Telegraphie, Eisschollen als Fensterscheiben und Photographie als Verfahren der Lichtklimatologie sowie Höhlen mit Buddha-Statuen oder auch eine Mauer, in die man den Text eines ganzen Buches eingeschrieben haben soll.[106] Das vermeintlich wilde Denken indigener Völker sieht Humboldt als eigene Weise der Weltwahrnehmung.

Den Unterworfenen hat er seine besondere Aufmerksamkeit gewidmet. Immer wieder ist in *Zentral-Asien* die Rede von geschichtsreichen Schauplätzen: Kabul, Bamiyan, Tibet. Humboldt spricht von Mord am Hindukusch, von der Verbreitung des Islam und von Chinas Konflikt mit dem Dalai-Lama. Vor allem aber handelt das Buch vom Vordringen des russischen Imperiums.

In Amerika hatte der Reisende den überseeischen Kolonialismus erfahren können, in Sibirien erlebte er dessen kontinentale Variante. Das Land wurde erobert, erschlossen und ersiedelt mit militärischer Gewalt und beherrscht mit einem System von »Vorposten« – ein Begriff, der als Germanismus in die russische Sprache einging. Die Reisenden bewegten sich im kaiserlichen Postsystem, an dessen Stationen sie ihre Pferde wechselten. An der südlichen Grenze des Reiches hielten sie sich an Kosaken-Forts, die entlang der kirgisischen Steppe in Verteidigungs-»Linien« angeordnet waren. Durch ungesichertes Gebiet fuhren sie unter Geleitschutz.

Die Reise führte in den Spannungsraum dreier Imperialismen: des russischen, des britischen und des chinesischen. Ihre historischen Vorläufer, deren Geschichte Humboldt studierte, waren die europäischen und asiatischen Großreiche der Makedonier, Byzantiner, Araber und Mongolen. An ihnen entwickelt der Preuße seinen Gedanken des Zusammenhangs von Entdeckung und Eroberung.

»Die Kriege, die das *Himmlische Reich* viele Jahrhunderte lang gegen die Völker des Westens zu führen hatte«, erklärt er, »haben die Fortschritte der Geographie begünstigt und den Forschungseifer der Entdecker angeregt.«[107] Die Ausdehnung des »Himmlischen Reiches« vermehrte die topographischen Kenntnisse und verbesserte die Kartographie. Die Notwendigkeit einer straffen

Verwaltung stimulierte Infrastruktur, Sprachkenntnis und Kommunikation: »Von den Eroberungen der Chinesen und Mongolen hat die Geographie Nutzen gezogen«.[108] Und auch der russische Kolonialismus hatte ungewollte Effekte: »Zufällig beförderte die Habsucht den Fortschritt.«[109] Über einen bevorstehenden Feldzug des Zaren gegen den Khan von Khiwa (Chiwa) heißt es, ohne dass dies zynisch zu verstehen wäre, die Erforschung »dieser ehemals so blühenden Gegenden« werde aus dem Vorstoß »Gewinn ziehen«.[110] Das Wissen, hat Humboldt erkannt, ist die Kehrseite der Macht. Dass er diese Einsicht aus seiner russischen Erfahrung ableitet, dürfte kein Zufall sein. Eines ihrer Ergebnisse ist die Dialektik von Kolonialismus und Wissenschaft.

Im zweiten Band des *Kosmos*, dessen Publikation an die von *Asie centrale* anschließt, wird er diese Überlegungen zu einer globalen Dialektik des Fortschritts weiterführen und zur ersten postkolonialen Theorie in der deutschsprachigen Literatur ausformulieren: zu einer kritischen Wissenschafts- als Expansionsgeschichte.[111]

Besonders hat sich der Verfasser von *Asie centrale* mit zwei Akteuren auseinandergesetzt, beispielhaften Agenten einer Modernisierung, die Eroberungszüge und Entdeckungsreisen ununterscheidbar macht: Christoph Kolumbus und Alexander dem Großen. Beide sind ihm auf unheimliche Weise nahe. Das zeigt nicht nur seine Geschichte der Geographie der ›Neuen Welt‹, *Examen critique*, die auf seine eigene Reise hinführt und deren spanische Ausgabe den Titel *Colón* trägt. Kolumbus machte der Wissenschaft neue Gebiete zugänglich, die er im Dienst des Imperiums zur Ausplünderung freigab. Alexanders Vormarsch nach Asien symbolisiert die Verbindung von gewaltsamer Besetzung mit einem Gewinn an ethno- und geographischem Wissen. Ein modernes Gegenstück ist Bonapartes Feldzug nach Ägypten (1798–1801), in den Humboldt beinahe verwickelt worden wäre, bevor dieser Krieg seine Pläne vereitelte.

Das Ende des Reiseberichts

Wie berichtet Alexander von Humboldt von seiner asiatischen Reise? Eigentlich gar nicht, zumindest nicht so, wie man es erwarten könnte: Es gibt keinen Anfangs- und keinen Endpunkt, weder Abreise noch Heimkehr, keine Route und keinen Reisenden. Der Reisende verschwindet in der bereisten

Wirklichkeit. Die Frage, wie eine Reise schriftstellerisch zu bewältigen sei, hat Humboldt hier mit einem radikalen Entwurf beantwortet: indem man *nicht* ihren Verlauf nacherzählt, indem man *so wenig wie möglich* von sich selbst, von den zufälligen Erlebnissen und eigenen Eindrücken spricht. Er setzt sich so ab von der Selbstbezüglichkeit zeitgenössischer Autoren des Genres, die »sich gerne mit ihrer eigenen Person beschäftigen«.[112]

Dennoch scheint immer wieder die Reiseerfahrung durch, allerdings in besonderer Weise. Es finden sich zahlreiche Episoden, Erzählkerne, Erlebnissplitter. Humboldt spricht von mühsamen Fahrten in unbequemen Wagen und auf unebenen Wegen, vom Durchqueren der »fürchterlichen« Baraba-Steppe, seiner Bewegung entlang der Kosaken-Linie und der Schifffahrt auf dem Kaspischen Meer, von einer Bergbesteigung durch mannshohes Gras und von schneeumwehten Beobachtungen in freier Natur, vom Besuch beim chinesischen Grenzwächter, von der Begegnung mit Tataren, vom Empfang beim Kalmückenfürsten und von der Bekanntschaft mit dem Sultan der Inneren Kirgisen-Horde. Als er einen Baum anpeilt, muss er verblüfft feststellen, dass sich dieser bewegt, weil er auf einer schwimmenden Insel über einen See treibt. Ein anderes Mal schleudert der Wind seinen Kompass ins Steppengras. Seine Erzählung hat Alexander von Humboldt zerlegt – und in tausend Fragmenten über den Text verstreut.

Erst als er an das Scheitern seiner indischen Pläne denkt, verfällt der inzwischen Vierundsiebzigjährige, nicht ohne sich dafür zu entschuldigen, in den klassischen Modus der Autobiographie:

> Nichts hat mich in meinem Leben mit lebhafterem Bedauern erfüllt, als daß es mir nicht vergönnt war, selbst in jene berühmten Regionen einzudringen, deren Verhältnis zu den Kordilleren der Neuen Welt ich erforschen wollte. Während der Regierung des Kaisers Alexander war ich unter Graf Rumantzows Ministerschaft aufgefordert worden, die Mission zu begleiten, die sich über Kaschgar und Yarkand nach Tibet begeben sollte. Die Ausführung dieser großen Unternehmung wurde durch den Krieg verhindert, der 1812 ausbrach. Ohne den Mut zu verlieren, widmete ich mich für mehrere Jahre dem Studium der persischen Sprache, in der Hoffnung, über Teheran oder Herat nach Indien reisen zu können. Umstände,

> deren Einzelheiten für das Publikum gegenwärtig nicht von Interesse sein dürften, brachten mich von diesem Weg ab und ließen mich ein Vorhaben aufgeben, das meine Vorstellungskraft lange Zeit aufs lebhafteste beschäftigt hatte.[113]

Das Kapitel schließt mit einem melancholischen Rückblick:

> Dies ist das Geschick des Menschen: Dem Ziel seines Lebens sich nähernd, vergleicht er nicht ohne Betrübnis das wenige, was er hat leisten können, mit all dem, was er gern hätte unternehmen wollen, um das Gebiet der Wissenschaften zu vergrößern.[114]

Seinen sechzigsten Geburtstag hatte Humboldt im Ural verbracht. Was ihn persönlich bewegte, wurde vor allem in seinen Briefen sichtbar: der Tod der Schwägerin und der einfühlsame Trost für den einsamen Bruder, die Verbundenheit mit dessen Familie (den Töchtern Caroline und Adelheid, dem Schwiegersohn Hedemann), die Sorge und die Trauer um den alten Hauslehrer Kunth, die Situation in Berlin, die wirtschaftliche und politische Lage, das Angebot einer Anstellung im Museum. Nach seiner Rückkehr wird er für den preußischen Hof diplomatische Missionen übernehmen, die ihn auch wieder ins Russische Reich (nach Warschau) führen.

Viel eher, als sich eine herkömmliche Form ausmachen ließe, ist zu erkennen, was *Asie centrale* gerade *nicht* ist beziehungsweise bestimmt nicht sein soll: Reisebericht, Tagebuch und Autobiographie. Es ist die Verweigerung des Nächstliegenden. Nur an einer Stelle gibt Humboldt »einige Seiten aus dem Tagebuch meiner asiatischen Reise« wieder.[115] Dabei lassen sich genau diese in den erhaltenen Heften nicht ausfindig machen. Es ist anzunehmen, dass er die Form eines Journals hier aus konzeptionellen Gründen nachgebildet hat, ohne tatsächlich daraus zu zitieren. Humboldt führt damit kontrastiv vor, wie sehr sich seine Darstellung von der gewohnten Manier eines Reisetagebuchs fernhält.

Im Unterschied zu einer »relation historique«, dem Genre des linearen Reiseberichts, den er Gustav Rose überantwortet hatte, bietet Humboldt für *Asie centrale* die Bezeichnung eines beschreibenden statt erzählenden Werkes an. Als Vorbild, das sein Reisewerk thematisch organisiert und künstlerisch komponiert und sich dabei von der Route gelöst hat, dient Marco Polo (1254–1324): »Die Ordnung beziehungsweise Reihenfolge der Kapitel im *Milione* entspricht keineswegs dem Weg, den der Reisende einschlug: die Ordnung hängt allein von der allgemeinen Anlage ab, von der Einteilung, die der Verfasser einem *beschreibenden Werk* geben wollte.«[116]

Die beiden ersten Paratexte des dreibändigen Werkes, die Widmung und die Einleitung, spielen auf das Genre des Essays an, das für Humboldts experimentelles Schreiben und für dessen offene Form charakteristisch ist, indem sie in gleicher Weise beginnen: »J'ai essayé ...« – Ich habe versucht. Der Reiseschriftsteller unternimmt hier in der Tat einen *Versuch*: über den Aufenthalt in einem fremden Land anders zu schreiben, als man es weithin zu tun pflegte. Am Anfang steht jeweils das Wort »Ich« – wie später im *Kosmos*. Dennoch eröffnen Widmung und Einleitung alles andere als eine autobiographische Erzählung. *Asie centrale* ist im Gegenteil die weitgehende Absage an Narration. Die erste Person eines Reisenden oder eines sich erinnernden Erzählers tritt in den Hintergrund.

Zur Vermeidung von Reiseliteratur setzt Humboldt auch eine provokative Schlusspointe: Die zusammenhängende Schilderung seiner Expedition hat er gleich doppelt delegiert. Er gibt sie nicht selbst, sondern er verweist auf den »Historischen Bericht« von Gustav Rose; und er zitiert »eine kurze Notiz meiner Reise«, nicht einmal zehn Seiten lang, aus einer Publikation von Cuvier, in der er selbst in der dritten Person steht – ganz am Ende seines eigenen Werkes: »Historischer Bericht über Herrn Alexander von Humboldts Reise nach Sibirien«.

Prismatische Optik

Zentral-Asien ist wissenschaftlich und zugleich literarisch. Wenn Humboldt die »Verteilung des Lebens von den schneehell glänzenden Gipfeln bis zu den finsteren Abgründen der Meere«[117] vor Augen führt oder wenn er beschreibt, wie der Wind die zerrissenen Blätter tibetischer Handschriften vor den Ruinen eines zerstörten Klosters im Gras der Steppe zerstreut[118], dann tut er das als Forscher und ebenso als Schriftsteller.

Dabei ist *Asie centrale* zunächst einmal gar nicht allein Humboldts Werk, sondern das Ergebnis der Arbeit *mehrerer* Autoren. Genau besehen, handelt es sich um eine kollektive Schrift. Humboldt hat fremde Elemente in seine Darstellung montiert: Übersetzungen asiatischer Quellen von Jaubert, Julien, Klostermann und Korolenko, indigene Routenbeschreibungen, den Reisebericht eines Kirgisen-Fürsten, Auszüge aus der mongolischen Geschichte des Khans Abulghazi, einen Brief des persischen Gelehrten Kazim-Beg, Passagen von Fedorow, Verneuil, Helmersen und Rose, dazu ganze Aufsätze von Lenz über die Salsen und Feuer von Baku, von Valenciennes über die Seehunde des Kaspischen Meeres, von Klaproth über vulkanische Phänomene in China und Japan sowie »Zusätze« von Julien und einen »historischen Bericht« von Cuvier, außerdem Daten von Mahlmann und eine von Petermann ausgeführte Karte, ganz zu schweigen von zahllosen Zitaten von Herodot, Menander und vielen anderen. Bisweilen sind die Beiträge der verschiedenen Autoren kaum mehr unterscheidbar miteinander verschmolzen. *Asie centrale* ist vielstimmig. Und da es viele Dokumente in ihrer jeweiligen Fassung wiedergibt, ist das Buch nicht nur vielstimmig, sondern zudem auch noch mehrsprachig: lateinisch, griechisch, englisch, spanisch und italienisch.

Ebenso wenig, wie das Buch nur einen Autor hat, lässt es sich auf ein einziges Genre festlegen. Nicht nur in den fremden, sondern auch in Humboldts eigenen Anteilen hat es den Charakter einer Kompilation. Mehrere Artikel, die er in Zeitschriften veröffentlicht hatte,[119] hat er umgearbeitet und in seine *Fragmens asiatiques* (1831) eingebaut, die ihrerseits die Grundlage für *Asie centrale* (1843) bildeten.[120] Und auch die übrigen Bestandteile, aus denen er das Werk zusammensetzt, haben viele Formate: *Asie centrale* ist Programm und Theorie (vor allem in der Einleitung), Anthologie und literarischer Essay (zum Beispiel über antike Asienbilder), Landschaftsbeschreibung (von Gebirgen wie dem Ural und dem Altai; und von Gewässern wie dem Kaspischen Meer und dem Aralsee) und wissenschaftliche Abhandlung (etwa als klimatologische Studie). Das Werk bietet wie aus der Vogel- oder Ballonfahrerperspektive ein »tableau géologique«, die Darstellung der Formen eines Kontinents, es enthält die Chronologie historischer Quellen, die Sammlung asiatischer Itinerare und die Anthologie oder Collage chinesischer Zeugnisse. Es gibt zahlreiche Tabellen – und eine beigefügte Karte.

Das dreiteilige Inhaltsverzeichnis ist so ausführlich, teils in Stichpunkten und teils erzählend gehalten, dass es eine eigene Form bildet und eher einer Zusammenfassung gleicht, einem *abstract*. Die Anmerkungen haben viele Funktionen: Sie sind Verweise, Exkurse, Exzerpte, Notizen, Zitate, Szenen, Erzählungen, Fragen oder Miniaturessays. Es handelt sich um einen überaus formenreichen, um einen wahrhaft hybriden Text.

Diese Art und Weise, über ein fremdes Land zu schreiben, hat eine politische Botschaft. Humboldt betrachtet seinen Gegenstand aus vielen Blickrichtungen, mit den Augen mehrerer Personen. Er gestaltet ihn nicht gleichförmig, sondern gewissermaßen prismatisch. Je nach Anschauungswinkel ergeben sich andere Effekte. Humboldt hat seine Expedition nicht linear erzählt. Er hat Zentral-Asien nicht zentralperspektivisch erfasst. Sein Werk ist alles andere als ego- oder eurozentrisch. Es ist das Gegenteil eines herrschaftlichen Diskurses.[121]

Künstlerisch, wissenschaftlich und politisch gewann Humboldt aus seiner Reise durch das zaristische Russland Erträge, die ihre schwierigen Bedingungen überstiegen. Was er in Amerika unter günstigeren Umständen hatte beginnen können, führte er in Asien aus der Not kreativ weiter. Die Ergebnisse glichen die Problematik des Unternehmens auf ihre Weise aus.

Satirische Echos

Alexander von Humboldt erfuhr eine ungeheure literarische Resonanz. Seine Reisen hatten viele Echos. Zahlreiche deutsche, französische, englische, US-amerikanische oder hispanische Schriftsteller hat er angeregt: Johann Wolfgang von Goethe, Adalbert Stifter, Robert Musil, Egon Erwin Kisch, Hans Christoph Buch, Peter Schneider oder Günter Herburger; François-René de Chateaubriand, Honoré de Balzac und Jules Verne; Joaquim de Sousândrade, Euclides da Cunha, Mário de Andrade; Edgar Allan Poe, Walt Whitman und Saul Bellow; Domingo Faustino Sarmiento, Alfonso Reyes, José Lezama Lima, Alejo Carpentier, Eduardo Galeano und Gabriel García Márquez.

Ortsunkundige Gelehrte, die von weit her kommen, um Gräser und Steine zu sammeln: das war bereits für die lokale Bevölkerung, die ihnen begegnete, ein ziemlicher Spaß. Zu Humboldts Russlandreise gibt es eine Reihe historischer Zeugnisse von mehr oder weniger freiwilliger Komik.

So wunderte sich ein zeitweise mitreisender Adjutant über Ehrenbergs Forschungspraxis:

> Dieser Herr ist so vertieft in sein Fach, daß er uns oft genug verloren ging; einmal fanden ihn die reitenden Kosaken bis an die Kniee im Sumpf im bloßen Frack; ganz durchnäßt kommt er, umgeben von ihnen, zu Fuß in seinem nassen Sommerkostüm, nur mit der Pelzmütze auf dem Kopf, in der einen Hand ein ganzes Buschel Gräser, in der andern rotes Moos, mit dem der Grund des Roten Meeres bedeckt ist, wie er sagte.[122]

Und ein Uralkosake berichtet, wie er den »verrückten preußischen Prinzen Gumplot« begleitet und ihm zuliebe sinnfreie Verrichtungen hat ausführen müssen. Auf die Frage, was er denn habe tun sollen, lautet die Auskunft: »Na, so das Allernutzloseste, was es gibt; in den Salzmoränen sagte er einmal durch den Dolmetscher zu mir: ›Steig ins Wasser, hol herauf, was auf dem Grund ist.‹«[123]

Dieser Dialog findet sich in den Memoiren von Alexander Herzen (1812–1870). Der russische Intellektuelle erinnert sich vor allem an eine Episode, die neben einer Choleraepidemie zu »den außerordentlichen Ereignissen unseres Studiums« gehörte und zugleich einen humoristischen Höhepunkt von Humboldts Aufenthalt in Russland bildet: den Empfang an der Universität von Moskau, als die Expedition aus Asien zurückgekehrt war.

> Humboldt, der sich auf der Rückreise vom Ural befand, wurde in Moskau mit einer feierlichen Sitzung der Gesellschaft der Naturforscher an der Universität willkommen geheißen. Mitglied in dieser Gesellschaft waren verschiedene Senatoren und Gouverneure – alles in allem Leute, die sich weder mit Naturwissenschaften noch sonst irgendwelchen Wissenschaften befaßten. Der Ruhm Humboldts, eines Geheimen Rates Seiner Preußischen Majestät, dem unser Herr und Kaiser geruht hatte, den Annen-Orden zu verleihen, mit dem Befehl, kein Geld für Material und Diplom von ihm zu verlangen, war auch zu ihnen gedrungen. Sie beschlossen also, sich nicht zu blamieren und dem Manne, der auf dem Chimborazo gewesen war und in Sanssouci lebte, die ihm gebührenden Ehren zu erweisen.

Wir blicken noch heute auf die Europäer und Europa in der Art, wie die Provinzler auf die Bewohner der Residenz blicken; unterwürfig und voller Schuldgefühl, indem wir jeden Unterschied als einen Mangel ansehen, wegen unserer Eigenarten erröten und sie zu verbergen suchen, uns den anderen unterordnen und sie nachahmen. [...]

Der Empfang Humboldts in Moskau und in der Universität war keine Kleinigkeit. Der Generalgouverneur, verschiedene Kommandanten, der Senat – alles erschien: das Ordensband über der Schulter, in voller Uniform, die Professoren kriegerisch mit dem Degen an der Seite und dem Dreispitz unter dem Arm. Humboldt kam nichtsahnend in einem blauen Frack mit goldenen Knöpfen angefahren und war, verständlicherweise, verlegen. Vom Vestibül bis zum Saal der Gesellschaft der Naturforscher – überall waren Hinterhalte vorbereitet: hier der Rektor, dort der Dekan, hier ein angehender Professor, dort ein Veteran, der am Ende seiner Laufbahn stand und eben deshalb sehr langsam sprach, jeder begrüßte ihn – auf lateinisch, auf deutsch, auf französisch, und das alles in diesen fürchterlichen, Korridore genannten steinernen Röhren, in denen man sich keine Minute aufhalten konnte, ohne sich für einen Monat zu erkälten. Humboldt hörte sich entblößten Hauptes alles an und antwortete auf alles. Ich bin überzeugt, daß sämtliche Wilden, bei denen er gewesen war, die rothäutigen wie die kupferfarbenen, ihm weniger Unannehmlichkeiten bereitet haben als der Moskauer Empfang.

Kaum hatte er den Saal erreicht und Platz genommen, hieß es, wieder aufstehen. Der Kurator Pissarew hielt es für notwendig, in kurzen, aber ausdrucksvollen Worten auf russisch in einem ›Tagesbefehl‹ die Verdienste Seiner Exzellenz und des berühmten Reisenden zu würdigen; wonach Sergeij Glinka, ein ›Offizier‹, mit einer Stimme aus dem Jahre 1812, einem heißen Baß, sein Gedicht vorlas, das wie folgt begann: ›Humboldt – *Prométhée de nos jours!*‹ Humboldt aber hätte sich gerne über seine Beobachtungen der Magnetnadel unterhalten und seine meteorologischen Notizen vom Ural mit denen der Moskauer Professoren verglichen – statt dessen führte ihn der Rektor herum und zeigte ihm irgend etwas aus den allerhöchsten Haaren Peters I. Geflochtenes ... «[124]

Diese Episode vom zweiten Aufenthalt in Moskau führt uns wieder zurück an den Anfang: zur eigentümlichen Politik dieser sonderbaren Reise. In der absurden Szene mit Gelehrten in Uniform hat der spätere Dissident Herzen den prekären Charakter des Unternehmens auf seine Weise nicht minder treffend erfasst, als es der sibirische Kleinstadtpolizist getan hatte, von dessen Bericht wir ausgegangen waren. Die Wissenschaft gerät in die Enge der Politik. Diese Situation aber bringt unverhoffte Ergebnisse hervor.

In der DDR wurde Humboldt in den Fünfzigerjahren zum Comichelden: in Theo Pianas und Horst Schönfelders *Alexander von Humboldt. Ein deutscher Weltreisender und Naturforscher* (1959, Auszug). Indem der »›Jakobiner‹ Humboldt« hier den zaristischen »Polizeistaat« und das »Ausbeuterleben der Großgrundbesitzer« mit klarer Ablehnung betrachtet, tritt der Klassiker als Vordenker der sozialen Revolution mit einer Gesinnung auf, die ihn als Figur eines kulturellen ›Erbes‹ für den Sozialismus attraktiv machte.[125]

Ebenfalls in der DDR, aber gegenläufig und doppeldeutig, entstand der bemerkenswerteste literarische Text, der Humboldts Russlandreise gewidmet ist: Christoph Heins *Die russischen Briefe des Jägers Johann Seifert* (1980).[126] Die Briefnovelle setzt sich aus den fiktiven Mitteilungen zusammen, die Humboldts mitreisender Diener an seine Frau geschrieben haben könnte und deren Sprache Hein spielerisch nachbildet. Sie schildert die große Expedition aus der Sicht des einfachen Mannes. Nicht nur der aberwitzige Rahmen, den Hein diesen fingierten Dokumenten gibt, lässt annehmen, dass es unter der Oberfläche einer historischen Handlung aus Russland eigentlich um Deutschland und um die DDR geht: Im Archiv der Gestapo entdeckt, werden die Briefe nach dem Krieg als Dämmmaterial verklebt. Vor der Edition durch eine »Zentrale Forschungsstelle«[127] steht »die Mißlichkeit, in private Sphären einzudringen und die Tapeten von den Wänden zu entfernen«.[128] Seiferts Nachrichten haben ihre Adressatin nicht erreicht, sie wurden in Russland »abgefangen«.[129] Sämtliche Bögen tragen »die Stempel der Petersburger Geheimpolizei sowie verschiedener Dienstsiegel Preußens und des Deutschen Reiches«.[130] Die Reisebeschreibung des Dieners handelt von einem »Blikk ueber die Grenze«,[131] von »PolizeiFurcht«,[132] »SclavenSprache«[133] und »SelbstCensur«.[134] Ein Leitmotiv ist die Bespitzelung: Briefe werden »geoeffnet und copiert«.[135] Man beginnt, einander zu misstrauen.

47. *Ein deutscher Weltreisender und Naturforscher* (DDR 1959).

Ist der mitreisende Russe Menschenin ein Agent der Geheimpolizei? Am Ende erhält Seifert die Aufforderung, einen Informantenbericht abzufassen, über Humboldts »Gedanken« und »Absprachen mit Verbannten und allerley Aufsässigen«.[136] Würde er sich weigern, muss er befürchten, dass man ihn nicht wieder ausreisen lässt. Christoph Heins *Russische Briefe* zeigen – wie Humboldts *Asie centrale* selbst – den kreativen Umgang mit einer repressiven Situation.

In der Tradition der Gelehrtensatire steht, wie Christoph Heins fingierter Briefroman, auch einer der meistverkauften deutschen Romane der letzten

Jahrzehnte: Daniel Kehlmanns *Die Vermessung der Welt* (2005). Bekannte Episoden kehren hier wieder im Modus lakonischer Komik: »›Nicht übel‹«, lobt beispielsweise ein Begleiter, als im Ural jene Entdeckung gemacht worden ist, die legendär werden sollte: »›Nur einige Wochen im Land und schon den ersten Diamanten Rußlands gefunden, da spüre man die Hand des Meisters.‹ Er habe ihn nicht gefunden, sagte Humboldt. Wenn er ihm etwas raten dürfe, sagte Rose, es sei besser, diesen Satz nicht zu wiederholen.«[137] Aber auch bei Kehlmann geschieht gerade in Russland etwas Merkwürdiges. Die Erzählung über Humboldt geht mit dieser anderen Reise zu Ende. Das Kapitel trägt den Titel »Die Steppe«.[138] Es beginnt mit einer Frage nach dem Tod. Satirischer Humor wechselt zu existenzieller Melancholie. Im literarischen Humboldt kommt ein Pessimismus zum Vorschein: »Er wisse nichts«, sagt er einem kalmückischen Geistlichen. »Es gebe keine Botschaft«. Und kurz vor der Rückfahrt, in Astrachan, stellt der Weltvermesser sich vor, diese Expedition könne überhaupt das Ende sein: »Eins werden mit der Weite, endgültig verschwinden in Landschaften, von denen man als Kind geträumt habe, ein Bild betreten, davongehen und nie heimkehren?« Zentral-Asien würde so zum Schauplatz einer *ganz* anderen Reise werden: »Einfach verschwinden, sagte Humboldt, am Höhepunkt des Lebens aufs Kaspische Meer fahren und nie zurückkommen?«[139]

Vom Tagebuch zum *Kosmos*

Mit Blickwechseln, Vielstimmigkeit und Formenreichtum, mit der Absage an das Erzählen, der Zersplitterung der Autobiographie und der Distanzierung von den Gewohnheiten der Reiseautoren hatte Alexander von Humboldt schon in früheren Werken experimentiert. In *Asie centrale* führte er diese Ansätze weiter mit besonderer Konsequenz. Das Buch über Russland lässt sich aus seiner Entwicklung als Schriftsteller verstehen.

Zentral-Asien hat in Alexander von Humboldts Gesamtwerk eine Schlüsselfunktion. Die lange Zeit kaum beachtete Groß-Studie bildet das Bindeglied, den *missing link* zwischen Amerika-Werk und *Kosmos*. Sie steht auf halbem Weg zwischen Reisebericht und Gesamtentwurf, zwischen Länderkunde und Weltbeschreibung. Humboldts letztes Projekt, »die ganze

Welt in einem Buch« darzustellen, ist hier an Russland und Asien kontinental vorgebildet.

Der *Kosmos* ist in *Zentral-Asien* auch konkret im Entstehen zu betrachten. Sogar seine Struktur ist hier ausgeprägt: Ein theoretisches Programm wird entwickelt (»Einleitung«). Es folgt eine Gesamtübersicht (»Naturgemälde«). Anschließend wird diese historisiert (»Geschichte der physischen Weltanschauung«). Dabei wird das Verhältnis der Naturwissenschaften zu Einbildungskraft, Mythologie und Kunst beleuchtet (»Anregungsmittel zum Naturstudium«).

Die Arbeit am Asienwerk und die Entstehung des *Kosmos* überschnitten sich. Im Jahr vor der Russlandreise hielt Humboldt in Berlin seine »Kosmos-Vorträge« in der Singakademie und die »Vorlesungen« an der Universität. In seiner Akademie-Rede in Sankt Petersburg gibt er den Ausblick auf eine »physische *Erd*beschreibung«, die er in *Zentral-Asien* als neue Wissenschaft verkündet und im *Kosmos* zu einer »physischen *Welt*beschreibung« ausweiten wird.

Eine unscheinbare Notiz im russischen Reisetagebuch nimmt sogar den Abschluss des *Kosmos* vorweg – und damit das Ende der literarischen Tätigkeit und zugleich den Tod seines Verfassers: »Jaspis eigentlicher rother Porphyr v. Berg Korgon«. Dieses Gestein wird, wie *Zentral-Asien* erläutert, zu Schmuckstücken »für die kaiserlichen Paläste in Petersburg« verarbeitet. Aus diesen Worten wurde der letzte Satz des *Kosmos*, des unvollendeten fünften Bandes dieses monumentalen Fragments, den Alexander von Humboldt schrieb, bevor er fast neunzigjährig in Berlin verstarb. Dieser letzte Satz führt uns zurück in den Altai und in die Hauptstadt des Zaren: zum »rothen Porphyr« vom Korgon, »die Palläste in Petersburg schmückend«.[140]

Achtes Kapitel
Das Wuchern der Imperien: Koloniale Wissensgeschichte

(*Kosmos*, 1845–1862)

»Das Gelangen zu den einfachsten Erfindungen
und Grundsätzen hat Millionen das Leben
gekostet, die auf dem Wege starben.«

Georg Büchner,
Dantons Tod (1835)[1]

»In einem vielumfassenden Werke, in dem Leichtigkeit des Verständnisses und Klarheit des Totaleindrucks erstrebt werden, sind Composition und Gliederung in der Anordnung des Ganzen fast noch wichtiger als die Reichhaltigkeit des Inhalts.«[2] Mit diesen Worten, die den vierten Band des *Kosmos* eröffnen (1858), weist Alexander von Humboldt seine Leser und Leserinnen auf die Bedeutung hin, die in der literarischen Konzeption seines Buches zu erkennen sei. Die Form soll »fast noch wichtiger« sein als der Inhalt – in einem Werk der Wissenschaft? Indem er die Steigerungsform gebraucht (»wichtiger«), betont (»noch«) und rhetorisch einschränkt (»fast«), unterstreicht er das Unerhörte seiner Aussage.

Dennoch wurde die Form des Werkes kaum ernst genommen.[3] Sie wurde insbesondere nicht politisch gesehen, geschweige denn postkolonial. Dabei enthält der *Kosmos* den frühesten Versuch der deutschen Literatur, eine kritische Geschichte des Kolonialismus zu schreiben – und künstlerisch zu gestalten. Um den subtilen Zusammenhang zwischen Poetik und Politik nachzuvollziehen, müssen wir von einer genauen Beschreibung des Textes ausgehen: eines Textes, mit dem in seinem Verlauf etwas Seltsames geschieht.

Die Bedeutung der »Composition«

Alexander von Humboldt wurde wiederholt mit dem Material zum *Kosmos*, das er in großen Kartons aufbewahrte, oder mit dem Manuskript in der Hand dargestellt: von Eduard Hildebrandt (1847 und 1856) sowie von Joseph Karl Stieler (1843).

Aber einen Überblick über die Konstruktion dieses *Opus maximum* zu gewinnen, ist nicht ganz einfach. Die Inhaltsverzeichnisse sind nur bedingt eine Hilfe. Nachdem der erste Band kein eigenes Verzeichnis hat, findet sich am Ende des zweiten eine »Inhalts-Uebersicht der Bände I. und II. des Kosmos«, die vierundzwanzig Seiten umfasst. Am Schluss der Bände drei, vier und fünf folgen jeweils eine »Inhalts-Uebersicht des IIIten Bandes des Kosmos« (zehn Seiten), eine »Inhalts-Uebersicht des vierten Bandes des Kosmos« (drei Seiten) und eine – postum ergänzte – »Inhalts-Uebersicht des Vten Bandes des Kosmos« (acht Seiten). Hinzu kommt eine weitere Teilübersicht, als

»*Inhalt* der ersten Abtheilung von Band III. des Kosmos«, die an den Beginn des dritten Bandes gesetzt wurde.[4] Als Erbe enzyklopädischer Gründlichkeit, barocker Ausschweifung und romantischer Digression hat dieser fünfteilige Paratext, mit zusammengenommen mehr als siebenundvierzig Seiten und fast 100 000 Zeichen, beinahe den Umfang einer eigenen Abhandlung. Wahrscheinlich enthält Humboldts *Kosmos* nicht allein das längste Register[5], sondern auch das größte Inhaltsverzeichnis der Literaturgeschichte.

Dieses mehrgliedrige Inhaltsverzeichnis ist indes nicht nur besonders umfangreich, sondern auch komplex. Die Verzeichnisse zu den ersten drei Bänden gestaltet Humboldt in zwei Schritten, indem er einem ersten groben Überblick über die Kapitelstruktur jeweils eine »Spezielle Zergliederung«, »Spezielle Uebersicht« beziehungsweise »Nähere Zergliederung« folgen lässt. Das partielle Verzeichnis zur lediglich »ersten Abtheilung« des dritten Bandes bildet noch eine weitere, parallele Übersicht, sodass sich hier sogar drei Metaebenen ergeben, die das Werk adressierbar machen – beziehungsweise in ihrer Unterschiedlichkeit und Unübersichtlichkeit gerade *nicht*. Noch dazu werden Typen eingesetzt, deren Schriftgrad nicht allein den des Haupttextes, sondern sogar den der Fußnoten unterschreitet.

Hier geht es offenbar nicht darum, etwas zu eröffnen, sondern etwas zu verdichten. Die »Uebersicht[en]« des *Kosmos* dienen weniger dazu, einen raschen Überblick über die Struktur des Buches zu vermitteln, als eine sorgfältige Zusammenfassung zu bieten, eine Art *Abstract*, eine Miniatur des gesamten Projekts. Sie enthalten keineswegs nur die Überschriften der einzelnen Abschnitte, sondern sie sind ausgefüllt mit ausführlichen Stichpunkten und Formulierungsansätzen, welche die Gegenstände der Abschnitte andeuten. Diese eigentümliche Textsorte, die man als literarische Inhaltsangabe bezeichnen könnte, geht über eine systematische Übersicht, die sich aus einer Aufreihung der Haupt-Überschriften zusammensetzen würde, weit hinaus.[6] Sie bildet ein zusätzliches Mittel der Gestaltung, auf höheren Ebenen der Abstraktion, in durchaus spezifischer Form. Es handelt sich um eine eigene Gattung. Sie kann als programmatischer Entwurf gelesen werden und als poetische Skizze einer ungewöhnlichen Form.

Wie aber ist das Werk, auf das sich diese Skizze bezieht, gestaltet? Liest man nicht mehr nur indirekt den Inhaltsverzeichnissen, sondern direkt dem

48. Joseph Karl Stieler, *Alexander von Humboldt mit einem Manuskript des Kosmos* (1843).

Text des *Kosmos* dessen Gliederung ab, so ergibt sich ebenfalls kein einfaches Bild. Inhaltlich lässt er sich als eine Folge von fünf Abschnitten beschreiben – die mit der Aufteilung in fünf Bände nicht deckungsgleich sind: Auf eine programmatische Einführung in drei Teilen[7] folgt im ersten Band eine erste Gesamtdarstellung des Universums, zunächst des Himmels und dann der Erde (»Kleines Naturgemälde«)[8], die anschließend im zweiten Band in ihrem Verhältnis zu den Künsten (Literatur, Malerei, Gartenbau)[9] und in ihrer historischen Entwicklung verhandelt wird[10], bevor in den letzten drei

Bänden eine erneute, wesentlich umfangreichere Gesamtdarstellung des Universums geboten wird (»Großes Naturgemälde«), abermals zuerst des Himmels (dritter Band)[11] und dann der Erde (vierter Band und Fragment des fünften Bandes)[12]. Abgesehen von den theoretischen, künstlerischen und geschichtlichen Teilen unternimmt Humboldt die physische Weltbeschreibung, die sein Untertitel angekündigt hat, didaktischerweise also zweimal: in einer kürzeren Fassung (415 Seiten) und in einer längeren (1385 Seiten) – in einem Mikro-*Kosmos* und in einem Makro-*Kosmos*.[13]

Merkwürdiger als diese redundante Großkonzeption ist jedoch die raffinierte Feinstruktur. Schon bei oberflächlicher Lektüre, bei einfachem Durchblättern wird deutlich: Humboldt gliedert sein Werk nicht nur in fünf Teile – die als »Theorie«, »Kleines Naturgemälde«, »Geschichte der Künste«, »Geschichte des Wissens« und »Großes Naturgemälde« aufeinander folgen – sowie in fünf Bände, deren Publikation sich über die Jahre 1845, 1847, 1850, 1858 und (postum) 1862 erstreckt; sondern darüber hinaus in zahlreiche Abschnitte, Kapitel und Unterkapitel verschiedener Ordnungen, in denen einzelne Passagen durch Zwischenüberschriften, Zahlen oder Buchstaben abgegrenzt und ineinander verschachtelt sind, denen wiederum Tabellen mit ihrerseits eigenen Textteilen eingelagert werden. Hinzu kommen – wie üblich bei diesem Autor – Anmerkungen, Zusätze und Berichtigungen, abgesehen von Errata-Listen, angefügten Bemerkungen und einer achtseitigen Synopse eines parallel entwickelten Kartenwerks, dessen Struktur sich, zumindest teilweise, mit jener des *Kosmos*, den es illustrieren soll, deckt.[14] Humboldts Schrift ist auf mehreren Ebenen gestaffelt, in zahlreiche Unterteilungen aufgegliedert und mit nachträglichen Ergänzungen ausgebaut.

Formal betrachtet hat der Text mit seinen diversen Subformaten, je nach Klassifikation, bis zu vierzehn Ebenen, deren einzelne Elemente entweder mit Zeichen versehen sind oder auch ohne numerische oder alphabetische Codierung auskommen. Insgesamt gibt es elf verschiedene Markierungen, deren Hierarchie keine durchgehende Regelmäßigkeit erkennen lässt: arabische Ziffern (auf drei verschiedenen Ebenen), große römische Ziffern (auf zwei Ebenen), kleine lateinische Buchstaben (auf zwei Ebenen), große lateinische Buchstaben (auf zwei Ebenen) und kleine griechische Buchstaben (auf zwei Ebenen).[15]

49. Eduard Hildebrandt, *Alexander von Humboldt in seiner Bibliothek* (1856, Ausschnitt).

Die Leser wären bei einem derart umfangreichen Werk ganz besonders auf die Transparenz der Einteilung angewiesen. Denn im Original gibt es keine Kolumnentitel, die eine Orientierung erleichtern würden. Und dass Humboldt auf die Wichtigkeit der »Composition« hingewiesen hatte, gewinnt noch zusätzliche Relevanz, wenn man die zweite zeitgenössische Bedeutung des Wortes berücksichtigt: die Schriftbildlichkeit.[16] Denn auch die Typographie wird nicht schlüssig eingesetzt. Die Überschriften weisen nicht nur verschiedene Größen, sondern auch mehrere Typen auf, die durch Sperrungen und Fettungen (genauer gesagt: die sogenannte Schwabacher-Schrift) variiert sind, ohne dass ein Verfahren erkennbar wäre, das es erlauben würde, die Kapitel anhand der Gestaltung ihrer Titel leichter zu unterscheiden.[17]

Der *Kosmos* hat kein konsistentes Leitsystem. Verwirrend variiert Humboldt die Nomenklatur, Rangordnung und Reihenfolge seiner strukturierenden Elemente von einem Band zum anderen. So hat er im vierten Band gegenüber dem dritten die Bezeichnung der Unterkapitel fünfter und sechster Ordnung verändert und kleine griechische anstelle großer lateinischer Buchstaben sowie römische anstelle arabischer Ziffern verwendet.

Vor allem aber ist zwischen den ersten beiden und den letzten drei Bänden eine zunehmende Ausdifferenzierung in der Vielfalt der Formate zu beobachten: Während Band I nur zwei und Band II nur drei numerisch oder alphabetisch unterschiedene Ebenen hat, sind Band III auf sieben, Band IV auf sechs und Band V, der aus Humboldts Feder nur noch ein 96-seitiges Fragment enthält, immerhin auf drei Hauptniveaus gelagert. Die jeweiligen Ober-, Zwischen- und Unter-Überschriften zerteilen die Textoberfläche in steigender Frequenz: Während Band I und Band II zusammen lediglich achtzehn Einschnitte aufweisen (Band I vier und Band II vierzehn), sind Band III und Band IV zusammen beinahe hundertmal unterteilt (Band III hat achtundfünfzig und Band IV sechsunddreißig Abschnitte; das Fragment von Band V sechs). Das Werk hat also eine höchst vielfältige Gliederung, die sich über die einzelnen Bände qualitativ und quantitativ verändert. Der *Kosmos* setzt, in Band I, mit einer einfachen Folge von Abschnitten ein, die sich, in Band II, einfach unterteilen, dann jedoch, in den Bänden III, IV und V, zu einer feingliedrigen Baumstruktur auswachsen. Deren Verästelungen und

Verzweigungen umschlingen, überlagern und durchwirken einander derart, dass sie wie ein Tropengewächs ineinanderwuchern.

Zuweilen ist diese Gliederung nicht mehr ohne Weiteres nachzuvollziehen, wenn kaum mehr zweifelsfrei auszumachen ist, zu welcher Kategorie bestimmte Abschnitte im Einzelfall überhaupt gehören sollen und auf welcher Ebene des Textes und in welcher Unterabteilung man sich beim Lesen gerade befindet. So taucht im dritten und im vierten Band jeweils an einer Stelle auf einer niedrigeren Ebene die gleiche Nomenklatur wieder auf, die bereits auf einer höheren Ebene eingeführt worden ist, sodass genau genommen unklar bleibt, welcher der beiden Reihen der Abschnitt zugehören soll, weil sich mehrere Anschlussoptionen anbieten. Einmal handelt es sich um die Ziffer »III«, die sowohl die Ziffern I und II der laufenden wie auch der übergeordneten Reihe fortsetzen kann; und das andere Mal, analog, um den Buchstaben »C«, der an zwei verschiedene A- und B-Reihen anknüpfen kann. Es kommt zu irritierenden Dopplungen. Der Text erzeugt rekursive Schleifen – die vermeidbar gewesen wären.

Dieser komplizierte Aufbau, der hier so eingehend dargestellt worden ist, hat gattungspoetische Implikationen: Die homogene Gestalt, mit der das Buch begonnen hat, geht verloren. Die Schrift entfernt sich von den konventionellen generischen Formaten, die den ersten Band eröffnet haben: als autobiographische Erinnerung in der »Vorrede«, als den Eindruck der Mündlichkeit vermittelnder Vortrag in den »Einleitende[n] Betrachtungen« und als geschlossener Essay im ersten theoretischen Kapitel zur »Begrenzung und wissenschaftliche[n] Behandlung einer physischen Weltbeschreibung«. Der Aufbau hat aber auch wissenschaftliche Konsequenzen: Die systematische Logik der Forschung löst sich auf. Der Versuch einer Vermessung der Welt ist vermessen und unausführbar. Und er hat eine politische Dimension, die weniger offenkundig ist.

Tropenprosa

Indem er sein umfangreiches Werk nur anfangs nachvollziehbar gliedert, erschwert Humboldt seinen Lesern die Orientierung. Warum tut er das? Und wieso nimmt seine Form im Verlauf des Werkes diese Entwicklung?

Aaron Sachs hat eine einfache Erklärung vorgeschlagen. Biographisch verweist er auf Humboldts Alter und psychologisch auf seine vermeintliche Schwermut: »his poetical side had dried up«, »melancholy had overtaken him«.[18]

Aber gibt es darüber hinaus Gründe, die dem Gegenstand geschuldet sind? Die ersten beiden Bände, die allgemeinen und kulturgeschichtlichen Teile, sind wesentlich übersichtlicher konzipiert als die letzten drei, die im engeren Sinn naturkundlichen. Allerdings handelt es sich bei den Themen der Bände III, IV und V (Himmel und Erde) um Erweiterungen des »Kleinen Naturgemäldes«, mit dem Band I geschlossen hat. Band III bezieht sich auf den »astronomischen« Teil, Band IV und Band V auf den »tellurischen« Teil. An der Gliederung gemessen wäre die komplexeste Partie die astronomische (Band III), über deren Bereich das Wissen naturgemäß eher approximativ ist. Die Dichte der Anmerkungen ist in diesem Teil zwar ebenfalls die höchste; allerdings nur geringfügig, denn sie nimmt vom ersten bis zum fünften Band nicht bemerkenswert zu. Der *Kosmos* wird in seiner formalen Gestaltung differenzierter, nicht jedoch in seiner wissenschaftlichen Apparatur komplexer. Eine thematische Begründung des eigenartigen Formeffekts scheint nicht ohne Weiteres gegeben zu sein.

Humboldt hat sich wiederholt zu einem entschiedenen Formbewusstsein bekannt. Sollte ausgerechnet er »Fehler in der Anordnung« begangen haben, wie er sie an der *Naturalis historia* des Plinius, die für sein Projekt ein wichtiger Vorläufer ist, bemängelte?[19] Humboldts Kritik bezieht sich jedoch nicht auf bloße formale Unebenheiten, sondern auf eine tiefergehende inhaltliche Unordnung, die er in dem antiken Werk erkannte, die für sein Werk aber kaum zutreffen würde.

Noch an das Ende seiner Einleitung zum fünften und letzten Band des *Kosmos* hat Alexander von Humboldt – kurz vor seinem Tod – ein Nachdenken über die eigene Sprache gestellt. Er wolle »nur das sorgsame Erstreben bezeichnen, durch Vervollkommnung der Form an die innige Verwandtschaft zwischen einzelnen Theilen wissenschaftlicher und rein litterarischer Werke zu erinnern; an eine Verwandtschaft und Behandlungsweise, die den ersteren keineswegs Gefahr bringt«.[20]

Ausdrücklich gibt Humboldt zu bedenken, dass die von ihm gewählte Form manchen Leser verwundern mag, sehr wohl jedoch einer durchdachten Konzeption entsprechen soll: Es gebe »[v]ieles, das man nach anderen Ansichten von der Composition eines *Buches von der Natur*, als die meinigen sind, hier vermissen kann«.[21] Erneut ist die Rede von einer »Composition«, das heißt: von einem absichtsvollen Entwurf.

Aber ist diese »Composition« womöglich missglückt? Ist der Verfasser in Manierismen verfallen? Hat er sich in Arabesken verirrt? Oder hat Humboldt ein Experiment gewagt, das schlicht schiefging? Hat er seinen Stoff nicht in den Griff bekommen? Hatte er sich vielleicht übernommen? Seine Darstellung sollte weder zu allgemein sein noch zu konkret, sich weder in theoretische Spekulationen erheben noch in fachwissenschaftlichen Einzelheiten verlieren, sondern das große Ganze in seinen Zusammenhängen darstellen, mit dem Wissen und den Methoden aller verfügbaren Disziplinen, keineswegs jedoch abstrakt systematisch, sondern naturnah lebendig – und in einer Form, die ästhetische Qualitäten besitzt. War dieses Programm überhaupt zu verwirklichen?

War es der Zweck, eine multidisziplinäre Forschung zu popularisieren[22], der Ansatz, Naturwissenschaft ästhetisch zu vermitteln, der von vornherein unausführbar war, sodass das Vorhaben literarisch nur misslingen konnte, wie Hartmut Böhme im Hinblick auf die *Ansichten der Natur* ausgeführt hat (»*textlicher Unfall*«) – ein schriftstellerisches Scheitern, das in einem Auseinanderfallen der Werkarchitektur zum Ausdruck käme?[23] Oder wären, von der Rezeption her gedacht, die Schwierigkeiten mit der Form dieses Textes der Problematik geschuldet, ein Buch der Wissenschaft lesen zu wollen wie Literatur?

Ist Humboldt also an der Darstellung des *Kosmos* gescheitert? Auf den ersten Blick, ja. Aber nur auf den ersten. Denn hätte er eine andere Wahl gehabt? Hätte er die Welt rationaler strukturieren sollen? Wäre eine klare Ordnung seinem Gegenstand angemessen gewesen? Der Wissenschaftler unterlegt der Welt, die er darstellt, kein künstliches Schema, das eine Übersicht vortäuscht, wo es keine gibt, und das eine Systematik behaupten würde, die trügerisch wäre. Er folgt empirisch ihrer Vielfalt. Und indem er seine Beschreibung in verwirrende Verästelungen sich verlaufen lässt, gibt er subtil zu erkennen, wie seine Auffassung der Welt zu verstehen sei. Die Form spiegelt den Inhalt. Das Medium ist die Botschaft. Die literarische Gestalt des Buches folgt einem wissenschaftlichen Programm, das ihr ablesbar ist: Der *Kosmos* ist nicht heterogen, weil sein Autor ihn nicht bewältigen konnte, sondern er ist nicht homogenisierbar, weil die Natur sich nicht einförmig erfassen lässt.

Hans Blumenberg hat die Form des *Kosmos* konstruktiv aufgefasst und als den Versuch verstanden, künstlerisch den Eindruck der Natur zu erzeugen[24], und zwar ausgehend von einem Satz seines Autors: »Ein Buch von der Natur muß den Eindruck wie die Natur selbst hervorbringen.«[25] Und im Einklang mit einer Beobachtung des jüngeren Plinius zum Werk des älteren, dieses sei »nec minus varium quam ipsa natura« (»nicht weniger vielfältig als die Natur selbst«).[26] Hat Humboldt also kunstvoll Natur nachgebildet? Die letzten drei Bände neigen in der Tat zur Naturwüchsigkeit – aber eben nur diese drei.

Eine Interpretation der Gestalt eines Werkes muss auch deren Veränderung erfassen. Wer die einzelnen Bände betrachtet, kann bereits an der Oberfläche des Textes eine Entwicklung feststellen. Wie das Tagebuch der *Voyage au Chimborazo* (1802), die *Vues des Cordillères* (1810–1813), die *Relation historique* (1814–1831), der *Essai politique sur l'île de Cuba* (1826) oder *Asie centrale* (1843) und wie viele andere Schriften aus den sieben Jahrzehnten seiner produktiven Publikationstätigkeit hat auch Humboldts *Kosmos* eine ihm eigene Form, die nicht von vorne bis hinten gleichmäßig ausgeführt wird, sondern sich dynamisch entfaltet. Auch in Humboldts letztem Werk geschieht poetisch etwas Eigentümliches. Die Frage nach der Semantik der Form lässt sich entsprechend erweitern und präzisieren: Wie verändert sich die Gestalt des *Kosmos*? Und was hat diese Veränderung zu bedeuten?

Neben den Ansätzen, die von der Biographie, vom Thema, vom Misslingen oder im Gegenteil von geglückter Mimesis ausgehen, kommt nämlich in der Tat noch eine ganz andere Erklärung für die rätselhafte Gestalt und deren noch rätselhaftere Genese infrage. Der Schlüssel könnte in dem Kapitel liegen, das dem Effekt naturhafter Wucherung vorausgeht. Was also geschieht *vor* der Dispersion? Worum geht es am Ende des zweiten Bandes? Hier liegt die Begründung für die eigentümliche »Composition« des *Kosmos*. Und diese Begründung ist politisch.

Die Kolonialgeschichte des Wissens

Im Kapitel zur »Geschichte der physischen Weltanschauung«, mit dem der zweite Band endet und das der formalen Wucherung, die im dritten einsetzt, vorausgeht, fragt Humboldt nach der »allmäligen Entwickelung und Erweiterung des Begriffs vom Kosmos, als einem Naturganzen«.[27] Auf 385 Seiten erzählt er hier die Geschichte des Wissens von der Geographie, im erweiterten Sinn, als natur- und humanwissenschaftliche Welterkenntnis. Wie hat Humboldt die Erschließung der Welt gedacht? Wie beschreibt er die Ereignisse, die sie befördert haben?

Damit die Menschen allmählich eine Vorstellung von der Erde gewinnen konnten, mussten sie diese räumlich erfahren und miteinander in Verbindung treten. Verschiedene Faktoren hat Humboldt in Rechnung gestellt: Migration (Nomadentum, Völkerwanderungen, Auswanderungen, Ansiedelungen), Handel (über Land, über See), Krieg (Überfälle, Feldzüge, Eroberungen), auswärtige Berufstätigkeit (von Kaufleuten, Übersetzern, Söldnern, Missionaren) sowie Entdeckungs- und Forschungsreisen (wie seine eigene).

Zentrale Bedeutung haben imperiale Bewegungen und Kolonisierungen, in denen mehrere Faktoren zusammenkommen (etwa indem Soldaten, »des Herumziehens müde«, bei Feldzügen als »Ansiedler zurückblieben«)[28] und die Humboldt daher paradigmatisch behandelt. Sie seien die nachhaltigsten Schübe im Prozess der Erfassung der Welt. Anhand ihrer »Hauptmomente« unterteilt er die »Geschichte der physischen Weltanschauung« in einzelne Kapitel, die den jeweils expansivsten Nationen gewidmet sind: Griechen, Makedoniern, Ptolemäern, Römern, Arabern, Spaniern und Portugiesen. Indem sie ihre Macht ausdehnten, so die Grundidee, erweiterten sie den Raum der bekannten Welt und stimulierten deren Erkenntnis. Kolonialismus und Wissenschaft, so die Folgerung, stehen in einem dialektischen Verhältnis.

Diese Dialektik, die Humboldt bereits in *Zentral-Asien* angedeutet hatte, ist weder eine positive, einseitig optimistische, noch eine negative, letztlich katastrophische, sondern eine nüchtern ambivalente. Die »wunderbare Zeit der Conquista«, stellt Humboldt in provokativem Gegensatz fest, war eine »Zeit [...] der Gewaltthätigkeit und des Entdeckungsschwindels«.[29] »Die

Fortschritte des kosmischen Wissens wurden durch alle Gewaltthätigkeiten und Gräuel erkauft, welche die sogenannten *civilisirenden Eroberer* über den Erdball verbreiten.«[30] Der Verfasser des *Kosmos* scheint zu schwanken zwischen der Begeisterung über die Erfolge des Wissens und der Einsicht, dass diese mit Zerstörung und Ausbeutung einhergehen.

Als Ziel beschreibt er eine allgemeine »Verbesserung des gesellschaftlichen Zustandes«.[31] Der preußische Aristokrat weiß gleichwohl um den Preis, den die Menschen für diesen »Fortschritt« bezahlen und von ihresgleichen einfordern. Immer wieder sind es militärische Kommandos, koloniale Erkundungen und imperiale Feldzüge, die den Horizont erweitert und der Forschung neue Felder eröffnet haben; ist es die Macht, die das Wissen vermehrt; ist es der Krieg, der fremde Völker in Kontakt bringt und zwingt, sich auch geistig auseinanderzusetzen.

Humboldt betont das Zwangsläufige und Unbewusste dieses Zusammenwirkens: Die Bewegungen kolonialer Expansion würden »erst Knechtschaft und dann«, indem diese ihre Beseitigung herausfordert, »*unwillkührlich* Freiheit über eine andere Erdhälfte verbreiten«[32]. Selbst der Papst habe, als er die Erdkugel mit einer »*Demarcationslinie*«[33] willkürlich in Machtsphären für Spanien und Portugal teilte, »ohne es zu wissen«, da er Anlass zu genaueren Messungen gab, der Nautik und der Physik »wesentliche Dienste« geleistet.[34] Umgekehrt war der Naturforscher Plinius als »Statthalter in Spanien und Oberaufseher der Flotte«[35] zugleich ein Akteur des Imperiums.

In geradezu klassischer Weise arbeitet der Weltreisende die Ambivalenz der europäischen Rationalität und die Dialektik des Kolonialismus heraus.[36] Erkenntnis ist die Kehrseite der Expansion, die Aufklärung der Begleiter des Imperialismus, der Intellektuelle ein Kollaborateur der Macht. Das ist die historische Erzählung des *Kosmos*, sein *grand récit*: Humboldt rekapituliert die Geschichte der Wissenschaft als Geschichte der Gewalt, deren wichtigste Etappen die griechische Ausbreitung im Mittelmeerraum, die Feldzüge Alexanders des Großen in Asien, die hellenistischen Großreiche, die »Römische Weltherrschaft«, das Vordringen der Araber und die Kolonisierung Amerikas sind.

Im zweiten Band des *Kosmos* hat Humboldt so einen Gedanken entfaltet, den Walter Benjamin in den geschichtsphilosophischen Thesen auf eine bekannte Sentenz bringen wird: »Es ist niemals ein Dokument der Kultur, ohne zugleich ein solches der Barbarei zu sein.«[37]

Den Konflikt zwischen selbstloser Forschung und ungewollter Mittäterschaft brachte Hans Magnus Enzensberger in seinem Gedicht »A. v. H. (1769-1859)« (1975) in das Bild der unerkannten Infektion: »Ein Gesunder war er, der mit sich die Krankheit / ahnungslos schleppte, ein uneigennütziger Bote der Plünderung«.[38]

Untersuchung und Unterwerfung sind auch bei Humboldt selbst nicht voneinander zu trennen – ebenso wie bei Alexander dem Großen, Kolumbus oder Napoleon.

Alexanders Expedition

Archetypisch stehen die Feldzüge Alexanders des Großen für die Verbindung von Eroberung und Erforschung. Humboldt spricht einerseits fast naiv von einer »Bereicherung des Aristotelischen zoologischen Wissens durch die Heerzüge des Macedoniers«[39]. »Die macedonische Expedition«, so schränkt er andererseits ein, sei als Kriegszug aber nur »im ganzen« doch »wohlthätig für die Fortschritte der Erdkunde« gewesen.[40]

Den Begriff der »wissenschaftliche[n] Expedition«, den er auf die Feldzüge des Philosophenschülers anwendet, hat er sogar typographisch auffällig gemacht:

> Die macedonische Expedition, welche einen großen und schönen Theil der Erde dem Einflusse eines einzigen und dazu eines so hochgebildeten Volkes eröffnete, kann demnach im eigentlichsten Sinne des Worts als eine w i s s e n s c h a f t l i c h e E x p e d i t i o n betrachtet werden: ja als die erste, in der ein Eroberer sich mit Gelehrten aus allen Fächern des Wissens, mit Naturforschern, Landmessern, Geschichtsschreibern, Philosophen und Künstlern umgeben hatte.[41]

Wenn sich die Worte »Alexander« und »Expedition« miteinander verbinden, deutet sich ein spielerischer oder unheimlicher Doppelsinn an. Denn während sie den Kriegszug des Königs bezeichnen, sind sie zugleich auf die

Forschungsreise des Autors zu beziehen, der mit diesem den Vornamen teilte: »Alexanders Expedition«.[42]

Im übertragenen Sinn ist nicht nur Humboldts Reisetätigkeit, sondern auch sein *Kosmos* eine literarische Expedition, die einer Erschließung der Welt dient. Sie führt ihre Leser auf eine Reise durch das Universum, die bei den entferntesten Nebeln des Alls ihren Ausgang nimmt und auf dem Weg zu den Gesteinen und Moosen, zu den Tieren und Menschen auf der Erde die unterschiedlichsten Räume des Wissens durchmisst.

Dass Alexander von Humboldt Alexander den Großen im zweiten Band nur höchst sparsam, nämlich bei insgesamt mehr als dreißig Nennungen auf lediglich zwei Seiten des Haupttextes mit dem Beinamen bezeichnet, der ihn von ihm unterscheidet, deutet darauf hin, dass er die Assoziation durchaus nicht vermeiden, sondern möglichst nahelegen wollte. Bei anderen historischen Persönlichkeiten nämlich gebraucht er dasselbe Epitheton ganz regelmäßig: bei Konstantin, Basilius, Theodosius, Albert(us) und Friedrich.[43]

Wenn der Autor der *Ansichten der Natur* und der *Ansichten der Kordilleren* noch dazu in ganz ähnlicher Weise von »Alexanders [...] Ansichten«[44] spricht, ergibt sich eine weitere Überblendung von Welteroberer und Weltbeschreiber – zumal an der zitierten Stelle mit dem Wort »Ansichten« die Pläne des Herrschers für die unter*worfenen* und unter*suchten* Länder gemeint sind.

Beide Dimensionen der Welterschließung, die koloniale und die naturkundliche, fallen wie bei Alexander dem Großen auch in der Fahrt des Kolumbus zusammen, in dessen Nachfolge sich Humboldt ebenfalls sah. Die maritimen Explorationen des fünfzehnten und sechzehnten Jahrhunderts überboten in beiden Hinsichten die einschlägigen Ereignisse des Altertums:

> Wie in Alexanders Heerzügen, aber *mit noch überwältigenderer Macht*, drängte sich jetzt die Welt der Objecte, in den Einzelformen des Wahrnehmbaren wie in dem Zusammenwirken lebendiger Kräfte, dem combinirenden Geiste auf.[45]

Die »Expedition« des Kolumbus war, wie Humboldt hervorhebt, eine Art Experiment: Sie hatte »ganz den Charakter der Ausführung eines nach wissenschaftlichen Combinationen entworfenen Planes«.[46] Dass Expeditionen gleichbedeutend mit »Heerzüge[n]«[47] und diese wiederum mit Experimenten sind, stellt Humboldts eigenes Handeln infrage. Denn wenn eine militärische Kampagne eine wissenschaftliche Unternehmung sein kann, wäre womöglich auch eine Forschungsreise ein koloniales Projekt.

Wie Edward Said an Napoleons »Expedition« nach Ägypten gezeigt hat, die den Auftakt zu seiner Geschichte des modernen *Orientalismus* bildet[48], gingen militärische Eroberung und wissenschaftliche Erfassung nicht zuletzt in Humboldts eigener Zeit Hand in Hand. Auch der französische Feldzug von 1798, auf den Humboldt in seiner Geschichte nicht eingeht, wurde von einem Tross von Forschern, von »Orientalisten« begleitet, deren sprach-, kultur- und landeskundliche Kenntnisse dem Heer hilfreich waren. Humboldt selbst wäre in diese doppelgesichtige Unternehmung beinahe verwickelt worden. Denn ausgerechnet sie stand biographisch am Beginn seiner eigenen, der sie geographisch und gedanklich die Richtung wies, indem sie seine Pläne einer orientalischen Reise durchkreuzte, aber seine orientalisierende Darstellung Amerikas anregte.

Humboldts Bemerkungen zur Expedition Alexanders des Großen und zum Experiment des Christoph Kolumbus, die Eroberung und Erforschung vereinen, sind als versteckte Kritik an Napoleon zu verstehen – ebenso wie als indirekte Selbstkritik. Und sie stehen beispielhaft für ein Verfahren, das den *Kosmos* insgesamt charakterisiert: für die systematische Engführung von Wissenschafts- und Kolonialgeschichte in einer Reihe doppelsinniger Vokabeln, wie sich auch im sprachlichen Detail nachvollziehen lässt.

Der »Einfall der Araber«

Die Dialektik von Kolonialismus und Wissenschaft ist nicht nur Humboldts Thema, sie durchdringt auch seine Rhetorik. Ein wesentliches Mittel sind Homonyme, die den kolonialen *und* den wissenschaftlichen Prozess zugleich bezeichnen und so Gewalt mit Erkenntnis kurzschließen. Dies lässt sich neben dem Begriff »Expedition« an drei weiteren Beispielen verdeutlichen: »Entdeckung«, »Einfall«, »Eroberung«.

Der Begriff »Entdeckung« kann sowohl das territoriale Eröffnen eines zu besetzenden Raumes – die »Entdeckung von Amerika«[49] – wie auch das intellektuelle Erforschen natürlicher Prozesse bedeuten, etwa in: »Arago's Entdeckung der farbigen Polarisation«.[50]

Das Wort »Einfall« meint zunächst eine wissenschaftliche Eingebung – wobei Humboldt, wie um die Tücke des Begriffs anzudeuten, ihn zweimal hintereinander gesperrt setzen lässt: »So wie ein Italiäner in Tortona den Einfall hatte, die Aërolithen kämen aus dem Monde, so hatten griechische Physiker auch den Einfall gehabt, sie kämen aus der Sonne.«[51] Dann jedoch bedeutet er, hervorgehoben in einer wichtigen Überschrift, eine kriegerische Invasion: den »Einfall der Araber«.[52]

Das Substantiv »Eroberung«, das er auf die Landung der Spanier in der ›Neuen Welt‹ bezieht, hat Humboldt durch das Attribut »zwiefach« verzweideutigt – und so dezent die Ambivalenz des Imperialismus markiert: »[D]er Werth dieser *zwiefachen Eroberungen* in der physischen und in der intellectuellen Welt« sei erst durch eine geschichtstheoretische Betrachtung, wie er sie liefert, nämlich durch eine »philosophische [...] Behandlung« der »Culturgeschichte des Menschengeschlechts«[53], erkennbar geworden. Die Spanier eroberten die ›Neue Welt‹ für ihr Weltreich und zugleich für die Geographie.

Nach Humboldts Logik wäre auch der Begriff »Fortschritt« wörtlich zu nehmen und in doppelter Semantik zu verstehen: Hinter dem Voranschreiten der Forscher werden gleichsam die Schritte der Soldaten hörbar. Und zu solchen ambivalenten Schlüsselbegriffen kommt noch eine Reihe entsprechender Doppeldeutigkeiten hinzu: »Vordringen«, »Gewalt«, »Herrschaft« und »Macht«.

Um intellektuelle und kulturelle Prozesse zu verdeutlichen, gebraucht Humboldt regelmäßig militärische Ausdrücke, etwa das »[Vor]dringen« mit dem Fernrohr in den Weltraum, als ob es auch diesen zu kolonisieren gelte. Ähnlich beschreibt er die Kolonialität von Sprachen und Ideen: zum Beispiel die »zauberische Gewalt«[54], welche die griechische Sprache über andere Völker ausgeübt habe; »das Herrschend-Werden einer hochausgebildeten, litteraturreichen Sprache«;[55] und auch die Kehrseite: »Herrschend gewordene Sprachen, die leider den verdrängten Idiomen einen frühen Untergang bereiten, haben [...] wohlthätig zur Einigung der Menschheit beigetragen«.[56] Ganz pointiert ist die Rede von einer »Herrschaft der Ideen«.[57]

Die Arbeit der Wissenschaftler kleidet Humboldt konsequent in eine koloniale Begrifflichkeit. Ihr Streben ziele darauf, »durch die *Macht* der Intelligenz den weiten Erdkreis zu *erobern*«.[58] Auch Weltbeschreibung ist Weltbeherrschung.

Der Begriff der »Weltherrschaft« wird indes nicht nur eingesetzt, um die wechselnde Hegemonie verschiedener Nationen zu bezeichnen (der Römer, der Perser, der Chinesen, der Mongolen, der Araber). Er wird überdies in Analogie gebracht mit Komposita, die auf ihre je eigene Weise einen kognitiven und kolonialen Weltbezug herstellen. Bereits der Untertitel, *Entwurf einer physischen Weltbeschreibung*, und die Überschrift des Schlüsselkapitels, »Geschichte der physischen Weltanschauung«, hatten diese Form profiliert.[59] Vor allem in diesem Teil werden entsprechende Begriffe eingesetzt – und miteinander in eine Reihe gestellt: »Welthändel«, »Welthandel«, »Weltverkehr«, »Weltveränderung«, »Weltstellung«, »Weltgestaltung«, »Weltgeschichte«, »Weltstürmer«, »Weltreich«, »Weltganze[s]«, »Weltordnung«, »Weltkarte«, »Weltumschiffung«, »Weltumsegelung«, »Weltmeer«, »Weltkunde«, »Weltansicht«, »Weltzusammenhang«, »Weltbewußtsein«, »Weltanschauung«, »Weltbeschreibung«.[60] Die Begriffe, die Humboldts eigenes Projekt bezeichnen, sei es im Untertitel des *Kosmos* oder in der Überschrift seines historiographischen Abschnitts, stehen in einer Kontinuität mit solchen, die den Kolonialismus beschreiben.

Metaphern des Kolonialismus

Aufschlussreich ist nicht allein, wie die Erschließung der Welt gedanklich begriffen wird und wie sie mithilfe von Homonymen in ihrer Ambivalenz sprachlich zur Geltung kommt, sondern auch, in welchen Bildern sie sich inszenieren lässt. Um Forschung als Effekt oder Voraussetzung politischer Ausdehnung zu fassen, gebraucht Humboldt drei Leitmetaphern, die als Verstehens- und Lesemodelle dienen: das Licht, das Wasser und die Pflanzen.[61]

Kulturen erscheinen als »Lichtpunkte des Wissens«[62], als »leuchtende Puncte, Centra der Cultur, die gegen einander strahlen«[63] und jeweils in einer gewissen »Sphäre«[64] um sich herum Helligkeit verbreiten: »Diese

Centralpuncte erinnern unwillkürlich an die größeren unter den funkelnden Sternen des Firmaments, an die ewigen Sonnen der Himmelsräume [...].«[65] – Die Antithese, die ihr Gegenteil bestätigt, ist die allegorische Dunkelheit.

Dann wieder ist von verschiedenen »Quellen« die Rede, oder sogar einem besonderen »Urquell«[66], aus dem sich Kulturen als »Ströme«[67] ergießen, die entweder wie Flüsse »über den Erdboden«[68] oder wie »Strömungen«[69] in Gewässern oder wie »Völkerfluthen« und »Völkerwelle[n]«[70] anderen Wassern »zugeströmt«[71] sind und so ihren »Einfluß«[72] ausgeübt haben.

Aus »Keime[n]« wiederum, die »in einen fruchtbaren Boden gelegt«[73] werden, entstehen Gewächse, die zur »Blüthe«[74] gelangen, »Früchte« tragen und neue »befruchtende Keime« hervorbringen, die »ausgestreut« werden und anderswohin gelangen,[75] bis sie dort neu »gewurzelt[ ]«[76] sind, ihrerseits »erblüht[ ]«[77], und sich so »fortgepflanzt«[78] haben. Es werden »durch die Verpflanzung einheimischer Cultur überall neue Keime [...] hervorgerufen«[79], beispielsweise »Saamen abendländischer Cultur, in Persien [...] ausgestreuet«[80]. In diesem Sinn sei »unsere jetzige wissenschaftliche Cultur« in den mittelmeerischen Zivilisationen »ursprünglich gewurzelt«[81], die sich »auf europäischem Boden fortgepflanzt« hätten und zuerst ihrerseits aus orientalischen und afrikanischen »Keim[en]« hervorgegangen wären.

Diese botanische Metaphorik konzentriert sich, gemäß der Etymologie des Begriffs Kolonie (*colere*), im Begriff der »Pflanzstädte«[82], der als Synonym für überseeische Siedlungen gebraucht wird: Das »Colonial-System«[83] ist ein »*System* der Anlegung von Pflanzstädten«.[84] Diese Bildlichkeit hat Humboldt ausdekliniert. Das »*ionische Leben*« beispielsweise hat »überall, wo es in den Pflanzstädten verbreitet war, die wohlthätigen Keime fortschreitender Bildung ausgestreut«.[85] Auch siedelnde Menschen werden entsprechend »verpflanzt[ ]«[86]. Dabei ist der Begriff »Pflanzstädte« passiv ebenso wie aktiv zu verstehen, weil die gepflanzten Neugründungen ihrerseits, als Kolonien zweiten Grades, »andere Pflanzstädte gründeten«[87]. Solche Bilder gewächshaften Lebens behaupten Natürlichkeit, aber auch eine pflanzliche Friedfertigkeit, die ihrem Gegenstand nicht angemessen ist.

Die Bildlichkeiten des Lichts, des Wassers und der Pflanzen haben kulturtheoretische Implikationen. Sie besitzen jeweils eine Raum- und Bewegungslogik: eine konzentrische, eine lineare und eine rhizomatische.

Da ist zunächst die Idee kreisförmiger Ausbreitung, wie sie das Leuchten des Lichts kennzeichnet und auf Gedanken übertragen wird: »Gesichtskreis«[88], »Kreis der Ideen«[89], »Kreis des Wissens«[90]. Gleichwohl bewegt sich das »Licht« der Kulturen, durch Kontakte, Wanderungen und Kriege, durchaus auch, wie »Lichtstreifen«[91], in bestimmten Richtungen, aber nicht geometrisch genau, sondern auf unbestimmten Wegen: »Das Licht, welches in dem von tatarischen Völkern bewohnten Asien angezündet war, verbreitete sich [...] weiter in Westen.«[92] Diese aufklärerische Konzeption der Lichtausbreitung, die *euro*zentrisch zu denken sein könnte, während Humboldt sie jedoch *poly*zentrisch verstanden wissen will, als »von mehreren Punkten ausgehende[ ] *Verbreitungsstrahlen*« des »Menschengeschlechts«,[93] wird durch zwei konkurrierende Vorstellungen überlagert, die jeweils mit seiner Reiseerfahrung und Forschungspraxis zusammenhängen: mit der Gewässerkunde und der Pflanzengeographie.

Auch für das Konzept der Strömungen betont Humboldt, dass es nicht einsinnig linear, sondern plural und diffusiv zu verstehen ist: etwa wenn er aufzeigt, »was dem großen Strome griechischer und römischer Cultur auf mannigfaltigen [...] Wanderungswegen aus dem Nilthale und aus Phönicien, vom Euphrat her oder aus Indien zugeführt worden ist«.[94] »Man kann die Hauptströme bezeichnen [...]; aber bei der Vielfachheit dieser Ströme ist nicht ein einiger Urquell zu nennen.«[95] Die Konsequenz ist Konfluenz: »Europa und Asien« sind »durch flache Steppenländer wie in einander verflossen«[96]. Die Meeresströmungen, die der Reisende bei seiner Überfahrt nach Amerika selbst beobachten konnte, hat er im ersten Band der *Relation historique* nicht allein naturwissenschaftlich[97], sondern auch symbolisch aufgefasst, indem er den atlantischen Kreislauf in westlicher (»*le courant équinoxial*«) und in östlicher Richtung (»*le Gulf-stream*«) als interkontinentale Zirkulation von Gewächsen, Schiffen oder Leichnamen beschrieb, welche die ›Alte‹ und die ›Neue Welt‹ im guten wie im schlechten Sinn miteinander verbindet.[98]

Die »Geographie der Pflanzen«, die Humboldt zu Beginn des Kapitels über die »Geschichte der physischen Weltanschauung« anführt,[99] hatte er in der chronologisch ersten Veröffentlichung seines amerikanischen Reisewerks, im *Essai sur la géographie des plantes* (1805, 1807)[100], als Lehre historischer Migrationen eingeführt, die den menschlichen Wanderungen nicht nur analog sind, sondern mit diesen auch in einem unmittelbaren Zusammenhang stehen.

Humboldt scheint geleitet zu sein von zwei Grundannahmen: Das Wissen nimmt, wenn auch nicht gleichmäßig, so insgesamt doch mit der Zeit zu. Es gibt einen Fortschritt. Und der Ausgangspunkt dieses Fortschritts ist das alte Europa, dessen Perspektive er zu Beginn einnimmt. Ihm dient das Mittelmeer als »Ausgangspunkt [...] der Colonisirung«[101] – allerdings aus pragmatischen, heuristischen Gründen: »Wir wählen« diesen Ansatz, schreibt Humboldt, weil er glaubt, »von einem eingeschränkten Erdraume ausgehen zu müssen«;[102] weil es »am geeignetsten« sei, »von einer Völkergruppe [...] auszugehen«.[103]

Aber Humboldts Modell ist dennoch nicht gräkozentrisch. Er beginnt nicht bei den Griechen, sondern bei deren außereuropäischen Vorläufern: bei Ägyptern und Phöniziern (sowie anderen semitischen Völkern) – und gelangt dann zu den Etruskern. Es gibt jeweils vorgängige Einflüsse: »Fremde Elemente wurden aufgenommen«.[104] Humboldts *Kosmos* ist in einem doppelten Sinn nicht eurozentrisch. Denn er macht deutlich, welchen Anteil nicht-europäische Völker am »Fortschritt« ebenso wie am Imperialismus hatten, die Inder, die Chinesen und insbesondere die Araber, denen er ein ganzes Kapitel seiner »Geschichte« widmet: zum »Einfluß der arabischen Civilisation«. Die Begriffe der Zivilisation und der Barbarei werden dabei neu verteilt: »Die Araber, ein semitischer Urstamm, verscheuchen theilweise die Barbarei, welche das von Völkerstürmen erschütterte Europa bereits seit zwei Jahrhunderten bedeckt hat.«[105] Der Gegensatz des Eigenen und des Fremden wird so umgewertet und infrage gestellt. Die »Geschichte der physischen Weltanschauung« tendiert zur ›Hybridisierung‹: zu »gegenseitige[r] Befruchtung«[106], »Vermischung«[107] und »Verschmelzung«[108]. Solche Ansätze der Auflösung eines gleichförmigen, geschlossenen, essenzialistischen Kulturbegriffs nehmen eine zentrale Einsicht postkolonialer Kulturtheorie vorweg.[109]

Humboldt schrieb tatsächlich in einer *post*kolonialen Situation. Die spanischen Kolonien in Amerika, die er fünf Jahre lang durchreist hatte, erlangten – mit Ausnahme Kubas – in den 1820er-Jahren ihre Unabhängigkeit. Und er veröffentlichte in einer revolutionären Situation. Der zweite Band des *Kosmos* erschien 1846–1847, kurz vor der Revolution von 1848. Den Kolonialismus hat Humboldt bereits in seinem amerikanischen Reisetagebuch kategorisch verurteilt: »l'idée de la Colonie même est une idée immorale«.[110]

Sogar in seinen naturkundlichen Beobachtungen durchzieht den *Kosmos* eine Theorie der Identität und Differenz, die nicht mehr binär organisiert ist. Die empirische Wissenschaft läuft überall auf den gleichen Befund hinaus: Hinter oberflächlicher Verschiedenheit verbirgt sich eine fundamentale Gemeinsamkeit. So ist die Erdrinde an jedem Ort die gleiche; auch wenn die Pflanzen und Tiere, die auf ihr leben, verschieden sind. In der Natur wie in den Angelegenheiten der Menschen gilt es, die »Einheit in der Vielheit«[111] zu erkennen. Im Königreich Preußen erregte vieles Humboldts Missfallen. »Die Natur aber ist das Reich der Freiheit.«[112] Auch in solchen Formulierungen deutet sich an: Der *Kosmos* ist nicht nur ein naturwissenschaftliches Buch.

Postkoloniale Poetik

Wie ist nun die »Composition« des *Kosmos* in ihrer eigentümlichen Entwicklung zu verstehen, wenn wir sie auf das Kapitel zurückführen, das ihr vorausgeht? Sollte die Erklärung für die verwirrende Gliederung tatsächlich in der Abhandlung über die »Geschichte der physischen Weltanschauung« zu sehen sein, dann liegt sie in der Auseinandersetzung mit der Dialektik von Kolonialismus und Wissenschaft, die an dieser Stelle geführt wird. Die Kritik des Kolonialismus als Kritik der Wissenschaft, die Humboldt in seiner Theorie der Welterschließung ausführt, hätte eine literarische Reaktion provoziert.

Humboldts *Kosmos* begann als imperiales Projekt einer Erfassung der Welt und in einer entsprechenden Form, die konventionell hierarchisch strukturiert war. Ab dem zweiten Band entwickelt er dann jedoch eine kritische Reflexion des Zusammenhangs zwischen Welterkenntnis und Welteroberung, die genau diese Form infrage stellt. Und er zieht hieraus die künstlerische Konsequenz, indem er seine Form in den weiteren Bänden freisetzt. Ein imperiales Projekt gerät aus den Fugen. Die Form des *Kosmos* wird anti-imperial.

Mit anderen Worten: Humboldts »Geschichte der physischen Weltanschauung« hat literarische und zugleich politische Folgen. Die Form, in der er sein eigenes Projekt einer Welterschließung zur Darstellung bringt, hört auf, klar zu gliedern, und wird stattdessen hybrid. Sie ist nicht mehr zentralperspektivisch organisiert, sondern entfaltet sich dezentral. Im Anschluss an seine Kolonialismuskritik konnte der Autor des *Kosmos* nicht mehr das gleiche Buch schreiben.

Die Wucherung von Humboldts Schrift ist so als Reaktion auf den Kolonialismus zu verstehen, dessen kritische Geschichte ihr im *Kosmos* vorausgeht: als im doppelten Sinn *post*-koloniale Poetik. Für seine »physische Weltbeschreibung« gilt, was der frühere Oberbergmeister mit dem Blick des Geologen von den Schichten der Erde sagt: »Ihre Form ist ihre Geschichte.«[113] *Form ist Geschichte.* Die »Form« des Buches folgt der »Geschichte«, von der es handelt: der Geschichte des Wissens als Geschichte der Gewalt.[114]

Auf den ersten Blick scheint Humboldt das unheimliche Wuchern der Imperien, das er in seinem historischen Kapitel beschrieben hat, in einer Wucherung seines Textes abzubilden. Indem er seine Etymologie ernst nimmt, erfasst er den Kolonialismus pflanzengeographisch und entwickelt eine abbildende Darstellung – als neue, kritische, nicht mehr gleichförmige Möglichkeit, Kultur zu begreifen.

Da das textliche Wuchern jedoch gerade nicht das Kolonialismus-Kapitel selbst betrifft, sondern den Teil des Werkes, der darauf folgt, kann es nicht darum gegangen sein, die gewonnene Erkenntnis nur an diesem bestimmten Gegenstand vorzuführen. Ihre Konsequenzen werden vielmehr auf das eigene Projekt übertragen: auf das eigene Weltverhältnis und auf das eigene Schreiben.

Diese Veränderung der Schreibstrategien mag durch eine experimentelle Offenheit begünstigt gewesen sein, mit der Humboldt sein Projekt angegangen war. Am 24. Oktober 1834 schrieb er an seinen Freund Varnhagen von Ense einen inzwischen oft zitierten Satz, in dem er die Idee für seinen *Kosmos* entwarf:

> »Ich habe den tollen Einfall, die ganze materielle Welt, alles, was wir heute von den Erscheinungen der Himmelsräume und des Erdenlebens, von den Nebelsternen bis zur Geographie der Moose auf den Granitfelsen wissen, alles in *einem* Werk darzustellen, und in einem Werk, das zugleich in lebendiger Sprache anregt und das Gemüt ergötzt.«[115]

Das Adjektiv »toll« ist hier durchaus mehrdeutig und auch ironisch zu lesen.[116] Seinen in der Tat »tollen« *Einfall* – der das Wort vom imperialen »Einfall der Araber« vorwegnimmt – hat Humboldt so ausgeführt, dass nicht nur das Großartige, sondern auch das Verrückte des Unterfangens zum Vorschein kommt. Wenn er wiederholt darauf hinwies, wie planvoll sein Schreiben sei, und wenn er dabei Begriffe wie den der »Composition« verwendete, lässt das darauf schließen, dass er seinen *Kosmos* bewusst unkonventionell anlegte. Diese Gestaltung hat dann eine Eigendynamik annehmen können, die auch ungeahnte Auswüchse hervorbrachte.

Humboldts eigensinnige Poetik, die eigentümliche Dynamik seiner Form ist ausgerechnet aus der Perspektive einer Forschung zu verstehen, die sich in ihrem ideologiekritischen Ansatz allzu oft nicht für ästhetische Fragen interessiert und in der Annahme allmächtiger Herrschaftsdiskurse nur selten kompliziertere Entwicklungen in den Blick nimmt oder überraschende poetische Effekte anerkennt: aus dem Blickwinkel postkolonialer Studien. Dabei ist Alexander von Humboldt nicht nur der deutsche Klassiker, der sich als Reiseschriftsteller wie als Historiker am intensivsten mit dem Kolonialismus auseinandergesetzt hat. Er ist zugleich derjenige, in dessen Schriften diese Auseinandersetzung auch künstlerisch geführt und vorgeführt wird. Sie findet ihren Ausdruck in immer neuen Formen, deren Veränderung seinen Erkenntnisprozess abbildet.[117]

Inhaltlich wie formal ist der *Kosmos* nicht nur der erste, sondern auch der originellste Beitrag der deutschen Literatur zur postkolonialen Theorie. Humboldt hat die ganze Welt als kolonialen Raum inszeniert. Und er hat diesen Raum künstlerisch abzubilden versucht.

Neuntes Kapitel
Im Labyrinth der Sinne: Die Synästhesie der Tropen

(*Ansichten der Natur*, 1849)

»Be not afeard; the isle is full of noises,
Sounds and sweet airs, that give delight, and hurt not.
Sometimes a thousand twangling instruments
Will hum about mine ears; and sometimes voices,
That, if I then had wak'd after long sleep,
Will make me sleep again.«

William Shakespeare,
The Tempest (1611)[1]

In der Lektüre des amerikanischen Reiseberichts gingen wir von der physischen Dimension der Fremderfahrung aus, nämlich von den Herausforderungen, die dem Körper des Reisenden begegnen und diesen dazu verleiten können, eine heldenhafte Erzählung von ihrer Bewältigung zu verfassen – eine Versuchung, der Humboldt sich widersetzte und über die er hinausging, indem er den Körper des Reisenden, des bereisten Landes und der bereisten Bewohner problematisierte. Aber physisch oder, genauer gesagt, physiologisch ist nicht erst die Erfahrung äußerer Einflüsse, Strapazen und Gefahren, sondern bereits die Wahrnehmung des Reisenden selbst: die Wahrnehmung mit seinen Sinnen. Sie bildet eine Grundvoraussetzung im Drama der Expedition.

Die Erzählung einer Reise beruht, so scheint es, auf den sinnlichen Eindrücken des Reisenden. Der Verfasser gibt wieder, was er gesehen, gehört, gerochen, geschmeckt und gespürt hat. Indem die Sinne zum Gegenstand interdisziplinärer und insbesondere kulturwissenschaftlicher Forschung wurden, haben sie allerdings ihre Selbstverständlichkeit eingebüßt.[2] Die kulturelle Bedingtheit menschlicher Wahrnehmung steht außerhalb humanbiologischer Perspektiven kaum mehr infrage. An der Art und Weise, wie ein Reisebericht sinnliche Wahrnehmung nicht einfach nur wiedergibt, sondern immer schon literarisch inszeniert, lassen sich Erkenntnisse über seine Ästhetik und Poetik, seine Wissenschaft, seine Politik und seine Hermeneutik der Alterität gewinnen. Die Frage, wie ein Reisender das Land, das er bereist, wahrnimmt, ist bereits auf der Ebene der Sinnlichkeit zu stellen.

Die Sinne des Reisens

Das Sehen ist der wichtigste aller Sinne im Reisebericht. Amerika erfährt der Reisende vor allem visuell. Im *Kosmos* schreibt Humboldt: »Das Auge ist das Organ der Weltanschauung.«[3] Das »Auge des Reisenden«[4] als »Auge des Betrachters«[5] wird in der *Relation historique* personifiziert und erhält einen Eigensinn.[6] Der Reisende begibt sich auf Anhöhen, um »Aussichten« genießen und Panoramen beschreiben zu können.

Entsprechend intensiv wird visuelles Vokabular eingesetzt, dessen zentrale Begriffe das »Auge«, das »Sehen«, die »Sicht« sind. In weiter Bandbreite kommen darüber hinaus Synonyme zur Geltung: etwa der »Blick«[7] oder die

»Beobachtung«[8]. Verben wie »wahrnehmen«, »betrachten«, »anschauen« oder »ausmachen« durchsetzen den Text.

Die wesentlichen Vokabeln in Humboldts ästhetischer Terminologie sind – mehr oder weniger offensichtlich – optischer Natur: in lateinischer ebenso wie in griechischer Etymologie zum Beispiel »Aspekt«[9] oder »Phänomen«[10]; metaphorisch »Gemälde« und »malerisch« oder »Schauspiel« und »Szene«. Die Natur erzeugt, wie es scheint, vor allem optische Effekte. Sie »zeigt sich« dem Betrachter als Gegenstand der Anschauung. Reisen heißt Sehen: »wir kamen [...], ›um zu sehen, weiter nichts‹«.[11] Die Expedition ist eine »*observatio perpetua*«[12]. Die Fremde erscheint als ein Werk der bildenden Kunst, das sich betrachtend erfassen lässt: *ut pictura America*.

Bereits die Initiation der Reiselust geschah visuell, nämlich durch »Blicke« auf Landkarten und in Reisebücher. Demgemäß erscheinen Jugendträume als etwas, dessen Erfüllung man »sehen« kann: »ich *sah* einen Traum meiner frühen Jugend sich erfüllen«.[13]

Besondere Momente der Reise werden hervorgehoben und als Serie erster und letzter Anblicke in Szene gesetzt: der letzte Blick auf die Küste Europas bei der Ausfahrt aus La Coruña; der erste Blick auf ein unbekanntes Land, einen neuen Kontinent, eine nie zuvor bereiste Region, ein eindrucksvolles Naturphänomen oder auch nur eine bestimmte Pflanze; und andererseits der letzte Blick auf einen Ort, den der Reisende für immer verlassen wird, oder eine Küste, von der er sich langsam entfernt. Besonders intensive Erfahrungen werden als visuelle Wahrnehmungen wiedergegeben, die nachhaltige Empfindungen auslösen: »Der Anblick eines Landes, das man verlässt und das allmählich am Horizont im Meer versinkt, hat etwas Feierliches.«[14]

« Il y a quelque chose de solennel dans l'aspect d'une terre que l'on quitte, et qui s'abaisse peu à peu sous l'horizon de la mer. »

Auch im übertragenen Sinn bedient sich Humboldt mit Vorliebe visueller Metaphern. Nicht zu Unrecht ist also die Rede von Humboldts »visuellem Denken«.[15] Und die besondere Bedeutung des Sehens kommt auch in seiner Bildpraxis zum Ausdruck. In seinen Werken veröffentlichte er mehr als 1500 Illustrationen.[16] Bereits im Feld fertigte er zahlreiche Zeichnungen an. Oft sind sie in seinen Manuskripten direkt in den Text integriert und untrennbar mit diesem verbunden.

Gelegentlich jedoch wird das Primat des Sehens eingeschränkt. Im Urwald kommen die anderen Sinne zur Geltung. Um der Fülle der Eindrücke Herr zu werden, ist das Gemälde hier nicht mehr das richtige Medium:

> Wenn ein Reisender, der vor Kurzem aus Europa eingetroffen ist, zum ersten Mal in die südamerikanischen Wälder vordringt, zeigt sich ihm die Natur unter einem unerwarteten Gesichtspunkt. Die Gegenstände, die ihn umgeben, erinnern ihn nur schwach an die Gemälde, die berühmte Autoren gezeichnet haben [...]. Ist er für landschaftliche Schönheiten empfänglich, hat er Mühe, sich der verschiedenen Regungen, die er empfindet, bewusst zu werden. Er vermag nicht zu entwirren, was seine Bewunderung am meisten erregt, die ruhige Stille der Einsamkeit, die individuelle Schönheit und der Gegensatz der Formen oder diese Kraft und diese Frische des Pflanzenlebens.[17]

Akustische, optische und weitere Eindrücke verbinden sich in sinnlicher Überwältigung.

In Analogie zum Auge spielt dann das »Ohr des Reisenden« eine Rolle. Humboldt registriert sowohl die »Stille« wie auch die Geräusche der Natur: zum Beispiel Erdbeben, die er mit dem Lärm einer Schlacht vergleicht und die sich wiederum, wie die Indigenen versichern, über andere Geräusche ankündigen; Wasserfälle, Stürme, mysteriöse unterirdische Effekte oder Töne, die aus Felsen hervorgehen und eine lokale Mythenbildung ausgelöst haben.

Humboldt vermerkt Tierlaute, etwa die von Affen[18], Fröschen, Papageien – sowie von Vögeln, die entweder singen[19] oder kläglich schreien, wenn sie von Menschen hingemetzelt werden.

Auch die Laute der Menschen werden aufgezeichnet, etwa die »Klänge« verschiedener Sprachen oder Aussprachen, die »Rufe« indigener Reisebegleiter oder die »traurigen und eintönigen Gesänge« der Ruderer. Sofern Humboldt überhaupt auf Musik eingeht, tut er dies fast immer mit abwertenden Beiklängen, indem er etwa von »lauter Musik« spricht, von »schrillen« Gitarren, »schaurigen« Trompeten, einer Totenglocke oder einem Kanonenschuss.

Weite Gebiete, die Humboldt bereist, sind indes menschenleer, sodass sich dort kaum solche Laute, die für menschliche Gesellschaft und Kultur stehen, vernehmen lassen: »Man gewöhnt sich an die Vorstellung einer Welt […], in welcher der Mensch niemals einen Freudenschrei oder einen Klageton vernehmen ließ.«[20] Überlagert werden die »Stimme des Evangeliums« und der »Lärm von Waffen«, die zusammen das Land der Amerikaner erfüllen: »Die Stimme des Evangeliums wird nur dort vernommen, wie ein Jesuit am Orinoco naiv sagt, wo die Indianer den Lärm der Waffen gehört haben.«[21] Amerika hat eine koloniale Akustik.

« On s'habitue à l'idée d'un monde […] où l'homme n'a jamais fait entendre le cri de l'allégresse ou les accens plaintifs de la douleur. »

« La voix de l'Évangile n'est écoutée, dit naïvement un jésuite de l'Orénoque […], que là où les Indiens ont entendu le bruit des armes. »

Neben diese symbolische Funktion tritt eine physiognomische. Die Töne, die der Reisende vernimmt, geben Aufschluss über die jeweilige Landschaft. Verschiedene Gegenden sehen nicht nur anders aus, sie klingen auch anders. Der Tonkünstler Daniel Velasco zählt vierzig »akustische Landschaften«[22], die in Humboldts Reisebericht beschrieben werden. Humboldts Sprache funktioniert gleichsam als literarisches Aufnahmegerät, das seine Reise als sonore Erlebnisreihe aufzeichnet. Das Phänomen einer nächtlichen Klangzirkulation, die der Reisende von seinem Lager aus verfolgen kann, hat Velasco durch eigene Einspielungen, die er Humboldts Texten unterlegt, simuliert.[23] Humboldts akustische Wahrnehmung der Natur, seine Sensibilität für die tonalen Merkmale von Landschaften, in denen geologische, botanische, zoologische und klimatische Gegebenheiten zusammenkommen, sieht Velasco als Ansatz eines akustischen Umweltbewusstseins, als Vorläufer einer Bewegung der »Klangökologie«.[24]

Humboldt verzeichnet aber nicht nur die Ansichten und die Geräusche, sondern auch die Gerüche des Landes beziehungsweise von dessen Vegetation. Als Botaniker riecht er Vanille[25], Ananas und wilde Rosen, Chinarinde oder Lorbeergewächse sowie die Aromen zahlloser weiterer Pflanzen. Wobei immer wieder auch ein »unangenehmer« Geruch von Moschus vorkommt, der, wie wir im Diskurs des Körpers gesehen haben, auch politisch sein kann.

Optisch erschien Amerika als Gemälde oder als Bühne und akustisch als Klangkunstwerk. Nun wird der Regenwald zu einer natürlichen Parfümerie.

« A l'odeur aromatique que répandent les fleurs, les fruits et le bois même, se mêle celle que nous sentons en automne dans les temps brumeux. »

Jeder Landstrich hat nicht nur optisch und akustisch, sondern auch olfaktorisch einen individuellen Charakter. Die Formen der Natur haben geruchliche Qualitäten, die sie untereinander vergleichbar machen: »In den aromatischen Duft, den die Blumen, die Früchte und sogar der Wald verbreiten, mischt sich jener, den wir im Herbst bei Nebel wahrnehmen.«[26]

Die Gerüche sind buchstäblich überall:

> Die Erde, feucht und erhitzt durch die Strahlen der Sonne, verbreitet diesen Geruch von Moschus, der in der heißen Zone sehr verschiedenen Tieren gemeinsam ist, dem Jaguar, kleinen Arten von Tigerkatzen, dem Wasserschwein, dem Rabengeier, Krokodil, Vipern und Klapperschlangen. Die Ausdünstungen, die dieses *Aroma* verbreiten, scheinen sich erst zu verbreiten, wenn der Boden, der die Reste einer ungeheuren Masse von Reptilien, Würmern und Insekten enthält, Wasser aufzusaugen beginnt. [...] Wo auch immer man den Boden umgräbt, ist man erstaunt über die Menge organischer Substanzen, die sich nacheinander entwickeln, verändern oder auflösen.[27]

Die Biodiversität der Tropen ist nicht nur zu sehen und zu hören, sondern auch zu riechen. Bei Gehör und Geruch handelt es sich um passive Sinne, deren Wahrnehmung sich nicht ohne Weiteres, wie durch das Schließen der Augen, unterbinden lässt. Die sich vermengenden Düfte nehmen eine derartige Intensität an, dass sie den Reisenden zuweilen sogar den Schlaf rauben: »der Wohlgeruch der Gewächse war derart stark, dass er uns störte, obwohl wir unter schönem Sternenhimmel schliefen und unser Nervensystem, an ein Leben unter Anstrengungen gewöhnt, nur sehr wenig empfindlich war«.[28]

Die Fülle der Tropengerüche haben überdies kulturelle Folgen. Die Natur scheint die Menschen in unterschiedlicher Weise empfänglich gemacht zu haben: »In den Tropen neigt man allgemein dazu, Aromen zu verwenden«.[29]

Der Tastsinn wiederum hat zwei gegensätzliche Funktionen. Entweder bezieht er sich auf Details, etwa wenn der Botaniker Pflanzen befühlt: »die *seda silvestre* oder wilde Seide des Landes, die hübsch leuchtet, sich aber sehr rau anfühlt«[30]; oder er verweist, wenn das berührte Element zu einer Synekdoche wird, aufs Ganze. Eine emphatische, gleichsam rituelle Funktion erhält die erstmalige Berührung amerikanischen Bodens. Wie ein erster oder letzter Anblick gewinnen auch diese haptischen Wahrnehmungen eine emotionale Intensität: »Nichts kann die Emotion vermitteln, die ein Naturforscher verspürt, wenn er zum ersten Mal nicht-europäischen Boden *berührt*.«[31]

« Rien ne sauroit exprimer l'émotion qu'éprouve un naturaliste lorsqu'il *touche* pour la première fois un sol qui n'est pas européen. »

Eine solche Intensität kommt auch in metaphorischen Verwendungen zum Ausdruck.[32] Das Berühren kann allerdings auch unangenehm sein, gefährlich oder mindestens schmerzhaft – wie der Stich eines Moskitos.

Als Organ der Wahrnehmung ist schließlich auch der Geschmack, obwohl traditionell ein »niederer« Sinn, in bestimmten Fällen unverzichtbar. Diejenigen Eigenschaften der Fremde, die ihm zugänglich sind, scheinen überhaupt nur geschmacklich erfahrbar und am wenigsten sprachlich mitteilbar zu sein:

> Man muss Sapotilles (Achras) auf Margarita oder in Cumaná gegessen haben; Cherimoyas (nicht zu verwechseln mit der Stachelannone und der Annona der Antillen) in Loxa in Peru; Grenadillen oder Passionsfrüchte in Caracas; Ananas in Esmeralda und auf Kuba, um die Loblieder nicht übertrieben zu finden, welche die ersten Reisenden über die Vorzüglichkeit der Erzeugnisse der heißen Zone gesungen haben.[33]

Die Eindrücke des Sehens, Hörens und Riechens, die Humboldt fortlaufend verzeichnet, werden daher ergänzt durch eine Reihe gezielter Geschmacksproben, die er an Pflanzen, Tieren, Gewässern vornimmt.

Humboldt sieht, hört, riecht, schmeckt und fühlt, was er bereist. Zusammen fügen sich seine Eindrücke zu einer Synästhesie der Tropen.[34] Er entfaltet ein sinnliches Verständnis Amerikas, seiner Landschaften und seiner Tierwelt, indem die einzelnen Eindrücke empirische Informationen liefern, symbolische Bedeutungen annehmen und die Fremde ästhetisch wahrnehmbar und poetisch beschreibbar machen. Die Sinne des Reisenden dienen als Register der Wahrnehmung und als Motive der Darstellung. Sie bilden ein zentrales Element in der Ästhetik und Poetik der Reiseliteratur. Als Organe einer zuverlässigen Perzeption scheinen sie zunächst nicht infrage gestellt zu werden. Die sensualistische Epistemologie, die dem Reisebericht zugrunde liegt, scheint geleitet zu sein von der optimistischen Annahme, dass man durch einen genauen Einsatz der Sinne die ›Fremde‹ zuverlässig wahrnehmen und angemessen inszenieren kann. Aber genau diese Vorstellung wird auch herausgefordert.

Der Sinn der Sinne

Humboldt belässt es nicht dabei, Sinneseindrücke lediglich zu verzeichnen. Sie liefern überdies empirische Daten, die es möglichst genau auszuwerten gilt. Sie werden zum Rohmaterial für geographische, geologische, klimatologische, botanische oder zoologische Untersuchungen. Sie bilden die Grundlage der Naturwissenschaften, in deren Dienst die Expedition stattfindet. Die Sinnlichkeit des Reisenden hat eine wissenschaftliche Funktion.

Geo- und Kartographie, betont Humboldt, beruhen nicht auf Spekulation, sondern auf »Beobachtungen«, auf Wahrnehmungen vor Ort. Zu den Eigenschaften von Gestein gehört eine bestimmte Akustik. Über den »Amazonenstein« heißt es etwa: »er hat einen fast metallischen Klang, wenn man ihn mit einem anderen harten Körper zusammenschlägt«.[35] Und sogar der Geschmack erhält eine kognitive Funktion. So ist es ein zoologisch ernst zu nehmendes Merkmal der Seekuh, dass sie »wie ein Rind« schmeckt. Und auch das elektrische Organ der Zitteraale verzehrt der Forscher kaum aus kulinarischen Gründen. Nachdem er mit ihren Stromschlägen experimentiert und die Tiere seziert hat, untersucht er auch noch ihren Geschmack.

Gewächse wiederum lassen sich an ihrem Geruch erkennen: So ist die Rinde des Cuspabaums, wie Humboldt herausfindet, bitterer als die der Cinchona, der Chinarinde. Die Intensität ihres Dufts wird zu einem taxonomischen Attribut. Der Geschmack hilft Humboldt dabei, die Eigenschaften von Pflanzen zu bestimmen. Neben optischen und haptischen werden auch akustische, geruchliche und geschmackliche Informationen zu Elementen naturwissenschaftlicher Analyse und Klassifikation.

Der Reisende lernt, die Fremde sinnlich zu lesen. So ist das Geschrei der Brüllaffen vor Morgengrauen ein Anzeichen der kommenden Regenzeit.

Humboldt setzt sich aber auch mit der menschlichen Wahrnehmung als Wissenschaftler auseinander. Insbesondere interessieren ihn, aus physikalischer Perspektive, Optik und Akustik. Im Hinblick auf die Optik und ihre Bedeutung für die Navigation beschäftigen ihn die Eigenschaften des Lichts, Reflexion und Brechung, die Grenzen der Sichtbarkeit[36], Phänomene wie Luftspiegelung, Sternenlicht, Sternenflimmern, Sonnenfinsternis und Meteore sowie optische Täuschungen[37] – etwa eine trügerische Nähe, Vergrößerungen oder andere Fehlwahrnehmungen.

Als Akustiker untersucht Humboldt insbesondere die Ausbreitung des Schalls unter verschiedenen – nicht zuletzt klimatischen – Bedingungen. Er stellt fest, dass die Schallausbreitung von der Temperatur abhängig ist. Der Schall breitet sich besser von unten nach oben aus – und besonders gut in der Nacht. Dieses Phänomen hat Humboldt in einem Aufsatz beschrieben.[38] Es ist heute bekannt als »Humboldt-Effekt«.

Einerseits werden die Sinne also verwissenschaftlicht und technologisch erweitert. Andererseits haben sinnliche Wahrnehmungen einen Eigenwert als ästhetische Erfahrungen. Einige ästhetische Attribute erfahren eine Inflation – insbesondere im Bezug auf Geruch und Geschmack. Von Pflanzen heißt es immer wieder, auch ohne dass diese Eigenschaft wissenschaftlich verwertet wird, sie hätten ein »parfum«, ein »arome« oder eine »odeur«, die sich vage als »angenehm« beziehungsweise »sehr angenehm«, »köstlich« oder einfach nur als »aromatisch« beschreiben und genießen lassen: »Man findet dort köstlich duftende Ananas.«[39] Sinnliche Eindrücke erzeugen, so scheint es, wissenschaftliche Daten, aber bisweilen vor allem ein ästhetisches Wohlgefallen. Manche Dinge riechen einfach gut.

Auch geschmackliche Eigenschaften von Tieren, Pflanzen oder Flüssigkeiten ruft Humboldt nicht nur im pragmatischen Zusammenhang der Ernährung auf, sondern auch naturwissenschaftlich und ästhetisch. Der Geschmack wird in der Regel als solcher und einfach nur sehr vage als »angenehm«, »sehr angenehm« oder »äußerst geschmackvoll« bezeichnet. Es ist eine auf dieser Skala von »weniger gut« über »gut« bis »sehr gut« messbare Qualität, mit der Fauna und Flora ästhetisch beschrieben werden: Bären (»ziemlich gut zu verspeisen«[40]), Rehe (»sehr gutes Fleisch«[41]), Leguane (»angenehmer Geschmack«[42]), Piranhas (»sehr angenehmer Geschmack«[43])

und andere Fische (»wenig angenehmer Geschmack«[44]), Fischeier (»eher nährreich als schmackhaft«[45]) oder das Öl aus Schildkröteneiern (»schmeckt gar nicht schlecht«[46]); Tomaten (»sehr schmackhaft«[47]), Palmenkohl (»sehr schmackhaft«[48]), Palmölbrot (»schmeckt sehr gut«[49]), Ananas (»von ausgezeichnetem Geschmack«[50]), Mandeln (»ihr Geschmack ist überaus angenehm«[51]), die Frucht des Pirijao (»ebenso gesund wie wohlschmeckend«[52]) oder der Kuhbaum (»ohne Geschmack«[53]). Allenfalls werden einfache Attribute einbezogen (»etwas bitter«, »sehr süß«) oder Vergleiche angestellt: Palmenkohl erinnert an Blumenkohl, Palmenfrüchte an Äpfel. Die Häufung schlichter Geschmacksattribute wirkt seltsam emphatisch. Sie zeigt entweder die Ungenauigkeit des verfügbaren Vokabulars oder die Schwierigkeit, die Humboldt damit hat, die wahrgenommenen Eigenschaften einzuordnen. Zugleich aber handelt es sich um eine Rhetorik der Empirie, der Augen- beziehungsweise der Sinneszeugenschaft, die stets behauptet: Ich war dort, ich habe es gesehen, gehört, gerochen, gefühlt und geschmeckt. Und Letzteres, geschmeckt, bedeutet dabei auch: einverleibt.

Bisweilen ist nicht zu entscheiden, ob Humboldts Text eine sinnliche Qualität als pragmatische Information, als naturwissenschaftliches Attribut oder als ästhetisches Motiv wiedergibt. Bäume zum Beispiel können mehr oder weniger »delikat« sein, was nicht nur »feingliedrig«, sondern auch »schmackhaft« oder »schön« heißen kann.

Auch auf die Sicht wird das Kriterium des Angenehmen übertragen: »die Sicht ist sehr angenehm«.[54] Sie bereitet »Lust«. Sehen und Genießen werden beinahe topisch miteinander verbunden: »Die Aussicht, die man genießt«, oder: »wir genossen [...] den Anblick«. Auch diese »angenehmen« Eindrücke oder Empfindungen werden in der Regel nicht weiter erläutert. Worauf es anzukommen scheint, sind ästhetische Sensationen als solche, welche die wissenschaftliche Wahrnehmung grundieren.

Den Reisebericht durchzieht also einerseits eine Abfolge empirischer Eindrücke, die sich in naturwissenschaftlichen Disziplinen verwerten lassen (nach den Kriterien wahr, exakt, empirisch, überprüfbar); andererseits eine Sequenz ästhetischer Erfahrungen, die sich wissenschaftlicher Analyse zu entziehen oder diese auch vorzubereiten scheinen (mit den Kriterien angenehm, schön, eindrucksvoll, malerisch, klangvoll, wohlriechend, schmackhaft). Humboldt scheint zu schwanken zwischen einer naturwissenschaftlichen und einer ästhetischen, einer instrumentellen und einer interesselosen Sinnlichkeit. Mit anderen Worten: Amerika ist sowohl Objekt einer *aisthetischen* wie einer *ästhetischen* Rezeption. Historisch befindet sich Humboldts Diskurs an einem Übergang: zwischen einem aufklärerischen und einem romantischen Modus der Natur- und Fremderfahrung.

Was aber bedeutet das alles poetologisch? Für die literarische Form stellen die Sinne ein Problem dar, das der Text selbst reflektiert. Eine Reise beruht auf der Erfahrung des Reisenden. Wer sich aber nur an das hält, was er gesehen hat, verfasst längst noch keinen angemessenen Reisebericht. Bei aller Konsequenz seiner Empirie lehnt Humboldt eine nur erfahrungsbezogene Reisebeschreibung, die lediglich der Wahrnehmung des Reisenden folgte, ab, wie er sie an anderen Autoren kritisiert: »man führt bloß aus, was man gesehen hat, indem man den Biegungen des Weges folgt«.[55] Die meisten Reisenden vor ihm verließen sich ausschließlich auf ihre eigenen Wahrnehmungen: »die Reisenden haben sich generell darauf beschränkt, den Eindruck wiederzugeben«.[56] Epistemologisch ist dies zwar allemal besser als ein Berichten vom Hörensagen, über einen Missionar zum Beispiel, »le père Gumilla«, heißt es, er hätte lieber »nur von dem sprechen sollen, was er mit eigenen Augen gesehen hat«.[57] Die subjektive und zufällige Abfolge mehr oder weniger unzuverlässiger Eindrücke der eigenen Wahrnehmung lässt sich aber kaum als schlüssige Erzählung abbilden, und sie verspricht nur geringe Erkenntnis. Die Maxime der Humboldt'schen Poetik erscheint paradox: empirisch zu berichten, aber nicht ichbezogen; aus eigener Wahrnehmung, aber nicht linear an ihren Verlauf gebunden.

Sowohl die wissenschaftlichen als auch die ästhetischen Beschreibungen seiner Sinneswahrnehmungen hat Humboldt in seiner Poetik der Ich-Vermeidung auffallend unpersönlich formuliert. Sie sind bemüht sachlich gestaltet und sollen offenbar keineswegs subjektiv klingen. So verwendet er zur Beschreibung sinnlicher Vorgänge unsinnliche Wörter. Das französische Wort »agréable«, englisch »agreeable«, verweist auf einen intellektuellen Prozess der Zustimmung: »to agree«. Grammatikalisch bedient er sich vorwiegend unpersönlicher Wendungen in der dritten Person. Fast durchweg bevorzugt er Formulierungen wie »es ist« oder »es scheint«, »die Sicht« oder »die Haut«, anstatt zu schreiben: »*ich* empfinde« oder »*mir* ist«, »*mein* Blick«

oder »*meine* Haut«.[58] Indem der Geschmack als ein Phänomen (»etwas *hat* einen guten Geschmack«) und nicht als eine Empfindung wiedergegeben wird (»*ich genieße* einen guten Geschmack«), vermittelt der Text den Eindruck, Geschmacksurteile könnten objektiv getroffen werden – gleichsam von einem aufklärerischen »homme machine«. Obwohl er ihre Eindrücke fortwährend zur Geltung bringt, beschreibt Humboldt seine eigenen Sinne nicht ausdrücklich und unvermittelt. Wissenschaftlich wie ästhetisch hat er die Sinnlichkeit seiner Reise versachlicht.

Die sinnliche Feier der Tropen ist bei Humboldt immer auch eine Aufwertung des amerikanischen Kontinents gegen europäische Vorurteile – und ein Einsatz für seine Unabhängigkeit. Die Sinne des Reisens sind auch politisch.

Die Überfahrt nach Kuba und die Landung in Havanna zum Beispiel folgen einer kunstvollen Geruchsdramaturgie. An Bord riecht es abstoßend, aber die Insel kündigt sich durch ihren Wohlgeruch an. Blumige und honigsüße Düfte sind ein Zeichen ihrer Eigenheit: »dieser köstliche Geruch von Blumen und Honig, der die Küstengewässer der Insel Kuba kennzeichnet«.[59] Als Humboldt an Land geht, stinkt es, in den ungepflegten Straßen der Altstadt, abermals fürchterlich: »Der Geruch von *tasajo* oder Trockenfleisch verpestete« die Luft.[60] Erst als er das Zentrum wieder verlässt, kann sich der Reisende erneut an angenehmeren Eindrücken erfreuen: »man kam in den Genuss einer reineren Luft«.[61] Liest man diese Sequenz der Geruchswahrnehmungen parallel zum politischen Text der Passage, der sich auf die kubanische Sklaverei bezieht, wird deutlich, dass es sich weniger um die wirklichkeitsgetreue Wiedergabe von Eindrücken als um ein literarisches Arrangement handelt. Der Wechsel der Gerüche ironisiert den Konflikt zwischen Ideal und Wirklichkeit. Und er dramatisiert den Kontrast zwischen europäischer Zivilisation und Kolonialismus.

Den Sinnen weist Humboldt also Bedeutungen zu, die über realistische Empirie und ästhetische Erfahrung hinausgehen. Jede Inszenierung sinnlicher Wahrnehmung in der Reiseliteratur impliziert dabei ein Verhältnis zur ›Fremdheit‹. Das Sehen erfordert einen Abstand, eine möglichst privilegierte, im Idealfall zentralperspektivische und tendenziell imperiale Position, wie sie der Reisende idealtypisch bei der Besteigung von Bergen einnimmt, von denen aus er die Fremde monarchisch, fast aus der Vogelperspektive, zu übersehen scheint.[62] Das Hören, wie es bei Nacht im Urwald an Bedeutung gewinnt, lässt eine Ungenauigkeit und die Notwendigkeit der Interpretation hervortreten. Es erfordert eine gewisse Kompetenz, eine Erfahrung und Vertrautheit sowie eine gesteigerte Aufmerksamkeit und Sensibilität, um die Stimmen der Natur unterscheiden und verstehen zu können. Das Riechen bezieht sich – wie die visuellen und akustischen Reize – auf die Eigenheit einer Region; als angenehmer ebenso wie als ekelhafter Geruch kann es eine Wertung erfahren. Die Berührung versinn(bild)licht den Kontakt mit dem Fremden. Sie ist potenziell schmerzhaft und gefährlich und testet die Grenze des eigenen Körpers. Das Schmecken bedeutet die Überschreitung dieser Grenze. Insbesondere die niederen Sinne unterlaufen die Differenz von Identität und Alterität, die als heuristische Vorgabe für einen Reisebericht konstitutiv ist.

Zuweilen rufen die Eindrücke der Sinne unerwartete Assoziationen hervor. Würmer, die er in den Llanos findet, bringt Humboldt über ihren Geschmack mit Kaviar in Verbindung. Diese Passage hat offenkundig einen differenztheoretischen Index (und einen orientalistischen, wie sich im vierten Kapitel gezeigt hat): Über eine geschmackliche Analogie wird hier das Niedrigste des ›Fremden‹, das als naturhaft übercodiert ist (Würmer aus der Erde einer unberührten Region), mit dem Höchsten des ›Eigenen‹, das als Symbol kultureller Verfeinerung gelten kann (die kostbare Speise bei Hofe), gleichgesetzt.

Mitten in der Fremde können Klänge Erinnerungen an die Heimat auslösen. Sie erzeugen gleichsam einen akustischen Madeleine-Effekt: »alles schien uns zu sagen, wir sind fern der Heimat. Aber wenn inmitten dieser exotischen Natur, tief im Tal, die Glocke einer Kuh oder das Gebrüll eines Stieres zu hören war, erinnerte uns dies ganz plötzlich an unser Vaterland. Es waren gleichsam ferne Stimmen von jenseits des Meeres, deren Zauberkraft uns von einer Hemisphäre in die andere versetzte.«[63] Die Landschaft ist fremd und vertraut zugleich. Zwei Stimmen scheinen zusammenzuklingen. Die eine sagt: »Alles hier ist fremd.« Und die andere: »Du bist hier zu Hause.« Das Spiel der Sinne bringt die Differenz zum Verschwinden.

Die Lesbarkeit der Natur

Die Natur, wie Humboldt sie inszeniert, ist ein Zeichensystem. Überall gibt es Bedeutungen zu entschlüsseln. Aber zu zahlreich, zu fein und zu unbekannt, so scheint es, sind ihre Botschaften. Sind die Sinne des Reisenden ihrer Semiotik gewachsen?

> Mitten in dieser scheinbaren Stille vernimmt man indes, sobald man auf die schwächsten Geräusche achtet [...], ein dumpfes Surren, ein andauerndes Rauschen, ein Summen der Insekten, die [...] alle unteren Luftschichten erfüllen. Nichts lässt den Menschen das Ausmaß und die Macht des organischen Lebens besser spüren. Zahllose Insekten ... Ein wirres Geräusch ... [...]. So viele Stimmen, die uns sagen, alles atmet in der Natur, das Leben verteilt sich in tausend verschiedenen Formen im sandigen, spaltenreichen Boden ebenso wie im Schoß der Gewässer und in der Luft, die uns umgibt.[64]

Eine möglichst genaue und möglichst umfassende empirische Erfassung wird zwar angestrebt: »Die Aufgabe ist [...], sämtliche Phänomene, welche die Natur [...] darbietet, zu vermitteln«.[65] Weder in der einen noch in der anderen Hinsicht jedoch sind die menschlichen Sinne wirklich geeignet. Der Reisende ist überfordert von der Fülle der Eindrücke: Er »muss seine Aufmerksamkeit auf eine große Zahl von Gegenständen auf einmal verteilen«.[66] Das Ergebnis ist zwangsläufig eine Auswahl, mehr oder weniger zufällig, und entsprechend ein Impressionismus, eine fragmentarische Wahrnehmung. Wenn zu viele Reize einströmen, wenn man zu viel wahrnehmen will, versagen die Sinne. Wer zu hoch hinaufsteigt, wer zu tief hinabsieht, den überkommt ein Taumel: »den Sinnen schwindelt es im Angesicht der Tiefe«.[67]

In Humboldts Reisebericht finden sich Verweise auf Phänomene, für deren Wahrnehmung die menschlichen Sinne nicht ausreichen, oder auf Faktoren, die ihre Genauigkeit beeinflussen. Humboldt problematisiert die Wahrnehmung, die seinem Werk zugrunde liegt. So entwickelt er eine grundsätzliche Skepsis gegenüber den menschlichen Sinnen: »nichts ist trügerischer [...] als das Zeugnis der Sinne«.[68]

Humboldt hat eine Reihe von Wendungen in seinen Text eingeflochten, welche die Eindeutigkeit der Sinne untergraben. Er relativiert die Wahrnehmung des Reisenden als konditioniert, automatisch und illusionär. Häufig ist das, was er sieht, nur eine Wiederholung, der Nachvollzug eines Musters. Was wir für den Eindruck unserer Sinne halten, ist zum Beispiel der Effekt einer Lektüre: »überall sieht man nur, was bereits von anderen Reisenden gesehen und beschrieben wurde«.[69] Die Sicht ist nicht nur biologisch unvollkommen; sie ist geleitet von Lektüren, vorbestimmt durch Begehren. Humboldt stellt eine gewisse Zwanghaftigkeit fest, bestimmte Dinge sehen *zu müssen*. Die eigene Wahrnehmung ist in Wahrheit bedingt. Vielfach handelt es sich bei dem, was wir zu sehen glauben, um Einbildung, um Projektion – wie in einem Rorschachtest: »Die Küsten [...] sind wie die Wolken, in denen jeder Beobachter die Form der Objekte findet, die seine Einbildungskraft beschäftigen.«[70] Das Sehen enttäuscht, wenn ein Anblick der vorgefassten Vorstellung gar nicht entspricht. In jedem Fall steht das Wahrgenommene keineswegs nur für sich, sondern im Verhältnis zu einer Erwartung. Sinnliche Wahrnehmung bedeutet keineswegs eine Entsprechung von Zeichen und Sinn. Man sieht, was man sehen will.

« Les côtes [...] sont comme les nuages dans lesquels chaque observateur rencontre la forme des objets qui occupent son imagination. »

Humboldt macht deutlich, dass die Sinne beileibe keine anthropologischen Konstanten bilden. Sie sind kontingent und konstruiert. An mehreren Stellen deutet er überdies den unterschiedlichen Stellenwert an, der den Sinnen in verschiedenen Kulturen zukommt. Insbesondere beschreibt er die europäische Herrschaft des Blicks, während die Indigenen das Sehen geringer bewerten, um stattdessen den anderen, vor allem den niederen Sinnen, eine wichtigere Funktion zuzuweisen. Die Einheimischen, bemerkt Humboldt in Amerika, ziehen ein wohlschmeckendes Quellwasser oder einen angenehmen Wind einer malerischen Aussicht allemal vor: »In diesen fernen Klimaten [...] preist ein Landbesitzer das Wasser seiner Quelle, die Abwesenheit schädlicher Insekten, den wohltuenden Wind, der seinen Hügel umweht, wie wir in Europa [...] die malerische Wirkung unserer Pflanzungen rühmen.«[71] Er betont die für einen Europäer ungewöhnliche Geschmackssensibilität: »nichts entgeht [...] dem Geruchssinn eines Kariben«[72], ihre »Organe sind sehr fein und sehr geübt«.[73]

« Dans ces climats éloignés [...], un propriétaire vante l'eau de sa source, l'absence des insectes malfaisans, le vent salutaire qui souffle autour de sa colline, comme nous vantons en Europe [...] l'effet pittoresqe de nos plantations. »

Die Indigenen verfügen über eine erworbene Wahrnehmungsschärfe, die jene der Europäer zu übersteigen scheint: »Die Indianer geben an,

« Ils reconnoissoient les espèces par l'odeur, et surtout en mâchant les fibres ligneuses. Deux indigènes, à qui l'on donne le même bois à mâcher, prononcent, et le plus souvent sans hésiter, le même nom. »

die *zancudos* und die *tempraneros* ›am Gesang‹ zu erkennen«.[74] An anderer Stelle beschreibt Humboldt, wie sie, um unterirdische Höhlen zu orten, das Land buchstäblich »abhören«. Noch viel genauer als der professionelle Botaniker identifizieren sie Pflanzen und sogar Bäume am Geruch und am Geschmack: »Unsere Indianer benannten die Bäume, wie üblich, indem sie das Holz kauten.«[75] Sie nutzen gerade die »niederen« Sinne kognitiv: »Sie erkannten die Arten am Geruch, aber vor allem, indem sie die hölzernen Fasern kauten. Zwei Eingeborene, denen man das gleiche Holz zum Kauen gibt, nennen, und zwar zumeist ohne zu zögern, den gleichen Namen.«[76] Sogar Flüsse erkennen die *Indios* nicht äußerlich, sondern am Geschmack:

> »Bringt mir Wasser aus drei oder vier großen Flüssen in diesen Gegenden«, sagte uns ein alter Indianer der Mission von Javita; »wenn ich sie trinke, kann ich Euch sagen, ohne mich zu vertun, wo diese Wasser geschöpft worden sind, aus einem weißen oder einem schwarzen Fluss, vom Orinoco oder vom Atabapo, vom Paragua oder vom Guaviare.«[77]

Solche Zeilen bilden ein Echo auf die berühmten Verse, in denen Caliban seinen Anspruch auf die Insel des Prospero sinnlich geltend gemacht hat:

> »the isle is full of noises,
> Sounds and sweet airs, that give delight, and hurt not.
> Sometimes a thousand twangling instruments
> Will hum about mine ears; and sometimes voices,
> That, if I then had wak'd after long sleep,
> Will make me sleep again.«[78]

Caliban *hört* seine Insel – so wie nur er sie hören kann. Aber wie lassen sich die Kulturen der Sinne unterscheiden, ohne sie zu essenzialisieren? Die Priorität der Sicht ist jedenfalls keine Universalie. Es ist nicht nur seine andere Art zu sehen, die den Reisenden in Übersee auszeichnet, sondern die Tatsache, dass er dem Sehsinn überhaupt eine besondere Bedeutung gibt. Humboldts Blick auf Amerika ist nicht nur ein *fremder* Blick, sondern auch ein fremder *Blick*. Die Privilegierung des Sehens als solche scheint in Amerika fremd zu sein. Ein imperiales Auge begegnet einem indigenen Gehör, einem fremden Geschmack. Humboldt relativiert dann jedoch die scheinbar gegebene Herrschaft des Auges als erlernte Gewohnheit. Er scheint genau das zu erkennen: dass seine Art, die Sinne zu gebrauchen, keineswegs natürlich und für die Wahrnehmung Amerikas nicht unbedingt die angemessenste ist.

Die Nacht in den Tropen

Wie aber verändert sich der Gebrauch der Sinne während der Reise? Wie verändert er sich im Verlauf ihrer Beschreibung? Das dramatischste Beispiel eines Sinneswandels bietet ein Kapitel in Humboldts *Ansichten der Natur* (1808, 1826, 1849): »Das nächtliche Thierleben im Urwalde« (1849).[79]

Bereits der Titel, *Ansichten der Natur*, deutet an, dass es hier um die Wahrnehmung und um die Schönheit von Landschaften geht: um Aisthesis und um Ästhetik. In den programmatischen »Vorrede[n]«[80] beschreibt Humboldt sein Vorhaben, Wissenschaft und Ästhetik zu vereinen, als »ästhetische Behandlung naturhistorischer Gegenstände« (in der ersten Auflage 1808)[81] in »Verbindung eines litterarischen und eines rein scientifischen Zweckes« (in der dritten Auflage 1849)[82]. Der als Naturwissenschaftler nur sehr unzureichend verstandene Autor betont hier von vornherein (und einmal mehr) die Bedeutung der literarischen Form, der »Composition«.[83]

Humboldt stellt sich so in eine Tradition der Verbindung von Literatur und Wissenschaft, die von Lukrez (*De rerum natura*) über Goethe (*Versuch die Metamorphose der Pflanzen zu erklären*, Abhandlung 1790; *Metamorphose der Pflanzen*, Gedicht 1799) und Georg Büchner (*Dantons Tod*, Drama 1835; *Über Schädelnerven*, Vorlesung 1836) bis zu Gottfried Benn (*Morgue*, Gedichte 1912; *Gehirne*, Novellen 1916), Durs Grünbein (*Schädelbasislektion*, Gedichte 1991), Hans Magnus Enzensberger (*Die Elixiere der Wissenschaft*, Essays 2002) und Raoul Schrott (*Erste Erde. Epos*, 2016) reicht.

Titel und Untertitel signalisieren die Doppelgesichtigkeit des Projekts: *Ansichten der Natur, mit wissenschaftlichen Erläuterungen*. Es werden aber nicht nur Ästhetik und Forschung zusammenkommen, sondern auch, wie sich hier ebenfalls andeutet, ganz bestimmte Sinne: das Sehen (von »Ansichten«) und das Hören (von »Erläuterungen«).

Künstlerische Szenerien, *Ansichten der Natur*, verbindet Humboldt also mit »wissenschaftlichen Erläuterungen«, das heißt: mit präziser Forschung in zahlreichen Disziplinen. Die für ihn charakteristische Kombination von Empfindung, Erzählung und Beschreibung einerseits mit Messung, Analyse und Dokumentation andererseits hat hier die Form eleganter Essays angenommen, an die sich eine Vielzahl spezialistischer Anmerkungen anlagert.

In den Vorreden entwirft Humboldt das Programm, einen »Ueberblick« über die Natur »im großen« zu geben und die Physiognomie ausgewählter Landschaften zu beschreiben. Ästhetisch evoziert er dabei das Erhabene »großer Naturgegenstände«, denen sein Werk gelten wird: Urwald, Steppe und Gebirge.[84]

Poetologisch bezieht er sich auf seine Feldnotizen (»an Ort und Stelle niedergeschrieben«) und deren bruchstückhaften Charakter (»Fragmente«). In einer Reihe von Wendungen bestimmt er die Form seines Buches von der Natur als eine »Reihe«, insgesamt aber möglichst doch als ein »Ganzes«, nicht nur als »Anhäufung einzelner Bilder«, sondern gestaltet nach einer stimmigen »Composition«, in planvoller »Anordnung«, orientiert an der Malerei als »Totaleindruck des Gemäldes«.[85]

Generisch handelt es sich um eine »Aufsatz«-Sammlung, ergänzt durch »Erläuterungen und Zusätze«. Polemisch grenzt sich Humboldt ab gegen »dogmatische[s] Halbwissen« und »vornehme[ ] Zweifelsucht«. In Bezug auf den »Styl« positioniert er sich zwischen zu starker und zu geringer Poetisierung: »dichterische Prosa« versus »halbdichterische Einkleidung«.[86] Die Frage, wie sich Wissenschaft und Literatur vereinbaren lassen, spricht er von vornherein an. Seine Zielsetzung ist eine doppelte: Erkenntnis und Genuss – *prodesse* und *delectare*.

Zitiert wird Friedrich Schiller, in der »Vorrede« zur ersten Ausgabe, datiert auf 1807, mit einem Pathos der Freiheit, das während der napoleonischen Besatzung (seit 1806) durchaus politisch zu verstehen war: »Auf den Bergen ist Freiheit!«[87] Die *Ansichten der Natur* sollen nicht eskapistisch sein. Das Buch durchzieht ein politischer Subtext.

Psychologisch formuliert Humboldt eine dreifache Wirkungsabsicht: Seine Naturbeschreibungen sollen anregen,[88] therapieren (als Antidepressivum) und populär vermitteln, um der breiten Bevölkerung, die nicht nach Übersee reisen konnte, einen Eindruck von den Tropen zu bieten. Dadurch soll, *avant la lettre*, ein ökologisches Verständnis vom »Zusammenwirken der Kräfte«[89] geschaffen werden: von der Landschaft als Komplex, der Natur als System.

Wie sehr es auf die Form der Naturdarstellung ankommt, machen stilprogrammatische Bekenntnisse und sprachtheoretische Vorbemerkungen deutlich: zur Naturgeschichte der Sprachen, zur Etymologie naturbeschreibenden Vokabulars, zur Abnutzung bildhafter Bezeichnungen, über Nuancierung und Ungenauigkeit, über Wörter als Zeugnisse, aber auch Fehlerquellen und schließlich zu Missverständnissen in Toponymie und Kartographie.

In seinen theoretischen Bemerkungen skizziert Humboldt mehrere Ansätze einer naturwissenschaftlich informierten Kultur-, Sprach- und Literaturtheorie: Die Natur beeinflusst die Kultur umweltdeterministisch, die Sprache ökolinguistisch und die Literatur wahrnehmungspsychologisch.

Wie heikel Bezeichnungen sein können, veranschaulicht er am Beispiel des Urwaldes – der den Gegenstand seines Aufsatzes bildet. Beim Wort »Urwald« ist, wie er ausführt, bereits mit dem Präfix »Ur-« Vorsicht geboten. Denn es muss unterschieden werden: »Nicht jeder Tropenwald ist ein Urwald.«[90]

Die Tropen stehen für eine Mannigfaltigkeit des Fremden gegenüber einer Einförmigkeit des Eigenen. Ihre »wundersame Ueppigkeit«[91] erinnert an den Diskurs des Wunderbaren in der frühneuzeitlichen Entdecker- und Erobererliteratur.[92]

Der Titel des Buches hat es programmatisch angezeigt: Die *Ansichten der Natur* sind ein Projekt der Sichtbarkeit. Bereits die Vorreden durchzieht eine Rhetorik der Visualität: »Ansichten«, »Angesicht«, »Anschauung«, »Einsicht«, »Überblick« und im übertragenen Sinn »Bilder« und »Gemälde[ ]«. Wenn »ein empfänglicher Sinn« angesprochen wird, ist das vor allem der visuelle. Wenn im Gegenteil etwas »verdunkelt« wird, so ist auch das im übertragenen Sinn zu verstehen.

Die Kognition wird visuell aufgefasst: »mit einem Blicke [...] erkennt man«.[93] Sehen bedeutet Erkennen. Der Einsatz der Sinne in Humboldts

Reiseliteratur ist mithilfe der kognitiven Metapherntheorie zu beschreiben:[94] Metaphern sind Werkzeuge des Denkens, als verkörperte Konzepte. Wir denken in Sprachbildern, weitgehend unbewusst. So werden bestimmte Basismetaphern semantisiert: oben/unten, hell/dunkel, be*greifen* etc. Das Gleiche gilt für unser Verständnis der Sinne – von der abendländischen Bevorzugung des Sehens in der Antike über das Zeitalter der Aufklärung bis zu unserer sprachlichen Auffassung von Verstehen als Durch*schauen* und Ein*sicht*.

Die *Ansichten der Natur* haben in mehreren Hinsichten eine besondere Stellung unter Humboldts Werken. Als einziges Buch über seine amerikanische Expedition ist es in deutscher Sprache verfasst. Die übrigen veröffentlichte er in Paris auf Französisch (beziehungsweise zum Teil auf Lateinisch) – nur die *Ideen zu einer Geographie der Pflanzen* erschienen parallel auch auf Deutsch. Als einziges seiner Bücher hat er es zudem in mehreren Ausgaben veröffentlicht, und zwar nach jeweils längeren Abständen über mehr als vier Jahrzehnte: 1808, 1826 und 1849. Diese drei Ausgaben sind eigentlich eher als Fassungen zu verstehen, die sich inhaltlich und formal erheblich voneinander unterscheiden. Humboldt hat sein Buch mehrfach überarbeitet und erweitert. Er hat ganze Kapitel hinzugefügt, die vorhandenen aktualisiert und insbesondere die Anmerkungen gründlich ergänzt. Das Werk wuchs dabei von zunächst drei auf zuletzt sieben Kapitel und von einem auf zwei Bände an.

Den Grundbestand in der ersten Ausgabe (1808) bildeten die drei Kapitel: »Ueber die Steppen und Wüsten«, »Ueber die Wasserfälle des Orinoco bei Atures und Maypures« und »Ideen zu einer Physiognomik der Gewächse«. In der zweiten Ausgabe (1826) kamen zwei weitere hinzu: »Ueber den Bau und die Wirkungsart der Vulkane in den verschiedenen Erdstrichen« und »Die Lebenskraft oder der rhodische Genius« (die Jugendschrift, die 1795 in Schillers *Horen* erschienen war). In die dritte Ausgabe (1849) nahm Humboldt schließlich noch zwei weitere Kapitel auf: »Das Hochland von Caxamarca, der alten Residenzstadt des Inca Atahuallpa. Erster Anblick der Südsee von dem Rücken der Andeskette« und »Das nächtliche Thierleben im Urwalde«. Im Abstand von fast einem halben Jahrhundert schildert er hier noch einmal Episoden seiner amerikanischen Forschungsreise.

Wie intensiv Humboldt ein Szenario der Sinne literarisch zu gestalten weiß, in dem er wissenschaftliche, aber auch politische Beobachtungen andeutet, wird beispielhaft anschaulich in einem der schönsten Abschnitte des Buches, das er dessen dritter Ausgabe (1849) hinzugefügt hat: »Das nächtliche Thierleben im Urwalde«.

Diesem Text kommt für Humboldts Poetik der Sinne eine Schlüsselfunktion zu. Auf den ersten Seiten des Aufsatzes wird zunächst die dominante Rhetorik des Sehens, welche die *Ansichten* von Anfang an bestimmt hatte, fortgesetzt und sogar noch gesteigert. Es häufen sich Beschreibungen, die das Sehen phänomenologisch, empirisch und theatralisch fassen: von den »*Ansichten der Natur*« über den »Anblick« und die »Erscheinung« zur »[B]eobachtung« und dem »*Schau*spiel« – bis hin zur optischen Täuschung und »optischen Kimmung (*mirage*)«.[95]

Das Gehör dagegen bleibt, als *anderer* Sinn, latent. Es wird allenfalls angedeutet im Begriff der »Vor*rede*«, in Verben wie »aussprechen« oder »unterhielt«, in »Gesprächen«, »Sprachen« und »Schilderung«. Was aber geschieht, wenn das Licht ausgeht? Wie klingt der Urwald, wenn man ganz auf sein Gehör verwiesen ist? Das Kapitel über »Das nächtliche Thierleben im Urwalde« verhandelt die Sinne in drei Phasen beziehungsweise drei Szenen, die eine Geschichte der Wahrnehmung erzählen.

Die erste Szene macht einen Mangel deutlich. Das »nächtliche Thierleben« ereignet sich in einer Experimentalsituation. Der Regenwald wird zum Labor, der Forscher zum Probanden. Das Experiment besteht in der Ausblendung der Sicht. Wenn die Sichtbarkeit aussetzt, ist das Gehör überfordert. Humboldt inszeniert die Geräusche des Regenwaldes in der Dunkelheit als eine Symphonie der Laute von Brüllaffen, Papageien und anderen Lebewesen – oder eher als *Kako*phonie. Denn er kann die einzelnen Töne nicht verstehen. Beim Versuch, die unterschiedlichen Laute zu bestimmen, zeigt sich, dass die europäischen Forscher auf das Wissen der Einheimischen angewiesen sind.

Wie viele Passagen der *Ansichten der Natur* ist diese Miniatur ein dichtes Kunstwerk beschreibender und dramatischer Prosa. Zugleich handelt es sich um eine Allegorie interkultureller Wissenschaft. Denn europäisches und indigenes Wissen werden hier komplementär aufeinander bezogen – und jeweils mit einem Sinn assoziiert. Während der Europäer sehend begreift und entsprechend bei Nacht zunächst ratlos bleibt, verstehen die Indigenen auditiv.

Es folgt die Interaktion mit Informanten, mithilfe von Dolmetschern. Während sich Humboldt, als neues »Schauspiel« der Tierwelt, ein bloßes »Lärmen« darbietet, können die Indigenen »Stimmen« unterscheiden und Tiere benennen. In ihrer *pensée sauvage* spielt das Hören eine wichtige Rolle. Humboldt setzt kulturell ausgeprägte Formen der Wahrnehmung miteinander in Beziehung, ohne die eine gegenüber der anderen auf- oder abzuwerten oder beide einander schematisch entgegenzusetzen: Erfahrungswissen und Fachwissenschaft, Naturmystik und Rationalismus, Romantik und Aufklärung.

Es kommt zu einer Kette von Übersetzungen: Die Tierlaute werden von den Indigenen in ihrer eigenen Sprache bestimmt, vom Dolmetscher ins Spanische übersetzt, von Humboldt auf Deutsch wiedergegeben und aus alltagssprachlichen Begriffen in lateinische Terminologie übertragen. Das heißt: Die lokalen Informationen werden einem universalistischen Wissenssystem eingegliedert.

Es folgt die Interpretation des gesamten Szenarios: Die Indigenen meinen: »›die Thiere freuen sich der schönen Mondhelle, sie feiern den Vollmond‹«.[96] Dem widerspricht der Skeptiker, indem er vorsichtig andeutet, dass es sich aus seiner Sicht eher um einen »Thierkampf« handele. (Das Motiv des »Kampfe[s]« in der Natur hatte Humboldt bereits zu Beginn des Aufsatzes angedeutet, als er beschrieb, wie die aus Europa eingeführten Nutztiere auf die amerikanischen Wildtiere trafen.) Der *struggle for existence* scheint hier auf Charles Darwin vorauszudeuten, wird aber noch nicht evolutionstheoretisch konzipiert. Hinzu kommt zuletzt eine humoristische und durchaus polemische Pointe: Während die indigenen und die europäischen Naturkundler ihre unterschiedlichen Eindrücke zusammenführen und gemeinsam die Klänge der Wildnis erleben, erweisen sich ein von einem Geistlichen erzogener alter »Indianer« und ein fieberkranker »Franziscaner-Mönch« als gleichermaßen einfältig, da sie lediglich Klischees beitragen, über die sich Humboldt lustig machen kann: Der eine verklärt den Urwald zum »Paradiese«; und der andere bittet den »Himmel«, er möge für Ruhe sorgen.[97] Eine weitere Deutung dieses Aufruhrs in der Dunkelheit bietet sich vor dem Hintergrund der Revolution von 1848 an, die Humboldt in Berlin miterlebt hatte.[98]

Aber vielleicht war die Auskunft der Indigenen, die Tiere feierten den Vollmond, auch nur ironisch gemeint: »Fragt man die Indianer, warum in gewissen Nächten ein so anhaltender Lärmen entsteht, so antworten sie *lächelnd*«.[99]

Auf die Identifikation der Tierstimmen durch die Indigenen folgt also die Klassifikation der Tiere durch Humboldt und schließlich die gemeinsame Interpretation – in den Paradigmen des Animismus, des Konflikts und der Religion: Während die *Indios* ein Fest annehmen, denkt Humboldt an einen Kampf, und der Mönch glaubt an die Vorsehung.

Die dritte Szene folgt am nächsten Tag. Am Ende der Nacht sieht alles ganz anders aus – oder genauer gesagt: hört sich alles ganz anders an. Der Versuch, das visuelle Paradigma wiederherzustellen, misslingt: »Natur*scenen*« erscheinen als unpassende Metapher, eine »*mirage*« ist eine optische Täuschung. Nachdem Humboldt zunächst, im gewohnten Modus, eine *Ansicht* zu beschreiben versucht hat, geht er dazu über, nicht mehr Gesehenes, sondern Gehörtes zu vermitteln – dieses Mal *ohne Dunkelheit*; und *ohne fremde Hilfe*. Er konzentriert sich nun auf die Hörbarkeit des »Lebens«, auf die *Stimmen* anstelle von *Ansichten* der Natur. Das Gehör als Organ des Naturwissenschaftlers hat eine Aufwertung erfahren – und eine Ausbildung. Denn der Übergang vom Sehen zum Hören der Natur erscheint als Lerneffekt, als Ergebnis des nächtlichen Austauschs mit den Indigenen.

Immer wieder schöpft Humboldt aus seinen Tagebüchern, wobei er seine Notizen allerdings umarbeitete. Er führte seine Reisetagebücher zunächst auf Deutsch, bevor er Ende 1801 zwischen Bogotá und Quito ins Französische überging. Der Eintrag, der dem »Nächtlichen Thierleben im Urwalde« entspricht, stammt vom 1. April 1800.[100]

Er unterscheidet sich von der ausgestalteten Fassung in den *Ansichten der Natur*, fast ein halbes Jahrhundert später, vor allem durch seine Metaphern: Konzert, Fest, Adel und Krieg. Die Tierstimmen erscheinen ausdrücklich als musikalische Aufführung: »Die Indianer nannten die einzelnen Instrumente des Concerts«. Die Lautstärke erinnert an eine gewöhnliche Feier: »ein Lermen, das uns ebenso am Schlaf hinderte, als ein Hochzeittanz im Wirtshause«. Die Tiere werden ironisch als Aristokraten beschrieben, anmaßend und zerstörerisch: »alle diese hohen Herrschaften [...] zogen so verwüstenden Schritts im Dickicht einher«; und die Assoziation ist die einer Schlacht, »daß man schwere Artillerie im Anzuge glaubte«.

Auch im Detail werden die Motive verändert. Das Verhältnis zwischen Hund und Tiger zum Beispiel ist im Tagebuch umgekehrt. Das Raubtier wird hier ganz undramatisch vertrieben: »Die Indianer stellen dem Tiger zu sehr nach, und dieser zieht sich verdrossen (obgleich sonst nach Hundefleisch besonders lüstern) in ruhigere Einsamkeit zurück.«

Im zweiten Band der *Relation historique* (1819 ausgeliefert) hat Humboldt diese wilde Beschreibung domestiziert: Zunächst ist alles ruhig. Dann hört der Reisende von seinem Nachtlager Geräusche im Regenwald: »Dann erhob sich im benachbarten Wald ein so schauerlicher Lärm, daß es fast unmöglich war, ein Auge zuzumachen.«[101] Zahlreiche Stimmen tönen durcheinander. Die Indigenen sind imstande, einzelne von ihnen zuzuordnen. Ihr Zusammenspiel deuten sie als »Fest«. Humboldt allerdings schließt sich dieser Erklärung nicht an; er behauptet, was er hört, sei ein »Kampf«.[102] Schließlich vergleicht er das Stimmgewirr im Regenwald mit jenem in einem spanischen Wohnhaus: »In spanischen Herbergen fürchtet man den scharfen Ton der Gitarren im Nachbarzimmer; in jenen am Orinoco, das ist der offene Strand oder der Schatten eines einzelnen Baumes, fürchtet man, im Schlaf gestört zu werden von Stimmen aus dem Wald.«[103] Und es kommt eine weitere Metapher hinzu: »die ganze Menagerie ist in Bewegung«. Die Wildnis wird zu einem Zoo.

« Alors il s'éleva dans la forêt voisine un bruit si épouvantable, qu'il étoit presque impossible de fermer l'œil. »

Schaltet man alle übrigen Sinneseindrücke aus, erscheint die südamerikanische Natur im Reisebericht – wie im »Nächtlichen Thierleben« – allein in ihrer hörbaren Qualität, als Durcheinander zahlloser Tierlaute: der Urwald als Symphonie. Gleichwohl bedient sichHumboldt hier noch einer visuellen Bildlichkeit, wenn er die akustischen Eindrücke beschreibt: »Ich male Strich für Strich diese nächtlichen Szenen«.[104]

Indem Humboldt einen Eindruck von der Vielstimmigkeit der Natur wiedergibt und eine Szenerie allgegenwärtigen Lebens entwirft, erzeugt er eine Allegorie seines ökologischen Naturverständnisses, seiner empirischen Erkenntnistheorie und seiner interkulturellen Wissenschaft und zugleich ein programmatisches Beispiel seiner dynamischen Ästhetik des Reisens.

Zehntes Kapitel

Von der Zeichnung zum Erlebnisraum: Bilder und Medien

(1793–1853)

»Wie man es nur über das Herz bringen kann, die garstigen Affen so sorgfältig abzubilden. Man erniedrigt sich schon, wenn man sie nur als Thiere betrachtet; man wird aber wirklich bösartiger, wenn man dem Reize folgt, bekannte Menschen unter dieser Maske aufzusuchen.«

Johann Wolfgang von Goethe,
Die Wahlverwandtschaften (1809)[1]

Alexander von Humboldt war nicht nur Naturforscher, Anthropologe und Reiseschriftsteller, sondern auch Zeichner und Graphiker. Auf seiner amerikanischen Reise fertigte er zahlreiche Skizzen an. Seine Feldtagebücher sind durchsetzt mit Visualisierungen.[2] Im Abschnitt zur *Voyage au Chimborazo* (1802) zum Beispiel finden sich Umrisse von Vulkanen, die wie Piktogramme mitten im Text stehen oder als detailliertere Studien am Rand.[3]

In Humboldts Nachlass (in Berlin und in Krakau) sind darüber hinaus mehrere Hundert Blätter mit Zeichnungen erhalten.[4] Auch sie sind zum Teil in schriftliche Aufzeichnungen integriert oder ihrerseits mit Legenden, Zusätzen und Anmerkungen versehen. Bild und Text werden häufig so aufeinander bezogen, dass nicht zu entscheiden ist, ob es sich um eine bebilderte Schrift oder ein beschriftetes Bild handelt.

Von seiner Expedition durch Amerika brachte Humboldt neben Notizen und Daten zahlreiche Skizzen mit, die sein Reisewerk illustrieren sollten. Dieses Rohmaterial ließ er von Künstlern, Stechern und Druckern ausfertigen und veröffentlichen.[5] Ein Blatt der besonders reich ausgestatteten *Vues des Cordillères* (1810–1813) zeigt den Vulkan Cotopaxi in Form des fertigen Kupferstichs zusammen mit einem Faksimile der Zeichnung, die ihm vorausging, sodass dieser Prozess der Herstellung auf einem Blatt nachvollziehbar wird.[6]

Als Ergebnis dieser kollektiven Bildproduktion enthalten Humboldts Publikationen insgesamt mehr als 1500 Abbildungen.[7] Sie erschienen in seinen Büchern und Aufsätzen zwischen 1793 und 1853. (Publizistisch tätig war Humboldt von 1789 bis 1859.)

Humboldts Bilder sind ebenso vielfältig wie seine Forschungsinteressen: Als Ethnologe, Archäologe und Kulturwissenschaftler zeichnete er Menschen, Gebäude und Alltagsgegenstände. Als Botaniker, Zoologe und Anatom bildete er Pflanzen, Tiere und Körperdetails ab. Als Geologe, Geograph und Kartograph erfasste er die Konturen von Gebirgen, Gewässern und Kontinenten.

In seiner Jugend präsentierte Humboldt eigene Arbeiten in Akademie-Ausstellungen (1786–1789).[8] Der Graphiker Daniel Chodowiecki soll ihn in der Technik des Kupferstichs unterwiesen haben.[9] In Paris nahm er Unterricht bei dem Maler François Gérard. Vor dem Spiegel schuf er ein naturalistisches Selbstporträt (1814).

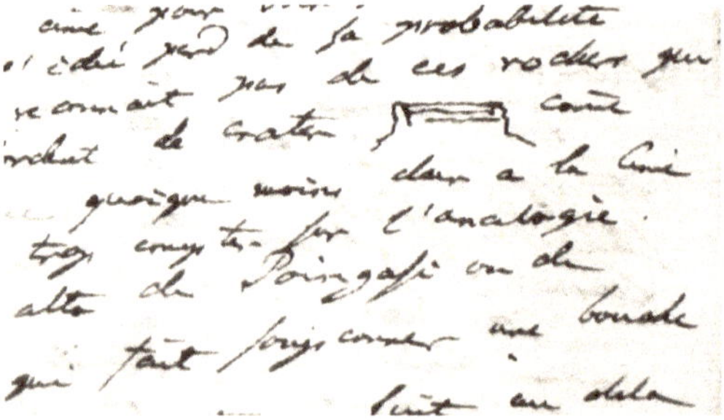

50. Reisetagebuch vom Chimborazo (1802, Ausschnitt).

51. »Volcan de Cotopaxi« (*Vues des Cordillères*, Tafel 10).

52. Selbstporträt, 1814.

Ein Naturforscher konnte seinerzeit nicht nur Kunstprosa schreiben, sondern auch zeichnen. Humboldt steht damit in einer Linie, die von Leonardo da Vinci bis zu Charles Darwin führt. Wie Leonardos Proportionsstudie vom *Vitruvianischen Menschen* (1490) für den Humanismus der Renaissance, so ist Humboldts Chimborazo-Profil (1807) zu einer kulturellen Ikone geworden: als Sinnbild für die Komplexität eines Ökosystems. Darwin, der Humboldts Werke studierte, bediente sich der diagrammatischen Darstellungsform in einem eigenen Querschnitt der Anden (1834).[10]

Kunstgeschichtlich bewegt sich Humboldt zwischen Klassizismus, Romantik und Realismus. In den Bildwelten seiner Zeit fand er Formate, die er für seine Zwecke nutzen konnte: die Kupfer der *Encyclopédie*;[11] naturgeschichtliche Taxonomien in der Nachfolge Linnés; mythologische Allegorien, welche die Titelblätter von Atlanten schmückten; illustrierte Reisebeschreibungen wie die *Voyages pittoresques* von Johann Moritz Rugendas aus Brasilien[12] oder Carl Nebel aus Mexiko[13]; oder auch Stiche antiker oder ägyptischer Ruinen, wie sie Giovanni Battista Piranesi[14] und Luigi Rossini[15] als *Veduten*, das heißt: als *Ansichten*, entwarfen und wie sie die *Description de l'Égypte* nach Napoleons Afrikafeldzug wiedergab.[16]

Solche Vorlagen hat Humboldt aufgenommen und weiterentwickelt. Seine Arbeit ist in vielem repräsentativ für seine Epoche. Aber sie ist in manchem auch einzigartig. Denn es gelangen ihm Innovationen, die bis heute wirksam sind. Humboldts ebenso präzise wie kunstvolle Darstellungen tropischer Natur beeinflussten eine Generation von Landschaftsmalern. Indem sie konventionelle Zeichen durch wirklichkeitsnahe Bilder ersetzten, veränderten sie die europäische Vorstellung von Amerika. Zugleich war Humboldt ein Pionier der ästhetischen Inszenierung wissenschaftlicher Erkenntnisse. Einige seiner Motive sind das, was man heute als »Datenvisualisierung« oder als »Infographik« bezeichnen würde. Seine Landkarten inspirierten moderne Atlanten. Seine isothermen Linien zeigen weltweite Zusammenhänge und prägen bis heute die Wetterkarten der Meteorologie. Seine Gebirgsprofile, die Goethe nachzuahmen versuchte, beförderten, indem sie die Schichtung von Biozonen beschreiben, den Übergang von der Klassifikation zur Ökologie.

Reisebilder

Schon in seinen Jugendwerken setzte Humboldt Abbildungen ein: als Pflanzenstudien (*Florae Fribergensis specimen*, 1793)[17], Versuchsanordnungen (*Versuche über die gereizte Muskel- und Nervenfaser*, 1797)[18], technische Zeichnungen (*Ueber die unterirdischen Gasarten*, 1799)[19] und Konstruktionspläne (*Versuche über die chemische Zerlegung des Luftkreises*, 1799)[20].

Maßgeblich aber wurde die Frage der Illustration durch die amerikanische Forschungsreise. Die fremde Wirklichkeit der kolonialen Tropen, die jeden einzelnen Ansatz überforderte, sollte mit allen verfügbaren Mitteln erfasst werden: beobachtend und messend, sammelnd und experimentierend, schreibend und zeichnend.

Was Humboldt überhaupt dazu anregte, exotische Länder zu besuchen, waren Lektüren, Pflanzen und nicht zuletzt Gemälde. In einem autobiographischen Abschnitt seines Alterswerks *Kosmos* (1847) erinnert er sich an den Eindruck von Bildern der Ferne in seiner Jugend:

> Wäre es mir erlaubt eigene Erinnrungen anzurufen, mich selbst zu befragen, was einer unvertilgbaren Sehnsucht nach der Tropengegend den ersten Anstoß gab, so müßte ich nennen: Georg Forster's Schilderungen der Südsee-Inseln; Gemälde von Hodges die Ganges-Ufer darstellend, im Hause von Warren Hastings zu London; einen colossalen Drachenbaum in einem alten Thurme des botanischen Gartens bei Berlin. Die Gegenstände, welche wir hier beispielsweise aufzählen, gehörten den drei Classen von Anregungsmitteln an […]: der Naturbeschreibung, wie sie einer begeisterten Anschauung des Erdenlebens entquillt, der darstellenden Kunst als Landschaftmalerei, und der unmittelbaren objectiven Betrachtung charakteristischer Naturformen.[21]

An den großen Expeditionen des achtzehnten und neunzehnten Jahrhunderts waren in der Regel Reisezeichner beteiligt: William Hodges, der ebenso wie Georg Forster die zweite Entdeckungsfahrt unter James Cook in die Südsee bebilderte (1772–1775);[22] oder Ludwig York Choris, der die Weltumsegelung unter Otto von Kotzebue dokumentierte (1815–1818), an der auch Adelbert

53. »Pont de cordage près de Pénipé«
(*Vues des Cordillères*, Tafel 33).

von Chamisso teilnahm.[23] Auf der amerikanischen Expedition jedoch, die ihn berühmt machte, war Humboldt sein eigener Reisezeichner. Aus vielen Entwürfen, die er vor Ort anfertigte, gingen Abbildungen für sein 29-bändiges Reisewerk hervor: *Voyage aux régions équinoxiales du Nouveau Continent* (1805–1838).[24]

Nachdem bereits in den Manuskripten Schrift und Zeichnung einander ergänzt hatten, wurden auch die gedruckten Bilder mit zahlreichen Schriftelementen versehen: paratextuell, durch Titel und Untertitel sowie durch Informationen zu den beteiligten Künstlern, Stechern und Druckern; intermedial, indem Beschriftungen und Anmerkungen in die Tafeln integriert werden; oder transmedial, wenn Bild und Text einander durchdringen oder überwuchern, sodass die Übergänge fließend werden und keine klare Grenze zwischen den Darstellungsformen mehr auszumachen ist.

Diverse Motive veranschaulichen Humboldts Reise selbst. Wenn wir insbesondere die Darstellungen in den *Vues des Cordillères* entlang seiner Route

54. »Vue de l'intérieur du cratère du Pic de Ténériffe«
(*Vues des Cordillères*, Tafel 54).

anordnen, ergibt sich deren bildliche Dokumentation: der Drachenbaum von Teneriffa auf den Kanarischen Inseln, die Silla von Caracas in Venezuela, die Schlammvulkane von Turbaco, die Lagune von Guatavita, der Wasserfall von Tequendama, die Naturbrücke von Icononzo, der Pass von Quindío und der Wasserfall des Río Vinagre beim Vulkan Puracé in Kolumbien, die Vulkane Cayambe, Pichincha, Illiniza, Corazón, Cotopaxi, Chimborazo und Carguairazo, die Hängebrücke bei Penipe, die Inka-Ruinen von Cañar und der Felsen von Inti-Guaicu in Ecuador, der schwimmende Postverkehr von Jaén de Bracamoros und die Hafenstadt Callao in Peru, das Früchtefloß bei Guayaquil an der Küste von Ecuador, auf der Überfahrt nach Neuspanien, der große Platz der Stadt México, der Wasserfall von Regla, die Säulenporphyrberge von El Jacal, die Monolithen bei Actopán, der Vulkan Jorullo und schließlich der Cofre de Perote in Mexiko.

Im Vordergrund oder am Rand sind oft winzige Figuren eingezeichnet, die den Menschen ins Verhältnis zur Natur setzen und den Motiven Maßstäblichkeit geben: Reisende in europäischer Kleidung, mit Spazierstock und

Wanderbeutel, die durch ihre lässige Zeigegestik wie romantische Touristen wirken, wenn sie eine antike Stätte besuchen; die Indigenen dagegen sind nackt oder halbnackt, wenn sie nicht idealisierte Gewänder tragen. Bisweilen sieht man Europäer und Amerikaner im Dialog.

Einige Abbildungen erfuhren eine kulturkritische oder philosophische Auslegung. So dienen die Schlammvulkane von Turbaco[25] Karl Rosenkranz in seiner *Ästhetik des Häßlichen* (1853), nachdem er den »Ekel« als Effekt der »Verwesung« des Organischen bestimmt hat, als Beispiel dafür, dass auch die anorganische Natur »scheußlich« sein könne: nämlich »analogisch«, als »eine gleichsam verwesende Erde«.[26] Und Humboldts Motiv ist zugleich politisch: Die europäische Figur, welche die Schlammvulkane besichtigt, trägt keine aristokratische Kniebundhose, sondern die langen Hosen der Sansculottes, mit denen der Baron, als Sympathisant der Revolution, regelmäßig auf Gemälden dargestellt wurde.[27]

Auch der Krater des Pic von Teneriffa[28] legt eine politische Deutung nahe. Die Lava wirkt hier, als sei sie mitten im Ausbruch plötzlich versteinert, so wie die Revolution im Jahr 1799, als Humboldt den Vulkan erstieg, durch Napoleons Machtübernahme im »Konsulat« erstarrte. Humboldts Blick auf die schaurige Natur des Vulkans scheint dabei Caspar David Friedrichs romantische Hauptwerke *Wanderer über dem Nebelmeer* (1817) oder *Kreidefelsen auf Rügen* (1818) anzukündigen.

Humboldts Zeichnungen und Stiche von Werkzeugen und Kultobjekten, Alltagsszenen und Stadtansichten aus Süd- und Mittelamerika erfüllten eine Funktion, die in der visuellen Anthropologie später der Photographie und dem Film zukommen wird: fremde Lebenswelten nicht nur sprachlich und statistisch, durch Worte und Zahlen, sondern auch bildlich zu dokumentieren und erforschbar zu machen. Die Reihe anthropologischer Bilder eröffnet die unheimliche »nächtliche Scene am Orinoco« (1807), in der Humboldt ein beinahe kannibalisches Affenmahl beschreibt.[29]

Die Schwierigkeit ethnologischer Übersetzung deutet Humboldt anhand von Figuren aus Michoacán an, die er auf zwei Tafeln abbildet und im Kommentar erläutert: »Costumes des Indiens de Mechoacán«. Indigene Kunsthandwerker schnitzen hölzerne Puppen, die sie mit Stoffen aus dem Mark einer Wasserpflanze bekleiden. Diese Kostüme vereinen präcortesianische

55.–56. »Costumes des Indiens de Mechoacán«
(*Vues des Cordillères*, Tafeln 52–53).

und spanisch-kreolische Elemente in einer hybriden »Mischung« (»mélange bizarre«).[30] Mehrere solcher Puppen brachte Humboldt nach Europa, um sie der preußischen Königin Luise zu schenken, wobei sie während des Transports beschädigt wurden. Die besterhaltenen ließ die Königin zeichnen. Diese Zeichnungen wurden dann gestochen, gedruckt und koloriert – und schließlich von Humboldt kommentiert und in sein Reisewerk aufgenommen. Es handelt sich also um eine sehr umwegige, vielfache Vermittlung, in deren Verlauf manches verloren gehen oder missverstanden werden konnte. Humboldt präsentiert seine Bilder als Ergebnis schwieriger Austauschprozesse. Die Kunst- und Kostümhistorikerin Georgia de Havenon hat die Abbildungen der Puppen in die Tradition kolonialer *casta paintings* gestellt: eine populäre Praxis zur ethnischen Klassifizierung anhand von Paaren verschiedener Herkunft (*criollo* und *mulata*, *negro* und *india* etc.), von der sich Humboldt politisch distanzierte, an deren Form er hier dennoch teilhatte.[31]

Die Gestalt der Ruinen

Nicht nur mit den gegenwärtigen Kulturen, die er vor Ort beobachten konnte, sondern auch mit den Spuren ihrer Vergangenheit setzte sich der Reisende in Amerika auseinander. Er besichtigte Ruinen, zeichnete ihre Ornamente und rekonstruierte ihre Architektur. Dabei konnte er auf die Arbeiten mexikanischer Altertumsforscher zurückgreifen, etwa Antonio de León y Gamas *Descripción histórica y cronológica de las dos piedras* (1792),[32] auf der seine Studien zur Statue der Coatlicue und zum aztekischen Kalenderstein beruhen.

In den *Vues des Cordillères* dokumentiert Humboldt neben der Statue und dem Kalenderstein, für deren Bewahrung er sich einsetzte und die heute im Museo Nacional de Antropología in México zu sehen sind, die »Büste einer aztekischen Priesterin«, das »Monument von Xochicalco«, das Haus des Inka von Cañar, die Pyramide von Cholula und die Muster auf den Mauern von Mitla – wenn auch Letztere nicht aus eigener Anschauung.

Ruinen sind keineswegs unpolitisch. In ihrer einflussreichen Studie *Imperial Eyes* hat Mary Louise Pratt die »Archäologisierung« unterworfener Völker als imperiale Strategie kritisiert. Indem er sie in ihrer Vergangenheit zeige, habe Humboldt sie als erloschene Kultur »abgetötet«.[33] Diese Polemik sieht allerdings davon ab, dass sich der Anthropologe in denselben Werken sehr wohl für die wechselvolle Geschichte ebenso wie für die schwierige Gegenwart der *Indígenas* interessierte und dass er die Idee des Kolonialismus entschieden verwarf.

In Humboldts *Relation historique* spielt die Antike eine mehrdeutige Rolle. Das europäische Altertum dient als Modell des Verstehens und als Maßstab der Bewertung, die dem Reisenden Orientierung geben. Durch zahlreiche Vergleiche und Metaphern hat Humboldt Amerika antikisiert. Die räumliche Ferne hat er in zeitliche Distanz übersetzt. Indem er seine Expedition durch Amerika inszeniert, als handele es sich um einen Ausflug nach Griechenland oder Italien, macht er sie zu einer imaginären Zeitreise. Aber im Verlauf dieser Reise beziehungsweise ihrer Beschreibung wird der klassizistische Blick herausgefordert. Denn wenn die Indianer an alte Griechen erinnern, so versetzt sie das zwar in die Vergangenheit. Aber sie werden zugleich nobilitiert – und die Griechen erscheinen umgekehrt als ein primitives Volk,

57. Bertel Thorvaldsen, »An Göthe«
(*Ideen zu einer Geographie der Pflanzen*, 1807).

das nicht idealisiert werden darf, sondern relativiert werden muss. So ist es durchaus doppelsinnig, wenn die Indigenen in Humboldts Bildern eine Art Peplos oder Toga tragen. Die »Indianer« werden zu Griechen – aber die Griechen zugleich zu »Indianern«.

In den *Ideen zu einer Geographie der Pflanzen* (1807) wird das Bild der Antike allegorisch: Auf der Widmungstafel »An Göthe« von Bertel Thorvaldsen sind zwei Figuren der Mythologie dargestellt: Der Dichter (Apollon) entschleiert die Natur (Artemis, nach dem Standbild von Ephesos) mithilfe der »Metamorphose der Pflanzen«. Indem er durch die Inschrift auf einer Steintafel, »Metamor[phose] der Pflanzen«, den Titel eines Gedichts (1799) und zugleich eine botanische Abhandlung von Goethe zitiert[34], identifiziert sich der Wissenschaftler als Künstler mit dem Schriftsteller, der sich als Naturforscher sah.

Doch Humboldt illustriert nicht nur europäische Visionen, sondern er versucht auch, die Perspektive der Kolonisierten einzunehmen. Er dokumentiert indigene Bildzeugnisse, um sie in die Geschichtswissenschaft einzuführen. Auf zwanzig Tafeln der *Vues des Cordillères* zeigt er Ausschnitte aus mesoamerikanischen Kodizes, die er in den entsprechenden Kapiteln zu deuten versucht.[35] Diese präcortesianischen Bilderschriften bewegen sich zwischen Malerei und Text, Hieroglyphen und Lautsymbolen, mimetischer Abbildung und abstrahierter Information. Die außereuropäischen Zeichenpraktiken konnten ihn zu seinen eigenen ikonotextuellen Gestaltungen anregen.

Kartographische Kollateraleffekte

Produktiv war Humboldt nicht nur als Reisezeichner, visueller Anthropologe und Archäologe, sondern auch als Kartograph. Er veröffentlichte zwei Atlanten, die zwanzig und neununddreißig Tafeln enthalten: den *Atlas géographique et physique du royaume de la Nouvelle-Espagne* (1808–1811)[36] – als Ergänzung zum *Essai politique* über Mexiko[37]; und den *Atlas géographique et physique des régions équinoxiales du Nouveau Continent* (1814–1838)[38] – zum *Examen critique* über die Geschichte der Geographie der ›Neuen Welt‹.[39]

Humboldt zeichnete Länderquerschnitte – von Südamerika oder auch ein »Profil der iberischen Halbinsel« –, er erfasste Gewässernetzwerke wie den Casiquiare und den Orinoco. Und er verfolgte das Projekt eines Kanals zwischen dem Atlantischen und dem Indischen Ozean. Darüber hinaus entwarf er moderne Karten außereuropäischer Länder (Mexiko, Kuba) und später sogar eines kontinentalen Großraums (Zentral-Asien).[40]

Im *Physikalischen Atlas* zum *Kosmos* (1845–1848) legte sein Mitarbeiter Heinrich Berghaus neunzig Tafeln vor, wie sie als thematische Karten für Schulatlanten charakteristisch wurden.[41] Sie zeigen die Bewegung von Winden, Flutwellen und Meeresströmungen, die Verteilung von Niederschlägen, Bergketten und Vulkanen, die Verbreitung von Gewächsen, Schlangen und Robbenfang, von Völkern, Sprachen, Religionen und Regierungsformen, Krankheiten und Kleidermoden.

Humboldts kartographische Methode bestand in der Durchführung von Messungen, der Aufnahme von Reiserouten und der Analyse von Quellen

58. »Carte du Mexique et des Pays Limitrophes situés au nord et à l'est« (1811, *Atlas géographique et physique du royaume de la Nouvelle-Espagne*, Tafel 2).

Mascouthins
Pawnees
Illinois
TERRITOIRE D'OHIO
Woutenos
INDIENS
Missouris
KENTUCKY
CAROLINE DU NORD
Natchitoches
Arkansas
TERRITOIRE DU MISSISSIPI
GEORGIE
CAROLINE DU SUD
FLORIDE OCCIDENT.
FLORIDE ORIENTALE
New York
Océan
Atlantique
Septentrional
Golfe du Mexique
ILES LUCAYES
BAHAMA
Mer des Antilles
ST DOMINGUE
Golfe de Tehuantepec

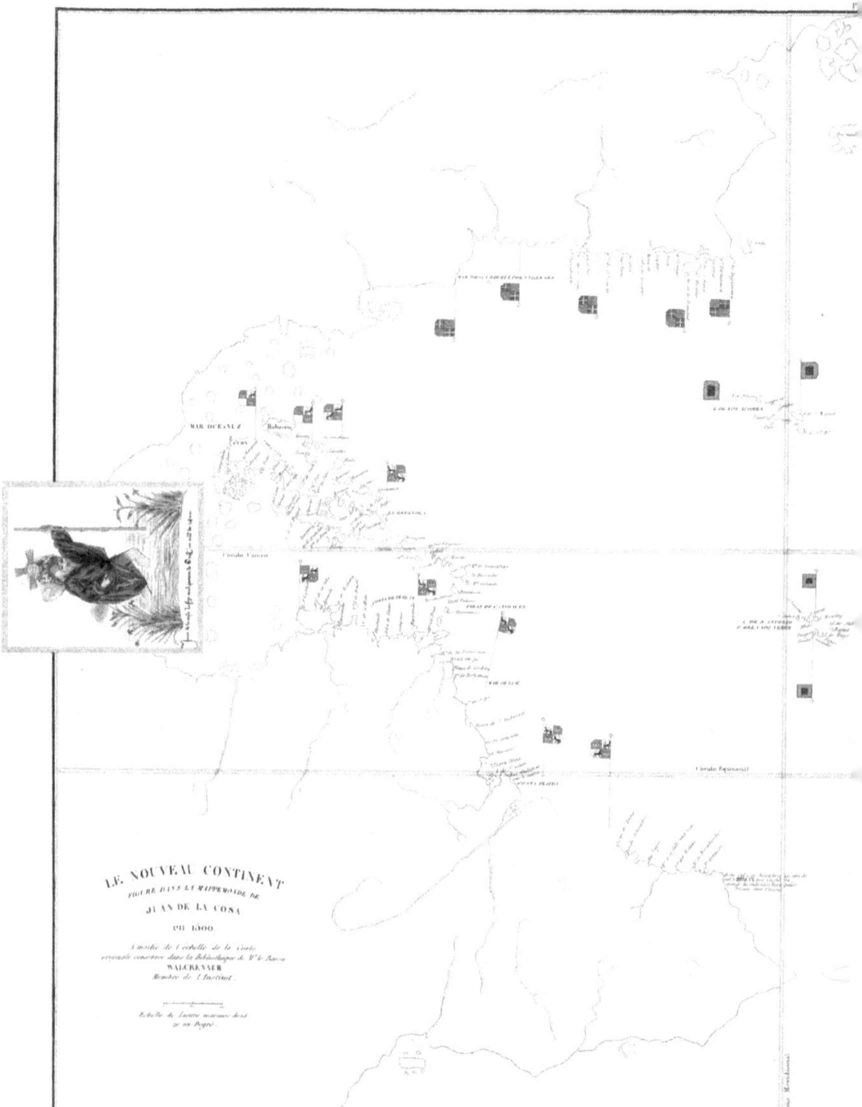

59. Juan de la Cosa (1500): die erste Karte der ›Neuen Welt‹ (*Atlas du Nouveau Continent*, Tafel 33).

(Vorläuferkarten, Positionsdaten, Itinerare). Ihre Grundlage ist die systematische Auseinandersetzung mit der Entwicklung von Geographie und Kartographie. Im *Kosmos* beschreibt Humboldt in einer »Geschichte der physischen Weltanschauung«, wie Kriegszüge und Forschungsreisen, Handel und Wanderungen das Bild von der Welt allmählich vervollständigten.[42] Im *Examen critique* schildert er die »Geschichte der Geographie des Neuen Kontinents« seit der Antike, indem er in griechischen und römischen Quellen nicht nur die Idee von der Kugelgestalt der Erde und die Annahme, westwärts nach Indien gelangen zu können, sondern auch die Vermutung nachweist, auf diesem Seeweg würden unbekannte Landmassen zu finden sein. Die ›Neue Welt‹ war, so Humboldts Befund, bereits eine Idee des Altertums.

In einer Studie »Ueber die ältesten Karten des Neuen Continents und den Namen Amerika« (1853)[43] präsentiert Humboldt die erste gezeichnete Karte der ›Neuen Welt‹ von Juan de la Cosa aus dem Jahr 1500. Er hatte sie 1832 entdeckt und im *Atlas* zu seinem Reisewerk publiziert.[44] In einer Vignette am Rand trägt Kolumbus, in der Rechten eine Weltkugel, das Christuskind über den Ozean: Seinem sprechenden spanischen Namen gemäß, *Cristóbal Colón*, ist er der Kolonialist, der das Christentum bringt. Wie der Name »Amerika« auf die Karte des deutschen Geographen Martin Waldseemüller aus dem Jahr 1507 zurückgeht, um sich dann durchzusetzen, rekonstruiert Humboldt in einer Beweisaufnahme zur Verteidigung des Amerigo Vespucci, den er vom Vorwurf, sich diese Ehre angemaßt zu haben, freispricht.

Karten dienen jedoch nicht allein der geographischen und historischen Forschung. Sie können auch einen geostrategischen, militärischen oder geheimdienstlichen Nutzen haben. Humboldts Mexikokarten, wie sie in seinen Atlanten publiziert wurden,[45] haben noch anderthalb Jahrhunderte später eine Debatte provoziert. Der Herausgeber der mexikanischen Ausgabe des *Ensayo político sobre el Reino de la Nueva España* stellte eine polemische These auf: »Der *Essay* und der *Atlas* über Neuspanien«, schreibt Juan Antonio Ortega y Medina in seiner einleitenden Studie, hatten den »strategischen Charakter militärischer Aufklärung«.[46] Als er sich auf seinem Rückweg nach Europa (im Mai und Juni 1804) in Philadelphia und Washington aufhielt, habe der Mexiko-Reisende das Interesse seiner Gastgeber, insbesondere des

Präsidenten der USA, für die Reichtümer des Nachbarlandes nur allzu bereitwillig bedient: »Begeistert folgte Jefferson den Worten seines Informanten, der ihm die geheimnisvolle, bis dahin halbverschlossene Welt der spanischen Kolonien eröffnete.«[47] Mit dem Kartenmaterial, das er in ›Neu-Spanien‹ zusammengestellt hatte, habe Humboldt den Vereinigten Staaten die Mittel verschafft, sich diese Reichtümer anzueignen. Die Begegnung soll weitreichende Konsequenzen gehabt haben: »Mit Humboldts Landkarte erlangten die Nordamerikaner ein erstklassiges Instrument für ihre imperialistischen Pläne.«[48] Der Wissenschaftler und Kartograph trage so eine Mitverantwortung für das Debakel des Krieges von 1846–1848, durch den die junge mexikanische Nation die Hälfte ihres Gebiets an den nach Westen vordringenden Nachbarn verlor: nach Texas nun auch Teile von Colorado und Wyoming, Arizona, Nevada, Utah, Neu-Mexiko und Kalifornien.

Einem kolonialen Kollateraleffekt seiner Forschung und seiner Kartographie steht die konstruktive Wirkung von Humboldts Entwürfen entgegen. Denn andererseits inspirierte der »Zweite Entdecker« die lateinamerikanische Revolution und die Identitätsbildung des unabhängigen Kontinents, indem er dessen Natur und Kultur in seinen Bildern ästhetisch feierte, wissenschaftlich erforschte und Europa gleichrangig gegenüberstellte. Was Tacitus für die Deutschen leistete (*Germania*) und Schiller für die Schweizer (*Wilhelm Tell*), vollbrachte Humboldt für die Hispanoamerikaner. Die Bilder, die sich Nationen von sich selbst machen, sind häufig *Fremd*bilder.

Humboldts Tierleben

Weniger komplex als die kartographischen Arbeiten scheinen die Abbildungen in den taxonomischen Werken zu sein: Humboldts zahlreiche Tiere und Pflanzen. Aber auch die naturgeschichtlichen Darstellungen haben, auf den zweiten Blick, durchaus unterschiedliche Funktionen und Qualitäten. Denn es handelt sich nicht nur um wissenschaftliche Beschreibungen. Sie verweisen auch auf literarische Episoden. Und sie sind künstlerische Motive in ihrem eigenen Recht.

Mehr noch als für sein Herbarium gilt dies für Humboldts Tierleben. Im Nachlass sind Zeichnungen exotischer Tiere erhalten: Papagei, Pinguin,

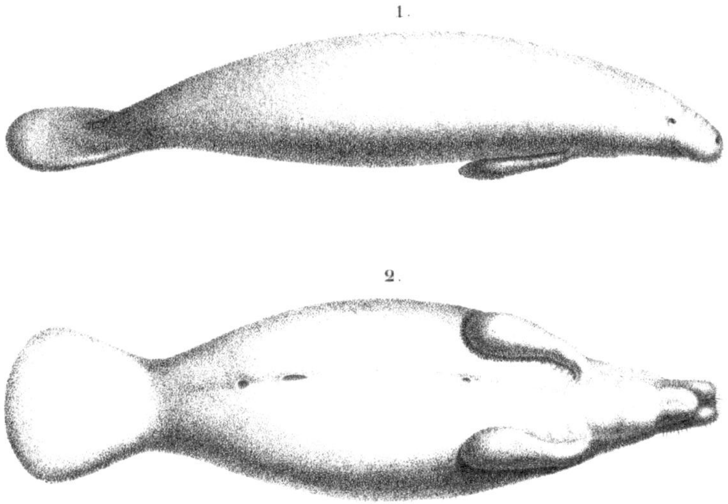

60. Die karibische Seekuh (»Ueber den Manati des Orinoko«, 1838).

Robbe, Manati (die karibische Seekuh), Hai, Krokodil, Zitteraal, Faultier, Ameisenbär, Lama und verschiedene Affen.[49]

Die Tiere in Humboldts *Recueil d'observations de zoologie et d'anatomie comparée*[50], dessen zwei Bände zusammen achtundfünfzig Bildtafeln enthalten, bewegen sich zwischen Wissenschaft und Ästhetik. Sorgfältig kolorierte Muscheln wirken geradezu fotorealistisch. Wie in einem Setzkasten angeordnete Insekten rufen zugleich den Eindruck eines Schwarms hervor. Als antikes Symbol der Seele erinnern die Schmetterlinge an Humboldts Gleichnis von der »Lebenskraft«, das in Schillers Zeitschrift *Die Horen* erschien (1795).[51]

Die naturgeschichtliche Taxonomie hatte Linné als *Systema naturæ* entwickelt.[52] Die Zoologie wurde nach Humboldts Tod durch Brehms *Illustrirtes Thierleben* popularisiert.[53] Das Verfahren zoologischer Sammlungen erhob Damien Hirst schließlich zur Kunst. Sein in Formaldehyd konservierter Tigerhai aus dem Jahr 1991 trägt den poetischen Titel: *The Physical Impossibility of Death in the Mind of Someone Living*.[54]

Stellen Humboldts Tiere, wie Hirsts Hai, als *Readymade* oder *objet trouvé* die Frage nach der Grenze zwischen Kunst und Wirklichkeit? Wirken seine

Fische museal, wie Exponate? Oder lebendig, als befänden sie sich in ihrem Habitat? Sind sie nur Forschungsobjekte? Oder auch Metaphern? Einige Tiere jedenfalls haben Bedeutungen, die über ihre naturgeschichtliche Merkmalsbeschreibung hinausweisen. Sie erinnern an Humboldts Erzählungen aus der ›Neuen Welt‹. So symbolisiert der gefürchtete Piranha die Gefahren der Flussfahrt auf dem Orinoco.[55] Und der legendäre Kondor steht für die Ersteigung der eisigen Anden.[56]

Der Guácharo dagegen führt uns in die Tiefe, hinab in die Grotte bei Caripe, die von den Indigenen als Eingang zur Unterwelt angesehen wurde.[57] Mit der Fackel in der Hand stieß Humboldt hier vor, um Licht ins Dunkle, Unerforschte, Sagenumwobene zu bringen. Um den in der Finsternis lebenden Vogel skizzieren und sezieren zu können, musste er abgeschossen werden – wie der unheilvolle Albatros in Coleridges Ballade von der Reise des *Ancient Mariner* (1798). Erich Fried schrieb über Humboldts Höhlengang ein Gedicht mit dem Titel »Der Guacharo« (1969), das dessen Aussterben vorhersagt.[58]

Eine nicht weniger spektakuläre und problematische Feldforschung gilt dem Zitteraal. Als »Jagd und Kampf der electrischen Aale mit Pferden« wurde ein großangelegtes Experiment durchgeführt. Um die Tiere zunächst entkräften und dann fangen und untersuchen zu können, ließ Humboldt die Indigenen wilde Pferde in ihr Gewässer treiben.[59]

Mehrere Tafeln zeigen Affen, und zwar Tieraffen (*monkeys*), keine Menschenaffen (*apes*), die auf dem amerikanischen Kontinent nicht vorkommen. Die von Humboldt in lateinischer Nomenklatur als *Simia leonina*, *Simia satanas*, *Simia ursina*, *Simia trivirgata* und *Simia melanocephala* (Löwenaffe, Satansaffe, Bärenaffe, Dreistreifenaffe und Schwarzkopfaffe) bezeichneten Tiere werden zoologisch heute anders bestimmt. Vom »Schwarzkopfäffchen« ist eine Zeichnung überliefert und sogar eine Notiz zu seiner Geschichte. Sie beschreibt, wo Humboldt das Tier erwarb, welchen Charakter es hatte und wie es während der Flussfahrt verstarb – fast in einer Art Nachruf.[60]

Solche Bilder lösen bei Goethe eine Verunsicherung aus. Als in den *Wahlverwandtschaften* (1809) ein »Folioband« aufgeschlagen wird, in dem Affen dargestellt sind, fühlt sich Ottilie abgestoßen: »Wie man es nur über das Herz bringen kann«, klagt sie, »die garstigen Affen so sorgfältig abzubilden.«[61]

61. Der Kondor der Anden (*Recueil d'observations de zoologie*, Tafel 8).

Aber diese Abwehr verdrängt eine heimliche Versuchung: nämlich »dem Reize« nachzugeben, eine Ähnlichkeit mit seinesgleichen in ihnen zu sehen – und so eine fast schon evolutionstheoretische Erkenntnis zuzulassen. Einerseits lehnt Ottilie das Exotische ab. Andererseits fasziniert es sie: »Manchmal wenn mich ein neugieriges Verlangen nach solchen abenteuerlichen Dingen anwandelte, habe ich den Reisenden beneidet, der solche Wunder mit andern Wundern in lebendiger alltäglicher Verbindung sieht.« Bei aller Verstörung gesteht sie: »Wie gern möchte ich nur einmal Humboldten erzählen hören.« Was diese Ausnahmestellung des preußischen Weltreisenden begründet, ist seine Vermittlung natürlicher Zusammenhänge, sein ökologischer Ansatz *avant la lettre*: »Nur der Naturforscher ist verehrungswerth, der uns das Fremdeste, Seltsamste, mit seiner Localität, mit aller Nachbarschaft, jedesmal in dem eigensten Elemente zu schildern und darzustellen weiß.«

Botanik in Bewegung

Für die pflanzenwissenschaftlichen Teile der *Voyage* war zunächst Humboldts Reisebegleiter Aimé Bonpland verantwortlich, der im Feld ein *Journal botanique* führte.[62] Seine Aufgabe als Bearbeiter der botanischen Werke übernahm in Paris dann Karl Sigismund Kunth.[63] Ihre Dokumentarbilder folgten zeitgenössischen Konventionen. Die prächtigen Pflanzen wurden in der Regel von namhaften Künstlern gezeichnet, vor allem Turpin, und dann entweder in Farbe gedruckt oder nachträglich koloriert. Hinzugesetzt wurden Reihen analytischer Details in Schwarz-Weiß. Erhalten ist eine Pflanzenzeichnung von Humboldt aus dem Feld (*Trichoceros antennifer*).[64] Mehrere Stiche sind mit dem Hinweis versehen, dass sie auf seiner Zeichnung beruhen (»Humboldt del.«, *Humboldt delineavit*).[65] Neben der Zeichnung und dem Kupferstich bedienten sich Humboldt und Bonpland des Selbstdruckverfahrens mit Tinte,[66] und sie legten Tausende von Herbarblättern an.[67]

Nicht nur die Auswahl, sondern auch die Anordnung der Pflanzen, die in der *Voyage* abgebildet wurden, erfolgte offenbar sehr durchdacht. Die erste botanische Tafel, die Humboldt 1805 veröffentlichte, war eine Palme, die Ikone der Tropen: *Ceroxylum andicola*.[68] Die letzte Tafel der illustrierten Reise wiederum führt an deren erste Station zurück: der Drachenbaum von

62. Humboldts Pflanzenzeichnung: *Trichoceros antennifer*.

63. Der Drachenbaum (*Vues des Cordillères*, Tafel 69).

Teneriffa.[69] Sie erinnert zugleich an das Fernweh, das ein solcher »colossaler Drachenbaum« im Botanischen Garten in Berlin bei Humboldt einst ausgelöst hatte.

Insgesamt enthalten die botanischen Werke der *Voyage* 1240 Dokumentarbilder, dazu mindestens zwanzig Varianten. Einige der neuen Arten tragen die Namen ihrer ›Entdecker‹: *Fucus Humboldtii, Salix Bonplandiana*.[70] Andere haben pharmakologische oder wirtschaftliche Potenziale: Die *Bonplandia trifoliata*, zum Beispiel, diente als Mittel gegen Fieber und Ruhr.

Die botanischen Motive geben aber auch Humboldts Reise wieder. Sie ist ablesbar an der geographischen Nomenklatur entdeckter oder neu bestimmter Genera: Eusmia *caripensis*, Erythroxylum *orinocense*, Hybanthus *havanensis*, Melastoma *ibaguensis*, Aralia *quinduensis*, Andromeda *bracamorensis*, Acacia *acapulcensis*, Ferula *tolucensis*, Elaphrium *jorullense*.

Auf dem bekannten Gemälde von Friedrich Georg Weitsch hält Humboldt ein Schwarzmundgewächs in der Hand, wahrscheinlich eine *Meriana speciosa*, die auf der Tafel 4 im zweiten Band der *Monographie des Melastomacées* als *Rhexia speciosa* abgebildet ist und deren Druckprobe Humboldt 1806 in Berlin dem Maler gezeigt haben dürfte.[71]

Landschaften des Wissens

Auch in Humboldts eigenen Landschaften können wir Mikrostudien von Pflanzen erkennen, die hier gewissermaßen aus der Taxonomie in die freie Natur versetzt werden. Morphologische Details machen die Naturszenen konkret und authentisch. Botanik und Landschaftsmalerei verschmelzen: Wissenschaft und Kunst werden eins.[72]

Humboldt nahm Amerika wie ein Maler wahr: als *Ansichten* der Natur, als *Vues* des Cordillères. Im erwähnten Text über »Jagd und Kampf der electrischen Aale mit Pferden« wird der Eindruck des Gemäldehaften gleich mehrfach angesprochen:

> Ich hätte gewünscht, daß ein geschickter Mahler den Augenblick hätte auffassen können, als die Scene am belebtesten war. Die Gruppen der Indianer, welche den Sumpf umringten, die Pferde mit zu Berge stehender Mähne, Schrecken und Schmerz im Auge, welche dem Ungewitter, das sie überfällt, entfliehen wollen; die gelblichen und schlüpfrigen Aale, welche großen Wasserschlangen ähnlich an der Oberfläche schwimmen, und ihre Feinde verfolgen: alles das gab ein höchst mahlerisches Ganzes. Ich erinnerte mich dabei des berühmten Gemähldes, welches ein Pferd vorstellt, das in eine Höhle tritt, und durch den Anblick eines Löwen entsetzt wird. Der Ausdruck des Schreckens ist hier nicht stärker, als er in jenem ungleichen Kampfe sich zeigte.[73]

Humboldts Bericht erinnert an die berühmte Laokoon-Gruppe, an den Todeskampf des trojanischen Priesters und seiner Söhne gegen die gottgesandten Schlangen, dem Lessing seine bekannte Studie widmete.[74] Der Kampf in der Tierwelt erscheint als Ästhetisierung von Gewalt.

Die Natur konnte aber auch pittoresk sein. Nach dem Abstieg in die Höhle des Guácharo bemerkt Humboldt, wie der Blick aus ihr heraus wie von den Wänden des Eingangs gerahmt wirkte. »Es war, als hätte man in der Ferne ein Gemälde aufgestellt, dem die Öffnung der Höhle als Rahmen diente.«[75] Ferdinand Bellermann hat dieses Gemälde dann ausgeführt.[76]

« C'étoit comme un tableau placé dans le lointain, et auquel l'ouverture de la caverne servoit d'encadrement. »

Nicht nur durch seine eigenen Arbeiten und als Ideengeber für Reisekünstler leistete Humboldt Beiträge zur Landschaftsdarstellung. Er hat auch ihre Theorie entwickelt. Als er Malerei, Gartenbau und Literatur im zweiten Band des *Kosmos* als »Anregungsmittel zum Naturstudium« diskutiert,[77] ist seine leitende Idee die Dialektik von Wissenschaft und Kunst: Die Künste enthalten immer schon »Keime« der Naturerkenntnis; und die Wissenschaften haben eine ästhetische Dimension, sie schlagen – zumindest bei Humboldt – ihrerseits um in Kunst.

Im Abschnitt zur Malerei schreibt Humboldt die Geschichte, und er entwirft ein Programm der Landschaftsdarstellung. Im Mittelpunkt steht das Konzept der Physiognomie: die Vorstellung, wissenschaftliche Detailpräzision und ästhetischer Gesamteindruck sollten miteinander einhergehen.

Humboldts Naturbilder sind so interdisziplinär wie seine Schriften. Deshalb können die verschiedensten Wissenschaften einen Beitrag zum Bildverständnis leisten – so wie neuerdings zum Beispiel die Analyse historischer Gemälde nach der Darstellung von Farbkontrasten bei Sonnenuntergängen Aufschluss über die Verbreitung von Staubpartikeln infolge von Vulkanausbrüchen geben und die Malerei zu einem Dokument der Klimageschichte machen kann.[78]

Humboldts künstlerisch komponierte und zugleich wissenschaftlich minutiöse Entwürfe repräsentierten die ›Neue Welt‹ nicht mehr durch stereotype Zeichen, sondern möglichst wirklichkeitsgetreu. Seine neue Konzeption der Landschaftsmalerei übte eine starke Wirkung auf eine Generation von Reisekünstlern aus, die sein Programm in die Tat umsetzten. So hat der

64. Ferdinand Bellermann, *Die Guácharo-Höhle* (1843).

Amerikaner Frederic Edwin Church mehrere Humboldt'sche Schauplätze aufgesucht und gemalt: Tequendama, Cayambe, Chimborazo, Cotopaxi.[79] Ferdinand Bellermann reiste nach Venezuela,[80] Eduard Hildebrandt nach Brasilien,[81] Johann Moritz Rugendas nach Mexiko und durch Südamerika.[82] Rugendas wurde sogar direkt von Humboldt instruiert.[83]

Der argentinische Schriftsteller César Aira hat Rugendas zur Hauptfigur einer Novelle gemacht, die auf Deutsch unter dem Titel *Humboldts Schatten* erschien: *Un episodio en la vida del pintor viajero* (2000, eigentlich: *Eine Episode im Leben des Reisemalers*).[84] Immer wieder bezieht sie sich auf »die Methode«, die Rugendas von Humboldt gelernt hat: die »Kunstgeographie«, die »Landschaftswissenschaft«, die »Physiognomie der Natur, ein von Humboldt erfundenes Verfahren«. In der Pampa trifft den Physiognomiker dann ein fantastischer Blitz, der sein Gesicht entstellt, aber seine Kunst elektrisiert.

Denkbilder

Bilder haben eine rhetorische Wirkung. Wie Tropen, vor allem Metaphern, können sie etwas anschaulich, vorstellbar, einleuchtend machen. Sie haben eine kognitive Funktion. Als Denkbilder können sie etwas greifbar, fasslich, verständlich machen. Und sie haben eine wissenspoetische Bedeutung. Sie verdichten eine Erkenntnis, eine historische Erfahrung, ein Bilderwissen.

Das rhetorische, kognitive und wissenspoetische Potenzial kommt besonders in Bildern zur Geltung, die eine diagrammatische Qualität auszeichnet; die mit prägnanten, abstrahierten Formen wissenschaftliche Befunde veranschaulichen.

Humboldts Arbeit an einer visuellen Formelsprache können wir bereits in der »Introducción a la pasigrafía geológica del Señor Baron de Humboldt« beobachten, die ein Jahr nach dem Ende seiner amerikanischen Reise in Mexiko erschien:[85] als Ausdifferenzierung eines geologischen Zeichensystems.

In der Einleitung zu seiner *Relation historique* hat Humboldt nicht nur die Techniken benannt, die er zur Erfassung der bereisten Wirklichkeit zum Einsatz brachte. Er dachte überdies über die Möglichkeiten nach, das Beobachtete seinem Publikum angemessen mitzuteilen. Von vornherein ist klar, dass »die gewöhnliche Form«, »la forme ordinaire d'un journal«, nicht infrage kommt.[86] Konventionelle Reisebeschreibungen hatten allzu zentralistisch von der Position eines erzählenden Ich und aus der Sicht jeweils nur einzelner Teilgebiete der Naturgeschichte gesprochen, anstatt aus wechselnden Perspektiven und mit vielfältigen Mitteln überraschende Verbindungen in den Blick zu nehmen.

Dem traditionellen Projekt Linné'scher Taxonomie entsprachen bestimmte Verfahren: Proben aufnehmen, Sammlungen anlegen, Zeichnungen anfertigen. Da Humboldt diese Praxis als Hilfswissenschaft fortsetzte, führt er auch ihre Formen an: die botanischen, mineralogischen und zoologischen Kollektionen, die er an europäische Museen schickte, sowie die Skizzen und Stiche diverser Spezies, die er nach seiner Rückkehr veröffentlichte.[87]

Das Projekt des Bergbaufachmanns, Kameralisten und Physiologen ging indes darüber hinaus: Anstelle statischer Klassifikation interessierte er sich für die Historisierung dynamischer Zusammenhänge. Von fachlicher

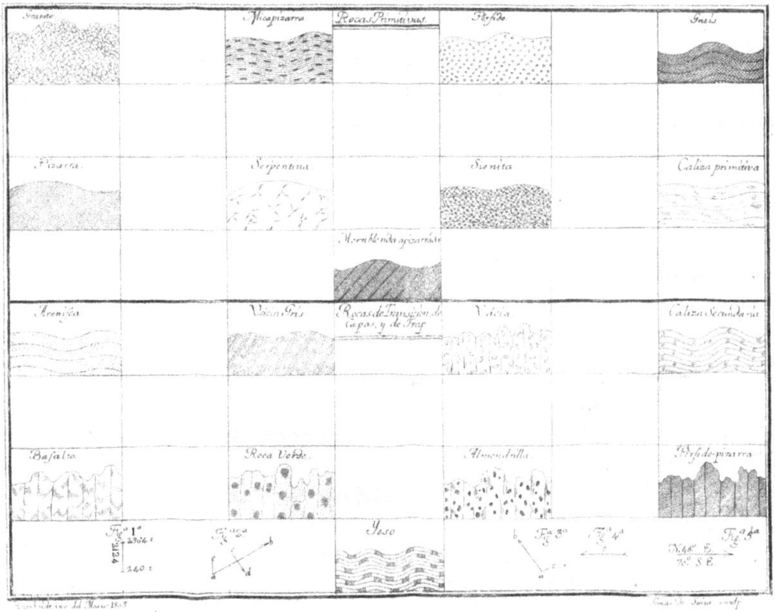

65. »Introducción a la pasigrafía geológica«: »Rocas primitivas« (Andrés Manuel Del Río, *Elementos de Orictognosía*, 1805).

Spezialisierung ausgehend, folgte er seinen Fragestellungen durch diverse Gebiete. Diese Konzeption erforderte entsprechende neue Darstellungsweisen. Zur Vermittlung der Beobachtungen, die er mithilfe seiner Apparaturen in der Fremde gemacht hatte, entwickelte er verschiedene Formate: zum Beispiel beschriftete Gebirgsprofile oder Isolinien.[88]

Am bekanntesten ist das »Naturgemälde der Anden«, das »Tableau physique des Andes et Pays voisins« (1807). Als idealisierter Querschnitt durch Südamerika schmückt es unter anderem den Umschlag von Daniel Kehlmanns Satire *Die Vermessung der Welt* (2005), dem erfolgreichsten deutschen Roman der letzten Jahrzehnte. Es ist das Bild der Bilder, das Symbol für Humboldts Denken.

In Ecuador fertigte Humboldt 1803 die Zeichnung an,[89] deren Stich er im chronologisch ersten Band seines amerikanischen Reisewerkes, dem *Essai sur la géographie des plantes* (1805, 1807) veröffentlichte: ein *Tableau* als

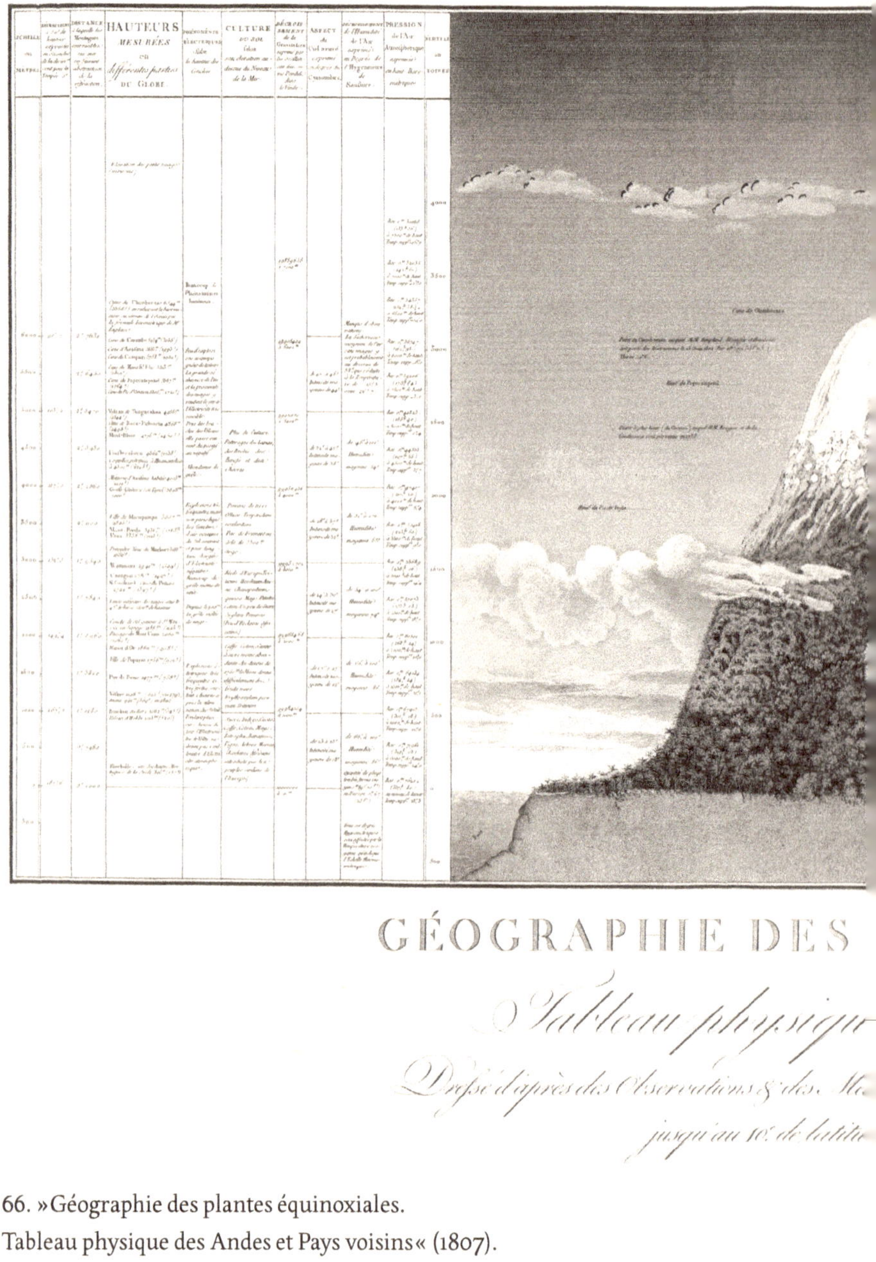

66. »Géographie des plantes équinoxiales.
Tableau physique des Andes et Pays voisins« (1807).

TES ÉQUINOXIALES.

Andes et Pays voisins

les lieux depuis le 10e degré de latitude boréale

1799, 1800, 1801, 1802 et 1803.

Querschnitt der Anden, der die Schichtung der Vegetations- und Klimazonen, die Verteilung der Arten und zahlreiche Messergebnisse in einem Bild synoptisch vor Augen führt.[90] Ein weiteres Mal taucht das Motiv, das beinahe die reduzierte Gestalt eines Icons annimmt, unter anderem als Detail im *Physikalischen Atlas* von Heinrich Berghaus auf (1838–1848).[91]

In diesem Motiv bringt Humboldt seine enorme Kraft der Synthese zum Ausdruck. »Er stellt«, schrieb Hans Magnus Enzensberger, »*ganze Länder dar wie ein Bergwerk*«.[92] In zwanzig Skalen am rechten und linken Rand werden Faktoren eingeblendet, welche die abstrakt dargestellte Landschaft bestimmen: Luftfeuchtigkeit, Siedepunkt, Tiere – und der Einsatz von Sklaven in der Landwirtschaft. Sogar der Himmel ist beschriftet mit historischen Episoden. Die graphische Methode hat es ermöglicht, mehrere Perspektiven zugleich einzunehmen, um ein komplexes Ökosystem zu erfassen.[93] Die Darstellung des *Tableau physique* von 1807 ist überaus komplex und doch als Modell übersichtlich. Als anschauliches Bild, das zahlreiche Fakten und Verweise zugänglich macht, entspricht es aus heutiger Sicht einer reich verlinkten Internetseite.

Als historisches Zeugnis ist Humboldts »Tableau« auch das Zeichen eines wissensgeschichtlichen Wandels. Indem er die Botanik zur Pflanzengeographie weiterentwickelte und von der Sammlung einzelner Elemente zur Übersicht über funktionelle Zusammenhänge fortschritt, vollzog Humboldt genau den Übergang von statischer Taxonomie zu dynamischer Historisierung, den Michel Foucault als Veränderung in der Organisation des Wissens um 1800 ausgemacht hat. Humboldt hat Linnés System geographisch in Bewegung gesetzt.[94] Die Naturgeschichte verwandelte er in eine Geschichte der Natur – und die botanische Klassifikation in eine interdisziplinäre Migrationslehre.

Von Humboldts Motiv existiert eine kuriose Variante von Goethe: »Höhen der alten und neuen Welt bildlich verglichen« (1807, 1813).[95] Dazu kam es folgendermaßen: Als Goethe sein Widmungsexemplar der *Geographie der Pflanzen* (1807) ohne die dazugehörende Tafel erhalten hatte, die noch nicht vollendet war, fertigte er kurzerhand eine eigene Zeichnung an. »Ungeduldig«, in Ermangelung der angekündigten »Profilcarte«, »meine völlige Erkenntniß eines solchen Werkes aufgehalten zu sehen«, so notierte er in seinen *Tag- und Jahres-Heften* 1807, habe er »mit Höhenmaßen an der

67. Johann Wolfgang von Goethe, »Höhen der alten und neuen Welt bildlich verglichen« (1807).

Seite« eine »symbolische Landschaft« entworfen, »nicht unangenehm dem Anblick«.[96] In einem Brief an Humboldt schrieb Goethe am 3. April 1807 aus Weimar, er habe »selbst eine Landschaft phantasirt«, »halb im Scherz, halb im Ernst«, deren mit Bleistift, Feder und Tusche aquarellierte »Copie« er dem Empfänger schickte, um diesen zu bitten, darin »nach Belieben hinein zu corrigiren«.[97]

Als er seine Arbeit sechs Jahre später als Stich veröffentlichte (wahrscheinlich ausgeführt durch J. C. T. Starke, herausgegeben von Friedrich Justin Bertuch), im Vordergrund auf einem Felsen mit einer Widmung an Humboldt, führte er in seinem Kommentar aus, wie er von der Skalierung der Höhen am Rand eines Vierecks ausgegangen sei und »vom Chimborasso herein die Berghöhen einzuzeichnen« begonnen habe, »die sich unter meiner Hand wie zufällig zu einer Landschaft bildeten«.[98] Am Chimborazo hat Goethe als kleine Figur den Bergsteiger Humboldt eingezeichnet, über ihm einen

Kondor, gegenüber, in Europa, Gay-Lussac in einem Ballon – und unten am Rand ein Krokodil.[99]

Der Vergleich mit Goethes Versuch macht die Originalität des Originals offensichtlich. Denn in seinem Entwurf hat Goethe ungewollt vorgeführt, wie eine *nicht* transmediale Darstellung aussehen konnte, die rein »bildlich« gehalten war; deren textliche Elemente von der malerischen Gestaltung als Daten am Rande geschieden sind; und die keineswegs abstrakt als Querschnitt angelegt ist, sondern traditionell perspektivisch.

Im doppelten Sinn des französischen Wortes handelt es sich bei Humboldts *Tableau* um eine Tabelle und ein Gemälde. Die zahlreichen Artnamen projizieren die wissenschaftliche Klassifikation auf das Profil des Chimborazo; aber zugleich wirken sie als künstlerische Technik der Darstellung, indem sie den graphischen Effekt der Schraffur erzeugen. Die botanischen Daten werden so ihrerseits malerisch. Die wissenschaftliche Präzision der Naturbeobachtung schlägt um in eine Ästhetik der Kunst.[100]

Günter Herburger hat Humboldts Motiv in diesem Sinn in seiner artistischen Qualität wahrgenommen. Für seine *Reise-Novelle* mit dem Titel *Humboldt* (2001) wählte Herburger die Form des Fotoessays, um eigene Wanderungen wie seine Titelfigur in einer Montage aus Texten und Bildern zu beschreiben.[101] Humboldt konnte »sehr gut zeichnen«, heißt es in der Einführung, »verwesende Hautstücke aquarellierte er ähnlich neugierig und auf Schönheit bedacht wie Blütenblätter«.[102] Für die Mikrographie des Gebirgsquerschnitts fand Herburger einen treffenden Vergleich, der ihre künstlerische Wirkung beschreibt: »Ein penibel gezeichnetes Vegetationsprofil mit einer Bergflanke voll lateinischer Pflanzennamen in winziger Schrift, ähnlich Schneegestöber«.[103]

Das Verfahren der Profilzeichnung variierte Humboldt in weiteren Arbeiten. Für den Chimborazo etwa in »Geographiæ plantarum lineamenta« in den *Nova genera et species plantarum* als Vergleich verschiedener Gebirge in aller Welt; und in »Voyage vers la cime du Chimborazo, tenté le 23 Juin 1802« im *Atlas géographique et physique des régions équinoxiales du Nouveau Continent* mit einem narrativen Text, der an der entscheidenden Stelle den Abbruch des Aufstiegs bezeichnet, nämlich die »Spalte, die den Reisenden den Weg zum Gipfel abschnitt«. Wie sehr Humboldts Gebirgsprofil in seiner Zeit als diagrammatisches Zeichen präsent war, hat seine philosophisch-politische Interpretation bei Madame de Staël gezeigt.

Das Gebirgsprofil als Datenträger ist indes nicht die einzige Neuerung, die geographische Gegenstände auf die Einfachheit diagrammatischer Formen brachte. Eine Marginalie setzte das letzte der drei Humboldt'schen *Tableaus* (die neunte Tafel des *Atlas*) in Analogie zu einer weiteren Technik der visuellen Präsentation wissenschaftlicher Sachverhalte, die für die Klimakunde ebenso neuartig war wie das Gebirgsprofil für die Pflanzengeographie: isotherme Linien, durch die Daten verübersichtlicht und Zonen gleicher Durchschnittstemperatur mit einfachen Mitteln kartographiert werden konnten.[104]

Mit »Alexander von Humboldt's *System der Isotherm-Kurven*« beginnt denn auch der *Physikalische Atlas*, der sein letztes Buch, den *Kosmos*, illustriert[105] und als thematisch vielseitiges Kartenwerk konzipiert ist.[106]

Humboldt dachte vertikal, aber auch flächig. Er nutzte die ganze Weltkarte als graphische Grundlage, um große Mengen von Messdaten sichtbar zu machen. Seine »isothermen Linien«, deren Programm er im Aufsatz »Des lignes isothermes« (1817) entwarf, wurden zu einer Selbstverständlichkeit moderner Wetterkarten.

Die Medien des Reisens

Auf dem Gemälde von Friedrich Georg Weitsch, das Alexander von Humboldt im Urwald zeigt, eine Pflanze mit rosafarbener Blüte in der Hand (1806), sind zwei Medien zu sehen: ein Buch und ein Barometer. Die Blüte liegt auf dem aufgeschlagenen großformatigen Band; ein botanisches Werk scheint als Grundlage zur Bestimmung der gefundenen Art zu dienen. Hinter Humboldt lehnt ein Barometer; der Aristokrat, der auch hier *sans culottes* porträtiert wird, scheint den ikonischen Säbel gegen das Symbol empirischer Wissenschaft eingetauscht zu haben.[107]

Humboldts Ansichten Amerikas waren, wie diese Darstellung andeutet, mehrfach vermittelt: durch vorgängige Bilder und Lektüren (das Buch), durch Technologien der Wahrnehmung (das Barometer) und durch Medien der Darstellung (das Gemälde selbst).

Welche Apparate produzieren unsere Bilder der Welt? Der Forschungsreisende interessierte sich für alle zeitgenössischen Möglichkeiten, ferne Gegenstände nahezubringen: für Bücher und Bilder, Guckkasten und Laterna magica, Diorama und Panorama. Alle diese Formate waren seinerzeit verfügbar als Medien des Reisens, als populäre Tele-Visionen. Und Humboldt verfolgte auch neue Entwicklungen der Medientechnologie. Im Atelier von Louis Daguerre lernte er im Frühjahr 1839 das Verfahren der Photographie kennen, das er konsequent in seine Konzeption einbezog.[108] Es brachte technische Bilder hervor, die der Kunst der Naturbeschreibung eine neue Genauigkeit gaben.[109]

Die Vermessung der Welt

Schon auf der ersten Seite der »Einleitung« zu seinem veröffentlichten Reisebericht kommt Humboldt auf die »Instrumente« zu sprechen, die er während seiner fünfjährigen Expedition durch die spanischen Kolonien, auf dem Río Magdalena und über die Anden, in Kuba und quer durch Mexiko, mit sich führte. Sie dienten »dem Hauptzweck«, den »Beobachtungen« des reisenden Wissenschaftlers.[110] Das Potenzial, das technische Innovationen zur Gewinnung von Erkenntnissen über ferne Länder biete, sei längst noch nicht ausgeschöpft, stellt Humboldt programmatisch fest: »obwohl die Zahl präziser Instrumente von Tag zu Tag zunahm, kannten wir immer noch nicht die Höhe so vieler Berge und Ebenen, die periodischen Schwankungen des Luftmeeres, die Grenze des ewigen Schnees unter dem Polarkreis sowie an den Rändern der heißen Zone, die veränderliche Intensität der Magnetkräfte und so viele weitere ebenso interessante Phänomene«.[111] Gegenüber Seefahrten brächten Bewegungen zu Land, wie Humboldt sie unternahm, zwar größere Schwierigkeiten mit sich, sie eröffneten dafür aber unschätzbare Möglichkeiten für den Einsatz von Technologie.[112] Diese hatte sich seit den Reisen La Condamines, Niebuhrs oder Forsters, besonders seit den 1770er-Jahren rasant entwickelt, immer genauere, kleinere, tragbare Apparate hervorgebracht und die Idee einer Vermessung der Welt überhaupt erst denkbar werden lassen.[113]

Im ersten Kapitel zählt Humboldt die Instrumente auf, die er bei seiner Reise mit sich führte und die seine Erfahrung bedingten. Er präsentiert einen

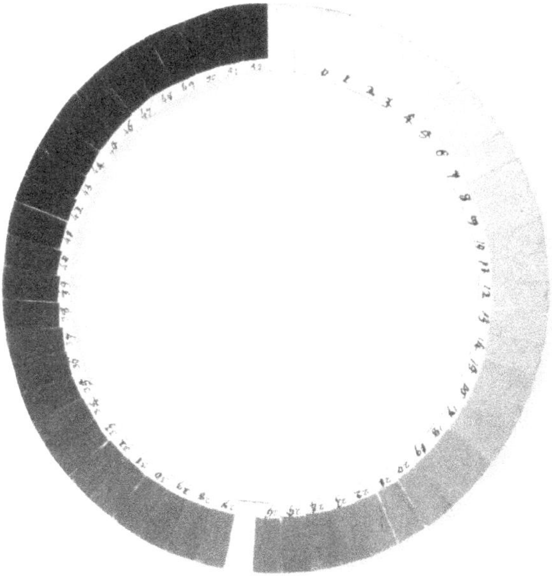

68. Wie blau ist der Himmel? Cyanometer von Saussure (Ende 18. Jahrhundert).

ausführlichen Katalog jener Apparate, von denen er Dutzende in jahrelanger Vorbereitung auf dem neuesten Stand kostspielig zusammengestellt und mitunter (sicherheitshalber) sogar in mehreren Fabrikaten nach Amerika eingeschifft hatte:[114] Fernrohr und Mikroskop, Thermometer, Barometer, Hygrometer, Hypsometer, Hyetometer, Elektrometer, Eudiometer, Aräometer, Graphometer, Chronometer, Quadrant, Sextant, Theodolit, Magnetometer, Deklinatorium, Inklinometer, Pendel, einen künstlichen Horizont, eine Leidener Flasche, elektroskopische und galvanische Apparate, einen Kompass sowie ein Cyanometer.[115] Mit ihnen bestimmte der Naturforscher die geographische Länge, die Breite und die Höhe von Orten, Richtung, Neigung und Intensität des Erdmagnetismus, Fallen und Streichen von Gesteinsschichten, Temperatur, Feuchtigkeit, Druck, Elektrizität und Zusammensetzung der Luft, Dichte, Bestandteile und Wärme von Niederschlag, Gewässern oder Gasen – und sogar die Bläue des Himmels.[116]

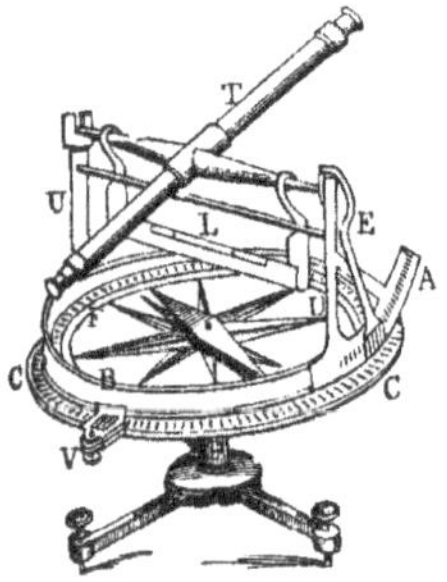

Deklinatorium

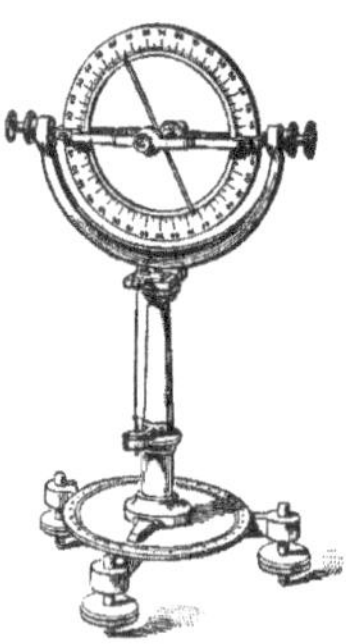
Inklinometer

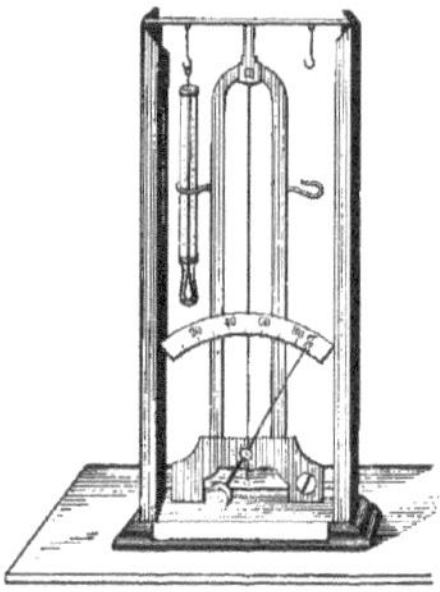
Hygrometer

Barometer

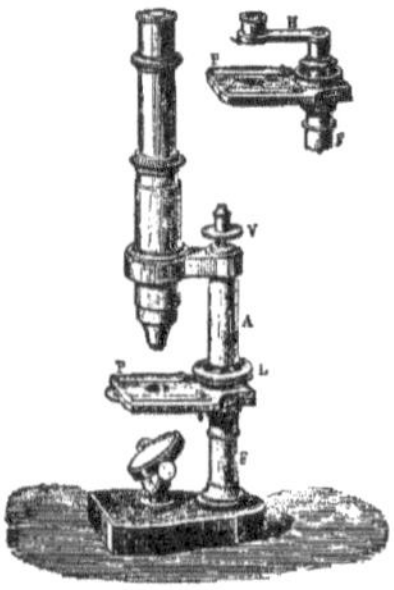
Mikroskop

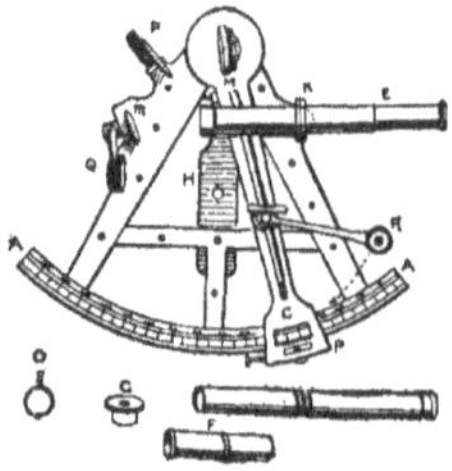
Sextant

Teleskop

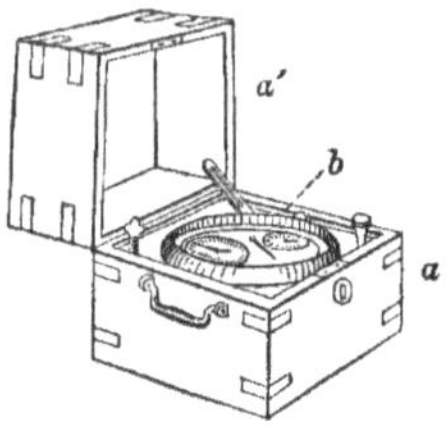

Chronometer

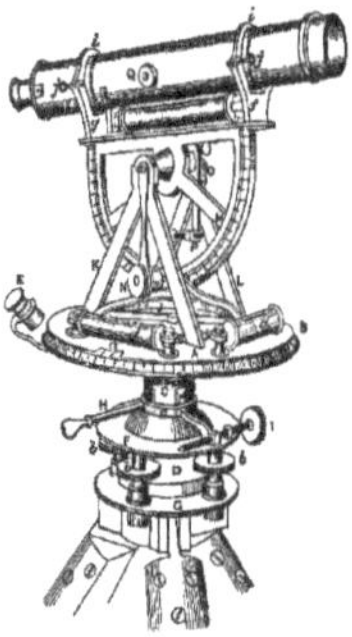
Theodolit

69. Humboldts Instrumente,
Graphik aus der Ausstellung *Botanik in Bewegung* (Bern, 2018).

Drei Jahrzehnte nach dem Aufbruch in die ›Neue Welt‹ setzte Humboldt sein Projekt auf einer zweiten Weltreise, durch Russland und Sibirien (1829), fort – dem veränderten Stand der Technologie entsprechend.[117] Als methodisch bewusster Reisender hatte er schon in Amerika sehr genau erkannt, dass er auf Hilfsmittel angewiesen war. Am Ende seiner asiatischen Reise (1829) bezeichnete Humboldt vor der Petersburger Akademie die Apparate, die er zum Einsatz gebracht hatte, als »neue Organe«.[118] Die Messgeräte erscheinen so, ganz im Sinn späterer Medientheorie, als Erweiterungen des menschlichen Körpers.[119]

Unvermittelte Wahrnehmung hat sich hier wie dort als trügerisch erwiesen. Technische Hilfsmittel hingegen versprechen einen Gewinn an Präzision. Für Ungenauigkeiten können im Zweifelsfall die Sinne verantwortlich gemacht werden. So schreibt Humboldt zum Beispiel über Wärmemessungen in Venezuela: »Der Mangel an Übereinstimmung zwischen den Instrumenten und den Eindrücken muß der fortgesetzten Irritation zugeschrieben werden, welche die Moskitos auf die Haut ausüben.«[120]

« Le manque de concordance entre les instrumens et les sensations doit être attribué à l'irritation continue que les mousquites excitent sur la peau. »

Die romantische Vorstellung, die fremde Wirklichkeit hinreichend subjektiv aufnehmen und sinnlich erfassen zu können, ist illusionär. Die Entmystifizierung des Exotischen durch Technologie ist Teil des aufklärerischen Projekts einer systematischen Mediatisierung der Welt. Humboldt identifiziert unterwegs ›weiße Flecken‹ des Medieneinsatzes: »Es ist noch kein Barometer in der Sahara zum Einsatz gekommen.«[121] Die technisierte Expedition wird zu einer medialen Welterkundung. Humboldts empirische Praxis mündet so folgerichtig in die Forderung, kollektiv zu messen und ein globales Netz koordinierter Messstationen einzurichten.

Als er aus Amerika an seinen Ausgangspunkt, nach Berlin, zurückgekehrt war, veranschaulichte Humboldt, inwiefern technische Übertragung zuverlässiger sein kann als direkter Augenschein, indem er auf die »Projection« zu sprechen kam, deren Methode durchaus auch als kulturtheoretische Allegorie zu verstehen ist. Kurz bevor er 1829 zu seiner Expedition durch das Russische Reich aufbrach, das er »so groß wie den Mond« finden würde,[122] erklärte der Theoretiker (und Praktiker) der Fremdwahrnehmung seinen

Landsleuten öffentlich: Die Höhen der Gebirge auf ihrem Trabanten seien besonders exakt von der Erde aus zu bestimmen, so

> daß wir die Berghöhen des Mondes genauer kennen, als selbst die auf der Erde. Ja wenn wir voraussetzen dürfen, daß man auf dem Monde dieselben Fernröhre habe, als hier: so muß man von dort aus sich über die Erde vollständiger unterrichten können, und manche Frage, welche wir hier vergeblich zu lösen suchen [...], würde vom Mond aus sich aufklären lassen.[123]

Mit technischen Mitteln sind die Dinge aus der Distanz manchmal zutreffender wahrnehmbar als vor Ort. Das Fremde ist genauer zu erkennen als das Vertraute. Die mediale Reiseliteratur befindet sich epistemologisch in einer privilegierten Position.

Die Medien des Reisenden sind zugleich Metaphern für jene Instrumente in einem übertragenen Sinn, mit deren Hilfe er sich die fremde Wirklichkeit kognitiv aneignet. Ein »appareil géographique«[124] muss keineswegs nur ein technischer sein. Der Europäer in Übersee bewegt sich und arbeitet mit Beobachtungswerkzeugen ebenso wie mit Vorstellungen, Erwartungen, Kenntnissen, Lektüren und Begriffen, die ihn begleiten und seinen Bericht bestimmen werden. Die Auseinandersetzung des Naturwissenschaftlers mit seiner Apparatur wäre in diesem Sinn als implizite Diskursanalyse und Poetologie zu lesen. Humboldts Instrumentenkunde schärft den Blick des Publikums für die Bedingungen seiner Wahrnehmung und für die diskursiven und generischen Dispositionen seiner Texte. Reiseliteratur ist nicht nur für den Einsatz, sondern auch für die Reflexion von Medien als literarische Gattung prädestiniert.

Guckkasten und Laterna magica

Bereits seinen handschriftlichen Tagebucheinträgen ist abzulesen, dass Humboldts Wahrnehmung Amerikas durch die Kenntnis von Medien beeinflusst war. So wurde, als er im Mai 1802 eine Besteigung des Pichincha beschrieb, die Sicht in den dampfenden Krater des andinen Vulkans zum Blick auf die Bilder einer Laterna magica.[125]

> Die Dämpfe im Innern des Kraters sind in ständiger Bewegung, angetrieben durch die Hitze des vulkanischen Feuers. Kaum hat man die Augen fest auf eine Stelle gerichtet, so verdunkelt sich diese wieder, und hat man eine andere gewählt, wird man ebenso in seinen Hoffnungen getäuscht, so daß man glaubt, eine Laterna magica zu sehen, in der die Bilder nicht im Brennpunkt der Gläser angebracht sind. Alles, was man sieht, erweckt Interesse, flößt Schrecken ein, aber man kann nicht schildern, was man gesehen hat.

Auf dem Weg in die Urwälder des Orinoco machte Humboldt im Frühjahr 1800, wie er in seinem Reisebericht schildert, eine überraschende Beobachtung. Ein populäres Medium versetzte die Bewohner des venezolanischen Dorfes San Luis de Cura in entlegene Regionen.

> Die gesamte Gesellschaft der Stadt fand sich am Abend zusammen, um in einem Guckkasten die Ansichten der großen Hauptstädte Europas zu bewundern. Man zeigte uns das Schloss der Tuilerien und das Standbild des Großen Kurfürsten in Berlin. Es ist ein ganz besonderes Gefühl, seine Geburtsstadt [...] zu betrachten, wenn man [fast 9.000 Kilometer] von ihr entfernt ist.[126]

Es waren vergleichbare Vorstellungen exotischer Länder gewesen, die Jahre zuvor in Berlin seine eigene Phantasie angeregt hatten. Dass der Reisende eine Szene umgekehrter Projektion in seinem Bericht wiedergibt, weil er ausgerechnet in den Tropen künstlichen Bildern von Preußen begegnete, hat zunächst einen ironischen Effekt. Der Ausgangspunkt der Expedition taucht an ihrem Ziel auf. Die Heimat, deren Langeweile der junge Mann entflohen war, holt ihn in der ›Neuen Welt‹ ein, wo sie sich in ein fremdländisches Kuriosum verwandelt. Exotismus ist zu einer globalen Leidenschaft geworden, die sogar die überseeische Provinz erfasst und sich zurück auf die Metropolen richtet. Die Südamerikaner spiegeln die Vorliebe des Europäers. Die Entfernung wird paradoxerweise zu einer Annäherung, der Umweg über das Andere bietet die Gelegenheit zu einer Selbstwahrnehmung. Alles ist eine Frage der Perspektive – und der medialen Vermittlung.

Dass sich Humboldt in Amerika mit Medien auseinandersetzt und die Aufmerksamkeit seiner Leser auf die Medialität des Reisens lenkt, ist charakteristisch – gerade weil der dörfliche Guckkasten als Fernsichtgerät nicht unbedingt den zuverlässigsten aller denkbaren Übertragungswege anbietet.[127] Immer wieder berührt Humboldt eine Frage, die für das Studium von Reiseberichten generell fruchtbar zu sein scheint: Welche Rolle spielen Medien beim Reisen? Welche Bedeutung haben sie für Reiseliteratur? Welches sind ihre Funktionen in der Wahrnehmung und in der Darstellung der Fremde? Wie kann man eine Reise, die man mit allen Sinnen erlebt hat, anders als nur mit Text wiedergeben?

Vom Museum zum Erlebnisraum

Museologisch bewegte sich Humboldt zwischen den eklektischen Formaten des achtzehnten Jahrhunderts wie Salonausstellungen oder Kunstkammern und den holistischen Formaten des neunzehnten Jahrhunderts wie botanischen Gärten, Zoos und Weltausstellungen, die den Anspruch erhoben, die ganze Welt an einem Ort zusammenzuführen. Zu verschiedenen Sammlungen, etwa zum Königlichen Museum in Berlin oder zum Muséum national d'histoire naturelle in Paris, leistete er eigene Beiträge. Noch heute sind in Museen Sammlungsstücke zu finden, die auf seine Reisen zurückgehen.[128]

Eine originelle Form, die durch ein Museum inspiriert sein mochte, erfand Humboldt für sein illustriertes Reisewerk: In den *Vues des Cordillères* hat er seine kreativste Reisedarstellung geschaffen, indem er Texte auf Tafeln bezog und für das Genre neue Möglichkeiten erprobte. Das Buch ist wie eine Ausstellung angelegt. Neunundsechzig Abbildungen sind jeweils Essays zugeordnet, die hier die Funktion von Exponatbeschreibungen übernehmen. Die Reihenfolge der bebilderten Texte beziehungsweise beschrifteten Objekte ist nicht zwingend vorgegeben, sodass die Leser ihre eigenen Wege wählen können – wie die Besucher eines Museums. In ihrer Gesamtheit bilden die *Ansichten der Kordilleren und Monumente der eingeborenen Völker Amerikas* eine für einen Reisebericht höchst ungewöhnliche Vielfalt von Perspektiven, die wir heute als eigenes Medium begreifen: als gleichsam reisend zu erkundende Exposition. Humboldt machte so sein Reisewerk zu einem Museum, den Reisenden zum Kurator und den Leser zu einem Museumsbesucher.

Die Anregungen, die den jungen Humboldt in die Ferne gelockt hatten, waren ebenso medial wie der Guckkasten, der einen venezolanischen Zeitgenossen für Berlin interessieren mochte. Bereits in seinen populären Kosmos-Vorträgen nennt er rückblickend die drei Formen der Inszenierung, die er später im *Kosmos* wieder aufnehmen wird: Georg Forsters »Schilderung der Südseeinseln«, den »Anblick des großen Drachenbaumes« im Botanischen Garten und William Hodges' »vortreffliche Zeichnungen«: Literatur, Malerei und Gartenbau; Text, Bild und Raumgestaltung.[129]

Im zweiten Band des *Kosmos* (1847) behandelt Humboldt genau diese Kunstformen in eigenen Kapiteln als Medien der Wissenschaft.[130] Einerseits leisten sie »Anregungen« zum Naturstudium; andererseits dienen sie zur Gestaltung von dessen Ergebnissen. Dialektisch betrachtet, enthalten literarische, gartenarchitektonische und künstlerische Arbeiten, indem sie Natur abbilden und konzeptualisieren, wie wir gesehen haben, immer schon Ansätze zur Erkenntnis (bereits in Homers Beschreibungen des Meeres). Umgekehrt bieten sie den Forschern, in ihrer eigenen Weise, Formen der Mitteilung und der Reflexion ihrer Befunde.

Ausgehend von dieser Theorie der »Anregungsmittel« entwickelt Humboldt eine avancierte Medientheorie, indem er die verfügbaren Mittel, populäre Formen und neue Erfindungen verbindet und sogar über den gegenwärtigen Stand der Technik hinausgeht.[131] Der Abschnitt über die Malerei schließt so mit Überlegungen zu Formaten der zeitgenössischen Populärkultur. Illusionsmalerei (»Rundgemälde«), Szenographie (»Coulissen«) und Projektion (»Daguerre's Meisterwerke«, »*Lichtbilder*«) hat er hier zusammengeführt. Die Passage gipfelt in einer szientifisch-künstlerischen Medientheorie, die am Ende, wenn sie in den Potentialis übergeht, eine visionäre Bedeutung gewinnt:

> Die Vervollkommnung der Landschaftmalerei in großen Dimensionen (als Decorationsmalerei, als Panorama, Diorama und Neorama) hat in neueren Zeiten zugleich die Allgemeinheit und die Stärke des Eindrucks vermehrt. Was Vitruvius und der Aegyptier Julius Pollux als »ländliche (*satyrische*)

> Verzierungen der Bühne« schildern, was in der Mitte des sechzehnten Jahrhunderts, durch Serlio's Coulissen-Einrichtungen, die Sinnestäuschung vermehrte, kann jetzt, seit Prevost's und Daguerre's Meisterwerken, in Parker'schen *Rundgemälden*, die Wanderung durch verschiedenartige Klimate fast ersetzen. Die Rundgemälde leisten mehr als die Bühnentechnik, weil der Beschauer, wie in einen magischen Kreis gebannt und aller störenden Realität entzogen, sich von der fremden Natur selbst umgeben wähnt. Sie lassen Erinnerungen zurück, die nach Jahren sich vor der Seele mit den wirklich gesehenen Naturscenen wundersam täuschend vermengen. Bisher sind Panoramen, welche nur wirken, wenn sie einen großen Durchmesser haben, mehr auf Ansichten von Städten und bewohnten Gegenden als auf solche Scenen angewendet worden, in denen die Natur in wilder Ueppigkeit und Lebensfülle prangt. Physiognomische Studien, an den schroffen Berggehängen des Himalaya und der Cordilleren oder in dem Inneren der indischen und südamerikanischen Flußwelt entworfen, ja durch *Lichtbilder* berichtigt, in denen nicht das Laubdach, aber die Form der Riesenstämme und der charakteristischen Verzweigung sich unübertrefflich darstellt, würden einen magischen Effect hervorbringen.[132]

Der Autor des *Kosmos* macht aber auch einen Vorschlag zur praktischen Umsetzung seiner Idee: dass »man in großen Städten neben den Museen, und wie diese dem Volke frei geöffnet, eine Zahl von Rundgebäuden aufführte, welche wechselnd Landschaften aus verschiedenen geographischen Breiten und aus verschiedenen Höhezonen darstellten«.[133] Was Humboldt hier im *Kosmos* konzipiert, ist ein multimedialer Erlebnisraum. Eine mit allen Sinnen erlebte Wirklichkeit soll nicht auf Text reduziert, sondern medial adäquat nachgebildet werden. Schwerlich konnte Humboldt absehen, dass nur wenige Jahre später (ab 1851) »Weltausstellungen« der erlebnisräumlichen Inszenierung von Fremdheit eine imperiale Form geben würden, bevor »Themenparks« sie auf ihre freizeitlichen Elemente verengten, während das Medium Film der naturkundlichen und ethnographischen Dokumentation neue Möglichkeiten eröffnete.

»Sollte ein Mittel unangewandt bleiben«, fragte Humboldt, »durch welches uns das belebte Bild einer fernen, von andern durchwanderten Zone, ja ein Theil des Genusses verschafft werden kann, den die unmittelbare Naturanschauung gewährt?«[134] Der preußische Weltvermittler griff in seiner Konzeption zurück auf so gut wie sämtliche seinerzeit verfügbaren Medien: Malerei, Wandgemälde, Kulissenbild, Szenographie, Panorama, Diorama, Neorama, Rundgemälde, Photographie und Lichtbilder. »Alle diese Mittel«, hoffte er, würden die »Liebe« zum Studium und die »Kenntniß« der Natur erhöhen und zugleich das »Gefühl« für deren Schönheit steigern. Er fasste sie zusammen und bündelte ihre Wirkungen, um seine Reiseerfahrungen multiperspektivisch und multimedial mitteilen zu können.[135]

Die Mediengeschichte hat eine postkoloniale Dimension. Das Reisen wurde bereits um 1800 zunehmend mediatisiert: gesteuert durch Dispositive, gefiltert durch Apparate, vermittelt über Technologien. Aber Humboldt ging weiter. Sein Projekt zielte auf eine dreidimensionale Simulation. Die exotische Ferne sollte, zumindest als Realitätseffekt, für jedermann demokratisch verfügbar (»dem Volke frei geöffnet«) werden.[136] Aus der interkulturellen Situation der Reise sind neue Formen hervorgegangen. Humboldt gibt ihnen eine politische Bedeutung.

Die Vision des *Kosmos* hat Yadegar Asisi verwirklicht. Sein Panorama »Amazonien« (2012–2013), das in einem alten Gasometer in Leipzig mit Licht- und Geräuscheffekten den Eindruck einer Urwaldlandschaft zu verschiedenen Tageszeiten erzeugt, ist eine »Hommage an Alexander von Humboldt«.[137]

Schon früh wurde Humboldt in der zeitgenössischen Literatur nicht nur mit tropischer Landschaftsmalerei, sondern auch mit multimedialen Erlebniswelten in Verbindung gebracht. So hat Achim von Arnims Novellenzyklus *Der Wintergarten* (1809) seine Rahmenhandlung in einem Anwesen am Brandenburger Tor, dessen Gastgeberin am Ende einen geheimnisvollen Raum öffnet:

> Wir glaubten am Tage ins Freie zu sehn, so herrlich durchsichtig war die Höhe gemalt und weithin zu Gegenden jenseit des Chimborasso versetzt, da lag er vor uns in prächtigem Morgenblau, und hinter ihm stieg die Sonne empor, die uns verlassen. Die Ebene war wunderbar von den fremdartigen riesenhaften Pflanzen unterbrochen, unser Landsmann Humboldt saß im Vordergrunde und zeichnete, ein Condur lag zu seinen

Füßen. Dieses wohlgelungene Panorama, wurde noch außerordentlich von einem *Wintergarten* unterstützt [...].[138]

Das Panorama, das den Vulkan in eine fiktive Tropenlandschaft versetzt, in der, wie es bei Arnim so schön heißt, »der ganze vegetabilische Unsinn jener Zonen« erfahrbar wird, scheint vor allem auf zwei Gemälde von Friedrich Georg Weitsch zurückzugehen, die den Reisenden im Regenwald, in der Hand eine Pflanze (1806), und am Chimborazo, zu seinen Füßen ein erlegter Condor (1810), zeigen.[139]

Arnims Buch trägt diesen *Wintergarten* nicht von ungefähr im Titel. Denn als symbolischer Ort eröffnet er einen politischen Subtext. Unter der französischen Besatzung (seit 1806) haben sich die Figuren in der preußischen Hauptstadt wie aus einer beißenden Kälte zurückgezogen. Sie fliehen in Erzählungen und in die Scheinwelt eines klimatisierten Kunstraums. Am Ende jedoch werden die Fenster aufgerissen, das Mikroklima vergeht, die Vögel entfliegen »in die Freiheit«. Arnims Geschichte endet mit dem Aufbruch zu einer »Reise um die Welt«. Man stellt sich der Wirklichkeit. Zugleich deutet dieses Finale voraus auf die Befreiungskriege. Humboldt war, wie der US-amerikanische Germanist Vance Byrd festgestellt hat, eine Gegenfigur zu Napoleon.[140]

Humboldts Messgeräte und Darstellungstechniken ergänzen sich im Projekt einer entzückenden Entzauberung. Ihr Einsatz zielt auf den doppelten Zweck wissenschaftlicher Aufklärung und ästhetischen Genusses, Detailgenauigkeit und Unterhaltung, Information und Illusion, Spezialistentum und Popularisierung, Erkenntnis der Natur und Freude an der Kunst. Sie dienen der Vergegenwärtigung des Fremden, seinem Verständnis ebenso wie seinem Reiz, seiner Feier und seiner Überwindung. Humboldt zog in seinem letzten Werk die Summe einer fast lebenslangen Auseinandersetzung mit den Medien des Reisens. In Tegel wie in San Luis de Cura, bei der Fahrt durch Sibirien und beim Blick auf den Mond hat er mit ihnen experimentiert, Methoden erprobt und Forschungsprogramme ersonnen. In mehr als sieben Jahrzehnten hat er mit ihrer Hilfe seine Wahrnehmung geschult und eine Literatur entwickelt, welche die Grenzen ihres Mediums hinter sich ließ.

Humboldts Bilder – Bilder Humboldts

Humboldts Bilder sind in vielen Hinsichten aufschlussreich. Wir erkennen die Kunst als Wissenschaft und die Wissenschaft als Kunst. Wir entdecken den Verfasser des *Kosmos* als Künstler und als Kunsttheoretiker. Wir erleben seinen Einfluss auf Maler – und auch ihn selbst als Objekt der Malerei. Denn Humboldts Bilder lassen sich mit Bildern Humboldts zusammenführen: mit denen nämlich, die sich andere Künstler von dem Weltreisenden machten.

Hans Magnus Enzensbergers bekanntes Gedicht »A. v. H. (1769–1859)« (1975)[141] geht von der Beschreibung eines Gemäldes aus. Es handelt sich um Eduard Enders Darstellung von Humboldt und Bonpland in ihrem ›Urwaldlabor‹ (1856),[142] die hier in zehn Versen sprachlich verdichtet wird. Die erste Strophe ist gerahmt durch eine wiederholte Wendung: »Draußen, in Öl gemalt« – »in Öl gemalt, an den Ufern des Orinoco«. Das Gedicht beschreibt die Ambivalenz des europäischen Wissenschaftlers, der unwissentlich zum Helfer des Kolonialismus wird, an seinem Ende abermals in einem Bild der Malerei:

> Ein Gesunder war er, der mit sich die Krankheit
> ahnungslos schleppte, ein uneigennütziger Bote der Plünderung, ein Kurier,
> der nicht wußte, daß er die Zerstörung dessen zu melden gekommen war,
> was er, in seinen *Naturgemälden*, bis daß er neunzig war, liebevoll malte.

Humboldts Bild wäre, so gesehen, ein zwielichtiges.

Dutzende Maler aus mehreren Ländern haben Humboldt porträtiert und so seinerseits zu einem Gegenstand der Kunst gemacht: Auf Jacques-Louis Davids Gemälde der Krönung der Kaiserin Joséphine, *Le Sacre de Napoléon* (1807), soll er, Halina Nelken zufolge, im Publikum zu erkennen sein.[143] Joseph Stieler zeigte ihn mit dem Manuskript des *Kosmos* (1843). Und es gibt sogar mehrere Photographien (Daguerreotypien) des alten Mannes, die bekannteste aus dem Jahr 1847.[144]

Humboldt war befreundet mit dem Bildhauer Christian Daniel Rauch, der eine Bronzebüste (1823) sowie eine Marmorbüste von ihm (1851) schuf, und mit dem Architekten Karl Friedrich Schinkel, der für ihn den Berg

Altar zeichnete, wie er im schmalen Band der *Umrisse von Vulkanen* (1853) erschien.[145]

Eduard Ender zeigte Humboldt im Regenwald. Friedrich Georg Weitsch, Karl von Steuben und Julius Schrader setzten ihn, wie wir im ersten Kapitel gesehen haben, am Chimborazo in Szene, dessen versuchte Besteigung im doppelten Sinn den Höhepunkt der Expedition durch Amerika bildete: der erste unterhalb des Berges (1810), der zweite mit dem Gipfel auf Augenhöhe (1812) und der dritte den Koloss überragend (1859), wobei das greisenhaft weiße Haar des inzwischen fast Neunzigjährigen dem schneebedeckten Kegel des andinen Vulkans entspricht.

In Schraders anachronistischer Inszenierung ist Humboldt ebenso wie auf weiteren Gemälden zu sehen, wie er auf seinen Knien ein Manuskript hält oder in ein Notizbuch schreibt – und zwar selbst dann, wenn ihm eigentlich ein Schreibtisch zur Verfügung steht: bei Friedrich Georg Weitsch im Urwald (1806, 1810) ebenso wie bei Eduard Hildebrandt im Berliner Arbeitszimmer (1847, 1856). Der Schriftsteller wird zeitlebens als Feldforscher präsentiert, der empirisch beobachtet und seine Schriften aus eigener Anschauung verfasst.[146]

Humboldts Rollen in den visuellen Künsten blieben indes nicht auf Malerei, Plastik und Photographie beschränkt. Comics erschienen in der DDR[147] ebenso wie in Frankreich[148]. Und es wurden mehrere Spielfilme produziert[149], die ihn auch als Künstler in die Populärkultur einschrieben: *Die Besteigung des Chimborazo* von Rainer Simon (1989),[150] *Aire Libre* von Luis Armando Roche (1996),[151] *Die Vermessung der Welt* von Detlev Buck (2012),[152] und *Die andere Heimat* von Edgar Reitz (2013).[153] Bei Buck kommen mehrere Humboldt'sche Bilder zur Geltung: die Menschenträger, die Zitteraale, ein kleiner Affe und der Chimborazo. Simon führt Humboldt ein, als dieser eine astronomische Übersicht anfertigt, und beim Experiment an der eigenen Muskel- und Nervenfaser skizziert er besessen seinen schmerzhaften Versuchsaufbau. Bei Roche ist Humboldt fast fortwährend am Zeichnen. In der Berliner Wohnung sehen wir ihn über einer Manuskriptkarte. Die eigentliche Filmhandlung beginnt, indem ein schwarz-weißer Stich überblendet wird. In Venezuela zeichnet Humboldt einen Papagei, eine Pflanze, eine Flussgabelung und offenbar auch ›Eingeborene‹, anstatt sich wirklich auf Menschen einzulassen. Als am Ende das Kanu auf dem Orinoco kentert, muss

Bonpland ihm das Leben retten – und auch seine Skizzen, die dann in der Sonne zum Trocknen ausgelegt werden. Fast hat es den Anschein, der homosexuelle Forscher solle durch die Kunst effeminiert werden. Während sein Begleiter Sex mit einer Kreolin hat, arbeitet der scheue Asket an einer Darstellung zu einem Meteorschauer.

Humboldts Kunst endet mit einer Statue. Sie befindet sich im Park seiner Familie. Theodor Fontane hat in den *Wanderungen durch die Mark Brandenburg* ein Kapitel »Tegel« gewidmet (1862), seinem Besuch auf dem Schloss der Humboldts.[154] Wie ein Reiseführer beschreibt er das Gebäude und dessen Kostbarkeiten: Skulpturen, Porträts und Gemälde, darunter Karl von Steubens Darstellung des Reisenden am Chimborazo, die im Zweiten Weltkrieg zerstört wurde. Das Ziel des Besuchs aber ist die »Begräbnisstätte«. Sie ist bar jeder christlichen Symbolik. Die Erinnerungstafeln sind so bescheiden wie botanische Informationsplaketten.[155] Den Ort überragt allein eine Figur der Hoffnung, geschaffen vom dänischen Bildhauer Bertel Thorvaldsen – der das Frontispiz zur *Geographie der Pflanzen* (1807) entworfen hatte.

Der Philosoph Hans Blumenberg hat diese Szene als »Summe der Wanderungen« bezeichnet. Das Grabmal deutet er als besonderen Ort preußischer Kulturgeschichte: als »*drittes* Element« zwischen »Orthodoxie« und »Frivolität«. Diese Hoffnung ist Humboldts letztes Kunstwerk. Unter ihr fand sein Leben ein Ende.

Elftes Kapitel

Der andere Kosmos: Die ganze Welt in tausend Schriften

(1789–1859)

»Wie gern möchte ich nur einmal
Humboldten erzählen hören.«

Johann Wolfgang von Goethe,
Die Wahlverwandtschaften (1809)[1]

Zeichnerisch und technisch, bildlich und medial sind aus der Erfahrung der Expedition, aus der Auseinandersetzung mit fremder Natur und Kultur neue Formen hervorgegangen. Welche Entwicklungen sind zu beobachten, wenn wir nicht Humboldts Bilder und Medien betrachten, sondern die Schriften, die er veröffentlichte? Die Schwierigkeit einer Sichtung seines Gesamtwerks besteht zunächst in dessen Erschließung. Denn die Prominenz keines anderen deutschen Klassikers stand lange Zeit in einem derartigen Missverhältnis zur Verfügbarkeit seiner Werke. Wir können geradezu von einem ›Humboldt-Paradox‹ sprechen. Denn sein enormer Erfolg führte dazu, dass sich sein Ruhm verselbstständigte und seine Schriften in Vergessenheit gerieten.

Die Editionsgeschichte sogar der wichtigsten und bekanntesten Bücher war lange Zeit höchst unbefriedigend.[2] Die 1986 in Hans Magnus Enzensbergers Reihe ›Die Andere Bibliothek‹ erschienenen *Ansichten der Natur* waren als einziges Werk in einer ungekürzten und unbearbeiteten deutschen Ausgabe lieferbar.[3] Erst nach der Jahrtausendwende folgten die wichtigsten Monographien in vollständigen, philologischen Editionen.[4] An der Berlin-Brandenburgischen Akademie der Wissenschaften wurden seit 1973 zahlreiche Briefwechsel[5] und seit 1982 die amerikanischen Reisetagebücher[6] herausgegeben.

Das wichtigste Desiderat der Forschung zu Alexander von Humboldt blieb die Sammlung und Edition seiner Schriften, das heißt der Publikationen, die nicht eigenständig in Buchform, sondern in Zeitschriften und Zeitungen oder in den Büchern anderer Autoren oder Herausgeber erschienen.[7] Dieses ebenso umfangreiche wie vielfältige Corpus war allenfalls fragmentarisch verfügbar und nur ansatzweise erschlossen. Während ein detailliertes Verzeichnis der Monographien seit 2000 vorliegt,[8] blieben die Versuche einer bibliographischen Erfassung der Aufsätze, Artikel und Essays auf Teile des Materials beschränkt.[9]

Die Werkgruppe der unselbstständigen Schriften ist in der Tat überaus schwierig zu konstituieren. Die Texte sind international über Hunderte von Periodika verteilt und in über ein Dutzend Sprachen übersetzt. Aufgrund der zeitgenössischen Publikationspraxis, Texte auch ohne Wissen des Verfassers abzudrucken und dessen Urheberschaft unterschiedlich klar oder auch gar nicht auszuweisen, stellen sich in einigen Fällen schwierige Fragen der Autorschaft.[10]

Nach neuestem Forschungsstand erschienen zu Humboldts Lebzeiten, zwischen 1789 und 1859, rund siebenhundertfünfzig Texte, zusammen mit ihren Wiederveröffentlichungen, Bearbeitungen und Übersetzungen in insgesamt mehr als 3600 Drucken. Diese kleineren Schriften bilden gleichsam Humboldts *Anderen Kosmos*. In ihnen beschreibt er nicht die ganze Welt in einem Buch, sondern die ganze Welt in tausend Essays.[11] Welche Entwicklungen können wir an diesem Corpus über sieben Jahrzehnte ablesen?

Der Meister der kleinen Formen

In den ersten zehn Jahren seiner Publikationstätigkeit, 1789 bis 1799, vor dem Aufbruch nach Amerika, veröffentlichte Humboldt insbesondere wissenschaftliche Aufsätze und Besprechungen.

Während der Expedition bieten dann der Reisebrief, die Reportage und der Feldforschungsbericht die Möglichkeit, mit den europäischen Öffentlichkeiten zu kommunizieren. Im Anschluss an die Reise kommen, mit zunehmender Prominenz, Akademiereden, Geleitworte zu den Werken anderer Autoren, Aufnahmen in Schulbücher und politische Beiträge in der Tagespresse hinzu. Humboldt fand neue Formate zur Mitteilung nicht nur seiner wissenschaftlichen Beobachtungen, sondern auch seiner gesellschaftlichen Anliegen. Andererseits nahm in einer kompetitiven Presse der Bedarf an Texten des berühmten Schriftstellers zu, die zum Teil auch ohne sein Wissen nachgedruckt und übersetzt oder aus seinen Buchwerken ausgezogen wurden. Nach seiner aufsehenerregenden Reise wollten offenbar viele, wie Ottilie in Goethes *Wahlverwandtschaften* gesteht, (nicht »nur«) »einmal Humboldten erzählen hören«.[12]

Das Ergebnis ist eine große Vielfalt an Genres, die sich bereits an den Titeln von Humboldts Beiträgen ablesen lässt. Allein die deutschsprachigen Texte weisen in ihren Titeln zahlreiche Gattungsangaben auf: »Abhandlung«, »Abriß«, »Analyse«, »Ankündigung«, »Anmerkungen«, »Ansichten«, »Antrittsrede«, »Antwort«, »Antwortschreiben«, »Anzeige«, »Arbeit«, »Aufforderung«, »Auszug«, »Beiträge«, »Bemerkungen«, »Beobachtungen«, »Bericht«, »Berichtigung«, »Beschreibung«, »Betrachtungen«, »Brief«, »Bruchstücke«, »Chronologie«, »Dankesworte«, »Darstellung«, »Einleitung«, »Entdeckung«, »Entwurf«, »Erklärung«, »Erläuterungen«, »Eröffnungsrede«, »Erzählung«, »Essay«, »Fragment«, »Gegenerklärung«, »Gemälde«, »Geschichte«, »Gutachten«, »Ideen«, »Karte«, »Korrespondenz-Nachrichten«, »Messungen«, »Mitteilung«, »Nachricht«, »Nachfrage«, »Nachtrag«, »Notizen«, »Rede«, »Reise«, »Resultate«, »Sammlung«, »Schilderung«, »Schreiben«, »Schriften«, »Skizze«, »Übersicht«, »Untersuchungen«, »Vergleich« beziehungsweise »Vergleichung«, »Versuch«, »Vorlesung«, »Vorwort«, »Zusätze« und »Zuschrift«. Hinzu kommen entsprechende und weitere Bezeichnungen in den französischen Artikeln und in den Übersetzungen in andere Sprachen. In all diesen verschiedenen Formen konnte sich Humboldt als Autor erproben und für seine Reiseerfahrungen sowie für die Wissenschaften mit neuen Ausdrucksmöglichkeiten experimentieren. Der Verfasser der 29-bändigen *Voyage* und des 5-bändigen *Kosmos* war, wie sich nun zeigt, auch ein Meister der kleinen Formen.[13]

Der internationalste Publizist seiner Zeit

Humboldts Jugendschriften erschienen vor allem im deutschsprachigen Raum. Mit der amerikanischen Reise erweiterte sich der Radius seiner Kommunikation. Er wurde global. Humboldts Beiträge erschienen auf fünf Kontinenten, an mehr als 400 Orten: zum Beispiel in Berlin, Göttingen, München, Wien, Zürich, Genf, Luxemburg, Paris, London, Edinburgh, Mailand, Madrid, Prag, Warschau, Caracas, Havanna, México, Rio de Janeiro, Curaçâo, New York, Chicago, Boston, Sankt Petersburg, Moskau, Sydney, Bombay und Pietermaritzburg in Südafrika. Alexander von Humboldt war wahrscheinlich der internationalste Publizist seiner Zeit.[14]

Mit der geographischen Reichweite veränderte sich auch die sprachliche Zusammensetzung des Corpus. Humboldt war von jeher ein mehrsprachiger Autor. Eine marginale Rolle spielte dabei die Publikation im Lateinischen, das seinen Status als internationale Wissenschaftssprache seinerzeit schon weitgehend verloren hatte.[15] Humboldt publizierte auf Französisch

The Natal Witness,

AND

AGRICULTURAL AND COMMERCIAL ADVERTISER.

No. 228.] PIETERMARITZBURG, NATAL, FRIDAY, JULY 5, 1850. [Vol. V.

NOCTURNAL LIFE OF ANIMALS IN THE PRIMEVAL FOREST.

On leaving the Island del Diamante (in the Orinoco), we entered on scenes of nature characterised by wildness and grandeur. The air was filled with countless flocks of flamingoes and other water birds, which appeared against the blue sky like a dark cloud with continually varying outlines. The river had here narrowed to between nine hundred and one thousand feet, and flowing in a perfectly straight line, formed a kind of canal enclosed on either side by dense wood. The margin of the forest presents at this part a singular appearance. In front of the almost impenetrable wall of giant trunks, there rises from the sandy river beach, with the greatest regularity, a low hedge of Sauso, only four feet high, consisting of a small shrub, Hermesia Castaneifolia which forms a new genus of the family of Euphorbiaceæ. Some slender thorny palms stand next; and the whole resembles a close, well-pruned garden hedge, having only occasional openings at considerable distances from each other, which have doubtless been made by the larger four-footed beasts of the forest to gain easy access to the river. One sees, more especially in the early morning and at sunset, the American tiger or jaguar, the tapir and the peccary, lead their young through these openings to the river to drink. When startled by the passing canoe, they do not attempt to regain the forest by breaking forcibly through the hedge which has been described, but one has the pleasure of seeing these wild animals stalk leisurely along, between the river and the hedge, for four or five hundred paces, until they have reached the nearest opening, when they disappear through it. In the

The New-Zealander.

AUCKLAND, WEDNESDAY, NOVEMBER 9, 1853.

Noon in the Tropics.—The soil appeared to undulate, from the effect of mirage, without a breath of wind being felt. The sun was near the zenith, and its dazzling light, reflected from the surface of the river, contrasted with the reddish vapours that enveloped every surrounding object. How vivid is the impression produced by the calm of nature, at noon, in these burning climates! The beasts of the forests retire to the thickets; the birds hide themselves beneath the foliage of the trees, or in the crevices of the rocks. Yet, amidst this apparent silence, when we lend an attentive ear to the most feeble sounds transmitted through the air, we hear a dull vibration, a continual murmur, a hum of insects, filling, if we use the expression, all the lower strata of the air. Myriads of insects creep upon the soil and flutter round the plants parched by the heat of the sun. A confused noise issues from every bush, from the decayed trunks of trees, from the clefts of rocks, and from the ground undermined by lizards, millepedes, and cecilias. There are so many voices proclaiming to us that all nature breathes; and that, under a thousand different forms, life is diffused throughout the cracked and dusty soil, as well as in the bosom of the waters, and in the air around us.—*Humboldt's Personal Narrative.*

MES 8.°—N.° 899 DEL

DIARIO DE AVISOS

Y SEMANARIO DE LAS PROVINCIAS.

TRIMESTRE 3.°—N.° 75

COMERCIO, AGRICULTURA, CIENCIAS, ARTES, LITERATURA.

Año VII. CARACAS MIERCOLES 17 DE SETIEMBRE DE 1856. Vale un real.

Juicio de Humboldt sobre las mesas parlantes.

La siguiente carta es contestacion á una de M. Jobard, que deseaba saber la opinion del célebre autor del *Cosmos* sobre el particular.

"Berlin, 2 de Abril de 1856.

"Me ha escrito U., mi respetado señor, como de costumbre, una carta espiritual y amabilísima; pero yo no estoy en estado de responder sobre la simple posibilidad de los diferentes géneros de electricidad *mineral, vejetal, animal y cerebral*, dotada ó no de libre alvedrío.

"He tenido siempre la *debilidad* de profesar un santo horror á la *espiritualizacion del palo de abeto* y al misticismo de los sicógrafos.

"U. aumenta mi miedo con la fantasma de ese *ser de razon efímero*, provisto de inteligencia por efecto de la concentracion de los pensamientos, radiando del cerebro de las personas que rodean el instrumento. U. sabe que Geuffroy de Saint-Hilaire decia haber *sudado* en Egipto el *ácido de los pensamientos*.

"U. dirá, mi querido Director, que esta incredulidad es un simple efecto de mi pereza; yo me someto voluntariamente á tal fallo; pero cuento con la indulgencia de U., bien seguro de que el sentimiento que me causa el creerlo empeñado en via tan tenebrosa, no disminuirá la amistad que U. me ha profesado hace mucho tiempo.

Alejandro de Humboldt.

The Economist,

WEEKLY COMMERCIAL TIMES,

Bankers' Gazette, and Railway Monitor:

A POLITICAL, LITERARY, AND GENERAL NEWSPAPER.

Vol. X. SATURDAY, SEPTEMBER 4, 1852. No. 472.

Humboldt will henceforth be as accessible to English as the original is to German readers. To the publisher, the production of the work at a remarkably cheap rate is highly creditable, and it will be equally creditable to the good sense and good taste of the public should he gain largely by his speculation. As one specimen of Humboldt's description we quote a brief portion of his long and eloquent account of the moon:—

THE ATMOSPHERE OF THE MOON.

During the long dispute as to the probability or improbability of an atmospheric envelope round the moon, accurate occultation observations have proved that no refraction takes place on the surface of the moon, and that consequently the assumption made by Schröter of the existence of a lunar atmosphere and a *lunar twilight* are disproved. "The comparison of the two values of the moon's diameter which may be respectively deduced from direct measurement, or from the length of time that it remains before a fixed star during the occultation, teaches us that the light of a fixed star is not *perceptibly* deflected from its rectilinear course at that moment in which it touches the moon's edge. If a refraction took place at the edge of the moon, the second determination of her diameter must give a value smaller by twice the amount of the refraction than the former; but on the contrary, both determinations correspond so closely in repeated determinations, that no appreciable difference has ever been detected." The ingress of stars, which may be particularly well observed at the dark edge, takes place suddenly, and without gradual diminution of the star's brilliancy; just so the egress or reappearance of the star. In the case of the few exceptions which have been described, the cause may have consisted in accidental changes of our atmosphere.

If, however, the earth's moon is destitute of a gaseous envelope, the stars must appear then, in the absence of all diffuse light, to rise upon a black sky; no air-wave can there convey sound, music, or language. To our imagination, so apt presumptuously to stray into the unfathomable, the moon is a voiceless wilderness.

The Bombay Times

AND JOURNAL OF COMMERCE.

DAILY EDITION.

PUBLISHED EVERY MORNING, SUNDAYS EXCEPTED.—ANNUAL SUBSCRIPTION, PAYABLE IN ADVANCE, RUPEES FIFTY-TWO.

VOL. IV. MONDAY, MAY 9, 1853 No. 107

Science has to lament the death of M. Leopold de Buch, the eminent Geologist, who died at Berlin on the 4th March. M. de Humboldt in writing to M. Arago on this subject says. "My dear and excellent friend, —I have most melancholy news to impart to you. M. de Buch has been taken away from us this day—an affliction so sudden and so sad. There are few examples of such a devotion to Science, so active, and so advantageous, as the life of M. De Buch presents. The Reform of Geology, and the happy changes which that Science has sustained, are mainly owing to his exertions. He possessed a noble and enthusiastic soul—ardent in temperature, as are most men who have contributed eminently to the enlightenment and improvement of their fellow men—he has left a luminous trace of usefulness and good to perpetuate his memory. Gay Lussac and thyself have both known him: with myself, Buch was warmly attached to you both—by bonds of peace and love—heart and soul."

70.–74. Publikationen auf fünf Kontinenten: hier in Südafrika, Neuseeland, Caracas, London und Bombay.

ATHENÆUM,

TUDOMÁNYOK' ÉS SZÉPMÜVÉSZETEK' TÁRA.

Kiadó szerkesztők:

SCHEDEL, VÖRÖSMARTY, szerkesztő társ: ***BAJZA.***

MÁSODIK ÉV

Második félév. Pest, julius' 15. 1838. 5. szám.

Két fölmeneteli próba a' Chimborazóra. *)

A' két szárazföld' legmagasb oromcsúcsal, — az ó világban a' Dhawalagiri (fehér hegy) 's a' Jawahir, az újban a' Sorata 's Illimani mindeddig emberektől el nem érhetők voltak. A' föld' legmagasb elért pontja déli Amerikában van a' Chimborazo' délkeleti oldalán. Itt az utazók majd 18,500 lábat érték el, ugyanis 1802ki juniusban 3016 ölet és 1831ki decemberben 3080 ölet a' tenger' tükre fölött. És így az andesi hegyláncon 2720 párisi lábbal a' Montblanc' csúcsánál magasabban tétettek légsulymérői vizsgálatok. A' Montblanc' magassága a' Cordillerákéhoz képest olly csekély, hogy ez utóbbiakban sok igen járt út is jóval magasabban fekszik, söt Potosi nagy város' magasb része csak 323 öllel fekszik alább a' Montblanc' fő csúcsánál. Szükségesnek tartám ezen szám adatokat előre bocsátani, hogy a' képzeletnek bizonyos összehasonlítási pontokúl szolgáljanak.

*) Kivonat Humboldt Sándornak még ki nem adott kéziratából, mellyet ő az „Edinburgh Philosophical Journal"ban közlött.

Junius 22d. 1799 a' teneriffai csucs' töltsérében voltam. Három év mulva majdnem azon napon (jun. 23. 1802) 6700 lábbal magasabb ponthoz jutottam a' Chimborazo' ormán. Sokáig tartózkodván Quito' magas sikján, melly a' föld' legcsodálatosb és festőibb tájéka, utnak eredénk, a' loxai chinafás erdők fele, az Amazonfolyam' felső részének, nyugotra a' híres szorostól (Poncho de Manserche) 's a' déli tenger perui partja' hosszában fekvő homok-sivatagon által Limába, hol nov. 9 1802 Mercurius' átmenetelét akartuk vizsgálni. Egy tajtkövekkel fedett sikon, hol (az 1797. febr. 4diki iszonyú földrengés után) Riobamba új várost kezdék épiteni, néhány napig éldeltük a' Chimborazo' harang és kúpidomu csúcsának nézését. A' legszebb időnk volt, 's ez igen kedvezett a' trigonometriai észrevételeknek. Egy nagy távcső' segedelmével pontosan megtekintők a' hegy' még 1570 ölnyire eső hófödelet, 's több kiemelkedést vettünk észre, mellyek termékctlen fekete szalagként emelkedtek ki, a' csúcs felé összefutottak, reményt adva, hogy az örök hó' hazájában szilárd alapúl szolgálandanak lábainknak. Riobamba Nuevából látható az

МОСКОВСКІЙ ТЕЛЕГРАФЪ,

издаваемый

Николаемъ Полевымъ.

Часть тридцатая.

МОСКВА.

въ типографіи Августа Семена,

при Императорской Медико-Хирургической Академіи.

1829.

ЖИЗНЕННАЯ СИЛА,

или

ГЕНІЙ РОДОССКІЙ.

(Сочиненіе Б. Александра Гумбольдта (*)).

У жителей Сиракузъ, такъ же какъ у Аѳинянъ, былъ свой Песилъ. Изображеніе боговъ и героевъ, произведенія искусствъ Италіи и Греціи, украшали различныя залы портика, всегда наполненныя толпою народа. Юные воины прихо-

(*) Это едва-ли не единственное чисто-литтературное сочиненіе А. Гумбольдта. Оно въ первый разъ было напечатано въ Шиллеровомъ Журналѣ: Die

כתבי־תעודות מחכמי העמים הגדולים והמפורסמים.

העתק בקצרה ממכתב אשר ערך אל הנוסע, האדם הגדול ראש חכמי הדור הארון אלכסנדר פאן הומבאלד בבערלין.

בשום־לב קראתי בספרו המסעות, והנני יודע להוקיר ערך המטרה הנכבדה אשר הגיע לנגד עיניו לעבור בארצות רחוקות למען דרוש וחקור אחרי תהלוכות ומצב אחיו ב"י בני עם מפוזר ומפורד נדכה ונענה. בספרו זה יעביר לפנינו חזיון נורא מהשחתת דרכי המדוכאים ומתגרת ידי המעיקים אותם באכזריות חמה ושטף אף אשר נודעו למצער בארצות איירופא, ותקותי חזקה כי ימצאו קוראים רבים לספרו, כי ראוים דבריו להודע בקהל רב. ולבי יחפוץ שימלאו כל משאלות לבו לטובה ויפיק חפצו בנסיעתו השניה וכו'.

בערלין, 25. מערץ 1858.

אלכסנדר פאן הומבאלד.

75.–77. Publikationen in 15 Sprachen: hier Ungarisch, Russisch und Hebräisch.

und Deutsch, in seiner Muttersprache und seiner Vatersprache. Seinen ersten Artikel schrieb er 1789 auf Französisch (für die *Gazette littéraire de Berlin*), seinen letzten 1859 auf Deutsch (für diverse Zeitungen, ebenfalls zunächst in Berlin). Während er die meisten Bücher über seine beiden Weltreisen auf Französisch verfasste (die *Voyage aux régions équinoxiales* ebenso wie *Asie centrale*), erschien die Mehrzahl seiner Artikel auf Deutsch. Historisch verschob sich das Gewicht vom Französischen als internationaler Wissenschaftssprache im Laufe des 19. Jahrhunderts zum Deutschen, was sich auch in den Veröffentlichungen und Übersetzungen von Humboldts Texten niederschlug.

Aus ihren Originalsprachen wurden Humboldts Schriften in ein Dutzend weitere Sprachen übersetzt: Englisch, Spanisch, Portugiesisch, Italienisch, Niederländisch, Dänisch, Norwegisch, Schwedisch, Ungarisch, Russisch, Polnisch und Hebräisch. Dabei zeigt eine Auswertung des Corpus eine überraschend große Zahl von Publikationen in englischer Sprache, die zeitweise sogar jene der deutschen und französischen Originaldrucke übertrifft. Diese besondere Verbreitung im Englischen dürfte auf Humboldts Prominenz in den USA, auf seine antikoloniale Haltung und auf die günstigen Bedingungen einer freien Presse im anglophonen Raum zurückzuführen sein.

Vom disziplinären zum postdisziplinären Forscher

An seinen *Schriften* können wir Humboldts intellektuelle Entwicklung ablesen. Siebenhundertfünfzig Aufsätze, Artikel und Essays – das entspricht in siebzig Jahren durchschnittlich fast einem Text pro Monat – stellen eine viel genauere und kontinuierlichere Publikationsbiographie dar als fünfundzwanzig Bücher – eines alle drei Jahre.

Auch wenn sich schon früh seine kreative Neigung andeutet, verschiedene Wissensformen zusammenzuführen, veröffentlichte Humboldt in seinen Jugendjahren doch eher noch fachbezogen, insbesondere geologische, botanische und physiologische Artikel. Die Disziplinarität seiner Beiträge ist dem Programm der Fachjournale abzulesen, in die sie aufgenommen wurden: *Magazin für die Botanik*, *Bergmännisches Journal*, *Jahrbücher der Berg- und Hüttenkunde*, *Medicinisch-chirurgische Zeitung*, *Astronomisches Jahrbuch* oder *Allgemeine Geographische Ephemeriden*.

Die amerikanische Reise eröffnete neue Forschungsfelder: insbesondere der Ethnologie und Anthropologie (die indigenen Völker der ›Neuen Welt‹, die »Einheit des Menschengeschlechts« in seiner ›Vielheit‹[16]), der Archäologie (die Zeugnisse der prähispanischen Zivilisationen) und der Demographie (die Zusammensetzung der Kolonialgesellschaften). Hinzu kommt die Zoologie, die sich in einer Reihe von Gelegenheitsarbeiten zu exotischen Arten niederschlägt (Moskito, Manati etc.).

Vor allem aber verlangte die Expedition eine fächerübergreifende Forschung. Die Natur der Tropen und die Lebenswirklichkeit der Kolonien konnte Humboldt nur bewältigen, indem er über die Grenzen der Disziplinen, die sich immer weiter ausdifferenzierten, hinwegdachte. So verbindet er in seiner Pflanzengeographie botanisches, geographisches, historisches und klimatologisches Wissen, um die Verbreitung der Arten in Abhängigkeit von natürlichen und anthropogenen Faktoren nachzuvollziehen.[17] Im Bericht von der Feldforschung mit elektrischen Aalen führt er zoologische, ethnographische, geographische und physiologische Interessen zusammen.[18] In seiner Beschäftigung mit Pflanzen wie mit Tieren können wir nachvollziehen, wie Humboldt ein *avant la lettre* ökologisches Denken entwickelt, das die Lebensformen nicht mehr isoliert, sondern in ihrer Umwelt versteht.

In einer quantitativen Corpusanalyse hat Sarah Bärtschi die disziplinäre Zusammensetzung der einzelnen Schriften systematisch erfasst und chronologisch veranschaulicht.[19] Dabei zeigt sich, dass die Zahl der Disziplinen, die in den einzelnen Texten zur Geltung kommen, mit der amerikanischen Reise zunimmt und dass zugleich ihr Spektrum größer wird. Anhand seiner Schriften lässt sich beobachten, wie Humboldt von fachlicher zu fächerverbindender Forschung übergeht, wie er in inter-, multi- und transdisziplinären Beiträgen die Grenzen der Wissensgebiete überschreitet und hinter sich lässt.

Dieser Befund ist keine nachträgliche Projektion, sondern bereits eine historische Auffälligkeit. Dass Humboldts »Combination von Wissenschaften«, »welchen man ehedem keine engere Verwandtschaft zutraute«, bereits seine Zeitgenossen beeindruckte, da sie zu »unerwarteten Ergebnissen« führte, wird aus dem Eintrag in Brockhaus' *Conversations-Lexikon* von 1853 deutlich.[20] Die Publikationsbiographie seiner Schriften zeigt: Alexander von Humboldt war keineswegs, wie er immer noch missverstanden wird, der

»letzte Universalist«, der vor der Ausdifferenzierung der Fächer noch alles mit allem zusammenbrachte, sondern im Gegenteil ein früher postdisziplinärer Forscher.

Vom Wissenschaftler zum *Public Intellectual*

Mit seiner Forschungs- und Publikationstätigkeit, seiner Bekanntheit und diskursiven Präsenz veränderte sich auch Humboldts öffentliche Rolle: Bereits während seiner Reise arbeitete er durch gezielte Mitteilungen an seiner medialen Selbstdarstellung.[21] Nach seiner Rückkehr erlangte er immer mehr Aufmerksamkeit und Zugang zu den internationalen Foren und Debatten. Der Forscher und Reiseschriftsteller wurde zur *Celebrity* und zum *Public Intellectual*.[22] Während dieser Prozess seinen Höhepunkt in den 1840er- und 1850er-Jahren hatte, blieben die Erfahrungen in Amerika die Grundlage seiner Forschung ebenso wie seiner öffentlichen Kommunikation. Das symbolische Kapital, das er durch seine vielbeachtete Reise erworben hatte, konnte er nun für Ziele einsetzen, die über die Wissenschaft hinausgingen.

Neben Fachzeitschriften, in denen er wissenschaftliche Aufsätze veröffentlichte, treten immer mehr populäre Zeitschriften oder Zeitungen: die *Neue Berlinische Monatschrift*, das *Morgenblatt für gebildete Stände* und die *Allgemeine Zeitung*, die *Vossische* und die *Spenersche Zeitung*, die *Wiener Zeitung* und die *Neue Zürcher Zeitung*, der *Economist*, die Londoner *Times* und die *New York Times*.[23]

Humboldts politische Haltung, wie sie sich bislang in seinen postum publizierten Briefen und Tagebüchern privat andeutete,[24] wird in seinen zu Lebzeiten veröffentlichten Schriften als öffentliches Engagement sichtbar. Humboldt bekämpfte die Sklaverei.[25] Er solidarisierte sich mit den verfolgten und unterdrückten Juden, und er widersetzte sich den Bestrebungen, ihre Emanzipation in Preußen rückgängig zu machen.[26] (Ein entsprechendes *Statement* erschien symbolischerweise sogar auf Hebräisch.[27]) Humboldt beteiligte sich an transatlantischen Debatten und engagierte sich 1856 im Präsidentschaftswahlkampf in den USA für den liberalen (republikanischen) Kandidaten John C. Frémont – wenn auch vergeblich.[28] Programmatisch dachte er nach über die Unabhängigkeit der Kolonien, über einen freien

LETTRE

A L'Auteur de cette Feuille; sur le Bohonu-pas, *par un jeune Gentilhomme de cette ville.*

Monsieur.

Il y a quelque tems que vous publiâtes dans votre Gazette Littéraire, une description d'un arbre vénéneux, qui croît dans les Indes, & que l'on connaît sous le nom de *Bohon Upas.* Cette description contenait tant de choses merveilleuses, qu'on était presque tenté de les taxer de fables. Vous même, M, vous ne parûtes pas alors les regarder comme des vérités constatées. Cependant une Brochure toute nouvelle, qu'un de mes amis vient de recevoir de Suède, & que, vû son Auteur, on peut nommer autentique, nous démontre assez bien que les effets de ce poison terrible surpassent tout ce que l'imagination peut produire de plus cruel. Cet Ouvrage récent a pour titre.

Arbor Toxicaria Macassariensis. Upsaliae 1788.

— A. v. Humboldt beehrt uns mit dem Gesuch, nachstehendes Schreiben zu veröffentlichen:

„Leidend unter dem Drucke einer immer noch zunehmenden Correspondenz, fast im Jahresmittel zwischen 1600 und 2000 Nummern (Briefe, Druckschriften über mir ganz fremde Gegenstände, Manuscripte, deren Beurtheilung gefordert wird, Auswanderungs- und Colonialprojekte, Einsendung von Modellen, Maschinen und Naturalien, Anfragen über Luftschifffahrt, Vermehrung autographischer Sammlungen, Anerbietungen, mich häuslich zu pflegen, zu zerstreuen und zu erheitern u. s. w.), versuche ich einmal wieder die Personen, welche mir ihr Wohlwollen schenken, öffentlich aufzufordern, dahin zu wirken, daß man sich weniger mit meiner Person in beiden Continenten beschäftige und mein Haus nicht als ein Adreß-Comptoir benutze, damit bei ohnedies abnehmenden physischen und geistigen Kräften mir einige Ruhe und Muße zu eigener Arbeit verbleibe. Möge dieser Ruf um Hülfe, zu dem ich mich ungern und spät entschlossen habe, nicht lieblos gemißdeutet werden! Berlin, 15. März 1859. Alexander v. Humboldt."

78.–79. Der erste und der letzte Text (1789/1859).

Welthandel (befördert durch einen Kanal in Panama) und über die »künftigen Verhältnisse zwischen Europa und Amerika«.[29]

Bei aller Vielseitigkeit und Veränderung zeigt dieses Engagement eine erstaunliche Kontinuität. Humboldt war der deutsche Schriftsteller (mindestens seiner Epoche), der sich am intensivsten mit fremden Kulturen und mit interkulturellen Fragen beschäftigte. Das zeigen seine bereits 2009 und 2010 in Auswahlausgaben zusammengestellten anthropologischen und ethnographischen Studien[30] sowie seine politischen und historiographischen Beiträge zur ›Neuen Welt‹.[31] Von seinem ersten bis zu seinem letzten Text, veröffentlicht 1789 beziehungsweise 1859, setzte sich Humboldt kritisch mit dem Kolonialismus auseinander.[32]

»Mein Leben sucht in meinen Schriften«

Alexander von Humboldt hat keine Autobiographie veröffentlicht.[33] Er hat sich gegen eine allzu autobiographische Konzeption seiner Reisewerke entschieden.[34] Stattdessen hat er darauf hingewiesen, dass seine Texte grundsätzlich *auch* autobiographische Elemente enthalten, die aber hinter ihren eigentlichen Inhalten zurücktreten: »Mein Leben sucht in meinen Schriften.«[35] Dieser Devise können wir auf der Grundlage seiner gesammelten *Schriften* nun nachgehen.

Denn Humboldts Schriften, nicht zuletzt seine Reiseberichte und seine politischen Beiträge, aber auch seine naturwissenschaftlichen Aufsätze, enthalten in der Tat Tausende biographische Informationen. Zwar erzählt Humboldt nur ausnahmsweise zusammenhängende Lebensgeschichten, aber seine Texte sind durchsetzt mit Daten, Fakten und Episoden: mit zahlreichen (Auto-)*Biographemen*, die neues Licht auf sein Leben werfen.

Die meisten der zahlreichen Humboldt-Biographien haben diese Werkgruppe jedoch weitgehend oder sogar gänzlich ausgelassen.[36] Bis 2019 konnten sie noch nicht auf eine Gesamtausgabe der unselbstständig erschienenen Schriften zurückgreifen.[37]

Dabei erfahren wir aus Humboldts kleineren Schriften nicht nur, wann, wo und mit wem er Beobachtungen machte oder Experimente durchführte, wo und wann er Artikel schrieb oder Vorträge hielt, mit welchen Kollegen er in Co-Autorschaft publizierte, mit wem er korrespondierte und wen er zitierte, sondern auch, wie sich seine politischen Ansichten entwickelten. Zu Humboldts Schriften gehört, darüber hinaus, sein Lebenslauf, den er 1799 für den spanischen König verfasste;[38] und sein erster Bericht von der amerikanischen Reise, den er 1804 in den USA niederschrieb.[39] Humboldts Biographie wird nach Kenntnis seiner Schriften neu zu schreiben sein.[40] Erst an ihnen können wir seinen Veränderungen im Einzelnen folgen.

Zwölftes Kapitel
Humboldt-Effekte: Räume der Weltliteratur

(1809–2005)

»En realidad, lo único que pudo aislar en las parrafadas pedregosas, fue el insistente martilleo de la palabara equinoccio equinoccio equinoccio, y el nombre de Alexander Von Humboldt.«

Gabriel García Márquez,
Cien años de soledad (1967)[1]

Humboldts Reise hat nicht nur sein eigenes Denken verändert, sondern auch das seiner Zeitgenossen sowie anderer Schriftsteller. Alexander von Humboldt ist nicht nur ein Autor, sondern auch eine Figur der Weltliteratur.[2]

Allein die Besteigung des Chimborazo hat – wie wir im ersten Kapitel sehen konnten – Europäer und Amerikaner zu Fiktionalisierungen in sehr unterschiedlichen Formen angeregt: Jordan Herbert Stabler (1930) im epischen Modus, Claus Hammel (1980) politisch und Eduardo Galeano poetisch (1984), Matthias Gerwald (2001) abenteuerlich, Tankred Dorst (1974) und Daniel Kehlmann (2005) dagegen satirisch.

Diese Varianten der Literarisierung haben jeweils eine Tradition. Achim von Arnim (1809) versetzte Humboldt und den Chimborazo schon unter der napoleonischen Besatzung in einen politischen Kontext. Christoph Hein erzählte die andere Reise, die russische, aus der Sicht von Humboldts überwachtem und überfordertem Diener (1980). Auch Gelehrtensatiren gibt es nicht erst seit Kehlmann: Schon im neunzehnten Jahrhundert ließ Julius Stinde (1884) eine bildungsbeflissene Bürgerin bei ihrem Versuch, den *Kosmos* zu lesen, wiederholt einschlafen.[3] Volker Braun bezog im Drama *Guevara oder Der Sonnenstaat* (1975) einen schwadronierenden »Bumholdt« auf das Scheitern der Revolution (1989).[4] In Ibsen Martínez' *Humboldt y Bonpland, taxidermistas* (1981) verlaufen sich die Experten auf der Bühne im Regenwald.[5] In Denzil Romeros Roman *Recurrencia equinoccial* (1998) gibt es bizarre Szenen der Eifersucht.[6]

Hans Magnus Enzensberger (1975) pointierte in seinem bekannten Gedicht Humboldts Ambivalenz: »Ein Gesunder war er, der mit sich die Krankheit / ahnungslos schleppte«.[7] Und Goethe (1809) beschrieb bereits ein halbes Jahrzehnt nach Humboldts Rückkehr aus der ›Neuen Welt‹ die unheimliche Faszination, die von seinen Berichten ausging: »Es wandelt niemand ungestraft unter Palmen«. Aber: »Wie gern möchte ich nur einmal Humbolden erzählen hören.«[8]

Jules Verne hat nicht nur das Vulkan-Motiv aufgenommen, das wir bei Humboldt mit dem Chimborazo verbinden, sondern seine Abenteuer der Wissenschaft immer wieder von Humboldt'schen Episoden ausgehen lassen. An den Abstieg in die Höhle des Guácharo, welche die Indigenen für den Eingang der Unterwelt hielten,[9] erinnern sich die Figuren seiner *Reise zum*

Mittelpunkt der Erde (1864).[10] Kapitän Nemo führt in der Nautilus *20.000 Meilen unter dem Meer* (1870) Humboldts »vollständige Werke« mit sich – deren Ausgabe damals ebenso fiktiv war wie das Unterseeboot.[11]

Viele Motive aus Humboldts Reisebeschreibungen haben Schriftsteller dazu inspiriert, sie ihrerseits auszugestalten: Vom Guácharo etwa handelt ein Gedicht Erich Frieds.[12] Joaquim de Sousândrade entwarf die epische Geschichte von der Wanderung des mythischen *Guesa* (1884) auf der Grundlage von Humboldts *Vues des Cordillères*,[13] deren einschlägige Passage er eingangs ausführlich wiedergibt.[14] William Herbert (1822)[15] und Adelbert von Chamisso (1828)[16] widmeten der ›Guahiba-Mutter‹, die auf der Suche nach ihrem Kind von den Spaniern durch den Urwald gehetzt wird,[17] engagierte Versepen; Redmond O'Hanlon fügte die Episode in seinen eigenen Reisebericht (1988) ein.[18]

Humboldt hat besonders die lateinamerikanische Literatur angeregt.[19] Die wunderbare Wirklichkeit der Tropen, die er beschrieb, hat die Autoren des Magischen Realismus inspiriert, nach Mário de Andrade (1928)[20] vor allem Alejo Carpentier (1953)[21] und Gabriel García Márquez (1967)[22]. Von diesen und anderen hispano- und lusoamerikanischen Schriftstellern soll nun die Rede sein. Denn in Lateinamerika spielte Humboldts Reise eine besondere Rolle in der Literatur – und in der postkolonialen Identitätsbildung.

Humboldts Expedition der Jahre 1799 bis 1804 durch die spanischen Kolonien ist das bedeutendste Ereignis im Kontakt zwischen Deutschland und Lateinamerika. Humboldts Reisebeschreibungen haben seine überseeischen Erfahrungen in die ›Alte Welt‹ vermittelt – und wurden von dort in die ›Neue‹ zurück übertragen. Seine Unternehmung hatte populärkulturelle und erinnerungspolitische Folgen in den Ländern, die er durchquerte: Venezuela, Kuba, Kolumbien, Ecuador, Peru und Mexiko. Seine Schriften lösten darüber hinaus einen Widerhall in ganz Lateinamerika aus, nicht zuletzt in Brasilien, das zu besuchen ihm verwehrt war. Diese transatlantische Rekursion ist auch nach mehr als zweihundert Jahren keineswegs abgeschlossen.[23] Wie hat Humboldt in Lateinamerika literarisch gewirkt? Und welche Bedeutung hat der europäische Reisende für die Selbstwahrnehmung und das Selbstverständnis des unabhängigen Kontinents?

Schauplätze der Gründungsmythologie: Cumaná, Chimborazo, Magdalena

Zahlreiche Autoren haben die *Independencia* zu Szenarien verdichtet, in denen Humboldt eine wichtige Rolle spielt. Sie lassen sie an Schauplätzen seiner amerikanischen Reise stattfinden, die sie so zu Gedenkorten machen: Simón Bolívar im visionären Prosagedicht »Mi delirio sobre el Chimborazo« (1822) als Besteigung des andinen Vulkans;[24] Gabriel García Márquez im historischen Roman *El general en su laberinto* (1989) als Flussfahrt auf dem Magdalena;[25] und Luis Armando Roche im hyper-symbolischen Spielfilm *Aire Libre* (1996) als Landung in Cumaná.[26]

Die von Humboldt in seinem Reisebericht anspielungsreich gestaltete Ankunft in Amerika[27] setzte der Venezolaner Roche keineswegs als Öffnung einer Terra incognita in Szene, sondern im Gegenteil als allegorische Begegnung zwischen europäischen Naturforschern und einheimischen Intellektuellen, aus deren Zusammenwirken die Revolution ihren Anfang nimmt. Symbolischerweise hat ein einheimischer Lehrer, der seinen Unterricht im Freien durchführt und den Strand als Tafel benutzt, den weißen Sand bereits mit Buchstaben vollgeschrieben, bevor die Europäer ihn betreten, um die Temperatur des Bodens zu messen, der sich im übertragenen Sinn erhitzt. Der schwangeren Frau des Pädagogen, die gleichsam im Begriff steht, unter Schmerzen das neue Amerika zur Welt zu bringen, muss Humboldts Begleiter Bonpland wenig später als Arzt durch Kaiserschnitt gewaltsam Geburtshilfe leisten.[28]

Die Bergbesteigung, die den Höhepunkt von Humboldts Reise bildete und als buchstäblicher Fortschritt und Aufstieg eines Aufklärers in unerreichte Höhen eine ungeheure mythopoietische Faszinationskraft besaß,[29] gestaltete Simón Bolívar als revolutionären Triumph[30]. Bolívar schildert (fiktiv), wie er, am Ende seiner »marcha de la libertad«, Humboldts Spuren »wagemutig folgte«, bis er sie schließlich »hinter sich ließ«[31], um selbstständig Neuland zu beschreiten. Auf dem Gipfel, den sein Vorbild zwanzig Jahre früher nicht ganz erreicht hatte, erfährt er eine Offenbarung: Er vernimmt die Stimmen des Daimons von Kolumbien und des Geistes der Zeit. Der *Libertador* nimmt für Lateinamerika dessen höchsten Punkt in Besitz – und bringt so Humboldts Werk zur Vollendung, dessen Kritik am Kolonialismus ihn sagenhaft inspiriert hatte. Der Gipfelsturm wird zum Sinnbild der Befreiung und zum Gründungsmythos eines unabhängigen Kontinents, der von seiner Spitze aus zu überschauen ist – aus einer Perspektive, die Humboldt vorgegeben beziehungsweise eröffnet hat.[32]

Um das Scheitern des bolivarischen Projekts sinnfällig zu machen, beschreibt Gabriel García Márquez eine Bewegung auf Humboldts Route in umgekehrter Richtung – als Prozess der Desillusionierung. Als die Hoffnungen auf ein republikanisches Panamerika zerplatzt sind, fahren Bolívar und seine Getreuen auf dem Río Magdalena, auf dem sich Humboldt den Kontinent erschlossen hatte, abwärts in Richtung Meer, auf dem Weg ins Exil, der für die Titelfigur ein Weg in den Tod sein wird. Dabei begegnen sie einem Deutschen. Dieser ist auf einer Sandbank ausgesetzt worden, weil er seine Ruderer misshandelt hatte. Er gibt vor, Botaniker und Astronom zu sein, wird aber als Hochstapler entlarvt. Obwohl er versucht, sich dessen Mythos zu eigen zu machen, stellt er sich als das genaue Gegenbild Humboldts heraus. Er fantasiert von Menschen mit Hühnerkrallen, die er in Europa als Kuriositäten ausstellen will, und verkörpert so die ideologische und ausbeuterische Variante des Europäers in Übersee.[33] Er erzählt geschmacklose Witze über das Sexualleben des berühmten Barons. Bolívar ist angewidert: »›Wir hätten ihn doch auf der Sandbank lassen sollen‹«, sagt er. »›Dieser Hurensohn könnte froh sein, wenn er ein Haar auf Humboldts Kopf wäre.‹«[34] – Die Begegnung wird für den ›Befreier‹ zum Anlass, über die Bedeutung, die Humboldt für ihn und für Amerika hatte, nachzudenken und ein weitreichendes Bekenntnis abzulegen:

> Schon bevor sie den Deutschen an Bord nahmen, hatte er an den Baron denken müssen. [...] Ebenso wie Intelligenz und Weisheit überraschte ihn an dem Mann der Glanz einer Schönheit, die er bei einer Frau noch nie gesehen hatte. Am wenigsten überzeugte ihn noch Humboldts Gewißheit, daß die spanischen Kolonien reif für die Unabhängigkeit seien. [...] »Es fehlt nur der richtige Mann«, hatte Humboldt zu ihm gesagt. Der General erzählte das viele Jahre später José Palacios, als er sich in Cuzco vermutlich über alle Welt erhoben sah, hatte die Geschichte doch gerade

bewiesen, daß er der richtige Mann war. Er erzählte es niemandem sonst, wann immer aber die Sprache auf den Baron kam, nützte er die Gelegenheit, dessen Weisheit Tribut zu zollen: »Humboldt hat mir die Augen geöffnet.«[35]

Bolívar, Roche und García Márquez erzählen die *Independencia*, indem sie von Humboldt sprechen. Sie inszenieren wichtige ihrer Etappen, indem sie Stationen seiner Reise ausdeuten. Seine berühmte Expedition wird so zu einer allegorischen Unabhängigkeits*bewegung*.

Landschaften der Kulturtheorie: Pampa, Sertão, Anáhuac

Andere lateinamerikanische Autoren gestalten nicht nur einzelne Orte und Episoden, um die Unabhängigkeit zu symbolisieren, sondern sie inszenieren ganze Landschaften im Sinn der ästhetischen, poetischen und wissenschaftlichen Konzeption Humboldts, um in kulturkritischen Entwürfen die Eigenart ihrer Länder zu erkunden: Domingo Faustino Sarmiento in *Facundo* (1845)[36] die argentinischen Pampas; Euclides da Cunha in *Os Sertões* (1902)[37] den brasilianischen Sertão; und Alfonso Reyes in *Visión de Anáhuac* (1915)[38] das mexikanische Zentralland. Während sie humboldtianische Blicke auf die eigene Natur werfen, entwickeln sie ihre Vorstellungen lokaler Geschichte, nationalen Charakters und kultureller Identität.

Sarmiento betreibt eine vielsagende Politik der Epigraphie. Den ersten Kapiteln des *Facundo* stellt er programmatisch Zitate Humboldts voran. Seine große Erzählung der argentinischen Geschichte, Gegenwart und Zukunft beginnt der spätere Präsident, indem er über den Zusammenhang von Natur und Kultur nachdenkt und die Eigenheit seines Landes in dessen Geographie sucht. Beide Zitate über die Pampas stammen aus Humboldts erster amerikanistischer Buch-Publikation in deutscher Sprache, den *Ansichten der Natur* (1808)[39], jeweils in französischer Übersetzung, nicht ganz wörtlich wiedergegeben, das erste noch dazu falsch zugewiesen (nämlich an Francis Bond Head, den britischen Soldaten, Kolonialverwalter und Autor).

Das erste Zitat lautet bei Humboldt im Original: »Ihre Ausdehnung [die der Pampas] ist so wundervoll groß, daß sie auf der nördlichen Seite durch Palmengebüsche begränzt, und auf der südlichen fast mit ewigem Eise bedeckt sind.«[40]

« L'étendue des Pampas est si prodigieuse, qu'au nord elles sont bornées par des bosquets de palmiers, et au midi par des neiges éternelles. »

Das zweite Zitat stammt aus demselben Kapitel »Ueber die Steppen und Wüsten«, mit dem Humboldt die *Ansichten der Natur* eröffnet: »Wie [der Ozean] erfüllt die Steppe das Gemüth mit dem Gefühl der Unendlichkeit.«[41]

« Ainsi que l'Océan, les steppes remplissent l'esprit du sentiment de l'infini. »

Humboldts Sätze verbinden die Pampa mit Denkfiguren, die für Sarmientos Werk zentral werden: Die Antithese (Palmen versus Schnee) wird das Buch strukturieren – als Spannung zwischen provinzieller Barbarei und städtischer Zivilisation –, während die Ästhetisierung (Metaphorik des Ozeans, Phänomenologie des Erhabenen) diese einfache Opposition künstlerisch unterläuft – in der romantischen Faszination gauchesker Lebensform.

Auch Alfonso Reyes beginnt seinen Text mit einem vielsagenden Epigraph: »Viajero: has llegado a la región *más transparente* del aire.« »Reisender, erreicht hast du die Region der reinsten Luft.«[42] Dieses Wort, das er mit seinen eigenen Initialen, »A. R.«, unterzeichnet, geht eigentlich zurück auf eine Bemerkung in Humboldts Mexiko-Essay über die Sichtbarkeit der Berge im Tal der Hochebene, die Luft sei dort außergewöhnlich klar: »l'air [...] est [...] *plus transparent*«.[43] Dieses Wort wurde vier Jahrzehnte später ein weiteres Mal aufgenommen: von Carlos Fuentes – und zwar auf ironische Weise, im Hinblick ausgerechnet auf das moderne Mexiko-Stadt: im Roman *La región más transparente* (1958).[44]

Einige Seiten weiter zitiert Reyes Humboldt dann ausdrücklich. Dabei klärt sich der Bezug des Mottos, »región *más transparente*«, und zugleich offenbart sich der mehrfache Sinn des Titels, »*Visión* de Anáhuac«. Beide werden miteinander verbunden und auf ihre Quelle zurückgeführt:

Die beste Sicht auf unsere Natur hat man im zentralen Hochland; [...] die lichtklare Luft [...]. Das bemerkte bereits ein großer Reisender, der mit

> seinem Namen den Stolz von Neu-Spanien rechtfertigte […]: In seinem *Politischen Essay* beschrieb Baron Humboldt die eigentümliche Reflexion der Sonnenstrahlen am Gebirgsmassiv der zentralen Hochebene, wo sich die Luft reinigt.[45]

Humboldts Begriff der »reverberación«, den er am Schluss seines Textes wiederholt (»reverberar«[46]), hat Reyes kulturphilosophisch aufgeladen, entsprechend seiner naturalistischen Kulturtheorie: Was aus der Landschaft »zurückstrahlt«, ist nicht nur das Licht. Wahrnehmung und Beherrschung der Natur beeinflussen Empfindsamkeit, Psychologie und Mentalität der Mexikaner, ihre Kreativität, Ästhetik und Kunst (Dichtung, Malerei und Architektur), Symbolik, Heraldik und Zeichenschrift, Denken und Religion (den Sonnenkult), die Geschichte und das Alltagsleben. In allen diesen Hinsichten erzeugt die Natur von Anáhuac Gemeinsamkeiten mit den früheren Bewohnern des Landes – und begründet so eine Einheit und Eigenheit der modernen Nation.

Nicht nur Einzelheiten also hat Alfonso Reyes dem *Essai politique sur le royaume de la Nouvelle-Espagne* entnommen, um seinen Lesern die präcortesianische Zivilisation vor Augen zu führen.[47] Die Zentralmetapher des Textes ist humboldtianisch: Seine »Vision« als klare optische »Aussicht« und als faszinierende ästhetische »Ansicht«, aber auch als hellsehend politischer »Ausblick« ist Humboldts Arbeit verpflichtet und geht – wie für Simón Bolívar am Chimborazo oder bei García Márquez auf dem Río Magdalena – auch räumlich von dessen Standpunkt aus, in diesem Fall von seiner Perspektive auf Mexiko: von *seiner* Visión de Anáhuac.

Bei Euclides da Cunha ist es kein Epigraph und keine Überschrift, aber immerhin eine wichtige These im ersten Kapitel, die Humboldt ins Spiel bringt. Der fünfte Abschnitt, in neuen Ausgaben mit dem Titel versehen: »Eine bei Hegel unerwähnte geographische Kategorie«[48], entwickelt folgende Argumentation: Aus Hegels System der drei natürlichen Grundformen (»Steppen«, »Talebenen« und »Uferland«)[49] falle der Sertão als klimatisch variable Landschaft heraus. Das Besondere seiner veränderlichen und mehrdeutigen Gestalt lasse sich nur mit der »glänzenden Hypothese« des »größten aller Naturforscher« begreifen, nämlich mit

Humboldts Annahme einer früheren Überflutung, mit seiner Theorie pflanzengeographischer Migration, seinem Konzept wellenförmiger isothermer Linien, seinem Modell einer Schichtung der Klimazonen, seinem Interesse für erdgeschichtliche Entwicklung und seiner Aufmerksamkeit für den Einfluss des Menschen (der den Regenwald vernichtet und dadurch das Klima verändert) – beziehungsweise grundsätzlich mit seiner Vorstellung von der Natur als einem dynamischen Wirkungszusammenhang, in dem geognostische oder ozeanologische Vorgänge mit der Geschichte der Zivilisationen in Wechselbeziehung zu denken sind. Die »höhere Bedeutung« der Humboldt'schen Gedanken, ihr »significado superior«, den Euclides da Cunha etwas rätselhaft andeutet,[50] liegt demnach darin, dass sich mit ihnen eine anders nicht fassliche Komplexität verstehen lässt, die Eigenart des Sertão und, auf das ganze Land erweitert, die Identität Brasiliens.

Räume der Poetik: Amazonas, Orinoco, Macondo

Die Texte von Sarmiento, Euclides da Cunha und Alfonso Reyes entsprechen denen von Humboldt nicht nur inhaltlich, sondern auch formal in wichtigen Eigenschaften: Indem sie Naturbetrachtung und Kulturkritik miteinander verbinden und unterschiedliche Diskurse zusammenführen, verschmelzen sie originell mehrere Gattungen: Sie sind Sachtext und Literatur, Historie und Länderkunde, Lebensgeschichte und Traktat, faktenreich und visionär. Ihre Merkmale sind epische Breite ebenso wie essayistische Leichtigkeit und fragmentarische Offenheit.

An drei Beispielen können wir, abschließend, beobachten, dass Humboldt insbesondere für eine Poetik der ›Wunderbaren Wirklichkeit‹ anregend wirkte, wie sie Alejo Carpentier in seinem berühmten Vorwort zu *El reino de este mundo* (1949)[51] entworfen hat, sowie für einen Magischen Realismus, der in den Jahren des *Boom* für die lateinamerikanische Literatur dominant wurde: Mário de Andrades *Macunaíma* (1928);[52] Alejo Carpentiers *Los pasos perdidos* (1953);[53] und Gabriel García Márquez' *Cien años de soledad* (1967).[54]

Im Epilog zu *Macunaíma* gibt Mário de Andrade eine in Humboldts Reisebericht erzählte Legende wieder, die geradezu idealtypisch das ›Wunderbare‹ der ›Wirklichkeit‹ fasst: die des Papageis der Aturer, der als letztes Lebewesen die Sprache eines ausgelöschten Stammes spricht.[55] Nachdem Macunaíma aus dem Urwald in die Großstadt gezogen und wieder zurückgekehrt ist und eine Apotheose erfahren hat, stellt sich die Frage, wer eigentlich seine Geschichte überliefern konnte. Wie kann man die Erinnerung an die Opfer des Fortschritts bewahren? Mário de Andrade beantwortet diese Frage kompliziert und paradox: Das gesamte Buch, der Gesang vom Helden, ist die Übersetzung der Rede des Papageis in ein neues Brasilianisch: aus einer Sprache, die niemand (mehr) versteht, in eine Sprache, die (noch) niemand schreibt. »Eines Tages«, heißt es, »kam ein Mann dorthin.« Ihm vertraut der Papagei die Geschichte des ausgestorbenen Volkes an, die Geschichte einer Auslöschung. Mit diesem namenlosen Mann, für den wir, obwohl sein Name nicht fällt, Alexander von Humboldt einsetzen dürfen (der von dem Papagei nach dem Aussterben des Stammes berichtet hat), identifiziert sich Mário de Andrades Erzähler in seinem vielsagenden Epilog: »der Mann bin ich, liebe Leute, und ich bin geblieben, um euch die Geschichte zu erzählen«.[56]

Alejo Carpentiers Roman *Los pasos perdidos* (1953) ist insgesamt nach dem Muster von Humboldts Reise angelegt: Ein Wissenschaftler fliegt aus einer Metropole (New York) nach Venezuela, er dringt von Caracas immer tiefer ins Landesinnere vor und vollzieht dabei den Weg des historischen Entdeckers aus der Zivilisation in die mythenreiche Welt des Urwaldes nach, wo die Zeit stillzustehen scheint. Auch im Einzelnen beschreibt der kubanische Romancier Phänomene, die Humboldts Reisebericht entlehnt sind: beispielsweise Petroglyphen, geritzt in Felsen in großer Höhe, die auf eine vorzeitliche Flut schließen lassen. Carpentiers Held trifft ausgerechnet auf Griechen, er erhält die *Odyssee* als Geschenk, erlebt eine archaische Utopie und denkt – wie sein Vorbild – an antike Überlieferungen.

Szenen aus dem Urwald, die aus Humboldts Reisewerken übernommen werden, lassen sich als wunderbare Wirklichkeit aufführen. Denn das Verfahren des *real-maravilloso* entspricht dem Ansatz des Forscher-Schriftstellers, aus einer realistischen Wahrnehmung der Wirklichkeit (als Wissenschaft der

Natur) ihre ästhetische Wunderbarkeit zu erschließen und ein Verständnis ihrer Besonderheit zu gewinnen. Indem sich die Mythen, die Humboldt aufzeichnete, verselbstständigen, wie jener vom Papagei der Aturer, wird aus der wunderbaren Wirklichkeit ein magischer Realismus.

Was bedeutet es, dass sich lateinamerikanische Autoren auf Humboldt beziehen, und zwar intensiver, als es auf den ersten Blick der Fall zu sein schien? Ihre Vorlage haben sie verändert, nur indirekt oder bloß implizit wiedergegeben (Carpentier). Die Referenz haben sie falsch ausgewiesen (Sarmiento), aufgeschoben (Reyes) oder ausgelassen (Andrade). Sie haben die europäische Autorität ausgestellt und zugleich heruntergespielt, das fremde Material aufgenommen, angeeignet und dabei verschleiert, verwandelt, kannibalisiert.[57] Ausgerechnet das nationale Epos von Mário de Andrade ist den ethnographischen Berichten von Deutschen verpflichtet (neben Humboldt vor allem Koch-Grünberg). Die prominente Vorlage aber hat der brasilianische Autor in seiner Behauptung kultureller Eigenheit, die sogar sprachlich darauf aus ist, einen eigenen Ausdruck zu finden, nicht ausdrücklich benannt. Gerade die programmatischen Beschreibungen der eigenen Nation sind durch ausländische Darstellungen angeregt. Die Fremdwahrnehmung hat zur Selbstwahrnehmung beigetragen. Aber indem sie von fremden Perspektiven ausgehen, werden die Beschreibungen des Eigenen universal.

Das Humboldt-Delirium

Vielleicht hat Gabriel García Márquez die mythenbildende Kraft, die von Humboldt in Lateinamerika ausging, einerseits fortwirken lassen und andererseits ironisieren wollen, indem er den Reisenden nicht nur einmal, sondern in zwei Romanen einsetzte, zunächst im komisch-tragischen Modus und dann im tragisch-komischen: In *El general en su laberinto* (1989) trifft Bolívar auf einen deutschen Hochstapler, der ihn an die Begegnung mit Humboldt in Paris und an den Zusammenhang zwischen dessen Reise und seinem Unabhängigkeitskampf erinnert.[58] In *Cien años de soledad* (1967) hingegen fällt der alte Melquíades ins Delirium, und am Ende faselt er, bevor er für immer verstummt, nur noch zwei verständliche

Worte: »Äquinoktialgegenden« und »Alexander von Humboldt«.[59] Als habe Lateinamerika aus der Begegnung mit Humboldt und dessen Reiseberichten sein Selbstverständnis gewonnen – aber man sollte es besser auch nicht übertreiben.

Schluss
Dynamiken des Reisens

(2019)

»I have sometimes obeyed the powerful dictates of my heart, and given voice to my feelings; for, as I do not pretend to be free from the weaknesses common to my fellow-creatures, it was necessary for every reader to know the colour of the glass through which I looked.«

Georg Forster,
A Voyage round the World (1777)[1]

In zwölf Kapiteln haben wir beobachtet, wie das Reisen das Denken verändert. Diverse Denkmuster haben Humboldts Texte bestimmt – und sie werden in ihnen verwandelt: die klassizistische Annahme europäischer Überlegenheit, die orientalistische Vorstellung außereuropäischer Andersheit und das Vertrauen in einen geradlinigen Fortschritt; der Heroismus des Körpers, die Hierarchie der Sinne und die Illusion einer unpolitischen Wissenschaft.

Aber nicht nur ideologische Annahmen werden infrage gestellt, sondern auch die literarischen Formen, in denen sie zum Ausdruck kommen. Das Reisen verändert nicht nur das Denken, sondern auch das Schreiben. Die Poetik ist Teil des Programms, aber auch Schauplatz der Transformation.

Als Reisender hat Humboldt immer wieder neue Versuche unternommen, angemessene Formate zu finden: zur Mitteilung seiner Erfahrungen, zum Verständnis fremder Kulturen und zur Darstellung wissenschaftlicher Befunde. Die zentrale Herausforderung der Reiseliteratur lautet: Wie erzählt man von einer Reise? Wie beschreibt man ein anderes Land? Und wie verbindet man beides? Welche Rolle spielt die eigene Erfahrung beim Verständnis fremder Natur und Kultur? Wie kann man von einer Reise berichten und dabei die bereiste Wirklichkeit möglichst angemessen vermitteln?

Poetiken des Reisens

Diese Fragen durchziehen Humboldts Gesamtwerk wie ein roter Faden. Immer wieder hat er versucht, sie neu zu beantworten. Dabei hat er experimentelle Verfahren erprobt und innovative Lösungen gefunden. Er hat unterschiedliche Poetiken des Reisens entfaltet, deren innere Entwicklung sich von Werk zu Werk nachvollziehen lässt: vom Tagebuch bis zum *Kosmos*.

Die Aufzeichnungen von der ersten, der amerikanischen Expedition (1799–1804), sind chronologische Notizen entlang des Reiseverlaufs, in die bereits Erhebungen für wissenschaftliche Studien und Keime thematischer Abhandlungen eingelagert sind und denen nachträglich Kommentare und Verweise hinzugesetzt werden. Im Tagebuch vom Chimborazo (1802) hat Humboldt die Ergebnisse seiner Forschung in den Augenblick des Scheiterns am Berg, in das Wort *Spal-te*, buchstäblich eingeschrieben.

Die *Relation historique du Voyage aux régions équinoxiales du Nouveau Continent* (1814–1831) berichtet insgesamt entlang des Itinerars, sie verzweigt sich jedoch immer wieder in Exkurse zu einzelnen Themen der Naturgeschichte, der Geographie oder der Soziologie und entwickelt sich so immer mehr zu einem Mischwerk. Eine chronologische Erzählung des Verlaufs der Expedition wechselt ab mit der Behandlung einer Reihe von Sachthemen.

Die *Ansichten der Natur* (1808, 1826, 1849) präsentieren außereuropäische Landschaften – Urwälder, Steppen, Gebirge – und unterlegen deren ästhetische Inszenierung, auf einer zweiten Ebene, mit einem immer komplexer werdenden Apparat wissenschaftlicher Anmerkungen.

Das Tafelwerk *Vues des Cordillères et monumens des peuples indigènes de l'Amérique* (1810–1813) konstelliert 69 Abbildungen, denen jeweils Texte zugeordnet sind, ohne zwingende Abfolge, sodass insgesamt die Form einer Ausstellung entsteht, die in verschiedenen Abfolgen lesbar ist.

Die *Essays* über Kuba und über Mexiko, *Essai politique sur l'île de Cuba* (1826) und *Essai politique sur le royaume de la Nouvelle-Espagne* (1808–1811), konzentrieren sich monographisch auf jeweils ein Land, das sie aus den Perspektiven von Geographie, Naturkunde und Volkswirtschaft möglichst umfassend beschreiben. Sie entwerfen länderkundliche Studien, die in mehreren Formwechseln von einem Format ins andere übergehen – im Fall des Kuba-Essays von der Reiseerzählung über ein geographisch-volkswirtschaftliches Sachbuch in ein Manifest gegen die Sklaverei.

In *Asie centrale* (1843) hat Humboldt die Konzeption dieser *Politischen Essays* auf die Darstellung eines Kontinents erweitert und sich dabei von den Zufälligkeiten der eigenen Reiseroute noch weiter entfernt. Der Reisebericht enthält nur noch fragmentarische Biographeme, aber keine Erzählung mehr.

Im *Kosmos* schließlich, seinem letzten Werk, hat er dieses Programm der wissenschaftlichen und künstlerischen Raumerfahrung in äußerster Konsequenz auf das gesamte Universum ausgedehnt und dabei in gewisser Weise zur Reisebeschreibung zurückgefunden: indem er eine *imaginäre* Reise schildert, die in den entferntesten Regionen des Weltalls ihren Ausgang nimmt und auf der Erde ihr Ende findet. Dabei ergibt sich als Konsequenz der politischen Einsicht in den Zusammenhang von Wissen und Macht sowie von

Wissenschaft und Poetik der Effekt einer formalen Wucherung als Auflösung einer geschlossenen Form.

Die Tendenz ist eine fortschreitende Abstraktion. Der Fokus verschiebt sich immer mehr vom Reisenden zum Bereisten. Die biographische und itinerarische Linearität löst sich auf. Die Poetiken wandeln sich von der diaristischen (oder auch epistolaren) Gebundenheit an einen Ort über den Bericht einer Route zu *Ansichten* von Landschaften oder Einzelphänomenen und zur Konzentration auf Themen bis hin zur Darstellung eines Landes, eines Kontinents, der Erde und des Universums. Der Blickwinkel weitet sich von der lebensgeschichtlichen über die länderkundliche zur kontinentalen und schließlich zur globalen und sogar zur kosmischen, universalen Perspektive.

Humboldts variantenreiches Schreiben hat gegensätzliche Lektüren herausgefordert. Hartmut Böhme sah die uneinheitliche Form als Ausdruck des scheiternden Versuchs, Ästhetik und Wissenschaft zu verschmelzen.[2] Hans Blumenberg hingegen wies darauf hin, dass Humboldts organisch wuchernde Texte kunstvoll die Natur abbilden: »Ein Buch von der Natur wie ein Buch der Natur«.[3] Eher als die Frage nach Gelingen oder Misslingen jedoch können die Bewegungen aufschlussreich sein, die Humboldts Schreiben ebenso wie sein Denken vollzieht.

So wie Georg Forster wollte, dass seine Leser »die Farbe des Glases« kennen, durch das er als Reisender und als Schriftsteller die Welt wahrnahm – »to know the colour of the glass through which I looked« –, können wir uns die Denkweisen und die Schreibformen vor Augen führen, deren Humboldt sich in seinen Werken bediente; und wir können beobachten, wie sie sich im Verlauf seiner Texte veränderten.

Die Veränderungen des Denkens wie des Schreibens, die aus der Erfahrung des Reisens hervorgehen, können wir bei Humboldt als Reaktionen auf eine doppelte Herausforderung verstehen: auf die Begegnung mit Kulturen im Kontext des Kolonialismus und auf die Auseinandersetzung mit der natürlichen Umwelt unter den Bedingungen menschlicher Eingriffe. Und wir können uns fragen: Welches Umdenken fordern vergleichbare Herausforderungen in unserer Zeit von uns selbst?

Der Schlussstrich

Das Reisen hat Humboldts Denken und Schreiben verändert. In seinen Werken haben sich die Erfahrungen seines Lebens niedergeschlagen. Und das Gleiche gilt sogar für seinen Tod. Am 6. Mai 1859 verstarb Alexander von Humboldt in Berlin, beinahe neunzigjährig, fast sechzig Jahre nachdem er in La Coruña seine »Heimat« verlassen und seine Reise nach Amerika begonnen hatte. Er befand sich, als er starb, mitten in der Arbeit am fünften Band des *Kosmos*. Dessen letzter Satz, über den »rothen [...] Porphyr vom Korgon«[4], bezieht sich auf seine zweite außereuropäische Expedition, die er dreißig Jahre nach der Reise in die Amerikas nach Asien unternommen hatte. Ganz am Ende stehen die Anmerkungen, die letzte enthält ein Zitat aus *Asie centrale*.[5]

Wo der Text des *Kosmos* nach dieser letzten Anmerkung abbricht, folgen vier Reihen von Gedankenstrichen, insgesamt neunundfünfzig, als würden sie das Todesjahr '59 bezeichnen. Darunter steht, abgesetzt, ein längerer Finisstrich. Diese gedruckten Zeichen schreiben den Tod des Autors gleichsam typographisch in seinen Text ein.[6] Unter seinem Leben und seinem Werk, am Ende des *Kosmos*, den er das »Werk[] meines Lebens« genannt hat,[7] ziehen sie buchstäblich einen Schlussstrich.

Im anschließenden Nachwort erklärt Eduard Buschmann, Humboldts Mitarbeiter, warum der Text so unvermittelt abbricht: »Der Tod hat den großen Autor seinem Werke vor dessen Vollendung entrissen«.[8] Die Sperrung des Satzes hebt das Pathos der Trauer hervor. Indem auf dieses Ende des Lebens als Ende des Schreibens dann jedoch ein umfassendes Register zum *Kosmos* folgt, mit dem der Herausgeber das Fragment des letzten Bandes auf mehr als tausend Seiten ergänzt hat, wird Humboldts Werk nicht nur abgeschlossen, sondern auch fortgesetzt, es wird geöffnet und neu zugänglich gemacht.

Siglenverzeichnis

Alexander von Humboldts Werke, die Gegenstand ganzer Kapitel sind, werden nach folgenden Siglen zitiert:

AC *Asie centrale. Recherches sur les chaînes de montagnes et la climatologie comparée*, 3 Bände, Paris: Gide 1843.

AN *Ansichten der Natur, mit wissenschaftlichen Erläuterungen*, 2 Bände, Stuttgart/Tübingen: Cotta 1849.

EPC *Essai politique sur l'île de Cuba*, 2 Bände, Paris: Gide fils 1826.

K *Kosmos. Entwurf einer physischen Weltbeschreibung*, 5 Bände, Stuttgart/Tübingen: Cotta 1845–1862.

RHV *Relation historique du Voyage aux régions équinoxiales du Nouveau Continent*, 3 Bände, Paris: F. Schoell 1814[–1818], N. Maze 1819[–1821], J. Smith y Gide fils 1825[–1831].

UEV »Ueber einen Versuch den Gipfel des Chimborazo zu ersteigen«, in: *Kleinere Schriften. Erster Band. Geognostische und physikalische Erinnerungen. Mit einem Atlas, enthaltend Umrisse von Vulkanen aus den Cordilleren von Quito und Mexico*, Stuttgart/Tübingen: Cotta 1853, S. 133–174.

UZV »Ueber zwei Versuche den Chimborazo zu besteigen«, in: *Jahrbuch für 1837*, herausgegeben von H. C. Schumacher, Stuttgart/Tübingen: Cotta 1837, S. 176–206.

VDC *Vues des Cordillères et monumens des peuples indigènes de l'Amérique*, Paris: Schoell 1810[–1813].

Anmerkungen

Einleitung
Aufbruch

1 Johann Wolfgang von Goethe, *Die Wahlverwandtschaften. Ein Roman*, 2 Bände, Tübingen 1809, Band 2, S. 150.

2 Alexander von Humboldt, *Relation historique du Voyage aux régions équinoxiales du Nouveau Continent*, 3 Bände, Paris: F. Schoell 1814[-1818], N. Maze 1819[-1821], J. Smith et Gide fils 1825[-1831], hier: Band I, S. 61 f. Alle Zitate folgen dieser Erstausgabe, im Weiteren mit der Sigle RHV bezeichnet. Die römischen Ziffern bezeichnen den Band, die arabischen die Seite. Die deutschen Übersetzungen wurden neu angefertigt. Vgl. die beiden historischen deutschen Fassungen und ihre Neuausgaben: *Reise in die Aequinoctial-Gegenden des neuen Continents* [übersetzt von Paul Usteri und Ferdinand Gottlob Gmelin], 6 Bände, Stuttgart/Tübingen 1815-1832, Band 1, S. 80-82; *Reise in die Aequinoctial-Gegenden des neuen Continents* [übersetzt von Hermann Hauff], 4 Bände, Stuttgart 1859-1860, Band 1, S. 25 f.; *Reise in die Äquinoktial-Gegenden des Neuen Kontinents*, herausgegeben von Ottmar Ette, 2 Bände, Frankfurt am Main [1991] 1999, Band 1, S. 64-66; *Die Forschungsreise in den Tropen Amerikas*, herausgegeben von Hanno Beck, 3 Bände, Darmstadt 1997, Band 1, S. 38.

3 Die einzige (hier im Text ausgelassene) Fußnote zu diesem Abschnitt bezieht sich auf den Namen »Malaspina«: »*Essai politique sur le Mexique*, T. I, p. 338. *Observ. astron.*, T. I, p. xxxiv.« (»*Politischer Versuch über Mexiko*, Band I, S. 338. *Astronomische Beobachtungen*, Band I, S. xxxiv.«)

4 Der damals 29-jährige Humboldt landet wenig später zunächst auf Teneriffa und schließlich in Cumaná in Südamerika. Martin Bäumel, »Im Angesicht der ganzen Welt. Beobachtung und ihre Darstellung in Alexander von Humboldts *Relation historique*«, in: Oliver Lubrich, Christine Knoop (Hg.), *Cumaná 1799. Alexander von Humboldt's Travels between Europe and the Americas*, Bielefeld 2013, S. 47-81.

5 Die Frage, welche Semantiken die Emotionen des Reisens haben, welche Sequenzen sie bilden und welche Rolle die affektive Dimension in der Fremdwahrnehmung spielt, stellt sich nicht nur für die Reiseliteratur, sondern für verschiedene Disziplinen der Feldforschung. Oliver Lubrich, Thomas Stodulka, Katja Liebal, »Affekte im Feld - Ein blinder Fleck der Forschung?«, in: *Jahrbuch Interdisziplinäre Anthropologie* 2017, S. 179-197.

6 Enrique de Vedia y Goossens, *Historia y descripción de la ciudad de La Coruña* [1845], La Coruña: Instituto ›José Cornide‹ de estudios coruñeses 1972, S. 259-265

(Torre de Hércules), S. 272 (Parque de Artillería de S. Amaro), S. 277f. (Castillo de San Anton).

7 Virginia González Claverán, *La expedición científica de Malaspina en Nueva España, 1789–1794*, México 1988.

8 Alexander von Humboldt, *Essai politique sur le royaume de la Nouvelle-Espagne*, 2 Bände, Paris: F. Schoell [1808–]1811, Band 1, S. 338.

9 RHV I, S. 29.

10 Vgl. Oliver Lubrich, »›[M]on extrême répugnance à écrire la relation de mon voyage‹. Alexander von Humboldt und die Destruktion des Reiseberichts«, in: *Das Schwinden der Differenz. Postkoloniale Poetiken*, Bielefeld 2004, S. 47–98.

11 Handschrift: Staatsbibliothek zu Berlin Preußischer Kulturbesitz, Nachl. Alexander von Humboldt (Tagebücher) I: Tagebücher der Amerikanischen Reise I: *Voyage d'Espagne aux Canaries et à Cumana. Obs. astron. de Juin à Oct. 1799*, S. 2v–3r. Edition: *Reise durch Venezuela*, transkribiert von Gisela Lülfing und Margot Faak, übersetzt und herausgegeben von Margot Faak, Berlin 2000, S. 58 f.

12 Humboldt, *Reise durch Venezuela*, S. 58.

13 Ebd., S. 59.

14 Edward Said, *Orientalism* [1978], New York 1994.

15 Rex Clark, Oliver Lubrich (Hg.), *Transatlantic Echoes. Alexander von Humboldt in World Literature*, New York/Oxford 2012; *Cosmos and Colonialism. Alexander von Humboldt in Cultural Criticism*, New York/Oxford 2012.

16 Daniel Kehlmann, *Die Vermessung der Welt*, Reinbek 2005, S. 44 f.

17 Goethe, *Die Wahlverwandtschaften*, S. 150.

18 Kurt-R. Biermann, Ilse Jahn, Fritz G. Lange, *Alexander von Humboldt. Chronologische Übersicht über wichtige Daten seines Lebens*, Berlin (DDR) 1968.

19 Rund 600 Orte sind allein in Europa dokumentiert, die Humboldt zum Teil mehrfach besucht hat. Oliver Lubrich, »Humboldts Mobilität. Der Reisende in Europa«, in: *Zeitschrift für Germanistik* 29:3 (2019), S. 602–607.

20 Oliver Lubrich, Thomas Nehrlich, »Alexander von Humboldt als internationaler Publizist. Zur Edition seiner sämtlichen Schriften«, in: *Iberoamerikanisches Jahrbuch für Germanistik* 9 (2015), S. 71–88.

21 Zur Übersicht der Briefausgaben {www.humboldt.unibe.ch/briefausgaben.html}, letzter Zugriff 04.05.2021.

22 Alexander von Humboldt, *Reise auf dem Río Magdalena, durch die Anden und Mexico*, transkribiert von Gisela Lülfing und Margot Faak, übersetzt und herausgegeben von Margot Faak, 2 Bände, Berlin (DDR): 1986/1990; *Ueber einen Versuch den Gipfel des Chimborazo zu ersteigen*, herausgegeben von Oliver Lubrich und Ottmar Ette, Berlin 2006. Seit dem

Ankauf durch die Stiftung Preußischer Kulturbesitz im Jahr 2013 ist eine Neuedition der Reisetagebücher an der Berlin-Brandenburgischen Akademie der Wissenschaften in Arbeit.

23 Oliver Lubrich, »Alexander von Humboldt (1769–1859). Zum 150. Todestag des Naturforschers und Reiseschriftstellers. Dossier«, in: *Zeitschrift für Germanistik* 19/2 (2009), S. 396–402.

24 Alexander von Humboldt, *Sämtliche Schriften: Aufsätze, Artikel, Essays* (*Berner Ausgabe*), 7 Textbände mit 3 Apparatbänden, herausgegeben von Oliver Lubrich und Thomas Nehrlich, München 2019. Mitarbeit: Sarah Bärtschi, Michael Strobl, Mitherausgeber: Yvonne Wübben (Bd. 1: *Texte 1789–1799*), Rex Clark (Bd. 2: *Texte 1800–1809*), Jobst Welge (Bd. 3: *Texte 1810–1819*), Norbert Wernicke (Bd. 4: *Texte 1820–1829*), Bernhard Metz (Bd. 5: *Texte 1830–1839*), Jutta Müller-Tamm (Bd. 6: *Texte 1840–1849*), Joachim Eibach (Bd. 7: *Texte 1850–1859*); Redakteure: Norbert Wernicke (Apparatband), Johannes Görbert (Forschungsband), Corinna Fiedler (Übersetzungsband), Beirat: Michael Hagner (Zürich), Eberhard Knobloch (Berlin), Alexander Košenina (Hannover), Hinrich C. Seeba (Berkeley). Projektwebsite: {www.humboldt.unibe.ch}, letzter Zugriff 26.06.2021.

25 Ingo Schwarz, »Acerca de la historia de la dedicatoria ›Al Segundo Descubridor de Cuba. La Universidad de La Habana, 1939‹ en el monumento a Alejandro de Humboldt en Berlín«, übersetzt von Jorge Hernández, in: *Alejandro de Humboldt en Cuba*, herausgegeben von Frank Holl, Augsburg 1997, S. 102–109.

26 Gabriel García Márquez, *El general en su laberinto*, Bogotá 1989, S. 100–102; Günter Kahle, *Simón Bolívar und die Deutschen*, Berlin 1980, S. 39–49.

27 Laura Dassow Walls, »›The Napoleon of Science‹: Alexander von Humboldt in Antebellum America«, in: *Nineteenth Century Contexts* 14/1 (1990), S. 71–98; *The Passage to Cosmos: Alexander von Humboldt and the Shaping of America*, Chicago 2009.

28 Alexander von Humboldt, *Lateinamerika am Vorabend der Unabhängigkeitsrevolution* (Auswahl aus den Tagebüchern), transkribiert von Gisela Lülfing und Margot Faak, übersetzt und herausgegeben von Margot Faak, Berlin (DDR) 1982.

29 Chaim Selig Slonimski, *Zur Freiheit bestimmt. Alexander von Humboldt – eine hebräische Lebensbeschreibung* (1858), herausgegeben von Kurt-Jürgen Maaß, übersetzt von Orna Carmel, Bonn 1997; Adolph Kohut, *Alexander von Humboldt und das Judentum. Ein Beitrag zur Culturgeschichte des neunzehnten Jahrhunderts*, Leipzig 1871.

30 Otto Krätz, *Alexander von Humboldt. Wissenschaftler – Weltbürger – Revolutionär*, München 2000 [1997].

31 Aaron Sachs, *The Humboldt Current. Nineteenth-Century Exploration and the Roots of American Environmentalism*, New York 2006; Andrea Wulf, *The Invention of Nature. Alexander von Humboldt's New World*, New York 2015.

32 Ottmar Ette, *Weltbewußtsein. Alexander von Humboldt und das unvollendete Projekt einer anderen Moderne*, Weilerswist 2002; »Alexander von Humboldt, die Humboldtsche Wissenschaft und ihre Relevanz im Netzzeitalter«, in: *Alexander von Humboldt im Netz* 7/12 (2006), S. 31–39.
33 Vgl. Nicolaas Rupke, *Alexander von Humboldt. A Metabiography*, Frankfurt am Main 2005.
34 Vgl. die Titelgeschichte »Die Wiederentdeckung des Forschers, Aufklärers und Weltbürgers Alexander von Humboldt. Das Abenteuer und die Poesie der Wissenschaft«, in: *Der Spiegel* 38 (13. September 2004), S. 162–174.
35 {www.humboldtforum.com}, letzter Zugriff 04.05.2021.
36 Juan A. Ortega y Medina, »Estudio preliminar«, in: Alexander von Humboldt, *Ensayo político sobre el Reino de la Nueva España*, übersetzt von Vicente González Arnao, herausgegeben von Juan A. Ortega y Medina, México 1966, S. IX–LIII.
37 Mary Louise Pratt, »Humboldt and the Reinvention of America«, in: René Jara, Nicholas Spadaccini (Hg.), *Amerindian Images and the Legacy of Columbus*, Minneapolis 1992, S. 584–606; »Alexander von Humboldt and the reinvention of América«, in: *Imperial Eyes. Travel Writing and Transculturation*, New York 1992, S. 111–143 (Anmerkungen: S. 239–242).
38 Kehlmann, *Die Vermessung der Welt*.
39 Daniel Kehlmann, *Wo ist Carlos Montúfar? Über Bücher*, Reinbek 2005, S. 15.

Erstes Kapitel
Spaltenkunde: Die Mythologie des Chimborazo

1 Rainer Maria Rilke, *Die Aufzeichnungen des Malte Laurids Brigge*, Frankfurt am Main 1991, S. 136.
2 Im achten Gesang der *Odyssee*, Verse 62–534.
3 Jürgen Goldstein, »›Kein lebendes Wesen, kein Insekt, nicht einmal der Condor belebte die Lüfte.‹ Alexander von Humboldt besteigt 1802 fast den Chimborazo«, in: *Die Entdeckung der Natur. Etappen einer Erfahrungsgeschichte*, Berlin 2013, S. 114–137.
4 Francisco Javier Montúfar (1775–1853), Corregidor von Riobamba, und Carlos Montúfar (1780–1816), der in den Unabhängigkeitskriegen umkam, gehörten als Söhne von Juan Pío de Montúfar, Marqués de Selva-Alegre (1758–1819), der kreolischen Elite an.
5 Von den namenlos gebliebenen Teilnehmern der Expedition wird an anderer Stelle noch zu reden sein. Im Hinblick auf die interkulturelle Dimension der Bergbesteigung stellen sich Fragen nach der Rolle der örtlichen Begleiter beim Aufstieg, nach der

Wahrnehmung der lokalen Kultur und Geschichte und nach der Integration indigenen Wissens in den Diskurs. – Zur Kontinuität folkloristischer Aufführungen beim Empfang von »Autoritäten«: Rebecca Tolen, »›Receiving the Authorities‹ in Chimborazo, Ecuador: Ethnic Performance in an Evangelical Andean Community«, in: *Journal of Latin American Anthropology* 3/2 (1999), S. 20–53; zur Anthropologie lokaler ›Fiestas‹: Luis Fernando Botero, *Chimborazo de los indios. Estudios antropológicos*, Quito 1990; zum sozialen Kontext: *Chimborazo. Life on the Haciendas of Highland Ecuador*, herausgegeben von John Brandi, mit Übersetzungen von Michael Scott und Mal Warwick, Rooseveltown 1976.

6 Zahlreiche Expeditionen wurden auf Humboldts Spuren unternommen: zum Beispiel von Moritz Wagner, der 1857 bis 1859 Lateinamerika bereiste und dem als erstem Naturforscher die Umrundung des Vulkans gelang (Moritz Wagner, *Naturwissenschaftliche Reisen im tropischen Amerika*, Stuttgart 1870, S. 458–466); vgl. über eine Reise im Jahr 1903: Hans Meyer, *Hochtouren im tropischen Amerika*, Leipzig 1925, S. 23–82. Auch der bekannteste Bergsteiger der Gegenwart, Reinhold Messner, betrachtet Humboldt als seinen Vorläufer. (Michael Albus, »Chimborazo. Reinhold Messner auf der Humboldt-Route«, in: *Terra X. Expeditionen ins Unbekannte*, herausgegeben von Gottfried Kirchner, München 1993, S. 272–311.)

7 Schon bei seiner Rückkehr wurde Alexander von Humboldts Name mit der Besteigung des Chimborazo in Verbindung gebracht. (Douglas Botting, *Humboldt and the Cosmos*, New York 1973, S. 155, S. 177 f.) Und noch zwei Jahrhunderte später wird Humboldt mit dem Chimborazo identifiziert, zum Beispiel – sowohl textlich als auch bildlich – im *Großen Personen Lexikon zur Weltgeschichte in Farbe*, Texte von Roswitha Glück und Rainer Nier-Glück, 2 Bände, Dortmund 1983, Band 1, S. 639 f. Ein französisches Werbebild für Schokolade (ca. 1900) zeigt Humboldts Porträt neben einer dramatischen Szene der Chimborazo-Besteigung in: Wolfgang-Hagen Hein (Hg.), *Alexander von Humboldt. Leben und Werk*, Frankfurt am Main 1985, S. 118. Ebendort bildet eine Lithographie mit dem Titel »Berühmte Reisende« Alexander von Humboldt neben vier weiteren Entdeckern unter einem Vulkan ab (S. 133).

8 Friedrich Georg Weitsch (1758–1828), *Alexander von Humboldt und Aimé Bonpland in der Ebene von Tapia am Fuße des Chimborazo* (ca. 1810, Öl auf Leinwand, 161 × 226 cm), erstmals ausgestellt als »Eine grosse Landschaft mit dem Chimborazzo in Südamerika«; siehe Halina Nelken, *Alexander von Humboldt. Bildnisse und Künstler. Eine dokumentierte Ikonographie*, Berlin 1980, S. 70–73. Das Gemälde entstand auf Weisung des preußischen Königs. 1861 wurde es an die Nationalgalerie in Berlin übergeben.

9 Karl von Steuben (1788–1856), *Alexander von Humboldt am Chimborazo* (ca. 1812, Öl auf Leinwand, 220 × 146 cm); siehe Nelken, *Alexander von Humboldt*, S. 80–83.

Das lebensgroße Porträt entstand in Paris als Geschenk für Wilhelm von Humboldt und dessen Frau. 1906 wurde es in der Jahrhundertausstellung deutscher Gemälde in Berlin gezeigt als »Alexander von Humboldt in ganzer Figur«. Bis 1945 hing es auf Schloss Tegel, wurde dann ausgelagert und ist kurz vor Kriegsende verbrannt. Heute existieren nur noch Schwarz-Weiß-Reproduktionen.

10 Julius Schrader (1815–1900), *Alexander von Humboldt* [vor dem Chimborazo und dem Cotopaxi] (1859, Öl auf Leinwand, 159 × 138 cm); siehe Nelken, *Alexander von Humboldt*, S. 163–169. Dies ist das letzte Bildnis Alexander von Humboldts, es entstand kurz vor seinem Tod. Den Hintergrund hat der Porträtierte vermutlich selbst gewählt. In Auftrag gegeben durch einen Verwandten in Berlin, wurde es 1889 von dem New Yorker Kunstsammler Henry Osborne Havemeyer dem Metropolitan Museum of Art gestiftet. (Frances Weitzenhoffer, *The Havemeyers. Impressionism Comes to America*, New York: Harry N. Abrams 1986, S. 55; *Splendid Legacy. The Havemeyer Collection*, herausgegeben von Alice Cooney Frelinghuysen, Gary Tinterow, Susan Alyson Stein, Gretchen Wold und Julia Meech, New York 1993, S. 208, S. 377.) Im Schiller Nationalmuseum in Marbach befindet sich eine Kopie, die Schrader zugeschrieben wird.

11 Das Humboldt-Bildnis von Schrader weist einige Parallelen zu einem Porträt Goethes auf, das diesen ebenfalls als alten Mann vor einem Berg zeigt, den er in seiner Jugend bestiegen hatte, nämlich dem Vesuv: Heinrich Christoph Kolbe (1771–1836), *Johann Wolfgang von Goethe* (1826, Öl auf Leinwand, 222 × 156 cm), Thüringer Universitäts- und Landesbibliothek, Jena. (Renato G. Mazzolini, »Ritratti con montagna: Goethe e Alexander von Humboldt«, in: *Montagna. Arte, scienza, mito de Dürer a Warhol*, herausgegeben von Gabriella Belli, Paolo Giacomoni und Cavina Ottani, Mailand 2003, S. 203–214.)

12 Entsprechend wurde Humboldt vor der schneebedeckten Kuppe des Orizaba in Mexiko 1803 von Rafael Jimeno y Planes abgebildet (Nelken, *Alexander von Humboldt*, S. 54); vergleichbar vor weißblauen Gebirgen am Orinoco 1850 von Eduard Ender (ebd., S. 70).

13 Auf einer Gedenktafel in Calpi, die an berühmte Besucher erinnert, folgt auf Alexander von Humboldt Simón Bolívar (Albus, »Chimborazo«, S. 297).

14 Simón Bolívar, »Mi delirio sobre el Chimborazo« (1822), in: *Papeles de Bolívar*, herausgegeben von Vicente Lecuna, Caracas 1917, S. 233 f., vgl. S. XI; Madrid 1920, 2 Bände, Band 2, S. 177 f.; *Páginas selectas*, herausgegeben von José Roberto Arze, Madrid 1975, S. 34–41; *El Libertador. Writings of Simón Bolívar*, übersetzt von Frederick H. Fornoff, herausgegeben von David Bushnell, Oxford 2003, S. 135 f.

15 Der Herausgeber der Oxford-Ausgabe, David Bushnell, erklärt: »its authenticity [...] is accepted by most Bolivarian scholars, and neither is there reason to doubt

that he did ascend part way.« (Bushnell, *El Libertador*, S. 226.) – Ida Gramcko liest den Text als literarische *und* politische Schrift, in der Bolívar historisches Bewusstsein und poetische Phantasie verbunden habe. (*Historia y Fabulación en »Mi Delirio Sobre El Chimborazo«*, [Caracas:] Colección Medio Siglo de la Contraloría General de la República [1989].) – Mary Louise Pratt sieht einen Gegensatz zwischen Humboldts »aestheticised scientism« und Bolívars »mysticism«, »symbolism« und »paternal/imperial allegory«, die gleichwohl zu verstehen sei als Indienstnahme der Humboldt'schen ›Neuerfindung‹ Amerikas im Sinn der revolutionären kreolischen Elite und ihrer Ideologie der »Eurocivilization«. (*Imperial Eyes*, S. 180–182, Endnoten: S. 246.) – Gerhard Masur hingegen geht davon aus, dass die Besteigung nicht stattgefunden habe und der Text apokryph sei, da er postum veröffentlicht wurde, stilistisch von Bolívars übrigen Schriften abweiche und die Handschrift des Manuskripts nicht zu identifizieren sei. (*Simón Bolívar*, Albuquerque 1948, S. 463.) Bolívar selbst bediente sich jedoch des Vulkans als Metapher der Revolution, wie Masur ausführt (S. 486), indem er davon sprach, im (erloschenen!) Chimborazo brenne »das Feuer der Rebellion«. In der spanischen Ausgabe von Masurs Biographie findet sich sogar eine Proklamation Bolívars aus dem Jahr 1817, in der dieser die Besteigung des Berges als symbolische Befreiung ankündigt: »Wir werden die Trikolore auf dem Chimborazo aufpflanzen« (Gerhard Masur, *Simón Bolívar*, übersetzt von Pedro Martín de la Cámara, Caracas 1987, S. 214 und S. 255; in Masurs englischem Original, S. 304, war an dieser Stelle noch von »the turrets of Potosí« die Rede gewesen). In einer Schrift aus dem Jahr 1829, die Masur als »politisches Testament« bezeichnet, blickt Bolívar schließlich auf seine Leistung zurück, »den Namen Kolumbiens« verbreitet zu haben »hasta las faldas del Chimborazo« (S. 582). – Vgl. Susana Rotker, »El evangelio apócrifo de Simón Bolívar«, in: *Estudios* 6/12 (1998), S. 29–44, hier: S. 41 f. – Im Vergleich des »Delirio« mit anderen Schriften Bolívars gelangt Pedro Grases zum gegenteiligen Ergebnis: »No hay duda que [...] es obra de Bolívar.« (Pedro Grases, »›Mi delirio sobre el Chimborazo‹ de Bolívar«, in: *Revista de la Sociedad Bolivariana de Venezuela* 21/73 (1962), S. 3–19, hier: S. 9.) – Vgl. Ángel Grisanti, *Bolívar. Sí escaló el Chimborazo y escribió su Delirio en Ríobamba*, Caracas 1964. – Ungeachtet der Echtheit haben die »mythical scene« als »foundational moment« und der literarische Text als Ausdruck einer »providential direction«, wie Christopher Conway zeigt, zweifellos kanonischen Status erlangt, den sich auch Hugo Chávez in der Inszenierung seiner »Bolivarian ideology« zu eigen machte. (*The Cult of Bolívar in Latin American Literature*, Gainesville 2003, S. 158 f.)

16 Kahle, *Simón Bolívar und die Deutschen*, S. 39 f.

17 *Mi delirio sobre el Chimborazo* (1929/1930), Öl auf Leinwand, 297 × 187 cm.

18 Dekret Nr. 1.886 vom 25. Juli 2002, in dem Präsident Hugo Chávez das Geburtshaus des »Befreiers« samt Inventar zum Nationaldenkmal erklärt.
19 Jordan Herbert Stabler, *Bolívar. In memoriam. September 1830–September 1930. The Spirit of Chimborazo Speaks*, Caracas 1930. – Stabler war US-amerikanischer Diplomat, Herausgeber des Tagebuchs von Francisco de Miranda und später Mitarbeiter der Venezuelan Gulf Oil Company. (*Who Was Who in America*, Band 1, *1897–1942*, New Providence/New Jersey 1943, S. 1168 f.) – Stabler nimmt Bolívars Thema der Offenbarung auf, indem der ›Geist des Chimborazo‹ an seine Begegnung mit dem Befreier erinnert, die diesen (1822) zu seinem Prosastück inspirierte: »›Delirium‹ he called that which he heard from me – / ›Delirium‹ some call it – but / Bolívar set a New World free!« (Stabler, S. 7)
20 Stabler, *Bolívar*, S. 7 (Hervorhebung hinzugefügt).
21 Stabler, *Bolívar*, S. 20 (Hervorhebung hinzugefügt). – Am Ende beschwört der Berg die Unsterblichkeit des Helden. Das Epos mündet in eine Apotheose.
22 Stabler, *Bolívar*, S. 7 (Hervorhebung hinzugefügt). – Der Chimborazo wurde (1845, 1900) in das Staatswappen von Ecuador aufgenommen.
23 Claus Hammel, *Humboldt und Bolívar oder Der neue Continent. Schauspiel*, Berlin (DDR) 1980, S. 9–12 (Erstes Bild) und S. 122–137 (Einundzwanzigstes Bild).
24 Die Tatsache, dass der Chimborazo zu Humboldts Zeit längst erloschen war und gar keinen Krater hat, hätte ihn als Metapher der Revolution infrage gestellt.
25 »Auf den Bergen ist Freiheit! Der Hauch der Grüfte / Steigt nicht hinauf in die reinen Lüfte; / Die Welt ist vollkommen überall, / Wo der Mensch nicht hinkommt mit seiner Qual.« (Friedrich Schiller, *Die Braut von Messina*, Verse 2585–2588; *Sämtliche Werke*, Band 2: *Dramen II*, herausgegeben von Gerhard Fricke und Herbert G. Göpfert, Darmstadt 1981, S. 904); zitiert als Abschluss der »Vorrede zur ersten Ausgabe« der *Ansichten der Natur mit wissenschaftlichen Erläuterungen* (in der dritten Ausgabe von 1849, S. X.).
26 Eduardo Galeano, *Memoria del fuego*, 3 Bände, Band 2: *Las caras y las máscaras*, México 1984, S. 114. (Vgl. die deutsche Gesamtausgabe: *Erinnerung an das Feuer*, übersetzt von Monika López, Wuppertal 2004, S. 120 f.)
27 Für die eigentlichen »Irrfahrten« des Odysseus erhalten wir in der *Odyssee* nur sein eigenes Zeugnis (Gesänge 9–12, die ›Apologe‹).
28 Brief an Wilhelm von Humboldt aus Lima vom 25. November 1802, in: *Magasin encyclopédique, ou Journal des Sciences, des Lettres et des Arts* 9/2 (Thermidor an 11 [Juli/August 1803]), S. 241–258, hier: S. 249–251. – Die Handschrift ist nicht überliefert. Die historische Veröffentlichung wurde mit dem Vermerk versehen (S. 241), Passagen zweier weiterer Briefe an Wilhelm von Humboldt – vom 3. Juni und 13. Juli

1802 – seien hineinmontiert worden, sodass letztlich nicht auszuschließen ist, dass die zitierten Abschnitte aus dem zweiten Schreiben stammen. In folgenden Ausgaben wird der Brief gleichwohl unter dem Datum 25. November geführt.

29 Ebd.

30 In ähnlicher Weise wie seinem Bruder berichtet Alexander von Humboldt auch in einem Brief an Delambre aus Lima vom 25. November 1802, in: *Magasin encyclopédique, ou Journal des Sciences, des Lettres et des Arts* 8/6 (Germinal an 11 [März/April 1803]), S. 537–549. Hier deutet er die Möglichkeit einer Publikation an (S. 543).

31 Zum Beispiel: [Friedrich Wilhelm von Schütz,] *Alexander von Humboldts Königl. preußischen Bergraths Reisen um die Welt und durch das Innere von Südamerika. Ein interessantes Lesebuch für die Jugend. Vom Verfasser von Cooks Reisen um die Welt*, Band 1, Hamburg/Mainz 1805, S. 93–97. Hier findet sich eine Schilderung der Chimborazo-Besteigung im Sinn der Briefe an Wilhelm von Humboldt und Delambre. Zeitgenössische Rezensenten wiesen darauf hin, dass solche Berichte hastig zusammengestellt und »recht unterhaltend« verfasst wurden, um »die Neugierde des Publicums« zu befriedigen und kommerziell »den berühmten Namen *Humboldts*« zu verwerten, der »den Chimborasso« »besucht[]« hatte. (*Jenaische Allgemeine Literatur-Zeitung*, Mai 1806, Spalte 367–368; vgl. *Allgemeine Geographische Ephemeriden* 16 [1805], S. 324–330.)

32 Eine durch Otto von Bismarck überlieferte Anekdote, der zufolge sich der alternde Humboldt am Hof mit der Bemerkung »Auf dem Gipfel des Popocatepetl … « vergeblich Gehör zu verschaffen versuchte, zeigt nicht unbedingt, wie stark er sein Leben mit Bergen assoziierte, sondern dass konservative Gegenspieler seine Reputation genau an diesem Punkt anzugreifen versuchten. (*Gespräche Alexander von Humboldts*, herausgegeben von Hanno Beck, Berlin 1959, S. 238–240.)

33 Ediert liegt der Eintrag vom 23. Juni 1802 vor in: *Reise auf dem Río Magdalena, durch die Anden und Mexico*, transkribiert, herausgegeben und übersetzt von Margot Faak, 2 Bände, Berlin (DDR) 1986 und 1990, Band 1, S. 215–225 (französisches Original); Band 2, S. 100–111 (deutsche Übersetzung).

34 *Ansichten der Natur mit wissenschaftlichen Erläuterungen*, Tübingen 1808 (erste Ausgabe, 1 Band), Stuttgart: Cotta 1826 (zweite Ausgabe, 2 Bände), Stuttgart/Tübingen 1849 (dritte Ausgabe, 2 Bände). Beispielsweise kommt Humboldt in der »Vorrede zur zweiten und dritten Ausgabe« (1849) auf Höhenmessungen und den infrage gestellten »alten Rang« des Chimborazo zu sprechen (S. XVII).

35 *Kosmos. Entwurf einer physischen Weltbeschreibung*, 5 Bände, Stuttgart/Tübingen 1845–1862, Band 1, S. 10, 167, 235, 320, 357; Band 3, S. 606; Band 4, S. 20, 31, 149, 219, 240 f., 269, 273, 283 f., 289, 292 f., 317, 353, 360, 366, 465, 470 f., 475; Band 5, S. 29 (jeweils mit den entsprechenden Anmerkungen). Eingangs des ersten Bandes (1845)

gibt Humboldt zu bedenken, dass der Chimborazo keineswegs der höchste Berg der Welt, nicht einmal der Anden sei (Anmerkung zu S. 10). Vgl. *Umrisse*, Tafel 12. George Everest vermaß den Himalaya im Jahr 1856.

36 »Vue du Chimborazo et du Carguairazo« (Tafel 16, nach einer Skizze Alexander von Humboldts gezeichnet von Wilhelm Friedrich Gmelin in Rom und gestochen von Friedrich Arnold aus Berlin) und »Le Chimborazo, vu depuis le plateau de Tapia« (Tafel 25, nach einer Skizze Alexander von Humboldts gezeichnet von Jean-Thomas Thibaut und gestochen von L[ouis?] Bouquet), in: *Vues des Cordillères et monumens des peuples indigènes de l'Amérique*, Paris 1810[-1813], S. 102-107 (ausgeliefert im Mai 1810) und S. 200-202 (ausgeliefert im September 1811). Alle Zitate folgen dieser Originalausgabe, im Weiteren mit der Sigle VDC bezeichnet. - Übersetzungen auf Grundlage der deutschen Erstausgabe: *Ansichten der Kordilleren und Monumente der eingeborenen Völker Amerikas*, übersetzt von Claudia Kalscheuer, herausgegeben von Oliver Lubrich und Ottmar Ette, Frankfurt am Main 2004, S. 133-138 und S. 241-243.

37 VDC, S. 106 (Hervorhebung hinzugefügt).

38 VDC, S. 103-105.

39 VDC, S. 201 f. - Heute wissen wir, dass der Chimborazo mit 6310 Metern über dem Meeresspiegel zwar nicht einmal der höchste Berg der Anden ist, allerdings ist er, wenn man vom Mittelpunkt der Erde aus rechnet, tatsächlich der höchste beziehungsweise der äußerste Punkt der Erde. (*Der Kleine Brockhaus*, Wiesbaden 1954, 2 Bände, Band 1, S. 198; *Der neue internationale Atlas*, Chicago/Braunschweig 1997, herausgegeben von Manlio Castiglione u. a., S. 246.) Humboldt kam nach eigener Schätzung bis 5900 Meter, nach neuen Messungen wahrscheinlich jedoch nur bis 5600 Meter Höhe (Albus, »Chimborazo«, S. 299).

40 VDC, S. 200, S. 104 (in Riobamba-Nuevo gezeichnet).

41 VDC, S. 200, S. 202 (in Lican gezeichnet, auf der Hochebene von Tapia).

42 Eine »vista panorámica«, wie sie Wolfgang Burgmer als Aussicht über die Erde und zugleich als Ausblick auf Humboldts *Kosmos* versteht, als Vorwegnahme jener Übersicht über die Welt also, die Humboldt angeblich in seinem letzten Werk dargestellt habe, findet sich in den Texten und Bildern nicht. (Wolfgang Burgmer, »Sobre el volcán«, übersetzt von Álvaro Cruz-Saco, in: *Humboldt* 41/126 (1999), S. 46-51.)

43 Juan Pimentel geht davon aus, Humboldt habe seine Besteigung theatralisiert und den Berg zu einem ›erhabenen Vulkan‹ stilisiert. (»El volcán sublime. Geografía, paisaje y relato en la ascensión de Humboldt al Chimborazo«, in: Ottmar Ette, Walther L. Bernecker (Hg.), *Ansichten Amerikas. Neuere Studien zu Alexander von Humboldt*, Frankfurt am Main 2001, S. 117-136; *Testigos del mundo. Ciencia, literatura y viajes en la Ilustración*, Madrid 2003, S. 179-210.)

44 VDC, S. 102 (»servi de signa[l]»), S. 103 (»de loin«), S. 104 (»projeté sur la voûte azurée du ciel«), S. 105 (»vue [...] magnifique«), S. 106 (»forme [...] majestueuse«), S. 107 (»comme un nuage à l'horizon: il se détache«); S. 200 (»scène imposante«), S. 201 (»se présente de loin comme un tapis d'un jaune doré«), S. 202 (»le contour«).
45 Gotthold Ephraim Lessing, *Laokoon: oder über die Grenzen der Mahlerey und Poesie*, Berlin 1766, S. 24.
46 VDC, S. 107.
47 Einen entsprechenden Titel trug (ohne damit den Chimborazo zu meinen) ein Symposium über Alexander von Humboldt im Berliner Haus der Kulturen der Welt im Jahr 1999. (Vgl. *Alexander von Humboldt – Aufbruch in die Moderne*, herausgegeben von Ottmar Ette, Ute Hermanns, Bernd M. Scherer und Christian Suckow, Berlin 2001.) – In seiner Vorbemerkung zu den *Vues des Cordillères* (»Vues pittoresques des Cordillères, et monumens des peuples indigènes de l'Amérique«, S. 1–4, hier: S. 3–4) hat Humboldt die Beobachtung, dass die amerikanischen Hochkulturen in den Gebirgsregionen entstanden waren, mit der anregenden Wirkung in Zusammenhang gebracht, den der Anblick der Vulkane auf die dort lebenden Menschen gehabt hätte, und den Vulkan auch insofern – wenn auch spekulativ – als einen Faktor der Modernisierung begriffen.
48 François Gérard, »Humanitas, literae, fruges« (1814), Frontispiz zu Alexander von Humboldt, *Atlas géographique et physique des régions équinoxiales du Nouveau Continent*, Paris 1814–183[8]. (Vgl. Helga von Kügelgen, »Amerika als Allegorie. Das Frontispiz zum Reisewerk von Humboldt und Bonpland«, in: *Alexander von Humboldt – Netzwerke des Wissens* [Ausstellungskatalog], herausgegeben von Frank Holl u. a., Berlin 1999, S. 132 f.)
49 Nelken, *Alexander von Humboldt*, S. 34.
50 VDC, S. 201.
51 »Géographie des plantes près de l'Equateur«. Die 1803 angefertigte Zeichnung befindet sich heute im Museo Nacional de Bogotá. (Dem Berg sind hier Beschriftungen hinzugefügt, die unter anderem die Stelle bezeichnen, bis zu der Humboldt und seine Gefährten gelangt waren: »Point de Chimborazo auquel nous avons porté des instrumens le 23 Juin 1802.«) Eine Kopie besitzt die Alexander von Humboldt-Stiftung in Bonn. Ein drittes Exemplar, das Humboldt nach Europa mitnahm und dort weiter ausführte, bildete die Grundlage des in Paris gedruckten Stiches. Die erste Fassung der 1807 (und in einem ersten Andruck sogar bereits 1805, als demnach erster Band des gesamten amerikanischen Reisewerks) publizierten *Géographie des plantes* hatte Humboldt ebenfalls in Ecuador entworfen (im Februar 1803, auf dem Weg nach Acapulco) und an Celestino Mutis nach Bogotá geschickt. Sie erschien auf Spanisch

in einer von Francisco José de Caldas herausgegebenen Zeitschrift: »Geografía de las Plantas, ó cuadro físico de los Andes equinocciales y de los Países Vecinos, Levantado sobre las observaciones y medidas hechas en los mismos lugares desde 1799 hasta 1803«, aus dem Französischen übersetzt von Jorge Tadeo Lozano, in: *El Semanario del Nuevo Reino de Granada* 16, 23. April 1809, S. 121–189.

52 »Géographie des plantes équinoxiales. Tableau physique des Andes et Pays voisins«, in: *Essai sur la géographie des plantes, accompagné d'un Tableau physique des régions équinoxiales. Avec une planche*, Paris: Schoell/Tübingen: Cotta 1807. Die Tafel wurde »skizziert« und »redigiert« von Alexander von Humboldt, »gezeichnet« von Lorenz Adolf Schönberger und Pierre Jean François Turpin 1805 in Paris, »gestochen« von L[ouis?] Bouquet, Typographie von [Claude Louis Jacques?] Beaublé, gedruckt bei Langlois. In der »Préface« schreibt Humboldt: »c'est au pied du Chimborazo [...] que j'ai rédigé la plus grande partie de cet ouvrage«, »zum größten Teil habe ich dieses Werk [...] am Fuße des Chimborazo verfasst« [S. VII] – Deutsche Fassung, Goethe gewidmet: *Ideen zu einer Geographie der Pflanzen nebst einem Naturgemälde der Tropenländer*, Tübingen/Paris 1807, mit der Tafel: »Geographie der Pflanzen in den Tropen-Ländern; ein Naturgemälde der Anden«.

53 »Geographiæ plantarum lineamenta« (Tafel zu den »Prolegomena«, nach Skizzen von Alexander von Humboldt, gezeichnet von Pierre Antoine Marchais, Kupferstich von Jean Louis Denis Coutant), in: *Nova genera et species plantarum quas in peregrinatione orbis novi collegerunt, descripserunt, partim adumbraverunt Amat. Bonpland et Alex. de Humboldt*, 7 Bände, Paris 1815–182[6], Band I, S. III–LVIII. Das linke der drei Motive zeigt Südamerika mit dem Chimborazo.

54 *Examen critique de l'histoire de la géographie du Nouveau Continent, et des progrès de l'astronomie nautique aux quinzième et seizième siècles*, Paris 1814–183[8].

55 Hervorhebungen hinzugefügt. – *Atlas du Nouveau Continent*, Tafel 9: »Voyage vers la cime du Chimborazo, tenté le 23 Juin 1802 par Alexandre de Humboldt, Aimé Bonpland et Carlos Montúfar. Esquisse de la Géographie des plantes dans les Andes de Quito, entre les 0° 20' de lat. bor. et les 4° 12' de lat. aust. Dessiné par A. de Humboldt à Mexico 1803, par F. Marchais à Paris 1824.« (Humboldts Zeichnung war 1803 in Mexiko entstanden, also kurz nach der des Tableau, die er vor seiner Abreise in Ecuador angefertigt hatte. Die Tafel wurde ausgeliefert im Juni 1825.)

56 Germaine de Staël, *Considérations sur les principaux événemens de la Révolution françoise*, ouvrage posthume de madame la baronne de Staël, publié par M. le duc de Broglie et M. le baron de Staël, 3 Bände, Paris 1818, Band 3, S. 389–391. »[À] une certaine profondeur de pensée parmi tous les hommes, il n'y a pas un ennemi de la liberté. *De la même manière que le célèbre Humboldt a tracé sur les montagnes du nouveau monde les*

différents degrés d'élévation qui permettent le développement de telle ou telle plante, on pourrait dire d'avance quelle étendue, quelle hauteur d'esprit fait concevoir les grands intérêts de l'humanité dans leur ensemble et dans leur vérité.« (»Bei einer gewissen geistigen Tiefe gibt es unter allen Menschen keinen Feind der Freiheit. *Wie es der berühmte Humboldt auf den Gebirgen der Neuen Welt die Höhen eingezeichnet hat, die das Wachstum dieser oder jener Pflanze gestatten*, könnte man vorhersagen, welche Weite, welche Höhe des Geistes erforderlich ist, die großen Interessen der Menschheit in ihrem Zusammenhang und in ihrer Wahrheit zu erfassen.«) (Hervorhebung hinzugefügt.)

57 »Ueber zwei Versuche den Chimborazo zu besteigen«, in: *Jahrbuch für 1837*, herausgegeben von H. C. Schumacher, Stuttgart/Tübingen 1837, S. 176–206. Die Datierung am Schluss des Aufsatzes lautet: »Berlin, im September 1836«. Der Text wird im Folgenden zitiert mit der Sigle UZV.

58 Der Artikel erschien außerdem in zahlreichen Nachdrucken und Übersetzungen. Die Gesamtausgabe verzeichnet 20 Drucke: Alexander von Humboldt, *Sämtliche Schriften*, Band VIII, S. 269 f.

59 UZV, S. 176.

60 »Ueber einen Versuch den Gipfel des Chimborazo zu ersteigen«, in: *Kleinere Schriften. Erster Band. Geognostische und physikalische Erinnerungen. Mit einem Atlas, enthaltend Umrisse von Vulkanen aus den Cordilleren von Quito und Mexico*, Stuttgart/Tübingen 1853, S. 133–174 (Hervorhebungen hinzugefügt). Der Text wird im Folgenden zitiert mit der Sigle UEV.

61 Boussingault kommt im Aufsatz jedoch nach wie vor zur Sprache und auch zu Wort. Und er erhält im selben Band zudem sogar ein eigenes dreißigseitiges Kapitel, in dem Humboldt im Anschluss an seinen eigenen den Bericht des Kollegen abdruckt, sodass die Veröffentlichung zu einer Anthologie von Beiträgen mehrerer Autoren und der Aufsatz »Ueber einen Versuch ...« zu einem Doppeltext wird, dessen Hälften sich zu einer vergleichenden Lektüre anbieten: »Auszug aus einem Briefe von J. B. Boussingault an A. v. Humboldt, über einen wiederholten Versuch auf den Gipfel des Chimborazo zu gelangen«, in: *Kleinere Schriften*, S. 175–205. Im Unterschied zu Humboldt spielt Boussingault weder das wissenschaftliche noch das dramatische Potenzial seiner Besteigung herunter, sondern betont zahlreiche Erträge und abenteuerliche Gefahren. Den Punkt der Umkehr verwandelt er in den Schauplatz eines triumphalen Rekordes und einer großartigen Aussicht.

62 Schumachers *Jahrbuch* erschien nur in wenigen Ausgaben.

63 Insbesondere: »Geognostische und physikalische Beobachtungen über die Vulkane des Hochlandes von Quito« (S. 1–99); »Ueber die Hochebene von Bogotá« (S. 100–138); »Ueber die mittlere Höhe der Continente« (S. 398–446); »Von den isothermen

Linien und der Vertheilung der Wärme auf dem Erdkörper« (S. 206–314); »Untersuchungen über die eudiometrischen Mittel und über das Verhältniß der wesentlichen Bestandtheile der Atmosphäre« (S. 315–370); »Ueber die nächtliche Verstärkung des Schalles« (S. 371–397).

64 Leopold von Buch, *Physicalische Beschreibung der Canarischen Inseln*, Berlin 1825.

65 RHV I, S. 115–197.

66 VDC, S. 298.

67 UEV, S. 136.

68 UEV, S. 146.

69 Im Cotta-Archiv (Deutsches Literaturarchiv Marbach) sind Korrekturbogen der Seiten 1–145 erhalten. Sie enthalten zwei Arbeiten, mit denen der zweite Band hätte beginnen sollen: Humboldts Vortrag »Über die Haupt-Ursachen der Temperatur-Verschiedenheit auf dem Erdkörper« (S. 1–30) und seine große Abhandlung über Meeresströmungen (S. 31–145). – Zur Werksituation: Horst Fiedler, Ulrike Leitner, *Alexander von Humboldts Schriften. Bibliographie der selbständig erschienenen Werke*, Berlin 2000, S. 366–377.

70 UEV, S. 136.

71 UEV, S. 164.

72 Alexander von Humboldt, *Umrisse von Vulkanen aus den Cordilleren und Mexico. Ein Beitrag zur Physiognomik der Natur*, Stuttgart/Tübingen 1853.

73 »Chimborazo (20.100 Par. Fuss) und Carguairazo (14.700 Par. Fuss) gesehen über der Hochebene von Tapia (8.900 F.)«, nach einer Skizze Alexander von Humboldts gezeichnet von Eduard Hildebrandt und gestochen von J[obst] Riegel. Das Motiv entspricht der Tafel 16 der *Vues des Cordillères*, wo es einen anderen Titel trug (»Vue du Chimborazo et du Carguairazo«), Zeichnung und Stich wurden hier jedoch von anderen Künstlern ausgeführt, von Hildebrandt und Riegel statt Gmelin und Arnold.

74 UEV, S. 146.

75 *Kosmos. Entwurf einer physischen Weltbeschreibung*, Band 2, Stuttgart/Tübingen 1847, S. 337.

76 UEV, S. 159 f.

77 UEV, S. 151.

78 *Kleinere Schriften*, S. 175–205.

79 UEV, S. 158, S. 169.

80 Alexander von Humboldt, *Versuche über die gereizte Muskel- und Nervenfaser nebst Vermuthungen über den chemischen Process des Lebens in der Thier- und Pflanzenwelt*, Posen/Berlin 1797; vgl. »Ueber die gereitzte Muskelfaser«, in: *Neues Journal der Physik* 2/2 (1795), S. 115–129.

81 John R. Sutton, Norman L. Jones, Charles S. Houston, *Hypoxia: Man at Altitude*, New York 1982.
82 *Essai politique sur le royaume de la Nouvelle-Espagne*, 2 Bände, Paris [1808–]1811; *Essai politique sur l'île de Cuba*, 2 Bände, Paris 1826.
83 Pratt kritisiert panoramatische Übersichten als »monarch-of-all-I-survey«-Szenen: Pratt, *Imperial Eyes*, S. 202 (u. a.).
84 Egon Erwin Kisch, »Die wissenschaftliche Konquista« (1942), in: *Mein Leben für die Zeitung 1926–1947*. Journalistische Texte 2 (Gesammelte Werke in Einzelausgaben, Band 9, herausgegeben von Bodo Uhse und Gisela Kisch, fortgeführt von Fritz Hofmann und Josef Polácek), Berlin/Weimar 1983, S. 478–485.
85 Stephen Greenblatt, *Marvelous Possessions. The Wonder of the New World*, Chicago 1994.
86 UEV, S. 150.
87 UEV, S. 157.
88 Dass sich Alexander von Humboldt spöttisch »Der Alte vom Berge« nannte, mag weiter verdeutlichen, wie selbstironisch er mit einer Leistung umgegangen ist, auf die er sich doch zu Recht »etwas [...] eingebildet« haben durfte (wie er am 25. November 1828 in einem Brief an Heinrich Berghaus bemerkte: *Briefwechsel Alexander von Humboldt's mit Heinrich Berghaus aus den Jahren 1825 bis 1858*, 3 Bände, Leipzig 1863, S. 208). Vgl. Kurt-R. Biermann, Ingo Schwarz, »Warum bezeichnete sich Alexander von Humboldt als ›Der Alte vom Berge‹ (Vecchio della Montagna)?«, in: *Mitteilungen der Alexander von Humboldt Stiftung* 60 (1992), S. 71–73. Gottfried Keller bezeichnete in einem Brief an Ludmilla Assing vom 15. März 1860 Humboldt und Varnhagen von Ense als die »beiden Alten vom Berge«. (*Gesammelte Briefe*, 4 Bände, herausgegeben von Carl Helbling, Bern 1951, Band 2, S. 92–94, hier: S. 92.)
89 UEV, S. 133. – Humboldt spielt die historische Bedeutung des Umstands herunter, dass sich ein Forscher überhaupt für Berge interessierte. Zur Wissenschaftsgeschichte der »Entdeckung der Berge«: Pere Sunyer Martín, »Humboldt en los Andes de Ecuador. Ciencia y Romanticismo en el descubrimiento científico de la montaña«, in: *Scripta Nova* 58 (15. Februar 2000), {www.ub.es/geocrit/sn-58.htm}, letzter Zugriff 06.05.2021; Numa Broc, *Les montagnes au siècle des lumières. Perception et représentation*, Paris 1991.
90 UEV, S. 158.
91 UEV, S. 135.
92 UEV, S. 154.
93 UEV, S. 152.
94 UEV, S. 152.
95 UEV, S. 152 f.

96 »Climbing Mount Everest Is Work For Supermen«, in: *New York Times*, 18. März 1923.
97 UEV, S. 134.
98 UEV, S. 147.
99 UEV, S. 162.
100 UEV, S. 142.
101 UEV, S. 142.
102 UEV, S. 161.
103 UEV, S. 142.
104 UEV, S. 142.
105 Das Unkonventionelle der unheroischen, antiklimaktischen und poetisch hybriden Humboldt'schen Darstellung wird im Vergleich mit zahlreichen Berichten von Bergbesteigungen sichtbar. Der Dichter José María Heredia, zum Beispiel, dessen »Viaje al Nevado de Toluca« (1837) zahlreiche Motive mit Humboldts Bericht teilt, erzählt in der Form einer dramatischen Kurzgeschichte (in: *Crítica literaria*, herausgegeben von José María Chacón Calvo, Havanna 2002, S. 236–243).
106 Girolamo Benzoni (1519–1570/1579) gilt als der erste Europäer, der den Chimborazo erblickte. Ihm wird die Anekdote vom Ei des Kolumbus zugeschrieben.
107 UEV, S. 159 f.
108 UEV, S. 151.
109 UEV, S. 146.
110 UEV, S. 158; vgl. *Kleinere Schriften*, S. 189 (Brief von Boussingault).
111 UEV, S. 157.
112 RHV I, S. 409–431.
113 Im Berliner Naturkundemuseum befindet sich ein Stein »aus der Gegend« des Chimborazo mit einem handschriftlichen Vermerk Humboldts.
114 Alexander von Humboldt, »Ueber die Urvölker von Amerika und die Denkmähler welche von ihnen übrig geblieben sind«, in: *Neue Berlinische Monatschrift* 15/3 (März 1806), S. 177–208, hier: S. 190–194.
115 Hugo Loetscher, »Humboldt und die Rehabilitierung eines Kontinentes«, in: *Du* 30 (1970), S. 666; Antonello Gerbi, *La disputa del Nuovo Mondo. Storia di una polemica, 1750–1900*, Mailand/Neapel 1955.
116 UEV, S. 153.
117 Zu Humboldts global vergleichender Hochgebirgsforschung vgl. Jon Mathieu, »Von den Alpen zu den Anden: Alexander von Humboldt und die Gebirgsforschung«, in: Simona Boscani Leoni (Hg.), *Wissenschaft – Berge – Ideologien. Johann Jakob Scheuchzer (1672–1733) und die frühneuzeitliche Naturforschung*, Basel 2010, S. 293–308.
118 UEV, S. 155.

119 UEV, S. 157.

120 Alexander von Humboldt, *Reisetagebücher*, Band VII, S. 33–53 (Blatt 21–38). Neu ediert wurde das Tagebuch vom Chimborazo in: Alexander von Humboldt, *Ueber einen Versuch den Gipfel des Chimborazo zu ersteigen*, herausgegeben von Oliver Lubrich und Ottmar Ette, übersetzt von Marcel Vejmelka, Berlin 2006, S. 77–106.

121 Ein gegenüber dem Aufsatz von 1836/1837 nachträgliches Manuskript mit dem Titel »Geognostische Erinnerungen«, in dem auch der Chimborazo thematisiert wird, befindet sich im Cotta-Archiv (im Deutschen Literaturarchiv Marbach). Es trägt den Vermerk »Kosmos II«, hat dort aber keine Entsprechung gefunden. – Ich verdanke Eva Oßwald und Bernhard Fischer die Einsicht in das Manuskript.

122 UEV, S. 136.

123 UEV, S. 162.

124 UEV, S. 162.

125 In Anbetracht der subtilen Konstruktion seiner Texte liegt es nahe, die poetologische Bemerkung, mit der Humboldt seinen Essay »Ueber einen Versuch ... « zum Abschluss bringt, weder im Hinblick auf dessen Paratexte und Rhetorik wörtlich zu nehmen noch als Absage an die Literarizität seines Schreibens zu begreifen, sondern als einen weiteren Versuch zu verstehen, die eigene Leistung, die nicht zuletzt eine künstlerische ist, herunterzuspielen: »Wo die Natur so mächtig und groß, und unser Bestreben rein wissenschaftlich ist, kann die Darstellung jedes Schmuckes der Rede entbehren.« (UEV, S. 162)

126 Tagebuch, S. 33 (Blatt 21/Vorderseite).

127 Tagebuch, S. 38 (Blatt 23/Rückseite).

128 Tagebuch, S. 45 (Blatt 31/Vorderseite).

129 Tagebuch, S. 38 (Blatt 23/Rückseite, Hervorhebung hinzugefügt).

130 Carlos Montúfar, »Diario del año de 1802. Biaje de Quito á Lima« (9. Juni–10. September 1802), The Lilly Library, Indiana University, Bloomington: Manuscripts Department, Latin American Mss. – Peru.

131 Zu Humboldts Wissenschaftskonzeption: Ottmar Ette, *ÜberLebensWissen. Die Aufgabe der Philologie*, Berlin 2004, S. 23–50; *Literatur in Bewegung. Raum und Dynamik grenzüberschreitenden Schreibens in Europa und Amerika*, Weilerswist 2001, S. 193–225.

132 Jules Verne, *Les enfants du Capitaine Grant, voyage autour du monde*, Paris 1868, Kapitel VIII (Hervorhebungen hinzugefügt).

133 Mattias Gerwald, *Der Entdecker. Historischer Roman über Alexander von Humboldt*, Bergisch Gladbach 2001, S. 327–367.

134 Vgl. auch M. C. Thomas, *Draußen wartet das Abenteuer. Das Leben Alexander von Humboldts*, München 1957, S. 145–155 (»Höher als je ein Mensch zuvor«); hierzu:

Reinhard Andress, »Alexander von Humboldts Chimborazo-Aufstieg in eigener und literarischer Darstellung. Die Besetzung des ›Hiatus‹ zwischen Geschichte und Fiktion«, in: *Cumaná 1799*, S. 387–407.

135 Rainer Simon, *Die Besteigung des Chimborazo*, DDR/BRD/Ecuador 1989.

136 Rainer Simon, Paul Kanut Schäfer, *Die Besteigung des Chimborazo. Eine Filmexpedition auf Alexander von Humboldts Spuren*, Köln 1990, S. 110.

137 Rainer Simon, »Meine Chimborazo-Tagebücher«, in: ebd., S. 120–157.

138 Rainer Simon, *Fernes Land. Die DDR, die DEFA und der Ruf des Chimborazo*, Berlin 2005, hier: S. 21–25 und S. 244–286.

139 Hans Magnus Enzensberger, »A. v. H. (1769–1859)«, in: *Mausoleum. Siebenunddreißig Balladen aus der Geschichte des Fortschritts*, Frankfurt am Main 1975, S. 56–58, hier: S. 57.

140 Tankred Dorst, *Auf dem Chimborazo*, Frankfurt am Main 1974; in: *Theater heute* 16/3 (März 1975), S. 40–48. Vgl. Harald Clemen, Gespräch mit Tankred Dorst: »Erkennen oder Wiederkennen«, S. 36 f. Vgl. auch die Besprechung von Dieter Dorns Berliner Uraufführung: Henning Rischbieter, »Die eigene Familien-Geschichte«, S. 38 f.; und die Besprechung von Harald Clemens Münchener Inszenierung: Gerd Jäger, »Lauter ausgeprägte Individualisten«, in: *Theater heute* 18/2 (1977), S. 4–8, die beide nicht auf die Bedeutung des Titels und die komödiantische Humboldt-Referenz eingehen. Eine Fernsehfassung von Peter Beauvais wurde am 24. Mai 1977 in der ARD gesendet.

141 Gemeint ist wohl der Muppberg an der fränkisch-thüringischen Grenze bei Sonneberg-Oberlind. (Vgl. *Tankred Dorst*, herausgegeben von Günther Erken, Frankfurt am Main 1989, S. 150 f.)

142 Dorst, *Auf dem Chimborazo*, S. 49.

143 Hartmut Böhme, »Ästhetische Wissenschaft. Aporien der Forschung im Werk Alexander von Humboldts«, in: *Alexander von Humboldt – Aufbruch in die Moderne*, S. 17–32; vgl. Petra Werner, *Himmel und Erde. Alexander von Humboldt und sein Kosmos*, Berlin 2004.

144 Ibsen Martínez, *Humboldt & Bonpland, taxidermistas* (1981), in: *Humboldt & Bonpland, taxidermistas – L. S. D. (Lucio in the Sky with Diamonds) (Teatro)*, Caracas 1991, S. 7–59.

145 Volker Braun, *Guevara oder Der Sonnenstaat* (1975), in: *Gesammelte Stücke*, 2 Bände, Frankfurt am Main 1989, Band 1, S. 159–210.

146 Denzil Romero, *Recurrencia equinoccial* (1998), herausgegeben von Karl Kohut, Frankfurt am Main/Madrid 2002.

147 Caroline Schaumann, »Who Measures the World? Alexander von Humboldt's Chimborazo Climb in the Literary Imagination«, in: *German Quarterly* 82/4 (2009), S. 447–468.

148 Daniel Kehlmann, *Die Vermessung der Welt*, Kapitel »Der Berg«, S. 163–180, hier: S. 177 f.; *Wo ist Carlos Montúfar?*, S. 9–27.

Zweites Kapitel
Reiseliteratur als Experiment: Indigene Ästhetik

1 Robert Musil, *Der Mann ohne Eigenschaften*, herausgegeben von Adolf Frisé, Reinbek 1978, S. 250 (1. Buch, 62. Kapitel).
2 VDC. (Kursive Hervorhebungen werden den Zitaten hinzugefügt.)
3 VDC, S. 4–7.
4 VDC, S. 270–273.
5 VDC, S. 189.
6 VDC, S. 194.
7 VDC, S. V.
8 Renate Löschner, »Die Amerikaillustration unter dem Einfluß Alexander von Humboldts«, in: Wolfgang-Hagen Hein (Hg.), *Alexander von Humboldt. Leben und Werk*, Frankfurt am Main 1985, S. 283–300; *Lateinamerikanische Landschaftsdarstellungen der Maler aus dem Umkreis von Alexander von Humboldt* [Dissertation], Technische Universität Berlin 1976, hier: v. a. S. 10–25 (Anmerkungen: S. 120–132), S. 112–119 (Anmerkungen: S. 163–165); Jean-Paul Duviols, »Alexandre de Humboldt et l'image de l'Amérique«, in: Alexandre de Humboldt, *Vues des Cordillères et Monuments des Peuples Indigènes de l'Amérique*, herausgegeben von Charles Minguet und Amos Segala, Nanterre 1989, S. XV–XVIII.
9 Walter Benjamin, »Über den Begriff der Geschichte«, in: *Gesammelte Schriften*, 7 Bände, herausgegeben von Rolf Tiedemann und Hermann Schweppenhäuser, unter Mitwirkung von Theodor W. Adorno und Gershom Scholem, Frankfurt am Main 1991, Band I: *Abhandlungen*, S. 691–704, hier: S. 696.
10 Während Mary Louise Pratt eine Darstellung des *carguero* zum Symbol imperialer Reisepraxis und Reiseliteratur machte und als Titelmotiv ihrer Studie verwendete (*Imperial Eyes*), schlug Benigno Trigo psychologische und diskursive Erklärungen vor: Humboldt identifiziere sich einerseits mit den Lastenträgern, die ein strapazenreiches Leben in freier Natur verkörperten, während sich ihre Darstellung andererseits mit Ängsten vor Degeneration und Insubordination verbinde. (*Subjects of Crisis. Race and Gender as Disease in Latin America*, Hanover 2000, S. 16–46; Anmerkungen: S. 130–135.)
11 Miguel León-Portilla, »Humboldt, investigador de los códices y la cosmología nahuatl«, in: Marianne O. de Bopp (Hg.), *Ensayos sobre Humboldt*, México 1962,

S. 133–148; Renate Löschner, »Alexander von Humboldt und die mexikanischen Bilderschriften«, in: Hein (Hg.), *Alexander von Humboldt. Leben und Werk*, S. 263–272; zum ›Codex Humboldt‹: *Azteken*, Katalog zur Ausstellung im Martin-Gropius-Bau, Berlin (17. Mai – 10. August 2003), Köln 2003, S. XII; Viola König, »Die Bilderhandschriften: Codices, Lienzos und Mapas«, in: ebd., S. 359–399, Anhang: S. 486–496; Miguel León-Portilla, »Aztekische Codices, Literatur und Philosophie«, in: ebd., S. 64–71.

12 Anne Christine Taylor, »Le concret absolu. Humboldt et l'écriture du monde«, in: Alexander von Humboldt, *Sites des Cordillères et Monuments des Peuples Indigènes de l'Amérique*, herausgegeben von Anne Christine Taylor, Paris 1989, S. VII–XVII.

13 VDC, S. 215.

14 VDC, S. III–IV.

15 VDC, S. 275.

16 VDC, S. III.

17 Oliver Lubrich, Ottmar Ette, »Die Reise durch eine andere Bibliothek, in: Humboldt, *Ansichten der Kordilleren*, S. 407–434; Susan Faye Cannon, *Science in Culture: The Early Victorian Period*, New York 1978, S. 73–110 (»Humboldtian Science«); Hartmut Böhme, »Alexander von Humboldts Entwurf einer neuen Wissenschaft«, in: Peter-André Alt, Alexander Košenina, Hartmut Reinhardt, Wolfgang Riedel (Hg.), *Prägnanter Moment. Studien zur deutschen Literatur der Aufklärung und Klassik*, Würzburg 2002, S. 495–512; Ottmar Ette, *Weltbewußtsein*, S. 204–231; Karlheinz Barck, »›Umwandlung des Ohrs zum Auge‹. Teleskopisches Sehen und ästhetische Beschreibung bei Alexander von Humboldt«, in: Bernhard J. Dotzler, Ernst Müller (Hg.), *Wahrnehmung und Geschichte. Markierungen zur Aisthesis materialis*, Berlin 1995, S. 27–42. – Als ausführliche Darstellung des Buches im Kontext des Humboldt'schen Werkes sei besonders auf den Beitrag von Ette verwiesen (der eine postmoderne Begrifflichkeit vorschlägt: »ikonotextuelle Schreibweise«, »imaginäres Museum der Weltkulturen«, »relationale Logik«, »Serien« und »Subserien«, »mobile Struktur«, »rhizomatische Strukturierungen«, »virtuell unendliche« »Verweissysteme«, »work in progress« und »aktives Publikum«).

18 VDC, S. III.

19 »Humboldt, tu ne sais pas comment se compose un livre; tu écris sans fin; mais ce n'est pas là un livre, c'est un portrait sans cadre.« (»Humboldt, Du weißt nicht, wie man ein Buch verfasst; Du schreibst ohne Ende, aber das ergibt kein Buch, das wird ein Bild ohne Rahmen.«) – Jean-Bernard-Marie-Alexandre Dezos de La Roquette, »Notice sur la vie et les travaux de M. le baron A. de Humboldt«, in: Alexander von Humboldt, *Correspondance scientifique et littéraire*, herausgegeben von

Jean-Bernard-Marie-Alexandre Dezos de La Roquette, Paris 1865, S. I–XXXVI, hier: S. XXXV.

20 VDC, S. I.

21 Wie Humboldt die auktoriale »Ich«-Form vermeidet und die Erzähler- und Protagonisten-Positionen in seinen Reisebeschreibungen pluralisiert, lässt sich, wie bereits die Szene der Abfahrt aus La Coruña andeutete, an seiner *Relation historique du Voyage aux régions équinoxiales du Nouveau Continent* beobachten.

22 VDC, S. 30, 58, 98, 101, 307.

23 Henry Stevens, *The Humboldt Library*, London 1863; Neudruck: Leipzig 1967, S. 656.

24 Friedrich Schlegel, *Reise nach Frankreich* (1803), in: *Europa. Eine Zeitschrift*, herausgegeben von Friedrich Schlegel, Band 1, 1. Stück, Frankfurt am Main 1803, S. 5–40; *Briefe auf einer Reise durch die Niederlande, Rheingegenden, die Schweiz und einen Teil von Frankreich*, in: *Kritische Ausgabe*, Band 4, herausgegeben von Ernst Behler, Paderborn 1959, S. 153–206; »Spuren verloren geglaubter Stämme Israels in Amerika«, in: ebd., Band 7 (1966), S. 477–482.

25 François-René de Chateaubriand, *Itinéraire de Paris à Jérusalem* (1811), herausgegeben von Jean Mourot, Paris 1968.

26 Paul Bowles, *The Sheltering Sky* (1949), London 2006.

27 Elias Canetti, *Die Stimmen von Marrakesch. Aufzeichnungen nach einer Reise* (1967), Frankfurt am Main 2004.

28 Fiedler, Leitner, *Alexander von Humboldts Schriften*, S. 140–142.

29 VDC, S. 1.

30 VDC, S. 2.

31 VDC, S. 1.

32 VDC, S. 1. Im französischen Text: »privilége«.

33 VDC, S. 3.

34 VDC, S. 2.

35 VDC, S. 3.

36 VDC, S. I.

37 VDC, S. III.

38 VDC, S. 1.

39 VDC, S. I.

40 VDC, S. XI.

41 VDC, S. VI. Vgl. Gerbi, *La disputa del Nuovo Mondo*, S. 450–463.

42 Martin Bernal, *Black Athena: The Afroasiatic Roots of Classical Civilization*, Band 1: *The Fabrication of Ancient Greece 1785–1985*; Band 2: *The Archaeological and Documentary Evidence*; Band 3: *The Linguistic Evidence*, New Brunswick 1994, 1996, 2006.

43 VDC, S. XV.

44 Ursula Thiemer-Sachse, »Alexander von Humboldt, die Ureinwohner Lateinamerikas und das Problem des weltweiten Vergleichs«, in: Michael Zeuske, Bernd Schröter (Hg.), *Alexander von Humboldt und das neue Geschichtsbild von Lateinamerika*, Leipzig 1992, S. 38–48.

45 Jorge Cañizares-Esguerra, *How to Write the History of the New World. Histories, Epistemologies, and Identities in the Eighteenth-Century Atlantic World*, Stanford 2001, S. 55–59, 124–129.

46 Paul Kirchhoff, »La aportación de Humboldt al estudio de las antiguas civilizaciones americanas: un modelo y un programa«, in: *Ensayos sobre Humboldt*, herausgegeben von Marianne O. de Bopp, México 1962, S. 89–104; Ignacio Bernal, »Humboldt y la arqueología mexicana«, in: ebd., S. 121–132; Neptalí Zúñiga, »Alexander von Humboldts Beitrag zur Erforschung des vorkolumbischen Amerika«, in: Joachim Heinrich Schultze (Hg.), *Alexander von Humboldt. Studien zu seiner universalen Geisteshaltung*, Berlin 1959, S. 105–122; Renate Löschner, »Alexander von Humboldts Bedeutung für die Altamerikanistik«, in: *Alexander von Humboldt. Leben und Werk*, S. 249–262; Éloise Quiñones Keber, »Humboldt and Aztec Art«, in: *Colonial Latin American Review* 5/2 (1996), S. 277–297.

47 Das *Museo del Templo Mayor* bei der Ausgrabungsstätte des aztekischen Haupttempels von Tenochtitlan, im heutigen Mexiko-Stadt, beginnt seine Ausstellung nicht von ungefähr mit einem Bildnis Humboldts und einem Verweis auf das Werk, das hier zur Diskussion steht. – Charles Minguet, »Une œuvre maîtresse de l'Américanisme: Les Vues des Cordillères ... de Al. de Humboldt«, in: *Vues des Cordillères* (1989), S. I–XIV; Charles Minguet, Jean-Paul Duviols, »Una obra maestra del americanismo: Las Vistas de las cordilleras de Alejandro de Humboldt«, in: Alexander von Humboldt, *Vistas de las Cordilleras y monumentos de los pueblos indígenas de América*, übersetzt von Jaime Labastida, herausgegeben von Jaime Labastida und Charles Minguet, 2 Bände, México 1995, Band 1, S. XI–XVII; Jaime Labastida, *Humboldt, ciudadano universal*, México 1999, S. 99–171; »Humboldt und die mesoamerikanische Welt«, in: *Netzwerke des Wissens*, S. 109; Eduardo Matos Moctezuma, *Las piedras negadas. De la Coatlicue al Templo Mayor*, México 1998, S. 35–44.

48 Thomas Nehrlich, »Buchtypographie um 1800 und 2000 – Alexander von Humboldt und Jonathan Safran Foer«, in: Arne Scheuermann, Francesca Vidal (Hg.), *Handbuch Medienrhetorik*, Berlin 2017, S. 257–289, hier: S. 278.

49 Pratt, *Imperial Eyes*, S. 111–143 (Anmerkungen: S. 239–242), hier: S. 135.

50 Nigel Leask, *Curiosity and the Aesthetics of Travel Writing: 1770–1840. ›From an Antique Land‹*, Oxford 2002, S. 275, 280 f.

51 Ette, *Weltbewußtsein*, S. 215, 224, 225, 227.
52 Labastida, *Humboldt, ciudadano universal*, S. 114.
53 Oliver Lubrich, »Postcolonial Studies«, in: *Literaturtheorien des 20. Jahrhunderts*, herausgegeben von Ulrich Schmid, Stuttgart 2010, S. 351–376.
54 Alexander von Humboldt, *Ueber die Urvölker von Amerika und die Denkmähler welche von ihnen übrig geblieben sind. Anthropologische und ethnographische Schriften*, herausgegeben von Oliver Lubrich, Hannover 2009.
55 Alexander von Humboldt, »Ueber die Urvölker von Amerika und die Denkmähler welche von ihnen übrig geblieben sind« [vorgelesen in der Philomathischen Gesellschaft in Berlin, Januar 1806], in: *Neue Berlinische Monatschrift* 15/3 (März 1806), S. 177–208.
56 Alexander von Humboldt, »Introduction«, in: Leopold von Buch, *Voyage en Norvège et en Laponie, fait dans les anneés 1806, 1807 et 1808* [*Reise durch Norwegen und Lappland*, 2 Bände, Berlin 1810], 2 Bände, übersetzt von Jean Baptiste Benoît Eyriés, Paris 1816, Band 1, S. XV–XXIV.
57 Alexander von Humboldt, »Ueber die bei verschiedenen Völkern üblichen Systeme von Zahlzeichen und über den Ursprung des Stellenwerthes in den indischen Zahlen«, in: *Journal für die reine und angewandte Mathematik* 4 (1829), S. 205–231.
58 Alexander von Humboldt, »Mexicanische Alterthümer«, in: *Annalen der Erd-, Länder- und Völkerkunde* 11/4 (Januar 1835), S. 321–325.
59 Alexander von Humboldt, »Vorwort«, in: Wilhelm von Humboldt, *Über die Kawi-Sprache auf der Insel Java, nebst einer Einleitung über die Verschiedenheit des menschlichen Sprachbaues und ihren Einfluß auf die geistige Entwickelung des Menschengeschlechts*, 3 Bände, Berlin: Königliche Akademie der Wissenschaften/Ferdinand Dümmler 1836, 1838, 1839, Band 1, S. VII–XIV.
60 Alexander von Humboldt, »Ueber die Hochebene von Bogotá«, in: *Annalen der Physik und Chemie* 42 (1838), S. 570–576.
61 Alexander von Humboldt, »Vorwort«, in: *Robert Hermann Schomburgk's Reisen in Guiana und am Orinoko während der Jahre 1835–1839*, herausgegeben von O. A. Schomburgk, Leipzig 1841, S. XV–XXIV.
62 Alexander von Humboldt, »Über einige wichtige Punkte der Geographie Guyana's«, in: *Robert Hermann Schomburgk's Reisen in Guiana und am Orinoko während der Jahre 1835–1839*, herausgegeben von O. A. Schomburgk, Leipzig 1841, S. 1–39.
63 Alexander von Humboldt, »De l'unité native de l'espèce humaine« [übersetzt von H. Faye], in: *Nouvelles annales des voyages, de la géographie et de l'histoire* 3 (1846), S. 112–120.
64 Alexander von Humboldt, »Vorwort«, in: Balduin Möllhausen, *Tagebuch einer Reise vom Mississippi nach den Küsten der Südsee*, Leipzig 1858, S. I–VIII.

65 Alexander von Humboldt, »Ueber die Urvölker ... «, S. 188 f., 207 f. (Hervorhebungen hinzugefügt).
66 Alexander von Humboldt, »Mexicanische Alterthümer«, S. 322 f.
67 Alexander von Humboldt, »Vorwort« zu Balduin Möllhausens *Tagebuch* ..., S. II.
68 VDC, S. 1.
69 VDC, S. 1.
70 Étienne Michon, *L'hermès d'Alexandre dit hermès Azara*, Paris 1906.
71 VDC, S. 2.
72 Ebd.
73 Ebd.

Drittes Kapitel
Schmerzen, Krankheiten und Metaphern: Die Physiologie des Reisens

1 Joseph Conrad, *Heart of Darkness* (1899), herausgegeben von Paul O'Prey, London 1985, S. 38. (»Hüten Sie sich vor Aufregung mehr als vor der sengenden Sonne.«)
2 Zum Überblick: Monika Schmitz-Emans, »Der Körper und seine Bindestriche«, in: *KulturPoetik* 1/2 (2001), S. 275–290; Maren Lorenz, *Leibhaftige Vergangenheit. Einführung in die Körpergeschichte*, Tübingen 2000.
3 Lubrich, Stodulka, Liebal, »Affekte im Feld – Ein blinder Fleck der Forschung?«.
4 Die kognitiven und ästhetischen Funktionen der Sinne (Sehen, Hören, Riechen, Schmecken, Tasten), die in Humboldts Reisebericht beschrieben sind, werden im neunten Kapitel zum Gegenstand einer weiterführenden Untersuchung.
5 »Man kann sich kaum eine angemessene Vorstellung davon machen, wie unbehaglich diese erbärmlichen Boote sind.« (RHV II, S. 268).
6 RHV II, S. 304. Und weiter: »Wir litten sehr unter der Hitze« (RHV I, S. 557), »übermäßige Hitze« (RHV II, S. 200), »unerträglich« (RHV II, S. 201).
7 RHV I, S. 371.
8 Die Anstrengungen sind schlimmer als der Hunger: »in diesem Klima hatten wir vor Erschöpfung überhaupt nur am Abend oder in der Morgenfrische Appetit.« (RHV I, S. 337)
9 »Man konnte weder sprechen noch sein Gesicht entblößen, ohne sogleich den Mund und die Nase voller Insekten zu haben.« (RHV II, S. 289); »ein Kubikfuß Luft ist oft von einer Million geflügelter Insekten erfüllt« (RHV II, S. 347); »ein enges, von *Moskitos* erfülltes Kanu« (RHV II, S. 210).
10 RHV II, S. 342.

11 »Wer die großen Ströme des äquinoktialen Amerika nicht selbst befahren hat [...], wird sich keine Vorstellung machen können, wie man ohne Unterlass [...] von den Insekten gequält werden kann, wie die Vielzahl dieser kleinen Tiere weite Landstriche nahezu unbewohnbar machen kann.« (RHV II, S. 334).

12 Wenn Humboldt auf die Stiche der Insekten zu sprechen kommt, geht sein Text in die Anredeform (»vous«) über: »So sehr man sich auch daran gewöhnt haben mag, den Schmerz klaglos hinzunehmen, und mag man auch seinen Forschungsgegenständen ein noch so lebhaftes Interesse entgegenbringen, so ist es doch unmöglich, nicht fortwährend abgelenkt zu werden durch die *Mosquitos*, die *Zancudos*, die *Jejen* und die *Tempraneros*, die Ihnen die Hände und das Gesicht bedecken, die mit ihrem nadelförmigen langen Saugrüssel die Kleidung durchdringen und die Ihnen Husten- und Niesreiz verursaschen, sobald Sie im Freien zu sprechen beginnen, weil sie in den Mund und die Nasenlöcher geraten.« (RHV II, S. 334 f.)

13 RHV II, S. 336.

14 Die »Feldpostausgabe« ist eine Anthologie einschlägiger Passagen aus dem Reisebericht: Alexander von Humboldt, *In den Urwäldern und Llanos von Südamerika*, herausgegeben von Hans Wohlbold, Köln 1942. Die körperliche Leistung der Expedition ermöglichte es sogar Nationalsozialisten, den liberalen Kosmopoliten, Sympathisanten der Revolution, Kritiker des Kolonialismus, Frankophilen, Homosexuellen und Verteidiger der Judenemanzipation, trotz allem, propagandistisch zu verwerten. Aus einer beträchtlichen Zahl einschlägiger Veröffentlichungen siehe zum Beispiel: Theodor Bohner, »Alexander von Humboldt 1769–1859«, in: Willy Andreas, Wilhelm von Scholz (Hg.), *Die großen Deutschen. Neue Deutsche Biographie*, 4 Bände, Berlin 1936, Band 3, S. 171–185. Vgl. Rupke, *Alexander von Humboldt. A Metabiography*, S. 81–104.

15 RHV II, S. 340, Fußnote.

16 RHV II, S. 338. Vgl. Justin Schmidts »sting pain index« von 1983.

17 RHV II, S. 339.

18 RHV II, S. 349.

19 RHV II, S. 349.

20 RHV II, S. 347 f.

21 RHV II, S. 289.

22 RHV II, S. 376.

23 RHV I, S. 612.

24 Zur Reise als ekstatischer körperlicher Alteritätserfahrung vgl. Gert Mattenklott, *Der übersinnliche Leib. Beiträge zur Metaphysik des Körpers*, Reinbek 1982, S. 163–187 (»Die Wandlung des Reisenden«).

25 RHV I, S. 559.

26 RHV II, S. 271.
27 RHV II, S. 642.
28 RHV II, S. 225; RHV II, S. 250 f.; RHV I, S. 508–510. Ein »Zambo« war nach dem zeitgenössischen Begriff ein Mensch indigener und afrikanischer Abstammung.
29 RHV I, S. 210.
30 RHV I, S. 398.
31 RHV I, S. 445. Bereits Vergil diskutiert in den *Georgica* fremde Klimate unter einem hygienischen Gesichtspunkt: Regionen, die wärmer und fruchtbarer sind, galten als gefährlich.
32 RHV I, S. 293.
33 RHV II, S. 103.
34 Die Körperlichkeit des Reisens steht im Gegensatz zur rhetorischen Zurücknahme und zur wechselhaften Konstruktion der Figur des Reisenden als Erzähler und Protagonist.
35 Vgl. Alexander von Humboldt, »Jagd und Kampf der electrischen Aale mit Pferden«, in: *Annalen der Physik* 25/1 (1807), S. 34–43.
36 RHV II, S. 178, und weiter: »Mit jedem Stich glaubt man, ein inneres Zittern zu verspüren, das zwei bis drei Sekunden andauert und von einer schmerzhaften Schwellung gefolgt wird.« – »Den Rest des Tages wurde ich von einem lebhaften Schmerz in den Knien und in fast sämtlichen Gelenken geplagt.« (RHV II, S. 179)
37 »Die Empfindung, welche die schwachen Regungen eines Gymnoten auslösen, schien mir dem schmerzhaften Zucken sehr vergleichbar zu sein, das mich jedesmal erfasste, wenn ich mit zwei verschiedenen Metallen in Berührung kam, die auf Wunden gelegt wurden, welche ich mir mithilfe von Kanthariden auf dem Rücken zugefügt hatte.« (RHV II, S. 179) Vgl. Alexander von Humboldt, »Ueber die gereitzte Muskelfaser«, in: *Neues Journal der Physik* 2/2 (1795), S. 115–129; *Versuche über die gereizte Muskel- und Nervenfaser nebst Vermuthungen über den chemischen Process des Lebens in der Thier- und Pflanzenwelt*, 2 Bände, Posen/Berlin 1797.
38 Alexander von Humboldt, »War Poison of the Indians«, in: *Philosophical Magazine and Journal* 58 (1821), S. 231–234. Eduardo Galeano, *Memoria del fuego*, 3 Bände, Band 2: *Las caras y las máscaras*, México 1984, S. 108–109.
39 RHV II, S. 551.
40 RHV I, S. 612, vgl. auch RHV II, S. 434.
41 Als Fremd- und Entgrenzungserfahrungen werden Reisen und Drogen assoziiert; zum Beispiel bei Ernst Jünger, der sich in seinem Drogenbuch mit dem »Orient« und mit Mexiko auseinandersetzt: *Annäherungen. Drogen und Rausch*, in: *Sämtliche Werke*, 18 Bände, Band 11, Stuttgart 1978, S. 223–274 und S. 337–415.

42 RHV II, S. 620 f. Zu Humboldts ethnographischen Studien über die Instrumente (vor allem Hühnerbeine), mit denen die »Eingeborenen« Rauschmittel zu sich nahmen, vgl. die klassische Studie des kubanischen Anthropologen Fernando Ortiz, *Contrapunteo Cubano del Tabaco y el Azúcar (Advertencia de sus contrastes agrarios, económicos, históricos y sociales, su etnografía y su transculturación)*, Havanna 1940, S. 180–185.

43 »[D]as Rauchen von Tabak ist ein ausgezeichnetes Rauschmittel« (RHV II, S. 622); »*Palmenwein*; [...] weniger süß, aber alkoholhaltiger« (RHV III, S. 533); »Das Opium, welches nicht nahrhaft ist« (RHV II, S. 615, vgl. RHV II, S. 551).

44 RHV II, S. 513.

45 RHV I, S. 529.

46 Über Humboldts mögliche Homosexualität ist wiederholt spekuliert worden. Aber sofern die sexuelle Orientierung des Autors überhaupt eine Rolle spielen sollte, lässt sich keine ›Homotextualität‹ im Reisebericht ausmachen. Hans Christoph Buch hat allerdings eine entsprechende Allegorie in Humboldts Jugendschrift vom »Rhodischen Genius« erkannt: *Die Nähe und die Ferne. Bausteine zu einer Poetik des kolonialen Blicks*, Frankfurt am Main 1991, S. 35–50.

47 Trigo, *Subjects of Crisis*.

48 RHV I, S. 43.

49 RHV I, S. 109. Präfreudianische Psychologie (etwa Robert Burtons *Anatomy of Melancholy*, 1621) und nachfreudianische Neuropsychologie betrachten die Melancholie beziehungsweise die Depression als physiologisch bedingte Pathologie. (Vgl. *Diagnostische Kriterien DSM-5*, herausgegeben von Peter Falkai und Hans-Ulrich Wittchen, Göttingen 2015, hier: »Depressive Störungen«, S. 109–134.)

50 Bereits vor dem Antritt der Reise hatte Humboldt bemerkt, dass »große körperliche Anstrengung mich so schnell aufheitert«. (Brief an Archibald Maclean, Freiberg, 6. November 1791, in: *Die Jugendbriefe 1787–1799*, herausgegeben von Ilse Jahn und Fritz G. Lange, Berlin 1973, S. 157.)

51 RHV I, S. 224.

52 Gerbi, *La disputa del Nuovo Mondo*; Loetscher, »Humboldt und die Rehabilitierung eines Kontinentes«.

53 RHV I, S. 217.

54 RHV I, S. 451, 557.

55 Im Tagebuch notiert Humboldt (zum Aufstieg auf den Chimborazo, im Original auf Französisch): »Wenn man drei Jahre unter den Tropen gelebt hat, entwickelt man eine Empfindlichkeit für Kälte, daß einem $-1°$ vorkommen wie $-24°$, wie ich sie in Bayreuth 1795 im Freien selbst gespürt habe. Unsere Haare, unsere Bärte,

unsere Brauen waren vereist.« (Alexander von Humboldt, *Reise auf dem Río Magdalena, durch die Anden und Mexico*, Band 1, S. 220.)

56 »Ein Preuße, ein Pole, ein Schwede sind, wenn sie auf den Inseln oder dem Festland ankommen, anfälliger als ein Spanier, ein Italiener und sogar ein Südfranzose.« (RHV I, S. 217)

57 Auch im Folgenden werden die Hervorhebungen hinzugefügt.

58 Nicht nur Phänomene der Geologie und der Botanik, sondern auch Tiere werden vermenschlicht, besonders solche, die schon im Altertum ästhetisiert wurden. So finden etwa Delfine *Gefallen* daran, einem Boot zu folgen: »Scharen von Tümmlern hatten Spaß daran [...]« (RHV I, S. 532).

59 RHV I, S. 434. Humboldt verwendet hier nicht das gängige Bild vom »Buch« der Natur, sondern bleibt im Register der Körperlichkeit. (Hans Blumenberg, »Ein Buch von der Natur wie ein Buch der Natur«, in: *Die Lesbarkeit der Welt*, Frankfurt am Main 1983, S. 281–299.)

60 RHV I, S. 630.

61 RHV I, S. 128.

62 RHV II, S. 513.

63 RHV II, S. 495.

64 Pratt, *Imperial Eyes*, S. 111–143 (Anmerkungen: S. 239–242).

65 Zur Sexualität von »Kolonialphantasien« vgl. Susanne Zantop, *Colonial fantasies: conquest, family, and nation in precolonial Germany, 1770–1870*, Durham 1997.

66 RHV III, S. 479.

67 »in der politischen wie in der physischen Gestaltung hängt das allgemeine Wohlergehen von einer gleichmäßigen Verteilung des Lebens ab« (RHV III, S. 481).

68 RHV III, S. 570.

69 RHV III, S. 151.

70 RHV I, S. 191.

71 Der Begriff der »Nation« (*natio, nascere*) entstand zusammen mit ihrer körperlichen Bildlichkeit. (Alexander Demandt, *Metaphern für Geschichte. Sprachbilder und Gleichnisse im historisch-politischen Denken*, München 1978, hier über organische Metaphern: S. 17–123, zum Zusammenhang von Nation/*natio*/*nascere* mit körperlicher Bildlichkeit: S. 28.) Indem er eine solche Bildlichkeit auf die Kolonien überträgt, bringt Humboldt sie in Konflikt mit der kolonialen Ideologie.

72 Zur familialen Struktur von »Kolonialphantasien« vgl. Zantop, *Colonial fantasies*, S. 99–161 (»Colonial Families«).

73 Alain Corbin, *Pesthauch und Blütenduft. Eine Geschichte des Geruchs*, übersetzt von Grete Osterwald, Berlin 1984, S. 95–98: »Die Disqualifizierung des Moschusgeruchs«.

74 So schreibt Friedrich Schiller in der Regieanweisung zum ersten Auftritt des Hofmarschalls von Kalb in *Kabale und Liebe* (1784), I. Akt, 6. Szene, dieser »breitet einen Bisamgeruch über das ganze Parterre«, und macht damit einen Witz, der offenbar verstanden werden konnte. (*Sämtliche Werke*, 5 Bände, herausgegeben von Gerhard Fricke und Herbert G. Göpfert, Darmstadt 1987, Band 1, S. 771.)

75 RHV III, S. 221 (Hervorhebung hinzugefügt).

76 RHV I, S. 90 (Hervorhebung hinzugefügt).

77 RHV I, S. 306.

78 RHV III, S. 175 (Hervorhebung hinzugefügt).

79 Eine selektive Lektüre kann Stellen wie diese als Indizien einer kolonialen Struktur herausgreifen.

80 Luis Armando Roche (Regie), *Aire libre*, Venezuela 1996; vgl. das Drehbuch von Jacques Espagne und Luis Armando Roche, *Aire libre (Passage des hommes libres)*, Mérida 1996, S. 97–100.

81 Etwa auch: »die Hautfarbe ändert sich« (RHV I, S. 501, vgl. RHV I, S. 465).

82 RHV I, S. 466. Und auch RHV I, S. 468: »die Bewegungen der Seele spiegeln sich in den Zügen«.

83 RHV II, S. 275. Die Chaymas, zum Beispiel, haben einen »Sprachfehler«, einen »défaut de prononciation« (RHV I, S. 485): Sie artikulieren anstelle des »R« ein »L«.

84 RHV I, S. 497.

85 RHV I, S. 486.

86 RHV I, S. 501.

87 RHV I, S. 498.

88 RHV II, S. 235.

89 RHV II, S. 258; vgl. II, S. 235, II, S. 258–264, II, S. 240.

90 Rex Clark, Oliver Lubrich (Hg.), *Cosmos and Colonialism. Alexander von Humboldt in Cultural Criticism*, New York/Oxford 2012, S. 86 f.

91 »the principle, long ago insisted on by Humboldt, that man admires and often tries to exaggerate whatever characters nature may have given him«. Charles Darwin, *The Descent of Man, and Selection in Relation to Sex* [1871, hier: 2. Auflage, 1879], mit einer Einführung von James Moore und Adrian Desmond, London 2004, S. 649 f. Die Fußnote nach »long ago insisted on by Humboldt« enthält folgende Angaben: »›Personal Narrative‹ Eng. translat. vol. iv. p. 518, and elsewhere. Mantegazza, in his ›Viaggi e Studi‹ 1867, strongly insists on this same principle.« – In Humboldts *Relation historique* (II, S. 262) lautet die Formulierung im Original wie folgt: »cette tendance qu'ont les peuples d'attribuer l'idée de la beauté à tout ce qui caractérise leur physionomie nationale. [...] Ils se croient d'autant plus embellis,

qu'ils rendent plus prononcés les traits caractéristiques de leur race ou de leur conformation nationale.«

92 Darwin ist sich dabei nicht sicher, wie absichtsvoll und wie universell solche Modifikationen bei »barbarous nations« vollzogen werden: »Humboldt thinks that the American Indians prefer colouring their bodies with red paint in order to exaggerate their natural tint; and until recently European women added to their naturally bright colours by rouge and white cosmetics; but it may be doubted whether barbarous nations have generally had any such intention in painting themselves.« (Darwin, *The Descent of Man*, S. 651.) – RHV II, S. 262: »Des hommes dont la peau est naturellement d'un rouge tirant sur le brun, aiment la couleur rouge.«

93 »In South America, as Humboldt remarks, ›a mother would be accused of culpable indifference towards her children, if she did not employ artificial means to shape the calf of the leg after the fashion of the country.‹ In the Old and New Worlds the shape of the skull was formerly modified during infancy in the most extraordinary manner, as is still the case in many places, and such deformities are considered ornamental. For instance, the savages of Colombia deem a much flattened head ›an essential point of beauty‹.« Darwin, *The Descent of Man*, S. 641. Fußnote nach »the savages of Colombia«: »›The Nile Tributaries,‹ 1867; ›The Albert N'yanza,‹ 1866, vol. i. p. 218.« Fußnote nach »›an essential point of beauty.‹«: »Quoted by Prichard, ›Phys. Hist. of Mankind,‹ 4th edit. vol. i. 1851, p. 321.« – RHV II, S. 235: »une mère seroit accusée d'une coupable indifférence envers ses enfans, si, par des moyens artificiels, elle ne cherchoit pas à leur façonner le mollet de la jambe à la mode du pays.«

94 »The extravagance of the naked Indians of South America in decorating themselves is shewn ›by a man of large stature gaining with difficulty enough by the labour of a fortnight to procure in exchange the *chica* necessary to paint himself red‹.« Darwin, *The Descent of Man*, S. 640. Fußnote nach dem Zitat: »Humboldt, ›Personal Narrative,‹ Eng. translat. vol. iv. p. 515; on the imagination shewn in painting the body, p. 522; on modifying the form of the calf of the leg, p. 466.« – RHV II, S. 260: »un homme d'une grande stature gagne à peine, par le travail de deux semaines, de quoi se procurer, par échange, le *Chica* nécessaire pour se peindre en rouge.«

95 Heinrich Berghaus' *Physikalischer Atlas* (1845–1848) zu Humboldts *Kosmos* enthält eine thematische Weltkarte der Kleidermoden, die »Nacktheit« von Bekleidung mit »Thierfellen«, »Thierwolle«, »Baumwolle« und anderen »Pflanzenzeügen« unterscheidet (Tafel VII.3). (Herausgegeben von Ottmar Ette und Oliver Lubrich, Frankfurt am Main 2004.)

96 »›If painted nations,‹ as Humboldt observes, ›had been examined with the same attention as clothed nations, it would have been perceived that the most fertile

imagination and the most mutable caprice have created the fashions of painting, as well as those of garments.‹« Darwin, *The Descent of Man*, S. 640 f. – RHV II, S. 263 f.: »Si les *peuples peints* avoient été examinés avec la même attention que les *peuples vêtus*, on auroit reconnu que l'imagination la plus féconde et le caprice le plus mobile ont créé les usages de la peinture comme ceux des vêtemens.«

97 Winfried Menninghaus, *Wozu Kunst? Ästhetik nach Darwin*, Berlin 2011, hier v. a. das Kapitel »Neuheit, Übertreibung, Variation um der Variation willen, Symmetrie/Rhythmus, friedliche Konkurrenz«, S. 34–57, hier: S. 37.

98 RHV I, S. 469.

99 RHV I, S. 470.

100 RHV III, S. 7.

101 RHV III, S. 7.

102 RHV III, S. 34.

103 Die Verpflegung ist unter pragmatischen Gesichtspunkten ein wiederkehrendes Thema des Reiseberichts. Bereits die Flüssigkeitsaufnahme stellt eine ernste Herausforderung dar: »andauernd quält einen der Durst, man lässt sich dazu herab, aus einem Fluss zu trinken, der 27 bis 28 Grad warm ist, wenigstens wünschte man sich, dass derart warmes und sandiges Wasser frei von Geruch wäre« (RHV II, S. 256). Humboldt trinkt Binnenseewasser (nicht salzig, RHV II, S. 81), Quellwasser (geschmacksneutral, RHV II, S. 85) oder Flusswasser (die sogenannten »schwarzen Wasser« seien die »schmackhaftesten«, RHV II, S. 386); häufig ist das aber ziemlich widerwärtig: »Das Wasser des Flusses hatte einen Moschusgeruch und einen äußerst unangenehmen süßlichen Geschmack.« (RHV II, S. 255) Angenehmer sind Säfte, zum Beispiel aus der Frucht einer Palme, »der wie Mandelmilch schmeckt« (RHV II, S. 370), Infusionen, etwa aus einer getrockneten Lianenpaste (RHV II, S. 432), oder Limonaden, die mit der Pevetera-Frucht (»die Damen von Caracas verwenden sie, um ein Wasser von überaus angenehmem Geschmack zuzubereiten« (RHV I, S. 605), oder gezuckert mit Zitronen, »grenadilles« und »fruits de Passiflores« hergestellt werden (RHV II, S. 357). Humboldts Diät bestand aus Fisch und Bananen (RHV I, S. 338) oder Kakao mit Flusswasser: »Wir fanden heraus, dass wir, indem wir kleine Mengen von geriebenem Kakao trocken und ohne Zucker aßen und dazu viel Flusswasser tranken, für mehrere Stunden den Appetit vertreiben konnten. Die Ameisen und die *Moskitos* beschäftigten uns mehr als die Feuchtigkeit und der Nahrungsmangel.« (RHV II, S. 512)

104 Zum Thema der Verpflegung vgl. Santiago Daydí-Tolson, »La comida, necesidad del viajero, en los escritos de Alexander von Humboldt«, Vortrag auf der *Alexander von Humboldt Conference*, Humboldt State University, Arcata (USA), 22. Juni 2001.

105 RHV II, S. 217.

106 RHV II, S. 613. Vgl. Alexander von Humboldt, »Sur les peuples qui mangent de la terre«, in: *Annales des voyages, de la géographie et de l'histoire*, herausgegeben von Malte-Brun, Band 2, 2. Auflage, Paris 1809, S. 248–254.
107 RHV II, S. 227.
108 RHV II, S. 227.
109 RHV II, S. 473.
110 RHV II, S. 473.
111 »Auszüge aus einigen Briefen des Frhrn. Alex. v. Humboldt an den Herausgeber«, in: *Allgemeine Geographische Ephemeriden* 22 (1807), S. 107–112. Dem Künstler, der die Zeichnung ausfertigte, Gottlieb Schick, bescheinigt Humboldt, »sehr treu« gearbeitet zu haben. »Ich zeigte ihm kleine Skizzen, welche ich selbst an Ort und Stelle mit wenigen Linien entworfen. Nach diesen und nach meiner Erzählung entstand jene Zeichnung, welche in der That im Detail so genau ist, als man es von Darstellungen einer so großen Natur verlangen kann.« (S. 109)
112 Ebd., S. 109.
113 Ebd., S. 112.
114 RHV II, S. 556.
115 RHV II, S. 504.
116 RHV II, S. 504.
117 Robert Musil, »Der deutsche Mensch als Symptom« (1923), in: *Gesammelte Werke*, 2 Bände, herausgegeben von Adolf Frisé, Band 2: *Prosa und Stücke. Kleine Prosa, Aphorismen. Autobiographisches. Essays und Reden. Kritik*, Reinbek 1978, S. 1353–1400, hier: S. 1372–1375.
118 Immanuel Kant, *Kritik der Urteilskraft*, in: *Werkausgabe*, Band 10, herausgegeben von Wilhelm Weischedel, Frankfurt am Main 1992, S. 246–249 (§48: »Vom Verhältnisse des Genies zum Geschmack«), insbesondere: S. 247 f., hier: S. 248.
119 Winfried Menninghaus, *Ekel. Theorie und Geschichte einer starken Empfindung*, Frankfurt am Main 1999.
120 Stephen Greenblatt beschreibt den Ekel als eine soziale, historisch und kulturell bedingte Abwehrreaktion gegen eine Andersheit, die als unerträglich empfunden wird: »Filthy Rites«, in: *Learning to Curse. Essays in Early Modern Culture*, New York/London 1992, S. 59–79.
121 Karl Rosenkranz, *Ästhetik des Häßlichen* (1853), Leipzig 1990, S. 252–260 (»Das Ekelhafte«), unternahm den Versuch, den Ekel im Hinblick auf seine Auslöser allgemein zu bestimmen, nämlich als »ein Totes, was der Organismus von sich ausscheidet« (S. 252). An derselben Stelle (S. 252 f.) diskutiert er die Frage, ob sich Ekel auch auf die anorganische Natur beziehen könne, anhand des 41. Kapitels von Humboldts

Vues des Cordillères et monumens des peuples indigènes de l'Amérique, S. 239–241, wo das Phänomen der Schlammvulkane verhandelt wird: »Volcans d'air de Turbaco«.

122 RHV III, S. 42: »Der Stamm der Koriäken, an der gegenüberliegenden Küste im nördlichen Asien, gewinnt aus dem berauschenden Saft des *agaricus muscarius* (Fliegenpilz) ein Getränk. Dieser Saft (wie jener des Spargels) verursacht sogar dann noch einen Rausch, wenn er bereits durch den menschlichen Körper hindurchgegangen ist. Daher trinkt dieser armselige und elende Stamm, damit er umso seltener bei Verstand ist, immer wieder den eigenen Urin: Indem sie dauernd Harn lassen und dabei stets von Neuem diesen Saft schöpfen (hier sollte man meinen, die ganze Welt sei betrunken), gelingt es ihnen, mit nur ganz wenigen Pilzen am Tag einen fünffachen Rausch hervorzurufen.« (Im Original kursiv, Übersetzung: Oliver Lubrich und Yahya Elsaghe.) Thema, Vokabular und Stil dieser Passage sind offenbar eine Reminiszenz an die völkerkundlichen Ausführungen bei Caesar (*De bello Gallico*) und Tacitus (*Germania*).

123 RHV III, S. 42.

124 Die Kultur wird von der Umwelt beeinflusst. »Bei den meisten Tieren ebenso wie beim Menschen nimmt das Feingefühl der Sinne mit langer Unterdrückung und mit den Gewohnheiten, die durch Sesshaftigkeit und kulturelle Fortschritte entstehen, ab.« (RHV II, S. 162.) Humboldt diskutiert einen Einfluss der Ernährung »auf die Verfassung der Organe des Menschen« (RHV II, S. 614). Die kulturelle Praxis trägt zur physischen Individualisierung bei: »die Geisteskultur trägt am meisten dazu bei, die Züge vielseitiger zu gestalten« (RHV I, S. 468). Völker wie Individuen, »les peuples comme les individus«, entwickeln sich entsprechend »ihrem Nationalcharakter und ihrer natürlichen Lage« (RHV III, S. 440). Die Folge ist Diversität: Menschen und Völker »haben physische und moralische Verfassungen, die so unterschiedlich sind wie das Klima, in dem sie leben«. (RHV III, S. 149). »Dieser enge Zusammenhang von Sprachen, Charakter und Physis bewahrt und befördert die Vielfalt der Völker« (RHV I, S. 464).

125 RHV I, S. 486.

126 Einige Illustrationen der *Vues des Cordillères*, die nach Humboldts Entwürfen ausgeführt wurden, enthalten bildliche Darstellungen europäischer und indigener Körper. Die *Indígenas* werden in der Regel halbnackt dargestellt, die europäischen Reisenden vollständig bekleidet (Tafeln 5, 17, 22 und 41, 63). Während die Europäer als romantische Wanderer oder geradezu als ›Touristen‹ erscheinen (Tafeln 34 und 42), werden die Indigenen in ihrer teilweisen Nacktheit jedoch keineswegs als ›Wilde‹, sondern klassizistisch, wie antike Griechen inszeniert (Tafel 31). Diese Ikonographie der Körper ist mit der dramatischen Vorstellung vom moskitozerstochenen Orinoco-Fahrer, der mit elektrischen Aalen gefährliche Selbstversuche unternimmt, aber auch mit

dem Stereotyp vom naturhaften ›Eingeborenen‹ kaum in Übereinstimmung zu bringen. In der Körperdarstellung wird der Klassizismus jedenfalls nicht auf den reisenden Europäer, sondern auf die Fremden bezogen.
127 RHV I, S. 226.
128 »Le nègre étoit un jeune homme de dix-huit ans, très-robuste, et né sur la côte de Guinée. Un séjour de quelques années sur le plateau des Castilles avoit donné à son organisation ce degré d'excitabilité qui rend les miasmes de la zone torride si dangereux pour les habitans des pays septentrionaux.« (»Der Neger war ein junger Mann von achtzehn Jahren, sehr robust, geboren an der Küste von Guinea. Ein mehrjähriger Aufenthalt auf der spanischen Hochebene hatte seiner Verfassung jenen Grad von Reizbarkeit verliehen, der die Miasmen der heißen Zone so gefährlich macht für die Bewohner der Länder des Nordens.«) (RHV I, S. 293)
129 RHV I, S. 445.
130 RHV II, S. 341.
131 William Shakespeare, *The Merchant of Venice*, Arden Edition, herausgegeben von J. R. Brown, London 1994, 3. Akt, 1. Szene, Verse 52–66.
132 Espagne und Roche, *Aire libre* (Drehbuch), S. 96.
133 RHV II, S. 262.
134 RHV II, S. 262.
135 RHV II, S. 263.
136 RHV II, S. 264.

Viertes Kapitel
»Überall Ägypter«: Amerikanischer Orientalismus

1 William Shakespeare, *The Tempest*, Arden Edition, herausgegeben von Frank Kermode, London 1994, 3. Akt, 3. Szene, Verse 26 f. (»Reisende haben nie gelogen, auch wenn Narren zu Hause sie verurteilen.«)
2 Zum biographischen Zusammenhang, beispielsweise: Hanno Beck, *Alexander von Humboldt*, 2 Bände, Wiesbaden 1959/1961, Band 1, S. 110–119; Lotte Kellner, *Alexander von Humboldt*, London 1963, S. 26–28; Adolf Meyer-Abich, *Alexander von Humboldt* [1967], Reinbek 1995, S. 52 und S. 62; Douglas Botting, *Humboldt and the Cosmos*, New York 1973, S. 53–61; Kurt-R. Biermann, *Alexander von Humboldt* [1979], Leipzig 1990, S. 41; Kurt Schleucher, *Alexander von Humboldt. Der Mensch – Der Forscher – Der Schriftsteller*, Darmstadt [1984], S. 146–153; Werner Biermann, *»Der Traum meines ganzen Lebens«. Humboldts amerikanische Reise*, Berlin 2008, S. 75–84; Manfred

Geier, *Die Brüder Humboldt. Eine Biographie*, Reinbek 2009, S. 209 f.; Andrea Wulf, *The Invention of Nature. Alexander von Humboldt's New World*, New York 2015, S. 41–44; Rüdiger Schaper, *Alexander von Humboldt. Der Preuße und die neuen Welten*, München 2018, S. 80–83; Maren Meinhardt, *A Longing for Wide and Unknown Things. The Life of Alexander von Humboldt*, London 2018, S. 106–114.

3 Zur chronologischen Rekonstruktion: Biermann, Jahn, Lange, *Alexander von Humboldt. Chronologische Übersicht über wichtige Daten seines Lebens*, S. 20–22. Als Selbstzeugnisse: Alexander von Humboldt, *Aus meinem Leben. Autobiographische Bekenntnisse*, herausgegeben von Kurt-R. Biermann, München 1987, S. 56–59 (»Meine Bekenntnisse«), S. 65–69 (»Mein Aufbruch nach Amerika«), S. 95–98 (»Aus meinem Leben«).

4 Am 12. April 1798 wird der französische Orientfeldzug im Direktorium beschlossen; am 12. Mai trifft Alexander von Humboldt in Paris ein; eine Woche später sticht die Expeditionsstreitmacht von Toulon aus in See; während die Franzosen nach Ägypten übersetzen, am 1. Juli in Alexandria landen, am 21. Juli die Mamelucken bei den Pyramiden schlagen, drei Tage später in Kairo einziehen und anschließend den Krieg in Ägypten und in Syrien fortsetzen, bleibt Humboldt zunächst in der französischen Hauptstadt, bis er am 28. Oktober mit Bonpland nach Marseille aufbricht, wo die beiden sechs Wochen lang vergeblich auf die Möglichkeit einer Überfahrt warten und Exkursionen unternehmen, unter anderem nach Toulon; am 15. Dezember brechen sie nach Spanien auf, am 5. Juni 1799 schiffen sie sich in La Coruña nach Amerika ein.

5 Said, *Orientalism*, S. 73–92.

6 RHV I, S. 42.

7 Ausdrücklich werden Napoleon Bonaparte und die Ägypten-Expedition erst im dritten Band des Reiseberichts auf Seite 139 erwähnt. (Dieser Band erschien 1825–1831, als der ehemalige Kaiser längst, im Jahr 1821, auf Saint Helena verstorben war.)

8 Ein Biograph pointiert Humboldts orientalisches Projekt folgendermaßen: »Der orientalische Traum blühte hektischer als zuvor. [...] Alexanders Blick blieb auf Ägypten fixiert, auf Napoleon. Waren es nur Gerüchte, daß Napoleon zu einem Vertrauten gesagt haben sollte: wenn alles gelungen sei, wolle er nach Indien marschieren? Indien, Ostindien! Nach wie vor eines der Humboldtschen Traumziele. Der Orient regte seine Einbildungskraft an, ebenso die Napoleons. Der General war – wie zum Symbol – auf dem Schiff ›Orient‹ nach Ägypten gesegelt. [...] Doch: nie wird Napoleon nach Indien gelangen, nie Humboldt.« (Schleucher, *Alexander von Humboldt. Der Mensch – Der Forscher – Der Schriftsteller*, S. 149.)

9 Kolumbus hatte, wie Humboldt ausführt, Amerika tatsächlich mit dem Orient verwechselt: »Colomb, séduit par la vivacité de son imagination, crut entendre parler de

la Chine (Catay) et de la rivière du Ganges.« (»Verleitet durch die Lebhaftigkeit seiner Einbildungskraft, meinte Kolumbus, vernommen zu haben, dass die Rede von China (Catay) und vom Fluß Ganges war.«) (RHV III, S. 162) »Die Beschreibungen der Schätze von Catay und Cipango, der *Himmlischen Stadt* von Quinsay und der Provinz Mango, die seine Sehnsucht in jungen Jahren entflammt hatten, verfolgten ihn wie Gespenster bis ans Ende seiner Tage. Als er auf seiner vierten und letzten Reise die Küsten von Cariay (Poyais oder *Mosquito-Coast*), von Veragua und vom Isthmus ansteuerte, dachte er, er nähere sich dem Ganges.« (RHV III, S. 539 f.) Humboldt kommt sogar auf den Versuch seines Vorgängers zu sprechen, Amerika schriftlich als Orient zu dokumentieren, ohne dabei indes sein eigenes Orient-Projekt zu erwähnen: »Am Ende des fünfzehnten und zu Beginn des sechzehnten Jahrhunderts hielt Europa die Teile der Neuen Welt, die von Kolumbus, Ojeda, Vespucci und Rodrigo de Bastidas entdeckt worden waren, für vorgelagerte Kaps jener weiten Landmasse von Indien und Ostasien, deren ungeheure Reichtümer an Gold und Diamanten, Perlen und Gewürzen in den Berichten von Benjamin von Tudela, von Rubriquis, von Marco Polo und von Mandeville gerühmt worden waren. Seine Einbildungskraft voll von diesen Berichten, ließ Kolumbus am 12. Juni 1494 notariell ein Schriftstück aufsetzen, in welchem 60 seiner Gefährten, Seeleute, Matrosen und Mitreisenden, an Eides Statt beurkundeten, dass die Südküste von Kuba zum indischen Kontinent gehöre.« (RHV III, S. 539)

10 Auf den Kreuzzugscharakter der *Conquista* spielt Alexander von Humboldt an, indem er von der Begeisterung der Spanier und Portugiesen für das »Zeichen des Kreuzes« spricht, das deren Vorfahren »dans les déserts du nouveau monde«, »in den Wüsten der neuen Welt« (RHV I, S. 209) aufgepflanzt hätten, wobei das einschlägige Wort »Wüste« die Assoziation Amerikas mit dem Land der Mauren noch bildlich verstärkt. Auch einzelne missionarische Expeditionen innerhalb der ›Neuen Welt‹ bezeichnet Humboldt als Kreuzzug. Und er weist darauf hin, dass schon Kolumbus das in den Kolonien gewonnene Gold zum Wiederaufbau von Jerusalem einsetzen wollte (RHV I, S. 618). – Zum Konnex von *Reconquista*, *Conquista* und Kreuzzug vgl. Carlos Fuentes, *El espejo enterrado*, México 1992, S. 55–97.

11 Der Beiname »segundo descubridor« – als Variation eines Zitats von Simón Bolívar über Humboldt als »*wahren* Entdecker« Amerikas – wird dem Kubaner José de la Luz y Caballero (1800–1862) zugeschrieben. (Vgl. Ingo Schwarz, »Acerca de la historia de la dedictoria ›Al segundo descubridor de Cuba. La Universidad de la Habana, 1939‹ en el monumento a Alejandro de Humboldt en Berlín«, in: *Alejandro de Humboldt en Cuba*, herausgegeben von Frank Holl, Augsburg 1997, S. 103–109.)

12 Vgl. Ottmar Ette, »Entdecker über Entdecker: Alexander von Humboldt, Cristóbal Colón und die Wiederentdeckung Amerikas«, in: Titus Heydenreich (Hg.), *Columbus*

zwischen zwei Welten. Historische und literarische Wertungen aus fünf Jahrhunderten, Frankfurt am Main 1992, S. 401–439.
13 RHV I, S. 42.
14 Abgesehen von Napoleons Feldzug bringt Humboldt seine Forschungsreise mit weiteren Expeditionen in Verbindung. Zu den literarischen Orientreisen seiner Zeit gehört die von François-René de Chateaubriand (1806–1807, veröffentlicht 1811): *Itinéraire de Paris à Jérusalem*. Es folgten, zu Humboldts Lebzeiten, Alphonse de Lamartine (1832–1833), Gérard de Nerval (1843) und Gustave Flaubert (1849–1850).
15 RHV I, S. 104. Überhaupt hat der orientalische Diskurs im Reisebericht bereits auf den Kanarischen Inseln eine Art Prolog. Als er die Mumien (»momies«) im Grab der Guanchen auf Teneriffa untersucht, vergleicht Humboldt deren Schädelform mit jener der »anciens Égyptiens«. Mit einem weiteren Volk des ›Orients‹, »les Berbers«, erwägt er sprachliche Übereinstimmungen, die auf »frühe Verbindungen« mit den Inselbewohnern schließen lassen (»des liaisons anciennes«). (RHV I, 192 f.)
16 RHV I, S. 373. Diese Inszenierung hebt der Reisende in seinem Bericht hervor, indem er sie später wiederholt: »diese Ajupas, die man *Häuser des Königs* nennt und die, wie ich schon sagte, den Reisenden als *Tambo* oder Karavanserai dienen« (RHV I, S. 441 f.).
17 RHV III, S. 32.
18 RHV II, S. 153.
19 RHV II, S. 539.
20 An anderer Stelle spricht Humboldt von »la Mésopotamie entre le Rio Negro et le Jupura« (RHV II, S. 463).
21 Dass Stereotype auch analytisch gebraucht werden können, wird noch deutlich werden. Die Referenz auf »Mumien« und »Hieroglyphen« steht hier jedoch nicht in einem Zusammenhang mit einer Untersuchung von Totenkulten oder Aufschreibsystemen.
22 RHV II, S. 477.
23 RHV II, S. 429.
24 Dies zweimal in abweichender Schreibweise: »Les Caribes, qu'on peut considérer comme les Boukhares du Nouveau-Monde« (RHV II, S. 482); »Les Caribes voyageurs étoient les Bukhares de l'Amérique équinoxiale« (RHV III, S. 20).
25 RHV III, S. 28.
26 RHV II, S. 199.
27 RHV II, S. 199.
28 RHV II, S. 92.
29 RHV II, S. 93.
30 RHV II, S. 319.

31 RHV III, S. 155.
32 RHV II, S. 454.
33 Bereits der Pic von Teneriffa wird an mehreren Stellen als Pyramide beschrieben, etwa als »pyramide colossale du Pic« (RHV I, S. 125). Auch der Pic des Guácharo, »la grande pyramide du Guacharo« (RHV I, S. 435), ist »comme une pyramide inclinée« (RHV I, S. 441). Und: »Das *Castillo de San Lázaro* nimmt sich von Weitem wie eine große Steinpyramide aus; von Nahem besehen, sind seine Befestigungen allerdings weniger großartig.« (RHV III, S. 551) An anderer Stelle findet es Humboldt bemerkenswert, dass sich ein Berg gerade *nicht* als Pyramide auffassen lässt: »Point de forme pyramidale« (RHV II, S. 41). In Caracas spricht er von »les deux dômes ou pyramides arrondies de la Silla« (RHV I, S. 580) und führt mit dem Bild des »Doms« eine alternative architektonische Metaphorik ein.
34 RHV II, S. 609.
35 RHV I, S. 340 f.
36 RHV I, S. 537, vgl. RHV III, S. 25.
37 RHV II, S. 150.
38 RHV II, S. 214.
39 RHV II, S. 214.
40 RHV II, S. 659.
41 RHV II, S. 539.
42 RHV II, S. 159.
43 RHV II, S. 158.
44 RHV II, S. 545.
45 RHV II, S. 494 f.
46 RHV III, S. 257.
47 RHV II, S. 283.
48 RHV II, S. 587.
49 RHV II, S. 165.
50 RHV II, S. 383.
51 RHV III, S. 139. Der Suezkanal wurde 1869 eröffnet, der Panamakanal 1914. – Eckermann überliefert ein Gespräch mit Goethe vom 21. Februar 1827, das sich um Humboldts Vision eines Panamakanals dreht: »Er sprach viel und mit Bewunderung über Alexander von Humboldt, dessen Werk über Cuba und Columbien er zu lesen angefangen, und dessen Ansichten über das Projekt eines Durchstiches der Landenge von Panama für ihn ein ganz besonderes Interesse zu haben schienen.« (Johann Peter Eckermann, *Gespräche mit Goethe in den letzten Jahren seines Lebens*, herausgegeben von Otto Schönberger, Stuttgart 1994, S. 613 f.) Humboldt veröffentlichte über

mehrere Jahrzehnte Beiträge zum Panamakanal: »Facsimile eines Briefes von Alexander von Humboldt an Simon Moritz von Bethmann über einen Panama-Canal«, Separatum, 1824; »Copie d'une lettre de M. le baron de Humboldt à M. Salomon«, in: *Le moniteur universel* 162 (11. Juni 1843), S. 1458; »The Isthmus of Darien Ship Canal« [Brief an Edward Cullen], in: *The Daily News* 2208 (18. Juni 1853), S. 6; »Junction of the Atlantic and Pacific«, in: *Daily Southern Cross* 10/593 (4. März 1853), S. 4; [Brief an Lionel Gisborne zum Isthmus von Panama]; in: *Berlinische Nachrichten von Staats- und gelehrten Sachen* [Spenersche Zeitung] 189 (16. August 1853), S. 4; [Briefauszug zum Isthmus von Panama], in: *The Daily Republic* 5/11 (18. Juli 1853), o. S.

52 Zur Geschichte europäischer Afrika-Imaginationen vgl. V. Y. Mudimbe, *The Invention of Africa. Gnosis, Philosophy, and the Order of Knowledge*, Bloomington 1988; *The Idea of Africa*, Bloomington 1994. – Im Hinblick auf Afrika stellt Humboldt die Vagheit europäischer Vorstellungen in Rechnung, und zwar ausnahmsweise in kultureller Hinsicht: »Man sieht, dass man in dieser Epoche vom Neuen Kontinent im allgemeinen die gleichen Vorstellungen besaß, wie wir sie lange Zeit von Afrika gehabt hatten. Man glaubte, man werde zum Landesinneren hin mehr Zivilisation vorfinden als an den Küsten.« (RHV II, S. 700)

53 RHV II, S. 368.

54 RHV II, S. 279.

55 RHV II, S. 669 f.

56 RHV III, S. 14.

57 Gerbi, *La disputa del Nuovo Mondo.*

58 Guillaume-Thomas Raynal, *Histoire philosophique et politique des établissemens et du commerce des européens dans les deux Indes*, 10 Bände, Genf 1781.

59 Cornélius de Pauw, *Recherches philosophiques sur les Américains ou Mémoires intéressants pour servir à l'histoire de l'espèce humaine*, 2 Bände, Berlin 1768/1769; *Défense des recherches philosophiques sur les Américains*, Berlin 1770.

60 Georges-Louis Leclerc Buffon, *Histoire naturelle générale et particulière*, 44 Bände, Paris 1749–1804.

61 Georg Wilhelm Friedrich Hegel, *Vorlesungen über die Philosophie der Geschichte*, in: *Werke*, Band 12, Frankfurt am Main 1990, S. 107–116.

62 Zum Zusammenhang von Sprache und Umwelt vgl. die philologischen Arbeiten Wilhelm von Humboldts, insbesondere das »Kawi-Werk«, zu dem Alexander von Humboldt die Einführung schrieb: »Vorwort« (1836), in: Wilhelm von Humboldt, *Über die Kawi-Sprache auf der Insel Java*, S. VII–XIV.

63 RHV II, S. 165.

64 RHV II, S. 190.

65 Said, *Orientalism*, S. 78-79. – Andererseits bedeutete die Einsicht, dass das Sanskrit dem Hebräischen vorausging und die Anfänge der »Zivilisation« im Osten der biblischen Länder lagen, eine Herausforderung für das christliche Geschichtsbild. (Ebd., S. 136 f.)

66 Said, *Orientalism*, S. 83, 123-148.

67 Said, *Orientalism*, S. 83. *Cent-cinquantenaire de l'École des Langues Orientales*, Paris: Imprimerie nationale de France 1948.

68 Werner Sundermann, »Alexander von Humboldt und das Persische«, in: *Netzwerke des Wissens*, S. 181.

69 Bei Said taucht Alexander von Humboldt nur einmal auf – als jemand, dem Ernest Renan zu philologischen Fragen schrieb (S. 134, Fußnote: S. 361).

70 RHV II, S. 656.

71 Vgl. Henri Peres, »L'Institut d'Égypte et l'œuvre de Bonaparte jugés par deux historiens arabes contemporains«, in: *Arabica* 4 (1957), S. 113-130.

72 Said, *Orientalism*, S. 84 f.

73 Humboldts Bibliothek enthielt orientwissenschaftliche Werke – von einem arabischen Wörterbuch über eine Karte von Palästina bis zu den *Abhandlungen für die Kunde des Morgenlandes*: Henry Stevens, *The Humboldt Library*, London 1863; Leipzig 1967.

74 Hatte Edward Said den Orientalismus in seinem Opus magnum als unhintergehbares Dispositiv beschrieben, räumte er später die Möglichkeit der Ausnahme ein – anhand von Jean Genets Texten über den algerischen und palästinensischen Unabhängigkeitskampf: Edward Said, »On Jean Genet's Late Works«, in: J. Ellen Gainor (Hg.), *Imperialism and Theatre. Essays on world theatre, drama and performance*, London/New York 1995, S. 230-242.

75 Enrico Mario Santí, »Latinamericanism and Restitution«, in: *Latin American Literary Review* 20/40 (1992), S. 88-96.

76 Zum »Strom« nordamerikanischer Südamerikareisender, den Humboldt ausgelöst hatte: Robert A. McNeil, »The Humboldt Current: Northern European Naturalists in Latin America. A Bibliographical Survey, 1799-1859«, in: Patricia Noble (Hg.), *Technology, the environment, and social change. Papers*, Albuquerque 1995, S. 24-44.

77 Der Kanon dieses Diskurses umfasst nach Colón, Cortés und Bernal Díaz zahllose Autoren, die (Latein-)Amerika aus erster oder zweiter Hand mehr oder weniger fiktional darstellen und dabei eine gewisse Topologie schaffen – sei es über exotische Klischees (Karl Mays Mexikaner), imaginäre Geschichtsschreibung (Jakob Wassermann, *Das Gold von Caxamalca*, 1928), lyrische Subjektivität (Henri Michaux, *Ecuador*, 1929), historische Analogien (Sergeij Eisenstein, *Qué viva México!*, 1931), rauschhafte Alptraumszenarien (Malcolm Lowry, *Under the Volcano*, 1947), theatralische Ritualität

(Antonin Artauds Theater der Grausamkeit und sein Aufenthalt bei den Tarahumara, 1936), europakritischen Kulturpessimismus (Alfred Döblin, *Amazonas*, 1935–1937), gebrochene Männlichkeit (Ernest Hemingway, *Islands in the Stream*, 1950–1951; *The Old Man and the Sea*, 1952), surreale Allegorik (Luis Buñuels *Subida al cielo*, 1952; *La ilusión viaja en tranvía*, 1954; *El río y la muerte*, 1955), parabolische Regressionsphantasien (William Golding, *Lord of the Flies*, 1954), verbotene Versuchung (Max Frisch, *Homo Faber*, 1957), komödiantische Parodie (Graham Greene, *Our Man in Havana*, 1958), zeitgeschichtliche Dokumentation (Hans Magnus Enzensberger, *Das Verhör von La Habana*, 1972), politischen Terror (Joan Didion, *Salvador*, 1983), revolutionäres Engagement (Franz Xaver Kroetz, *Nicaragua-Tagebuch*, 1985), romantische Rationalitätskritik (J. M. G. Le Clézio, *Le rêve mexicain, ou la pensée interrompue*, 1988) usw. usf.

78 Said, *Orientalism*, S. 1–28.

79 Oliver Lubrich, »Alexander von Humboldt: Revolutionizing Travel Literature«, in: *Monatshefte* 96/3 (2004), S. 360–387.

80 Walter Mignolo, *The Idea of Latin America*, Oxford 2005, S. 77–80.

81 Wie behutsam sich Humboldt mit der Benennung befasste, zeigt sein Aufsatz »Ueber die ältesten Karten des Neuen Continents und den Namen Amerika«, in: Friedrich Wilhelm Ghillany, *Geschichte des Seefahrers Ritter Martin Behaim*, Nürnberg 1853, S. 1–12.

82 Wenn Humboldt am Ende seiner Überfahrt von Kuba nach Kolumbien feststellt, der »östlichste« Punkt (»le plus oriental«), den Kolumbus bei seiner Erkundung der südamerikanischen Festlandsküste erreichte, liege weiter westlich am Isthmus von Panama, ist dies durchaus ironisch lesbar. »Le point le plus oriental vers lequel ce grand homme toucha la terre [...] est [...] dans l'isthme de Panama.« (»Der östlichste [wörtlich: orientalischste] Punkt, an dem der große Mann Land berührte [...], liegt [...] auf der Landenge von Panama.«) (RHV III, S. 538) Kolumbus kam von dort aus nicht einmal bis zum Río Sinú, an dem sich Humboldt befand, geschweige denn fand er, wie später Amerigo Vespucci, heraus, dass es sich um eine eigenständige, keineswegs »östliche« oder »orientalische« Landmasse handelte. – Vgl. Edmundo O'Gorman, *La invención de América*, México 1995 [1958], insbesondere: S. 79–134.

83 »Orient«, von lateinisch *oriri*: sich erheben, aufgehen, entstehen, wachsen, anfangen; *oriens* (*sol oriens*): Osten, Morgen, metonymisch: Morgenland; *orientalis*: morgenländisch, orientalisch; *origo*: Ursprung. – Analog: »Okzident«, von lateinisch *occidere* [*occido, occasum*]: untergehen, umkommen, fallen, verschwinden; *occidens* (*sol occidens*): Westen; metonymisch: Abendland; *occidentalis*: westlich. Eine düstere Nebenbedeutung erzeugt das Homonym *occidere* [*occido, occisum*]: niederhauen, umbringen.

84 RHV III, S. 232.

85 Wenn Humboldt schreibt, vor 1492 sei die westliche Halbkugel den Völkern der östlichen (Europa einschließlich Orient) ebenso unbekannt gewesen wie »uns heute« (Europäern, Orientalen und Amerikanern) die Rückseite des Mondes, dann ist diese Analogie schief, weil die Existenz dieser Rückseite immerhin unzweifelhaft ist, wogegen Amerika unerwartet ins Blickfeld geriet. »Bis zum Ende des fünfzehnten Jahrhunderts war den Völkern der östlichen Hemisphäre die westliche ebenso unbekannt, wie es uns heute die eine Hälfte des Mondes ist und wahrscheinlich immer sein wird.« (RHV III, S. 232) Während Europäer und Orientalen vor Kolumbus nichts von Amerika und der Rückseite des Mondes wussten, sehen »wir heute«, wenn man das Gleichnis vervollständigt, die Vorderseite des Mondes, wie die Europäer früher den Orient sahen, nämlich als halb vertrauten Teil des Fremden und Fernen.

86 Das symbolisch-topographische Verhältnis Europas und Amerikas zum Orient übersetzt Humboldt in eine Analogie aus der Antike, die durch einen Vergleich mit einer amerikanischen Hochkultur ausgelöst wird – und von der im nächsten Kapitel die Rede sein wird. Wenn er einen Bezug herstellt zwischen indigenen Sonnenkönigen (»ces prêtres-rois du Pérou qui se disoient fils du Soleil«, »ces *Rois-Soleils* chez les Natchez«) und den Söhnen des Helios der griechischen Mythologie (»qui rappellent involontairement les Héliades«), dann weist er Letztere der griechischen *Kolonie* Rhodos zu (»de la première colonie orientale de Rhodes«; RHV III, S. 21 f.). Der Begriff »orientale« changiert hier bis zur Unentscheidbarkeit zwischen seiner geographisch-neutralen (»östlich«) und seiner ideologisch-kulturellen Bedeutung (»orientalisch«). Auch in diesem Fall wird die Differenz verwischt zwischen Griechenland und Barbarei (wäre Rhodos als Kolonie zwar *politisch* ein Teil Griechenlands, im Übrigen aber *eigentlich* orientalisch?), zwischen Europa und Orient (welche der beiden Konnotationen des Wortes »orientale« wäre die vorrangige, die über die Zugehörigkeit der Insel entscheidet?), zwischen Mutterland und Kolonie (wäre Rhodos in erster Linie »orientalische« Kolonie der Barbaren oder »östliche« Kolonie der Griechen?) sowie letztlich zwischen Westen und Osten (wo verläuft die Grenze, wenn es sie denn gibt?).

87 RHV II, S. 316.

88 RHV II, S. 293 f.

89 RHV II, S. 293.

90 RHV II, S. 293.

91 RHV I, S. 194.

92 RHV III, S. 159 f.

93 RHV III, S. 427. Im französischen Text: »prèoccupé«.

94 RHV III, S. 13.

95 RHV III, S. 144.
96 RHV III, S. 139.
97 RHV III, S. 130.
98 RHV II, S. 92.
99 RHV II, S. 93.
100 RHV II, S. 92. Den offenbar ernst gemeinten Vorschlag, Kamele als »Landschiffe« (»navires de terre«) einzusetzen, unterbreitet Humboldt auch in seinem *Essai politique sur le royaume de la Nouvelle-Espagne*, Paris [1808]-1811, Band 1, S. 251.
101 RHV I, S. 487.
102 RHV III, S. 158.
103 RHV I, S. 434.
104 RHV III, S. 268.
105 RHV I, S. 472.
106 RHV III, S. 462.
107 RHV II, S. 306.
108 RHV II, S. 257.
109 RHV II, S. 588.
110 RHV II, S. 588.
111 RHV II, S. 586-589.
112 RHV II, S. 372.
113 RHV III, S. 14.
114 RHV II, S. 417.
115 Greenblatt, *Marvelous Possessions*.
116 RHV II, S. 504.
117 RHV II, S. 504.
118 RHV II, S. 505.
119 RHV II, S. 505.
120 RHV III, S. 4.
121 Nachzulesen in Inga Saffrons Kulturgeschichte des Kaviars, insbesondere seiner Nobilitierung und seiner Einfuhr vom Kaspischen Meer über das Osmanische Reich nach Europa, die zu Humboldts Zeit beschleunigt wurde: *Caviar. The Strange History and Uncertain Future of the World's Most Coveted Delicacy*, New York 2002, hier: S. 46-61 und 62-81.
122 RHV III, S. 59.
123 RHV II, S. 248.
124 RHV III, S. 403.
125 RHV III, S. 59.

126 David Brewer, *The Greek War of Independence. The Struggle for Freedom from Ottoman Oppression and the Birth of the Modern Greek Nation*, Woodstock/New York 2001, zu Chios: S. 154–167; zu Missolonghi: S. 269–288; Oliver Schulz, *Ein Sieg der zivilisierten Welt? Die Intervention der europäischen Großmächte im griechischen Unabhängigkeitskrieg (1826–1832)*, Berlin 2011, zu Chios: S. 174 f., 177; zu Missolonghi: S. 242 f., 266 f.
127 RHV III, S. 457.

Fünftes Kapitel
»Wie antike Bronzestatuen«: Transatlantischer Klassizismus

1 José Martí, »Nuestra América« (1891), in: *Páginas escogidas*, herausgegeben von Alfonso M. Escudero, Buenos Aires 1954, S. 114–122, hier: S. 117 (»Unser eigenes Griechenland ist einem fremden Griechenland vorzuziehen.«)
2 RHV II, S. 557.
3 RHV II, S. 364. Die Laokoon-Mythe spielte seit der Renaissance, insbesondere über die hellenistische »Laokoon-Gruppe«, die 1506 entdeckt wurde, eine zentrale Rolle in der Rezeption der Antike – bis hin zu Gotthold Ephraim Lessing, *Laokoon: oder über die Grenzen der Mahlerey und Poesie*, Berlin 1766. (Vgl. Alexander von Humboldt, *Kosmos. Entwurf einer physischen Weltbeschreibung*, Band 2, Stuttgart/Tübingen 1847, S. 338; im Weiteren geführt unter der Sigle K sowie Band- und Seitenangabe.)
4 Humboldt erklärt: »Vergil besang die Leiden des Laokoon (eine Fabel, welche die Griechen in Asien von viel weiter im Süden lebenden Völkern übernommen hatten)« (RHV II, S. 364).
5 Alexander von Humboldt bezeichnet seinen Bruder Wilhelm als einzigen Altertumsforscher, der zugleich orientalistischer Philologe sei: »Mein Bruder, Monsieur Wilhelm von Humboldt, der einzige aller Hellenisten, der eine gründliche Kenntnis des Sanskrit, der semitischen Sprachen hat« (RHV III, S. 174).
6 RHV III, S. 6. Selbst Krokodile können den Eindruck von »statues de bronze« (RHV II, S. 225) vermitteln.
7 Zur zeitgenössischen Funktion des antiken Griechenland als ›Modell‹, das historisch aktualisiert wird: Jean Quillien, *G. de Humboldt et la Grèce. Modèle et histoire*, Lille 1983.
8 Johann Joachim Winckelmann, *Gedanken über die Nachahmung der Griechischen Werke in der Malerey und Bildhauerkunst*, Dresden/Leipzig [2]1756, S. 2: »Der einzige Weg für uns, groß, ja, wenn es möglich ist, unnachahmlich zu werden, ist die Nachahmung der Alten«.
9 RHV I, S. 53.

10 RHV I, S. 202 f.

11 RHV I, S. 101. Diodor hingegen, bemerkt Humboldt, mochte die ›Inseln der Seligen‹ eher mit Madeira identifiziert haben.

12 RHV I, S. 173.

13 Zur Frage, ob die antike Atlantis-Legende tatsächlich auf historischen Tatsachen beruhe, will sich Humboldt eines Urteils enthalten (RHV I, S. 150). Er weist allerdings darauf hin, dass die Kanarischen Inseln vulkanischen Ursprungs seien, was es den Vertretern der Atlantis-Theorie erschwere, in ihr einen sagenhaft untergegangenen Kontinent zu sehen. Die Ureinwohner der Kanaren, die Guanchen, müssen jedenfalls nicht auf Atlantis zurückgeführt werden.

14 Humboldt, *Examen critique*, vor allem die »Section première« (»Des causes qui ont préparé et amené la découverte du Nouveau Monde«).

15 RHV II, S. 372–379. Seneca, *Medea*, lateinisch/deutsch, übersetzt und herausgegeben von Bruno W. Häuptli, Stuttgart 1993, S. 36 f.

16 Im *Libro de las Profecías* ist, wo Kolumbus die Stelle ins Spanische übersetzt, die Rede von einem »neuen Seefahrer« (»nuebo marinero«), der eine »neue Welt« (»nuebo mundo«) entdecken wird: Cristóbal Colón, *Libro de las Profecías*, herausgegeben von Juan Fernández Valverde, Madrid 1992, S. 104, siehe auch: S. 13.

17 RHV II, S. 664.

18 RHV II, S. 61.

19 RHV II, S. 387 f.

20 RHV III, S. 162.

21 RHV I, S. 439.

22 RHV II, S. 660.

23 RHV I, S. 313.

24 RHV II, S. 421.

25 RHV II, S. 524.

26 RHV II, S. 651.

27 RHV II, S. 525.

28 Ein »placidus amnis« findet sich bei Ovid, *Metamorphosen*, I.702, ein »fluvius mitis« bei Vergil, *Aeneis*, VIII.86–90. Stilistisch erinnert die Wendung auch an die »laudes Italiae« in Vergils *Georgica*, V.136–176.

29 Horaz, *Carminum liber alter*, XIV.17–20: »visendus ater flumine languido / Cocytos errans et Danai genus / infame damnatusque longi / Sisyphus Aeolides laboris«. (Humboldt verändert also die Wortstellung leicht und latinisiert die Endung von »Cocytos«.) Die Ode beschwört die Unausweichlichkeit des Sterbens, sie vergegenwärtigt das Totenreich und zitiert die mit ewiger Qual bestraften Sünder: Sisyphos

(der einen Felsbrocken immer wieder von Neuem denselben Berg hinaufrollt) und die Danaiden (die fortwährend Wasser in ein löchriges Fass schöpfen).

30 Zum Kokytos vgl. Vergil, *Aeneis*, VI.132, VI.296 f., VI.322.

31 Zu den komplementären Mythologien von *El Dorado* und der *Leyenda Negra* sowie zu ihrer Relativierung durch Humboldt vgl. Ernst Bloch, *Das Prinzip Hoffnung*, Band 2, Frankfurt am Main 1985, S. 873–929; Charles Minguet, »Alexander von Humboldt und die Erneuerung des Lateinamerika-Bildes«, in: Gustav Siebenmann, Hans-Joachim König (Hg.), *Das Bild Lateinamerikas im deutschen Sprachraum*, Tübingen 1992, S. 107–125.

32 Aristoteles, *Rhetorik*, III.2.6–12, III.3.4–4.1–4, III.10.2–7, III.11.1–15.

33 RHV II, S. 371.

34 RHV II, S. 598.

35 RHV II, S. 712. »Alle Fabeln haben eine reale Grundlage; die des Dorado ähnelt jenen Mythen des Altertums, die sich, während sie von Land zu Land wanderten, den örtlichen Gegebenheiten anpaßten.« (RHV II, S. 675)

36 RHV II, S. 239. Siehe auch VDC, Tafel 26.

37 RHV I, S. 420.

38 RHV II, S. 239.

39 Hervorhebungen hinzugefügt.

40 RHV II, S. 239 (Hervorhebungen hinzugefügt).

41 RHV II, S. 239 (Hervorhebungen hinzugefügt).

42 RHV II, S. 365.

43 RHV II, S. 503.

44 RHV II, S. 486.

45 RHV II, S. 598.

46 In seiner Geschichte der Historiographie von Amerika stellte Jorge Cañizares-Esguerra die Hypothese auf, Humboldt habe den *antikisierenden* Modus, indigene Völker in klassischen Analogien wahrzunehmen, durch ein *orientalisierendes* Modell ersetzt, indem er sie als unfreie, veränderungsresistente Orientalen charakterisierte. (*How to Write the History of the New World*, S. 3, 13, 55–59.) Humboldt habe die Verbindung der Amerikaner mit dem Orient über einen gemeinsamen ethnischen und sprachlichen Ursprung herzustellen versucht, eine Verbindung des Orients mit der Antike dabei jedoch geleugnet: »With Alexander von Humboldt [...], the ›Orient‹, not Rome, became the preferred model for interpreting the past of the highland polities of Mesoamerica and the Andes.« (S. 13) Und weiter: »Asians and Amerindians were unchanging orientals, linked both racially and historically, whose myths, calendars, and religious institutions seemed to have stemmed from common originals, Humboldt

contended.« (S. 57) Im Text des Reiseberichts stehen orientalistische Analogien allerdings nicht *anstelle* von antikisierenden, sondern es handelt sich um zwei einander ergänzende und überschneidende Formen der Wahrnehmung beziehungsweise der Beschreibung, die sich kaum als kohärente und eindeutige ideologische oder diskursive Strategien bestimmen lassen, sondern eher als literarische Verfahren, die sich entwickeln und verändern und die in sich widersprüchlich sind.

47 RHV II, S. 569.

48 RHV III, S. 102.

49 RHV II, S. 273, 400.

50 RHV II, S. 504.

51 RHV I, S. 413–430.

52 RHV II, S. 599.

53 Im Reisetagebuch aus Calpi, vor der Besteigung des Chimborazo – vgl. 2. Kapitel.

54 Aby Warburg, »Dürer und die italienische Antike« (1905), in: *Gesammelte Schriften*, herausgegeben von der Bibliothek Warburg, Leipzig/Berlin 1932, S. 443–449. Helga von Kügelgen, »Amerika als Allegorie. Das Frontispiz zum Reisewerk von Humboldt und Bonpland«, in: *Netzwerke des Wissens*, S. 132–133; »El Frontispicio de François Gérard para la obra del viaje de Humboldt y Bonpland«, in: *Jahrbuch für Geschichte von Staat, Wirtschaft und Gesellschaft Lateinamerikas* 20 (1983), S. 575–616; Jochen Meissner, »Merkur und Minerva helfen Cuauhtémoc auf die Beine: Europäisierte Amerikaerfahrung im Medium der Antike bei Bartolomé de Las Casas und Alexander von Humboldt«, in: Gerhard Lohse (Hg.), *Aktualisierung von Antike und Epochenbewusstsein*, München/Leipzig 2003, S. 198–246.

55 François Gérard, »Humanitas. Literae. Fruges« (1814), in: Humboldt, *Atlas du Nouveau Continent*, Paris: 1814–183[8].

56 Nelken, *Alexander von Humboldt*, S. 34.

57 Gaius Plinius Caecilius Secundus, *Briefe. Epistularum libri decem*, herausgegeben von Helmut Kasten, Düsseldorf/Zürich [8]2003, VIII. Buch, 24. Brief, S. 488–493, Erläuterungen: S. 686.

58 *Papeles de Bolívar*, herausgegeben von Vicente Lecuna, Caracas 1917, S. 231–234.

59 RHV II, S. 444.

60 RHV III, S. 197.

61 RHV III, S. 21 f. (»ces prêtres-rois du Pérou qui se disoient fils du Soleil, et [...] ces *Rois-Soleils* chez les Natchez [...] rappellent involontairement les Héliades de la première colonie orientale de Rhodes.«)

62 Humboldt verweist auf Diodor, V.56, und auf Pindars siebente *Olympische Ode* (für den Faustkämpfer Diagoras von Rhodos).

63 RHV II, S. 484.
64 RHV III, S. 18.
65 RHV II, S. 485.
66 RHV II, S. 485.
67 Das Register von Hanno Beck in der Faksimile-Edition der *Relation historique* (Stuttgart 1970, Band 3, S. 632–687) verzeichnet lediglich die Nennungen im Haupttext. Gerade in den Fußnoten jedoch verweist Humboldt sehr häufig auf antike Autoren. Die Fußnote auf Seite 50 des ersten Bandes beispielsweise nennt Diodor, Dionysius Halicarnassus, Aristoteles und Strabo, die auf Seite 53 Plinius den Älteren und Strabo, zwei Fußnoten der Seite 173 Aristoteles, Solinus, Mela, Plinius, Strabo, Diodor und Herodot.
68 Rómulo Gallegos, *Canaima* (1935), Bogotá 1985. Der Urwald wird als »Tempel« inszeniert, die Bäume als »Säulen« (was darauf hindeutet, dass es sich nur um eine antike europäische und nicht um eine indigene Architektur handeln kann): »la selva virgen, que es como un templo de millones de columnas« (»der Urwald, der einem Tempel mit Millionen von Säulen gleicht«, S. 139); Charles Minguet, »Rómulo Gallegos à la lumière de Humboldt«, in: *Crisol* 5 (1986), S. 47–49.
69 Alejo Carpentier, *Los pasos perdidos* (1953), Buenos Aires 1996. Zu Humboldts Wirkung auf die lateinamerikanische Literatur: David Hernández, »Alexander von Humboldt, die andere Suche nach El Dorado: Die *Reise in die Äquinoktial-Gegenden des Neuen Kontinents* als Vorbote des lateinamerikanischen Romans«, in: *Alexander von Humboldt – die andere Suche nach El Dorado und weitere Essays zur zeitgenössischen lateinamerikanischen Literatur*, London 1996, S. 6–42.
70 Mit amerikanischen ›Altertümern‹ setzt sich Humboldt vor allem in den *Ansichten der Natur* und den *Ansichten der Kordilleren* auseinander: »Das Hochland von Caxamarca, der alten Residenzstadt des Inka Atahuallpa. Erster Anblick der Südsee von dem Rücken der Andeskette«, in: *Ansichten der Natur* ³1849, Band 2, S. 315–394; VDC, zum Beispiel S. 4–7 (»Buste d'une Prêtresse aztèque«); S. 24–37 (»Pyramide de Cholula«, »Masse détachée de la pyramide de Cholula«); S. 37–41 (»Monumens de Xochicalco«); S. 47–51 (»Relief mexicain trouvé à Oaxaca«); S. 107–111 (»Monumens péruviens du Cañar«); S. 118–122 (»Bas-relief aztèque trouvé à la grande place de Mexico«); S. 125–194 (»Relief en basalte, représentant le Calendrier mexicain«).
71 Über Humboldt als Archäologen und Altamerikanisten: Éloise Quiñones Keber, »Humboldt and Aztec Art«, in: *Colonial Latin American Review* 5/2 (1996), S. 277–297; Paul Kirchhoff, »La aportación de Humboldt al estudio de las antiguas civilizaciones americanas: un modelo y un programa«, in: *Ensayos sobre Humboldt*, herausgegeben

von Marianne O. de Bopp, México 1962, S. 89–103; Ignacio Bernal, »Humboldt y la arqueología mexicana«, in: ebd. S. 121–132; Armando Rangel, »Humboldt y las culturas prehispánicas en el ›mediterráneo americano‹«, in: *Alejandro de Humboldt en Cuba*, herausgegeben von Frank Holl, Augsburg 1997, S. 83–92; Ursula Thiemer-Sachse, »Alexander von Humboldt, die Ureinwohner Amerikas und das Problem des weltweiten Vergleichs«, in: Michael Zeuske, Bernd Schröter (Hg.), *Alexander von Humboldt und das neue Geschichtsbild von Lateinamerika*, Leipzig 1992, S. 38–48; Ángel N. Bedoya Maruri, »Arqueología humboldtiana«, in: *Homenaje del Instituto Ecuatoriano de Ciencias Naturales al sabio naturalista Alejandro de Humboldt en el bicentenario de su nacimiento*, herausgegeben von M. Acosta Solis, Quito 1969, S. 167–182; Neptalí Zúñiga, »Alexander von Humboldts Beitrag zur Erforschung des vorkolumbianischen Amerika«, in: Joachim Heinrich Schultze (Hg.), *Alexander von Humboldt. Studien zu seiner universalen Geisteshaltung*, Berlin 1959, S. 105–122; Renate Löschner, »Alexander von Humboldts Bedeutung für die Altamerikanistik«, in: Wolfgang-Hagen Hein (Hg.), *Alexander von Humboldt. Leben und Werk*, Frankfurt am Main 1985, S. 249–262; »Alexander von Humboldt und die mexikanischen Bilderschriften«, in: ebd., S. 263–272.

72 Pratt, *Imperial Eyes*, S. 111–143 (Anmerkungen: S. 239–242); als Replik: Eoin Bourke, »›Der zweite Kolumbus‹? Überlegungen zu Alexander von Humboldts Eurozentrismus«, in: Anne Fuchs, Theo Harden, Eva Juhl (Hg.), *Reisen im Diskurs: Modelle der literarischen Fremderfahrung von den Pilgerberichten bis zur Postmoderne*, Heidelberg 1995, S. 137–151.

73 Benedict Anderson, *Imagined Communities. Reflections on the Origin and Spread of Nationalism*, London/New York 1991 [1983], insbesondere: »The Museum«, S. 178–185.

74 John Keegan, *A History of Warfare* [1993], London [2]2004, S. 10 f.

75 RHV II, S. 563.

76 RHV II, S. 485.

77 RHV III, S. 60. Dieses Motiv wird noch dadurch ausgeprägt, dass er den karibischen Raum, in dem die Kolonisierung der ›Neuen Welt‹ ihren Anfang nahm, als »Mittelmeer« bezeichnet. Humboldt vergleicht die Karibik mit dem europäischen Mittelmeer (»la Méditerranée d'Europe«), und er macht sie zu einer »Méditerranée de l'Amérique« (RHV III, S. 515), »la Méditerranée des Antilles« (RHV III, S. 101). In der komplexen Struktur der Naturräume sieht er die Voraussetzung kultureller Entwicklung: »die *ausgeprägte Form* der Landmassen, die Vielzahl der Verengungen, die Aneinanderreihung der Halbinseln haben die Kultur Griechenlands, Italiens und vielleicht ganz Europas begünstigt« (RHV III, S. 89). Durch sie hatten Verkehr und Handel »dans notre Méditerranée« gute Voraussetzungen (RHV III, S. 101).

78 Mudimbe, *The Idea of Africa*, S. 71–104.

79 Mudimbe beschreibt in *The Idea of Africa*, wie Herodot (ähnlich wie Plinius, Diodor und Strabo) nach festen Kriterien (»each community is clearly typified on the basis of some major paradigms: habitation, social *locus*, food, physical features, and marriage«, S. 72) eine ethnische Topographie entwirft (»ethnographical map«, S. 72), einen kolonialen Raum (»›colonized‹ space«, S. 78), in dem er den Afrikanern mit zunehmender Entfernung vom griechischen Zentrum immer groteskere Monstrositäten zuschreibt (»differences evaluated from a central canon«, S. 91; »geography of monstrosity«, S. 78), um so eine paradigmatische Geographie der Differenz zu entwerfen (»the opposition between Greek or Roman civility and barbarianism is concretized by being located on a map«, S. 80).

80 Im Gegensatz zu Mudimbe lesen Stephen Greenblatt und Martin Bernal Herodot nicht als proto-imperialen Autor: Greenblatt, *Marvelous Possessions*, S. 122–128, versteht ihn im Rahmen seiner zweiteiligen Typologie, »Marvelous Possession« versus »Marvelous Dispossession«, das heißt: aggressive Kolonisierung versus ästhetische Erfahrung des ›wunderbar‹ Fremden, als Beispiel eines nicht-hegemonialen Diskurses, der imstande war, Ähnlichkeiten und Verschiedenheiten gleichzeitig wahrzunehmen. – Martin Bernal, *Black Athena*, Band 1, S. 98–101, liest Herodot als Gewährsmann seiner These vom »Ancient Model«, das heißt: als Zeugnis eines griechischen Bewusstseins außereuropäischer Einflüsse, »about the extent of Greek cultural borrowings from Egypt and Phoenicia« (S. 100 f.).

81 RHV II, S. 324.

82 RHV I, S. 501.

83 RHV II, S. 368.

84 RHV II, S. 563.

85 RHV II, S. 417.

86 RHV III, S. 454.

87 RHV III, S. 457.

88 RHV III, S. 457.

89 RHV III, S. 457.

90 RHV II, S. 600.

91 RHV II, S. 601.

92 RHV II, S. 601.

93 Martin Bernal, *Black Athena. The Afroasiatic Roots of Classical Civilization*, 3 Bände, New Brunswick 1994, 1996, 2006; Walter Burkert, *Die Griechen und der Orient. Von Homer bis zu den Magiern* [1999], München 2004; Raoul Schrott, *Homers Heimat. Der Kampf um Troia und seine realen Hintergründe*, München 2008.

94 Handelt es sich um einen ausschließlich naturwissenschaftlichen Gebrauch des Begriffs, wenn von der »haute antiquité« bestimmter Gesteinsarten die Rede ist? (RHV II, S. 100.)

95 Während »les anciens« lediglich »die Alten« der europäischen Antike bezeichnet, kann »antiquité« auch auf eine frühe Epoche außereuropäischer Geschichte verweisen, etwa Indiens, Chinas oder der Inseln des Pazifischen Ozeans (zum Beispiel: RHV II, S. 90).

96 Benedict Anderson, *Imagined Communities*, hier insbesondere die Abschnitte »Space New and Old« und »Time New and Old«, S. 187–199: Die Praxis der kolonialen Benennung von »Alt« und »Neu« – »the strange habit of naming remote places [...] as ›new‹ versions of (thereby) ›old‹ toponyms in their lands of origin« (S. 187) – wird durch die Unabhängigkeitsbewegungen umgedeutet: Das »Neue« wird nicht mehr als dem »Alten« nachrangig, sondern als dessen Nachfolger verstanden.

97 Humboldt sprach sich gegen die Hypothese vom jüngeren Alter der ›Neuen Welt‹ aus: »ich vermag nicht zu glauben, dass die Neue Welt vom Grund der Wasser später aufgetaucht sei als die alte und dass das organische Leben dort jünger sei und weniger weit zurückreiche« (RHV II, S. 450). Er argumentierte, hier mit Blick auf den Wasserstand des Tacariguasees: »man hätte in dem Phänomen, das uns hier beschäftigt, einen neuen Beweis für den Gegensatz gefunden, den man so gerne zwischen beiden Kontinenten herstellt. Um zu zeigen, dass Amerika aus den Tiefen der Wasser später aufgetaucht sei als Asien und Europa, hätte man den Tacariguasee als eines jener inneren Becken angeführt, die noch nicht genug Zeit gehabt hätten, durch allmählich fortschreitende Verdunstung auszutrocknen.« (RHV II, S. 69.)

98 RHV II, S. 484.

99 RHV II, S. 483.

100 RHV II, 484 (Hervorhebungen hinzugefügt).

101 Friedrich Nietzsche, *Die Geburt der Tragödie aus dem Geiste der Musik*, Leipzig 1872; in: *Kritische Studienausgabe*, herausgegeben von Giorgio Colli und Mazzino Montinari, Band 1, Berlin/München 1988. Später benennt Nietzsche die »neue Conception der Griechen« als »das Auszeichnende dieses Buches« (Band 13, S. 229). – Hatte Humboldt zunächst in der ›Neuen Welt‹ die ›Alten Griechen‹ wiederzuerkennen geglaubt und dieses Motiv in der Folge umgekehrt und seinen kulturphilosophischen Konsequenzen zugetrieben, um die griechische Antike in gleichsam indigener Primitivität wahrzunehmen, so bezeichnete Nietzsche (in nachgelassenen Fragmenten von August/September 1885) umgekehrt »das Griechische« als »die Entdeckung *unserer ›neuen Welt‹*« (Band 11, S. 682).

102 Walter Burkert, *Wilder Ursprung. Opferritual und Mythos bei den Griechen*, Berlin 1991; *Homo Necans. Interpretation altgriechischer Opferriten und Mythen*, Berlin/New York 1997; René Girard, *La violence et le sacré*, Paris 1972.
103 Johann Wolfgang von Goethe, *Iphigenie auf Tauris. Ein Schauspiel*, Leipzig 1787; Theodor W. Adorno, »Zum Klassizismus in Goethes Iphigenie«, in: *Noten zur Literatur*, herausgegeben von Rolf Tiedemann, Frankfurt am Main 1981, S. 495–514.
104 Franz Grillparzer, *Das goldene Vließ*, Wien 1822.
105 RHV II, S. 557.

Sechstes Kapitel
Im Reich der Mehrdeutigkeit: Die Dialektik der Aufklärung

1 Theodor W. Adorno, Max Horkheimer, *Die Dialektik der Aufklärung. Philosophische Fragmente* (1944, 1947), Frankfurt am Main 2004, S. 9.
2 Der Bericht endet, vor den »Additions« (RHV III, S. 580–629), mit der Überfahrt aus Kuba und der Ankunft in Kolumbien (RHV III, S. 530–579). Das Titelblatt des dritten Bandes gibt das Jahr 1825 an, die späteste Datierung im Text lautet jedoch »octobre 1830« (RHV III, S. 596), und die Auslieferung wurde erst 1831 abgeschlossen. (Fiedler, Leitner, *Alexander von Humboldts Schriften*, S. 70–81.) Die aktuellen deutschen Ausgaben der *Relation historique*, die diese jeweils in Auswahl anbieten, verzichten auf den Teil über Kuba: *Reise in die Äquinoktial-Gegenden des Neuen Kontinents*, nach den Übersetzungen von Hermann Hauff (1859–1860) sowie von Paul Usteri und F. G. Gmelin, herausgegeben von Ottmar Ette, 2 Bände, Frankfurt am Main 1991; *Die Forschungsreise in den Tropen Amerikas*, nach der Übersetzung von Paul Usteri und F. G. Gmelin (1815–1832), herausgegeben von Hanno Beck, 3 Bände, Darmstadt 1997.
3 Alexander von Humboldt, *Essai politique sur l'île de Cuba*, 2 Bände, Paris 1826. (Sigle: EPC.) Der *Essai politique* entspricht den Seiten 345–501 des dritten Bandes der *Relation historique* (mit Supplementen). Um ihn nicht isoliert zu betrachten, sondern im Kontext des Reiseberichts zu lesen, wird dieser im Folgenden als Textgrundlage verwendet. (Vgl. Fiedler, Leitner, *Alexander von Humboldts Schriften*, S. 118–123.) Zum Textvergleich zwischen *Essai politique* und *Relation historique*: Tobias Kraft, »Textual Differences in Alexander von Humboldt's *Essai politique sur l'île de Cuba*. An editorial commentary on the first volume of the ›Humboldt in English‹ (HiE) book series«, in: *Humboldt im Netz* 24 (2012), S. 75–85. Als annotierte Ausgaben: *Ensayo político sobre la isla de Cuba (1826)*, übersetzt und herausgegeben von María Rosario Martí Marco und Irene Prüfer Leske, San Vicente 2004; *Political Essay on the Island of Cuba*, übersetzt

von J. Bradford Anderson, Vera M. Kutzinski und Anja Becker, herausgegeben von Vera M. Kutzinski und Ottmar Ette, Chicago 2011.

4 Humboldt, *Essai politique sur le royaume de la Nouvelle-Espagne.*

5 Biermann, Jahn, Lange, *Alexander von Humboldt. Chronologische Übersicht über wichtige Daten seines Lebens*, S. 26 f., S. 30. Vgl. auch Michael Zeuske, »Humboldt en Cuba, 1800/1801 y 1804 – Huellas de un enigma«, in: *Humboldt im Netz* 11/20 (2010), S. 5–17.

6 Die Tagebücher von dem Teil der Reise, den die *Relation historique* nicht mehr abdeckt, erschienen unter dem Titel *Reise auf dem Río Magdalena, durch die Anden und Mexico*. Sie beginnen mit dem Aufbruch aus Batabanó in Kuba nach Cartagena in Kolumbien am 9. März 1801 (S. 41–56), und sie enden mit der Überfahrt von Veracruz in Mexiko über Havanna (S. 394–395) nach Philadelphia im März und April 1804. Sie enthalten immerhin knappe Zeugnisse von beiden Aufenthalten auf der Insel. Humboldts Aufzeichnungen von seinem zweiten Kuba-Aufenthalt, im Jahr 1804, wurden erst 2016 aus dem Nachlass veröffentlicht: *Isle de Cube. Antilles en général*, Handschrift: Biblioteka Jagiellońska, Krakau, Nachlass Alexander von Humboldt (Königliche Bibliothek), Bd. 3/1 Bl. 127–149, herausgegeben von Ulrike Leitner, Piotr Tylus und Michael Zeuske. Vgl. Aniela Maria Mikolajczyk, »Alexander von Humboldts Manuskript *Isle de Cube. Antilles en général* in der Biblioteka Jagiellońska als Vorstufe des *Essai politique sur l'île de Cuba*«, in: *Humboldt im Netz* 18:34 (2017), S. 59–80.

7 Alexander von Humboldt, *Briefe aus Amerika 1799–1804*, herausgegeben von Ulrike Moheit, Berlin 1993, S. 122–134 und S. 279–290.

8 Die erste spanische Ausgabe des *Essai politique sur l'île de Cuba* erschien bereits ein Jahr nach dem französischen Original, und zwar ebenfalls in Paris, als die meisten Länder Hispanoamerikas ihre Unabhängigkeit erreicht hatten, Kuba jedoch spanische Kolonie blieb: *Ensayo político sobre la Isla de Cuba* [für den Übersetzer, José Bustamante, wurde ein Pseudonym angegeben: D. J. B. de V. y M.], Paris 1827. Auf Kuba wurde die Ausgabe von Fernando Ortiz 1930 veröffentlicht: *Ensayo político sobre la Isla de Cuba, con un mapa de Cuba. Introducción por Fernando Ortiz y correcciones, notas y apéndices por Francisco Arango y Parreño, J. S. Thrasher y otros*, Havanna 1930; nach der Kubanischen Revolution wurde der Band neu aufgelegt: *Ensayo político sobre la Isla de Cuba. Nota preliminar por Jorge Quintana Rodríguez. Introducción por Fernando Ortiz*, Havanna 1960; als Neuausgabe: *Ensayo político sobre la Isla de Cuba. Introducción biobibliográfica de Fernando Ortiz. Correcciones, notas, apéndices de Francisco Arango y Parreño, J. S. Thrasher y otros*, herausgegeben von Daniel García Santos, Havanna 1998. Zur Editionsgeschichte: Ulrike Leitner, »Las obras de Alejandro de Humboldt sobre Cuba«, in: *Alejandro de Humboldt en Cuba*, herausgegeben von Frank Holl, Augsburg 1997, S. 51–60; zur Editions- und Wirkungsgeschichte: Hanno

Beck, »Kommentar. Zu dieser Ausgabe des Cuba-Werkes. Erläuterungen zu den Texten«, in: Alexander von Humboldt, *Cuba-Werk*, nach der anonym erschienenen ersten Übersetzung der *Relation historique* (1815–1832), herausgegeben von Hanno Beck, Darmstadt 1992, S. 227–264.

9 An der Universidad de la Habana wurde neben dem Fach Germanistik beziehungsweise Deutsche Sprache eine »Cátedra Alexander und Wilhelm von Humboldt« gegründet. Im »Humboldt-Jahr« 1999 wurde in der Altstadt von Havanna das restaurierte Haus, in dem Humboldt seine Instrumente untergebracht hatte, als »Casa Humboldt« eröffnet.

10 Vgl. Carmen Cuevas Díaz, »Presencia de Alejandro de Humboldt en la Historia de Cuba«, in: Michael Zeuske, Bernd Schröter (Hg.), *Alexander von Humboldt und das neue Geschichtsbild von Lateinamerika*, Leipzig 1992, S. 234–247.

11 Der Parque Nacional Alejandro de Humboldt wurde 2001 zum UNESCO-Weltnaturerbe erklärt, {https://whc.unesco.org/en/list/839.}, letzter Zugriff 21.05.2021.

12 Humboldts Ehrenname »Der zweite Entdecker« bildet, auf Kuba bezogen, die Inschrift der Statue vor der Berliner Humboldt-Universität. (Schwarz, »Acerca de la historia de la dedicatoria ›Al segundo descubridor de Cuba. La Universidad de la Habana, 1939‹ en el monumento a Alejandro de Humboldt en Berlín«, S. 103–109.)

13 Armando Bayo, *Humboldt*, Havanna 1970.

14 Miguel A. Branly, »Presencia de Humboldt en Cuba«, in: *Revista Bimestre Cubana de la Sociedad Económica de Amigos del País* 76 (1959), »Homenaje al segundo descubridor de Cuba Alejandro de Humboldt«, S. 7–50.

15 Andreas Hoetzel, *Cubas liebster Deutscher. Alexander von Humboldt: auf Castros Insel unvergessen*, Dokumentarfilm, Deutschland 1999 (gesendet auf *Phoenix* am 28. Juli 1999).

16 Hans Christoph Buch, *Die Scheidung von San Domingo. Wie die Negersklaven von Haiti Robespierre beim Wort nahmen*, Berlin 1976.

17 Heinrich von Kleist, *Die Verlobung in St. Domingo*, in: *Sämtliche Werke und Briefe*, Band 3: *Erzählungen, Anekdoten, Gedichte, Schriften*, herausgegeben von Klaus Müller-Salget, Frankfurt am Main 1990, S. 222–260, Kommentar: S. 826–855; hier S. 826 zur Publikationsgeschichte: Die Novelle erschien 1811 zunächst in der Berliner Zeitschrift *Der Freimüthige*, dann in der Wiener Zeitschrift *Der Sammler* und schließlich in Kleists *Erzählungen*.

18 Humboldt bezog sich auf die Revolution von Haiti, indem er den Kolonialverwaltungen nach der »catastrophe de Saint-Domingue« die Abschaffung der Sklaverei (RHV III, S. 389) nahelegte. Hans Christoph Buch, »Humboldts Schweigen zu Haiti«, in: *Lettre* 104 (2014), S. 124; Sandra Rebok, »La Révolution de Haïti vue par

deux personnages contemporains: Le scientifique prussien Alexander von Humboldt et l'homme d'état américain Thomas Jefferson«, in: *French Colonial History* 10 (2009), S. 75–95.

19 Der Teil der *Relation historique*, der Humboldts ersten Aufenthalt auf Kuba zum Gegenstand hat, erstreckt sich über die Kapitel XXVII, XXVIII und XXIX des dritten Bandes und reicht damit über den Abschnitt, der als *Essai politique* veröffentlicht wurde (und Teile von Kapitel XXVIII sowie Teile der »Zusätze« umfasst), hinaus. Er ist folgendermaßen strukturiert: Kapitel XXVII (RHV III, S. 322–344) beschreibt die Überfahrt von Cumaná nach Havanna. Kapitel XXVIII (RHV III, S. 345–483) beinhaltet den eigentlichen *Essai politique* (RHV III, S. 345–458), unterteilt in Einführendes (RHV III, S. 345–348), die Hauptstadt (RHV III, S. 348–362), Fläche und Klima (RHV III, S. 362–387), Bevölkerung (RHV III, S. 387–408), Landwirtschaft (RHV III, S. 408–428), Handel (RHV III, S. 428–440) und Staatsfinanzen (RHV III, S. 441–445) sowie den Essay über die Sklaverei (RHV III, S. 445–458); den Abschluss bildet die wiederaufgenommene Erzählung der Reise (RHV III, S. 458–483); es folgen Anmerkungen (»Notes«) (RHV III, S. 484–501). Kapitel XXIX (RHV III, S. 502–579) enthält die Beschreibung der Abreise von Kuba und der Überfahrt nach Cartagena sowie die Anfänge des Berichts vom Aufenthalt in Kolumbien. Hier bricht der Reisebericht ab (RHV III, S. 579). Am Ende des dritten Bandes und somit am Schluss der *Relation historique* werden noch einige »Zusätze« (»Additions«) gegeben (RHV III, S. 580–629): »Géographie astronomique de l'Ile de Cuba« (RHV III, S. 580–592); und »Tableaux statistiques de l'Ile de Cuba pour les années 1825 et 1829« (RHV III, S. 592–613), einschließlich umfangreichen Datenmaterials zur Demographie (vier Doppelseiten mit Tabellen zwischen RHV III, S. 613 und S. 615); bevor der Band unspektakulär ausläuft mit »Observations d'inclinaison et d'intensité des forces magnétiques« (RHV III, S. 615–627) und schließlich einer letzten Einfügung, »Note supplémentaire à la description des petits volcans de Turbaco (vol. III, p. 561–567)« (RHV III, S. 627–629), die wieder auf den Beginn der kolumbianischen Reise verweist.

20 RHV III, S. 330. Den Topos der ›wohlriechenden Insel‹ liest Ottmar Ette als Neuinszenierung der Kuba-Wahrnehmung von Kolumbus: »›Si yo mintiese al igual que todos los cronistas de viajes‹, Alejandro de Humboldt y Colomb«, in: *Alejandro de Humboldt en Cuba*, S. 61–73, hier: S. 65.

21 RHV III, S. 330.

22 RHV III, S. 348

23 RHV III, S. 349.

24 In der separaten Publikation ist diese schriftbildliche Gegenüberstellung aufgehoben: ECP I, S. 9 und 11.

25 Fernando Ortiz geht in seiner 84-seitigen Einführung – wie die meisten Autoren – nicht auf die gegensätzlichen Beschreibungen von Havanna ein, indem er lediglich die euphorische erste zitiert: Fernando Ortiz, »Introducción biobibliográfica«, in: Humboldt, *Ensayo político sobre la Isla de Cuba* (1998), S. XIII–XCIX, hier: S. XXVIII–XXIX. Otto Olivera stellt den Widerspruch immerhin fest: »Humboldt, Alexander von. ›Essai politique sur l'île de Cuba‹ [1807]. 2 vols. Paris: Librairie de Gide Fils, 1826. XLVI–364 & 408 págs.«, in: *Viajeros en Cuba (1800–1850)*, Miami 1998, S. 41–47. – Zu Fernando Ortiz vgl. Miguel Barnet und Alberto Quesada, »Alejandro de Humboldt (1769–1859) y don Fernando Ortiz (1881–1969): dos sabios descubridores de Cuba«, in: *Alejandro de Humboldt en Cuba*, S. 75–82.

26 Zum Beispiel Humboldts Darstellungen seines Eintreffens auf den Kanarischen Inseln und dann in Cumaná (RHV I, S. 82–92, S. 214–224) oder auch Georg Forsters Bericht von der Landung in Tahiti (Georg Forster, *Reise um die Welt*, herausgegeben von Gerhard Steiner, Frankfurt am Main 1983, S. 241 ff.).

27 Humboldt verallgemeinert seine Beurteilung sogar so weit, dass er die insulare Enge, »les limites étroites d'une île« (RHV III, S. 325), überhaupt als negativen Umstand auffassen kann.

28 Die Herausgeber der spanischen Ausgabe des *Essai politique sur l'île de Cuba* deuten die abwertende Beschreibung von Havanna *aus der Nähe* im Kontext von Humboldts medizinischem Interesse an Epidemien: Miguel-Ángel Puig-Samper, Consuelo Naranjo Orovio, Armando García González, »Alejandro de Humboldt y la Isla de Cuba« (›Estudio introductorio‹), in: Alexander von Humboldt, *Ensayo político sobre la Isla de Cuba*, Aranjuez 1998, S. 17–98, hier: S. 72. Historisch wäre Humboldts Beschreibung der kubanischen Hauptstadt innerhalb des Hygienediskurses zu lesen, den Alain Corbin aufgearbeitet hat: als mit olfaktorischer Sensibilität einhergehende »Desodorisierung«. Alain Corbin, *Le Miasme et la Jonquille. L'odorat et l'imaginaire social aux XVIIIe – XIXe siècles*, Paris 1982.

29 Alejo Carpentier, *La ciudad de las columnas* (1970), Havanna 1982. Für die vorliegende Deutung wurde der Text neu übersetzt. (Vgl. die deutsche Fassung: »Die Stadt der Säulen«, in: Alejo Carpentier, *Stegreif und Kunstgriffe. Essays zur Literatur, Musik und Architektur in Lateinamerika*, übersetzt von Anneliese Botond, Frankfurt am Main 1980, S. 176–196.)

30 »Humboldt se quejaba, en su tiempo, del mal trazado de las calles habaneras. Pero llega uno a preguntarse, hoy, si no se ocultaba una gran sabiduría en ese ›mal trazado‹ que aún parece dictado por la necesidad primordial – tropical –, de jugar al escondite con el sol.« (»Humboldt beklagte sich seinerzeit über die schlechte Anlage der Straßen von Havanna. Aber man fragt sich heute, ob in dieser ›schlechten Anlage‹ nicht

eine große Weisheit lag, die sogar durch die vordringliche – tropische – Notwendigkeit gegeben zu sein scheint, mit der Sonne ein Versteckspiel zu treiben.«) (Carpentier, *La ciudad de las columnas*, S. 11 f.)

31 »La mampara participaba del moblaje, de la decoración interior, de la heráldica, y hasta de la ética de la mansión.« (»Die *mampara* war ein Teil der Einrichtung, der Innenarchitektur, der Heraldik und sogar der Ethik des Anwesens.«) (Carpentier, *La ciudad de las columnas*, S. 67.)

32 Das ›Mexiko-Werk‹ wurde in Mexiko kontroverser aufgenommen als das ›Kuba-Werk‹ in Kuba. Als Beispiele für eine polemische und eine affirmative Lektüre seien die Beiträge von Juan Antonio Ortega y Medina und Enrique Krauze genannt. Ortega y Medina bezeichnet Humboldt als imperialistischen Agenten der USA, wirft ihm wissenschaftliche Oberflächlichkeit vor, beklagt mangelndes literarisches Talent, bescheinigt ihm ein grundlegendes Unverständnis der amerikanischen Wirklichkeit und kritisiert die Verwendung seines Mexiko-Bildes durch die kreolischen Eliten; Krauze dagegen liest Humboldt aus der Sicht einer nationalpsychologischen Geschichtsphilosophie nach Octavio Paz als Anleitung zu einer Auseinandersetzung mit der mexikanischen Vergangenheit und zu einer positiven Bestimmung der eigenen Identität. Ortega y Medina, »Estudio preliminar«; Enrique Krauze, »Humboldt y México: un amor correspondido«, in: *Vuelta*, 18/212 (1994), S. 21–24. Siehe auch José Miranda, *Humboldt y México*, México 1995.

33 Fernando Ortiz erwähnt zwar in seiner umfangreichen Einleitung zum *Ensayo político sobre la Isla de Cuba* verschiedene für eine kubanische Humboldt-Rezeption kritische Punkte, »defectos« (in der kubanischen Ausgabe des *Ensayo político* von 1998, S. LXXVIII), stets jedoch, um sie umgehend zu relativieren oder zu rechtfertigen: die Befürwortung eines fortschrittlichen Expansionismus der USA gegenüber Mexiko ebenso wie gegenüber Kuba (S. LXXXII), »el anexionismo de Humboldt« (S. LXXXIII) – »Esto parece una antinomia de Humboldt. ¿Ser liberal y desear la anexión de unos territorios más a los Estados Unidos, y precisamente los de su querido Méjico?« (S. LXXXII); Humboldts angebliche Teilhabe an einer preußisch-französischen Intrige gegen Karl Marx im Jahr 1845, wie sie neben Friedrich Engels immerhin der in Kuba geborene Sozialist und Marx-Schwiegersohn Paul Lafargue behauptete (S. LXXII); Humboldts später selbstkritisch eingestandene Unterschätzung der populären Zustimmung für die hispanoamerikanische Befreiungsbewegung (S. LXXIV, S. XC) sowie die Fehleinschätzung der möglichen *Libertadores* (S. LXXV); die politischen Kompromisse des Wissenschaftlers im Umgang mit den Eliten der *anciens régimes* (S. LXXVI) – »ayudar al progreso del liberalismo utilizando las mismas fuerzas absolutistas« (S. LXXVIII); seine Eitelkeit (S. LXII); sowie eine Vernachlässigung der

literarischen Form (S. LXXVII). – Als differenzierte historisch-politische Kritik: Rodrigo Quesada Monge, »Humboldt, Bolívar y Marx: encuentros y desencuentros«, in: *Casa de las Américas* 216 (1999), S. 5–15.

34 Carpentier, *La ciudad de las columnas*, S. 13.

35 Ortega y Medina, S. XLI; vgl. F. Mateos, »Viaje de Humboldt a la América Española«, in: *Razón y Fe* 160–161 (Madrid, 1959), S. 301 (zitiert von Ortega y Medina).

36 Fernando Ortiz geht so weit, Humboldts Literatur aus einem progressiven barockfeindlichen Impuls erklären zu wollen: »Humboldt wusste sich dem literarischen Zeitgeist zu entziehen, welcher der Eintöpfelei und den Schneckenformen nach barockem Geschmack noch sehr zugetan war.« (Ortiz, S. LXXVII.) – Allerdings wäre Humboldts Abwendung vom Barock für Autoren seiner Zeit durchaus charakteristisch: Auch Goethe interessierte sich bereits während seiner Italienreise (1786–1788) vornehmlich für Zeugnisse der Antike und nicht etwa für barocke Kirchenbauten. Der Klassizismus grenzte sich ab von der Ästhetik organischer Wucherung und orientierte sich, um sie zu überwinden, an der Antike als Modell einer ›neuen Einfachheit‹; die Romantik entdeckte dagegen das Mittelalter wieder und ging gewissermaßen (und vereinfachend gesagt) hinter den Barock zurück. Erst in der Moderne konnte sich eine Neubewertung des Barocks durchsetzen – bei Walter Benjamin oder eben bei Alejo Carpentier.

37 Vor allem in den Beschreibungen des südamerikanischen Landesinneren, insbesondere der Llanos und des Regenwaldes, lassen sich motivische und stilistische Parallelen zwischen Humboldt und den Autoren des *realismo mágico* oder des *real-maravilloso* wie beispielsweise Rómulo Gallegos oder Alejo Carpentier (»estilo barroco«) beobachten: Rómulo Gallegos, *Canaima* (1935), Bogotá 1985; Alejo Carpentier, *Los pasos perdidos* (1953), Buenos Aires 1996; vgl. Hernández, *Alexander von Humboldt – die andere Suche nach El Dorado*, S. 6–42; Charles Minguet, »Rómulo Gallegos à la lumière de Humboldt«, in: *Crisol* 5 (1986), S. 47–49.

38 RHV III, S. 350.

39 *Goethes Briefwechsel mit Wilhelm und Alexander von Humboldt*, herausgegeben von Ludwig Geiger, Berlin 1909, S. 312.

40 Für eine marxistische Interpretation des *Essai politique* vgl. Christiane Bimberg, »El ›Ensayo político sobre la Isla de Cuba‹ de Alejandro de Humboldt como ejemplo de literatura sobre viajes a principios de siglo XIX«, in: Manuel Lorenzo (Hg.), *Alejandro de Humboldt. Trabajos leídos el 2 de marzo de 1984 en la sesión científica en comemoración del 125 Aniversario de la Muerte de Alejandro de Humboldt, celebrada en el Centro de Estudios de Historia y Organización de la Ciencia ›Carlos J. Finlay‹ de la Academia de Ciencias de Cuba*, Havanna 1984, S. 23–42. – Zu Humboldts Beitrag im Hinblick auf die zunehmende Bedeutung des afrikanischen Erbes in der kubanischen Identitätsbildung

vgl. Robert Held, »Anregungen für Fidel Castro. Alexander von Humboldt und Cubas afrikanische Berufung«, in: *Frankfurter Allgemeine Zeitung*, 12. August 1978.

41 RHV III, S. 350. Siehe auch Barbara Schuchard, »El análisis de la realidad económica y política de Cuba«, in: *Humboldt* 41/126 (1999), S. 92–98.

42 Die kubanische Neuausgabe des *Ensayo político* von 1998 führt an dieser Stelle eine Anmerkung des US-amerikanischen Herausgebers Thrasher an, die Humboldts Darstellung korrigiert: Colóns Asche wurde 1796 nach Havanna gebracht und dort in der Kathedrale aufbewahrt; Cortés' Asche wurde bereits 1794 von der Iglesia de San Francisco in die Iglesia de Jesús Nazareno überführt (S. 8 f.) und noch viel früher bereits nach Mexiko gebracht. (Herbert Matis, *Hernán Cortés. Eroberer und Kolonisator*, Göttingen/Frankfurt/Zürich 1967, S. 91.) Humboldts historische Assoziationen sind also forciert. Da es zur Zeit seines Aufenthalts in Havanna mehrere Plätze gab, an denen Sklaven verkauft wurden, und Überreste jener »baraques« in der Nähe des Jardín Botánico nicht ausfindig gemacht werden konnten, ist nicht auszuschließen, dass er die erinnerungspolitische Überlagerung des kolonialen Staatskults mit der kolonialen Grausamkeit am Ort des Sklavenhandels absichtlich inszeniert hat.

43 RHV III, S. 350.

44 RHV III, S. 407, 408.

45 RHV III, S. 402.

46 RHV II, S. 338: »économie de la nature«.

47 RHV II, S. 196: »économie politique«.

48 RHV III, S. 416: »de grandes économies dans la fabrication du sucre«.

49 RHV III, S. 403.

50 RHV III, S. 403.

51 RHV III, S. 452 f.

52 RHV III, S. 415.

53 RHV III, S. 428. – Die Wortbedeutung »Zins« ist allerdings die ursprüngliche und bereits für das dreizehnte Jahrhundert belegt: Émile Littré, *Dictionnaire de la langue française*, 7 Bände, Paris 1956–1958, Eintragung »intérêt«. Es lässt sich nicht verallgemeinern, dass die ökonomischen Bedeutungsinhalte der im Kuba-Essay gebrauchten Begriffe durchweg einer sprachgeschichtlich jüngeren Schicht angehören würden.

54 RHV III, S. 405.

55 RHV III, S. 437.

56 RHV III, S. 442.

57 RHV III, S. 438.

58 Ähnliche Ambiguisierungen erfahren die Vokabeln *représentation* (RHV III, S. 405), *embrasser* (RHV III, S. 408), *infester* (RHV III, S. 400), *sein* (RHV III, S. 429),

composition (RHV III, S. 434), *face* (RHV III, S. 435), *disposition* (RHV III, S. 453), *désert* (RHV III, S. 465, 467), *couche* (RHV III, S. 468), *raser* (RHV III, S. 475), *comprendre* (RHV III, S. 594, S. 597), *enceinte* (RHV III, S. 610), *fractions* (RHV III, S. 611), *révoltant* (RHV III, S. 452) oder *point* (RHV III, S. 611) – sowie mehrere Dutzend weitere.

59 Bei dieser Wortbedeutung handelt es sich sprachgeschichtlich um eine zeitgenössische Innovation, deren Aufkommen sogar erst für die Zeit zwischen Humboldts Rückkehr und der Veröffentlichung des *Essai politique* belegt werden kann – nämlich im Jahr 1812: *Le Robert. Dictionnaire de la langue française*, 9 Bände, Paris 1985, Eintragung »tableau«.

60 Die Landschaft der Llanos beispielsweise fasste Humboldt in den Registern von Malerei, Architektur, Theater, Seefahrt etc. Die Bildlichkeit bleibt indes in solchen regelmäßigen Darstellungen stets mehr oder weniger offen ersichtlich.

61 Alfredo Bosi spricht für die brasilianische Kulturgeschichte, in Anlehnung an Marx und Engels, von einer »Dialektik des Kolonialismus«, die sich in einerseits affirmativen und andererseits widerständigen Tendenzen in Kultur, Religion und Literatur zeige: *Dialética da colonização* [1992], São Paulo [4]2009. Russell Berman liest koloniale Narrative im Sinn von Adorno und Horkheimer als dialektische Spannung zwischen den instrumentellen und den emanzipatorischen Potenzialen der europäischen Aufklärung, die sich entweder in verschiedenen Texten niederschlagen (etwa in den Berichten James Cooks und Georg Forsters von derselben Reise) oder in ein und demselben Text gegenläufig am Werk sein können: Russell A. Berman, *Enlightenment or Empire. Colonial Discourse in German Culture*, Lincoln 1998.

62 Consuelo Naranjo Orovio, »Humboldt en Cuba: reformismo y abolición«, in: *Alejandro de Humboldt y el mundo hispánico. La Modernidad y la Independencia americana*, herausgegeben von Miguel Ángel Puig-Samper, Madrid 2000, S. 183–201.

63 Humboldts Sklaverei-Essay wurde von der US-amerikanischen Sklavenhalterpartei offenbar als derart subversiv verstanden, dass ihn der Herausgeber der englischsprachigen Ausgabe unterschlug: *The Island of Cuba*, translated from the Spanish, with notes and a preliminary essay by J. S. Thrasher, New York 1856. In seiner öffentlichen Stellungnahme zu dieser eigenmächtigen Kürzung bekannte sich Humboldt zum Primat des Politischen, auch als Naturwissenschaftler: »Auf diesen Theil meiner Schrift lege ich eine weit größere Wichtigkeit als auf die mühevollen Arbeiten astronomischer Ortsbestimmungen, magnetischer Intensitäts-Versuche oder statistischer Angaben.« (»Insel Cuba«, in: *Berlinische Nachrichten von Staats- und gelehrten Sachen* 172, 25. Juli 1856, S. 4.) Humboldts Protest wurde noch im selben Jahr weltweit mindestens dreißigmal veröffentlicht, unter anderem in Bombay, seinerzeit selbst europäisch kolonisiert: »Humboldt and the Americans«, in: *The Bombay Times and Journal of*

Commerce 20/75 (17. September 1856), S. 597. - Vera Kutzinski, »Translations of Cuba: Fernando Ortiz, Alexander von Humboldt, and the curious case of John Sidney Thrasher«, in: *Atlantic Studies* 6/3 (2009), S. 303-326; Irene Prüfer Leske, »Übersetzungen, Manipulation und Neuübersetzung des *Essai politique sur l'île de Cuba* Alexander von Humboldts«, in: Ottmar Ette, Walther L. Bernecker (Hg.), *Ansichten Amerikas. Neuere Studien zu Alexander von Humboldt*, Frankfurt am Main 2001, S. 219-230.

64 Humboldt schließt seinen *Essai politique sur l'île de Cuba* mit einer optimistischen Bemerkung zur Sklaverei, die durchaus pragmatisch begründet ist. Das Mittel sind »concessions«, das letzte Wort aber lautet »humanité«: »La crainte du danger arrachera des concessions que réclament les principes éternels de la justice et de l'humanité.« (»Die Furcht vor der Gefahr wird Zugeständnisse einfordern, wie sie die ewigen Grundsätze der Gerechtigkeit und der Menschlichkeit verlangen.«) (RHV III, S. 483.)

65 Homi K. Bhabha, *The Location of Culture*, London 1994, S. 33; des Weiteren insbesondere: »The Other Question. Stereotype, discrimination and the discourse of colonialism«, S. 66-84; »Sly Civility«, S. 93-101; »Of Mimicry and Man. The ambivalence of colonial discourse«, S. 85-92; »Signs Taken for Wonders. Questions of ambivalence and authority under a tree outside Delhi, May 1817«, S. 102-122. Aus einer post*strukturalistischen* Perspektive entwickelt Bhabha eine post*koloniale* Theorie. Bhabha beschreibt koloniale Narrative in ihrer Textualität, Rhetorizität und Temporalität (als instabile, iterative *écriture*) und hebt die Mehrdeutigkeit kolonialer Zeichen hervor, wie sie sich an Humboldts Text beispielhaft beobachten lassen: »the ambivalence of colonial cultural texts« (S. 119).

66 Zur geographischen Dimension des *Essai politique*: Hanno Beck, »La obra sobre Cuba de Alejandro de Humboldt como fuente de conocimiento«, in: *Alejandro de Humboldt en Cuba*, S. 37-50.

67 Auch außerhalb des Kuba-Teils im dritten Band spielt die Insel in der *Relation historique* verschiedene Rollen. Zweimal wird Kuba im Hinblick auf die Größe der versklavten afrikanischen Bevölkerung erwähnt (RHV III, S. 58, 66). An anderer Stelle werden die kubanischen Sklaven mit europäischen Bauern verglichen (RHV II, S. 43).

68 RHV III, S. 407.

69 RHV III, S. 407.

70 RHV III, S. 322.

71 RHV III, S. 347.

72 RHV III, S. 347.

73 RHV III, S. 347.

74 Margot Faak wies darauf hin, dass Humboldts positive Beurteilungen der kubanischen Gesellschaft in der *Relation historique* (I, S. 590 f., III, S. 407 f.) vom Tagebuch

abweichen. Margot Faak, *Alexander von Humboldt auf Kuba*, Berlin 1996, S. 9 f.
75 RHV I, S. 591.

Siebentes Kapitel
Die andere Reise: Politische Klimatologie

1 Walt Whitman, »Kosmos«, in: *Leaves of Grass*, Boston 1860–1861, S. 414 f. (»Wer begreift, aus der Theorie der Erde und aus seinem oder ihrem Leib, durch sinnfällige Analogien alle anderen Theorien, die Theorie einer Stadt, eines Gedichts oder der Politik dieser Staaten«. Übersetzung von Jürgen Brôcan. Vgl. Peter von Becker, »Frankfurter Anthologie. Walt Whitman: ›Kosmos‹«, in: *Frankfurter Allgemeine Zeitung*, 24. Mai 2019.)
2 Georg Schmid, »Zu Alexander von Humboldts Reise in Rußland. Nach russischen Quellen mitgeteilt«, in: *Baltische Monatsschrift* 70 (1910), S. 249–262, hier: S. 257.
3 Dem russischen Finanzminister gegenüber gestand Humboldt, er habe sein Vermögen zugunsten der amerikanischen Expedition »vernichtet«. Brief an Georg von Cancrin aus Berlin vom 26. Februar 1828, in: *Im Ural und Altai. Briefwechsel zwischen Alexander von Humboldt und Graf Georg von Cancrin aus den Jahren 1827–1832* [herausgegeben von W. v. Schneider und F. Russow], Leipzig 1869, S. 28–31, hier: S. 29. – Vgl. die neue Edition der russischen Reisebriefe: Alexander von Humboldt, *Briefe aus Russland 1829*, herausgegeben von Eberhard Knobloch, Ingo Schwarz und Christian Suckow, Berlin 2009.
4 Alexander von Humboldt, *Fragmente des Sibirischen Reise-Journals 1829* (Oktavband). Original: Schloß Tegel, Berlin. Kopie und Transkription (von Gisela Lülfing): Alexander von Humboldt-Forschungsstelle der Berlin-Brandenburgischen Akademie der Wissenschaften; *Obs[ervations] astronomiques faites dans le Voyage de Sibérie* (Quartband). Original: Schloß Tegel, Berlin. Kopie und Transkription (von Gisela Lülfing, fortgesetzt von Bärbel Bergmann): Alexander von Humboldt-Forschungsstelle der Berlin-Brandenburgischen Akademie der Wissenschaften. Edition: *Fragmente des Sibirischen Reise-Journals 1829*, herausgegeben von Tobias Kraft und Florian Schnee unter Mitarbeit von Ulrich Päßler, in: edition humboldt digital, Berlin-Brandenburgische Akademie der Wissenschaften, Berlin Version 6 vom 13.10.2020, {https://edition-humboldt.de/v6/H0005449/39v}, letzter Zugriff 02.08.2021. Vgl. Christian Suckow, *Ein vergessenes Konvolut – Alexander von Humboldts »Fragmente des Sibirischen Reise-Journals 1829«*, Berlin 2009; Peter Honigmann, »Alexander von Humboldts Journale seiner russisch-sibirischen Reise 1829«, in: *Humboldt im Netz* 15/28 (2014), S. 68–77.

5 Die folgenden Ausführungen beruhen auf der neuen deutschen Edition von Alexander von Humboldts *Zentral-Asien. Untersuchungen zu den Gebirgsketten und zur vergleichenden Klimatologie*, herausgegeben von Oliver Lubrich, Frankfurt am Main 2009, Anhang: S. 821–918. Sämtliche Zitate werden im Text nach Band und Seiten des französischen Originals ausgewiesen, gekennzeichnet durch die Sigle AC, die römische Ziffer gibt den Band, die arabische Ziffer die Seitenzahl an: *Asie centrale. Recherches sur les chaînes de montagnes et la climatologie comparée*, 3 Bände, Paris 1843. – Zur Geschichte der Humboldt'schen Russlandreise: Hermann Klencke, *Alexander von Humboldt's Leben und Wirken, Reisen und Wissen. Ein biographisches Denkmal*, Leipzig [7]1876, S. 281–342; Hermann Kletke, *Alexander von Humboldt's Reisen in Amerika und Asien. Eine Darstellung seiner wichtigsten Forschungen*, 4 Bände, Bände 3–4: *Alexander von Humboldt's Reisen im europäischen und asiatischen Rußland*, Berlin [4][1854–1856]; Hanno Beck, *Alexander von Humboldts Reise durchs Baltikum nach Rußland und Sibirien 1829*, Stuttgart 1983; Christian Suckow, »Alexander von Humboldt und Rußland«, in: Ottmar Ette, Ute Hermanns, Bernd M. Scherer, Christian Suckow (Hg.), *Alexander von Humboldt. Aufbruch in die Moderne*, Berlin 2001, S. 247–264; Andrea Wulf, »Russia«, in: *The Invention of Nature. Alexander von Humboldt's New World*, New York 2015, S. 201–216; Tobias Kraft, »Das Russisch-Sibirische Reisewerk«, in: Ottmar Ette (Hg.), *Alexander von Humboldt-Handbuch. Leben – Werk – Wirkung*, Stuttgart 2018, S. 59–72.

6 Brief von Georg von Cancrin aus Sankt Petersburg vom 22. Oktober 1827, in: *Im Ural und Altai*, S. 7 f., hier: S. 8.

7 Brief an Georg von Cancrin aus Berlin vom 19. November 1827, in: *Im Ural und Altai*, S. 9–18, hier: S. 18.

8 Brief von Georg von Cancrin aus Sankt Petersburg vom 17. Dezember 1827, in: *Im Ural und Altai*, S. 19–21, hier: S. 19.

9 Brief an Georg von Cancrin aus Berlin vom 26. Februar 1828, in: *Im Ural und Altai*, S. 28–31, hier: S. 29.

10 Brief von Georg von Cancrin aus Sankt Petersburg vom 20. März 1828, in: *Im Ural und Altai*, S. 32 f.

11 Brief an Georg von Cancrin aus Berlin vom 10. Januar 1829, in: *Im Ural und Altai*, S. 40–48, hier: S. 41.

12 Brief an Georg von Cancrin aus Berlin vom 26. Februar 1828, in: *Im Ural und Altai*, S. 28–31, hier: S. 30.

13 Alexander von Humboldt, *Essai politique sur l'île de Cuba*, 2 Bände, Paris 1826, hier: Band I, S. 305–336.

14 Humboldt, *Essai politique sur le royaume de la Nouvelle-Espagne*, Band I, S. 428.

15 Brief an Georg von Cancrin aus Katharinenburg vom 17. Juli 1829, in: *Im Ural und Altai*, S. 73–77, hier: S. 74.
16 Brief an Georg von Cancrin aus Berlin vom 10. Januar 1829, in: *Im Ural und Altai*, S. 40–48, hier: S. 41.
17 Brief an Georg von Cancrin aus Omsk vom 27. August 1829, in: *Im Ural und Altai*, S. 86–88, hier: S. 88.
18 Ebd.
19 Die Urkunden werden in der neuen deutschen Ausgabe von *Zentral-Asien* dokumentiert (Humboldt, *Zentral-Asien*, S. B21–B31).
20 AC III, S. 467.
21 AC III, S. 494.
22 AC III, S. 489.
23 Gustav Rose, *Reise nach dem Ural, dem Altai und dem Kaspischen Meere auf Befehl Sr. Majestät des Kaisers von Russland im Jahre 1829 ausgeführt von A. von Humboldt, G. Ehrenberg und G. Rose. Mineralogisch-geognostischer Theil und historischer Bericht der Reise*, 2 Bände, Berlin 1837/1842, hier: Band I, S. 110 f.
24 Humboldt, *Fragmente des Sibirischen Reise-Journals 1829*, Reproduktion und Transkription in Auswahl in: *Zentral-Asien*, S. 787–819, hier: S. 793, 791.
25 Brief an Wilhelm von Humboldt aus Katharinenburg vom 21. Juni 1829, in: *Briefe Alexander's von Humboldt an seinen Bruder Wilhelm*, herausgegeben von der Familie von Humboldt in Ottmachau, Stuttgart 1880 (19 Reisebriefe, davon Nr. 1, 2, 4, 5, 8 und 13 in deutscher, die übrigen in französischer Sprache), S. 185–187, hier: S. 186.
26 »Discours prononcé par M. Alexandre de Humboldt à la Séance extraordinaire de l'Académie Impériale des sciences de St.-Pétersbourg tenue le 16/28 Novembre 1829«, in: *Hertha* 14 (1829), S. 138–152.
27 Brief an Varnhagen von Ense vom 26. April 1830, in: *Briefe von Alexander von Humboldt an Varnhagen von Ense aus den Jahren 1827 bis 1858. Nebst Auszügen aus Varnhagen's Tagebüchern, und Briefen von Varnhagen und Andern an Humboldt*, Leipzig ^{2}1860, S. 7.
28 Brief an Heinrich Christian Schumacher vom 22. Mai 1843, in: *Briefwechsel zwischen Alexander von Humboldt und Heinrich Christian Schumacher*, herausgegeben von Kurt-R. Biermann, Berlin (DDR) 1979, S. 112.
29 Alexander von Humboldt, *Fragmens de géologie et de climatologie asiatiques*, 2 Bände, Paris 1831.
30 Humboldt, *Essai politique sur le royaume de la Nouvelle-Espagne*.
31 Karl-Sigismund Kunth nach den Herbarien und Aufzeichnungen von Alexander von Humboldt und Aimé Bonpland, *Mimoses et autres plantes légumineuses*, Paris 1819[–1824].

32 Alexander von Humboldt, *Kosmos. Entwurf einer physischen Weltbeschreibung*, 5 Bände, Stuttgart/Tübingen 1845–1862. Alle Zitate folgen dieser Originalausgabe, im Folgenden als Sigle K angeführt, die römischen Ziffern bezeichnen den Band, die arabischen (beziehungsweise für die »Vorrede« ebenfalls römische) die jeweilige Seite.

33 Alexander von Humboldt, »Die Lebenskraft oder der Rhodische Genius. Eine Erzählung«, in: *Die Horen* 1/5 (1795), S. 90–96, hier: S. 93. Die Schlüsselfigur der Erzählung, der Gelehrte Epicharmus, wird hier mit dem Satz eingeführt: »Er besuchte selten den Hof der Dionyse, [...] weil solche Fürstennähe auch den geistreichsten Männern von ihrem Geiste raubt«. Oliver Lubrich, »Forscher in Fürstennähe: Humboldt in Sibirien«, in: Alexander von Humboldt, *Die Russland-Expedition. Von der Newa bis zum Altai*, München 2019, S. 185–203.

34 Alexander von Humboldt, »Die Lebenskraft oder der rhodische Genius. Eine Erzählung«, in: *Ansichten der Natur, mit wissenschaftlichen Erläuterungen*, 2 Bände, Stuttgart/Tübingen 1849, Band 2, S. 299–314, hier: S. 303 f.

35 In der Übersetzung von 1829 heißt es, wörtlich ins Deutsche zurückübersetzt: »weil beim Besuchen der großen Welt das Talent nicht selten einen Teil seines Charmes verliert« (»Zhiznennaja sila, ili genij Rodosskij«, in: *Moskovskij telegraf'* 30/24 (1829), S. 423–431, hier: S. 427 f.); und in der Fassung von 1856 wird der zweite Teil des Satzes sogar komplett unterschlagen (»Zhiznennaja sila ili rodoskij genij«, in: *Vestnik' estestvennych' nauk'* 3/1 (1856), Sp. 5–10, hier: Sp. 8).

36 AC III, S. 469–478 (Hervorhebung hinzugefügt).

37 Alexander von Humboldt, [Autorisierte Richtigstellung zu einem Artikel im *Journal des Débats* vom 6. Dezember], in: *Berlinische Nachrichten von Staats- und gelehrten Sachen* 295, 16. Dezember 1844, S. 3.

38 AC I, S. viii.

39 AC I, S. IX.

40 AC I, S. IX.

41 AC I, S. XI.

42 AC I, S. XI.

43 In diesem Sinn haben die Spielfilme, die seine Reisen darstellten, Rainer Simons *Die Besteigung des Chimborazo* (1989) und Luis Armando Roches *Aire Libre* (1996), Vulkanausbrüche und Erdbeben als Sinnbilder der Revolution in Szene gesetzt.

44 AC I, S. LIV.

45 AC I, S. LV.

46 Alexander von Humboldt, *Fragmente des Sibirischen Reise-Journals*, in: *Zentral-Asien*, S. 787–819, hier: S. 819.

47 AC I, S. 192.

48 AC II, S. 139.
49 AC I, S. 314.
50 AC III, S. 191.
51 AC III, S. 122.
52 Alexander von Humboldt, »Ueber die künftigen Verhältnisse von Europa und Amerika«, in: *Morgenblatt für gebildete Stände* 20/33 (8. Februar 1826), S. 129 f.; 20/34 (9. Februar 1826), S. 134 f., hier: S. 134 f. (Vgl. RHV III, S. 56–60.)
53 Humboldt, »Discours«, S. 139.
54 AC I, S. 389–411.
55 AC II, S. 44.
56 AC II, S. 176.
57 Said, *Orientalism*.
58 Mudimbe, *The Idea of Africa*, S. 71–104 (»The Power of the Greek Paradigm«).
59 Bernal, *Black Athena*.
60 Bhabha, *The Location of Culture*.
61 AC I, S. 387 f., Anmerkung.
62 Und Humboldt maß auch geodätisch in Triangulation. – Zur Überblendung von Beschreibungen bereister Regionen mit Bildern anderer Räume: Ottmar Ette, *Alexander von Humboldt und die Globalisierung*, Frankfurt am Main 2009, S. 319–364.
63 Brief an Georg von Cancrin aus Miask vom 15. September 1829, in: *Im Ural und Altai*, S. 92–95, hier: S. 94.
64 Daniel Defoe, *The Farther Adventures of Robinson Crusoe*, London 1719.
65 Jules Verne, *Michel Strogoff. Moscou-Irkoutsk*, Paris [1876].
66 Karl May, »Nach Sibirien«, in: *Am Stillen Ocean. Erzählungen* (1894), Zürich 1996, S. 304–322.
67 »Malheureusement la végétation ressemble jusqu'ici pour le fond à la Tegel'schen Grase«. Brief an Wilhelm von Humboldt aus Kasan vom 8. Juni 1829, in: *Briefe Alexander's von Humboldt an seinen Bruder Wilhelm*, S. 182–185, hier: S. 185; deutsch: *Briefe Alexander von Humboldts an seinen Bruder Wilhelm*, herausgegeben von der Familie von Humboldt in Ottmachau, Berlin: Verlag der Gesellschaft deutscher Literaturfreunde [1923], S. 175–213 (die französischen Briefe in deutscher Sprache, ohne entsprechende Angabe und ohne Nennung des Übersetzers), S. 188–191, hier: S. 190.
68 Brief an Wilhelm von Humboldt aus Katharinenburg vom 21. Juni 1829, in: *Briefe Alexander's von Humboldt an seinen Bruder Wilhelm*, S. 185–187, hier: S. 185.
69 »En retournant de la Mongolie chinoise, je crois être à Spandau en me trouvant à Moscou.« Brief an Wilhelm von Humboldt aus Moskau vom 5. November 1829, in:

Briefe Alexander's von Humboldt an seinen Bruder Wilhelm, S. 204–205, hier: S. 204; deutsch: *Briefe Alexander von Humboldts an seinen Bruder Wilhelm*, S. 205–206, hier: S. 205.

70 Humboldt, *Fragmente des Sibirischen Reise-Journals 1829*, in: *Zentral-Asien*, S. 796, vgl. S. 799.

71 Brief an August Böckh, ca. 1840. »Briefe von Alexander v. Humboldt«, in: Max Hoffmann, *August Böckh. Lebensbeschreibung und Auswahl aus seinem wissenschaftlichen Briefwechsel*, Leipzig 1901, S. 411–454, hier: S. 418.

72 Gerbi, *La disputa del Nuovo Mondo*.

73 AC III, S. 523.

74 Brief an Georg von Cancrin aus Miask vom 15. September 1829, in: *Im Ural und Altai*, S. 92–95, hier: S. 94.

75 AC III, S. 517 und S. 524.

76 Brief an Georg von Cancrin aus Berlin vom 10. Januar 1829, in: *Im Ural und Altai*, S. 40–48, hier: S. 45.

77 Pratt, *Imperial Eyes*, S. 111–143 (Anmerkungen: S. 239–242); Susanne Zantop, *Colonial Fantasies. Conquest, Family, and Nation in Precolonial Germany, 1770–1870*, Durham/London 1997. Zur Diskussion statischer Ideologiekritik und pauschaler Diskursanalyse: Oliver Lubrich, »Welche Rolle spielt der literarische Text im postkolonialen Diskurs?«, in: *Archiv für das Studium der neueren Sprachen und Literaturen* 157/242 (2005), S. 16–39.

78 Brief an Georg von Cancrin aus Omsk vom 27. August 1829, in: *Im Ural und Altai*, S. 86–88, hier: S. 86.

79 AC I, S. 317, Anmerkung; AC II, S. 81; AC II, S. 67 f.

80 Brief an Georg von Cancrin aus Orenburg vom 26. September 1829, in: *Im Ural und Altai*, S. 96–99, hier: S. 97.

81 AC II, S. 544.

82 AC II, S. 520 ff.

83 AC III, S. 199.

84 AC II, S. 138.

85 AC II, S. 271.

86 AC II, S. 229.

87 AC III, S. 121.

88 AC III, S. 347.

89 AC III, S. 349.

90 Aaron Sachs, *The Humboldt Current. Nineteenth-Century Exploration and the Roots of American Environmentalism*, New York 2006; Frank Holl, »Wie der Klimawandel

entdeckt wurde«, in: *Die Gazette* 16 (2007–2008), S. 20–25; Alexander von Humboldt, *Klima-Schriften*, herausgegeben von Michael Strobl, mit einem Nachwort von Stefan Brönnimann und Martin Claußen, Hannover 2022 (im Erscheinen).

91 AC I, S. 537 f., Anmerkung.

92 Alexander von Humboldt, *Central-Asien. Untersuchungen über die Gebirgsketten und die vergleichende Klimatologie*, übersetzt und herausgegeben von Wilhelm Mahlmann, drei Teile in zwei Bänden, Band I, Berlin 1844, S. 337.

93 Rex Clark, Oliver Lubrich (Hg.), *Transatlantic Echoes. Alexander von Humboldt in World Literature*, New York/Oxford 2012, S. 83 f., 85 f., 94–97, 115 f., 206, 213; Rex Clark, Oliver Lubrich (Hg.), *Cosmos and Colonialism. Alexander von Humboldt in Cultural Criticism*, New York/Oxford 2012, S. 86 f.

94 *The Life and Letters of Charles Darwin, Including an Autobiographical Chapter*, herausgegeben von Francis Darwin, 3 Bände, London 1887, Band 1, S. 55. (Übersetzung hier und im Weiteren: Oliver Lubrich.)

95 Ebd., Band 1, S. 190.

96 Ebd., Band 1, S. 231.

97 Ebd., Band 1, S. 232.

98 Ebd., Band 1, S. 234.

99 Ebd., Band 1, S. 237.

100 *Charles Darwin's Beagle Diary*, herausgegeben von Richard Darwin Keynes, Cambridge 1988, S. 42.

101 Charles Darwin, *Journal of Researches Into the Natural History and Geology of the Countries Visited During the Voyage of H. M. S. Beagle Round the World, Under the Command of Capt. Fitz Roy, R. N.* (1839), durchgesehene und ergänzte 2. Ausgabe, London 1845, S. 503.

102 AC III, S. 168; AC III, S. 329, 333 f., 337; AC III, S. 180 f.; AC I, S. 340; AC III, S. 99, 183.

103 AC III, S. 92, 98 f.

104 *The Life and Letters of Charles Darwin*, Band 3, S. 247.

105 Im zweiten Band des *Kosmos* wird er sie weiter ausführen: »Anregungsmittel zum Naturstudium«, in: K II, S. 3–134.

106 AC II, S. 456 f.; II, S. 200; II, S. 95; II, S. 420, Anmerkung; II, S. 28; I, S. 337, Anmerkung; III, S. 373; III, S. 50 f.; III, S. 108 f.; II, S. 38 f.; II, S. 361.

107 AC II, S. 6.

108 AC III, S. 284.

109 AC I, S. 335.

110 AC I, S. 420 f.

111 Alexander von Humboldt, »Geschichte der physischen Weltanschauung. Hauptmomente der allmäligen Entwickelung und Erweiterung des Begriffs vom Kosmos, als einem Naturganzen«, in: K II, S. 135–520.

112 AC II, S. 395.

113 AC II, S. 439.

114 AC II, S. 439 f.

115 AC I, S. 297–309.

116 AC II, S. 396.

117 AC I, S. LVIII.

118 AC I, S. 336 f.

119 Vgl. Humboldts Artikel zu russischen Themen im Corpus der *Sämtlichen Schriften* (München 2019) und im Anhang von *Zentral-Asien* (2009, S. 901–905) sowie seine zu Lebzeiten auf Russisch erschienenen Texte: Alexander von Humboldt, *Die russischen Schriften*, herausgegeben von Oliver Lubrich und Thomas Nehrlich, Berlin 2021. Zu russischen Publikationen von und über Alexander von Humboldt vgl. Natal'ja Georgievna Suchova, »Alexander von Humboldt in der russischen Literatur. Eine annotierte Bibliografie«, in: Kerstin Aranda, Andreas Förster, Christian Suckow (Hg.), *Alexander von Humboldt und Russland. Eine Spurensuche*, Berlin 2014, S. 411–503.

120 Fiedler, Leitner, *Alexander von Humboldts Schriften*, S. 348 f., 355.

121 Zu Alexander von Humboldt als Schriftsteller und zu seiner Wissenschaftskonzeption: Robert Van Dusen, *The Literary Ambitions and Achievements of Alexander von Humboldt*, Bern/Frankfurt 1971; Cannon, *Science in Culture*, S. 73–110; Ette, *Weltbewußtsein*; Bettina Hey'l, *Das Ganze der Natur und die Differenzierung des Wissens. Alexander von Humboldt als Schriftsteller*, Berlin/New York 2007.

122 Zitiert nach: Schmid, »Zu Alexander von Humboldts Reise in Rußland«, S. 255 f.

123 Alexander Herzen, *Kindheit, Jugend und Verbannung* (1860), übersetzt von Hertha von Schulz [1962], Zürich 1989, S. 198–201 (Endnoten: S. 563–564), hier: S. 201.

124 Ebd., S. 198–201; vgl. *Erlebtes und Gedachtes* [Auswahl], übersetzt von Cornelius Bergmann, Weimar 1953, S. 62 f. [Passage gekürzt] (Erläuterung: S. 441).

125 Theo Piana, Horst Schönfelder, *Alexander von Humboldt. Ein deutscher Weltreisender und Naturforscher*, Berlin (DDR) 1959.

126 Christoph Hein, *Die russischen Briefe des Jägers Johann Seifert*, in: *Nachtfahrt und früher Morgen*, Frankfurt am Main 2004, S. 91–159.

127 Ebd., S. 91.

128 Ebd., S. 93.

129 Ebd., S. 94.

130 Ebd., S. 94.

131 Ebd., S. 125.
132 Ebd., S. 96.
133 Ebd., S. 148.
134 Ebd., S. 116.
135 Ebd., S. 106.
136 Ebd., S. 137.
137 Ebd., S. 279.
138 Ebd., S. 263–293.
139 Ebd., S. 285, 287, 289.
140 K V, S. 85.

Achtes Kapitel
Das Wuchern der Imperien: Koloniale Wissensgeschichte

1 Georg Büchner, *Dantons Tod*, Frankfurt am Main 1835, S. 87. Es handelt sich um die Rechtfertigung revolutionärer Gewalt in der Rede von Saint-Just.
2 K IV, S. 3.
3 Eine Ausnahme ist das Kapitel zu Alexander von Humboldt in Hans Blumenbergs *Die Lesbarkeit der Welt* (1981), von dem weiter unten die Rede sein wird. – Die erste ungekürzte Neuausgabe des *Kosmos* seit dem neunzehnten Jahrhundert, an der die Form des Buches genau zu studieren wäre, erschien überhaupt erst im einundzwanzigsten – in der Anderen Bibliothek in Frankfurt am Main 2004.
4 »Inhalts-Uebersicht der Bände I. und II. des Kosmos«, in: K II, S. 521–544; »Inhalts-Uebersicht des IIIten Bandes des Kosmos«, K III, S. 631–640; »Inhalts-Uebersicht des vierten Bandes des Kosmos«, K IV, S. 643–645; »Inhalts-Uebersicht des Vten Bandes des Kosmos« [von Eduard Buschmann], K V, S. 1279–1283; dazu [als einzige vorangestellte Übersicht]: »*Inhalt* der ersten Abtheilung von Band III. des Kosmos«, K III, S. III–IV.
5 Oliver Lubrich, Ottmar Ette, »Alexander von Humboldt's Kosmos: indexing it«, in: *The Indexer* 25/1 (2006), S. 2–6.
6 Ottmar Ette, Oliver Lubrich, »Editorische Notiz«, in: Alexander von Humboldt, *Kosmos. Entwurf einer physischen Weltbeschreibung*, herausgegeben von Ottmar Ette und Oliver Lubrich, Frankfurt am Main 2004, S. 927–935, hier: S. 931 f.
7 »Vorrede«, »Einleitende Betrachtungen über die Verschiedenartigkeit des Naturgenusses und eine wissenschaftliche Ergründung der Weltgesetze«, »Begrenzung und wissenschaftliche Behandlung einer physischen Weltbeschreibung«, in: K I, S. V–XVI, 3–48, 49–78.

8 »Naturgemälde. Allgemeine Uebersicht der Erscheinungen«, in: K I, S. 79–493.
9 »Anregungsmittel zum Naturstudium«, in: K II, S. 3–134.
10 »Geschichte der physischen Weltanschauung«, in: K II, S. 135–520.
11 »Specielle Ergebnisse der Beobachtung in dem Gebiete kosmischer Erscheinungen«, in: K III, S. 3–630 (Berichtigungen und Zusätze: S. 641–644; Druckfehler: S. 645).
12 »Specielle Ergebnisse der Beobachtung in dem Gebiete tellurischer Erscheinungen«, in: K IV, S. 3–642 (Berichtigungen und Zusätze: S. 647–649; Druckfehler: S. 650) und K V, S. 3–98.
13 Im ersten Band des *Kosmos* beschreibt Humboldt zunächst nur ein »allgemeines Naturgemälde«; im dritten bis fünften Band führt er diese Beschreibung dann weiter aus. Zum Programm des Kosmos, das Humboldt nicht mehr vollenden konnte: Oliver Lubrich, »Spaltenkunde. Alexander von Humboldts ungeschriebenes Programm«, in: Martin Mittelmeier (Hg.), *Ungeschriebene Werke*, München 2006, S. 39–54.
14 »Physikalischer Atlas von Dr. H[einrich] Berghaus«, in: K II, S. 545–550. Ottmar Ette, Oliver Lubrich, »Zu diesem Kartenwerk«, in: Heinrich Berghaus, *Physikalischer Atlas* (zu Alexander von Humboldts *Kosmos*), 90 Tafeln, herausgegeben von Ottmar Ette und Oliver Lubrich, Frankfurt 2004, S. IX–XII.
15 Ottmar Ette, Oliver Lubrich, »Die andere Reise durch das Universum«, in: Alexander von Humboldt, *Kosmos. Entwurf einer physischen Weltbeschreibung*, herausgegeben von Ottmar Ette und Oliver Lubrich, Frankfurt am Main 2004, S. 905–920, hier v. a.: S. 910–912.
16 Die *Encyclopédie* definiert *composition* als das Zusammenstellen der Lettern im Druckwesen: »Composition, en termes d'Imprimerie, s'entend de l'arrangement des lettres, qui, levées les unes après les autres, forment un nombre de lignes, de pages, & de feuilles. Un ouvrier compositeur interrogé pour savoir où il en est de sa composition, répond: il me reste à faire 6 pages 20 lignes de composition pour parfaire ma feuille.« (*Encyclopédie ou Dictionnaire raisonné des sciences, des arts et des métiers*, herausgegeben von Denis Diderot und Jean Baptiste le Rond d'Alembert bzw. Louis de Jaucourt, 35 Bände, Paris 1751–1780, Band 3, 1753, S. 774.) Typographiegeschichtliche Hinweise verdanke ich Thomas Nehrlich (Bern).
17 Ein Brief an Varnhagen von Ense vom 15. April 1828 belegt, dass Humboldt sich Gedanken über die typographische Gestaltung gemacht hat: »Wie soll ich den Titel einrichten. ›Entwurf einer phys. W. von A. v. H. (auf Veranlassung von Vorlesungen neubearbeitet‹, oder: ›theilweise nach Vorlesungen bearbeitet.‹)? Alles das scheint mir unbeholfen. Adverbia sind unpassend für Titel. Wie wenn ich mit ganz kleinen Lettern zusetzen ließe: ›Ein Theil dieser Schrift ist der Gegenstand von Vorlesungen in den Jahren 1827 und 1828 gewesen‹? Aber das ist lang, und dann das Verbum!

›Auf Veranlassung‹ ist vielleicht noch besser.« (*Briefe von Alexander von Humboldt an Varnhagen von Ense*, S. 4.)
18 Sachs, *The Humboldt Current*, S. 102.
19 K II, S. 230 f.
20 K V, S. 18.
21 K II, S. 398.
22 Stefan Fisch, »Forschungsreisen im 19. Jahrhundert«, in: Peter J. Brenner (Hg.), *Der Reisebericht. Die Entwicklung einer Gattung in der deutschen Literatur*, Frankfurt am Main 1989, S. 383–405; Andreas W. Daum, *Wissenschaftspopularisierung im 19. Jahrhundert. Bürgerliche Kultur, naturwissenschaftliche Bildung und die deutsche Öffentlichkeit, 1848–1914*, München 2002.
23 Böhme, »Ästhetische Wissenschaft«, S. 25.
24 Hans Blumenberg, *Die Lesbarkeit der Welt*, Frankfurt am Main 1983 [1981], S. 281–299. Blumenberg untersucht die Bilder, deren sich Humboldt bedient, um die »Lesbarkeit der Welt« in verschiedenen Registern zu inszenieren, insbesondere Malerei, Theater, Anatomie, Literatur, Sprache, Reise, Museum und Optik (»Gemälde«, »Szene«, »Physiognomie«, »Buch« etc.).
25 *Briefe von Alexander von Humboldt an Varnhagen von Ense*, S. 23 (Brief aus Berlin vom 24. Oktober 1834, S. 20–23).
26 K II, S. 232.
27 K II, S. 135.
28 K II, S. 158.
29 K II, S. 310.
30 K II, S. 337.
31 K II, S. 339.
32 K II, S. 213 (Hervorhebung hinzugefügt).
33 K II, S. 318.
34 K II, S. 321.
35 K II, S. 231.
36 Zur Dialektik der brasilianischen Kolonialgeschichte: Bosi, *Dialética da colonização*.
37 Benjamin, »Über den Begriff der Geschichte«, S. 696.
38 Enzensberger, »A. v. H. (1769–1859)«, S. 58.
39 K II, S. 191.
40 K II, S. 226.
41 K II, S. 192 f.
42 Der Terminus »Expedition« bezieht sich – einerseits – auf Feldzüge (»Expedition des Cortez« [K II S. 309]) oder sogar auf Piraterie (»die [...] auf Menschenraub und

Plünderung gerichteten Expeditionen« [K II, S. 173]) und – andererseits – auf Forschungsreisen (»Halley [...] [hat] in seinen magnetischen Expeditionen des für die gesammte Meteorologie so wichtigen *Drehungsgesetzes* der Winde gar nicht erwähnt« [K II, S. 380]).

43 Diese Figuren werden jeweils *mit* ihrem Epitheton benannt: Constantin (K II, S. 80, 535), Basilius (K II, S. 27, 28, 29, 534), Theodosius (K II, S. 234), Albert(us) (K II, S. 31, 255, 268, 280, 283, 284, 542) und Friedrich (K II, S. 102); abgesehen von nur zwei jeweils unmittelbar im Anschluss wiederholten Nennungen (Albert [K II, S. 284], Basilius [K II, S. 27]) gibt es im gesamten zweiten Band lediglich eine Erwähnung *ohne* Beinamen – und zwar in Verbindung mit einem weiteren Herrschernamen (»von Octavian bis Constantin« [K II, S. 214]). Das Epitheton ist die Regel, Alexander die Ausnahme.

44 K II, S. 201.

45 K II, S. 267 (Hervorhebung hinzugefügt).

46 K II, S. 277.

47 K II, S. 323.

48 Said, *Orientalism*, S. 73–92.

49 K II, S. 164.

50 K II, S. 136.

51 K I, S. 401.

52 K II, S. 237. Pinzón, den Humboldt zitiert, spricht von einer »*Eingebung*«, welche Kolumbus nach Amerika geführt habe (K II, S. 301).

53 K II, S. 299 (Hervorhebung hinzugefügt).

54 K II, S. 142.

55 K II, S. 141. Vgl. Jacques Derrida, *Le monolinguisme de l'autre ou la prothèse d'origine*, Paris 1996.

56 K II, S. 142.

57 K II, S. 206.

58 K I, S. 4 (Hervorhebung hinzugefügt).

59 Hervorhebungen durch Sperrung hinzugefügt.

60 Ette, *Weltbewußtsein*.

61 Oliver Lubrich, »Stufen, Keime, Licht. Alexander von Humboldt als Ethnograph und Anthropologe«, in: Alexander von Humboldt, *Ueber die Urvölker von Amerika und die Denkmähler welche von ihnen übrig geblieben sind. Anthropologische und ethnographische Schriften*, Hannover 2009, S. 167–190. – Einige Bildlichkeiten, die sich zur Konzeptualisierung der Entdeckungsgeschichte angeboten hätten, werden im *Kosmos* höchstens vereinzelt angespielt, beispielsweise der Fortschritt (»die

Epochen des Fortschrittes« [K II, S. 135]), die Stufen (»Bildungsstufen« [K II, S. 266]), die Enthüllung (»eine ganze westliche Erdhälfte enthüllt« [K II, S. 151]), die Entfaltung (»entfaltete sich« [K II, S. 311]), die Verkettung (»Die engere Verkettung von Europa und Asien ist recht eigentlich durch Ausführung von Colonien begründet worden.« [K II, S. 177], »Kettengliede[r]« [K II, S. 164]), das Verkehrswesen (»Heerstraße« [K II, S. 171], »Völkerbrücke« [K II, S. 171]), der Körper (»Organismus« [K II, S. 179], »zu einem großen organischen Ganzen« [K II, S. 184]), das Erwachen (in Verbindung mit der Lichtmetaphorik: »im ersten Dämmerlichte des intellectuellen Erwachens« [K II, S. 215]), die Spiegelung (»Abglanz« [K II, S. 261]) oder die Geburt (»Schooß« [K II, S. 338]). Alternative Metaphern aus fremden Sprachen beziehungsweise Kulturen werden gelegentlich erwogen, beispielsweise ein Bild der Meteorologie: Die Araber verhielten sich, einem Gedicht zufolge, »›wie Wolkengruppen, die bald der Wind zerstreut‹« (K II, S. 241).

62 K II, S. 248.

63 K II, S. 146.

64 K II, S. 316.

65 K II, S. 147.

66 K II, S. 146.

67 K II, S. 148.

68 K II, S. 148.

69 K II, S. 221.

70 Beide: K II, S. 220.

71 K II, S. 149.

72 K II, S. 56.

73 K II, S. 200.

74 K II, S. 201.

75 Alle drei: K II, S. 268.

76 K II, S. 179.

77 K II, S. 178.

78 K II, S. 170.

79 K II, S. 178.

80 K II, S. 248.

81 K II, S. 149.

82 K II, S. 178.

83 K II, S. 178.

84 K II, S. 177. Der griechische Begriff war unbotanisch: ›neue Stadt‹, *néa pólis*.

85 K II, S. 173.

86 K II, S. 273.
87 K II, S. 178.
88 K II, S. 168, 174.
89 K II, S. 182.
90 K II, S. 162. Dem Motiv des Kreises ist etymologisch, wie Humboldt ausführt, als *enkyklopaideía*, das Modell der *Enzyclopädie* zuzuordnen, auf das sich Plinius in der *Historia naturalis* beruft (die »*Encyclopädie der Natur und Kunst*« [K II, S. 230], »[d]as encyclopädische Wissen« [K II, S. 206]).
91 K II, S. 268.
92 K II, S. 261.
93 K II, S. 143.
94 K II, S. 213.
95 K II, S. 146.
96 K II, S. 171.
97 Alexander von Humboldt, RHV I, S. 63–72; S. 71: »Deux cadavres, dont les traits annonçoient une race d'hommes inconnue, furent jetés, vers la fin du quinzième siècle, sur les côtes des îles Açores.«
98 Vgl. Alexander Honold, »Strömungslehre bei Humboldt und Hölderlin«, in: *Cumaná 1799*, S. 7–28.
99 K II, S. 136.
100 Alexander von Humboldt, *Essai sur la géographie des plantes; accompagné d'un tableau physique des régions équinoxiales*, Paris / Tübingen 1807 (Band 14 der *Voyage*).
101 K II, S. 151.
102 K II, S. 146.
103 K II, S. 149.
104 K II, S. 178.
105 K II, S. 239.
106 K II, S. 297.
107 K II, S. 183.
108 K II, S. 219.
109 Die Sprachbilder, in denen er diese Einsicht poetisch zum Ausdruck bringt, hat Humboldt gelegentlich als solche reflektiert, andererseits aber auch unreflektiert miteinander vermengt. Metaphern, Katachresen und Vergleiche scheinen miteinander zu konkurrieren. So werden einige Bilder als Simile erläutert und auf diese Weise kenntlich gemacht (»große Volksströmungen [...] wie die Strömungen des Oceans« [K II, S. 221]). Andere werden mit entsprechenden Realien konfrontiert und so gewissermaßen bewahrheitet (eine »heftige Meeresströmung« [K II, S. 166] hat Seefahrer »in das

Meer hinausgetrieben« [K II, S. 165] und so den Prozess der Entdeckungen und Einflüsse befördert). Verschiedentlich werden die Leitbilder miteinander verbunden (zum Beispiel kann ein »Keim« über Gewässer »zugeströmt« sein [K II, S. 149]). An anderen Stellen überschneiden sie sich und erzeugen Unstimmigkeiten, die kaum mehr aufzulösen sind. (Dann ist etwa davon die Rede, aus einer Kultur, in der »die unsrige [...] wurzelt«, seien Überlieferungen zu »schöpfen« [K II, S. 170]. Oder »Keime« zu »geognostischen Ansichten« erlaubten es, aus ihren Resultaten zu »schöpfen« [K II, S. 232]. »Keime« von »Fortschritte[n]« werden zu einem »Leitstern« [K II, S. 207] erklärt. Es gibt »Lichtpunkte«, die »aufglimmen« und »Glanz« verbreiten, aber auch »Keime allgemeiner kosmischer Ansichten enthalten« [K II, S. 316]. Und eine »Völkerwelle«, schließlich, hat sich »fortgepflanzt« [K II, S. 220 f.].) Bedeutet dies, dass sie nicht – oder zumindest an diesen Stellen nicht mehr – als Metaphern eingesetzt werden, deren Bildwert bestimmte Bedeutungen mitführt, sondern nur noch als abgenutzte und unbewusst übernommene Katachresen, deren Bildlichkeit unterhalb der Schwelle der Wahrnehmbarkeit liegt? Oder sind solche Unstimmigkeiten Symptome einer Verunsicherung?

110 Humboldt, *Lateinamerika am Vorabend der Unabhängigkeitsrevolution*, S. 63.

111 K I, S. 5.

112 K I, S. 4.

113 K I, S. 64.

114 Alexander von Humboldt stellt nicht nur die Frage nach der Rolle der Wissenschaften im kolonialen Prozess, sondern auch die nach jener der Künste. Da er im Kapitel, das der »Geschichte der physischen Weltanschauung« vorausgeht, die Beziehung der Naturforschung zu Literatur, Malerei und Gartenbau aufzeigt, als »Anregungsmittel« einerseits und als Ausdrucksformen andererseits, ließe sich seine Studie auch als Modell des Dreiecksverhältnisses von Imperialismus, Wissenschaft und Kultur lesen.

115 *Briefe von Alexander von Humboldt an Varnhagen von Ense*, S. 20 (Brief aus Berlin vom 24. Oktober 1834, S. 20–23).

116 Im negativen Sinn von »verrückt«; aber auch im positiven von »fröhlich«, »bewundernswert«, »groß und schön« etc. (Jacob und Wilhelm Grimm, *Deutsches Wörterbuch*, 11. Band, 1. Abteilung, 1. Teil [T – Treftig], Leipzig 1935, S. 631–636.)

117 Zu Humboldts Potenzial für ›postkoloniale‹ Studien: Oliver Lubrich, »Postcolonial Studies«, in: Ulrich Schmid (Hg.), *Literaturtheorien des 20. Jahrhunderts*, Stuttgart 2010, S. 351–376.

Neuntes Kapitel

Im Labyrinth der Sinne: Die Synästhesie der Tropen

1 Shakespeare, *The Tempest*, III.ii.129–135. (»Sey nicht in Angst! Die Insel ist voll Lärm, / Voll Tön' und süßer Lieder, die ergötzen, / Und niemand Schaden thun. Mir klimpern manchmal / Viel tausend helle Instrument' ums Ohr, / Und manchmal Stimmen, die mich, wenn ich auch / Nach langem Schlaf erst eben aufgewacht, / Zum Schlafen wieder bringen«. *Shakespeare's dramatische Werke*, übersetzt von August Wilhelm Schlegel, Dritter Theil, Berlin 1798, S. 89 f.)

2 Vgl. zum Beispiel die Reihe zu den fünf Sinnen (herausgegeben von der Kunst- und Ausstellungshalle der Bundesrepublik Deutschland, Redaktion: Uta Brandes): *Sehsucht. Über die Veränderung der visuellen Wahrnehmung*, Göttingen 1995; *Welt auf tönernen Füßen. Die Töne und das Hören*, Göttingen 1994; *Das Riechen. Von Nasen, Düften und Gestank*, Göttingen 1995; *Tasten*, Göttingen 1996; *Geschmacksache*, Göttingen 1996.

3 K I, S. 85 f.

4 RHV I, S. 305.

5 RHV I, S. 459.

6 Einen Eindruck von der Humboldt'schen Rhetorik des Sehens können einige Beispiele aus den Wortfeldern »voir« und »vue« sowie »œil« geben: (1.) »l'espérance de voir« (RHV I, S. 208), »désir de voir« (RHV I, S. 216), »on croit voir« (RHV II, S. 112), »nous vîmes« (RHV I, S. 62), »à le voir de loin« (RHV II, S. 35), »ce que nous avons vu« (RHV I, S. 126); »Notre vue plongeoit« (RHV II, S. 597), »Aussi loin que porte la vue« (RHV I, S. 397, II, S. 193), »à perte de vue« (RHV I, S. 440), »des arrêtes insensibles à la vue« (RHV III, S. 190), »sous nos yeux« (RHV III, S. 457); (2.) »le voyageur désire voir de ses propres yeux« (RHV I, S. 148), »vu de ses propres yeux« (RHV II, S. 454), »ce que l'on a vu de ses propres yeux« (RHV I, S. 30), »Nos yeux cherchoient« (RHV II, S. 231), »des collines qui frappent les yeux du voyageur« (RHV III, S. 211), »l'œil mesuroit« (RHV I, S. 616), »visible à l'œil« (RHV I, S. 614), »visibles à l'œil nu« (RHV II, S. 138), »nos yeux reposoient avec plaisir« (RHV III, S. 54), »nos yeux embrassoient« (RHV I, S. 362), »L'œil plongeoit«, »nous suivîmes de l'œil« (RHV I, S. 363), »l'œil peut suivre« (RHV I, S. 441), »la nature, agissant sous nos yeux« (RHV II, S. 17), »on embrasse d'un même coup-d'œil« (RHV I, S. 166), »Lorsqu'on embrasse d'un coup d'œil« (RHV I, S. 360, III, S. 97) usw. usf.

7 »Nos regards étoient fixés« (RHV I, S. 215), »on porte ses regards« (RHV I, S. 562).

8 »observations« (RHV I, S. 30).

9 Von lat. *aspicere*, erblicken, ansehen, zum Beispiel in »L'aspect de ce site nous frappoit« (RHV I, S. 362), »l'aspect de la nature« (RHV I, S. 13).

10 Von griech. *phaínesthai*, sich zeigen, erscheinen, zum Beispiel in »L'aspect de ce phénomène« (RHV II, S. 31).
11 RHV II, S. 88.
12 RHV III, S. 285.
13 RHV I, S. 208 (im Original nicht kursiv).
14 RHV III, S. 483.
15 Beispielsweise im Hinblick auf Humboldts kartographische Darstellungstechniken: Anne Marie Claire Godlewska, »Von der Vision der Aufklärung zur modernen Wissenschaft? Humboldts visuelles Denken«, in: Ottmar Ette, Walther L. Bernecker (Hg.), *Ansichten Amerikas. Neuere Studien zu Alexander von Humboldt*, Frankfurt am Main 2001, S. 157–194.
16 Alexander von Humboldt, *Das graphische Gesamtwerk*, herausgegeben von Oliver Lubrich, Darmstadt 2014.
17 RHV I, S. 370.
18 »les petits Sapajous de l'Amérique, qui imitent, en sifflant, la voix des Passereaux« [RHV I, S. 438]. – »On distingue généralement, et pendant long-temps, une voix isolée, plus forte, jusqu'à ce qu'une autre voix, d'un timbre différent, la remplace.« (RHV II, S. 134).
19 »Il faut avoir vécu dans ces climats, surtout dans les vallées chaudes des Andes, pour concevoir comment ces oiseaux peuvent quelquefois couvrir de leur voix le bruit sourd des torrens qui se précipitent de rocher en rocher.« (RHV I, S. 371).
20 RHV I, S. 611.
21 RHV II, S. 274.
22 Daniel Velasco, »›Island Landscape‹: Following in Humboldt's Footsteps through the Acoustic Spaces of the Tropics«, in: *Leonardo Music Journal* 10 (2000), S. 21–24.
23 Daniel Velasco, *Der Humboldt-Effekt – Auf den Spuren Humboldts durch die akustischen Landschaften der Tropen* (CD), Köln 1999 / Berlin: Autorenproduktion für DeutschlandRadio 2001.
24 R. Murray Schafer, *The New Soundscape. A Handbook for the Modern Music Teacher*, Don Mills 1969; *The Tuning of the World*, New York 1977; Hildegard Westerkamp, *The Soundscape Newsletter* 1 (August 1991), zitiert von Velasco.
25 »de plantes de vanille très-odoriférantes« (RHV II, S. 47), »des gousses très-aromatiques« (RHV II, S. 363).
26 RHV I, S. 436.
27 RHV I, S. 301.
28 Humboldt schreibt über »des plantes les plus belles et les plus odiférantes« (»die schönsten und am stärksten duftenden Pflanzen« [RHV II, S. 363]), zum Beispiel

über eine Frucht, »si célèbre dans toute la Terre-Ferme à cause de son fruit aromatique« (»in ganz Südamerika berühmt wegen ihrer aromatischen Frucht« [RHV II, S. 280]), oder über Gewächse mit einer »odeur résineuse très-agréable« (»einem sehr angenehm harzigen Geruch« [RHV I, S. 604]), die sich »pour des bains aromatiques« (»für aromatische Bäder« [RHV III, S. 472]) eigne, »dont l'arome ressemble à celui de l'Héliotrope du Pérou« (»deren Aroma jenem der Sonnenwenden von Peru ähnele« [RHV I, S. 605]).

29 RHV II, S. 375.

30 RHV I, S. 405.

31 RHV I, S. 87 (im Original nicht kursiv).

32 Joachim Eibach, »Testen und Tasten. Alexander von Humboldt im Urwald«, in: Joachim Eibach, Claudia Opitz-Belakhal (Hg.), *Zwischen Kulturen. Mittler und Grenzgänger vom 17. bis 19. Jahrhundert*, Hannover 2018, S. 141–161.

33 RHV II, S. 541 f.

34 Innerhalb weniger Zeilen tritt beispielsweise der Geruch (»odeur«) in ein Zusammenspiel mit dem Wärmegefühl (»température«), der Sicht (»couleur«) und dem Geschmack (»goût« alle: RHV I, S. 540).

35 RHV II, S. 483.

36 »Le rayon visuel« (RHV II, S. 627), »visibilité« (RHV I, S. 94).

37 »double illusion« (RHV I, S. 616), »les apparences les plus trompeuses« (RHV I, S. 619).

38 Alexander von Humboldt, »Sur l'accroissement nocturne de l'intensité du son«, in: *Annales de Chimie et de Physique* 13 (1820), S. 162–173; »Ueber die nächtliche Verstärkung des Schalles«, in: *Kleinere Schriften. Geognostische und physikalische Erinnerungen*, Stuttgart/Tübingen 1853, Band 1, S. 371–397. Vgl. Hans Ertel, »Ein Problem der meteorologischen Akustik (die tagesperiodische Variation der Schallintensität)«, in: *Sitzungsberichte der Deutschen Akademie der Wissenschaften zu Berlin, Klasse für Mathematik, Physik und Technik*, 1955, hier: »Alexander von Humboldts qualitative Erklärung der tagesperiodischen Variation der Schallintensität«, S. 5–7.

39 RHV II, S. 541.

40 RHV II, S. 433.

41 RHV II, S. 165.

42 RHV II, S. 223.

43 RHV II, S. 225.

44 RHV II, S. 80.

45 RHV II, S. 210.

46 RHV II, S. 246.
47 RHV II, S. 82.
48 RHV I, S. 437.
49 RHV II, S. 493.
50 RHV II, S. 363.
51 RHV II, S. 560.
52 RHV II, S. 400.
53 RHV III, S. 187.
54 RHV I, S. 621.
55 RHV III, S. 188.
56 RHV II, S. 203.
57 RHV II, S. 533.
58 Lubrich, »Revolutionizing Travel Literature«.
59 RHV III, S. 477.
60 RHV III, S. 349.
61 RHV III, S. 351.
62 Mary Louise Pratt sprach von »monarch-of-all-I-survey«-Szenen: *Imperial Eyes*, S. 202.
63 RHV I, S. 398.
64 RHV II, S. 255.
65 RHV I, S. 614.
66 RHV I, S. 632, oder auch: »des voyageurs, occupés à la fois d'un grand nombre d'objets« (RHV I, S. 136).
67 RHV I, S. 608.
68 RHV I, S. 547.
69 RHV I, S. 116, vgl. I, S. 145.
70 RHV I, S. 220.
71 RHV I, S. 397.
72 RHV III, S. 22.
73 RHV II, S. 404.
74 RHV II, S. 338 f.
75 RHV II, S. 421.
76 RHV I, S. 390.
77 RHV II, S. 404.
78 Shakespeare, *The Tempest*, III.ii.129–135.
79 Alexander von Humboldt, *Ansichten der Natur, mit wissenschaftlichen Erläuterungen*, 1 Band, Tübingen 1808; 2 Bände, Stuttgart 1826; 2 Bände, Stuttgart/Tübingen

1849, hier: S. 317–340. (Das Komma kam ab der zweiten Ausgabe hinzu.) Im Folgenden zitiert nach der 3. Auflage von 1849 mit der Sigle AN.

80 AN I, S. VII–X (»Vorrede zur ersten Ausgabe«), S. XI–XVIII (»Vorrede zur zweiten und dritten Ausgabe«).

81 AN I, S. VIII.

82 AN I, S. XII.

83 AN I, S. VIII, XII.

84 AN I, S. VII. – Humboldt steht damit in der Tradition der philosophischen Ästhetik: Edmund Burke, *A Philosophical Enquiry into the Origin of Our Ideas of the Sublime and Beautiful* (1757); Immanuel Kant, *Kritik der Urteilskraft* (1790).

85 AN I, S. VII–VIII, XII.

86 Alle Zitate: AN I, S. VII–X, XI–XVIII.

87 Schiller, *Die Braut von Messina*, IV. 8.

88 Humboldt, »Anregungsmittel zum Naturstudium«, in: K II, S. 3–134.

89 AN I, S. VII–VIII.

90 AN I, S. 323.

91 AN I, S. 325.

92 Greenblatt, *Marvelous Possessions*.

93 AN I, S. 324.

94 George Lakoff, Mark Johnson, *Metaphors We Live By*, Chicago 1980; *Philosophy In the Flesh. The Embodied Mind and its Challenge to Western Thought*, New York 1999.

95 AN I, S. 328–336.

96 AN I, S. 334.

97 AN I, S. 331 f., 335.

98 Sarah Bärtschi, *Humboldts Tierleben*, Berlin 2019, S. 162.

99 AN I, S. 334.

100 Alexander von Humboldt, *Reise durch Venezuela*, transkribiert von Gisela Lülfing und Margot Faak, herausgegeben von Margot Faak, Berlin 2000, S. 245.

101 RHV II, S. 220 f.

102 Die akustische Szenerie des Tierkampfes liest Ottmar Ette in ihrem Zusammenspiel mit einer weiteren Tierkampfszene in Humboldts Reisebericht, dem Kampf der Gymnoten mit den zu Forschungszwecken ins Wasser getriebenen Pferden (RHV II, S. 175 f.), als Reflexion über die »zerstörerische Logik der Wissenschaft«: *Weltbewußtsein*, S. 106–114, hier besonders S. 111; vgl. »Unterwegs zum Weltbewußtsein. Alexander von Humboldts Wissenschaftsverständnis und die Entstehung einer ethisch fundierten Weltanschauung«, in: *Humboldt im Netz* 1/1 (2000), S. 5–28, hierin insbesondere der vierte Abschnitt, »Geräusche und Töne des Urwalds«.

103 RHV II, S. 221 f.
104 RHV II, S. 221.

Zehntes Kapitel
Von der Zeichnung zum Erlebnisraum: Bilder und Medien

1 Goethe, *Die Wahlverwandtschaften*, Band 2, S. 148.
2 Marie-Noëlle Bourguet, »La fabrique du savoir. Essai sur les carnets de voyage d'Alexander von Humboldt«, in: *Humboldt im Netz* 7/13 (2006), S. 17–33; Alexander von Humboldt, *Bilder-Welten. Die Zeichnungen aus den Amerikanischen Reisetagebüchern*, herausgegeben von Ottmar Ette und Julia Maier, München 2018.
3 Alexander von Humboldt, *Ueber einen Versuch den Gipfel des Chimborazo zu ersteigen*, herausgegeben von Oliver Lubrich und Ottmar Ette, übersetzt von Marcel Vejmelka, Berlin 2006, S. 90 und 98 (mitten im Text), S. 105 (am Rand).
4 Dominik Erdmann, Jutta Weber, »Nachlassgeschichten – Bemerkungen zu Humboldts nachgelassenen Papieren in der Berliner Staatsbibliothek und der Biblioteka Jagiellońska Krakau«, in: *Humboldt im Netz* 16/31 (2015), S. 58–77.
5 Für etwa dreißig der gedruckten Stiche lassen sich im Nachlass Vorlagen identifizieren.
6 VDC, Tafel 10.
7 Humboldt, *Das graphische Gesamtwerk*.
8 Die Kataloge der Berliner Akademie-Ausstellungen verzeichnen für die Jahre 1786 bis 1789 sieben Arbeiten Humboldts, die alle nicht überliefert sind: »Die Freundschaft weint über der Asche einer Verstorbenen, mit schwarzer Kreide gezeichnet nach Angel. Kaufmann« (1786, Nr. 290), »Scipio Africanus, nach einer Antique« (1787, Nr. 268) und »Clara, mit Silberstift gezeichnet« (1787, Nr. 269), »Das Bildniß seines Herrn Vaters nach Schmidt in Dresden« (1788, Nr. 239), »Eine Mutter mit ihrem Kinde, nach Cipriani« (1788, Nr. 240) und »Benedeto Spinoza nach Oesern« (1788, Nr. 241) und »Ein Kopf nach Rembrandt, radirt« (1789, Nachtrag, Spalte 59): *Die Kataloge der Berliner Akademie-Ausstellungen 1786–1850*, 2 Bände und Registerband, herausgegeben von Helmut Börsch-Supan, Berlin 1971; hinzu kamen nach der Amerika-Reise einige »Kupfer, welche zu der Reise des Herrn Alexander von Humboldt nach den Tropenländern des neuen Kontinents gehören« (1806, Nr. 351–353).
9 Renate Löschner, »Influencia significativa de Humboldt sobre la representación artística de Latinoamérica en el siglo XIX«, in: *Alexander von Humboldt. Inspirador de una nueva ilustración de América*, Berlin 1988, S. 9–13, hier: S. 9; dagegen:

Kurt-R. Biermann, Ingo Schwarz, »›Irrtümer, die vorzugsweise in den höheren Klassen fortleben‹«, in: *Netzwerke des Wissens*, S. 204; Petra Werner, *Naturwahrheit und ästhetische Umsetzung. Alexander von Humboldt im Briefwechsel mit bildenden Künstlern*, Berlin 2013, S. 11 und 313.

10 Julia Voss, *Darwins Bilder. Ansichten der Evolutionstheorie 1837–1874*, Frankfurt am Main 2007, S. 140, Abbildung 26 im Abbildungsteil zwischen S. 144 und S. 145: »Darwins Querschnittzeichnung der Anden nach seiner Expedition im Jahr 1834«.

11 *Encyclopédie ou Dictionnaire raisonné des sciences, des arts et des métiers*, herausgegeben von Denis Diderot und Jean Baptiste le Rond d'Alembert beziehungsweise Louis de Jaucourt, 35 Bände, Paris 1751–1780.

12 Johann Moritz Rugendas, *Voyage pittoresque dans le Brésil*, 2 Bände, Paris 1827/1835.

13 Carl Nebel, *Voyage pittoresque et archéologique dans la partie la plus intéressante du Mexique*, Paris 1836.

14 *Piranesi*, 2 Bände, herausgegeben von Luigi Ficacci, Köln 2011.

15 *Incisore Luigi Rossini 1790–1857. Il viaggio segreto*, herausgegeben von Maria Antonella Fusco und Nicoletta Ossanna Cavadini, Mailand 2014.

16 *Description de l'Égypte, ou recueil des observations et des recherches qui ont été faites en Égypte pendant l'expédition de l'Armée Française, publié par les ordres de Sa Majesté l'Empereur Napoléon le Grand*, herausgegeben von Edme François Jomard, 23 Bände, Paris 1809–18[28].

17 Alexander von Humboldt, *Florae Fribergensis specimen plantas cryptogamicas praesertim subterraneas exhibens. Accedunt aphorismi ex doctrina physiologiae chemicae plantarum. Cum tabulis aeneis*, Berlin 1793; mit 4 Bildtafeln. (*Das graphische Gesamtwerk*, S. 36–39.)

18 Alexander von Humboldt, *Versuche über die gereizte Muskel- und Nervenfaser*, 2 Bände, Posen/Berlin 1797; mit 8 Bildtafeln. (*Das graphische Gesamtwerk*, S. 40–47.)

19 Alexander von Humboldt, *Ueber die unterirdischen Gasarten und die Mittel ihren Nachtheil zu vermindern. Ein Beytrag zur Physik der praktischen Bergbaukunde*, Braunschweig 1799; mit 3 Bildtafeln. (*Das graphische Gesamtwerk*, S. 48–50.)

20 Alexander von Humboldt, *Versuche über die chemische Zerlegung des Luftkreises und über einige andere Gegenstände der Naturlehre*, Braunschweig 1799; mit 2 Bildtafeln. (*Das graphische Gesamtwerk*, S. 51–52.)

21 K II, S. 5.

22 Georg Forster, *Reise um die Welt: Illustriert von eigener Hand*, Frankfurt am Main 2007.

23 Adelbert von Chamisso, *Reise um die Welt. Mit 140 Zeichnungen von Ludwig Choris*, Berlin 2012.

24 Alexander von Humboldt, *Voyage aux régions équinoxiales du Nouveau Continent*, 29 Bände, Paris 1805–1838.

25 VDC, Tafel 41.

26 Karl Rosenkranz, *Die Ästhetik des Häßlichen*, Königsberg 1853, S. 312–314 (Anmerkungen: S. 437–438). Die einschlägige Passage (S. 313 f.) lautet wie folgt: »Ein Schlammvulcan, das gerade Gegentheil des majestätischen Schauspiels eines feuerspeienden Berges, wird für uns widrig, weil das Ausströmen trüber Effluvien analogisch uns an das Wasser erinnert und hier statt seiner eine flüssige, undurchsichtige, etwa noch mit todten, verwesenden Fischen untermischte Erdauflösung, eine gleichsam verwesende Erde sich darbietet. Man sehe die Darstellung eines solchen Schlammausbruches in Alexander von Humboldts *Vues des Cordillères*. So ist auch das Sumpfwasser in Stadtgräben, worin sich die Immunditien aus den Rinnsteinen sammeln, worin Pflanzen- und Tierreste aller Art mit Lumpen und sonstigen Kulturverwesungsabschnitzeln zu einem scheußlichen Amalgam sich zusammenfinden, höchst ekelhaft. Könnte man eine große Stadt, wie Paris, einmal umkehren, so daß das Unterste zu oberst käme und nun nicht bloß die Jauche der Kloaken, sondern auch die lichtscheuen Thiere zum Vorschein gebracht würden, die Mäuse, Ratten, Kröten, Würmer, die von der Verwesung leben, so würde dies ein entsetzlich ekelhaftes Bild sein.«

27 Naomi Lubrich, »Empires of Muslin. Dresses and Politics in Revolutionary France«, Vortrag auf der *Alexander von Humboldt Conference*, Freie Universität Berlin, 27. Juli 2009.

28 VDC, Tafel 54.

29 Alexander von Humboldt, »Auszüge aus einigen Briefen des Frhrn. Alex. v. Humboldt an den Herausgeber (Hierzu gehört die Skizze einer nächtlichen Scene am Orinoko)«, in: *Allgemeine Geographische Ephemeriden* 22 (1807), S. 107–112 und 139 (Abbildung: »Al. v. Humboldts nächtliche Scene am Orinoco«); vgl. RHV II, S. 504.

30 VDC, S. 275, Tafeln 52 und 53.

31 Georgia de Havenon, »›Un mélange bizarre‹. Michoacán Figures in Humboldt's Narrative«, in: *Cumaná 1799*, S. 217–229.

32 Antonio de León y Gama, *Descripción histórica y cronológica de las dos piedras que con ocasión del nuevo empedrado que se está formando en la plaza principal de México, se hallaron en ella el año de 1790*, México 1792.

33 Pratt, *Imperial Eyes*, S. 135 (»kill off as archeology«).

34 Johann Wolfgang von Goethe, »Versuch die Metamorphose der Pflanzen zu erklären« (Abhandlung, 1790) und »Metamorphose der Pflanzen« (Gedicht, 1799), in: *Schriften zur Naturwissenschaft*, herausgegeben von Michael Böhler, Stuttgart 2003 [1977], S. 70–119 und S. 64–67.

35 VDC, Tafeln 12–15, 26–27, 32, 36–38, 45–48, 55–60.
36 Alexander von Humboldt, *Atlas géographique et physique du royaume de la Nouvelle-Espagne*, Paris [1808–]1811.
37 Humboldt, *Essai politique sur le royaume de la Nouvelle-Espagne*.
38 Humboldt, *Atlas du Nouveau Continent*, Paris 1814[–1838]. – Vgl. Amrei Buchholz, *Zwischen Karten. Alexander von Humboldts ›Atlas géographique et physique des régions équinoxiales du Nouveau Continent‹*, Berlin 2020.
39 Humboldt, *Examen critique*.
40 Alexander von Humboldt, »Chaînes de montagnes et volcans de l'Asie centrale«, in: *Asie centrale. Recherches sur les chaînes de montagnes et la climatologie comparée*, 3 Bände, Paris 1843.
41 Heinrich Berghaus, *Physikalischer Atlas*, 2 Bände, Gotha 1845/1848.
42 K II, S. 135–520.
43 Alexander von Humboldt, »Ueber die ältesten Karten des Neuen Continents und den Namen Amerika« (mit einer »Karte von Amerika aus dem Jahre 1500, entworfen von Juan de la Cosa, Begleiter des Columbus auf dessen zweiter Reise, aufgefunden von Alexander von Humboldt«), in: Friedrich Wilhelm Ghillany, *Geschichte des Seefahrers Ritter Martin Behaim*, Nürnberg 1853, S. 1–12.
44 »Le Nouveau Continent figuré dans la mappemonde de Juan de la Cosa en 1500« (Tafel 33) und Fragmente (Tafeln 34–36), in: Humboldt, *Atlas du Nouveau Continent*.
45 Humboldts Atlanten enthalten mehrere Karten von Mexiko, zum Beispiel die »Carte générale du royaume de la Nouvelle Espagne« (*Atlas géographique et physique du royaume de la Nouvelle-Espagne*, Tafel 1); und den »Plan du Port et des Environs de Tampico, tracé à l'état major (IV.e section) de la République Mexicaine« (*Atlas géographique et physique des régions équinoxiales du Nouveau Continent*, Tafel 12).
46 Ortega y Medina, »Estudio preliminar«, S. XVIII.
47 Ebd.
48 Ebd., S. XVII.
49 Julia Bayerl, »Tierzeichnungen Alexander von Humboldts und deren Verwendung im amerikanischen Reisewerk sowie in den zoologischen Schriften von Franz Julius Ferdinand Meyen und Johann Jakob von Tschudi«, in: Julian Drews, Ottmar Ette, Tobias Kraft, Barbara Schneider-Kempf, Jutta Weber (Hg.), *Forster – Humboldt – Chamisso. Weltreisende im Spannungsfeld der Kulturen*, Göttingen 2017, S. 315–334.
50 Alexander von Humboldt, *Recueil d'observations de zoologie et d'anatomie comparée, faites dans l'Océan Atlantique, dans l'intérieur du Nouveau Continent et dans la Mer du Sud*, 2 Bände, Paris 1811–1833.

51 Alexander von Humboldt, »Die Lebenskraft oder der Rhodische Genius. Eine Erzählung«, in: *Die Horen* 1/5 (1795), S. 90–96.
52 Carl von Linné, *Systema naturæ sistens regna tria naturæ, in classes et ordines, genera et species redacta tabulisque æneis illustrata*, Stockholm [6]1748.
53 Alfred Edmund Brehm, *Illustrirtes Thierleben*, 6 Bände, Hildburghausen 1863–1869; 2. Auflage: *Brehms Thierleben*, 10 Bände, 1876–1879.
54 Damien Hirst, *The Physical Impossibility of Death in the Mind of Someone Living* (1991), Ausstellungen: Saatchi Collection, London (1992); Royal Academy of Arts, London (1997); The Saatchi Gallery, London (2003); Kunsthaus Bregenz (2007); Tate Modern, London (2012).
55 *Recueil d'observations de zoologie*, Tafel 47.
56 Ebd., Tafel 8.
57 Ebd., Tafel 44.
58 Erich Fried, »Der Guacharo«, in: *Die Beine der größeren Lügen. Einundfünfzig Gedichte*, Berlin 1969, S. 26.
59 Alexander von Humboldt, »Jagd und Kampf der electrischen Aale mit Pferden«, in: *Annalen der Physik* 25/1 (1807), S. 34–43.
60 Alexander von Humboldt, »Cacajao« (1800), in: *Alexander von Humboldt und seine Welt 1769–1859*, herausgegeben von Peter Hahlbrock, Berlin 1969, Abbildung 13.
61 Goethe, *Die Wahlverwandtschaften*, Band 2, S. 147–151.
62 Bibliothèque Centrale, Muséum National d'Histoire Naturelle, Paris.
63 Hans Walter Lack, *Alexander von Humboldt und die botanische Erforschung Amerikas*, München 2009.
64 *Trichoceros antennifer* (»n. 3280«, »Cuenca«), Library, Royal Botanic Gardens, Kew. Vgl. den Kupferstich von Turpin in Alexander von Humboldt, *Plantes équinoxiales, recueillies au Mexique, dans l'île de Cuba, dans les provinces de Caracas, de Cumana et de Barcelone, aux Andes de la Nouvelle-Grenade, de Quito et du Pérou, et sur les bords du Rio-Negro, de l'Orénoque et de la rivière des Amazones*, 2 Bände, Paris/Tübingen 180[5]–18[17], Band 1, Tafel 28 (*Epidendrum antenniferum*).
65 Humboldt, *Plantes équinoxiales*, Band 1, Tafel 34 (*Limnocharis emarginata*); *Nova genera et species plantarum*, Band 1, Tafeln 93–94 (*Anguloa superba*; *Restrepia antennifera*).
66 »Impressions de Plantes«, Bibliothèque de l'Institut de France, Paris.
67 Muséum National d'Histoire Naturelle, Paris: »Herbier Humboldt & Bonpland«; Botanisches Museum, Berlin: Herbarium Willdenow (das Generalherbar wurde 1943 weitgehend zerstört); Conservatoire botanique, Genf; Institut für Biologie, Halle.
68 Humboldt, *Plantes équinoxiales*, Tafel 1.

69 VDC, Tafel 69.

70 Humboldt, *Nova genera*, Tafel 68 bzw. Tafel 101.

71 Lack, *Alexander von Humboldt und die botanische Erforschung Amerikas*, S. 60.

72 Oliver Lubrich, »Humboldtian Landscapes«, in: Jens Andermann, Lisa Blackmore, Dayron Carrillo Morell (Hg.), ~~Natura~~. *Environmental Aesthetics After Landscape*, Zürich/Berlin 2018, S. 67–103.

73 Humboldt, »Jagd und Kampf der electrischen Aale mit Pferden«, S. 38 f. Mit dem »berühmten Gemälde« ist wohl George Stubbs' *Horse Frightened by a Lion* (1762) gemeint.

74 Gotthold Ephraim Lessing, *Laokoon: oder über die Grenzen der Mahlerey und Poesie*, Berlin 1766.

75 RHV I, S. 421 f.

76 Klaus Haese, »Heroischer Norden und exotischer Süden. Der Maler Ferdinand Bellermann zwischen Rügen und Venezuela«, in: Gerd-Helge Vogel (Hg.), *Die Welt im Großen und im Kleinen. Kunst und Wissenschaft im Umkreis von Alexander von Humboldt und August Ludwig Most*, Berlin 2009, S. 96–108.

77 K II, S. 76–94 (Anmerkungen: S. 126–132).

78 C. S. Zerefos, V. T. Gerogiannis, D. Balis, S. C. Zerefos, A. Kazantzidis, »Atmospheric effects of volcanic eruptions as seen by famous artists and depicted in their paintings«, in: *Atmospheric Chemistry and Physics* 7 (2007), S. 5145–5172; C. S. Zerefos, P. Tetsis, A. Kazantzidis, V. Amiridis, S. C. Zerefos, J. Luterbacher, K. Eleftheratos, E. Gerasopoulos, S. Kazadzis, A. Papayannis, »Further evidence of important environmental information content in red-to-green ratios as depicted in paintings by great masters«, in: *Atmospheric Chemistry and Physics* 14 (2014), S. 2987–3015.

79 Frederic Edwin Church, »Letter, Bogotá, 7 July 1853«, in: *Transatlantic Echoes*, S. 137–140; Frank Baron, »From Alexander von Humboldt to Frederic Edwin Church«, in: *Humboldt im Netz* 6/10 (2005), S. 7–20.

80 Ferdinand Bellermann, »Die Guácharo-Höhle« (1843), in: Sigrid Achenbach, *Kunst um Humboldt. Reisestudien aus Mittel- und Südamerika von Rugendas, Bellermann und Hildebrandt*, München 2009, S. 148.

81 Alexander von Humboldt, »Eduard Hildebrandt«, in: *Berlinische Nachrichten von Staats- und gelehrten Sachen* 123 (28. Mai 1852), S. 4 [Vorbemerkung]; Hannelore Gärtner, »Eduard Hildebrandt (1818–1868). Ein preußischer Maler in Brasilien«, in: *Die Welt im Großen und im Kleinen*, S. 133–143.

82 Johann Moritz Rugendas, *Voyage pittoresque dans le Brésil*, 2 Bände, Paris 1827/1835.

83 Gertrud Richert, *Johann Moritz Rugendas. Ein deutscher Maler des XIX. Jahrhunderts*, Berlin 1959, S. 23.

84 César Aira, *Un episodio en la vida del pintor viajero*, Rosario 2000; *Humboldts Schatten. Novelle*, übersetzt von Matthias Strobel, München/Wien 2003; *Eine Episode im Leben des Reisemalers*, übersetzt von Christian Hansen, Berlin 2016.

85 »Introducción a la pasigrafía geológica del Señor Baron de Humboldt«, in: Andrés Manuel del Río, *Elementos de Orictognosía, ó del conocimiento de los fósiles, dispuestos, segun los principios de A. G. Wérner, para el uso del Real Seminario de Minería de México*, 2 Bände, Mexico 1795–1805, Band 2, S. 160–173, mit drei Bildtafeln.

86 RHV I, S. 2.

87 RHV I, S. 7–10; S. 11.

88 Anne Marie Claire Godlewska, »Von der Vision der Aufklärung zur modernen Wissenschaft? Humboldts visuelles Denken«, in: Ottmar Ette, Walther L. Bernecker (Hg.), *Ansichten Amerikas. Neuere Studien zu Alexander von Humboldt*, Frankfurt am Main 2001, S. 157–194.

89 »Géographie des plantes près de l'Equateur«, Museo Nacional de Colombia, Bogotá.

90 »Géographie des plantes équinoxiales. Tableau physique des Andes et Pays voisins«, in: *Essai sur la géographie des plantes, accompagné d'un Tableau physique des régions équinoxiales*, Paris 1807. – Deutsche Bearbeitung, Goethe gewidmet: »Geographie der Pflanzen in den Tropen-Ländern; ein Naturgemälde der Anden«, in: *Ideen zu einer Geographie der Pflanzen nebst einem Naturgemälde der Tropenländer*, Tübingen 1807.

91 Berghaus, *Physikalischer Atlas*.

92 Enzensberger, »A. v. H. (1769–1859)«, S. 57.

93 Indem er unterschiedliche Faktoren zusammenführte, die Verteilung des Grundbesitzes, die Praxis des Bergbaus, die Methoden der Energiegewinnung, das Ausmaß der Abholzung und die entstehenden Emissionen sowie Temperatur, Wind und Niederschlagsmenge, gelangte Humboldt später in *Asie centrale*, wie wir im siebten Kapitel gesehen haben, zur Annahme eines menschengemachten Klimawandels.

94 Vgl. die Ausstellung »Botanik in Bewegung – Humboldts Expeditionen«, Botanischer Garten Bern 2018.

95 Johann Wolfgang von Goethe, »Höhen der alten und neuen Welt bildlich verglichen. Ein Tableau vom Hrn. Geh. Rath v. Göthe mit einem Schreiben an den Herausgeber«, in: *Allgemeine Geographische Ephemeriden* 41 (15. Mai 1813), S. 3–8. Das Original befindet sich im Bestand der Stiftung Weimarer Klassik und Kunstsammlungen, die an Humboldt übersandte Ausfertigung im Besitz des Goethe-Museums in Frankfurt am Main. Reproduktionen: Petra Maisak, *Johann Wolfgang Goethe. Zeichnungen*, Stuttgart 1996, S. 215–216 (Endnoten: S. 306); Sabine Schulze (Hg.), *Goethe und die Kunst*, Ostfildern 1994, S. 502 f.; vgl. Hanno Beck und Wolfgang-Hagen

Hein, *Humboldts Naturgemälde der Tropenländer und Goethes ideale Landschaft. Zur ersten Darstellung der Ideen zu einer Geographie der Pflanzen*, Stuttgart 1989 (mit fünf Faksimiles); Gisela Nickel, »›Höhen der alten und neuen Welt bildlich verglichen‹. Eine Publikation Goethes in Bertuchs Verlag«, in: Gerhard R. Kaiser, Siegfried Siefert (Hg.), *Friedrich Justin Bertuch (1747–1822). Verleger, Schriftsteller und Unternehmer im klassischen Weimar*, Tübingen 2000, S. 673–689.

96 Johann Wolfgang von Goethe, *Tag- und Jahres-Hefte als Ergänzung meiner sonstigen Bekenntnisse*, in: *Goethes Werke* I.36, Weimar 1893, S. 1–220, hier: S. 8 f.

97 Johann Wolfgang von Goethe, »An A. v. Humboldt«, in: *Goethes Werke* IV.19, Weimar 1895, S. 296–299.

98 »Höhen der alten und neuen Welt bildlich verglichen«, S. 5. In einem französischen Separatdruck (Paris 1813) hat Goethe über der Figur, die Humboldt auf dem Chimborazo darstellt, einen Kondor eingezeichnet: *Esquisse des principales hauteurs des deux continens*, Paris 1813. Margrit Wyder, »Höhen der alten und neuen Welt – Goethes Beitrag zum Genre der vergleichenden Höhendarstellung«, in: *Cartographica Helvetica* 39 (2009), S. 11–26, hier: S. 20, 26; zum Vergleich der deutschen und französischen Fassung Beck und Hein, *Humboldts Naturgemälde der Tropenländer und Goethes ideale Landschaft*, S. 42–44.

99 Kurz nach der durch Humboldt inspirierten Zeichnung skizzierte Goethe eine »Tropische Landschaft« (1808), in deren Hintergrund ein Berggipfel zu sehen ist, der möglicherweise ebenfalls den Chimborazo darstellen soll (Maisak, *Johann Wolfgang Goethe. Zeichnungen*, S. 217, 306).

100 Böhme, »Alexander von Humboldts Entwurf einer neuen Wissenschaft«; Ette, *Weltbewußtsein*, S. 204–212; Barck, »›Umwandlung des Ohrs zum Auge‹. Teleskopisches Sehen und ästhetische Beschreibung bei Alexander von Humboldt«.

101 Günter Herburger, *Humboldt. Reise-Novellen*, München 2001, S. 7–22.

102 Ebd., S. 5.

103 Ebd., S. 20.

104 Alexander von Humboldt, »Des lignes isothermes et de la distribution de la chaleur sur le globe«, in: *Mémoires de physique et de chimie de la Société d'Arcueil* 3 (1817), S. 462–602.

105 Berghaus, *Physikalischer Atlas*.

106 Hanno Beck, »Zu dieser Ausgabe«, in: Alexander von Humboldt, *Kosmos* [gekürzt], 2 Bände, Darmstadt 1993, S. 341–426, hier: S. 363–387; Gerhard Engelmann, »Alexander von Humboldts kartographische Leistung«, in: *Wissenschaftliche Veröffentlichungen des Geographischen Instituts der Deutschen Akademie der Wissenschaften* 27/28, Leipzig 1970.

107 Friedrich Georg Weitsch, »Alexander von Humboldt« (1806), in: Nelken, *Alexander von Humboldt*, S. 69.

108 Rudolph Zaunick, »Alexander von Humboldt und die Anfänge der Daguerreotypie«, in: J. Eggert, A. v. Biehler (Hg.), *Bericht über den VIII. internationalen Kongreß für wissenschaftliche und angewandte Photographie Dresden 1931*, Leipzig 1932, S. 400–404; Hanno Beck, »Alexander von Humboldt (1769–1859): Förderer der frühen Photographie«, in: Bodo von Dewitz, Reinhard Matz (Hg.), *Silber und Salz: zur Frühzeit der Photographie im deutschen Sprachraum, 1839–1860*, Köln/Heidelberg 1989, S. 40–59; Roland Recht, »›Daguerres Meisterwerke‹. Alexander von Humboldt und die Photographie«, in: *Netzwerke des Wissens*, S. 158 f.

109 Louis Jacques Mandé Daguerre, *Das Daguerreotyp und das Diorama*, Stuttgart 1839 (Reprint: 1989).

110 RHV I, S. 1–38, hier: S. 1.

111 RHV I, S. 5.

112 RHV I, S. 6.

113 Engelhard Weigl, *Instrumente der Neuzeit. Die Entdeckung der modernen Wirklichkeit*, Stuttgart 1990, S. 201–227 (Anmerkungen: S. 244–247); Ulrich Stadler, *Der technisierte Blick. Optische Instrumente und der Status von Literatur. Ein kulturhistorisches Museum*, Würzburg 2003; Cannon, *Science in Culture*, S. 73–110.

114 RHV I, S. 57–60.

115 Max Seeberger, »›Die besten Instrumente meiner Zeit‹. Humboldts Liste seiner in Lateinamerika mitgeführten wissenschaftlichen Instrumente«, in: *Netzwerke des Wissens*, S. 60 f.; »›Geographische Längen und Breiten bestimmen, Berge messen‹. Humboldts wissenschaftliche Instrumente und seine Messungen in den Tropen Amerikas«, in: ebd., S. 57.

116 Humboldts Instrumente wurden öffentlich diskutiert: zum Beispiel in »A. von Humboldt's und Aimé Bonpland's Reise«, in: *Monatliche Correspondenz zur Beförderung der Erd- und Himmels-Kunde* 21 (1810), S. 493–513, hier: 496 (»Verzeichniss der Instrumente«).

117 Peter Honigmann, »Über Alexander von Humboldts geophysikalische Instrumente auf seiner russisch-sibirischen Reise«, in: *Gerlands Beiträge zur Geophysik* 91/3 (1982), S. 185–199.

118 Humboldt, »Discours«, S. 139.

119 Marshall McLuhan, *Understanding Media: The Extensions of Man*, New York 1964.

120 RHV II, S. 333.

121 RHV II, S. 150.

122 *Briefe Alexander's von Humboldt an seinen Bruder Wilhelm*, S. 174 (Sankt Petersburg, 3. Mai 1829).

123 Alexander von Humboldt, *Über das Universum. Die Kosmosvorträge 1827/28 in der Berliner Singakademie*, herausgegeben von Jürgen Hamel und Klaus-Harro Tiemann, Frankfurt am Main 1993, S. 203.

124 RHV II, S. 675.

125 Humboldt, *Reise auf dem Río Magdalena, durch die Anden und Mexico*, französisches Original: Band 1, S. 204; deutsche Übersetzung: Band 2, S. 88–89.

126 RHV II, S. 136.

127 Georg Füsslin, Werner Nekes, Wolfgang Seitz, Karl-Heinz W. Steckelings, Birgit Verwiebe, *Der Guckkasten. Einblick – Durchblick – Ausblick*, Stuttgart 1995; Alexander Košenina, »Das bewaffnete Auge. Zur poetischen Metaphorik von Mikroskop und Guckkasten«, in: *metaphorik.de* 11/2006, S. 53–80.

128 Mineralogische, zoologische, botanische und ethnographische Objekte von der russischen Reise befinden sich im Naturkundemuseum, im Botanischen Museum und in der Staatsbibliothek zu Berlin, dokumentiert in: *Zentral-Asien*, nach S. 821 (B1–B48).

129 Humboldt, *Kosmosvorträge*, S. 210 f.

130 K II, S. 3–134: »Anregungsmittel zum Naturstudium« (I. »Naturbeschreibung«; II. »Landschaftmalerei«; III. »Cultur von Tropengewächsen«).

131 K II, S. 93 f.

132 K II, S. 93 f.

133 K II, S. 94.

134 K II, S. 73.

135 Stephan Oettermann, *Das Panorama. Die Geschichte eines Massenmediums*, Frankfurt am Main 1980; *Sehsucht. Das Panorama als Massenunterhaltung des 19. Jahrhunderts*, Basel 1993; Wolfgang Schivelbusch, *Lichtblicke. Zur Geschichte der künstlichen Helligkeit im 19. Jahrhundert*, Frankfurt am Main 2004 [1983], S. 202–209 (Anmerkungen: S. 226–227).

136 K II, S. 94.

137 Yadegar Asisi, *Amazonien* (Panorama), Leipzig 2012–2013, {www.asisi.de}, letzter Aufruf 07.06.2021.

138 Achim von Arnim, *Der Wintergarten*, Berlin 1809, S. 481–485; in: *Sämtliche Erzählungen 1802–1817* (*Werke in sechs Bänden*, Band 3), herausgegeben von Renate Moering, Frankfurt am Main 1990, S. 69–423, Anmerkungen: S. 1052–1183, hier: S. 418–423 (»Der Wintergarten, Taufe, Hochzeit«), vor allem: S. 1180–1183.

139 Nelken, *Alexander von Humboldt*, S. 69–74.

140 Vance Byrd, »Weathering the Storm. Ludwig Achim von Arnim's *Der Wintergarten* and Alexander von Humboldt«, in: *Cumaná 1799*, S. 355–367.

141 Enzensberger, »A. v. H. (1769–1859)«, S. 56–58.

142 Eduard Ender, »Humboldt und Bonpland in ihrer Dschungelhütte« (1856), in: Nelken, *Alexander von Humboldt*, S. 70; Helga von Kügelgen und Max Seeberger, »Humboldt und Bonpland in Enders ›Urwaldatelier‹«, in: *Netzwerke des Wissens*, S. 156 f. – Das Gemälde entstand mehr als ein halbes Jahrhundert nach Humboldts Reise und ist nicht exakt dokumentarisch.

143 Nelken, *Alexander von Humboldt*, S. 25–27.

144 Ebd., S. 127–129.

145 Alexander von Humboldt, *Umrisse von Vulkanen aus den Cordilleren von Quito und Mexico. Ein Beitrag zur Physiognomik der Natur*, Stuttgart/Tübingen 1853, Tafel 5: »El Altar. (16380 Par. Fuss über dem Meer.) gezeichnet von Schinkel nach einer Skizze von A. v. Humboldt.«

146 Ottmar Ette, »La Mise en scène de la table de travail: poétologie et épistémologie immanentes chez Guillaume-Thomas Raynal et Alexander von Humboldt«, in: Peter Wagner (Hg.), *Icons, Texts, Iconotexts. Essays on Ekphrasis and Intermediality*, Berlin/New York 1996, S. 175–209.

147 Theo Piana, Horst Schönfelder, *Alexander von Humboldt. Ein deutscher Weltreisender und Naturforscher*, Berlin (DDR) 1959.

148 Vincent Froissard, Étienne Le Roux, *Le dernier voyage d'Alexandre de Humboldt*, 2 Bände, Paris 2010/2014; Olivier Melano, *Les esclaves de Cumaná. Aimé Bonpland et Alexander von Humboldt en Amérique du Sud*, Paris 2015.

149 Rex Clark, »›Mein vielbewegtes Leben‹ in Motion Pictures. A History of Film Representations of Alexander von Humboldt«, in: *Abhandlungen der Humboldt-Gesellschaft* 44 (2021), S. 213–244.

150 *Die Besteigung des Chimborazo*, Regie: Rainer Simon (DDR 1989), mit Jan Josef Liefers als Alexander von Humboldt.

151 *Aire Libre*, Regie: Luis Armando Roche (Venezuela 1996), mit Christian Vadim als Alexander von Humboldt.

152 *Die Vermessung der Welt*, Regie: Detlev Buck (Deutschland 2012), mit Albrecht Schuch als Alexander von Humboldt.

153 *Die andere Heimat*, Regie: Edgar Reitz (Deutschland 2013), mit Werner Herzog als Alexander von Humboldt.

154 Theodor Fontane, *Wanderungen durch die Mark Brandenburg*, Band 1, Berlin 1862, S. 189–205.

155 Hans Blumenberg, *Gerade noch Klassiker. Glossen zu Fontane*, München/Wien 1998, S. 69–71.

Elftes Kapitel

Der andere Kosmos: Die ganze Welt in tausend Schriften

1 Goethe, *Die Wahlverwandtschaften*, Band 2, S. 150.

2 Ottmar Ette, »Von Surrogaten und Extrakten: Eine Geschichte der Übersetzungen und Bearbeitungen des amerikanischen Reisewerks Alexander von Humboldts im deutschen Sprachraum«, in: Karl Kohut, Dietrich Briesemeister, Gustav Siebenmann (Hg.), *Deutsche in Lateinamerika – Lateinamerika in Deutschland*, Frankfurt am Main 1996, S. 98–126.

3 Alexander von Humboldt, *Ansichten der Natur mit wissenschaftlichen Erläuterungen*, herausgegeben von Hans Magnus Enzensberger, Nördlingen 1986, Frankfurt am Main 2004.

4 Alexander von Humboldt, *Ansichten der Kordilleren und Monumente der eingeborenen Völker Amerikas*, übersetzt von Claudia Kalscheuer, herausgegeben von Oliver Lubrich und Ottmar Ette, Frankfurt am Main 2004; *Kosmos. Entwurf einer physischen Weltbeschreibung*, herausgegeben von Ottmar Ette und Oliver Lubrich, Frankfurt am Main 2004; *Die Entdeckung der Neuen Welt*, herausgegeben von Ottmar Ette, Frankfurt am Main 2009; *Zentral-Asien*, herausgegeben von Oliver Lubrich, Frankfurt am Main 2009.

5 Ein Verzeichnis der bislang rund 70 Briefausgaben findet sich auf: {www.humboldt.unibe.ch/briefausgaben.html}, letzter Aufruf 07.06.2021.

6 Alexander von Humboldt, *Reise durch Venezuela* (erster Teil der Reise), transkribiert von Gisela Lülfing und Margot Faak, übersetzt und herausgegeben von Margot Faak, Berlin 2000; *Reise auf dem Río Magdalena, durch die Anden und Mexico* (zweiter Teil der Reise), transkribiert von Gisela Lülfing und Margot Faak, übersetzt und herausgegeben von Margot Faak, 2 Bände, Berlin (DDR) 1986/1990; *Lateinamerika am Vorabend der Unabhängigkeitsrevolution* (Auswahl aus den Tagebüchern), transkribiert von Gisela Lülfing und Margot Faak, übersetzt und herausgegeben von Margot Faak, Berlin (DDR) 1982.

7 Oliver Lubrich, »Alexander von Humboldt (1769–1859). Zum 150. Todestag des Naturforschers und Reiseschriftstellers. Dossier«, in: *Zeitschrift für Germanistik* 19/2 (2009), S. 396–402.

8 Fiedler, Leitner, *Alexander von Humboldts Schriften*.

9 Die Zusammenstellung der BBAW erfasste etwa 20 Prozent der heute bekannten Schriften, das historische Verzeichnis von Julius Löwenberg deutlich weniger: Julius Löwenberg, »Alexander von Humboldt. Bibliographische Übersicht seiner Werke, Schriften und zerstreuten Abhandlungen«, in: Karl Bruhns (Hg.), *Alexander von*

Humboldt. Eine wissenschaftliche Biographie, Leipzig 1872, Band 2, S. 485–552; {avh.bbaw.de/uns}, letzter Aufruf 07.06.2021. Hinzu kommen Übersichten der Publikationen in russischer und polnischer Sprache: Natal'ja Georgievna Suchova, »Alexander von Humboldt in der russischen Literatur. Eine annotierte Bibliografie«, in: Kerstin Aranda, Andreas Förster, Christian Suckow (Hg.), *Alexander von Humboldt und Russland. Eine Spurensuche*, Berlin 2014, S. 411–503; Krzysztof Zielnica, *Alexander von Humboldt in der polnischen Literatur: eine kommentierte Bibliographie*, Berlin 1989.

10 Oliver Lubrich, »Von der ersten bis zur letzten Veröffentlichung. Alexander von Humboldts ›Sämtliche Schriften‹ in der ›Berner Ausgabe‹«, in: *Zeitschrift für Germanistik* 28/1 (2018), S. 119–130; Thomas Nehrlich, »Sensationsfund oder falsche Fährte? Über einen ›Brief an Kleist‹ in der ›Berner Ausgabe‹ von Alexander von Humboldts ›Schriften‹«, in: *Zeitschrift für Germanistik* 28/3 (2018), S. 604–615.

11 Humboldt, *Sämtliche Schriften*, digital: {https://humboldt.unibe.ch/text}.

12 Goethe, *Die Wahlverwandtschaften*, Band 2, S. 150.

13 Oliver Lubrich, »Alexander von Humboldt als Essayist und Publizist«, in: Alexander von Humboldt, *Das große Lesebuch*, Frankfurt am Main 2009, S. 315–340, hier: S. 319–324.

14 Oliver Lubrich, Thomas Nehrlich, »Alexander von Humboldt als internationaler Publizist. Zur Edition seiner sämtlichen Schriften«, in: *Iberoamerikanisches Jahrbuch für Germanistik* 9 (2015), S. 71–88.

15 Alexander von Humboldt, »Observatio critica de Elymi hystricis charactere«, in: *Magazin für die Botanik* 3/7 (1790), S. 3–6; 3/9 (1790), S. 32; »Plantas subterraneas descripsit Fr. A. ab Humboldt«, in: *Annalen der Botanick* 1/3 (1792), S. 53–58.

16 Alexander von Humboldt, »De l'unité native de l'espèce humaine«, in: *Nouvelles annales des voyages, de la géographie et de l'histoire* 3 (1846), S. 112–120; K I, S. 378–386, Anmerkungen: S. 490–493, hier: S. 385.

17 Die Reihe pflanzengeographischer Arbeiten umfasst die Studien »Geografía física. Ideas sobre el límite inferior de la nieve perpétua, y sobre la geografía de las plantas« (1804), »Ideen zu einer Physiognomik der Gewächse« (1806), »Geografía de las plantas« (1809) und viele weitere Schriften, in denen Humboldt sein Programm kontinuierlich weiter ausarbeitete. Vgl. Oliver Lubrich, Adrian Möhl, *Botanik in Bewegung. Alexander von Humboldt und die Wissenschaft der Pflanzen. Ein interdisziplinärer Parcours*, Bern 2019.

18 Alexander von Humboldt, »Jagd und Kampf der electrischen Aale mit Pferden«, in: *Annalen der Physik* 25/1 (1807), S. 34–43.

19 Sarah Bärtschi, *Layered Reading: Wie kann man das Gesamtwerk eines Autors lesen? Quantitative und qualitative Methoden am Beispiel der unselbständigen Schriften Alexander von Humboldts*, Dissertation, Universität Bern 2017.

20 »Humboldt (Friedr. Heinr. Alexander, Freiherr von)«, in: *Allgemeine deutsche Real-Encyklopädie für die gebildeten Stände. Conversations-Lexikon*. Zehnte, verbesserte und vermehrte Auflage, Band VIII: Höfken bis Kirchenbann, Leipzig 1853, S. 126–133, hier: S. 130.

21 Michael Strobl, »Alexander von Humboldts Pico del Teide-Aufstieg als mediale Selbstinszenierung um 1800«, in: *Orbis Litterarum* 73/1 (2018), S. 52–79.

22 Michael Strobl, »Alexander von Humboldt als Public Intellectual: Seine Beiträge in der *Neuen Zürcher Zeitung* (1825–1859)«, in: *Zeitschrift für Germanistik* 28/2 (2018), S. 368–375.

23 Hans Magnus Enzensberger versteht Humboldts publizistische Aktivität schon in der Pariser Zeit als eine politische Strategie, sich durch die öffentliche Meinung gegen Verdächtigungen und Anfeindungen zu schützen: »Er hatte früh erkannt, daß ihm ein neues Medium, die internationale Tagespresse, die damals ihren Siegeszug antrat, einen gewissen Schutz bieten konnte.« (»Wer wen? Alexander von Humboldt im Stammeskrieg zwischen Intelligenz und Macht«, in: *Enzensbergers Panoptikum. Zwanzig Zehn-Minuten-Essays*, Berlin 2012 [zuerst veröffentlicht in der Zeitschrift *Cicero* 2009], S. 104–109.)

24 Zum Beispiel: *Briefe von Alexander von Humboldt an Varnhagen von Ense*; *Lateinamerika am Vorabend der Unabhängigkeitsrevolution*.

25 Zum Beispiel: »African Slavery«, in: *The Liberator*, 26. März 1831, S. [3]; »Alexander Humboldt on Negro Slavery«, in: *The Friend*, 19. Februar 1831, S. 145 f.; 26. Februar 1831, S. [153]; »Baron von Humboldt versus the American Proslavery Censorship«, in: *Anti-Slavery Advocate*, 1. September 1856, S. 394 f.; »Baron Humboldt on American Slavery. A private letter to Mr. Julius Froebel. Communicated to the Tribune with Humboldt's consent«, in: *New York Daily Tribune*, 27. Mai 1858, S. 4.

26 Humboldt zum Gesetz über die jüdischen Staatsbürger, in: *Allgemeine Zeitung des Judenthums*, 7. Mai 1842, S. 276 f.; 14. Mai 1842, S. 302; 21. August 1843, S. 505–509; Humboldt an Hirsch, in: *Allgemeine Zeitung des Judenthums*, 9. Februar 1857, S. 86; Humboldt an Slonimski, in: *Allgemeine Zeitung des Judenthums*, 13. September 1858, S. 516 f.; Humboldt an Lewysohn, in: *Allgemeine Zeitung des Judenthums*, 21. Juni 1858, S. 358 f.

27 Humboldts Brief an den Verfasser als Teil des Vorworts, in: Israel Joseph Benjamin, *Acht Jahre in Asien und Afrika. Von 1846 bis 1855*, Hannover 1858, S. III; hebräisch: Yiśra'el ben Yosef Binyamin, *Sefer Masa'ei Yisra'el, Bo Yesupar Me'aheinu Benei Yisra'el Ha-Nefutsim Be'artsot Asiyah Ve-Afrikah*, Lyck/Elk 1859.

28 Erstdruck in: John Bigelow, *Memoir of the life and public services of John Charles Fremont*, New York 1856, S. 327–329; Nachdrucke: *Albany Evening Journal*, 5. Juli 1856, S. 2; *New York Daily Tribune*, 12. Juli 1856, S. 4; *Chicago Daily Tribune*, 15. Juli 1856,

S. 3; *National Era*, 7. August 1856, S. 127; *Daily Atlas*, 7. August 1856, S. [1]. Vgl. Strobl, »Alexander von Humboldt als Public Intellectual«, S. 370–371.

29 Alexander von Humboldt, »Ueber die künftigen Verhältnisse von Europa und Amerika«, in: *Morgenblatt für gebildete Stände* 20/33 (8. Februar 1826), S. 129 f.; 20/34 (9. Februar 1826), S. 134 f.

30 Alexander von Humboldt, *Ueber die Urvölker von Amerika und die Denkmähler welche von ihnen übrig geblieben sind. Anthropologische und ethnographische Schriften*, herausgegeben von Oliver Lubrich, Hannover 2009.

31 Alexander von Humboldt, *Ueber die künftigen Verhältnisse von Europa und Amerika. Politische und historiographische Schriften zur Neuen Welt*, herausgegeben von Oliver Lubrich, Hannover 2010.

32 Lubrich, »Von der ersten bis zur letzten Veröffentlichung«.

33 Als postume Kompilation vgl. *Aus meinem Leben. Autobiographische Bekenntnisse*, herausgegeben von Kurt-R. Biermann, München 1987.

34 Lubrich, *Das Schwinden der Differenz*, S. 47–98.

35 Zitiert u. a. bei Hermann Klencke, *Alexander von Humboldt. Ein biographisches Denkmal*, Leipzig 1851, S. VII.

36 Als Zusammenstellung von bislang rund 70 Humboldt-Biographien: vgl. {www.humboldt.unibe.ch/pdf/Humboldt-Biographien.pdf}, letzter Aufruf 07.06.2021.

37 So verzeichnet sogar in Andrea Wulfs vielgelesener Biographie die Bibliographie zwar Humboldts Bücher, Tagebücher und Briefausgaben, aber keine einzige seiner verstreuten Schriften. Andrea Wulf, *The Invention of Nature. Alexander von Humboldt's New World*, New York 2015, S. 435–437 (»Sources and Bibliography«: »The Works of Alexander von Humboldt«).

38 In niederländischer Übersetzung: »Korte Levens-Schets van Frederik Alexander van Humboldt«, in: *Algemene Konst- en Letter-Bode voor het Jaar 1800* 13/316 (1800), S. 17–20.

39 »Baron Humboldt«, u. a. in: *The Literary Magazine and American Register* 2/10 (Juli 1804), S. 321–327.

40 Johannes Görbert, »Biographie und Autobiographie« (Transversalkommentar), in: Humboldt, *Sämtliche Schriften*, Band 10, S. 29–61.

Zwölftes Kapitel
Humboldt-Effekte: Räume der Weltliteratur

1 Gabriel García Márquez, *Cien años de soledad*, Buenos Aires 1967, S. 68. (»Doch das Einzige, was er in dem kehligen Gebrumm unterscheiden konnte, war das aufsässige

Gehämmer des Wortes Tagundnachtgleiche, Tagundnachtgleiche, Tagundnachtgleiche, sowie der Name Alexander von Humboldt. « *Hundert Jahre Einsamkeit*, übersetzt von Kurt Meyer-Clason, Köln 1988, S. 89.)

2 Die zweibändige Anthologie *Transatlantic Echoes* und *Cosmos and Colonialism* versammelt hundert literarische und fünfzig essayistische Zeugnisse der internationalen Humboldt-Rezeption – von Goethe (1809) bis Kehlmann (2005).

3 Julius Stinde, *Die Familie Buchholz. Aus dem Leben der Hauptstadt*, Berlin 1884, S. 138–141.

4 Volker Braun, *Guevara oder Der Sonnenstaat* (1975), in: *Gesammelte Stücke*, Frankfurt am Main 1989, Band 1, S. 159–210.

5 Ibsen Martínez, *Humboldt & Bonpland, taxidermistas* (1981), in: *Humboldt & Bonpland, taxidermistas – L. S. D. (Lucio in the Sky with Diamonds) (Teatro)*, Caracas 1991, S. 7–59.

6 Denzil Romero, *Recurrencia equinoccial* (1998), herausgegeben von Karl Kohut, Frankfurt am Main/Madrid 2002.

7 Enzensberger, »A. v. H. (1769–1859)«, S. 56–58.

8 Goethe, *Die Wahlverwandtschaften*, Band 2, S. 148–150.

9 RHV I, S. 409–431. Vgl. Dietrich Rall, »Alexander von Humboldt, personaje literario. Formas de actualizar el *Viaje a las Regiones Equinocciales del Nuevo Continente*«, in: *Entre Culturas y Literaturas. Antología personal 2003–2014*, México 2014, S. 49–66.

10 Jules Verne, *Voyage au centre de la terre*, Paris 1864.

11 Jules Verne, *Vingt mille lieues sous les mers*, Paris 1869/1870.

12 Fried, »Der Guacharo«, S. 26.

13 VDC, Tafel/Kapitel 44 (»Calendrier des Indiens Muyscas, anciens habitans du plateau de Bogota«), S. 244–265; hieraus von Sousândrade zitiert: S. 260–262.

14 Joaquim de Sousândrade, *O Guesa*, London ca. 1884, Epigraph: S. 1–2.

15 William Herbert, *The Guahiba*, London 1822.

16 Adelbert von Chamisso, »Der Stein der Mutter oder der Guahiba-Indianerin« (1828), in: *Gedichte von Adelbert von Chamisso*, Leipzig 1831, S. 292–297.

17 RHV II, S. 409–412. Vgl. Johannes Görbert, »Aufzeichnen, Umformulieren, Weiterdichten. Humboldts Reisewerk und Chamissos Lyrik als Palimpseste am Beispiel der Erzählung von *La Piedra de la Madre*«, in: Julian Drews, Ottmar Ette, Tobias Kraft, Barbara Schneider-Kempf, Jutta Weber (Hg.), *Forster – Humboldt – Chamisso. Weltreisende im Spannungsfeld der Kulturen*, Göttingen 2017, S. 227–236.

18 Redmond O'Hanlon, *In Trouble Again. A journey between the Orinoco and the Amazon*, New York 1990, hier: S. 134–136.

19 Wir können ihn als einen »Vorboten des lateinamerikanischen Romans« ansehen: Hernández, *Alexander von Humboldt – die andere Suche nach El Dorado*, S. 6–42.

20 Mário de Andrade, *Macunaíma, o herói sem nenhum caráter*, São Paulo 1928, Epilog.

21 Alejo Carpentier, *Los pasos perdidos*, Mexico 1953.

22 García Márquez, *Cien años de soledad*.

23 Zuletzt zum Beispiel: Jobst Welge, »Natur, Geschichte und die Poetik des globalen Romans: Alexander von Humboldt und Carlos Fonseca«, in: *Abhandlungen der Humboldt-Gesellschaft* 44 (2021), S. 193–211.

24 *Papeles de Bolívar*, herausgegeben von Vicente Lecuna, Caracas 1917, S. 231–234.

25 Gabriel García Márquez, *El general en su laberinto*, Bogotá 1989, S. 100–102.

26 Luis Armando Roche, Jacques Espagne, *Aire libre (Passage des hommes libres)* [Drehbuch], Mérida (Venezuela) 1996.

27 RHV I, S. 214–224.

28 *Aire Libre*, S. 18–21 (Szene 3: Landung); S. 46–50 (Szene 22: Geburt).

29 Alexander von Humboldt, *Ueber einen Versuch den Gipfel des Chimborazo zu ersteigen*, herausgegeben von Oliver Lubrich und Ottmar Ette, Berlin 2006. (Vgl. das erste Kapitel.)

30 Die Echtheit des Textes ist umstritten, seine imaginäre Bedeutung jedoch unbezweifelt. Der Oxford-Ausgabe gilt das Dokument nicht als apokryph: *El Libertador: Writings of Simón Bolívar*, S. 135–136 (Anmerkungen: S. 226).

31 »Busqué las huellas [...] de Humboldt; seguílas audaz, nada me detuvo«; »dejé atrás las huellas de Humboldt«. (Bolívar, »Mi delirio sobre el Chimborazo«, S. 233 f.)

32 Das konnotationsreiche Motiv der Bergbesteigung hat neben Simón Bolívar beispielsweise auch José María Heredia variiert: »En el teocalli de Cholula«, in: *Poesías del ciudadano José María Heredia*, Band 2, Toluca ²1832, S. 37–42; »Viage al Nevado de Toluca«, in: *Calendario de las Señoritas Megicanas para el año de 1838*, herausgegeben von Mariano Galván, México 1838, S. 241–254.

33 Christopher Conway liest die Szene als Gegenüberstellung von »two types of European contact with Latin American reality«, in: *The Cult of Bolívar in Latin American Literature*, S. 147.

34 »›Debimos dejarlo otra vez en el playón‹«. »›Ya quisiera ese coño de madre ser una hebra del cabello de Humboldt.‹« (García Márquez, *El general en su laberinto*, S. 101.)

35 *Der General in seinem Labyrinth*, übersetzt von Dagmar Ploetz, Köln 1989, S. 129 f.; original: *El general en su laberinto*, S. 101 f.

36 Domingo Faustino Sarmiento, *Vida de Facundo Quiroga i aspecto físico, costumbres i hábitos de la República Arjentina, seguida de apuntes biográficos sobre el jeneral Frai Felix Aldao*, Santiago ²1851, S. 1 (1. Kapitel) und S. 28 (2. Kapitel).

37 Euclides da Cunha, *Os Sertões (Campanha de Canudos)*, Rio de Janeiro/São Paulo ³1905, S. 49–53.

38 Alfonso Reyes, *Visión de Anáhuac (1519)* [entstanden 1915], San José (Costa Rica) 1917, S. 12–15.

39 Alexander von Humboldt, *Ansichten der Natur mit wissenschaftlichen Erläuterungen*, Tübingen 1808; *Tableaux de la nature*, 2 Bände, übersetzt von Jean Baptiste Benoît Eyriès, Paris 1808.

40 Sarmiento, *Facundo*, S. 1 (Epigraph des ersten Kapitels). – Humboldt, *Tableaux de la nature*, Band 1, S. 21: »Celles-ci appelées *Pampas de Buenos-Ayres* égalent trois fois les *Llanos* en superficie. *Leur étendue est si prodigieuse, qu'au nord elles sont bornées par des bosquets de palmiers, et au sud par des neiges éternelles.*« – Humboldt, *Ansichten der Natur*, S. 12: »Die letztern, die Pampas von Buenosayres, übertreffen jene (die Llanos) dreimal an Flächeninhalt. Ja *ihre Ausdehnung ist so wundervoll groß, daß sie auf der nördlichen Seite durch Palmengebüsche begränzt, und auf der südlichen fast mit ewigem Eise bedeckt sind.*« (Hervorhebungen hinzugefügt.)

41 *Facundo*, S. 28 (Epigraph des zweiten Kapitels). – Humboldt, *Tableaux de la nature*, Band 1, S. 8: »on croit y voir l'océan sans bornes. Ainsi que lui, les *steppes* remplissent l'esprit du sentiment de l'infini.« – Humboldt, *Ansichten der Natur*, S. 3: »wenn im raschen Aufsteigen und Niedersinken die leitenden Gestirne den Saum der Ebene erleuchten; oder wenn sie zitternd ihr Bild verdoppeln, in der untern Schicht der wogenden Dünste, glaubt man den küstenlosen Ozean vor sich zu sehen. *Wie dieser erfüllt die Steppe das Gemüth mit dem Gefühl der Unendlichkeit.* Aber freundlich zugleich ist der Anblick des klaren Meeresspiegels, in dem sich die leichtbewegliche sanft aufschäumende Welle kräuselt. Todt und starr liegt die Steppe hingestreckt, wie die nackte Felsrinde eines verödeten Planeten.« (Hervorhebung hinzugefügt.)

42 Reyes, *Visión de Anáhuac*, S. 9 (Hervorhebung hinzugefügt).

43 »La ville de Mexico est de moitié plus près des deux *Nevados de la Puebla*, que les villes de Berne et de Milan ne le sont de la chaîne centrale des Alpes. Cette grande proximité contribue beaucoup à rendre imposant et majestueux l'aspect des volcans mexicains. Les contours de leurs sommets couverts de neiges éternelles, paroissent d'autant plus prononcés, que *l'air* à travers lequel l'œil reçoit les rayons, *est* plus rare et *plus transparent.* La neige brille d'un éclat extraordinaire, surtout lorsqu'elle se détache d'un ciel dont le bleu est constamment d'une teinte plus foncée que celui du ciel que nous voyons au-dessus de nos plaines dans la zone tempérée.« (Alexander von Humboldt, *Essai politique sur le royaume de la Nouvelle Espagne*, Paris [1808–]1811, Band 1, S. LXXVII; Hervorhebung der zitierten Wörter hinzugefügt.) Die deutsche Übersetzung lautet: »Die Stadt Mexico ist von den beiden *Nevado de la Puebla* um die Hälfte weniger entfernt, als Bern und Mailand von der Centralkette der Alpen. Diese große Nähe trägt vieles dazu bei, daß die mexicanischen Vulcane

einen so großen und majestätischen Effect machen. Die Umrisse ihrer mit ewigem Schnee bedeckten Gipfel sind desto bestimmter, als *die Luft*, durch welche man sie sieht, dünner und *durchsichtiger ist*. Der Schnee wirft einen außerordentlichen Glanz von sich; besonders da der Himmel im Hintergrund immer ein dunkleres Blau hat, als der unsrige in den Ebenen der gemäßigten Zonen.« (*Versuch über den politischen Zustand des Königreichs Neuspanien* [übersetzt von Ph. J. Rehfues], Stuttgart 1809, Band 1, S. CXLVIII.

44 Carlos Fuentes, *La región más transparente* (1958), herausgegeben von Georgina García-Gutiérrez, Madrid 1982, S. 147, 546. (Der umfangreiche Kommentar der kritischen Cátedra-Ausgabe nennt Humboldt als Quelle nicht.) Der Titel der deutschen Ausgabe ist weniger ironisch und gibt den Humboldt-Bezug nicht mehr zu erkennen: *Landschaft in klarem Licht*, übersetzt von Maria Bamberg, München 1981.

45 Reyes, *Visión de Anáhuac*, S. 14. »La visión más propia de nuestra naturaleza está en las regiones de la mesa central; [...] el éter luminoso [...]. Ya lo observaba un grande viajero, que ha sancionado con su nombre el orgullo de la Nueva España [...]: En su *Ensayo Político*, el barón de Humboldt notaba la extraña reverberación de los rayos solares en la masa montañosa de la altiplanicie central, donde el aire se purifica.«

46 Ebd., S. 48.

47 Reyes zitiert Humboldts Beschreibung des Pyramidenbaus (*Visión de Anáhuac*, S. 19), und er schildert beispielsweise das Marktgeschehen von Tenochtitlán (S. 21), wie dessen Mexiko-Werk es dargestellt hat. Des Weiteren (S. 35 f.) interpretiert er das Fragment eines Codex, dem Humboldt in seinen *Ansichten der Kordilleren* eine Abbildung und eine Abhandlung widmete: VDC Tafel und Kapitel 26 (»Époques de la Nature, d'après la Mythologie aztèque«), S. 202–211.

48 Euclides da Cunha, *Krieg im Sertão*, übersetzt von Berthold Zilly, Frankfurt am Main 1994, S. 61–65; *Rebellion in the Backlands (Os Sertões)*, übersetzt von Samuel Putnam, Chicago/London [8]1970, S. 39–42 (»A Geographical Category That Hegel Does Not Mention«).

49 Hegel, *Vorlesungen über die Philosophie der Geschichte*, S. 116–119.

50 da Cunha, *Os Sertões*, S. 51: »Esta explicação de Humboldt, embora permaneça feito hypothese brilhante, tem un significado superior.« In der Übersetzung von Berthold Zilly: »Dieser Humboldtschen Erklärung, wiewohl nur eine glänzende Hypothese, kommt eine höhere Bedeutung zu.« (da Cunha, *Krieg im Sertão*, S. 63.)

51 Alejo Carpentier, *El reino de este mundo* (1949), Santiago de Chile 1973, S. 9–16.

52 de Andrade, *Macunaíma*, S. 281–283.

53 Carpentier, *Los pasos perdidos*.

54 García Márquez, *Cien años de soledad*, S. 68.

55 RHV II, S. 598 f.: »Les dernières familles des Aturès existoient encore en 1767, du temps du missionnaire Gili: à l'époque de notre voyage, on montroit à Maypures, et ce fait est assez digne de remarque, un vieux perroquet dont les habitans disent ›qu'on ne comprend pas ce qu'il dit, parce qu'il parle la langue des Aturés‹.« (»Die letzten Familien der Aturer existierten noch 1767, zu Zeiten des Missionars Gili: während unserer Reise zeigte man uns in Maypures – und das ist durchaus bemerkenswert – einen alten Papagei, von dem die Einwohner sagen, ›man versteht nicht, was er sagt, denn er spricht die Sprache der Aturer‹.«) – Die *Ansichten der Natur* enthalten schon in der ersten Ausgabe aus dem Jahr 1808 ein Kapitel »Ueber die Wasserfälle des Orinoco, bei Atures und Maypures«, in dem diese Episode wiedergegeben ist: »es ist wahrscheinlich, daß die letzte Familie der Aturer erst spät ausgestorben sey. Denn in Maypures (ein sonderbares Factum) lebt noch ein alter Papagei, von dem die Eingebohrnen behaupten, daß man ihn darum nicht verstehe, weil er die Sprache der Aturer rede.« (S. 328) In der dritten Ausgabe von 1849 fügt eine Anmerkung ein durch Humboldts Bericht inspiriertes Gedicht von Ernst Curtius hinzu, »das zu keiner Veröffentlichung bestimmt und mir in einem Briefe mitgetheilt war« (Band 1, S. 314–316): »Einsam ruft er, unverstanden ... «

56 In der Tat wissen wir, dass Mário de Andrades Hauptquelle für die Geschichte des Macunaíma im Übrigen der Reisebericht eines deutschen Forschers war, der auf Humboldts Spuren den Orinoco erkundete: Theodor Koch-Grünberg, *Vom Roroima zum Orinoco. Ergebnisse einer Reise in Nordbrasilien und Venezuela in den Jahren 1911–1913*, Band 2: *Mythen und Legenden der Taulipang- und Arekuna-Indianer*, Stuttgart 1924, S. 39–51. – Die kritische Ausgabe gibt keinen Hinweis auf Humboldt und dessen Geschichte vom Atures-Papagei: Mário de Andrade, *Macunaíma o herói sem nenhum caráter*, herausgegeben von Telê Porto Ancona Lopez, São Paulo u. a. ²1996, S. 167 f. (»Epílogo«), S. 574 (»Bibliografias«).

57 Mário de Andrades Roman erschien zur gleichen Zeit wie Oswald de Andrades »Anthropophagisches Manifest«: »Manifesto Antropófago«, in: *Revista de Antropofagia* 1/1 (1928), S. 3–7.

58 Die vollständige Passage (García Márquez, *Der General in seinem Labyrinth*, übersetzt von Dagmar Ploetz, Köln 1989, S. 129 f.) lautet: »Schon bevor sie den Deutschen an Bord nahmen, hatte er an den Baron denken müssen. [...] Er hatte ihn in seinen Pariser Jahren kennengelernt, als Humboldt gerade von seiner Reise durch die Äquinoktialländer zurückgekehrt war. Ebenso wie Intelligenz und Weisheit überraschte ihn an dem Mann der Glanz einer Schönheit, die er bei einer Frau noch nie gesehen hatte. Am wenigsten überzeugte ihn noch Humboldts Gewißheit, daß die spanischen Kolonien reif für die Unabhängigkeit seien. Das hatte dieser so gesagt, ohne ein Zögern

in der Stimme, als es ihm selbst noch nicht einmal bei einer sonntäglichen Träumerei in den Sinn gekommen war. / ›Es fehlt nur der richtige Mann‹, hatte Humboldt zu ihm gesagt. Der General erzählte das viele Jahre später José Palacios, als er sich in Cuzco vermutlich über alle Welt erhoben sah, hatte die Geschichte doch gerade bewiesen, daß er der richtige Mann war. Er erzählte es niemandem sonst, wann immer aber die Sprache auf den Baron kam, nützte er die Gelegenheit, dessen Weisheit Tribut zu zollen: ›Humboldt hat mir die Augen geöffnet.‹«

59 García Márquez, *Hundert Jahre Einsamkeit*, neu übersetzt von Dagmar Ploetz, Köln 2017, S. 89: »Aureliano, der versunken an seinen Versen schrieb, vergaß ihn schließlich, einmal jedoch glaubte er etwas von dem zu verstehen, was der Alte monologisch vor sich hin brummelte, und merkte auf. Das Einzige, was Aureliano aus den geröllartigen Wortkaskaden heraushören konnte, war das insistierend gehämmerte Wort Äquinoktium Äquinoktium Äquinoktium und der Name Alexander von Humboldt.«

Schluss

Dynamiken des Reisens

1 Georg Forster, *A Voyage round the World*, Band 1, London 1777, S. xii–xiii. (»Zuweilen folgte ich dem Herzen und ließ meine Empfindungen reden; denn da ich von menschlichen Schwachheiten nicht frey bin, so mußten meine Leser doch wissen, wie das Glas gefärbt ist, durch welches ich gesehen habe.« Georg Forster, *Johann Reinhold Forster's* [...] *Reise um die Welt während den Jahren 1772 bis 1775 in dem von Seiner itztregierenden Großbrittannischen Majestät auf Entdeckungen ausgeschickten und durch den Capitain Cook geführten Schiffe the Resolution unternommen*, übersetzt von Georg Forster, Band 1, Berlin 1778, unpaginiert: die achte Seite der »Vorrede«.)

2 Böhme, »Ästhetische Wissenschaft«.

3 Blumenberg, *Die Lesbarkeit der Welt*, S. 281–299.

4 KV, S. 85.

5 KV, S. 98.

6 Nehrlich, »Buchtypographie um 1800 und 2000«, S. 279 f.

7 *Briefe von Alexander von Humboldt an Varnhagen von Ense*, S. 20.

8 KV, S. 99.

Literaturverzeichnis

Alexander von Humboldt

Ansichten der Kordilleren und Monumente der eingeborenen Völker Amerikas, herausgegeben von Oliver Lubrich und Ottmar Ette, übersetzt von Claudia Kalscheuer, Frankfurt am Main: Die Andere Bibliothek 2004.

Ansichten der Natur mit wissenschaftlichen Erläuterungen, erste Ausgabe, Tübingen: J. G. Cotta 1808.

Ansichten der Natur, mit wissenschaftlichen Erläuterungen, zweite Ausgabe, 2 Bände, Stuttgart/Tübingen: J. G. Cotta 1826.

Ansichten der Natur, mit wissenschaftlichen Erläuterungen, dritte Ausgabe, 2 Bände, Stuttgart/Tübingen: J. G. Cotta 1849.

Alexander von Humboldt, *Ansichten der Natur mit wissenschaftlichen Erläuterungen*, herausgegeben von Hans Magnus Enzensberger, Nördlingen 1986, Frankfurt am Main: Die Andere Bibliothek 2004.

Asie centrale. Recherches sur les chaînes de montagnes et la climatologie comparée, 3 Bände, Paris: Gide 1843.

Atlas géographique et physique des régions équinoxiales du Nouveau Continent, Paris: F. Schoell 1814[-1838].

Atlas géographique et physique du royaume de la Nouvelle-Espagne, Paris: F. Schoell 1808-18[11].

Aus meinem Leben. Autobiographische Bekenntnisse, herausgegeben von Kurt-R. Biermann, München: C. H. Beck 1987.

»Auszüge aus einigen Briefen des Frhrn. Alex. v. Humboldt an den Herausgeber«, in: *Allgemeine Geographische Ephemeriden* 22 (1807), S. 107-112.

Bilder-Welten. Die Zeichnungen aus den Amerikanischen Reisetagebüchern, herausgegeben von Ottmar Ette und Julia Maier, München: Prestel 2018.

Briefe Alexander's von Humboldt an seinen Bruder Wilhelm, herausgegeben von der Familie von Humboldt in Ottmachau, Stuttgart: J. G. Cotta 1880.

Briefe Alexander von Humboldts an seinen Bruder Wilhelm, herausgegeben von der Familie von Humboldt in Ottmachau, Berlin: Verlag der Gesellschaft deutscher Literaturfreunde [1923].

Briefe aus Amerika 1799-1804, herausgegeben von Ulrike Moheit, Berlin: Akademie 1993.

Briefe aus Russland 1829, herausgegeben von Eberhard Knobloch, Ingo Schwarz und Christian Suckow, Berlin: Akademie 2009.

»Briefe von Alexander v. Humboldt«, in: Max Hoffmann, *August Böckh. Lebensbeschreibung und Auswahl aus seinem wissenschaftlichen Briefwechsel*, Leipzig: B. G. Teubner 1901, S. 411–454.

Briefe von Alexander von Humboldt an Varnhagen von Ense aus den Jahren 1827 bis 1858. Nebst Auszügen aus Varnhagen's Tagebüchern, und Briefen von Varnhagen und Andern an Humboldt, Leipzig: F. A. Brockhaus 1860.

Briefwechsel Alexander von Humboldt's mit Heinrich Berghaus aus den Jahren 1825 bis 1858, 3 Bände, Leipzig: Hermann Costenoble 1863.

Briefwechsel zwischen Alexander von Humboldt und Heinrich Christian Schumacher, herausgegeben von Kurt-R. Biermann, Berlin (DDR): Akademie 1979.

»Cacajao« (1800), in: *Alexander von Humboldt und seine Welt 1769–1859*, herausgegeben von Peter Hahlbrock, Berlin: Ibero-Amerikanisches Institut 1969, S. 19.

»Copie d'une lettre de M. Humboldt, adressée au C. Delambre, l'un des secrétaires perpétuels de l'Institut national (datée de Lima le 25 novembre 1802)«, in: *Magasin encyclopédique, ou Journal des Sciences, des Lettres et des Arts* 8/6 (Germinal an 11 [März/April 1803]), S. 537–549.

»Copie d'une lettre de M. le baron de Humboldt à M. Salomon«, in: *Le moniteur universel* 162 (11. Juni 1843), S. 1458.

Correspondance scientifique et littéraire, herausgegeben von Jean-Bernard-Marie-Alexandre Dezos de La Roquette, 2 Bände, Paris: Ducrocq 1865/1869.

Das graphische Gesamtwerk, herausgegeben von Oliver Lubrich, Darmstadt: Lambert Schneider 2014.

Das große Lesebuch, herausgegeben von Oliver Lubrich, Frankfurt am Main: S. Fischer 2009.

Das zeichnerische Werk, herausgegeben von Dominik Erdmann und Oliver Lubrich, Darmstadt: Wissenschaftliche Buchgesellschaft 2019.

»De l'unité native de l'espèce humaine«, in: *Nouvelles annales des voyages, de la géographie et de l'histoire* 3 (1846), S. 112–120.

Der Andere Kosmos. 70 Texte, 70 Orte, 70 Jahre. 1789–1859, herausgegeben von Oliver Lubrich und Thomas Nehrlich, München: dtv 2019.

»Des lignes isothermes et de la distribution de la chaleur sur le globe«, in: *Mémoires de physique et de chimie de la Société d'Arcueil* 3 (1817), S. 462–602.

Die Entdeckung der Neuen Welt, herausgegeben von Ottmar Ette, Frankfurt am Main: Insel 2009.

Die Forschungsreise in den Tropen Amerikas, herausgegeben von Hanno Beck, 3 Bände, Darmstadt: Wissenschaftliche Buchgesellschaft 1997.

Die Jugendbriefe 1787–1799, herausgegeben von Ilse Jahn und Fritz G. Lange, Berlin (DDR): Akademie 1973.

Die Kosmos-Vorlesung an der Berliner Sing-Akademie, Mitschrift von Henriette Kohlrausch, herausgegeben von Christian Kassung und Christian Thomas, Berlin: Insel 2019.

»Die Lebenskraft oder der Rhodische Genius. Eine Erzählung«, in: *Die Horen* 1/5 (1795), S. 90–96.

Die russischen Schriften, herausgegeben von Oliver Lubrich und Thomas Nehrlich, Berlin: Peter Lang 2021.

Die Russland-Expedition. Von der Newa bis zum Altai, herausgegeben von Oliver Lubrich, mit einem Nachwort von Karl Schlögel, München: C. H. Beck 2019.

»Discours prononcé par M. Alexandre de Humboldt à la Séance extraordinaire de l'Académie Impériale des sciences de St.-Pétersbourg tenue le 16/28 Novembre 1829«, in: *Hertha* 14 (1829), S. 138–152.

Écrits, herausgegeben von Oliver Lubrich, Paris: Garnier 2019.

»Eduard Hildebrandt«, in: *Berlinische Nachrichten von Staats- und gelehrten Sachen* 123 (28. Mai 1852), S. 4.

Ensayo político sobre el Reino de la Nueva España, übersetzt von Vicente González Arnao, herausgegeben von Juan A. Ortega y Medina, México: Porrua 1966.

Ensayo político sobre la Isla de Cuba. Introducción biobibliográfica de Fernando Ortiz. Correcciones, notas, apéndices de Francisco Arango y Parreño, J. S. Thrasher y otros, herausgegeben von Daniel García Santos, Havanna: Fundación Fernando Ortiz 1998.

Ensayo político sobre la Isla de Cuba, herausgegeben von Miguel Ángel Puig-Samper, Consuelo Naranjo Orovio und Armando García González, Aranjuez: Doce Calles 1998.

Escritos 1789–1859, 2 Bände, herausgegeben von Oliver Lubrich und Thomas Nehrlich, übersetzt von Aníbal Campos, Laura Cecilia Nicolás und Orestes Sandoval, México: Herder 2019–2021.

Essai politique sur le royaume de la Nouvelle-Espagne, 2 Bände, Paris: F. Schoell [1808–]1811.

Essai politique sur l'île de Cuba, 2 Bände, Paris: Gide 1826.

Essai sur la géographie des plantes, accompagné d'un Tableau physique des régions équinoxiales. Avec une planche, Paris: F. Schoell 1807.

Essay on the Geography of Plants, herausgegeben von Stephen T. Jackson, übersetzt von Sylvie Romanowski, Chicago: University of Chicago Press 2009.

Examen critique de l'histoire de la géographie du Nouveau Continent, et des progrès de l'astronomie nautique aux quinzième et seizième siècles, Paris: Gide 1814–183[8].

»Extrait de plusieurs lettres de M. A. de Humboldt«, in: *Magasin encyclopédique, ou Journal des Sciences, des Lettres et des Arts* 9/2 (Thermidor an 11 [Juli/August 1803]), S. 241–258.

»Facsimile eines Briefes von Alexander von Humboldt an Simon Moritz von Bethmann über einen Panama-Canal«, Separatum, 1824.
Florae Fribergensis specimen plantas cryptogamicas praesertim subterraneas exhibens. Accedunt aphorismi ex doctrina physiologiae chemicae plantarum. Cum tabulis aeneis, Berlin: Heinrich August Rottmann 1793.
Fragmens de géologie et de climatologie asiatiques, 2 Bände, Paris: Gide 1831.
Fragmente des Sibirischen Reise-Journals 1829 (Oktavband), Original: Schloß Tegel, Berlin; Kopie und Transkription (von Gisela Lülfing): Alexander von Humboldt-Forschungsstelle der Berlin-Brandenburgischen Akademie der Wissenschaften.
Fragmente des Sibirischen Reise-Journals 1829, herausgegeben von Tobias Kraft und Florian Schnee unter Mitarbeit von Ulrich Päßler, in: edition humboldt digital, Berlin-Brandenburgische Akademie der Wissenschaften, Berlin, Version 6 vom 13.10.2020, {https://edition-humboldt.de/v6/H0005449/39v.}
»Geografía de las Plantas, ó cuadro físico de los Andes equinocciales y de los Países Vecinos, Levantado sobre las observaciones y medidas hechas en los mismos lugares desde 1799 hasta 1803«, aus dem Französischen übersetzt von Jorge Tadeo Lozano, in: *El Semanario del Nuevo Reino de Granada* 16 (23. April 1809), S. 121–189.
Gespräche Alexander von Humboldts, herausgegeben von Hanno Beck, Berlin (DDR): Akademie 1959.
Ideen zu einer Geographie der Pflanzen nebst einem Naturgemälde der Tropenländer, Tübingen: J. G. Cotta 1807.
Im Ural und Altai. Briefwechsel zwischen Alexander von Humboldt und Graf Georg von Cancrin aus den Jahren 1827–1832 [herausgegeben von W. v. Schneider und F. Russow], Leipzig: F. A. Brockhaus 1869.
In den Urwäldern und Llanos von Südamerika, herausgegeben von Hans Wohlbold, Köln: Hermann Schaffstein 1942.
»Insel Cuba«, in: *Berlinische Nachrichten von Staats- und gelehrten Sachen* 172 (25. Juli 1856), S. 4.
»Introduction«, in: Leopold von Buch, *Voyage en Norvège et en Laponie, fait dans les anneés 1806, 1807 et 1808* [*Reise durch Norwegen und Lappland*, 2 Bände, Berlin 1810], 2 Bände, übersetzt von Jean Baptiste Benoît Eyriés, Paris: Gide 1816, Band 1, S. XV–XXIV.
Isle de Cube. Antilles en général, Handschrift: Biblioteka Jagiellońska, Krakau, Nachlass Alexander von Humboldt (Königliche Bibliothek), Bd. 3/1 Bl. 127–149, herausgegeben von Ulrike Leitner, Piotr Tylus und Michael Zeuske, in: edition humboldt digital, Berlin-Brandenburgische Akademie der Wissenschaften, Berlin, Version 6 vom 13.10.2020, {https://edition-humboldt.de/v6/H0002922}.

»Jagd und Kampf der electrischen Aale mit Pferden«, in: *Annalen der Physik* 25/1 (1807), S. 34–43.
»Junction of the Atlantic and the Pacific«, in: *Daily Southern Cross* 10/593 (4. März 1853), S. 4.
[Junction of the Atlantic and Pacific Oceans]; in: *Berlinische Nachrichten von Staats- und gelehrten Sachen* 189 (16. August 1853), S. 4.
Kleinere Schriften. Geognostische und physikalische Erinnerungen, Stuttgart/Tübingen: J. G. Cotta 1853.
Kosmos. Entwurf einer physischen Weltbeschreibung, 5 Bände, Stuttgart/Tübingen: J. G. Cotta 1845–1862.
Kosmos. Entwurf einer physischen Weltbeschreibung, herausgegeben von Ottmar Ette und Oliver Lubrich, Frankfurt am Main: Die Andere Bibliothek 2004.
Lateinamerika am Vorabend der Unabhängigkeitsrevolution (Auswahl aus den Reisetagebüchern), transkribiert von Gisela Lülfing und Margot Faak, übersetzt und herausgegeben von Margot Faak, Berlin (DDR): Akademie 1982.
»Mexicanische Alterthümer«, in: *Annalen der Erd-, Länder- und Völkerkunde* 11/4 (Januar 1835), S. 321–325.
Nova genera et species plantarum, 7 Bände, Paris: Librairie grecque-latine-allemande/N. Maze/Gide 1815–18[26].
»Observatio critica de Elymi hystricis charactere«, in: *Magazin für die Botanik* 3/7 (1790), S. 3–6; 3/9 (1790), S. 32.
Obs[ervations] astronomiques faites dans le Voyage de Sibérie (Quartband), Original: Schloß Tegel, Berlin; Kopie und Transkription (von Gisela Lülfing, fortgesetzt von Bärbel Bergmann): Alexander von Humboldt-Forschungsstelle der Berlin-Brandenburgischen Akademie der Wissenschaften.
»Plantas subterraneas descripsit Fr. A. ab Humboldt«, in: *Annalen der Botanick* 1/3 (1792), S. 53–58.
Plantes équinoxiales, recueillies au Mexique, dans l'île de Cuba, dans les provinces de Caracas, de Cumana et de Barcelone, aux Andes de la Nouvelle-Grenade, de Quito et du Pérou, et sur les bords du Rio-Negro, de l'Orénoque et de la rivière des Amazones, 2 Bände, Paris: F. Schoell / Tübingen: J. G. Cotta 180[5]–18[17].
Political Essay on the Island of Cuba, herausgegeben von Vera M. Kutzinski und Ottmar Ette, übersetzt von J. Bradford Anderson, Vera M. Kutzinski und Anja Becker, Chicago: University of Chicago Press 2011.
Recueil d'observations astronomiques, 2 Bände, Paris: F. Schoell 18[08]–18[11].
Recueil d'observations de zoologie et d'anatomie comparée, faites dans l'Océan Atlantique, dans l'intérieur du Nouveau Continent et dans la Mer du Sud, 2 Bände, Paris: F. Schoell / G.^{el} Dufour 1811–1833.

Reise auf dem Río Magdalena, durch die Anden und Mexico, transkribiert von Gisela Lülfing und Margot Faak, übersetzt und herausgegeben von Margot Faak, 2 Bände, Berlin (DDR): Akademie 1986/1990.

Reise durch Venezuela, transkribiert von Gisela Lülfing und Margot Faak, übersetzt und herausgegeben von Margot Faak, Berlin: Akademie 2000.

Reise in die Aequinoctial-Gegenden des neuen Continents [übersetzt von Paul Usteri und Ferdinand Gottlob Gmelin], 6 Bände, Stuttgart/Tübingen: J. G. Cotta 1815–1832.

Reise in die Aequinoctial-Gegenden des neuen Continents [übersetzt von Hermann Hauff], 4 Bände, Stuttgart: J. G. Cotta 1859–1860.

Reise in die Äquinoktial-Gegenden des Neuen Kontinents, herausgegeben von Ottmar Ette, 2 Bände, Frankfurt am Main: Insel [1991] 1999.

Relation historique du Voyage aux régions équinoxiales du Nouveau Continent, 3 Bände, Paris: F. Schoell 1814[–1818], N. Maze 1819[–1821], J. Smith et Gide fils 1825[–1831].

Sämtliche Schriften: Aufsätze, Artikel, Essays (Berner Ausgabe), 7 Textbände mit 3 Apparatbänden, herausgegeben von Oliver Lubrich und Thomas Nehrlich, München: dtv 2019.

Sites des Cordillères et Monuments des Peuples Indigènes de l'Amérique, herausgegeben von Anne Christine Taylor, Paris: Jean Michel Place 1989.

»Sur l'accroissement nocturne de l'intensité du son«, in: *Annales de Chimie et de Physique* 13 (1820), S. 162–173.

»Sur les peuples qui mangent de la terre«, in: *Annales des voyages, de la géographie et de l'histoire*, herausgegeben von Conrad Malte-Brun, Band 2, 2. Auflage, Paris: F. Buisson 1809, S. 248–254.

Tagebücher der Amerikanischen Reise, Staatsbibliothek zu Berlin Preußischer Kulturbesitz, Nachl. Alexander von Humboldt (Tagebücher) I.

The Island of Cuba, translated from the Spanish, with notes and a preliminary essay by J. S. Thrasher, New York: Derby & Jackson 1856.

»The Isthmus of Darien Ship Canal«, in: *The Daily News* 2208 (18. Juni 1853), S. 6.

[The Isthmus of Darien Ship Canal], in: *The Daily Republic* 5/11 (18. Juli 1853).

Über das Universum. Die Kosmosvorträge 1827/28 in der Berliner Singakademie, herausgegeben von Jürgen Hamel und Klaus-Harro Tiemann, Frankfurt am Main: Insel 1993.

»Ueber die ältesten Karten des Neuen Continents und den Namen Amerika«, in: Friedrich Wilhelm Ghillany, *Geschichte des Seefahrers Ritter Martin Behaim*, Nürnberg: Bauer und Raspe 1853, S. 1–12.

»Ueber die bei verschiedenen Völkern üblichen Systeme von Zahlzeichen und über den Ursprung des Stellenwerthes in den indischen Zahlen«, in: *Journal für die reine und angewandte Mathematik* 4 (1829), S. 205–231.

»Ueber die gereitzte Muskelfaser«, in: *Neues Journal der Physik* 2/2 (1795), S. 115–129.

»Ueber die künftigen Verhältnisse von Europa und Amerika«, in: *Morgenblatt für gebildete Stände* 20/33 (8. Februar 1826), S. 129–130.

Ueber die künftigen Verhältnisse von Europa und Amerika. Politische und historiographische Schriften zur Neuen Welt, herausgegeben von Oliver Lubrich, Hannover: Wehrhahn 2010.

Ueber die unterirdischen Gasarten und die Mittel ihren Nachtheil zu vermindern. Ein Beytrag zur Physik der praktischen Bergbaukunde, Braunschweig: Friedrich Vieweg 1799.

»Ueber die Urvölker von Amerika und die Denkmähler welche von ihnen übrig geblieben sind«, in: *Neue Berlinische Monatschrift* 15/3 (März 1806), S. 177–208.

Ueber die Urvölker von Amerika und die Denkmähler welche von ihnen übrig geblieben sind. Anthropologische und ethnographische Schriften, herausgegeben von Oliver Lubrich, Hannover: Wehrhahn 2009.

Ueber einen Versuch den Gipfel des Chimborazo zu ersteigen, herausgegeben von Oliver Lubrich und Ottmar Ette, übersetzt von Marcel Vejmelka, Berlin: Eichborn Berlin 2006, S. 77–106.

»Ueber einige wichtige Punkte der Geographie Guyana's«, in: *Robert Hermann Schomburgk's Reisen in Guiana und am Orinoko während der Jahre 1835–1839*, herausgegeben von O. A. Schomburgk, Leipzig: Georg Wigand 1841, S. 1–39.

»Ueber zwei Versuche den Chimborazo zu besteigen«, in: *Jahrbuch für 1837*, herausgegeben von H. C. Schumacher, Stuttgart/Tübingen: J. G. Gotta 1837, S. 176–206.

Umrisse von Vulkanen aus den Cordilleren und Mexico. Ein Beitrag zur Physiognomik der Natur, Stuttgart/Tübingen: J. G. Cotta 1853.

Versuche über die chemische Zerlegung des Luftkreises und über einige andere Gegenstände der Naturlehre, Braunschweig: Friedrich Vieweg 1799.

Versuche über die gereizte Muskel- und Nervenfaser nebst Vermuthungen über den chemischen Process des Lebens in der Thier- und Pflanzenwelt, Posen: Decker und Compagnie / Berlin: Heinrich August Rottmann 1797.

Vistas de las Cordilleras y monumentos de los pueblos indígenas de América, übersetzt von Jaime Labastida, herausgegeben von Jaime Labastida und Charles Minguet, 2 Bände, México: Siglo XXI 1995.

»Vorwort«, in: Balduin Möllhausen, *Tagebuch einer Reise vom Mississippi nach den Küsten der Südsee*, Leipzig: Hermann Mendelssohn 1858, S. II.

»Vorwort«, in: *Robert Hermann Schomburgk's Reisen in Guiana und am Orinoko während der Jahre 1835–1839*, herausgegeben von O. A. Schomburgk, Leipzig: Georg Wigand 1841, S. XV–XXIV.

»Vorwort«, in: Wilhelm von Humboldt, *Über die Kawi-Sprache auf der Insel Java, nebst einer Einleitung über die Verschiedenheit des menschlichen Sprachbaues und ihren Einfluß auf die geistige Entwickelung des Menschengeschlechts*, 3 Bände, Berlin: Königliche Akademie der Wissenschaften/Ferdinand Dümmler 1836, 1838, 1839, Band 1, S. VII–XIV.

Voyage aux régions équinoxiales du Nouveau Continent, 29 Bände, Paris: F. Schoell u. a. 1805–1838.

Vues des Cordillères et monumens des peuples indigènes de l'Amérique, Paris: F. Schoell 1810[–1813].

Vues des Cordillères et Monuments des Peuples Indigènes de l'Amérique, herausgegeben von Charles Minguet und Amos Segala, Nanterre: Erasme 1989.

»War Poison of the Indians«, in: *Philosophical Magazine and Journal* 58 (1821), S. 231–234.

Zentral-Asien. Untersuchungen zu den Gebirgsketten und zur vergleichenden Klimatologie, herausgegeben von Oliver Lubrich, Frankfurt am Main: S. Fischer 2009.

Weitere Primärquellen

César Aira, *Un episodio en la vida del pintor viajero*, Rosario: Beatriz Viterbo 2000.

César Aira, *Humboldts Schatten*, übersetzt von Matthias Strobel, München/Wien: Nagel & Kimche 2003.

César Aira, *Eine Episode im Leben des Reisemalers*, übersetzt von Christian Hansen, Berlin: Matthes & Seitz Berlin 2016.

Mário de Andrade, *Macunaíma, o herói sem nenhum caráter*, São Paulo[: Oficinas graficas de E. Cupolo] 1928.

Mário de Andrade, *Macunaíma o herói sem nenhum caráter*, herausgegeben von Telê Porto Ancona Lopez, São Paulo u. a.: ALLCA ²1996.

Oswald de Andrade, »Manifesto Antropófago«, in: *Revista de Antropofagia* 1/1 (1928), S. 3–7.

Aristoteles, *Rhetorik*, griechisch/deutsch, herausgegeben und übersetzt von Gernot Krapinger, Stuttgart: Reclam 2018.

Achim von Arnim, *Der Wintergarten*, Berlin: Realschulbuchhandlung 1809.

Achim von Arnim, *Der Wintergarten*, in: *Sämtliche Erzählungen 1802–1817* (*Werke in sechs Bänden*, Band 3), herausgegeben von Renate Moering, Frankfurt am Main: Deutscher Klassiker Verlag 1990, S. 69–423.

Antonin Artaud, *Le Théâtre et son double*, Paris: Gallimard 1938.

Gottfried Benn, *Morgue und andere Gedichte*, Berlin: A. R. Meyer 1912.

Gottfried Benn, *Gehirne. Novellen*, Leipzig: Kurt Wolff 1916.

Heinrich Berghaus, *Physikalischer Atlas*, 2 Bände, Gotha: Justus Perthes 1845/1848.

Heinrich Berghaus, *Physikalischer Atlas*, herausgegeben von Ottmar Ette und Oliver Lubrich, Frankfurt am Main: Die Andere Bibliothek 2004.

Simón Bolívar, »Mi delirio sobre el Chimborazo« (1822), in: *Papeles de Bolívar*, herausgegeben von Vicente Lecuna, Caracas: Litografía del Comercio 1917, S. 233–234.

Simón Bolívar, »Mi delirio sobre el Chimborazo« (1822), in: *Papeles de Bolívar*, 2 Bände, herausgegeben von Vicente Lecuna, Madrid: Biblioteca Ayacucho 1920, Band 2, S. 177–178.

Simón Bolívar, »Mi delirio sobre el Chimborazo« (1822), in: *Páginas selectas*, herausgegeben von José Roberto Arze, Madrid: Aguilar/Crisol 1975, S. 34–41.

El Libertador. Writings of Simón Bolívar, übersetzt von Frederick H. Fornoff, herausgegeben von David Bushnell, Oxford: Oxford University Press 2003.

Helmut Börsch-Supan (Hg.), *Die Kataloge der Berliner Akademie-Ausstellungen 1786–1850*, 2 Bände und Registerband, Berlin: Bruno Hessling 1971.

Paul Bowles, *The Sheltering Sky* (1949), London: Penguin 2006.

Volker Braun, *Guevara oder Der Sonnenstaat* (1975), in: *Gesammelte Stücke*, 2 Bände, Frankfurt am Main: Suhrkamp 1989, Band 1, S. 159–210.

Alfred Edmund Brehm, *Illustrirtes Thierleben*, 6 Bände, Hildburghausen: Bibliographisches Institut 1863–1869; 2. Auflage: *Brehms Thierleben*, 10 Bände, 1876–1879.

Hans Christoph Buch, *Die Scheidung von San Domingo. Wie die Negersklaven von Haiti Robespierre beim Wort nahmen*, Berlin: Wagenbach 1976.

Hans Christoph Buch, *Die Nähe und die Ferne. Bausteine zu einer Poetik des kolonialen Blicks*, Frankfurt am Main: Suhrkamp 1991.

Leopold von Buch, *Physicalische Beschreibung der Canarischen Inseln*, Berlin: Königliche Akademie der Wissenschaften 1825.

Georg Büchner, *Dantons Tod*, Frankfurt am Main: J. D. Sauerländer 1835.

Georg Büchner, »Über Schädelnerven« (1836), in: *Werke und Briefe*, 2 Bände, herausgegeben von Fritz Bergemann, Frankfurt am Main: Insel 1979 [1958], Band 1, S. 347–361.

Georges-Louis Leclerc Buffon, *Histoire naturelle générale et particulière*, 44 Bände, Paris: Imprimerie royale 1749–1804.

Edmund Burke, *A Philosophical Enquiry into the Origin of Our Ideas of the Sublime and Beautiful*, London: R. and J. Dodsley 1757.

Robert Burton, *The Anatomy of Melancholy* (1621), herausgegeben von Angus Gowland, London: Penguin 2021.

Elias Canetti, *Die Stimmen von Marrakesch. Aufzeichnungen nach einer Reise* (1967), Frankfurt am Main: S. Fischer 2004.

Alejo Carpentier, *El reino de este mundo* (1949), Santiago de Chile: Editorial Universitaria 1973.

Alejo Carpentier, *Los pasos perdidos* (1953), Buenos Aires: Losada 1996.

Alejo Carpentier, *La ciudad de las columnas* (1970), Havanna: Letras Cubanas 1982.

Adelbert von Chamisso, »Der Stein der Mutter oder der Guahiba-Indianerin« (1828), in: *Gedichte von Adelbert von Chamisso*, Leipzig: Weidmann'sche Buchhandlung 1831, S. 292–297.

Adelbert von Chamisso, *Reise um die Welt. Mit 140 Zeichnungen von Ludwig Choris*, Berlin: Die Andere Bibliothek 2012.

François-René de Chateaubriand, *Itinéraire de Paris à Jérusalem* (1811), herausgegeben von Jean Mourot, Paris: Flammarion 1968.

Cristóbal Colón, *Libro de las Profecías* (1502–1504), herausgegeben von Juan Fernández Valverde, Madrid: Alianza 1992.

Joseph Conrad, *Heart of Darkness* (1899), herausgegeben von Paul O'Prey, London: Penguin 1985.

Euclides da Cunha, *Os Sertões (Campanha de Canudos)*, Rio de Janeiro/São Paulo: Laemmert & Co. 1905.

Euclides da Cunha, *Krieg im Sertão*, übersetzt von Berthold Zilly, Frankfurt am Main: Suhrkamp 1994.

Louis Jacques Mandé Daguerre, *Das Daguerreotyp und das Diorama*, Stuttgart: Metzler 1839 (Reprint: 1989).

Charles Darwin, *Journal of Researches Into the Natural History and Geology of the Countries Visited During the Voyage of H. M. S. Beagle Round the World, Under the Command of Capt. Fitz Roy, R. N.* (1839), durchgesehene und ergänzte 2. Ausgabe, London: John Murray 1845.

Charles Darwin, *The Descent of Man, and Selection in Relation to Sex* (1871), mit einer Einführung von James Moore und Adrian Desmond, London: Penguin 2004.

The Life and Letters of Charles Darwin, Including an Autobiographical Chapter, herausgegeben von Francis Darwin, 3 Bände, London: John Murray 1887.

Charles Darwin's Beagle Diary, herausgegeben von Richard Darwin Keynes, Cambridge: Cambridge University Press 1988.

Daniel Defoe, *The Farther Adventures of Robinson Crusoe*, London: J. Roberts 1719.

Denis Diderot, Jean Baptiste le Rond d'Alembert (Hg.), *Encyclopédie ou Dictionnaire raisonné des sciences, des arts et des métiers*, 35 Bände, Paris: Braisson, David Le Breton, Durand 1751–1780.

Joan Didion, *Salvador*, New York: Simon & Schuster 1983.
Alfred Döblin, *Amazonas*-Trilogie (1935–1937): *Die Fahrt ins Land ohne Tod*, Amsterdam: Querido 1937; *Der blaue Tiger*, Amsterdam: Querido 1938; *Der neue Urwald*, Baden-Baden: Keppler 1948.
Tankred Dorst, *Auf dem Chimborazo*, Frankfurt am Main: Suhrkamp 1974.
Tankred Dorst, *Auf dem Chimborazo*, in: *Theater heute* 16/3 (März 1975), S. 40–48.
Johann Peter Eckermann, *Gespräche mit Goethe in den letzten Jahren seines Lebens*, herausgegeben von Otto Schönberger, Stuttgart: Reclam 1994.
Hans Magnus Enzensberger, *Das Verhör von La Habana*, Frankfurt am Main: Suhrkamp 1972.
Hans Magnus Enzensberger, »A. v. H. (1769–1859)«, in: *Mausoleum. Siebenunddreißig Balladen aus der Geschichte des Fortschritts*, Frankfurt am Main: Suhrkamp 1975, S. 56–58.
Hans Magnus Enzensberger, *Die Elixiere der Wissenschaft. Seitenblicke in Poesie und Prosa*, Frankfurt am Main: Suhrkamp 2002.
Theodor Fontane, *Wanderungen durch die Mark Brandenburg*, Band 1, Berlin: Hertz 1862.
Georg Forster, *A Voyage round the World*, 2 Bände, London: B. White, P. Elmsly, G. Robinson 1777.
Georg Forster, *Johann Reinhold Forster's [...] Reise um die Welt während den Jahren 1772 bis 1775 in dem von Seiner itztregierenden Großbrittannischen Majestät auf Entdeckungen ausgeschickten und durch den Capitain Cook geführten Schiffe the Resolution unternommen*, übersetzt von Georg Forster, 2 Bände, Berlin: Haude und Spener 1778/1780.
Georg Forster, *Reise um die Welt*, herausgegeben von Gerhard Steiner, Frankfurt am Main: Insel 1983.
Erich Fried, »Der Guacharo«, in: *Die Beine der größeren Lügen. Einundfünfzig Gedichte*, Berlin: Wagenbach 1969, S. 26.
Max Frisch, *Homo Faber*, Frankfurt am Main: Suhrkamp 1957.
Vincent Froissard, Étienne Le Roux, *Le dernier voyage d'Alexandre de Humboldt*, 2 Bände, Paris: Futuropolis 2010/2014.
Carlos Fuentes, *La región más transparente* (1958), herausgegeben von Georgina García-Gutiérrez, Madrid: Cátedra 1982.
Carlos Fuentes, *El espejo enterrado*, México: Fondo de Cultura Económica 1992.
Eduardo Galeano, *Memoria del fuego*, 3 Bände, Mexico: Siglo XXI 1982, 1984, 1986.
Eduardo Galeano, *Erinnerung an das Feuer*, übersetzt von Monika López, Wuppertal: Peter Hammer 2004.

Rómulo Gallegos, *Canaima* (1935), Bogotá: Oveja Negra 1985.

Gabriel García Márquez, *Cien años de soledad*, Buenos Aires: Editorial Sudamericana 1967.

Gabriel García Márquez, *Hundert Jahre Einsamkeit*, übersetzt von Kurt Meyer-Clason, Köln: Kiepenheuer & Witsch 1988.

Gabriel García Márquez, *Hundert Jahre Einsamkeit*, übersetzt von Dagmar Ploetz, Köln: Kiepenheuer & Witsch 2017.

Gabriel García Márquez, *El general en su laberinto*, Bogotá: Oveja Negra 1989.

Gabriel García Márquez, *Der General in seinem Labyrinth*, übersetzt von Dagmar Ploetz, Köln: Kiepenheuer & Witsch 1989.

Mattias Gerwald, *Der Entdecker. Historischer Roman über Alexander von Humboldt*, Bergisch Gladbach: Lübbe 2001.

Johann Wolfgang von Goethe, *Iphigenie auf Tauris. Ein Schauspiel*, Leipzig: Georg Joachim Göschen 1787.

Johann Wolfgang von Goethe, »Versuch die Metamorphose der Pflanzen zu erklären« (Abhandlung, 1790), in: *Schriften zur Naturwissenschaft*, herausgegeben von Michael Böhler, Stuttgart: Reclam 2003 [1977], S. 70–119.

Johann Wolfgang von Goethe, »Metamorphose der Pflanzen« (Gedicht, 1799), in: *Schriften zur Naturwissenschaft*, herausgegeben von Michael Böhler, Stuttgart: Reclam 2003 [1977], S. 64–67.

Johann Wolfgang von Goethe, »Tag- und Jahres-Hefte als Ergänzung meiner sonstigen Bekenntnisse«, in: *Goethes Werke* I.36, Weimar: Hermann Böhlau 1893, S. 1–220.

Johann Wolfgang von Goethe, »An A. v. Humboldt«, in: *Goethes Werke* IV.19, Weimar: Hermann Böhlau 1895, S. 296–299.

Johann Wolfgang von Goethe, *Die Wahlverwandtschaften. Ein Roman*, 2 Bände, Tübingen: J. G. Cotta 1809.

Johann Wolfgang von Goethe, »Höhen der alten und neuen Welt bildlich verglichen. Ein Tableau vom Hrn. Geh. Rath v. Göthe mit einem Schreiben an den Herausgeber«, in: *Allgemeine Geographische Ephemeriden* 41 (15. Mai 1813), S. 3–8.

Johann Wolfgang von Goethe, *Esquisse des principales hauters des deux continens*, Paris 1813.

Goethes Briefwechsel mit Wilhelm und Alexander von Humboldt, herausgegeben von Ludwig Geiger, Berlin: H. Bondy 1909.

William Golding, *Lord of the Flies*, London: Faber & Faber 1954.

Graham Greene, *Our Man in Havana*, London: Heinemann 1958.

Franz Grillparzer, *Das goldene Vließ*, Wien: J. B. Wallishauser 1822.

Durs Grünbein, *Schädelbasislektion*, Frankfurt am Main: Suhrkamp 1991.

Claus Hammel, *Humboldt und Bolívar oder Der neue Continent. Schauspiel*, Berlin (DDR): Aufbau 1980.
Georg Wilhelm Friedrich Hegel, *Vorlesungen über die Philosophie der Geschichte* (1837), in: *Werke*, 20 Bände, herausgegeben von Eva Moldenhauer und Karl Markus Michel, Band 12, Frankfurt am Main: Suhrkamp 1990.
Christoph Hein, »Die russischen Briefe des Jägers Johann Seifert«, in: *Einladung zum Lever Bourgeois*, Berlin/Weimar: Aufbau 1980, S. 104–183.
Christoph Hein, »Die russischen Briefe des Jägers Johann Seifert«, in: *Nachtfahrt und früher Morgen*, Frankfurt am Main: Suhrkamp 2004, S. 91–159.
Ernest Hemingway, *The Old Man and the Sea*, New York: Charles Scribner 1952.
Ernest Hemingway, *Islands in the Stream* (1950–1951), New York: Charles Scribner's Sons 1970.
William Herbert, *The Guahiba*, London: John Murray 1822.
Günter Herburger, *Humboldt. Reise-Novellen*, München: A1 Verlag 2001.
José María Heredia, »En el teocalli de Cholula«, in: *Poesías del ciudadano José María Heredia*, Toluca: Tipografía de Rafael y Vilá [2]1832, Band 2, S. 37–42.
José María Heredia, »Viage al Nevado de Toluca«, in: *Calendario de las Señoritas Megicanas para el año de 1838*, herausgegeben von Mariano Galván, México: Mariano Galván 1838, S. 241–254.
José María Heredia, »Viaje al Nevado de Toluca« (1837), in: *Crítica literaria*, herausgegeben von José María Chacón Calvo, Havanna: Pablo de la Torriente 2002, S. 236–243.
Alexander Herzen, *Kindheit, Jugend und Verbannung* (1860), übersetzt von Hertha von Schulz (1962), Zürich: Manesse 1989.
Alexander Herzen, *Erlebtes und Gedachtes* (Auswahl), übersetzt von Cornelius Bergmann, Weimar: Gustav Kiepenheuer 1953.
Homer, *Odyssee*, griechisch/deutsch, herausgegeben und übersetzt von Roland Hampe, Stuttgart: Reclam 2010 [1979].
Horaz, *Sämtliche Werke*, lateinisch/deutsch, herausgegeben von Bernhard Kytzler, Stuttgart: Reclam 2006.
Edme François Jomard (Hg.), *Description de l'Égypte, ou recueil des observations et des recherches qui ont été faites en Égypte pendant l'expédition de l'Armée Française, publié par les ordres de Sa Majesté l'Empereur Napoléon le Grand*, 23 Bände, Paris: 1809–18[28].
Ernst Jünger, *Annäherungen. Drogen und Rausch* (1970), in: *Sämtliche Werke*, 18 Bände, Band 11, Stuttgart: Klett-Cotta 1978, S. 223–274 und S. 337–415.
Immanuel Kant, *Kritik der Urteilskraft* (1790),in: *Werkausgabe*, 12 Bände, Band 10, herausgegeben von Wilhelm Weischedel, Frankfurt am Main: Suhrkamp 1992.
Daniel Kehlmann, *Die Vermessung der Welt*, Reinbek: Rowohlt 2005.

Daniel Kehlmann, *Wo ist Carlos Montúfar? Über Bücher*, Reinbek: Rowohlt 2005.
Gottfried Keller, *Gesammelte Briefe*, 4 Bände, herausgegeben von Carl Helbling, Bern: Benteli 1951.
Egon Erwin Kisch, »Die wissenschaftliche Konquista« (1942), in: *Gesammelte Werke in Einzelausgaben*, 11 in 10 Bänden, herausgegeben von Bodo Uhse und Gisela Kisch, fortgeführt von Fritz Hofmann und Josef Polácek, Band 9: *Mein Leben für die Zeitung 1926–1947. Journalistische Texte 2*, Berlin/Weimar: Aufbau 1983, S. 478–485.
Heinrich von Kleist, *Die Verlobung in St. Domingo*, in: *Sämtliche Werke und Briefe*, 4 Bände, Band 3: *Erzählungen, Anekdoten, Gedichte, Schriften*, herausgegeben von Klaus Müller-Salget, Frankfurt am Main: Deutscher Klassiker Verlag 1990.
Theodor Koch-Grünberg, *Vom Roroima zum Orinoco. Ergebnisse einer Reise in Nordbrasilien und Venezuela in den Jahren 1911–1913*, 5 Bände, Band 2: *Mythen und Legenden der Taulipang- und Arekuna-Indianer*, Stuttgart: Strecker und Schröder 1924.
Franz Xaver Kroetz, *Nicaragua-Tagebuch*, Hamburg: Konkret 1985.
Karl-Sigismund Kunth nach den Herbarien und Aufzeichnungen von Alexander von Humboldt und Aimé Bonpland, *Mimoses et autres plantes légumineuses*, Paris: Libraire grecque-latine-allemande 1819[–1824].
J. M. G. Le Clézio, *Le rêve mexicain, ou la pensée interrompue*, Paris: Gallimard 1988.
Antonio de León y Gama, *Descripción histórica y cronológica de las dos piedras que con ocasión del nuevo empedrado que se está formando en la plaza principal de México, se hallaron en ella el año de 1790*, México: Felipe de Zúñiga y Ontiveros 1792.
Gotthold Ephraim Lessing, *Laokoon: oder über die Grenzen der Mahlerey und Poesie*, Berlin: Christian Friedrich Voß 1766.
Carl von Linné, *Systema naturæ sistens regna tria naturæ, in classes et ordines, genera et species redacta tabulisque æneis illustrata*, Stockholm: Gottfried Kiesewetter ^{6}1748.
Hugo Loetscher, »Humboldt und die Rehabilitierung eines Kontinentes«, in: *Du* 30 (1970), S. 666.
Malcolm Lowry, *Under the Volcano*, New York: Reynal & Hitchcock 1947.
Lukrez, *De rerum natura/Welt aus Atomen*, lateinisch/deutsch, herausgegeben und übersetzt von Karl Büchner, Stuttgart: Reclam 1986 [1973].
José Martí, »Nuestra América« (1891), in: *Páginas escogidas*, herausgegeben von Alfonso M. Escudero, Buenos Aires: Espasa Calpe/Austral 1954, S. 114–122.
Ibsen Martínez, *Humboldt & Bonpland, taxidermistas* (1981), in: *Humboldt & Bonpland, taxidermistas – L. S. D. (Lucio in the Sky with Diamonds) (Teatro)*, Caracas: Fundarte 1991, S. 7–59.
Karl May, »Nach Sibirien«, in: *Am Stillen Ocean. Erzählungen* (1894), Zürich: Haffmans 1996, S. 304–322.

Olivier Melano, *Les esclaves de Cumaná. Aimé Bonpland et Alexander von Humboldt en Amérique du Sud*, Paris: L'école des loisirs 2015.

Hans Meyer, *Hochtouren im tropischen Amerika*, Leipzig: Brockhaus 1925.

Henri Michaux, *Ecuador*, Paris: Gallimard 1929.

Carlos Montúfar, »Diario del año de 1802. Biaje de Quito á Lima« (9. Juni – 10. September 1802), The Lilly Library, Indiana University, Bloomington: Manuscripts Department, Latin American Mss. – Peru.

Robert Musil, »Der deutsche Mensch als Symptom« (1923), in: *Gesammelte Werke*, 2 Bände, herausgegeben von Adolf Frisé, Band 2: *Prosa und Stücke. Kleine Prosa, Aphorismen. Autobiographisches. Essays und Reden. Kritik*, Reinbek: Rowohlt 1978, S. 1353–1400.

Robert Musil, *Der Mann ohne Eigenschaften*, herausgegeben von Adolf Frisé, Reinbek: Rowohlt 1978.

Friedrich Nietzsche, *Die Geburt der Tragödie aus dem Geiste der Musik* (1872), in: *Kritische Studienausgabe*, 15 Bände, herausgegeben von Giorgio Colli und Mazzino Montinari, Berlin/München: Walter de Gruyter/dtv 1988, Band 1, S. 9–156.

Friedrich Nietzsche, *Nachgelassene Fragmente 1887–1889*, in: *Kritische Studienausgabe*, 15 Bände, herausgegeben von Giorgio Colli und Mazzino Montinari, Berlin/München: Walter de Gruyter/dtv 1988, Band 13.

Redmond O'Hanlon, *In Trouble Again. A journey between the Orinoco and the Amazon*, New York: Vintage 1990.

Ovid, *Metamorphosen*, lateinisch/deutsch, herausgegeben und übersetzt von Erich Rösch, München/Zürich: Artemis 1988.

Cornélius de Pauw, *Recherches philosophiques sur les Américains ou Mémoires intéressants pour servir à l'histoire de l'espece humaine*, 2 Bände, Berlin: George Jacques Decker 1768/1769.

Cornélius de Pauw, *Défense des recherches philosophiques sur les Américains*, Berlin: George Jacques Decker 1770.

Theo Piana, Horst Schönfelder, *Alexander von Humboldt. Ein deutscher Weltreisender und Naturforscher*, Berlin (DDR): Altberliner Verlag Lucie Groszer 1959.

Gaius Plinius Caecilius Secundus, *Briefe. Epistularum libri decem*, herausgegeben von Helmut Kasten, Düsseldorf/Zürich: Artemis & Winkler 2003.

Guillaume-Thomas Raynal, *Histoire philosophique et politique des établissemens et du commerce des européens dans les deux Indes*, 10 Bände, Genf: Pellet 1781.

Alfonso Reyes, *Visión de Anáhuac (1519)*, San José (Costa Rica): Imprenta Alsina 1917.

Rainer Maria Rilke, *Die Aufzeichnungen des Malte Laurids Brigge* (1910), Frankfurt am Main: Suhrkamp 1991.

Andrés Manuel del Río, *Elementos de Orictognosía, ó del conocimiento de los fósiles, dispuestos, segun los principios de A. G. Wérner, para el uso del Real Seminario de Minería de México*, 2 Bände, México: Zúñiga y Ontiveros 1795–1805.

Luis Armando Roche, Jacques Espagne, *Aire libre (Passage des hommes libres)*, Mérida (Venezuela): Fundación del Nuevo Cine Latinoamericano 1996.

Denzil Romero, *Recurrencia equinoccial* (1998), herausgegeben von Karl Kohut, Frankfurt am Main/Madrid: Vervuert 2002.

Gustav Rose, *Reise nach dem Ural, dem Altai und dem Kaspischen Meere auf Befehl Sr. Majestät des Kaisers von Russland im Jahre 1829 ausgeführt von A. von Humboldt, G. Ehrenberg und G. Rose. Mineralogisch-geognostischer Theil und historischer Bericht der Reise*, 2 Bände, Berlin: Sandersche Buchhandlung 1837/1842.

Karl Rosenkranz, *Ästhetik des Häßlichen* (1853), Leipzig: Reclam 1990.

Johann Moritz Rugendas, *Voyage pittoresque dans le Brésil*, 2 Bände, Paris: Engelmann 1827/1835.

Domingo Faustino Sarmiento, *Vida de Facundo Quiroga i aspecto físico, costumbres i hábitos de la República Arjentina, seguida de apuntes biográficos sobre el jeneral Frai Felix Aldao*, Santiago: Julio Belín i compañía 1851.

Friedrich Schiller, *Kabale und Liebe* (1784), in: *Sämtliche Werke*, 5 Bände, herausgegeben von Gerhard Fricke und Herbert G. Göpfert, Darmstadt: Wissenschaftliche Buchgesellschaft 1987, Band 1, S. 755–858 (Anmerkungen: S. 953–957).

Friedrich Schiller, *Die Braut von Messina* (1803), in: *Sämtliche Werke*, 5 Bände, herausgegeben von Gerhard Fricke und Herbert G. Göpfert, Darmstadt: Wissenschaftliche Buchgesellschaft 1981, Band 2, S. 813–912 (Anmerkungen: S. 1275–1280).

Friedrich Schlegel, *Lucinde. Ein Roman*, Berlin: Heinrich Frölich 1799.

Friedrich Schlegel, »Reise nach Frankreich«, in: *Europa. Eine Zeitschrift*, herausgegeben von Friedrich Schlegel, Band 1, 1. Stück, Frankfurt am Main 1803, S. 5–40.

Friedrich Schlegel, *Briefe auf einer Reise durch die Niederlande, Rheingegenden, die Schweiz und einen Teil von Frankreich* (1806), in: *Kritische Ausgabe*, Band 4, herausgegeben von Ernst Behler, Paderborn: Schöningh 1959.

Friedrich Schlegel, *Ueber die Sprache und Weisheit der Indier. Ein Beitrag zur Begründung der Alterthumskunde*, Heidelberg: Mohr und Zimmer 1808.

Friedrich Schlegel, »Spuren verloren geglaubter Stämme Israels in Amerika« (1820), in: *Kritische Ausgabe*, Band 7, herausgegeben von Ernst Behler, Paderborn: Schöningh 1959, S. 477–482.

Friedrich Schlegel, *»Athenäums«-Fragmente und andere Schriften*, herausgegeben von Andreas Huyssen, Stuttgart: Reclam 2005.

Georg Schmid, »Zu Alexander von Humboldts Reise in Rußland. Nach russischen Quellen mitgeteilt«, in: *Baltische Monatsschrift* 70 (1910), S. 249–262.

Peter Schneider, »Die Botschaft des Pferdekopfs«, in: *Die Botschaft des Pferdekopfs und andere Essais aus einem friedlichen Jahrzehnt*, Darmstadt: Luchterhand 1981, S. 7–58.

Raoul Schrott, *Erste Erde. Epos*, München: Carl Hanser 2016.

Friedrich Wilhelm von Schütz, *Alexander von Humboldts Königl. preußischen Bergraths Reisen um die Welt und durch das Innere von Südamerika. Ein interessantes Lesebuch für die Jugend. Vom Verfasser von Cooks Reisen um die Welt*, Band 1, Hamburg/ Altona: Gottfried Vollmer 1805, S. 93–97.

William Shakespeare, *The Merchant of Venice*, Arden Edition, herausgegeben von J. R. Brown, London: Routledge 1994.

William Shakespeare, *The Tempest*, Arden Edition, herausgegeben von Frank Kermode, London: Routledge 1994.

Rainer Simon, Paul Kanut Schäfer, *Die Besteigung des Chimborazo. Eine Filmexpedition auf Alexander von Humboldts Spuren*, Köln: vgs 1990.

Rainer Simon, *Fernes Land. Die DDR, die DEFA und der Ruf des Chimborazo*, Berlin: Aufbau 2005.

Joaquim de Sousândrade, *O Guesa*, London: Cooke & Halsted [1884].

Jordan Herbert Stabler, *Bolívar. In memoriam. September 1830 – September 1930. The Spirit of Chimborazo Speaks*, Caracas: Vargas 1930.

Germaine de Staël, *Considérations sur les principaux événemens de la Révolution françoise*, ouvrage posthume de madame la baronne de Staël, publié par M. le duc de Broglie et M. le baron de Staël, 3 Bände, Paris: Delaunay, Bossange et Masson 1818.

Julius Stinde, *Die Familie Buchholz. Aus dem Leben der Hauptstadt*, Berlin: Freund & Jeckel 1884.

M. C. Thomas, *Draußen wartet das Abenteuer. Das Leben Alexander von Humboldts*, München: Franz Schneider 1957.

Vergil, *Aeneis*, unter Verwendung der Übertragung von Ludwig Neuffers übersetzt und herausgegeben von Wilhelm Plankl mit Karl Vretska, Stuttgart: Reclam 1987.

Vergil, *Georgica/Vom Landbau*, lateinisch/deutsch, herausgegeben und übersetzt von Otto Schönberger, Stuttgart: Reclam 1994.

Jules Verne, *Voyage au centre de la terre*, Paris: J. Hetzel 1864.

Jules Verne, *Les enfants du Capitaine Grant, voyage autour du monde*, Paris: J. Hetzel 1868.

Jules Verne, *Vingt mille lieues sous les mers*, Paris: J. Hetzel 1869/1870.

Jules Verne, *Michel Strogoff. Moscou-Irkoutsk*, Paris: J. Hetzel [1876].

Moritz Wagner, *Naturwissenschaftliche Reisen im tropischen Amerika*, Stuttgart: J. G. Cotta 1870.

Jakob Wassermann, *Das Gold von Caxamalca*, Leipzig: Reclam 1928.

Walt Whitman, »Kosmos«, in: *Leaves of Grass*, Boston: Thayer & Eldridge 1860–1861, S. 414–415.

Johann Joachim Winckelmann, *Gedanken über die Nachahmung der Griechischen Werke in der Malerey und Bildhauerkunst*, Dresden/Leipzig: Verlag der Waltherischen Handlung 1756.

Forschung zu Alexander von Humboldt

Sigrid Achenbach, *Kunst um Humboldt. Reisestudien aus Mittel- und Südamerika von Rugendas, Bellermann und Hildebrandt*, München: Hirmer 2009.

Michael Albus, »Chimborazo. Reinhold Messner auf der Humboldt-Route«, in: *Terra X. Expeditionen ins Unbekannte*, herausgegeben von Gottfried Kirchner, München: Keysersche Verlagsbuchhandlung 1993, S. 272–311.

Kerstin Aranda, Andreas Förster, Christian Suckow (Hg.), *Alexander von Humboldt und Russland. Eine Spurensuche*, Berlin: Akademie 2014.

Karlheinz Barck, »›Umwandlung des Ohrs zum Auge‹. Teleskopisches Sehen und ästhetische Beschreibung bei Alexander von Humboldt«, in: Bernhard J. Dotzler, Ernst Müller (Hg.), *Wahrnehmung und Geschichte. Markierungen zur Aisthesis materialis*, Berlin: Akademie 1995, S. 27–42.

Frank Baron, »From Alexander von Humboldt to Frederic Edwin Church«, in: *Humboldt im Netz* 6/10 (2005), S. 7–20.

Sarah Bärtschi, *Layered Reading: Wie kann man das Gesamtwerk eines Autors lesen? Quantitative und qualitative Methoden am Beispiel der unselbständigen Schriften Alexander von Humboldts*, Dissertation, Universität Bern 2017.

Sarah Bärtschi (Hg.), *Humboldts Tierleben*, Berlin: Friedenauer Presse 2019.

Julia Bayerl, »Tierzeichnungen Alexander von Humboldts und deren Verwendung im amerikanischen Reisewerk sowie in den zoologischen Schriften von Franz Julius Ferdinand Meyen und Johann Jakob von Tschudi«, in: Julian Drews, Ottmar Ette, Tobias Kraft, Barbara Schneider-Kempf, Jutta Weber (Hg.), *Forster – Humboldt – Chamisso. Weltreisende im Spannungsfeld der Kulturen*, Göttingen 2017: V&R unipress, S. 315–334.

Armando Bayo, *Humboldt*, Havanna: Editorial de Ciencias Sociales 1970.

Hanno Beck, *Alexander von Humboldts Amerikanische Reise*, Stuttgart: Thienemann/Edition Erdmann 1985.

Hanno Beck, *Alexander von Humboldt*, 2 Bände, Wiesbaden: Franz Steiner 1959/1961.

Hanno Beck, *Alexander von Humboldts Reise durchs Baltikum nach Rußland und Sibirien 1829*, Stuttgart: Erdmann 1983.

Hanno Beck, »Alexander von Humboldt (1769–1859): Förderer der frühen Photographie«, in: Bodo von Dewitz, Reinhard Matz (Hg.), *Silber und Salz: zur Frühzeit der Photographie im deutschen Sprachraum, 1839–1860*, Köln/Heidelberg: Braus 1989, S. 40–59.

Hanno Beck, Wolfgang-Hagen Hein, *Humboldts Naturgemälde der Tropenländer und Goethes ideale Landschaft. Zur ersten Darstellung der Ideen zu einer Geographie der Pflanzen*, Stuttgart: Brockhaus 1989.

Peter von Becker, »Frankfurter Anthologie. Walt Whitman: ›Kosmos‹«, in: *Frankfurter Allgemeine Zeitung*, 24. Mai 2019.

Ángel N. Bedoya Maruri, »Arqueología humboldtiana«, in: *Homenaje del Instituto Ecuatoriano de Ciencias Naturales al sabio naturalista Alejandro de Humboldt en el bicentenario de su nacimiento*, herausgegeben von M. Acosta Solis, Quito: Unión 1969, S. 167–182.

Kurt-R. Biermann, *Alexander von Humboldt* (1979), Leipzig: B. G. Teubner 1990.

Kurt-R. Biermann, Ilse Jahn, Fritz G. Lange, *Alexander von Humboldt. Chronologische Übersicht über wichtige Daten seines Lebens*, Berlin (DDR): Akademie 1968.

Kurt-R. Biermann, Ingo Schwarz, »Warum bezeichnete sich Alexander von Humboldt als ›Der Alte vom Berge‹ (Vecchio della Montagna)?«, in: *Mitteilungen der Alexander von Humboldt Stiftung* 60 (1992), S. 71–73.

Werner Biermann, *»Der Traum meines ganzen Lebens«. Humboldts amerikanische Reise*, Berlin: Rowohlt Berlin 2008.

Michael Bies, *Im Grunde ein Bild. Die Darstellung der Naturforschung bei Kant, Goethe und Alexander von Humboldt*, Göttingen: Wallstein 2012.

Michael Bies, »Naturgeschichten vom Nicht-Wissen. Alexander von Humboldts *Das nächtliche Thierleben im Urwalde*«, in: *Literatur und Nicht-Wissen. Historische Konstellationen 1730–1930*, herausgegeben von Michael Bies und Michael Gamper, Zürich: diaphanes 2012, S. 217–235.

Christiane Bimberg, »El ›Ensayo político sobre la Isla de Cuba‹ de Alejandro de Humboldt como ejemplo de literatura sobre viajes a principios de siglo XIX«, in: Manuel Lorenzo (Hg.), *Alejandro de Humboldt. Trabajos leídos el 2 de marzo de 1984 en la sesión científica en conmemoración del 125 Aniversario de la Muerte de Alejandro de Humboldt, celebrada en el Centro de Estudios de Historia y Organización de la Ciencia ›Carlos J. Finlay‹ de la Academia de Ciencias de Cuba*, Havanna: Academia de Ciencias de Cuba 1984, S. 23–42.

David Blankenstein, Raphael Gross, Bénédicte Savoy, Arnulf Scriba (Hg.), *Wilhelm und Alexander von Humboldt*, Darmstadt: Wissenschaftliche Buchgesellschaft 2019.

Sara Bloch, Oliver Lubrich, Hubert Steinke, *Alexander von Humboldt – Wissenschaften zusammendenken*, Bern: Haupt 2020.

Hartmut Böhme, »Ästhetische Wissenschaft. Aporien der Forschung im Werk Alexander von Humboldts«, in: *Alexander von Humboldt – Aufbruch in die Moderne*, herausgegeben von Ottmar Ette, Ute Hermanns, Bernd M. Scherer und Christian Suckow, Berlin: Akademie 2001, S. 17–32.

Hartmut Böhme, »Alexander von Humboldts Entwurf einer neuen Wissenschaft«, in: Peter-André Alt, Alexander Košenina, Hartmut Reinhardt, Wolfgang Riedel (Hg.), *Prägnanter Moment. Studien zur deutschen Literatur der Aufklärung und Klassik*, Würzburg: Königshausen & Neumann 2002, S. 495–512.

Hartmut Böhme, »Die imaginierte und pluralisierte Antike der Aufklärung«, in: *Die Sachen der Aufklärung, herausgegeben von Frauke Berndt und Daniel Fulda*, Hamburg: Felix Meiner 2012, S. 51–77.

Michael Bies, »Naturgeschichten vom Nicht-Wissen. Alexander von Humboldts *Das nächtliche Thierleben im Urwalde*«, in: *Literatur und Nicht-Wissen. Historische Konstellationen 1730–1930*, herausgegeben von Michael Bies und Michael Gamper, Zürich: diaphanes 2012, S. 217–235.

Theodor Bohner, »Alexander von Humboldt 1769–1859«, in: Willy Andreas, Wilhelm von Scholz (Hg.), *Die großen Deutschen. Neue Deutsche Biographie*, 4 Bände, Berlin: Propyläen 1936, Band 3, S. 171–185.

Marianne O. de Bopp (Hg.), *Ensayos sobre Humboldt*, México: Universidad Autónoma de México 1962.

Douglas Botting, *Humboldt and the Cosmos*, New York: Harper & Row 1973.

Marie-Noëlle Bourguet, »La fabrique du savoir. Essai sur les carnets de voyage d'Alexander von Humboldt«, in: *Humboldt im Netz* 7/13 (2006), S. 17–33.

Eoin Bourke, »›Der zweite Kolumbus‹? Überlegungen zu Alexander von Humboldts Eurozentrismus«, in: Anne Fuchs, Theo Harden, Eva Juhl (Hg.), *Reisen im Diskurs: Modelle der literarischen Fremderfahrung von den Pilgerberichten bis zur Postmoderne*, Heidelberg: Carl Winter 1995, S. 137–151.

Miguel A. Branly, »Presencia de Humboldt en Cuba«, in: *Revista Bimestre Cubana de la Sociedad Económica de Amigos del País* 76 (1959), S. 7–50.

Hans Christoph Buch, »Humboldts Schweigen zu Haiti«, in: *Lettre* 104 (2014), S. 124.

Amrei Buchholz, *Zwischen Karten. Alexander von Humboldts ›Atlas géographique et physique des régions équinoxiales du Nouveau Continent‹*, Berlin: Walter de Gruyter 2020.

Wolfgang Burgmer, »Sobre el volcán«, übersetzt von Álvaro Cruz-Saco, in: *Humboldt* 41/126 (1999), S. 46–51.

Susan Faye Cannon, »Humboldtian Science«, in: *Science in Culture: The Early Victorian Period*, Kent/New York: Dawson/Science History Publications 1978, S. 73–110.

Rex Clark, Oliver Lubrich (Hg.), *Transatlantic Echoes. Alexander von Humboldt in World Literature*, New York/Oxford: Berghahn 2012.

Rex Clark, Oliver Lubrich (Hg.), *Cosmos and Colonialism. Alexander von Humboldt in Cultural Criticism*, New York/Oxford: Berghahn 2012.

Rex Clark, »›Mein vielbewegtes Leben‹ in Motion Pictures. A History of Film Representations of Alexander von Humboldt«, in: *Abhandlungen der Humboldt-Gesellschaft* 44 (2021), S. 213–244.

Santiago Daydí-Tolson, »La comida, necesidad del viajero, en los escritos de Alexander von Humboldt«, Vortrag auf der *Alexander von Humboldt Conference*, Humboldt State University, Arcata (USA), 22. Juni 2001.

Heinrich Detering, *Menschen im Weltgarten. Die Entdeckung der Ökologie in der Literatur von Haller bis Humboldt*, Göttingen: Wallstein 2020.

Robert Van Dusen, *The Literary Ambitions and Achievements of Alexander von Humboldt*, Bern/Frankfurt am Main: Peter Lang 1971.

Myron Echenberg, *Humboldt's Mexico. In the Footsteps of the Illustrious German Scientific Traveller*, Montreal/Kingston: McGill-Queen's University Press 2017.

Joachim Eibach, »Testen und Tasten. Alexander von Humboldt im Urwald«, in: Joachim Eibach, Claudia Opitz-Belakhal (Hg.), *Zwischen Kulturen. Mittler und Grenzgänger vom 17. bis 19. Jahrhundert*, Hannover: Wehrhahn 2018, S. 141–161.

Gerhard Engelmann, »Alexander von Humboldts kartographische Leistung«, in: *Wissenschaftliche Veröffentlichungen des Geographischen Instituts der Deutschen Akademie der Wissenschaften* 27/28, Leipzig: Bibliographisches Institut 1970, S. 5–21.

Dominik Erdmann, Jutta Weber, »Nachlassgeschichten – Bemerkungen zu Humboldts nachgelassenen Papieren in der Berliner Staatsbibliothek und der Biblioteka Jagiellońska Krakau«, in: *Humboldt im Netz* 16/31 (2015), S. 58–77.

Dominik Erdmann, *Alexander von Humboldts Schreibwerkstatt – Totalansichten aus dem Zettelkasten*, Dissertation, Universität Siegen 2021.

Hans Ertel, »Ein Problem der meteorologischen Akustik (die tagesperiodische Variation der Schallintensität)«, in: *Sitzungsberichte der Deutschen Akademie der Wissenschaften zu Berlin, Klasse für Mathematik, Physik und Technik*, Berlin: Akademie 1955, hier: »Alexander von Humboldts qualitative Erklärung der tagesperiodischen Variation der Schallintensität«, S. 5–7.

Ottmar Ette, »Entdecker über Entdecker: Alexander von Humboldt, Cristóbal Colón und die Wiederentdeckung Amerikas«, in: Titus Heydenreich (Hg.), *Columbus zwischen zwei Welten. Historische und literarische Wertungen aus fünf Jahrhunderten*, Frankfurt am Main: Vervuert 1992, S. 401–439.

Ottmar Ette, »Von Surrogaten und Extrakten: Eine Geschichte der Übersetzungen und Bearbeitungen des amerikanischen Reisewerks Alexander von Humboldts im deutschen Sprachraum«, in: Karl Kohut, Dietrich Briesemeister, Gustav Siebenmann (Hg.), *Deutsche in Lateinamerika – Lateinamerika in Deutschland*, Frankfurt am Main: Vervuert 1996, S. 98–126.

Ottmar Ette, »La Mise en scène de la table de travail: poétologie et épistémologie immanentes chez Guillaume-Thomas Raynal et Alexander von Humboldt«, in: Peter Wagner (Hg.), *Icons, Texts, Iconotexts. Essays on Ekphrasis and Intermediality*, Berlin/New York: Walter de Gruyter 1996, S. 175–209.

Ottmar Ette, »›Si yo mintiese al igual que todos los cronistas de viajes‹, Alejandro de Humboldt y Colomb««, in: Frank Holl (Hg.), *Alejandro de Humboldt en Cuba*, Augsburg: Wißner 1997, S. 61–73.

Ottmar Ette, »Unterwegs zum Weltbewußtsein. Alexander von Humboldts Wissenschaftsverständnis und die Entstehung einer ethisch fundierten Weltanschauung«, in: *Humboldt im Netz* 1/1 (2000), S. 5–28.

Ottmar Ette, *Literatur in Bewegung. Raum und Dynamik grenzüberschreitenden Schreibens in Europa und Amerika*, Weilerswist: Velbrück 2001.

Ottmar Ette, Ute Hermanns, Bernd M. Scherer, Christian Suckow (Hg.), *Alexander von Humboldt – Aufbruch in die Moderne*, Berlin: Akademie 2001.

Ottmar Ette, Walther L. Bernecker (Hg.), *Ansichten Amerikas. Neuere Studien zu Alexander von Humboldt*, Frankfurt am Main: Vervuert 2001.

Ottmar Ette, *Weltbewußtsein. Alexander von Humboldt und das unvollendete Projekt einer anderen Moderne*, Weilerswist: Velbrück 2002.

Ottmar Ette, *ÜberLebensWissen. Die Aufgabe der Philologie*, Berlin: Kadmos 2004.

Ottmar Ette, »Alexander von Humboldt, die Humboldtsche Wissenschaft und ihre Relevanz im Netzzeitalter«, in: *Alexander von Humboldt im Netz* 7/12 (2006), S. 31–39.

Ottmar Ette, *Alexander von Humboldt und die Globalisierung*, Frankfurt am Main: Insel 2009.

Ottmar Ette, Julian Drews (Hg.), *Horizonte der Humboldt-Forschung. Natur, Kultur, Schreiben*, Hildesheim: Olms 2016.

Ottmar Ette, Julian Drews (Hg.), *Landschaften und Kartographien der Humboldt'schen Wissenschaft*, Hildesheim: Olms 2017.

Ottmar Ette (Hg.), *Alexander von Humboldt-Handbuch. Leben – Werk – Wirkung*, Stuttgart: J. B. Metzler 2018.

Margot Faak, *Alexander von Humboldt auf Kuba*, Berlin: Alexander-von-Humboldt-Forschungsstelle 1996.

Horst Fiedler, Ulrike Leitner, *Alexander von Humboldts Schriften. Bibliographie der selbständig erschienenen Werke*, Berlin: Akademie 2000.

Manfred Geier, *Die Brüder Humboldt. Eine Biographie*, Reinbek: Rowohlt 2009.

Johannes Görbert, *Die Vertextung der Welt. Forschungsreisen als Literatur bei Georg Forster, Alexander von Humboldt und Adelbert von Chamisso*, Berlin: Walter de Gruyter 2014.

Annette Graczyk, *Das literarische Tableau zwischen Kunst und Wissenschaft*, München: Wilhelm Fink 2004, S. 253–429.

Wolfgang-Hagen Hein (Hg.), *Alexander von Humboldt. Leben und Werk*, Frankfurt am Main: Weisbecker 1985.

Michael Hagner, »Zur Physiognomik bei Alexander von Humboldt«, in: *Geschichten der Physiognomik. Text, Bild, Wissen*, herausgegeben von Rüdiger Campe und Manfred Schneider, Freiburg: Rombach 1996, S. 431–452.

Robert Held, »Anregungen für Fidel Castro. Alexander von Humboldt und Cubas afrikanische Berufung«, in: *Frankfurter Allgemeine Zeitung*, 12. August 1978.

David Hernández, »Alexander von Humboldt, die andere Suche nach El Dorado: Die Reise in die Äquinoktial-Gegenden des Neuen Kontinents als Vorbote des lateinamerikanischen Romans«, in: *Alexander von Humboldt – die andere Suche nach El Dorado und weitere Essays zur zeitgenössischen lateinamerikanischen Literatur*, London: World of Books 1996, S. 6–42.

Bettina Hey'l, *Das Ganze der Natur und die Differenzierung des Wissens. Alexander von Humboldt als Schriftsteller*, Berlin/New York: Walter de Gruyter 2007.

Frank Holl (Hg.), *Alejandro de Humboldt en Cuba*, Augsburg: Wißner 1997.

Frank Holl (Hg.), *Alexander von Humboldt – Netzwerke des Wissens*, Berlin: Haus der Kulturen der Welt 1999.

Frank Holl, »Wie der Klimawandel entdeckt wurde«, in: *Die Gazette* 16 (2007–2008), S. 20–25.

Peter Honigmann, »Über Alexander von Humboldts geophysikalische Instrumente auf seiner russisch-sibirischen Reise«, in: *Gerlands Beiträge zur Geophysik* 91/3 (1982), S. 185–199.

Peter Honigmann, »Alexander von Humboldts Journale seiner russisch-sibirischen Reise 1829«, in: *Humboldt im Netz* 15/28 (2014), S. 68–77.

Lotte Kellner, *Alexander von Humboldt*, London: Oxford University Press 1963.

Hermann Klencke, *Alexander von Humboldt's Leben und Wirken, Reisen und Wissen. Ein biographisches Denkmal*, Leipzig: Otto Spamer 1876.

Hermann Kletke, *Alexander von Humboldt's Reisen in Amerika und Asien. Eine Darstellung seiner wichtigsten Forschungen*, 4 Bände, Berlin: Hasselberg 1854–1856.

Eberhard Knobloch, »Naturgenuss und Weltgemälde – Gedanken zu Humboldts Kosmos«, in: *Das Altertum* 50/1 (2005), S. 1–17.

Adolph Kohut, *Alexander von Humboldt und das Judentum. Ein Beitrag zur Culturgeschichte des neunzehnten Jahrhunderts*, F. W. Pardubitz'sche Buchhandlung (F. Lorber) 1871.

Martina Kopf, »Gipfeltreffen auf dem Chimborazo. Alexander von Humboldt und Simón Bolívar«, in: *Komparatistische Blicke auf Lateinamerika und Europa*, herausgegeben von Martina Kopf und Sascha Seiler, Heidelberg: Winter 2016, S. 133–148.

Peter Korneffel, *Die Humboldts in Berlin. Zwei Brüder erfinden die Gelehrtenrepublik*, Berlin: Elsengold 2017.

Tobias Kraft, »Textual Differences in Alexander von Humboldt's *Essai politique sur l'île de Cuba*. An editorial commentary on the first volume of the ›Humboldt in English‹ (HiE) book series«, in: *Humboldt im Netz* 24 (2012), S. 75–85.

Tobias Kraft, »Das Russisch-Sibirische Reisewerk«, in: Ottmar Ette (Hg.), *Alexander von Humboldt-Handbuch. Leben – Werk – Wirkung*, Stuttgart 2018, S. 59–72.

Tobias Kraft, *Figuren des Wissens bei Alexander von Humboldt. Essai, Tableau und Atlas im amerikanischen Reisewerk*, Berlin: Walter de Gruyter 2014.

Otto Krätz, *Alexander von Humboldt. Wissenschaftler – Weltbürger – Revolutionär*, München: Callwey 2000.

Enrique Krauze, »Humboldt y México: un amor correspondido«, in: *Vuelta* 18/212 (1994), S. 21–24.

Helga von Kügelgen, »El Frontispicio de François Gérard para la obra del viaje de Humboldt y Bonpland«, in: *Jahrbuch für Geschichte von Staat, Wirtschaft und Gesellschaft Lateinamerikas* 20 (1983), S. 575–616.

Helga von Kügelgen, »Amerika als Allegorie. Das Frontispiz zum Reisewerk von Humboldt und Bonpland«, in: *Alexander von Humboldt – Netzwerke des Wissens* [Ausstellungskatalog], herausgegeben von Frank Holl u. a., Berlin: Haus der Kulturen der Welt 1999, S. 132 f.

Helga von Kügelgen und Max Seeberger, »Humboldt und Bonpland in Enders ›Urwaldatelier‹«, in: *Alexander von Humboldt – Netzwerke des Wissens* [Ausstellungskatalog], herausgegeben von Frank Holl u. a., Berlin: Haus der Kulturen der Welt 1999, S. 156 f.

Vera Kutzinski, »Translations of Cuba: Fernando Ortiz, Alexander von Humboldt, and the curious case of John Sidney Thrasher«, in: *Atlantic Studies* 6/3 (2009), S. 303–326.

Jaime Labastida, *Humboldt, ciudadano universal*, México: Siglo XXI 1999.

Hans Walter Lack, *Alexander von Humboldt und die botanische Erforschung Amerikas*, München: Prestel 2009 (neue Ausgabe: 2018).

Nigel Leask, »Researches Concerning the Institutions and Monuments of the Ancient Inhabitants of America«, in: *Curiosity and the Aesthetics of Travel Writing: 1770–1840. ›From an Antique Land‹*, Oxford: Oxford University Press 2002, S. 265–281.

Ulrike Leitner, »Las obras de Alejandro de Humboldt sobre Cuba«, in: *Alejandro de Humboldt en Cuba*, herausgegeben von Frank Holl, Augsburg: Wißner 1997, S. 51–60.

Renate Löschner, *Lateinamerikanische Landschaftsdarstellungen der Maler aus dem Umkreis von Alexander von Humboldt*, Dissertation, Technische Universität Berlin 1976.

Julius Löwenberg, »Alexander von Humboldt. Bibliographische Übersicht seiner Werke, Schriften und zerstreuten Abhandlungen«, in: Karl Bruhns (Hg.), *Alexander von Humboldt. Eine wissenschaftliche Biographie*, 3 Bände, Leipzig: F. A. Brockhaus 1872, Band 2, S. 485–552.

Naomi Lubrich, »Empires of Muslin. Dresses and Politics in Revolutionary France«, Vortrag auf der *Alexander von Humboldt Conference*, Freie Universität Berlin, 27. Juli 2009.

Oliver Lubrich, »Alexander von Humboldt: Revolutionizing Travel Literature«, in: *Monatshefte* 96/3 (2004), S. 360–387.

Oliver Lubrich, Ottmar Ette, »Alexander von Humboldt's Kosmos: indexing it«, in: *The Indexer* 25/1 (2006), S. 2–6.

Oliver Lubrich, »Spaltenkunde. Alexander von Humboldts ungeschriebenes Programm«, in: Martin Mittelmeier (Hg.), *Ungeschriebene Werke*, München: Luchterhand 2006, S. 39–54.

Oliver Lubrich, »Alexander von Humboldt (1769–1859). Zum 150. Todestag des Naturforschers und Reiseschriftstellers. Dossier«, in: *Zeitschrift für Germanistik* 19/2 (2009), S. 396–402.

Oliver Lubrich, »Alexander von Humboldt als Essayist und Publizist«, in: Alexander von Humboldt, *Das große Lesebuch*, herausgegeben von Oliver Lubrich, Frankfurt am Main: Fischer Klassik 2009, S. 319–324.

Oliver Lubrich, Christine Knoop (Hg.), *Cumaná 1799. Alexander von Humboldt's Travels between Europe and the Americas*, Bielefeld: Aisthesis 2013.

Oliver Lubrich, Thomas Nehrlich, »Alexander von Humboldt als internationaler Publizist. Zur Edition seiner sämtlichen Schriften«, in: *Iberoamerikanisches Jahrbuch für Germanistik* 9 (2015), S. 71–88.

Oliver Lubrich, Thomas Stodulka, Katja Liebal, »Affekte im Feld – Ein blinder Fleck der Forschung?«, in: *Jahrbuch Interdisziplinäre Anthropologie* 2017, S. 179–197.

Oliver Lubrich, »Von der ersten bis zur letzten Veröffentlichung. Alexander von Humboldts ›Sämtliche Schriften‹ in der ›Berner Ausgabe‹«, in: *Zeitschrift für Germanistik* 28/1 (2018), S. 119–130.

Oliver Lubrich, »Humboldtian Landscapes«, in: Jens Andermann, Lisa Blackmore, Dayron Carrillo Morell (Hg.), ~~Natura~~. *Environmental Aesthetics After Landscape*, Zürich/Berlin: Diaphanes 2018, S. 67–103.

Oliver Lubrich, »Forscher in Fürstennähe: Humboldt in Sibirien«, in: Alexander von Humboldt, *Die Russland-Expedition. Von der Newa bis zum Altai*, München: C. H. Beck 2019, S. 185–203.

Oliver Lubrich, Adrian Möhl, *Botanik in Bewegung. Alexander von Humboldt und die Wissenschaft der Pflanzen. Ein interdisziplinärer Parcours*, Bern: Haupt 2019.

Oliver Lubrich, »Humboldts Mobilität. Der Reisende in Europa«, in: *Zeitschrift für Germanistik* 29/3 (2019), S. 602–607.

Oliver Lubrich, »Die Entdeckung des Entdeckers. Alexander von Humboldt (1769–1859) zum 250. Geburtstag. Bestandsaufnahme und Aussichten«, in: *Zeitschrift für Germanistik* 29:2 (2019), S. 375–385.

Pere Sunyer Martín, »Humboldt en los Andes de Ecuador. Ciencia y Romanticismo en el descubrimiento científico de la montaña«, in: *Scripta Nova* 58 (15. Februar 2000), {www.ub.es/geocrit/sn-58.htm}.

F. Mateos, »Viaje de Humboldt a la América Española«, in: *Razón y Fe* 160–161 (1959), S. 301.

Jon Mathieu, »Von den Alpen zu den Anden: Alexander von Humboldt und die Gebirgsforschung«, in: Simona Boscani Leoni (Hg.), *Wissenschaft – Berge – Ideologien. Johann Jakob Scheuchzer (1672–1733) und die frühneuzeitliche Naturforschung*, Basel: Schwabe 2010, S. 293–308.

Matthias Matussek, »Die Wiederentdeckung des Forschers, Aufklärers und Weltbürgers Alexander von Humboldt. Das Abenteuer und die Poesie der Wissenschaft«, in: *Der Spiegel* 38 (13. September 2004), S. 162–174.

Robert A. McNeil, »The Humboldt Current: Northern European Naturalists in Latin America. A Bibliographical Survey, 1799–1859«, in: Patricia Noble (Hg.), *Technology, the environment, and social change. Papers*, Albuquerque: University of New Mexico 1995, S. 24–44.

Maren Meinhardt, *A Longing for Wide and Unknown Things. The Life of Alexander von Humboldt*, London: Hurst & Co. 2018.

Jochen Meissner, »Merkur und Minerva helfen Cuauhtémoc auf die Beine: Europäisierte Amerikaerfahrung im Medium der Antike bei Bartolomé de Las Casas und Alexander von Humboldt«, in: Gerhard Lohse (Hg.), *Aktualisierung von Antike und Epochenbewusstsein*, München/Leipzig: K. G. Saur 2003, S. 198–246.

Adolf Meyer-Abich, *Alexander von Humboldt* (1967), Reinbek: Rowohlt 1995.

Aniela Maria Mikolajczyk, »Alexander von Humboldts Manuskript *Isle de Cube. Antilles en général* in der Biblioteka Jagiellońska als Vorstufe des *Essai politique sur l'île de Cuba*«, in: *Humboldt im Netz* 18/34 (2017), S. 59–80.

Charles Minguet, »Rómulo Gallegos à la lumière de Humbolt«, in: *Crisol* 5 (1986), S. 47–49.

Charles Minguet, »Alexander von Humboldt und die Erneuerung des Lateinamerika-Bildes«, in: Gustav Siebenmann, Hans-Joachim König (Hg.), *Das Bild Lateinamerikas im deutschen Sprachraum*, Tübingen: Niemeyer 1992, S. 107–125.

José Miranda, *Humboldt y México*, México: Universidad Nacional Autónoma de México 1995.

Consuelo Naranjo Orovio, »Humboldt en Cuba: reformismo y abolición«, in: *Alejandro de Humboldt y el mundo hispánico. La Modernidad y la Independencia americana*, herausgegeben von Miguel Ángel Puig-Samper, Madrid: Fundación Histórica Tavera 2000, S. 183–201.

Thomas Nehrlich, »Buchtypographie um 1800 und 2000 – Alexander von Humboldt und Jonathan Safran Foer«, in: Arne Scheuermann, Francesca Vidal (Hg.), *Handbuch Medienrhetorik*, Berlin: Walter de Gruyter 2017, S. 257–289.

Thomas Nehrlich, »Sensationsfund oder falsche Fährte? Über einen ›Brief an Kleist‹ in der ›Berner Ausgabe‹ von Alexander von Humboldts ›Schriften‹«, in: *Zeitschrift für Germanistik* 28/3 (2018), S. 604–615.

Thomas Nehrlich, *Alexander von Humboldt Berlin 1830–1835. Eine Publikationsbiographie*, Bielefeld: Aisthesis 2021.

Halina Nelken, *Alexander von Humboldt. Bildnisse und Künstler. Eine dokumentierte Ikonographie*, Berlin: Dietrich Reimer 1980.

Juan A. Ortega y Medina, »Estudio preliminar«, in: Alexander von Humboldt, *Ensayo político sobre el Reino de la Nueva España*, übersetzt von Vicente González Arnao, herausgegeben von Juan A. Ortega y Medina, México: Porrúa 1966, S. IX–LIII.

Juan Pimentel, »El volcán sublime. Geografía, paisaje y relato en la ascensión de Humboldt al Chimborazo«, in: Ottmar Ette, Walther L. Bernecker (Hg.), *Ansichten Amerikas. Neuere Studien zu Alexander von Humboldt*, Frankfurt am Main: Vervuert 2001, S. 117–136.

Mary Louise Pratt, »Humboldt and the Reinvention of America«, in: René Jara, Nicholas Spadaccini (Hg.), *Amerindian Images and the Legacy of Columbus*, Minneapolis: University of Minnesota Press 1992, S. 584–606.

Mary Louise Pratt, »Alexander von Humboldt and the reinvention of América«, in: *Imperial Eyes. Travel Writing and Transculturation*, London/New York: Routledge 1992, S. 111–143 (Anmerkungen: S. 239–242).

Irene Prüfer Leske, »Übersetzungen, Manipulation und Neuübersetzung des *Essai politique sur l'île de Cuba* Alexander von Humboldts«, in: Ottmar Ette, Walther L. Bernecker (Hg.), *Ansichten Amerikas. Neuere Studien zu Alexander von Humboldt*, Frankfurt am Main: Vervuert 2001, S. 219–230.

Rodrigo Quesada Monge, »Humboldt, Bolívar y Marx: encuentros y desencuentros«, in: *Casa de las Américas* 216 (1999), S. 5–15.

Éloise Quiñones Keber, »Humboldt and Aztec Art«, in: *Colonial Latin American Review* 5/2 (1996), S. 277–297.

Dietrich Rall, »Alexander von Humboldt, personaje literario. Formas de actualizar el *Viaje a las Regiones Equinocciales del Nuevo Continente*«, in: *Entre Culturas y Literaturas. Antología personal 2003–2014*, México: Samsara 2014, S. 49–66.

Sandra Rebok, »La Révolution de Haïti vue par deux personnages contemporains: Le scientifique prussien Alexander von Humboldt et l'homme d'état américain Thomas Jefferson«, in: *French Colonial History* 10 (2009), S. 75–95.

Roland Recht, »›Daguerres Meisterwerke‹. Alexander von Humboldt und die Photographie«, in: Frank Holl (Hg.), *Alexander von Humboldt – Netzwerke des Wissens*, Berlin: Haus der Kulturen der Welt 1999, S. 158–159.

Nicolaas Rupke, *Alexander von Humboldt. A Metabiography*, Frankfurt am Main: Peter Lang 2005.

Aaron Sachs, *The Humboldt Current. Nineteenth-Century Exploration and the Roots of American Environmentalism*, New York: Viking 2006.

Rüdiger Schaper, *Alexander von Humboldt. Der Preuße und die neuen Welten*, München: Siedler 2018.

Caroline Schaumann, »Who Measures the World? Alexander von Humboldt's Chimborazo Climb in the Literary Imagination«, in: *German Quarterly* 82/4 (2009), S. 447–468.

Kurt Schleucher, *Alexander von Humboldt. Der Mensch – Der Forscher – Der Schriftsteller*, Darmstadt: Eduard Roether 1984.

Birgit Schneider, *Klimabilder. Eine Genealogie globaler Bildpolitiken von Klima und Klimawandel*, Berlin: Matthes & Seitz Berlin 2018.

Barbara Schuchard, »El análisis de la realidad económica y política de Cuba«, in: *Humboldt* 41/126 (1999), S. 92–98.

Joachim Heinrich Schultze (Hg.), *Alexander von Humboldt. Studien zu seiner universalen Geisteshaltung*, Berlin: Walter de Gruyter 1959.

Chaim Selig Slonimski, *Zur Freiheit bestimmt. Alexander von Humboldt – eine hebräische Lebensbeschreibung* (1858), herausgegeben von Kurt-Jürgen Maaß, übersetzt von Orna Carmel, Bonn: Bouvier 1997.

Henry Stevens, *The Humboldt Library*, London: Henry Stevens/American Agency 1863; Neudruck: Leipzig: Zentral-Antiquariat der DDR 1967.

Michael Strobl, »Alexander von Humboldt als Public Intellectual: Seine Beiträge in der *Neuen Zürcher Zeitung* (1825-1859)«, in: *Zeitschrift für Germanistik* 28/2 (2018), S. 368-375.

Michael Strobl, »Alexander von Humboldts Pico del Teide-Aufstieg als mediale Selbstinszenierung um 1800«, in: *Orbis Litterarum* 73/1 (2018), S. 52-79.

Christian Suckow, »Alexander von Humboldt und Rußland«, in: Ottmar Ette, Ute Hermanns, Bernd M. Scherer, Christian Suckow (Hg.), *Alexander von Humboldt. Aufbruch in die Moderne*, Berlin: Akademie 2001, S. 247-264.

Christian Suckow, *Ein vergessenes Konvolut – Alexander von Humboldts »Fragmente des Sibirischen Reise-Journals 1829«*, Berlin: BBAW 2009.

Benigno Trigo, »Walking Backward to the Future: Time, Travel, and Race«, in: *Subjects of Crisis. Race and Gender as Disease in Latin America*, Hanover: Wesleyan University Press 2000, S. 16-46 (Anmerkungen: S. 130-135).

Daniel Velasco, »›Island Landscape‹: Following in Humboldt's Footsteps through the Acoustic Spaces of the Tropics«, in: *Leonardo Music Journal* 10 (2000), S. 21-24.

Daniel Velasco, *Der Humboldt-Effekt – Auf den Spuren Humboldts durch die akustischen Landschaften der Tropen* (CD), Köln 1999 / Berlin: Autorenproduktion für DeutschlandRadio 2001.

Engelhard Weigl, »Alexander von Humboldt und die ›Sprache der Zahlen‹. Anmerkungen zu neuen Werkausgaben«, in: *Merkur* 521 (1992), S. 711-716.

Jobst Welge, »Natur, Geschichte und die Poetik des globalen Romans: Alexander von Humboldt und Carlos Fonseca«, in: *Abhandlungen der Humboldt-Gesellschaft* 44 (2021), S. 193-211.

Petra Werner, *Himmel und Erde. Alexander von Humboldt und sein Kosmos*, Berlin: Akademie 2004.

Petra Werner, *Naturwahrheit und ästhetische Umsetzung. Alexander von Humboldt im Briefwechsel mit bildenden Künstlern*, Berlin: Akademie 2013.

Andrea Wulf, *The Invention of Nature. Alexander von Humboldt's New World*, New York: Alfred A. Knopf 2015.

Rudolph Zaunick, »Alexander von Humboldt und die Anfänge der Daguerreotypie«, in: J. Eggert, A. v. Biehler (Hg.), *Bericht über den VIII. internationalen Kongreß für wissenschaftliche und angewandte Photographie Dresden 1931*, Leipzig: Ambrosius Barth 1932, S. 400-404.

Michael Zeuske, Bernd Schröter (Hg.), *Alexander von Humboldt und das neue Geschichtsbild von Lateinamerika*, Leipzig: Leipziger Universitätsverlag 1992.

Michael Zeuske, »Humboldt en Cuba, 1800/1801 y 1804 – Huellas de un enigma«, in: *Humboldt im Netz* 11/20 (2010), S. 5–17.
Krzysztof Zielnica, *Alexander von Humboldt in der polnischen Literatur: eine kommentierte Bibliographie*, Berlin: Dietrich Reimer 1989.
[Anonym:] [Besprechung], in: *Allgemeine Geographische Ephemeriden* 16 (1805), S. 324–330.
[Anonym:] [Besprechung], in: *Jenaische Allgemeine Literatur-Zeitung*, Mai 1806, Spalte 367–368.

Weitere Forschungsliteratur

Theodor W. Adorno, Max Horkheimer, *Die Dialektik der Aufklärung. Philosophische Fragmente* (1944, 1947), Frankfurt am Main: S. Fischer 2004.
Theodor W. Adorno, »Zum Klassizismus in Goethes Iphigenie« (1967), in: *Noten zur Literatur*, herausgegeben von Rolf Tiedemann, Frankfurt am Main: Suhrkamp 1981, S. 495–514.
Benedict Anderson, *Imagined Communities. Reflections on the Origin and Spread of Nationalism* (1983), London/New York: Verso 1991.
Walter Benjamin, »Über den Begriff der Geschichte« (1940), in: *Gesammelte Schriften*, 7 Bände, herausgegeben von Rolf Tiedemann und Hermann Schweppenhäuser, unter Mitwirkung von Theodor W. Adorno und Gershom Scholem, Frankfurt am Main: Suhrkamp 1991, Band I: *Abhandlungen*, herausgegeben von Rolf Tiedemann und Hermann Schweppenhäuser, S. 691–704.
Russell A. Berman, *Enlightenment or Empire. Colonial Discourse in German Culture*, Lincoln: University of Nebraska Press 1998.
Martin Bernal, *Black Athena: The Afroasiatic Roots of Classical Civilization*, Band 1: *The Fabrication of Ancient Greece 1785–1985*; Band 2: *The Archaeological and Documentary Evidence*; Band 3: *The Linguistic Evidence*, New Brunswick: Rutgers University Press 1994, 1996, 2006.
Homi K. Bhabha, *The Location of Culture*, London/New York: Routledge 1994.
Ernst Bloch, *Das Prinzip Hoffnung* (1938–1947), 2 Bände, Frankfurt am Main: Suhrkamp 1985.
Hans Blumenberg, *Die Lesbarkeit der Welt*, Frankfurt am Main: Suhrkamp 1983.
Hans Blumenberg, *Gerade noch Klassiker. Glossen zu Fontane*, München/Wien: Carl Hanser 1998.
Alfredo Bosi, *Dialética da colonização* (1992), Sao Paulo: Companhia das Letras 2009.
Luis Fernando Botero, *Chimborazo de los indios. Estudios antropológicos*, Quito: Abya-Yala 1990.

Uta Brandes (Redaktion), *Sehsucht. Über die Veränderung der visuellen Wahrnehmung*, Göttingen: Steidl 1995.

Uta Brandes (Redaktion), *Welt auf tönernen Füßen. Die Töne und das Hören*, Göttingen: Steidl 1994.

Uta Brandes (Redaktion), *Das Riechen. Von Nasen, Düften und Gestank*, Göttingen: Steidl 1995.

Uta Brandes (Redaktion), *Tasten*, Göttingen: Steidl 1996.

Uta Brandes (Redaktion), *Geschmacksache*, Göttingen: Steidl 1996.

John Brandi (Hg.), *Chimborazo. Life on the Haciendas of Highland Ecuador*, mit Übersetzungen von Michael Scott und Mal Warwick, Rooseveltown: Akwesasne Notes 1976.

David Brewer, *The Greek War of Independence. The Struggle for Freedom from Ottoman Oppression and the Birth of the Modern Greek Nation*, Woodstock/New York: Overlook Press 2001.

Numa Broc, *Les montagnes au siècle des lumières. Perception et représentation*, Paris: Éditions du C. T. H. S. 1991.

Walter Burkert, *Wilder Ursprung. Opferritual und Mythos bei den Griechen*, Berlin: Klaus Wagenbach 1991.

Walter Burkert, *Homo Necans. Interpretation altgriechischer Opferriten und Mythen*, Berlin/New York: Walter de Gruyter 1997.

Walter Burkert, *Die Griechen und der Orient. Von Homer bis zu den Magiern* (1999), München: C. H. Beck 2004.

Jorge Cañizares-Esguerra, *How to Write the History of the New World. Histories, Epistemologies, and Identities in the Eighteenth-Century Atlantic World*, Stanford: Stanford University Press 2001.

Christopher Conway, *The Cult of Bolívar in Latin American Literature*, Gainesville: University Press of Florida 2003.

Alain Corbin, *Le Miasme et la Jonquille. L'odorat et l'imaginaire social aux XVIIIe – XIXe siècles*, Paris: Aubier Montaigne 1982.

Alain Corbin, *Pesthauch und Blütenduft. Eine Geschichte des Geruchs*, übersetzt von Grete Osterwald, Berlin: Klaus Wagenbach 1984.

Andreas W. Daum, *Wissenschaftspopularisierung im 19. Jahrhundert. Bürgerliche Kultur, naturwissenschaftliche Bildung und die deutsche Öffentlichkeit, 1848–1914*, München: Oldenbourg 2002.

Alexander Demandt, *Metaphern für Geschichte. Sprachbilder und Gleichnisse im historisch-politischen Denken*, München: C. H. Beck 1978.

Jacques Derrida, *Le monolinguisme de l'autre ou la prothèse d'origine*, Paris: Galilée 1996.

Günther Erken (Hg.), *Tankred Dorst*, Frankfurt am Main: Suhrkamp 1989.

Peter Falkai, Hans-Ulrich Wittchen (Hg.), *Diagnostische Kriterien DSM-5*, Göttingen: Hogrefe 2015.

Stefan Fisch, »Forschungsreisen im 19. Jahrhundert«, in: Peter J. Brenner (Hg.), *Der Reisebericht. Die Entwicklung einer Gattung in der deutschen Literatur*, Frankfurt am Main: Suhrkamp 1989, S. 383–405.

Georg Füsslin, Werner Nekes, Wolfgang Seitz, Karl-Heinz W. Steckelings, Birgit Verwiebe, *Der Guckkasten. Einblick – Durchblick – Ausblick*, Stuttgart: Fusslin 1995.

Hannelore Gärtner, »Eduard Hildebrandt (1818–1868). Ein preußischer Maler in Brasilien«, in: Gerd-Helge Vogel (Hg.), *Die Welt im Großen und im Kleinen. Kunst und Wissenschaft im Umkreis von Alexander von Humboldt und August Ludwig Most*, Berlin: Lukas 2009, S. 133–143.

Jürgen Geigen (Hg.), *Azteken*, Katalog zur Ausstellung im Martin-Gropius-Bau, Berlin (17. Mai bis 10. August 2003), Köln: DuMont 2003.

Antonello Gerbi, *La disputa del Nuovo Mondo. Storia di una polemica, 1750–1900*, Mailand/Neapel: Riccardo Ricciardi 1955.

René Girard, *La violence et le sacré*, Paris: Hachette 1972.

Jürgen Goldstein, *Die Entdeckung der Natur. Etappen einer Erfahrungsgeschichte*, Berlin: Matthes & Seitz Berlin 2013.

Virginia González Claverán, *La expedición científica de Malaspina en Nueva España, 1789–1794*, México: Colegio de México 1988.

Ida Gramcko, *Historia y Fabulación en »Mi Delirio Sobre El Chimborazo«*, [Caracas:] Colección Medio Siglo de la Contraloría General de la República [1989].

Pedro Grases, »›Mi delirio sobre el Chimborazo‹ de Bolívar«, in: *Revista de la Sociedad Bolivariana de Venezuela* 21/73 (1962), S. 3–19.

Stephen Greenblatt, »Filthy Rites«, in: *Learning to Curse. Essays in Early Modern Culture*, New York/London: Routledge 1992, S. 59–79.

Stephen Greenblatt, *Marvelous Possessions. The Wonder of the New World*, Chicago: University of Chicago Press 1994.

Ángel Grisanti, *Bolívar. Sí escaló el Chimborazo y escribió su Delirio en Ríobamba*, Caracas: Tipografía Principios 1964.

Klaus Haese, »Heroischer Norden und exotischer Süden. Der Maler Ferdinand Bellermann zwischen Rügen und Venezuela«, in: Gerd-Helge Vogel (Hg.), *Die Welt im Großen und im Kleinen. Kunst und Wissenschaft im Umkreis von Alexander von Humboldt und August Ludwig Most*, Berlin: Lukas 2009, S. 96–108.

Gerd Jäger, »Lauter ausgeprägte Individualisten«, in: *Theater heute* 18/2 (1977), S. 4–8.

Günter Kahle, *Simón Bolívar und die Deutschen*, Berlin: Dietrich Reimer 1980.

John Keegan, *A History of Warfare* (1993), London: Pimlico 2004.

Alexander Košenina, »Das bewaffnete Auge. Zur poetischen Metaphorik von Mikroskop und Guckkasten«, in: *metaphorik.de* 11/2006, S. 53–80.

George Lakoff, Mark Johnson, *Metaphors We Live By*, Chicago: University of Chicago Press 1980.

George Lakoff, *Philosophy In the Flesh. The Embodied Mind and its Challenge to Western Thought*, New York: Harper Collins 1999.

Nigel Leask, *Curiosity and the Aesthetics of Travel Writing: 1770–1840. ›From an Antique Land‹*, Oxford: Oxford University Press 2002.

Katja Liebal, Oliver Lubrich, Thomas Stodulka (Hg.), *Emotionen im Feld. Gespräche zur Ethnografie, Primatografie und Reiseliteratur*, Bielefeld: transcript 2019.

Maren Lorenz, *Leibhaftige Vergangenheit. Einführung in die Körpergeschichte*, Tübingen: Diskord 2000.

Oliver Lubrich, *Das Schwinden der Differenz. Postkoloniale Poetiken*, Bielefeld: Aisthesis 2004, S. 47–98.

Oliver Lubrich, »Welche Rolle spielt der literarische Text im postkolonialen Diskurs?«, in: *Archiv für das Studium der neueren Sprachen und Literaturen* 157/242 (2005), S. 16–39.

Oliver Lubrich, »Postcolonial Studies«, in: *Literaturtheorien des 20. Jahrhunderts*, herausgegeben von Ulrich Schmid, Stuttgart: Reclam 2010, S. 351–376.

Oliver Lubrich, Thomas Stodulka, Katja Liebal, »Affekte im Feld – Ein blinder Fleck der Forschung?«, in: *Jahrbuch Interdisziplinäre Anthropologie* 2017, S. 179–197.

Oliver Lubrich, Thomas Stodulka, *Emotionen auf Expeditionen. Ein Taschenhandbuch für die ethnographische Praxis*, Bielefeld: transcript 2019.

Petra Maisak, *Johann Wolfgang Goethe. Zeichnungen*, Stuttgart: Reclam 1996.

Gerhard Masur, *Simón Bolívar*, Albuquerque: University of New Mexico Press 1948.

Gerhard Masur, *Simón Bolívar*, übersetzt von Pedro Martín de la Cámara, Caracas: Grijalbo 1987.

Herbert Matis, *Hernán Cortés. Eroberer und Kolonisator*, Göttingen/Frankfurt am Main/Zürich: Musterschmidt 1967.

Eduardo Matos Moctezuma, *Las piedras negadas. De la Coatlicue al Templo Mayor*, México: Consejo Nacional para la Cultura y las Artes 1998.

Gert Mattenklott, *Der übersinnliche Leib. Beiträge zur Metaphysik des Körpers*, Reinbek: Rowohlt 1982.

Renato G. Mazzolini, »Ritratti con montagna: Goethe e Alexander von Humboldt«, in: *Montagna. Arte, scienza, mito de Dürer a Warhol*, herausgegeben von Gabriella Belli, Paolo Giacomoni und Cavina Ottani, Mailand: Skira 2003, S. 203–214.

Marshall McLuhan, *Understanding Media: The Extensions of Man*, New York: McGraw-Hill 1964.
Winfried Menninghaus, *Ekel. Theorie und Geschichte einer starken Empfindung*, Frankfurt am Main: Suhrkamp 1999.
Winfried Menninghaus, *Wozu Kunst? Ästhetik nach Darwin*, Berlin: Suhrkamp 2011.
Étienne Michon, *L'hermès d'Alexandre dit hermès Azara*, Paris: Ernest Leroux 1906.
Walter Mignolo, *The Idea of Latin America*, Oxford: Blackwell 2005.
V. Y. Mudimbe, *The Invention of Africa. Gnosis, Philosophy, and the Order of Knowledge*, Bloomington: Indiana University Press 1988.
V. Y. Mudimbe, *The Idea of Africa*, Bloomington: Indiana University Press 1994.
Gisela Nickel, »›Höhen der alten und neuen Welt bildlich verglichen‹. Eine Publikation Goethes in Bertuchs Verlag«, in: Gerhard R. Kaiser, Siegfried Siefert (Hg.), *Friedrich Justin Bertuch (1747–1822). Verleger, Schriftsteller und Unternehmer im klassischen Weimar*, Tübingen: Max Niemeyer 2000, S. 673–689.
Stephan Oettermann, *Das Panorama. Die Geschichte eines Massenmediums*, Frankfurt am Main: Syndikat 1980.
Stephan Oettermann, *Sehsucht. Das Panorama als Massenunterhaltung des 19. Jahrhunderts*, Basel: Stroemfeld/Roter Stern 1993.
Edmundo O'Gorman, *La invención de América* (1958),México: Fondo de Cultura Económica 1995.
Fernando Ortiz, *Contrapunteo Cubano del Tabaco y el Azúcar (Advertencia de sus contrastes agrarios, económicos, históricos y sociales, su etnografía y su transculturación)*, Havanna: Jesús Montero 1940.
Henri Peres, »L'Institut d'Égypte et l'œuvre de Bonaparte jugés par deux historiens arabes contemporains«, in: *Arabica* 4 (1957), S. 113–130.
Juan Pimentel, *Testigos del mundo. Ciencia, literatura y viajes en la Ilustración*, Madrid: Marcial Pons 2003.
Gertrud Richert, *Johann Moritz Rugendas. Ein deutscher Maler des XIX. Jahrhunderts*, Berlin: Rembrandt 1959.
Susana Rotker, »El evangelio apócrifo de Simón Bolívar«, in: *Estudios* 6/12 (1998), S. 29–44.
Inga Saffrons, *Caviar. The* Strange *History and Uncertain Future of the World's Most Coveted Delicacy*, New York: Broadway Books 2002.
Edward Said, *Orientalism* (1978), New York: Vintage 1994.
Edward Said, »On Jean Genet's Late Works«, in: J. Ellen Gainor (Hg.), *Imperialism and Theatre. Essays on world theatre, drama and performance*, London/New York: Routledge 1995, S. 230–242.

Enrico Mario Santí, »Latinamericanism and Restitution«, in: *Latin American Literary Review* 20/40 (1992), S. 88–96.

R. Murray Schafer, *The New Soundscape. A Handbook for the Modern Music Teacher*, Scarborough: Berandol Music Limited/New York: Associated Music Publishers 1969.

R. Murray Schafer, *The Tuning of the World*, Toronto: McClelland & Stewart 1977.

Wolfgang Schivelbusch, *Lichtblicke. Zur Geschichte der künstlichen Helligkeit im 19. Jahrhundert*, Frankfurt am Main: S. Fischer 2004.

Monika Schmitz-Emans, »Der Körper und seine Bindestriche«, in: *KulturPoetik* 1/2 (2001), S. 275–290.

Raoul Schrott, *Homers Heimat. Der Kampf um Troia und seine realen Hintergründe*, München: Carl Hanser 2008.

Oliver Schulz, *Ein Sieg der zivilisierten Welt? Die Intervention der europäischen Großmächte im griechischen Unabhängigkeitskrieg (1826–1832)*, Berlin: Lit 2011.

Ulrich Stadler, *Der technisierte Blick. Optische Instrumente und der Status von Literatur. Ein kulturhistorisches Museum*, Würzburg: Königshausen & Neumann 2003.

John R. Sutton, Norman L. Jones, Charles S. Houston, *Hypoxia: Man at Altitude*, New York: Thieme-Stratton 1982.

Rebecca Tolen, »Receiving the Authorities‹ in Chimborazo, Ecuador: Ethnic Performance in an Evangelical Andean Community«, in: *Journal of Latin American Anthropology* 3/2 (1999), S. 20–53.

Benigno Trigo, *Subjects of Crisis. Race and Gender as Disease in Latin America*, Hanover: Wesleyan University Press 2000.

Enrique de Vedia y Goossens, *Historia y descripción de la ciudad de La Coruña* (1845), La Coruña: Instituto ›José Cornide‹ de estudios coruñeses 1972.

Julia Voss, *Darwins Bilder. Ansichten der Evolutionstheorie 1837–1874*, Frankfurt am Main: S. Fischer 2007.

Laura Dassow Walls, »›The Napoleon of Science‹: Alexander von Humboldt in Antebellum America«, in: *Nineteenth Century Contexts* 14/1 (1990), S. 71–98.

Laura Dassow Walls, *The Passage to Cosmos: Alexander von Humboldt and the Shaping of America*, Chicago: University of Chicago Press 2009.

Aby Warburg, »Dürer und die italienische Antike« (1905), in: *Gesammelte Schriften*, herausgegeben von der Bibliothek Warburg, Leipzig/Berlin: B. G. Teubner 1932, S. 443–449.

Engelhard Weigl, *Instrumente der Neuzeit. Die Entdeckung der modernen Wirklichkeit*, Stuttgart: Metzler 1990.

Frances Weitzenhoffer, *The Havemeyers. Impressionism Comes to America*, New York: Harry N. Abrams 1986.

Frances Weitzenhoffer, *Splendid Legacy. The Havemeyer Collection*, herausgegeben von Alice Cooney Frelinghuysen, Gary Tinterow, Susan Alyson Stein, Gretchen Wold, Julia Meech, New York: The Metropolitan Museum of Art 1993.

Margrit Wyder, »Höhen der alten und neuen Welt – Goethes Beitrag zum Genre der vergleichenden Höhendarstellung«, in: *Cartographica Helvetica* 39 (2009), S. 11–26.

Susanne Zantop, *Colonial fantasies: conquest, family, and nation in precolonial Germany, 1770–1870*, Durham: Duke University Press 1997.

C. S. Zerefos, V. T. Gerogiannis, D. Balis, S. C. Zerefos, A. Kazantzidis, »Atmospheric effects of volcanic eruptions as seen by famous artists and depicted in their paintings«, in: *Atmospheric Chemistry and Physics* 7 (2007), S. 5145–5172.

C. S. Zerefos, P. Tetsis, A. Kazantzidis, V. Amiridis, S. C. Zerefos, J. Luterbacher, K. Eleftheratos, E. Gerasopoulos, S. Kazadzis, A. Papayannis, »Further evidence of important environmental information content in red-to-green ratios as depicted in paintings by great masters«, in: *Atmospheric Chemistry and Physics* 14 (2014), S. 2987–3015.

Michael Zeuske, *Sklaverei. Eine Menschheitsgeschichte. Von der Steinzeit bis heute*, Stuttgart: Reclam 2018.

[Anonym:] »Climbing Mount Everest Is Work For Supermen«, in: *New York Times*, 18. März 1923.

Online-Ressourcen

Humboldt-Projekt der Berlin-Brandenburgischen Akademie der Wissenschaften: {https://edition-humboldt.de}.

Humboldt-Portal der Universität Bern: {www.humboldt.unibe.ch}.

Humboldt-Bibliographien von Markus Breuning, Bern: {www.von-humboldt.de/usrdata/breuning/BreuningMarkus_AvH-Arbeiten.html}.

Humboldt im Netz – Internationale Zeitschrift für Humboldt-Studien, seit 2000.

Lexika

Jacob und Wilhelm Grimm, *Deutsches Wörterbuch*, 16 Bände in 32 Teilbänden mit einem Quellenband, Leipzig/Stuttgart: S. Hirzel 1852–1961, 1971.

Großes Personen Lexikon zur Weltgeschichte in Farbe, Texte von Roswitha Glück und Rainer Nier-Glück, 2 Bände, Dortmund: Chronik 1983.

Émile Littré, *Dictionnaire de la langue française*, 7 Bände, Paris: Jean-Jacques Pauvert 1956–1958.

Le Robert. Dictionnaire de la langue française, 9 Bände, Paris: Le Robert 1985.
Who Was Who in America, Band 1: 1897–1942, New Providence/New Jersey: Marquis Who's Who 1943.

Filme

Detlev Buck, *Die Vermessung der Welt*, Deutschland 2012.
Luis Buñuel, *Subida al cielo*, Mexiko 1952.
Luis Buñuel, *La ilusión viaja en tranvía*, Mexiko 1954.
Luis Buñuel, *El río y la muerte*, Mexiko 1955.
Sergeij Eisenstein, *Qué viva México!*, Russland/Mexiko 1931.
Andreas Hoetzel, *Cubas liebster Deutscher. Alexander von Humboldt: auf Castros Insel unvergessen*, Dokumentarfilm, Deutschland 1999 (gesendet auf *Phoenix* am 28. Juli 1999).
Edgar Reitz, *Die andere Heimat*, Deutschland 2013.
Luis Armando Roche, *Aire libre*, Venezuela 1996.
Rainer Simon, *Die Besteigung des Chimborazo*, DDR/BRD/Ecuador 1989.

Vorarbeiten

Vorarbeiten zu Teilen des vorliegenden Bandes erschienen zuerst in: *Abhandlungen der Humboldt-Gesellschaft* 44 (2021), S. 289–303. – Sean Ireton, Caroline Schaumann (Hg.), *Heights of Reflection*, Rochester: Camden House 2012, S. 153–175; Alexander von Humboldt, *Ueber einen Versuch, den Gipfel des Chimborazo zu ersteigen*, herausgegeben von Oliver Lubrich und Ottmar Ette, Berlin: Eichborn Berlin 2006, S. 7–43. – *Zeitschrift für Germanistik* 24/1 (2014), S. 36–54. – *Martius-Staden-Jahrbuch* 63 (2020), S. 353–383; *Revista de Indias* 64:231 (2004), S. 503–527; Eva Wiegmann (Hg.), *Diachrone Interkulturalität*, Heidelberg: Winter 2018, S. 207–231. – *Germanisch-Romanische Monatsschrift* 54/1 (2004), S. 19–39. – *arcadia* 35/2 (2000), S. 176–191. – *German Studies Review* 26/1 (2003), S. 63–80. – Alexander von Humboldt, *Zentral-Asien*, Frankfurt am Main: S. Fischer 2009, S. 845–885; Alexander Honold (Hg.), *Ost-westliche Kulturtransfers*, Bielefeld: Aisthesis 2011, S. 111–132. – Gabriele Dürbeck, Axel Dunker (Hg.), *Postkoloniale Germanistik*, Bielefeld: Aisthesis 2014, S. 193–222. – *Acta Germanica* 46 (2018), S. 23–28. – Alexander von Humboldt, *Das graphische Gesamtwerk*, Darmstadt: Lambert Schneider 2014, S. 7–28; *figurationen* 2/2007, S. 47–66. – Alexander von Humboldt, *Sämtliche Schriften*, herausgegeben von Oliver Lubrich und Thomas Nehrlich, München: dtv 2019, Band 8, S. 7–21. – *Das achtzehnte Jahrhundert* 34/2 (2010), S. 240–248.

Abbildungsverzeichnis

Erstes Kapitel

Spaltenkunde: Die Mythologie des Chimborazo

Abbildung 10: »Chimborazo (20100 Par. Fuss) und Carguairazo (14700 Par. Fuss) gesehen über der Hochebene von Tapia (8900 F.)«, 1853, in: Alexander von Humboldt, *Umrisse von Vulkanen aus den Cordilleren und Mexiko. Ein Beitrag zur Physiognomik der Natur*, Stuttgart/Tübingen: J. G. Cotta 1853, Tafel 4.

Abbildung 11: Alexander von Humboldt, *Amerikanisches Reisetagebuch*, Band VII, Blatt 23v (Seite 37), 1802: »Mais une grande Cre- / v. la Continuation p. 45«, Staatsbibliothek zu Berlin, Preußischer Kulturbesitz; in: Alexander von Humboldt, *Ueber einen Versuch den Gipfel des Chimborazo zu ersteigen*, herausgegeben von Oliver Lubrich und Ottmar Ette, Berlin: Eichborn Berlin 2006, S. 17.

Abbildung 12: Alexander von Humboldt, *Amerikanisches Reisetagebuch*, Band VII, Blatt 31v (S. 45), 1802: »Continuation du Voyage de Chimborazo / v. p. 38 / -vasse mit fin à nos tentatives«, Staatsbibliothek zu Berlin, Preußischer Kulturbesitz; in: Alexander von Humboldt, *Ueber einen Versuch den Gipfel des Chimborazo zu ersteigen*, herausgegeben von Oliver Lubrich und Ottmar Ette, Berlin: Eichborn Berlin 2006, S. 17, S. 122.

Abbildung 13: Jules Verne, *Les enfants du Capitaine Grant, voyage autour du monde*, Paris: J. Hetzel 1868, Titelbild von Édouard Riou.

Abbildung 14: Rainer Simon, *Die Besteigung des Chimborazo*, DDR 1989, Filmplakat. © DEFA-Stiftung/Albrecht von Bodecker.

Zweites Kapitel
Reiseliteratur als Experiment: Indigene Ästhetik

Abbildung 15: »Relief Mexicain trouvé à Oaxaca«, 1810, in: Alexander von Humboldt, *Vues des Cordillères et monumens des peuples indigènes de l'Amérique*, Paris: F. Schoell 1810[-1813], Tafel 11.

Abbildung 16: »Buste d'une Prêtresse Aztèque«, 1810, in: Alexander von Humboldt, *Vues des Cordillères et monumens des peuples indigènes de l'Amérique*, Paris: F. Schoell 1810[-1813], Tafel 1.

Abbildung 17: »Buste d'une Prêtresse Aztèque«, 1810, in: Alexander von Humboldt, *Vues des Cordillères et monumens des peuples indigènes de l'Amérique*, Paris: F. Schoell 1810[-1813], Tafel 2.

Abbildung 18: »Passage du Quindiu, dans la Cordillère des Andes«, 1810, in: Alexander von Humboldt, *Vues des Cordillères et monumens des peuples indigènes de l'Amérique*, Paris: F. Schoell 1810[-1813], Tafel 5.

Abbildung 19: »Époques de la Nature, d'après la Mythologie Aztèque«, 1811, in: Alexander von Humboldt, *Vues des Cordillères et monumens des peuples indigènes de l'Amérique*, Paris: F. Schoell 1810[-1813], Tafel 26.

Drittes Kapitel
Schmerzen, Krankheiten und Metaphern: Die Physiologie des Reisens

Abbildung 20: »Abeilles«, 1812, in: Alexander von Humboldt, *Recueil d'observations de zoologie et d'anatomie comparée, faites dans l'Océan Atlantique, dans l'intérieur du Nouveau Continent et dans la Mer du Sud*, 2 Bände, Paris: F. Schoell / G.el Dufour 1811-1833, Tafel 19.

Abbildung 21: »Feldpostausgabe« der *Relation historique*: Alexander von Humboldt, *In den Urwäldern und Llanos von Südamerika*, herausgegeben von Hans Wohlbold, Köln: Hermann Schaffstein 1942, Umschlag.

Abbildung 22: »Gymnotus electricus. Gymnotus æquilabiatus«, 1812, in: Alexander von Humboldt, *Recueil d'observations de zoologie et d'anatomie comparée, faites dans l'Océan Atlantique, dans l'intérieur du Nouveau Continent et dans la Mer du Sud*, 2 Bände, Paris: F. Schoell / G.el Dufour 1811-1833, Tafel 10.

Abbildung 23: Fernando Ortiz, *Contrapunteo Cubano del Tabaco y el Azúcar (Advertencia de sus contrastes agrarios, económicos, históricos y sociales, su etnografía y su transculturación)*, Havanna: Jesús Montero 1940, S. 181.

Abbildung 24: »Volcans d'air de Turbaco«, 1812, in: Alexander von Humboldt, *Vues des Cordillères et monumens des peuples indigènes de l'Amérique*, Paris: F. Schoell 1810[-1813], Tafel 41.

Abbildung 25: Gottlieb Schick, »Al. v. Humboldts nächtliche Scene am Orinoco«, in: »Auszüge aus einigen Briefen des Frhrn. Alex. v. Humboldt an den Herausgeber (Hierzu gehört die Skizze einer nächtlichen Scene am Orinoko)«, in: *Allgemeine Geographische Ephemeriden* 22 (1807), S. 107-112, Bildtafel: S. 139.

Viertes Kapitel
»Überall Ägypter«: Amerikanischer Orientalismus

Abbildung 26: »Poste aux Lettres de la Province de Jaën de Bracamoros«, 1811, in: Alexander von Humboldt, *Vues des Cordillères et monumens des peuples indigènes de l'Amérique*, Paris: F. Schoell 1810[-1813], Tafel 31 (Ausschnitt).

Abbildung 27: »Pyramide de Cholula«, 1810, in: Alexander von Humboldt, *Vues des Cordillères et monumens des peuples indigènes de l'Amérique*, Paris: F. Schoell 1810[-1813], Tafel 7 (Ausschnitt).

Abbildung 28: »Île de Philæ. – Vue de l'édifice de l'Est et de plusieurs monumens«, in: *Description de l'Égypte, ou recueil des observations et des recherches qui ont été faites en Égypte pendant l'expédition de l'Armée Française, publié par les ordres de Sa Majesté l'Empereur Napoléon le Grand*, herausgegeben von Edme François Jomard, 23 Bände, Paris: Imprimérie Impériale 1809-18[28], *Antiquités: Planches*, Band 1, Tafel 25.

Abbildung 29: »Edfou (Apollinopolis Magna.). – Vue du Grand Temple«, in: *Description de l'Égypte, ou recueil des observations et des recherches qui ont été faites en Égypte pendant l'expédition de l'Armée Française, publié par les ordres de Sa Majesté l'Empereur Napoléon le Grand*, herausgegeben von Edme François Jomard, 23 Bände, Paris: Imprimérie Impériale 1809-18[28], *Antiquités: Planches*, Band 1, Tafel 49.

Fünftes Kapitel
»Wie antike Bronzestatuen«: Transatlantischer Klassizismus

Abbildung 30: »Masse détachée de la Pyramide de Cholula«, 1810, in: Alexander von Humboldt, *Vues des Cordillères et monumens des peuples indigènes de l'Amérique*, Paris: F. Schoell 1810[-1813], Tafel 8.

Abbildung 31: »Rocher d'Inti-Guaicu«, 1810, in: Alexander von Humboldt, *Vues des Cordillères et monumens des peuples indigènes de l'Amérique*, Paris: F. Schoell 1810[-1813], Tafel 18.

Abbildung 32: »Ruines de Miguitlan ou Mitla, dans la Province d'Oaxaca«, 1813, in: Alexander von Humboldt, *Vues des Cordillères et monumens des peuples indigènes de l'Amérique*, Paris: F. Schoell 1810[-1813], Tafel 50.

Abbildung 33: »Bas-relief Aztèque de la Pierre des Sacrifices, trouvée sous le pavé de la grande Place de Mexico«, 1810, in: Alexander von Humboldt, *Vues des Cordillères et monumens des peuples indigènes de l'Amérique*, Paris: F. Schoell 1810[-1813], Tafel 21.

Abbildung 34: »Buste d'une Prêtresse Aztèque«, 1810, in: Alexander von Humboldt, *Vues des Cordillères et monumens des peuples indigènes de l'Amérique*, Paris: F. Schoell 1810[-1813], Tafel 1.

Abbildung 35: »Monument de Xochicalco«, 1810, in: Alexander von Humboldt, *Vues des Cordillères et monumens des peuples indigènes de l'Amérique*, Paris: F. Schoell 1810[-1813], Tafel 9.

Sechstes Kapitel

Im Reich der Mehrdeutigkeit: Die Dialektik der Aufklärung

Siebentes Kapitel

Die andere Reise: Politische Klimatologie

Abbildung 46: Handschrift des chinesischen Grenzoffiziers in Baty, Tsingfu, mit einer Notiz Alexander von Humboldts, Staatsbibliothek zu Berlin, Preußischer Kulturbesitz, Orient- und Ostasienabteilung; in: Alexander von Humboldt, *Zentral-Asien. Untersuchungen zu den Gebirgsketten und zur vergleichenden Klimatologie*, herausgegeben von Oliver Lubrich, Frankfurt am Main: S. Fischer 2009, S. B 19.

Abbildungen 47: Theo Piana, Horst Schönfelder, *Alexander von Humboldt. Ein deutscher Weltreisender und Naturforscher*, Berlin (DDR): Altberliner Verlag Lucie Groszer 1959 (Auszug).

Achtes Kapitel
Das Wuchern der Imperien: Koloniale Wissensgeschichte

Abbildung 48: Joseph Karl Stieler, *Alexander von Humboldt mit einem Manuskript des »Kosmos«*, 1843; in: Halina Nelken, *Alexander von Humboldt. Bildnisse und Künstler. Eine dokumentierte Ikonographie*, Berlin: Dietrich Reimer 1980, S. 125.

Abbildung 49: Eduard Hildebrandt, *Alexander von Humboldt in seiner Bibliothek*, 1856 (Ausschnitt); in: Frank Holl (Hg.), *Alexander von Humboldt – Netzwerke des Wissens*, Berlin: Haus der Kulturen der Welt 1999, S. 185.

Zehntes Kapitel
Von der Zeichnung zum Erlebnisraum: Bilder und Medien

Abbildung 50: Alexander von Humboldt, *Amerikanisches Reisetagebuch*, Band VII, Blatt 31v (S. 45), 1802; Staatsbibliothek zu Berlin, Preußischer Kulturbesitz; in: Alexander von Humboldt, *Ueber einen Versuch den Gipfel des Chimborazo zu ersteigen*, herausgegeben von Oliver Lubrich und Ottmar Ette, Berlin: Eichborn Berlin 2006, S. 122 (Ausschnitt).

Abbildung 51: »Volcan de Cotopaxi«, 1810, in: Alexander von Humboldt, *Vues des Cordillères et monumens des peuples indigènes de l'Amérique*, Paris: F. Schoell 1810[-1813], Tafel 10.

Abbildung 52: Alexander von Humboldt, Selbstporträt, Paris 1814.

Abbildung 53: »Pont de cordage près de Penipé«, 1812, in: Alexander von Humboldt, *Vues des Cordillères et monumens des peuples indigènes de l'Amérique*, Paris: F. Schoell 1810[-1813], Tafel 33.

Abbildung 54: »Vue de l'intérieur du Cratère du Pic de Ténériffe«, 1813, in: Alexander von Humboldt, *Vues des Cordillères et monumens des peuples indigènes de l'Amérique*, Paris: F. Schoell 1810[-1813], Tafel 54.

Abbildung 55: »Costumes des Indiens de Mechoacan«, 1813, in: Alexander von Humboldt, *Vues des Cordillères et monumens des peuples indigènes de l'Amérique*, Paris: F. Schoell 1810[-1813], Tafel 52.

Abbildung 56: »Costumes des Indiens de Mechoacan«, 1813, in: Alexander von Humboldt, *Vues des Cordillères et monumens des peuples indigènes de l'Amérique*, Paris: F. Schoell 1810[-1813], Tafel 53.

Abbildung 57: Bertel Thorvaldsen, »An Göthe«, in: Alexander von Humboldt, *Ideen zu einer Geographie der Pflanzen nebst einem Naturgemälde der Tropenländer*, Tübingen: J. G. Cotta 1807, Widmungsblatt.

Abbildung 58: »Carte du Mexique et des Pays Limitrophes situés au nord et à l'est«, 1811, in: Alexander von Humboldt, *Atlas géographique et physique du royaume de la Nouvelle-Espagne*, Paris: F. Schoell 1808-18[11], Tafel 2.

Abbildung 59: »Le Nouveau Continent figuré dans le mappemonde de Juan de la Cosa en 1500. A moitié de l'échelle de la Carte originale conservée dans la Bibliothèque de M.^{r} le Baron Walckenaer Membre de l'Institut«, in: Alexander von Humboldt, *Atlas géographique et physique des régions équinoxiales du Nouveau Continent*, Paris: F. Schoell 1814[-1838], Tafel 33.

Abbildung 60: Der Manati, in: Alexander von Humboldt, »Ueber den Manati des Orinoko«, übersetzt vom Herausgeber [Ar. Fr. Aug. Wiegmann], in: *Archiv für Naturgeschichte* 4/1 (1838), S. 1-10, 10-18.

Abbildung 61: »Vultur gryphus Lin.«, in: Alexander von Humboldt, *Recueil d'observations de zoologie et d'anatomie comparée, faites dans l'Océan Atlantique, dans l'intérieur du Nouveau Continent et dans la Mer du Sud*, 2 Bände, Paris: F. Schoell / G.^{el} Dufour 1811-1833, Tafel 8.

Abbildung 62: Alexander von Humboldt, *Trichoceros antennifer*, Feldzeichnung; Royal Botanical Gardens, Kew; in: Oliver Lubrich, Adrian Möhl, *Botanik in Bewegung. Alexander von Humboldt und die Wissenschaft der Pflanzen. Ein interdisziplinärer Parcours*, Bern: Haupt 2019, S. 69.

Abbildung 63: »Le Dragonnier de l'Orotava«, 1813, in: Alexander von Humboldt, *Vues des Cordillères et monumens des peuples indigènes de l'Amérique*, Paris: F. Schoell 1810[-1813], Tafel 69.

Abbildung 64: Ferdinand Bellermann, *Die Guácharo-Höhle*, 1843; in: Sigrid Achenbach, *Kunst um Humboldt. Reisestudien aus Mittel- und Südamerika von Rugendas, Bellermann und Hildebrandt*, München: Hirmer 2009, S. 148.

Abbildung 65: »Rocas primitivas«, in: »Introducción a la pasigrafía geológica del Señor Baron de Humboldt«, in: Andrés Manuel Del Río, *Elementos de Orictognosía*, Teil 2, México: Mariano de Zúñiga y Ontiveros 1805, S. 160-173.

Abbildung 66: »Géographie des plantes équinoxiales. Tableau physique des Andes et Pays voisins«, in: Alexander von Humboldt, *Essai sur la géographie des plantes, accompagné d'un Tableau physique des régions équinoxiales*, Paris: F. Schoell 1807, Farbtafel.

Abbildung 67: Johann Wolfgang von Goethe, »Höhen der alten und neuen Welt bildlich verglichen. Ein Tableau vom Hrn. Geh. Rath v. Göthe mit einem Schreiben an den Herausgeber«, in: *Allgemeine Geographische Ephemeriden* 41 (15. Mai 1813), S. 3–8.

Abbildung 68: Horace-Bénédict de Saussures Cyanometer, Ende 18. Jahrhundert, Bibliothèque de Genève.

Abbildung 69: Historische Instrumente, wie sie Humboldt auf seinen Reisen einsetzte: Graphik aus der Ausstellung *Botanik in Bewegung*, Bern 2018, in: Oliver Lubrich, Thomas Nehrlich, Adrian Möhl, Flavia Castelberg, *Botanik in Bewegung – Humboldts Expeditionen* (Ausstellungsbroschüre), Bern: BOGA 2018, S. 11.

Elftes Kapitel
Der andere Kosmos: Die ganze Welt in tausend Schriften

Abbildung 70: Alexander von Humboldt, »Nocturnal life of animals in the primeval forest«, in: *The Natal Witness* 5/229 (Pietermaritzburg, 5. Juli 1850), [o. S.].

Abbildung 71: Alexander von Humboldt, »Noon in the Tropics«, in: *The New-Zealander* 9/790 (Auckland, 9. November 1853), [o. S.].

Abbildung 72: Alexander von Humboldt, »Juicio de Humboldt sobre las mesas parlantes«, in: *Diario de avisos* 200 (Caracas, 17. September 1856), [o. S.].

Abbildung 73: Alexander von Humboldt, »The Atmosphere of the Moon«, in: *The Economist* 10/472 (London, 4. September 1852), S. 990.

Abbildung 74: Alexander von Humboldt, [Death of Leopold von Buch], in: *The Bombay Times* 4/527 (9. Mai 1853), S. 874.

Abbildung 75: Alexander von Humboldt, »Két fölmeneteli próba a' Chimborazóra«, in: *Athenæum* 2/5 (Pest, 15. Juli 1838), Spalten [73]–79, hier: Spalte 73.

Abbildung 76: Alexander von Humboldt, »Жизненная сила, или гений Родоский« [Zhiznennaja sila, ili genij Rodosskij], in: Московский телеграфъ [*Moskovskij telegraf'*] 30/24 (1829), S. 423–431, hier: S. 423.

Abbildung 77: Alexander von Humboldt, Geleitwort in hebräischer Sprache, in: Yiśra'el ben Yosef Binyamin, *Sefer Masa'ei Yisra'el, Bo Yesupar Me'aheinu Benei Yisra'el Ha-Nefutsim Be'artsot Asiyah Ve-Afrikah*, Lyck/Ełk: Bi-defus Zvi Hirsch Fettsel 1859, [o. S.].

Abbildung 78: Alexander von Humboldt, »Lettre à L'Auteur de cette Feuille; sur le Bohon-Upas, par un jeune Gentilhomme de cette ville«, in: *Gazette littéraire de Berlin* 1270 (5. Januar 1789), S. 4–8; 1271 (12. Januar 1789), S. 11–13, hier: S. 4.

Abbildung 79: Alexander von Humboldt, [Ruf um Hülfe], in: *Königlich privilegirte Berlinische Zeitung von Staats- und gelehrten Sachen* 67 (20. März 1859), S. 2.

Die Abbildungen aus Alexander von Humboldts *Vues des Cordillères et monumens des peuples indigènes de l'Amérique* (1810–1813), *Atlas géographique et physique du royaume de la Nouvelle-Espagne* (1808–1811), *Atlas géographique et physique des régions équinoxiales du Nouveau Continent* (1814–1838), *Recueil d'observations de zoologie et d'anatomie comparée* (1811–1833), *Umrisse von Vulkanen aus den Cordilleren und Mexiko* (1853), »Ueber den Manati des Orinoko« (1838) und »Auszüge aus einigen Briefen des Frhrn. Alex. v. Humboldt an den Herausgeber (Hierzu gehört die Skizze einer nächtlichen Scene am Orinoko)« (1807) sowie Goethes »Höhen der alten und neuen Welt bildlich verglichen« (1813) wurden nach den Exemplaren der Universitätsbibliothek Bern reproduziert.

Dank

Wichtige Anregungen verdanke ich Hans Christoph Buch, Hans Magnus Enzensberger, Raoul Schrott, Michael Roes, David Wagner, Lukas Bärfuss und Juan Gabriel Vásquez, Winfried Menninghaus, Gert Mattenklott, Hinrich C. Seeba, Alexander Košenina, Robert Buch und Yahya Elsaghe, Thomas Nehrlich, Sarah Bärtschi, Michael Strobl, Johannes Görbert und Bernhard Metz, Rex Clark, Justus Fetscher, Matthias Glaubrecht, Joachim Eibach, Jobst Welge und Jutta Müller-Tamm, Willi Bolle, Lilianet Brintrup, Jürgen Misch und Markus Breuning, Gundolf Freyermuth, Anke von Kügelgen, Katja Liebal, Thomas Stodulka und Adrian Möhl, Dominik Erdmann, David Blankenstein, Andrea Wulf, Ulrike Leitner und Eberhard Knobloch, Michael Hagner und Jürgen Goldstein. Für ihre genauen Lektüren danke ich Thomas Nehrlich, Bernhard Metz und Heidi Lubrich. Mit den Anmerkungen und der Bibliographie half mir Alexandra Just. Dem Verlag Matthes & Seitz Berlin danke für das Vertrauen und die gute Zusammenarbeit.

Erste Auflage Berlin 2022

Göhrener Str. 7, 10437 Berlin
info@matthes-seitz-berlin.de

Umschlaggestaltung: Michael Rosenlehner, Berlin
Satz und Layout: Tom Mrazauskas, Berlin
Druck und Bindung: GGP Media GmbH, Pößneck

ISBN 978-3-7518-0337-3

www.matthes-seitz-berlin.de